Wolfgang Seitter
Riskante Übergänge in der Moderne

Studien zur Erziehungswissenschaft
und Bildungsforschung

Herausgegeben von

Bernd Dewe
Heinz-Hermann Krüger
Winfried Marotzki

Band 15

Wolfgang Seitter

Riskante Übergänge in der Moderne

Vereinskulturen, Bildungsbiographien, Migranten

Leske + Budrich, Opladen 1999

Gedruckt auf säurefreiem und altersbeständigem Papier.

Die Deutsche Bibliothek – CIP-Einheitsaufnahme

Seitter, Wolfgang :

Riskante Übergänge in der Moderne : Vereinskulturen, Bildungsbiographien, Migranten / Wolfgang Seitter. – Opladen : Leske + Budrich, 1999
 (Studien zur Erziehungswissenschaft und Bildungsforschung ; Bd. 15)

ISBN 3-8100-2487-2

© 1999 Leske + Budrich, Opladen

Das Werk einschließlich aller seiner Teile ist urheberrechtlich geschützt. Jede Verwertung außerhalb der engen Grenzen des Urheberrechtsgesetzes ist ohne Zustimmung des Verlages unzulässig und strafbar. Das gilt insbesondere für Vervielfältigungen, Übersetzungen, Mikroverfilmungen und die Einspeicherung und Verarbeitung in elektronischen Systemen.

Druck: Druck Partner Rübelmann, Hemsbach
Printed in Germany

Für Verena

Inhaltsverzeichnis

Vorwort: Riskante Übergänge in der Moderne 15

I. Teil:
Theoretisches Programm und Forschungspraxis 17

Erstes Kapitel: Migration zwischen Vereins- und Biographiebezug – Theorie- und Forschungsprogramm 19

1. Migration und Erziehungswissenschaft 19
2. Migration zwischen Vereins- und Biographiebezug: sozial- und erziehungswissenschaftliche Perspektiven 21
2.1. Selbstorganisation von Migranten: das eigenethnische Vereinswesen 21
   Exkurs I: Sozialwissenschaftliche Vereinsforschung 23
2.2. Biographische Verläufe von Migranten 28
   Exkurs II: Erziehungswissenschaftliche Biographieforschung 29
2.3. Wechselseitige Verschränkung von Vereins- und Biographiebezug .. 32

3. Migration als Bewältigung von Risiko 33
3.1. Migrantenbiographien als in gesteigertem Maße riskante Biographien 34
3.2. Migrantenbiographien als in gesteigertem Maße institutionengeprägte Biographien 35
3.3. Migrantenbiographien als in gesteigertem Maße Bildungsbiographien 37

Zweites Kapitel: Durchführung der Studie 39

1. Vereinskulturen und Bildungsbiographien spanischer Migranten in Frankfurt am Main als empirischer Untersuchungsgegenstand 39
1.1. Nationalitätenspezifische Eingrenzung auf spanische Migranten 39
1.1.1. Demographische Entwicklungen 40

1.1.2. Selbstorganisation 42
1.1.3. Fremdsprachliche Kompetenzen 44
1.2. Geographische Einschränkung auf die Stadt Frankfurt am Main 45

2. Datenerhebung, Datenauswertung, Datendarstellung 47
2.1. Datenerhebung 48
2.1.1. Teilnehmende Beobachtung von Vereinswelten 49
2.1.2. Offene, thematisch strukturierte Interviews mit spanischen Migranten 54
2.2. Auswertung der Daten 55
2.3. Die Transformation des Forschungsprozesses in ein fixiertes Schreibprodukt 57
Ausgangspunkt: Biographien spanischer Migranten 58 – Differenzierung und Ausweitung: Vereinskulturen *und* Bildungsbiographien 59 – Modernisierungstheoretische Fixierung: Migration als Risiko 60

3. Gliederung der Studie 60

4. Danksagung 61

II. Teil:
Vereinskulturen spanischer Migranten in Frankfurt am Main:
Zwei Fallstudien 63

Erstes Kapitel: Der Spanische Kulturkreis 65

1. Erste Annäherungen 65
   Räumlichkeiten 65 – Vereinstreff an einem Freitag Abend 66 – Porträtierung des Vereins durch die Vereinspräsidentin 67 – Zwischenbilanz 70

2. Geschichte des Vereins 73
   Programmatik 74 – Aktivitäten 77 – Vereinskrise 78 – Generationenproblematik 79 – Konservierung des historischen Selbstverständnisses 82

3. Der Kulturelle Samstag: Analyse eines Beobachtungsprotokolls 84
3.1. Kultureller Samstag: Vortrag über Auschwitz 84
3.2. Aufklärung ohne Klientel – der Verein zwischen Beharrung und Reformierung: Interpretation des Protokolls 87
   Geselligkeit am Beginn (Erster Hauptabschnitt) 87 – Vortragseinführung – Vortrag – Diskussion (Zweiter Hauptabschnitt) 97 – Ausklang des Vereinsabends (Dritter Hauptabschnitt) 102 – Zusammenfassung 103

4. Die Vereinsgegenwart als Enteignungsprozeß 106
4.1. Kulturanspruch ohne Publikum 106

4.2.	Prekäre Raumsituation	109
4.3.	Frauen als neuer sozialer Machtfaktor im Verein	111
4.4.	Deutsch als Sprache der Vortragsöffentlichkeit	112

Zweites Kapitel: Das Demokratische Haus 115

1. Erste Annäherungen 115
   Räumlichkeiten 115 – Vereinstreff an einem Freitag Abend 117 –
   Porträtierung des Vereins durch Mitglieder der Vereinselite 118 –
   Zwischenbilanz 123

2. Geschichte des Vereins 127
   Das Spanierzentrum als institutioneller Vorläufer 127 – Rechtskonflikte
   und Vereinsmobilisierung 127 – Selbstverständnis in der
   Außendarstellung 129 – Expansion im neuen Vereinsgebäude und
   Kodifizierung der Vereinsgeschichte 131

3.	Geselliger Freitagabend: Analyse eines Beobachtungsprotokolls	132
3.1.	Geselliger Freitagabend	133
3.2.	Gesellige Freizeitgestaltung, biographische Selbstpräsentation, servicebezogene Vermittlungstätigkeit: Interpretation des Protokolls	136

Zusammenfassung – 150

4.	Die Vereinsgegenwart als expansiver Prozeß zwischen Generationenintegration und Stadtteilbezug	153
4.1.	Generationenbeziehungen im Verein	153
4.2.	Geselligkeit und/versus Kultur	156
4.3.	Die Bar als Ort reziproker Gastfreundschaft und biographischer Selbstpräsentation	158
4.4.	Stadt(teil)bezug und Festbeteiligung als erfolgreiche Marketingstrategien	160

Drittes Kapitel: Vergleich der beiden Vereine 163

1. Das ‚Ich' als Stellvertreter der deutschen Gesellschaft im Verein:
   Zugehensweise auf und Integration in den Verein 163

2. Vereinsbiographie als Geschichte, Gegenwart und Zukunft
   des Vereins 166

3. Der Verein als eigener Sozial- und Kulturraum 170

4. Die Biographie aus der Sicht der Institution:
   der Verein und seine Mitglieder 172

III. Teil:
Bildungsbiographien vereinsaktiver spanischer Migranten: Drei Fallstudien 177

Erstes Kapitel: Migration als Aufrechterhaltung von Handlungssouveränität und Organisation von Solidarität: Herr Sánchez 179

1. Gesprächsanbahnung und Interviewsituation 179

2. Zwischen Vereinsengagement und politischer Betätigung: Interpretation der Eingangserzählung 181
2.1. Situation in Spanien 181
2.2. Arbeitssuche in Deutschland 186
2.3. Leben im Spanischen Kulturkreis 190
2.3.1. Gründung des Spanischen Kulturkreises 190
2.3.2. Gewerkschaftliche Hilfe, inhaltliche Konsolidierung, ideologische Richtungsveränderung 191
2.3.3. Im Volksbildungsheim und Club Voltaire 194
2.3.4. In der ehemaligen Tanzschule der Hochstraße 198
2.3.5. Zusammen mit den Italienern und Portugiesen 202
2.4. Zukunft, Vergangenheit und Gegenwart des Vereins 204
2.4.1. Der nicht erfolgte Generationenwechsel 204
2.4.2. Der Verein als Formierungsort von Migrationskadern 206
2.4.3. Elternarbeit 207
2.4.4. Expertenschmiede für politisch-gewerkschaftliche Aufgaben 209
2.4.5. Historische Mission – prekäre Gegenwart 210
2.5. Eigene Beteiligung im Verein und in der Politik 212
2.6. Vorbereitungen für die Rückkehr in die Heimat 214
2.6.1. Rücktritt von den politischen Ämtern in Deutschland 214
2.6.2. Vorbereitung auf ein neues politisches Amt in Spanien 216
2.7. Zusammenfassung 218

3. Prägende Phasen: Stationen eines Wanderungsweges 222
3.1. Ausbildungs- und Berufssituation in Spanien 222
3.2. Deutsch (ver-)lernen im Spannungsfeld persönlicher Anstrengung, gesellschaftlicher Lernanlässe und vereinsorientiertem Engagement 228
3.3. Vereinsleben 231
3.4. Parteizugehörigkeit als Ausdruck antifrankistischer und pluraler Gesinnung 235
3.5. Gescheiterte Rückkehrversuche und definitive Rückkehrabsicht ... 238

4. Zusammenfassung 244

Zweites Kapitel: Migration als frauenspezifisches Emanzipationsdrama: Frau García 247

1. Gesprächsanbahnung und Interviewsituation 247

2. Migration als frauenspezifisches Emanzipationsdrama:
   Interpretation der Eingangserzählung 249
2.1. Situation in Spanien 249
2.2. Ambivalenz des ersten Kulturkreiskontaktes in Deutschland 254
2.3. Theatergruppe und Vereinsübernahme 256
2.4. Partielle Durchsetzung der eigenen Vorstellungen
   und Konsequenzen der Veränderungen 261
2.5. Aktuelle Vereinssituation 264
2.6. Zusammenfassung 266

3. Emanzipation durch Kampf und Lernen: prägende
   Lebensstationen 269
3.1. Arbeit als Au-pair-Mädchen in Deutschland
   als erster Emanzipationsversuch 269
3.2. Erziehungsarbeit (Mutter) und Kampf gegen Vorurteile
   (Engagement als Elternvertreterin) 272
3.3. Ehe und Beruf 275
3.4. Emanzipationsprozesse und Konflikte im Spanischen Kulturkreis . 276
3.5. Rückkehr 280

4. Zusammenfassung 283

Drittes Kapitel: Migration als erlittene und gestaltete Kollektivgeschichte: Herr Delgado und Herr Salinas 287

1. Gesprächsanbahnung und Interviewsituation 287

2. Erbrachte Leistung und mangelnde Leistungsanerkennung:
   Strukturierte Interpretation der Eingangserzählung 290
2.1. Auswanderungsentscheidung und -verlauf:
   vergangene Deutung und gegenwärtiger Bezug 290
2.2. Diskriminierung, Anpassung, Bindung:
   Stationen eines Integrationsprozesses 302
2.3. Bildungshintergrund und autodidaktisches Lernen 310
2.4. Selbstorganisation im Verein und in der Politik 315
2.5. Zwischen zeitlich begrenzter Aufenthaltsgenehmigung
   und doppelter Staatsangehörigkeit: der Alt-Migrant als
   Semi-Deutscher in Abgrenzung zu Neuausländern 319
2.6. Rückkehrprobleme: Der Generationendialog 324

3. Beruflicher Erfolg, Kultur- und Politikengagement, Rückkehrperspektiven: Drei Problemstränge der nachkulinarischen Interviewphase 327
3.1. Selbstbehauptung und Karriereerfolg durch Arbeit 327
3.2. Kultur- und Politikengagement 330
3.3. Rückkehrprobleme 336

4. Zusammenfassung 339
   Reden zwischen Individual- und Kollektivgeschichte 339 – Der Weg von Spanien nach Deutschland 341 – Biographische Bilanzierung und Leistungspräsentation 342 – Solidarität in der Familie und im Verein 345

Viertes Kapitel: Vergleich der vier Biographien 347

1. Das Interview als Ort der Bilanzierung 347
1.1. Biographische Rückkehrorientierung 347
1.2. Dreigliedrige Erzählstruktur 348
1.3. Leistungspräsentation und Bilanzierung 352
1.4. Erzählen im Modus des Vergleichens und Kontrastierens 355
1.5. Kollektivierung des Erzählens 358

2. Die Bedeutung des Vereins 359
2.1. Biographischer Bezug 360
2.2. Nutzungsformen und Selbstpositionierungen: Menschen, Gruppierungen und Erfahrungen im Verein 361
2.3. Dimensionen des Vereins 362
2.4. Der Verein als sich verändernde Institution 364

3. Die Thematisierung eigener Bildungsprozesse 366

4. Umgang mit Fremdheit als zentrale Erfahrung 369

IV. Teil:
Bildung, Institution und Biographie, Risiko 373

Erstes Kapitel: Pädagogisierung als Institutionalisierungs- und Biographisierungsmodus 377

1. Der Verein als Bildungsinstitution 378
1.1. Die pädagogische Konstruktion des Vereins als Verein 378
1.2. Die pädagogische Konstruktion der Klientel 380
1.3. Die pädagogische Konstruktion der Vereinsaktiven 382

1.4.	Die Konstruktion des Raums als ein pädagogischer bzw. ein für pädagogische Zwecke zu nutzender Raum	384

2.	Biographien als Bildungsbiographien	387
2.1.	Vielfalt autodidaktischer Anstrengungen	387
2.2.	Biographische Abarbeitung an (Bildungs-)Institutionen	389
2.3.	Vergleich mit und Absetzung von anderen Biographien	390
2.4.	Formulierung einer gesellschaftlichen Steigerungsperspektive	391

3.	Bindung durch Bildung	392

Zweites Kapitel: Das gegenseitige Bedingungs- und Spannungsverhältnis von Institutionen und Biographien 395

1.	Biographieabhängige Institutionen	396
1.1.	Mitgliedereinbindung als Problem	396
1.2.	Rigide versus flexible Spezialisierung	397
1.3.	Solidarität als Steuerungsform	399

2.	Institutionenabhängige Biographien	400
2.1.	Multiple biographische Nutzung	400
2.2.	Fortsetzung und Fortschritt	401
2.3.	Öffnung und Schließung	402

3.	Die historische Verschiebung eines umgekehrt proportionalen Be- und Entlastungsverhältnisses	403

Drittes Kapitel: Risiko und Migration 405

Exkurs III: Risiko als Form der Unsicherheitswahrnehmung in der Moderne und Pädagogik als eine Form der Risikobearbeitung 405

1.	Der Verein in Auseinandersetzung mit einer unsicheren Zukunft	408
1.1.	Heroische Vergangenheit, prekäre Gegenwart, befristete Zukunft: der Spanische Kulturkreis	409
1.2.	Konfliktive Vergangenheit, expansive Gegenwart, unsichere Zukunft: das Demokratische Haus	410
1.3.	Institutionelle Selbstpädagogisierung als Form der Risikobearbeitung	411

2.	Riskante Biographien	412
2.1.	Auswanderung als Risiko	413
2.2.	Migration als Erleben und Erleiden von Offenheit	414

2.3.	Risiken der Rückkehr	415
2.4.	Bilanzierungen als Formen der biographischen Risikobearbeitung	416
3.	Risiko und Fremdheit	417

Quellen- und Literaturverzeichnis 419

1.	Archive	419
2.	Statistiken, Umfragen	419
3.	Literaturverzeichnis	419

Vorwort: Riskante Übergänge in der Moderne

Leben im Modus von Übergängen und Kontextwechseln ist eine Signatur moderner Gesellschaften. Der Übergangscharakter und damit die Dynamisierung und Mobilisierung des Lebens kann dabei jedoch auf ganz unterschiedliche Weise bestimmt und thematisiert werden: als die gleichzeitige Handhabung funktionaler Differenzen im Sinne kommunikationsfähigen Agierens in ausdifferenzierten Teilsystemen (vgl. Luhmann 1994), als das Durchschreiten sozialpolitisch definierter Statuspassagen im Rahmen der Institutionalisierung des Lebenslaufs (vgl. Behrens/Voges 1996), als Ausdruck individualisierter Lebensführung beim Entwerfen und (Re-)Konstruieren der jeweils eigenen Biographie (vgl. Brose/Hildenbrand 1988), als transversales Vermögen gegenüber bereichsspezifischen Formen von Rationalität (vgl. Welsch 1991, S. 295ff.) oder als Problem der Auseinandersetzung mit Fremdheit im Zusammenhang von Globalisierung und Migration (vgl. Kiesel/Messerschmidt 1997). Übergangsfähigkeit als die Notwendigkeit, in unterschiedlichen Funktionssystemen kommunizieren zu können, kritische Lebenspassagen zu bewältigen, die eigene Biographie zu planen, divergierende Logiken zu verbinden und nationalstaatliche Rahmensetzungen zu transzendieren, läßt sich daher als biographische Schlüsselqualifikation innerhalb einer modernisierten Moderne beschreiben.

Diese Notwendigkeit zum Übergang, zum Verlassen angestammter Territorien – sowohl im buchstäblichen wie im metaphorischen Sinn –, ist nun nicht eine schlichte Zunahme von Autonomie, Freiheit, Individualität oder Wahlmöglichkeit, sondern vielmehr ein paradoxer Zwang, bei dem Chancen und Unsicherheiten, „die früher im Familienverband, in der dörflichen Gemeinschaft, im Rückgriff auf ständische Regeln oder soziale Klassen vordefiniert waren, [..] nun von den einzelnen selbst wahrgenommen, interpretiert, entschieden und bearbeitet werden [müssen]" (Beck/Beck-Gernsheim 1993, S. 179). Übergänge und Übergangsbewältigung werden zu einem individuell zugemuteten, individuell zurechenbaren und individuell zu verantwortenden Risiko, das Herausforderung und Bedrohung, Wagnis und Scheitern gleichermaßen umfaßt.

Im Hinblick auf diese basale Kompetenzanforderung moderner Lebensgestaltung – Übergangsfähigkeit als biographische Schlüsselqualifikation – können Migranten[1] in gesteigertem Maße als Übergangsexperten gelten. Aufgrund der Permanenz ihrer doppelten gesellschaftlichen und kulturellen Bezugnahme ist bei ihnen die Notwendigkeit, unterschiedlichste Handlungsfelder und Gesellschaftsbezüge zu vernetzen und im Wanderungsprozeß die eigene Biographie zu (re-)konstruieren, besonders ausgeprägt. Im Spannungsfeld von Migration, Integration und Remigration stellen ihre Biographien in besonderem Maße Übergangsbiographien dar, die mit dem Wechsel von Altem und Neuem, von Eigenem und Fremdem, von Herkunft und Zukunft konfrontiert sind. In exponierter Form stehen sie unter dem gesellschaftlichen und biographischen Druck, „sich immer neue Sinnwelten zu erschließen oder sich [ihre] ständig entfremdende Eigenwelt in immer neuen Transformationsschüben abermals aneignen zu müssen" (Schäffter 1997, S. 29). Im Gegensatz zu einer ‚miserabilistischen' Betrachtungsweise, die vorzugsweise die sozio-kulturelle Mangellage von Migranten betont (vgl. Giordano 1988), setzt eine derartige Perspektive den Akzent auf die Offenheit von Wanderungs- und Übergangsprozessen – und damit auf die Möglichkeiten aktiver Selbstgestaltung. Übergänge sind in ihrem ambivalenten Charakter, in ihrer uneindeutigen Gleichzeitigkeit von Entscheidungszwang und Gestaltungsmöglichkeit, von Unsicherheitsabwägung und Erwiderungschance, von Strukturvorgabe und Lernoption immer riskante Operationen, die jedoch kreative Prozesse der Bearbeitung und Ausdeutung auslösen (können) und damit zu Kristallisationspunkten vielfältiger Lernanstrengungen und Bewältigungsstrategien werden (können). Die Aufdeckung, Analyse und Darstellung derart ‚intelligenter Praktiken' ist nicht das geringste Anliegen sozialwissenschaftlicher Forschung.

---

1 Die im folgenden aus pragmatischen Gründen gewählte Pluralform umfaßt generell Personen beiderlei Geschlechts.

I. Teil:

Theoretisches Programm und Forschungspraxis

Erstes Kapitel: Migration zwischen Vereins- und Biographiebezug – Theorie- und Forschungsprogramm

1. Migration und Erziehungswissenschaft

Die erziehungswissenschaftliche Migrationsforschung in Deutschland hat in den letzten fünfundzwanzig Jahren eine kaum mehr übersehbare Fülle an Studien hervorgebracht mit einer überaus großen Vielfalt an Untersuchungsperspektiven und thematischen Präferenzen. Versucht man eine erste tentative Sortierung des Feldes, so findet man nicht nur eine starke nationalitätsspezifische Kumulierung der Forschung im Hinblick auf Problemlagen türkischer Migranten, sondern auch eine deutliche Präferenz für Integrationsprozesse der zweiten Generation. Thematisch stehen Fragen der (berufs-)schulischen Ausbildung und beruflichen Sozialisation, Fragen der gesellschaftlichen, politischen und institutionellen Benachteiligung sowie Fragen der Ethnisierung und bikulturellen Sozialisation im Vordergrund vieler Untersuchungen.[2]

Diese Konzentration auf sozialisatorische und (berufs-)schulische Probleme der zweiten Generation stand schon am Beginn der pädagogischen Thematisierung von Ausländerfragen Anfang der 1970er Jahre. Die als Ausländerpädagogik etablierte Migrationsforschung kümmerte sich vorrangig um Fragen schulischer Betreuungsmaßnahmen und kompensatorischen Unterrichts, sie war defizitorientiert und betraf vor allem Ausländer*schul*kinder. Mit dem Anwerbestopp, der Familienzusammenführung, der höheren Verweildauer und der beginnenden beruflichen Integration junger – bereits in Deutschland aufgewachsener – Ausländer fanden einerseits Familien- und Frauenthemen, andererseits institutionelle Diskriminierungspraktiken zunehmend Beachtung. Sowohl die Familienkonstellation, die Stellung der Frau innerhalb der Familie und die Veränderungsprozesse des traditionellen Familiengefüges durch Frauenerwerbsarbeit als auch die trotz Förderprogrammen und verbesserter Schulabschlußquoten

---

2 Einen aktuellen Überblick über die Schwerpunkte erziehungswissenschaftlicher Migrationsforschung geben der Sozialwissenschaftliche Fachinformationsdienst *Migration und ethnische Minderheiten* sowie die Bibliographiereihe *Interkulturelle Pädagogik*. Daneben gibt es zahlreiche Monographien und Beiträge, die den erziehungs- oder sozialwissenschaftlichen Forschungsstand – z.T. auch thematisch zentriert – dokumentieren. Vgl. dazu u.a. Heckmann 1987, Treibel 1988, Hettlage 1988, Reuter/Dodenhoeft 1988, Berger 1990, Pörnbacher/Reich 1990, Schulz 1992, Migration 1994, Allemann-Ghionda 1997.

weiterhin wirksamen schulischen Benachteiligungsmechanismen und Diskriminierungen auf dem Arbeitsmarkt wurden verstärkt untersucht. Die pädagogische Engführung auf ein als Problemgruppe definiertes Bevölkerungssegment, deren – tatsächliche oder angebliche – Integrationsschwierigkeiten mit Hilfe von Theoremen wie Modernitätsgefälle oder Kulturdifferenz gedeutet wurden, erfuhr erst mit der Hinwendung zur interkulturellen Pädagogik eine inhaltliche Neuausrichtung. Allerdings blieben – und bleiben – die Intentionen einer auf die umfassende Einbeziehung sowohl der Minderheits- als auch der Mehrheitsbevölkerung abzielenden interkulturellen Pädagogik vorerst vor allem programmatischer Natur, zumal sich die interkulturelle Pädagogik mit ihren vielfältigen Bedeutungsvarianten und Theorieansätzen von Anfang an heftiger innererziehungswissenschaftlicher Kritik ausgesetzt sah – und sieht.[3]

Im Vergleich zu der insgesamt stark schulbezogen-sozialpädagogischen Forschung über Migranten der zweiten Generation mit dem nationalitätenspezifischen Schwerpunkt Türkei[4] sind Untersuchungen über nicht türkische Migranten der ersten Generation, also derjenigen Personen, die in den 1960er Jahren infolge bilateraler Anwerbeabkommen vornehmlich aus Italien, Spanien und Griechenland nach Deutschland gekommen und heute bereits pensioniert sind oder das Rentenalter bald erreichen, verhältnismäßig selten. Nach einer ersten Welle der wissenschaftlichen Beschäftigung mit dieser Personengruppe vor allem im Hinblick auf arbeitsmarktbedingte Integrationsfragen und Qualifizierungsprobleme dominieren gegenwärtig medizinisch-gerontologische Fragestellungen (vgl. Dietzel-Papakyriakou 1993). Hinsichtlich der Bildungsproblematik von Migranten der ersten Generation ist es bezeichnend, daß „erst im Zuge von Überlegungen zur Verbesserung der Bildungssituation der Kinder der zweiten Generation auch die der Erwachsenen der ersten Generation reflektiert wird" (Reuter/Dodenhoeft 1988, S. 74). Die Bildungsansprüche der ersten Generation von Arbeitsmigranten wurde – über die Probleme betriebsbezogener Einarbeitung hinaus – institutionell erst sehr spät wahrgenommen. Zwar sind mittlerweile die praktischen Bestrebungen hinsichtlich der Bildung und Qualifizierung von Migranten der ersten Generation breit gefächert, bei genauerer Analyse ergeben sich jedoch auch heute nach wie vor signifikante Eingrenzungen erwachsenenbildnerischer Arbeit. Neben dem großen leistungsdifferenzierten und professionalisierten Angebot im Sprachensektor sowie den Kursen zur Alphabetisierung und zum Nachholen von Hauptschulabschlüssen im Bereich der Grundbildung dominieren die anpassungsorientierten und

---

3 Zur chronologischen Abfolge und theoretischen Einordnung der Defizit-, Differenz- und Interkulturalitätsansätze sowie zur kontroversen Diskussion um die interkulturelle Pädagogik vgl. Auernheimer 1990 und 1994, Hamburger 1990, Radtke 1992 und 1995, Reich 1994, Allemann-Ghionda 1997.

4 Als prominentes Beispiel einer derart akzentuierten Migrationsforschung vgl. das Schwerpunktprogramm der Deutschen Forschungsgemeinschaft über *Folgen der Arbeitsmigration für Bildung und Erziehung* (vgl. Reich u.a. 1990, Reich/Merkens 1993, Folgen der Arbeitsmigration 1998).

kompensatorischen Qualifikationsmaßnahmen im Bereich der innerbetrieblichen Erwachsenenbildung und zwar entweder in Form kurzfristiger Einarbeitungs- und Anlernmaßnahmen oder in Form berufsvorbereitender Maßnahmen für junge Ausländer mit häufig kompensatorischem Charakter durch entsprechende Benachteiligtenprogramme (vgl. Reuter/Dodenhoeft 1988, S. 94ff., Hamburger 1994, Apitzsch 1995, S. 260f.) Die erwachsenenpädagogische Forschung in diesem Bereich dient primär der Praxisreflexion sowie der Implementierung methodisch-didaktischer Konzepte (vgl. Nispel/Szablewski-Çavus 1997). Sie ist stark träger- und angebotsorientiert, konzentriert sich auf die Weiterbildung für Ausländer durch deutsche Institutionen und interessiert sich kaum für die von Ausländern selbst initiierten und organisierten Bildungsformen oder für bildungsbiographische subjektbezogene Aneignungsprozesse.[5]

2. Migration zwischen Vereins- und Biographiebezug: sozial- und erziehungswissenschaftliche Perspektiven

Gegenüber der Favorisierung der zweiten – und zunehmend auch der dritten – Generation mit ihrer schulbezogen-sozialpädagogischen Betreuungsperspektive deutscher Institutionen und dem programmatischen Diskurs des Interkulturellen wird in dieser Studie der Blick auf die erste Generation von Migranten gerichtet, derjenigen Personengruppe also, die tatsächlich migriert ist und bereits einen längerfristigen Integrationsprozeß – und möglicherweise auch Remigrationsprozeß – hinter sich hat. Diese Gruppe soll in einer doppelten Perspektive untersucht werden: sowohl hinsichtlich ihrer selbstorganisierten Institutionalformen, insbesondere dem eigenethnischen Vereinswesen, als auch in Bezug auf ihre (bildungs-)biographische Selbstthematisierung. Im Zentrum der Untersuchung stehen somit Migranten nicht als Objekte von schulischer und/oder wohlfahrtsstaatlicher Betreuung, institutioneller Diskriminierung oder neuer pädagogischer Denkformen, sondern als Subjekte ihrer eigenen Lebensgestaltung sowohl in institutioneller als auch biographischer Perspektive. Institutionelle Einbettung und biographische Verortung, Vereinsorganisation und lebensgeschichtliche Reflexion bilden die beiden zentralen theoretisch-empirischen Bezugspunkte der Arbeit.

2.1. Selbstorganisation von Migranten: das eigenethnische Vereinswesen

Seit der verstärkten gesellschaftlichen Zurkenntnisnahme der längerfristigen Aufenthaltsdauer und Deutschlandbindung von Migranten hat sich das Interes-

---

5   Eine Übersicht zur erwachsenenpädagogischen Migrationsliteratur gibt die vom Deutschen Institut für Erwachsenenbildung jährlich herausgegebene *Bibliographie zur Erwachsenenbildung*.

se der sozialwissenschaftlichen Forschung im Verlauf der 1980er Jahren *auch* auf selbstorganisierte Formen der Freizeitgestaltung und Interessenvertretung von Migranten gerichtet. Im Vordergrund der Untersuchungen stehen die vielen von Migranten für Migranten gegründeten Vereine mit ihrer großen Variationsbreite und Funktionsvielfalt. Neben der eher deskriptiv verfahrenden Aufzählung und Porträtierung der bestehenden Vereinslandschaft mit ihren nationalitätenspezifischen Unterschieden (vgl. beispielsweise Auernheimer 1984, Thränhardt 1985, Sen 1985, Özak/Sezer 1987, Özcan 1992, Gür 1993, Zentrum 1994) findet sich bezeichnenderweise auch in diesem wenig prioritären Teilsegment sozialwissenschaftlicher Migrationsforschung ein ‚integrationistisches Interesse', d.h. im Vordergrund steht die kontrovers debattierte Frage, inwieweit das eigenethnische Vereinswesen langfristig zur Integration der ausländischen Bevölkerung beitragen kann. Dabei wird das vor allem in den Politikwissenschaften und der Soziologie gebräuchliche Konzept der funktionalen Vereinsanalyse (vgl. Bühler u.a. 1978) mit dem aus der soziologischen Tradition der Chicago-School stammenden Konzept der ethnischen Koloniebildung verbunden (vgl. Heckmann 1981 und 1992). Ethnische Kolonien werden als Zwischenwelten zwischen der Aufnahmegesellschaft und der Herkunftsgesellschaft betrachtet, die hervorgebracht und stabilisiert werden durch ein Geflecht von Institutionen, die die Migranten selbst aufgebaut haben und kontrollieren. Einwandererkolonien werden in dieser Perspektive „nicht nur als Abbild früher kultureller Prägungen verstanden, sondern als eine neu geschaffene soziale Struktur, in der sich Wertorientierungen der alten und neuen Welt auf spezifische Weise verbinden. Sie sind soziale ‚Erfindungen', die den Menschen das individuelle und soziale Überleben unter äußerst bedrängenden Umständen überhaupt erst möglich machen" (Apitzsch 1994b, S. 66). Der Umfang des durch die Einwandererkolonie hervorgebrachten Institutionengeflechts kann – je nach Entwicklungsstand und Geschlossenheit der Einwanderergesellschaft – Vereine, Kirchen, Schulen, Presse, politische Organisationen, ökonomische Nischen- und Schattenwirtschaft, etc. umfassen.[6] Ethnische Kolonien und insbesondere das selbstorganisierte Vereinswesen werden im integrationistischen *mainstream* der Ausländerforschung einerseits als segregierendes ghettoisierendes Moment kritisiert, andererseits als Element der Binnenintegration von Ausländern positiv gewertet (vgl. beispielsweise Elwert 1982, Richter 1982 und 1983, Esser 1986, Fijalkowski 1988). Diese stark polarisierende und zu großen Teilen normativ geführte Debatte über Segregation versus Integration wird in ihrer Engführung auf die Integrationsproblematik auch durch die wenigen detaillierten Lokaluntersuchungen über das eigenethnische Vereinswesen gestützt, die in ihrem Forschungsdesign ebenfalls explizit am Integrationspotential selbstorganisierter Vereine interessiert sind: so hinsichtlich der Sozialkontakte und Partizipation ausländischer Arbeitnehmer in der Bundes-

---

6 Vgl. den in diesem Sinn klassischen Aufsatz von Breton (1964) über institutionelle Vollständigkeit. Zur sozialwissenschaftlichen Forschung der Chicago-School vgl. Makropoulus 1988, Neckel 1997.

republik Deutschland[7] bzw. hinsichtlich der kommunalpolitischen Integrationsleistungen von Ausländervereinen.[8]

Exkurs I: Sozialwissenschaftliche Vereinsforschung

Ein Defizit dieser ‚integrationistischen' Ausländervereinsforschung liegt m.E. darin, daß sie auf keine ausgearbeitete Theorie des Vereins, sondern nur auf empirisch kaum gesättigte theoretische Versatzstücke zurückgreifen kann. Das Vereinswesen ist bis heute ein Stiefkind der Sozialwissenschaften geblieben, obwohl bereits Max Weber in seiner Eröffnungsrede auf dem ersten Deutschen Soziologentag (1910) die Erforschung des Vereinswesens nachdrücklich als eine der drei Hauptaufgaben künftiger soziologischer Forschung bezeichnet hatte (vgl. Weber 1924, S. 441ff.). Diese Vernachlässigung ist umso signifikanter, als das Vereinswesen nicht nur historisch, sondern auch gegenwärtig eine erhebliche gesellschaftliche Relevanz besitzt. Schätzungen gehen davon aus, daß es derzeit in der Bundesrepublik ca. 300.000 Vereine mit ungefähr 38 Millionen Vereinsmitgliedern, 72 Millionen Mitgliedschaften (d.h. die Summe aus Einfach-, Doppel- und Mehrfachmitgliedschaften) und fast 6 Millionen ehrenamtlichen Mitarbeitern gibt (vgl. Agricola/Wehr 1993, Zimmer 1996a, S. 93ff.). D.h. knapp die Hälfte der deutschen Bevölkerung ist vereinsmäßig organisiert, wobei selbstverständlich der Organisationsgrad, die Art der Vereinsbeteiligung, die Vereinsgröße, etc. extrem variieren. Das Vereinswesen weist somit gegenwärtig – trotz immer wieder vorgebrachter Unkenrufe – eine enorme quantitative Verbreitung und inhaltliche Vielfalt auf, die in merkwürdigem Kontrast zu seiner randständigen Bearbeitung im wissenschaftlichen Kontext stehen.

Die Soziologie/Politologie hat sich seit der ersten Anmahnung durch Max Weber nur gelegentlich und im Zuge bestimmter politischer Perspektivenwahrnehmung um das Vereinswesen gekümmert: so in den 1950er Jahren in gemeindesoziologischer Perspektive (die Gemeinde – und das Vereinswesen – als Ort der gelingenden/mißlingenden Integration von Millionen Flüchtlingen aus dem Osten des ehemaligen Deutschen Reiches), in den 1970er Jahren in politikwissenschaftlicher Perspektive (der Verein als lokalpolitischer Transmissionsriemen, als Ort politischer Beeinflussung sowie als Sprungbrett und Rekrutierungsfeld für kommunalpolitische Eli-

---

7 So der Titel des von der Stiftung Volkswagenwerk geförderten Forschungsprojektes über das griechische, italienische und türkische Vereinswesen der Stadt Frankfurt (vgl. Breitenbach 1984, Schöneberg 1993).

8 So die Fallstudie über die Beziehungen der Ausländervereine der Städte Duisburg, Fürth, Hamburg-Harburg, Kassel und Ludwigsburg mit der Kommunalverwaltung und der deutschen Öffentlichkeit (vgl. Schuleri-Hartje/Kodolisch 1989). Vgl. in diesem Zusammenhang auch die Untersuchung von Heckmann (1982) über die Institutionen der Einwandererkolonien der Stadt Nürnberg.

ten), in den 1980er Jahren in wohlfahrtsstaatlicher bzw. wohlfahrtsstaatskritischer Perspektive (der Verein als komplementäre, subsidiäre und kostengünstige Form sozialpolitischer Leistungserbringung und gesellschaftlicher Einbindung).[9]

Desweiteren hat das Vereinswesen sowohl innerhalb der Dritte-Sektor-Forschung als auch innerhalb der Bewegungsforschung eine gewisse Prominenz erlangt.[10] Während im Nonprofit-Sektor Vereine und Verbände als intermediäre Instanzen zwischen Markt, Staat und Individuum sowie als Formen gesellschaftlicher Selbstorganisation und Selbsthilfe vor allem im Gesundheitsbereich und in der Sozialpolitik eine außerordentliche Verbreitung erfahren haben (vgl. Kaufmann 1987), gehören Vereine – als Klubs, Selbsthilfegruppen oder freiwillige Assoziationen – zentral zur organisatorischen Infrastruktur der neuen sozialen Bewegungen (vgl. Kriesi 1992). In beiden Bereichen werden Vereine als – juristisch leicht handhabbare, inhaltlich variable und ökonomisch relativ risikoarme – Formen der Interessenvertretung und Bedürfnisbefriedigung genutzt und erforscht.

Ein relativ gut untersuchtes Feld soziologischer Vereinsforschung stellen – mit deutlichen Schwerpunktsetzungen allerdings – die Sportvereine dar. Aufgrund ihrer quantitativen Verbreitung, ihrer Mitgliederstärke und Finanzkraft sowie ihrer verbandlichen Vernetzung, massenmedialen Wirkung und gesellschaftspolitischen Bedeutung sind sie bereits in den 1970er Jahren untersucht worden mit exemplarischen Analysen über die Auswirkungen und Probleme einer veränderten Vereinsbindung von Mitgliedern – insbesondere hinsichtlich des Wandels von einer unspezifisch-dauerhaften zu einer spezifisch-zeitgebundenen Vereinsloyalität (vgl. Schlagenhauf 1977, Timm 1979). Systemtheoretische Konzeptionierungen (vgl. Mücke 1986), Studien zum sportlichen Ehrenamt (vgl. Winkler 1988) sowie neue gesellschaftliche Aufgabenzuschreibungen – beispielsweise die Integration von Jugendlichen und Ausländern durch Sportvereine (vgl. Giebenhain 1995) – stellen Schwerpunkte soziologischer Vereinsforschung jüngeren Datums dar.

Ebenfalls erwähnenswert ist die Thematisierung des Vereinswesens durch eine kommunalwissenschaftlich inspirierte Kulturpolitik, die in der Förderung von subsidiären städtischen Infrastrukturen eine prioritäre kommunale Aufgabe sieht. Innerhalb des Selbstversorgungskonzepts als kulturpolitisches Gestaltungsprinzip erscheinen Vereine einerseits „als ‚wiederentdeckte' Leistungspotentiale im Rahmen der konzeptionellen Suche nach

---

9 Eine Ausnahme von dieser chronologisch-interessenbezogenen Abfolge soziologischer Vereinsforschung bilden die Studien von Horch, der in einer strukturalistischen Perspektive seit fünfzehn Jahren kontinuierlich an einer grundlegenden Theorie des Vereinswesens arbeitet (vgl. Horch 1983, 1985, 1988, 1992, Heinemann/Horch 1991). Einen guten Überblick über Schwerpunkte, Literatur- und Forschungsstand soziologischer Vereinsforschung insgesamt vermitteln Siewert 1977 und 1984, Best 1993.
10 Zum Stand der Drittsektor- und Bewegungsforschung vgl. Seibel 1992, Roth 1992, Zimmer 1996a und 1996b.

lokalen Handlungsalternativen zu bürokratisch vermittelten Dienstleistungsangeboten" (Föst 1989, S. 24), andererseits als Formen kultureller Selbstorganisation, die zur finanziellen Entlastung der Kommunalhaushalte beitragen (vgl. Kramer 1984, Janssen/Vogel 1991).

Parallel zur Soziologie/Politologie haben auch die Volkskunde und die Geschichtswissenschaften Forschungsergebnisse zum Vereinswesen vorgelegt. Neben den Untersuchungen im Rahmen volkskundlicher Gemeindeforschung und lokaler Vereinsmonographien (vgl. Freudenthal 1968, Köhle-Hezinger 1977) hat sich die Volkskunde vor allem dem breiten Spektrum geselliger und brauchtumsbezogener Vereine – Karnevals-, Gesangs-, Trachtenvereine, etc. – zugewandt (vgl. beispielsweise Grosshenrich 1980).[11] Die meisten Studien über das Vereinswesen sind jedoch innerhalb der Geschichtswissenschaften verortet, die in ihrer sozialgeschichtlich orientierten Variante eine starke Affinität zum Vereinswesen aufweist. Der Verein, der als ursprüngliche Organisationsform der frühen bürgerlichen Geselligkeits- und Bildungsbestrebungen und als Abbild nicht ständisch beschränkter Kommunikation und Willensbildung im Verlauf des 19. Jahrhunderts eine beispiellose Verbreitung gefunden hat und zur privilegierten Institutionalisierungsform auch für nicht bürgerliche Schichten avancierte, ist daher gerade für eine sich sozialgeschichtlich verstehende Geschichtswissenschaft zu einem außerordentlich wichtigen Forschungsfeld geworden.[12]

Während in der Soziologie/Politologie, der Volkskunde und den Geschichtswissenschaften das Vereinswesen zumindest in Ansätzen erforscht ist, bestand und besteht in der Erziehungswissenschaft und der Erwachsenenbildung bis heute ein notorisches Desinteresse am Vereinswesen.[13] Ähnlich wie die Erziehungswissenschaft, die sich aus professionspolitischen Gründen vor allem um den Aufbau und die Erforschung von pädagogischen Institutionen im engeren Sinne gekümmert hat, hat sich auch die Erwachsenenbildungsforschung – neben der Thematisierung kirchlicher und gewerkschaftlicher Bildungsarbeit – schwerpunktmäßig auf die Volkshochschule als öffentlich geförderter und in öffentlicher Verantwortung stehender Einrichtung konzentriert und die vielfältigen Formen vereinsbezogener Erwachsenenbildung ausgeblendet. Die Monopolisierung des Lernens aus einer institutionalisierten pädagogischen Anbieterperspektive hat nur durch die neuen sozialen Bewegungen der 1970er Jahre sowie durch die zunehmende Bedeutung selbstorganisierter Projekte der 1980er Jahre eine Irritation und Ergänzung erfahren.[14] Allerdings ist trotz Alltagswende

---

11 Überblicksdarstellungen volkskundlicher Vereinsforschung geben Foltin 1984, Lehmann 1984.
12 Zur sozialgeschichtlichen Vereinsforschung vgl. beispielsweise Nipperdey 1976, Dann 1984 und 1993, Hardtwig 1990.
13 Die einzige Ausnahme stellen – ähnlich wie in der Soziologie – die Sportvereine dar, insbesondere die Kooperation von Schul- und Vereinssport. Vgl. dazu beispielsweise die Diskussion um die Bedeutung des Schulsports in Sportpädagogik 20 (1996), H.1, S. 6-9 und H.2, S. 14-17.

und Alltagskultur, trotz Bürgerinitiativen und Selbsthilfegruppen, trotz Stadtteilkultur und Geschichte von unten die traditionelle Vielfalt des historisch gewachsenen Vereinswesens kaum Gegenstand erwachsenenpädagogischer Forschung geworden.[15] Erst die Universalisierungs- und Entgrenzungsdebatte hat das Bewußtsein für den engen institutionenfixierten Blick der Erwachsenenbildungsforschung deutlich gemacht und ihr Interesse zunehmend auf Formen entspezialisierter, vermischter, diffuser, ambivalenter und hybrider Wissensvermittlung und Aneignungsverhältnisse gelenkt (vgl. Kade 1989a und 1997a, Kade/Lüders/Hornstein 1993, Lüders/Kade/Hornstein 1995). Allerdings blendet auch diese Fokussierung auf – scheinbar – neuartige vermischte Angebotsstrukturen aus, daß Vereine als massenwirksame Sozialisationsagenturen ihre polyfunktionale Struktur nie aufgegeben haben, sondern ihre heterogene und vermischte Angebotsvielfalt seit ihren Anfängen im 19. Jahrhundert bis in die Gegenwart hinein kontinuierlich transportiert haben – auch unabhängig von den funktionalen Verschiebungen, denen das Vereinswesen historisch unterlegen ist.[16]

Charakteristisch für den Bezug der Erwachsenenbildung auf das Vereinswesen ist eine professions- und adressatenspezifische Thematisierung. So werden Vereine – und insbesondere Großvereine (Sport) – einerseits unter der Perspektive betrachtet, welche haupt- und ehrenamtlichen Arbeitsmöglichkeiten sie für Erwachsenenbildner abgeben, welche Qualifizierungspraktiken und -aufgaben innerhalb der Vereine vorherrschen und wie insbesondere die Vielzahl der ehrenamtlichen Mitarbeiter in sportlichen und kirchlichen Großverbänden und den ihnen angeschlossenen Vereinen geschult werden kann (vgl. dazu beispielsweise Harney/Keiner 1992, Jütting 1992 und 1995). Andererseits werden Vereine aus einer adressatenspezifischen Perspektive thematisiert, die vor dem Hintergrund von Teilnehmerbestandssicherung bzw. -ausweitung in den Vereinen potentielle Kunden bzw. Partner sieht. Die institutionelle Erwachsenenbildung und hier insbesondere die Volkshochschule versteht sich als Hilfs-, Kommunikations-, Koordinations- und Vernetzungsorgan der vielen selbständigen lokalen Initiativen und Vereine, für die die Volkshochschule Supportstrukturen bereitstellen möchte: im Sport (vgl. Bielser 1994), im Gesundheitsbereich (vgl. Cize 1996), bei der Umweltbildung (vgl. Fiebelkorn 1993). Vereine werden als neue Zielgrup-

---

14 Interessanterweise haben mit zunehmender Verlaufsdauer gerade die Institutionalisierungsprozesse innerhalb der neuen sozialen Bewegungen die Aufmerksamkeit erwachsenenpädagogischer Forschung auf sich gezogen (vgl. Beyersdorf 1991 und 1996). Hinsichtlich der selbstorganisierten erwachsenenbildnerischen Projekte spielt der Verein nur die Rolle einer – im Vergleich zu anderen juristischen Alternativen – beliebten Trägerorganisation (vgl. Becher/Dinter/Schäffter 1993).

15 Eine Ausnahme bilden die Untersuchungen in historischer Perspektive, die sich in unterschiedlicher Weise mit den erwachsenenbildnerischen Funktionen des Vereinswesens bzw. der geselligen Kulturformen beschäftigen. Vgl. dazu beispielsweise Birker 1973, Dräger 1979 und 1984, Kaiser 1989, Axmacher 1990.

16 Als Beispiel solcher funktionalen Verschiebungsprozesse vgl. Seitter 1993a.

pe entdeckt, bei der aus Angst vor professioneller Bevormundung und pädagogischer Intervention jedoch besonders vorsichtig operiert werden muß (vgl. dazu beispielsweise Rogge 1986, Landesinstitut 1986).

Völlig unausgeschöpft ist das Potential, das der Verein in theoretischer Perspektive für eine umfassende Theorie der (selbstorganisierten) Bildung Erwachsener bereithält, die nicht nur die organisierten, intentional gesteuerten und professionell betreuten Angebote, sondern auch das breite Spektrum selbstorganisierter Lernprozesse in Betracht zieht.[17] Denn gerade im Hinblick auf selbstorganisierte Prozesse des Lernens bieten Vereine ein unerschöpfliches Reservoir empirischer Beobachtungsmöglichkeiten. Die vielfältigen alltäglichen Bildungs- und Lernleistungen innerhalb der Vereine ergeben sich sowohl aus der Umsetzung der in der Satzung verankerten Ziele als auch aus den Zwängen, die von außen an die Vereine herangetragen werden und die bestimmte Sachkompetenzen verlangen. „Dieses Lernen vollzieht sich nun nicht in den bekannten Formen der organisierten Erwachsenenbildung, sondern durch permanente alltagsbegleitende Diskussionszusammenhänge" (Wehr 1988, S. 89). Beispiele für derartiges Lernen sind historisches Lernen (Erstellen einer Vereinsfestschrift), kreatives Lernen (Festevorbereitung), organisationssoziologisches Lernen (Durchführung von Jahreshauptversammlungen, Satzungsänderungen, Vorstandswahlen, etc.) verwaltungstechnisches Lernen (Rechnungswesen, EDV, Buchführung), Anpassungslernen (Modifikation von Verhaltensweisen im Verein). Vereine provozieren geradezu selbstgesteuertes Lernen durch den praktischen Vollzug der Vereinstätigkeit, durch das Miteinander am Objekt, durch das gemeinsame Interesse, das in Kommunikation und sprachlich-deskriptive Vermittlung mündet (vgl. Hülsmann 1986, S. 56).[18] Dabei gibt es auch interessante Mischungsverhältnisse zwischen selbstgesteuerten, ehrenamtlich angeleiteten und professionell betreuten Lernerfahrungen durch die institutionellen Zulieferdienste im Zuge zunehmender Professionalisierung der jeweiligen Dachverbände. Der Verein hat insofern – gerade auch aufgrund seiner quantitativen Verbreitung – einen ähnlichen systematischen Stellenwert für eine Theorie lebenslanger Bildung wie das Bibliothekswesen, das – bezeichnenderweise – in der gegenwärtigen Bildungs- und Forschungspraxis der Erwachsenenbildung ebenfalls abgespalten wurde, obgleich in historischer Perspektive die Volksbildung und das Volksbibliothekswesen als zwei Formen derselben Bildungsarbeit verstanden wurden.

In Abgrenzung zu einer einseitig ‚integrationistischen' Ausländervereinsforschung, in der Migrantenvereine schwerpunktmäßig – aus einer bestimmten gesellschaftspolitischen Wahrnehmung heraus – als integrationsfördernd oder

---

17 Zur Diskussion um Selbststeuerung und Selbstlernen vgl. Reischmann 1995, Lebenslanges Lernen 1997.
18 Zu den alltäglichen Lernerfahrungen im (Kleingarten-)Verein vgl. Kosubek 1982. Zum Thema Lernen im Verein vgl. auch Elsdon 1995 und 1996.

integrationshemmend beschrieben werden und damit ein spezifischer – und durchaus legitimer – gesellschaftspolitischer Blickwinkel auch in der Forschung reproduziert wird, geht es in der vorliegenden Studie um eine mikroskopisch angelegte Analyse von Migrantenvereinen als Organisationen mit Innen- und Außenkontakten, als Kulturvermittler und Dienstleistungsorgane, als intermediäre Instanzen und biographisch relevante Einrichtungen. Im Rahmen einer derartigen Fokussierung versucht sie, einen kleinen Baustein zu einem empirisch gesättigteren Wissensstand über Migrantenvereine zu liefern. Es geht ihr dabei nicht um eine vorgängige Beschreibung von Inhalts- und Funktionsdimensionen des eigenethnischen Vereinswesens mit Hilfe entsprechender systemtheoretischer oder organisationssoziologischer Theorien, sondern um den Versuch einer ethnographischen Annäherung an die konkrete Vereinswelt von Migranten. Unabhängig von Fragen der Integrationsdienlichkeit soll die soziale Welt der Migrantenvereine in ihrer Komplexität untersucht und das vielfältige Spannungsgeflecht herausgearbeitet werden, in das diese Vereine eingebunden sind: als Brückeninstitutionen zwischen Einwanderern und Aufnahmegesellschaft, zwischen Herkunftsbindung und gesellschaftlicher Öffnung, als selbstorganisierte Formen der Bereitstellung von Handlungsoptionen und Aktivitätsmöglichkeiten für ihre Mitglieder – mitsamt den darin eingeschlossenen Prozessen selbstorganisierten Lernens –, als Institutionen mit z.T. weitreichender biographischer Prägekraft durch kontinuierliche Partizipation, ehrenamtliche Beteiligung und vereinskarrieristischer Bindung, als Einrichtungen, die einer enormen Veränderungsdynamik unterliegen sowohl angesichts der wechselnden gesellschaftspolitischen Rahmenbedingungen seit Anfang der 1960er Jahre als auch im Gefolge der zunehmenden Aufenthaltsdauer und der sich dadurch verändernden biographischen Interessenlagen ihrer Mitglieder.

2.2. Biographische Verläufe von Migranten

Mit der Frage nach der biographischen Bedeutung von Migrantenvereinen für ihre Mitglieder ist der zweite Problemfokus der Untersuchung benannt. Vereine leben von der und durch die Beteiligung ihrer Mitglieder, sie sind angewiesen auf deren Bereitschaft, sich aktiv am Vereinsleben zu beteiligen, Ämter zu übernehmen, Freiräume zu gestalten, etc. Damit wird die Frage bedeutsam, welche konkreten Verläufe Biographien innerhalb von Vereinen annehmen, welche Bedeutung Vereinsmitglieder ihrer Beteiligung am Vereinsleben für ihre eigene Biographie beimessen, welche biographischen Dispositionen welche Formen der Vereinsbeteiligung nahelegen, welche Veränderungen mit zunehmender Aufenthaltsdauer im Verhältnis von Vereinsbeteiligung und Biographie auftauchen. Eine derartige Rekonstruktion der biographischen Bedeutungsvielfalt von Vereinen sowie der unterschiedlichen biographischen Verläufe innerhalb von Vereinen erfordert jedoch eine umfassende Analyse der Lebensgeschichten von Migranten sowohl hinsichtlich der Thematisierung des Migrationsverlaufs (biographische Ausgangssituation im Herkunftsland, Wanderungsverlauf, Eingliederungsprozeß in die Aufnahmegesellschaft) als auch mit Blick auf den Stellenwert und die Bedeutung von Vereinsbeteiligung und Vereinsbindung. Die Arbeit setzt daher auf biographische Detailstudien und bedient sich des Theorie- und Methodenreservoirs erziehungswissenschaftlicher Biographieforschung.

Exkurs II: Erziehungswissenschaftliche Biographieforschung

Die Biographieforschung hat nicht nur in den Sozialwissenschaften generell, sondern auch in der Erziehungswissenschaft seit den 1980er Jahren eine intensive Verbreitung gefunden und ist mittlerweile zu einem neuen Leitparadigma avanciert. Entsprechend vielfältig und unterschiedlich sind die methodischen Zugänge und behandelten Themen, die sich unter dem Etikett ‚Erziehungswissenschaftliche Biographieforschung' versammeln (vgl. Krüger/Marotzki 1995). Die Vielzahl der einschlägigen Publikationen hat daher gerade in den letzten Jahren zu einer umfassenden Sichtung der bisherigen Forschungsergebnisse geführt.[19]

Biographisch orientierte Forschungsansätze finden sich – neben entsprechenden Studien in der historischen Erziehungs- und Sozialisationsforschung, in der Kinder- und Jugendforschung sowie in der Hochschulsozialisationsforschung – vor allem im Bereich der Erwachsenenbildung.[20] Dabei liegt die Bedeutung des biographischen Ansatzes innerhalb der Erwachsenenbildung nicht nur in der häufigen Anwendung biographischer Methoden in der praktischen Bildungsarbeit oder in der theorieimmanenten Homologie von Bildungsprozessen und biographischen Verläufen. Das Reüssieren biographiebezogener Konzepte verdankt sich vielmehr auch allgemeineren gesellschaftlichen Tendenzen wie den Effekten wohlfahrtsstaatlicher Daseinsvorsorge, die das Individuum und seine grundgesetzlich garantierten Entwicklungsmöglichkeiten zum Kriterium ihrer Leistungserbringung machte.

Vorläufer der erwachsenenpädagogischen Biographieforschung war die Sozialisationsforschung, insbesondere die Erwachsenensozialisationsforschung und die Psychologie der Lebensspanne. Beide Forschungsrichtungen räumten mit dem bis dahin herrschenden Vorurteil auf, Erwachsene seien fertige (reife) Personen und könnten (müßten) nicht mehr lernen. Der traditionelle Erwachsenenbegriff, der durch das Kriterium des ‚Fertig-seins' Lernzumutungen delegitimierte und mit dem Rollenverhalten eines Erwachsenen für unvereinbar erklärte (vgl. Schulenberg 1968), wurde durch einen

---

19 Vgl. Krüger 1995, Schulze 1995 sowie die von der ‚Arbeitsgruppe Erziehungswissenschaftliche Biographieforschung' der Deutschen Gesellschaft für Erziehungswissenschaft herausgegebene ‚Magdeburger Bibliographie zur Biographieforschung'.
20 Einen Überblick zum Stand der Biographieforschung in der Erwachsenenbildung geben Alheit 1990, Nittel 1991, Kade/Nittel 1997, Kade/Seitter 1998a.

dynamischen Begriff des Erwachsenenseins ersetzt, der in seinem konstruktiven Charakter Platz ließ für vielfältige Lernmöglichkeiten und -notwendigkeiten auch im Erwachsenenalter. Wichtig für die Erwachsenenbildung wurde auch der Import von Konzepten der Lebenslaufforschung, die den Lebenslauf als soziale Institution mit den zentralen Strukturprinzipien der Verzeitlichung, Chronologisierung und Individualisierung betrachtete und in der Doppelung von institutionellem Programm (Lebenslauf) und subjektiver Konstruktion (Biographie) für die Erwachsenenbildung in zweifacher Weise anschlußfähig wurde (vgl. Kohli 1985).

Seit Beginn der 1980er Jahre entwickelte sich dann eine biographieorientierte Erwachsenenbildungsforschung, die unter Zuhilfenahme biographie- und kulturtheoretischer Konzepte die Adressaten von Erwachsenenbildung als lebensweltlich eingebundene biographische Subjekte thematisierte. Ihr Fokus war und ist vor allem die Frage, wie Biographien Erwachsener durch Erwachsenenbildung transformiert werden und sich in ihrem Kontext entwickeln. Gegenüber der eher (mikro-)didaktisch orientierten Frage zum biographischen Lernen und zur Optimierung teilnehmerorientierter Handlungsstrategien wird mit der bildungsbiographischen Akzentuierung ein Perspektivenwechsel vollzogen, insofern als die Biographien von Teilnehmern zum Ausgangspunkt genommen werden und gefragt wird, wie sie die Aneignung von Erwachsenenbildungsangeboten steuern. Dabei geht es nicht mehr um die einzelne Bildungsveranstaltung, sondern um das Geflecht von unterschiedlichen Bildungsgelegenheiten, das sich im Kontext biographisch gesteuerter Prozesse entwickelt. Dieser Perspektivenwechsel ist gerade den Bildungsprozessen Erwachsener angemessen, da deren Ordnung in institutioneller Hinsicht, anders als im Kontext der Schule, nicht mehr angemessen abbildbar, sondern nur auf der Ebene subjektiver, biographisch vermittelter Aneignungs- und Konstitutionsprozesse rekonstruierbar ist. Neben diesem Hauptstrang biographiebezogener Adressaten- und Teilnehmerforschung (vgl. u.a. Wolf 1985, Kade 1992a, Alheit 1993, Kade/Seitter 1996) liegt ein weiterer Schwerpunkt erwachsenenpädagogischer Biographieforschung in biographiebezogenen Professionsstudien, bei denen nicht nur die biographische Verarbeitung und Beeinflussung des erwachsenenbildnerischen Berufsalltags – etwa von hauptamtlich pädagogischen Mitarbeitern oder Kursleitern – rekonstruiert wird (vgl. Gieseke 1989, Kade 1989b), sondern auch die verschiedenen biographisch erworbenen Habitusformen von Erwachsenenpädagogen, die außerhalb des Bereichs öffentlicher Erwachsenenbildung – etwa in der betrieblichen Weiterbildung – tätig sind (vgl. Harney/Nittel 1995, Nittel/Marotzki 1996).

Auch in der erziehungswissenschaftlichen Migrationsforschung hat die biographische Perspektive in den letzten Jahren erheblich an Bedeutung gewonnen (vgl. Alheit 1990, S. 48ff.). Migrantenbiographien werden unter unterschiedlichen Perspektiven – Bildungs- und Berufskarrieren, Identitäts- und Integrationsprozesse, Remigration und Alter – untersucht (vgl.

u.a. Krasberg 1979, Apitzsch 1990, 1994a und 1994b, Steinhilber 1994). Allerdings zeigen sich gerade in der biographisch orientierten Migrationsforschung die Akzentuierungen der allgemeinen Migrationsforschung in besonderem Maße, da wiederum die zweite Generation – und hier vor allem junge Mädchen und Frauen der türkischen Bevölkerung – Gegenstand der Untersuchungen sind.[21] Innerhalb des Samples biographisch orientierter Migrationsstudien sind vor allem diejenigen Untersuchungen von – empirischem und theoretischem – Interesse, die Lebensläufe von Migranten nicht nach dem Defizitschema (Modernisierungsgefälle, Kulturgefälle) interpretieren und nach entsprechenden pädagogischen Betreuungskonsequenzen fragen,[22] sondern sich für die kreativen Potentiale solcher Lebensläufe interessieren, die häufig „quer zu den auf Normalbiographien aufsitzenden Laufbahnstrukturen liegen" (Apitzsch 1994b, S. 72). In einer derartigen Perspektive wird gerade die Frage nach den Lernorten und Lernstrategien interessant, mit denen Migranten ihren Lebensweg meistern und – häufig unabhängig von und in Distanz zu öffentlichen Bildungseinrichtungen und deren Betreuungsangeboten – für sich selbst Orte der „'formation attractif'" (Apitzsch 1993, S. 113) kreieren.[23]

Die vorliegende Untersuchung schließt im doppelten Sinn an diese kurz skizzierten Themenstränge erwachsenenpädagogischer Biographieforschung und biographisch orientierter Migrationsforschung an. Sie stellt einerseits erzählte Lebensgeschichten von Migranten in den Mittelpunkt und versucht, die subjektiv bedeutsamen Migrations-, Integrations- und teilweise Remigrationerfahrungen sowie die damit verbundenen Strategien des Umgangs mit Fremdheit, der Bewältigung von Anpassungsanforderungen, der Auseinandersetzung mit den eigenen Vergangenheits-, Gegenwarts- und Zukunftsentwürfen zu rekonstruieren. Andererseits fokussiert sie das vielfältige Geflecht der autodidaktischen und/oder institutionell vermittelten Lernerfahrungen und Lernleistungen, über das Migranten ihre Bildungsbiographie zusammensetzen. Im Vordergrund steht das kreative Potential der subjektiven Steuerungs- und Aneignungsleistungen im Rahmen dieser autodidaktischen und institutionellen Kontexte. *Eine* privilegierte und subjektiv bedeutsame Institution der ‚formation attrac-

---

21 Vgl. in diesem Zusammenhang auch die signifikanten Differenzen der themen- und nationalitätenspezifischen Verteilung in der Bibliographie von Schulz (1992) über Arbeitsmigrantinnen in der Bundesrepublik Deutschland.
22 Zur Diskussion über Defizitorientierung innerhalb der Migrationsforschung vgl. Anm. 3. Hinsichtlich der kritischen Einordnung qualitativer Methoden mit ihrer Betonung von kultureller Integration vgl. Radtke 1991.
23 Diese Verschiebung von einer defizitorientierten Betrachtungsweise hin zu einer dynamischen Einschätzung der Möglichkeitsspielräume von Biographien gerade auch unter Bedingungen gesellschaftlicher Restriktion ist in anderen erziehungs- und sozialwissenschaftlichen Feldern ebenfalls anzutreffen – wie beispielsweise in der Konzeption einer dynamischen Armutsforschung, die nach den Handlungsfähigkeiten und Handlungsmöglichkeiten von Menschen, die von Armut betroffen sind, fragt (vgl. Leisering 1995).

tif' von Migranten ist der eigenethnische Verein, dem in bildungsbiographischer Perspektive häufig eine zentrale Rolle zukommt als Ort der kollektiv organisierten Entlastung von Anpassungsleistungen, der polyfunktionalen Hilfestellung, der geselligen Freizeit sowie der lernenden und lehrenden Auseinandersetzung. Die Art und Weise, wie sich Migranten diese Institution biographisch aneignen und welche variablen Formen des Umgangs sie nutzen, ist erst über die biographische Analyse empirisch genauer zu klären.

2.3. Wechselseitige Verschränkung von Vereins- und Biographiebezug

Ziel der vorliegenden Arbeit ist es, die beiden – in den vorangegangenen Abschnitten skizzierten und üblicherweise getrennt behandelten – Forschungsansätze miteinander zu verbinden, d.h. eine *institutionengebundene Vereinsperspektive* mit einer *subjektbezogenen Biographieperspektive* zu verschränken. So sollen einerseits Biographien bzw. biographische Verläufe aus der Perspektive des Vereins, andererseits Vereine bzw. Vereinsverläufe aus der Perspektive der Biographie dargestellt werden. Die Biographie wird institutionell, der Verein biographisch prozessiert. Dieser Versuch einer inhaltlichen Perspektivenverschränkung ist gleichzeitig auch der Versuch einer methodischen Perspektivenverschränkung. Während die Annäherung an das Vereinswesen mit seinen organisatorischen und kulturellen Praktiken sich über Prozesse teilnehmender Beobachtung vollzieht, wird die Annäherung an die Biographien mit ihren Erzähl- und Reflexionsleistungen über das Medium narrativer bzw. thematisch offener Interviews versucht (zur genaueren methodischen Einbettung vgl. Kapitel 2, Abschnitt 2).

Beide inhaltliche Perspektiven – Institutionen- und Biographiebezug – verschränken und stabilisieren sich gegenseitig, ohne jedoch ineinander aufzugehen. Die Vereinsanalyse ist mehr als ‚nur' der Rekurs auf die biographischen Ressourcen der Vereinsgestaltung, die Biographieanalyse ist ebenfalls mehr als ‚nur' die Engführung des Vereinsthemas innerhalb der Biographie. So untersucht der vereinsbezogene Blick Dimensionen wie Geschichte, Zielsetzungen, Organisationsstruktur, Vereinsaktivitäten, Finanzierung, Mitgliederstärke, Altersstruktur, Generationenbindung oder Vernetzung mit der Außenwelt, der biographiebezogene Blick dagegen Etappen des Migrationsverlaufs und ihre Bedeutungszuweisung durch den Erzähler, Integrationsprozesse und Diskriminierungserfahrungen, Bildungsanstrengungen und soziale Netze. In der gegenseitigen Verschränkung von Vereins- und Biographieperspektive ist der Verein eine Institution, die mit ihren Angeboten auf die Biographien ihrer Mitglieder Einfluß und Bezug nimmt bzw. von den biographischen Ressourcen ihrer Mitglieder abhängt. Der Verein schafft Raum und Zeit für Biographien, für biographische Prozesse: er bringt Individuen zusammen, fördert Interaktionen auf der face-to-face Ebene, gibt Möglichkeiten der Selbstpräsentation, des Erzählens, der Begegnung, des gemeinsamen Tuns, der Ausübung gemeinsamer Interessen. Er zieht Gruppengrenzen, bringt unterschiedliche Alter, Geschlechter und

Generationen zusammen, er schafft Geschichte, Gedächtnis, Tradition, aber auch Gegenwartsbindung und Zukunftsöffnung. Er stellt spezifische Formen der gesellschaftlich-geselligen Teilhabe bereit mit unterschiedlichen Zeitrhythmen und Verbindlichkeitsgraden. Er nutzt seine Mitglieder als Vereinsressource und bindet sie über Partizipation und ehrenamtliche Betätigung. Gleichzeitig hängt der Verein von der Freiwilligkeit und Variabilität der Bindungsgrade seiner Mitglieder ab, er steht und fällt mit ihrer Beteiligungsintensität und Beteiligungsquantität. Er ist abhängig von ihrer Geschichte und Biographie, von ihren persönlichen Präferenzen und wechselnden Interessen. In der gegenseitigen Verschränkung von Biographie- und Vereinsperspektive ist der Verein ein – biographisch mehr oder weniger bedeutsamer – Ort unter vielen anderen, der seine Attraktivität – je nach biographischen Phasen – erhöhen bzw. verlieren kann. Die Biographie stellt den Verein in einen Bedeutungszusammenhang, der seinen Sinn aus der je individuellen Lebensgeschichte gewinnt. Die Aneignung des Vereins durch die Biographie zeigt ein extrem variables Möglichkeitsspektrum, das Prozesse der Bindung und Lösung, des Engagements und der Distanz, des Hineinstrebens und Herausgehens, der Bedeutungszuweisung und Gleichgültigkeit umfaßt. Vereinskarrieristische Aneignungsprozesse sind ebenso möglich wie selektive, distanzierte Nutzung oder ambivalente Bindung. Der Verein kann als Dauerinstitution oder Durchgangsort, als Vermittlungsinstanz oder Aktivitätsanreger gleichermaßen biographische Relevanz gewinnen.

Dieses Wechselspiel unterschiedlicher Perspektiven sowohl in thematischer als auch methodischer Hinsicht, diese Kombination von institutionengebundener Vereinsperspektive und subjektbezogener Biographieperspektive, diese gegenseitige Verschränkung von Institution und Lebensgeschichte, von Verein und Biographie, von eigenethnischer Vereinskultur und bildungsbiographischer Reflexionsleistung, von institutioneller und biographischer Bewältigung eines sowohl kollektiven als auch individuellen Migrationsprozesses ist zentrales Anliegen *und* zentrale Herausforderung der vorliegenden Arbeit.

3. Migration als Bewältigung von Risiko

Die Modellierung von Migration als Spannungsverhältnis zwischen institutioneller und biographischer Bewältigung hat neben der Stärkung der subjektiv-intermediären Komponente den Vorteil, Anschlußfähigkeit an wichtige Stränge der gegenwärtigen sozialwissenschaftlichen Debatte zu gewährleisten wie beispielsweise die Diskussion um das Verhältnis von Institutionenbezug und Moderne, von Biographie und Moderne, von Risiko und Wählbarkeit, von Individualisierung und Transkulturalität. Im folgenden werden drei Thesen vorgestellt, die – vor dem Hintergrund der neueren Risikodebatte – Migration als Bewältigung von Risiko thematisieren und die sowohl den Institutionen- als auch den Biographiebezug von Migranten als Ausdruck spezifischer Strategien der Risikominimierung und des Umgangs mit (biographischer) Unsicherheit verstehen.

3.1. Migrantenbiographien als in gesteigertem Maße riskante Biographien

Ein wesentliches Charakteristikum moderner Biographien besteht darin, daß sie nicht mehr eingelagert sind in traditionale Sicherheiten und kosmologische Ordnungen, sondern geprägt werden durch permanente Zukunftsungewißheit, durch kulturelle Verunsicherungen sowie durch existentielle Risiken auf dem Arbeitsmarkt. Riskant sind Biographien vor allem aufgrund ihrer individuell zurechenbaren Entscheidungsoffenheit – eine Dimension, auf die gerade der sozialwissenschaftliche Risikobegriff abhebt, der Risiken „nicht einfach als *schicksalhafte Bedrohung*, sondern als *zu- und berechenbare Wagnisse*" (Bonß 1995, S. 51) begreift. Risiken sind spezifische Muster der Wahrnehmung und Verarbeitung von Unsicherheit, die sich von Gefahren sowohl durch ihre Handlungs- und Entscheidungsbezogenheit als auch durch ihre individuelle Zurechenbarkeit und Verantwortung unterscheiden.[24] Risiken haben dadurch einen Doppelcharakter: sie bedeuten Bedrohung und Chance gleichermaßen, in ihnen sind Mißerfolgs- und Erfolgsaussichten gleichermaßen gebündelt, sie sind ambivalent und mehrdeutig.

Modernisierungs- und risikotheoretisch sind Migrantenbiographien in gesteigertem Maße „riskante Biographien" (Kade 1997b), d.h. sie verkörpern in gesteigertem Maße allgemeine Signaturen der reflexiven Moderne wie Ungewißheit, Unsicherheit, Nicht-Wissen und Risiko. Sie sind „in gewissem Sinn ‚Vorgriffe' auf universalisierte gesellschaftliche Optionen an moderne Biographien schlechthin" (Alheit 1990, S. 51). Durch ihren Bezug auf *zwei* verschiedene Gesellschaften und Kulturen verfügen sie über eine Vervielfältigung von Handlungs- und Deutungsalternativen, sie sind ständig konfrontiert mit bereits realisierten anderen Möglichkeiten sozialer Ordnung. Ihr permanentes Changieren zwischen zwei Welten erhöht ihre Vergleichsmöglichkeiten und steigert ihre Erfahrung täglicher Kontingenz. Phänomene kultureller Entzauberung treffen sie besonders stark, da das Zerbrechen traditionaler Selbstverständlichkeiten sich nicht innerhalb ihrer Herkunftsgesellschaft durch entsprechende mehr oder weniger evolutionäre Prozesse vollzieht, sondern z.T. brüsk und unvermittelt durch die biographische Auseinandersetzung mit gesellschaftlichen Alternativen.

Migration kann daher als das gleichzeitige Verwiesensein auf die Herkunfts- und Aufnahmegesellschaft beschrieben werden mit großen Unsicherheitspotentialen und ungewissen Zukunftsperspektiven – gerade auch gemessen an den relativ bekannten Ausgangsbedingungen in der Herkunftsgesellschaft. Zugleich impliziert der gesellschaftliche Kontextwechsel eine Steigerung von Begründungsnotwendigkeiten und -pflichten sowohl dem Heimat-

---

24 Zum Risikobegriff der Moderne in Abgrenzung zum Gefahrenbegriff vgl. Luhmann 1990 und 1991, Bonß 1991 und 1995. Zum Risikobegriff als einem gesellschaftlichen Schlüsselbegriff vgl. auch Beck 1986, Beck/Beck-Gernsheim 1994.

als auch dem Aufnahmeland gegenüber (vgl. Fritze 1996). Weder die Potenzierung von Unsicherheit durch die Vervielfältigung von Handlungsoptionen noch der gesteigerte Begründungsaufwand sind mit institutionalisierten Formen der Lebenslaufregulierung bearbeitbar, wie sie sich in den jeweiligen Bezugsgesellschaften ausgebildet haben.[25] Denn Migration bedeutet ja gerade das Durchbrechen institutionalisierter Normallebensläufe durch das Wagnis, in die Fremde zu gehen. Zunehmende Wahlmöglichkeit – und damit zunehmende Individualisierung – korreliert daher mit zunehmender biographischer Unsicherheit.

Dieser mit der Migration verbundene Entscheidungs- und Unsicherheits-, aber auch Erwartungs- und Anpassungsdruck erfordert spezifische Strategien der Risikominimierung, Komplexitätsreduktion und Verhaltensvereinfachung. Solche Strategien können sein: Mobilisierung persönlich-familiärer Hilfsnetze; Solidarisierung unter denjenigen, welche von den gleichen Erfahrungen betroffen sind; Selbstorganisation innerhalb des eigenethnischen Vereinswesens als Möglichkeit der sozialen Reintegration; Aufrechterhaltung von Beziehungen zum Heimatland als dem bewahrten Bestand traditioneller Unverbrüchlichkeit. Der Bezug zu den eigenen Landsleuten, die Nutzung von Herkunftsbindungen und die Selbstverständlichkeiten des gewohnten sozialen Raumes reduzieren einerseits biographische Unsicherheit, entlasten von gesellschaftlichen Begründungspflichten und stellen Möglichkeiten der Einbindung in die Aufnahmegesellschaft bereit. Andererseits bleiben auch diese Strategien der (Re-)Aktualisierung von Herkunftsbindungen als Formen des Umgangs mit Risiko und Fremdheit in der Migrationssituation tendenziell prekär und von Unsicherheit bedroht: denn auch sie können erodieren durch massive Remigrationsprozesse, die die soziale Basis und Funktionsfähigkeit derartiger Strategien unterminieren, durch mehr oder weniger schleichende Veränderungen innerhalb des Vereinswesens, das durch den möglichen Verlust seiner Funktionsvielfalt in seiner Bindungskraft reduziert wird, oder durch Entfremdungsprozesse dem Herkunftsland gegenüber, das durch sprachlich-gesellschaftliche Verschiebungen, soziale Besitzansprüche oder Stigmatisierungspraktiken seitens der Nichtmigrierten in seinem Nimbus als unverbrüchliche Heimat entzaubert wird.

3.2. *Migrantenbiographien als in gesteigertem Maße institutionengeprägte Biographien*

Migrantenbiographien sind in ein vielfältiges Institutionennetz eingebunden, das aus unterschiedlichsten Perspektiven Einfluß auf Migrationsverläufe zu nehmen sucht: das Heimatland über Institutionen wie Botschaften, Konsulate,

---

25 Zur Diskussion um den Normallebenslauf und seine Erosion vgl. Kohli 1985, Wohlrab-Sahr 1992a, Mayer/Müller 1994.

politische Parteien und religiöse Vereinigungen, das Aufnahmeland über einwanderungs-, ordnungs- und arbeitsrechtliche Kontrollbehörden wie Ordnungsamt, Polizei und Arbeitsamt sowie über Einrichtungen sozialpolitischer Betreuung wie Wohlfahrtsverbände und Kirchen. Zwischen beiden steht das eigenethnische Vereinswesen als organisatorische Eigenleistung von Migranten und als biographisch bedeutsamer Bewältigungs- und Verarbeitungsort von Migrationserfahrung.

Diese unterschiedlichen Institutionalformen prägen jedoch nicht nur die Lebensläufe von Migranten, sondern sind ihrerseits bezogen auf biographische Perspektiven und Veränderungsprozesse seitens der Individuen. Dieses gegenseitige Abhängigkeits- und Bedingungsverhältnis von Institution und Biographie zeigt sich insbesondere in der spannungsreichen Wechselwirkung vereinsgeprägter Biographien und biographiegeprägter Vereine. Migrantenbiographien vollziehen sich häufig in Auseinandersetzung mit und in enger Bindung zu Vereinen. In der Erzählung von Lebensgeschichten werden Prozesse der Bindung und Lösung deutlich, in denen sich sowohl der Verein als auch die Biographie verändern. In den unterschiedlichen Wechselbeziehungen zwischen Biographien und Vereinen gibt es sowohl parallele als auch zeitverschobene oder entgegengesetzte Verläufe. So wie der Verein in Abhängigkeit von Biographien beschrieben werden kann, so kann die Biographie in Abhängigkeit von Vereinen thematisiert werden. Migrantenbiographien und Vereinsbiographien sind daher aufeinander beziehbar als *institutionenabhängige Biographien* und *biographieabhängige Institutionen*.[26]

Institutionen – und Vereine – können für Biographien ganz unterschiedliche Funktionen übernehmen. Sie können sich sowohl an teleologischen Vorstellungen der Steigerung und Dynamisierung gesellschaftlicher Verhältnisse und individueller Biographien orientieren als auch mit Hilfe eher zirkulärer Leitbilder Angebote zur Fortsetzung, Erhaltung und Wiederholung des Lebens

---

26 Die Biographieabhängigkeit von Institutionen wird gerade auch in neueren Untersuchungen zur erwachsenenpädagogischen Biographieforschung betont (vgl. Kade/Seitter 1998a). Ihr Fokus bzw. ihre zentrale These ist nicht die Abhängigkeit der Biographien von der Erwachsenenbildung, sondern umgekehrt die Abhängigkeit der Erwachsenenbildung(-sorganisationen) von den Biographien, d.h. die Biographisierung der Erwachsenenbildung. Biographien kommen somit nicht als Resultat (oder auch Voraussetzung) von Erwachsenenbildung in den Blick, sondern als eine der zentralen Ressourcen, mit der Erwachsenenbildungseinrichtungen und ihre Akteure operieren. Die Biographieabhängigkeit institutionell-organisatorischer Zusammenhänge und didaktischer Konzepte ist mittlerweile nicht nur für den Bereich der alternativen selbstorganisierten Projekte nachgewiesen (vgl. Beyersdorf 1991, Becher/Dinter 1991), sondern auch für den Bereich der etablierten traditionellen Erwachsenenbildungsinstitutionen, wie Untersuchungen von Kursleitern an Volkshochschulen (vgl. Kade 1989b) und von ehrenamtlichen Mitarbeitern in der evangelischen Erwachsenenbildung (vgl. Harney/Keiner 1992) zeigen. Von besonderer Brisanz wird die Biographieabhängigkeit von Erwachsenenbildungseinrichtungen dort, wo Prozesse der Organisationsentwicklung – und damit der stärkeren Rationalisierung und Ökonomisierung – durch ein konträres pädagogisch-professionelles Selbstverständnis der eigenen Arbeit abgebremst werden (vgl. Scherp 1997).

organisieren.²⁷ In einer unübersichtlich und überkomplex gewordenen Moderne haben Institutionen – und so auch das eigenethnische Vereinswesen – jedoch vor allem Entlastungs- und Scharnierfunktionen, indem sie den von außen kommenden Einflüssen Grenzen setzen, einen Binnenraum, in dem eigene Lebensstile und Werte realisiert werden können, organisieren, vor Irritationen schützen und die Wiederherstellung des eigenen sozialen Raumes im Kleinformat ermöglichen (vgl. Heidenreich 1993, S. 234). Diese Entlastungs- und Sicherheitsfunktion von Institutionen sowie parallel dazu das Zugehörigkeitsvotum der Individuen den Institutionen gegenüber begründen ein Tauschverhältnis, dessen Modernität sich daran bemißt, daß „eine gewisse Freiwilligkeit auf seiten der Individuen [herrscht], die nun zunehmend und oft von Fall zu Fall entscheiden müssen, ob sie sich auf einen solchen Tausch einlassen wollen" (Hitzler/Koenen 1994, S. 456).

Sowohl hinsichtlich der Ambivalenz von Zielperspektiven als auch in Bezug auf die Möglichkeiten variabler Nutzung und Zugehörigkeit können eigenethnische Institutionalformen auf einer Zwischenposition zwischen Öffnung und Schließung, Steigerung und Fortsetzung, Dynamisierung und Konservierung, Freisetzung und Bindung angesiedelt werden. Migrantenvereine verkörpern nicht die Herkunftsgesellschaft im Aufnahmeland, sondern sind vielfältig mit der Aufnahmegesellschaft verbunden und amalgamiert. Ihre Stellung ist ambivalent und polyfunktional, sie repräsentieren die Gleichzeitigkeit von Modernisierung und Traditionsverhaftung, von Individualisierung und Kollektivierung, von Optionsvielfalt und deren Reduzierung. Die Bindung von Migrantenbiographien an den Verein sowie die biographische Prägung durch den Verein könnten daher als empirischer Beleg für die These Hondrichs interpretiert werden, daß die „Vervielfältigung von gewählten Zukunftsbindungen" – im Sinne von Modernisierung, Individualisierung und Risikosteigerung – „nicht nur zu deren Verwandlung in gewählte Herkunftsbindungen [führt], sondern auch zur Reproduktion und gesteigerten Relevanz von nichtwählbaren Herkunftsbindungen" (Hondrich 1996, S. 36) – im Sinne von Traditionalisierung, Kollektivierung und Risikominierung –.

3.3. Migrantenbiographien als in gesteigertem Maße Bildungsbiographien

Migrantenbiographien sind in gesteigertem Maße Bildungsbiographien, da für sie Lernen und der Umgang mit Nicht-Wissen eine privilegierte Strategie in der Auseinandersetzung mit und in der Bewältigung von Fremdheitserfahrungen und Anpassungsprozessen darstellt. Nicht Wissen und souveräner Um-

---

27 Zur Diskussion um die – janusköpfige – Funktion und Bedeutung von Institutionen in der reflexiven Moderne vgl. Rehberg 1990, Hitzler/Koenen 1994.

gang stellen zentrale Bezugspunkte ihrer Bildungsbiographien dar, sondern das vielfältig erfahrene Nicht-Wissen und die damit verbundenen Erleidensprozesse. Bildungsbiographien von Migranten sind häufig nicht durch staatlich-öffentliche Bildungseinrichtungen und institutionell vorgegebene Karrieremuster geprägt, sondern setzen sich vielmehr wie ein Puzzle oder Mosaik aus den unterschiedlichsten autodidaktischen, personen-, familien- oder peer-group-gestützten Lernbestrebungen zusammen. Sie verfügen häufig nicht über einen linear konzipierten und individuell als Steigerung erlebten Bildungsprozeß, sondern über eine Kontinuität autodidaktischer Anstrengungen, da vielfach die schulisch-berufliche Erstausbildung in den Herkunftsländern aufgrund einer mangelhaften öffentlichen Unterrichtsversorgung defizitär bleibt.

Die Kontinuität autodidaktischer Lernanstrengungen wird in der Migrationssituation durch den Verein transformiert, auf Dauer gestellt und kollektiviert. Der eigenethnische Verein ist für viele Migranten derjenige institutionelle Ort, der für eine Beteiligungskontinuität sorgt und deshalb auch für systematischere und weitergehende Lernerfahrungen genutzt werden kann. Gleichzeitig ermöglicht der Verein auch einen Übergang vom Lernen zum Lehren, von der Aneignung zur Vermittlung und Weitergabe von Wissen. Der Verein ist nicht nur Auffangbecken der vielfältigen, dem Verein vorgelagerten individuellen Lernanstrengungen, sondern auch Transmissionsriemen und Verteilernetz ebendieses Erfahrungspools zum Zwecke der vereinsintegrierten Stabilisierung der Migrantenkolonie.

Bildungsbiographien von Migranten werden zusätzlich geprägt durch die Permanenz biographischer Reflexion, da die Migrationserfahrung biographische Selbstvergewisserung und Standortbestimmung zwischen Herkunftsland und Aufnahmeland sowohl provoziert als auch potenziert und biographische Reflexion als Lernanlaß verstanden werden kann. Diese Reflexionsintensität von Migrantenbiographien führt zu biographischen Bilanzierungen und Selbstvergewisserungen, die Lernerfolg nicht so sehr an bestimmte kulturell etablierte Zeitordnungen und damit verbundene regulative Normen, an Karrieren als institutionell fixierte Ablaufprogramme koppeln, sondern sich an dynamischeren und individuell auslegbaren Kriterien wie Veränderungs- und Lernbereitschaft, bewältigte Grenzerfahrung und Grenzüberschreitung orientieren. Migrationsbiographien weisen diskontinuierliche komplexe Karrierepfade auf, die sich nicht an den ungleich rigideren Strukturmerkmalen ‚erfolgreicher' Normalberufsbiographien messen lassen (vgl. dazu Giegel 1995), sondern deren Bedeutung in den geeigneten Formen des Umgangs mit Unsicherheiten und Strukturbrüchen, also in der erfolgreichen Handhabung von Diskontinuität, liegt (vgl. Wohlrab-Sahr 1995). Bildungsbiographisch stellt daher gerade die Bewältigung von Unsicherheit eine – wenn nicht die – zentrale Lernleistung dar, die reflexiv eingeholt wird in der Konstruktion der eigenen Biographie als Bewältigungsaufgabe und Lernprozeß trotz nachteiliger Startvoraussetzungen.

Zweites Kapitel: Durchführung der Studie

1. Vereinskulturen und Bildungsbiographien spanischer Migranten in Frankfurt am Main als empirischer Untersuchungsgegenstand

Eine hinreichend detaillierte Studie über Migrantenvereine und biographische (Bildungs-)Prozesse in und mit Migrantenvereinen kann nicht auf einem allgemeinen Untersuchungsniveau über ‚Vereine' und ‚Migranten' verbleiben, sondern muß ihr Untersuchungsfeld hinreichend konkretisieren und spezifizieren. Daher nimmt die vorliegende Studie hinsichtlich ihres empirischen Untersuchungsgegenstandes eine zweifache Eingrenzung vor: zum einen eine *nationalitätenspezifische* auf Vereinskulturen und (Bildungs-)Biographien *spanischer* Migranten, zum anderen eine *geographische* auf den konkreten lokalen Raum der *Stadt Frankfurt am Main*.

1.1. Nationalitätenspezifische Eingrenzung auf spanische Migranten

Die Wanderungsverläufe, Integrationsprozesse, Vereinskulturen und biographischen Werdegänge spanischer Migranten sind unter erziehungswissenschaftlicher Perspektive bislang nur selten untersucht worden, obwohl Spanier neben den Italienern die älteste Migrantengruppe in Deutschland darstellen. Spanier gelten als unproblematische, gut angepaßte, unsichtbare Personengruppe und Minderheit, deren Erforschung nicht unter der Perspektive gesellschaftlicher Konfliktlösung rubriziert wird und daher auch keine politisch legitimierten Anstöße erfährt. Neben kurzen Überblicksartikeln (vgl. Harms 1984, Romano-García 1995) gibt es eine Reihe von – z.T. bereits in den 1960er Jahren erschienenen – Monographien, die sich allgemein der Integrationsproblematik widmen und dabei vor allem Faktoren wie Herkunftsprägung, Arbeits- und Wohnsituation, Sprachkenntnisse, Gesundheitszustand, etc. berücksichtigen (vgl. Mülhaupt-López 1966, Jung 1978, Breitenbach 1982, Sánchez-Otero 1984, Sayler 1987). In erziehungswissenschaftlicher Perspektive dominieren Beiträge über die (Schul- und Sozialisations-)Bedingungen von Kindern und Jugendlichen sowie deren Arbeits- und Berufsperspektiven (vgl. Hohmann 1971,

Ramírez 1972, Schmidtke 1978, Lopéz-Blasco 1983, Bee 1994). Bildungs- und Freizeitaktivitäten von Erwachsenen bzw. Migranten der ersten Generation sind bislang dagegen kaum erforscht worden (vgl. als Ausnahme Sánchez-Otero 1984), Aussagen finden sich lediglich im Bereich von Befragungen und Selbsteinschätzungen (vgl. Aguirre 1979 und 1989) bzw. in vereinzelten Berichten über Aktivitäten selbstorganisierter Vereine (s.u.).

Für die Konzentration auf spanische Migranten waren im wesentlichen drei Gründe entscheidend: die im Verhältnis zu anderen Migrantengruppen untypischen und gegenläufigen demographischen Verschiebungen der spanischen Bevölkerung (starker quantitativer Rückgang bei gleichzeitig hoher Verweildauer), ihr hoher Grad an Selbstorganisation und verbandlicher Integration sowie die Sprachenkenntnisse des Autors.

1.1.1. Demographische Entwicklungen

In demographischer Hinsicht unterscheiden sich spanische Migranten im Vergleich zu Migranten aus anderen Anwerbestaaten der 1960er Jahre in zweifacher Weise signifikant: Zum einen sind die spanischen Wanderungssaldi seit dem Ölschock (1973) und der daraus resultierenden Wirtschaftskrise negativ, d.h. seit diesem Jahr ist ein stetiger Rückgang der spanischen Bevölkerungsgruppe von ca. 287.000 auf derzeit ca. 132.000 zu verzeichnen. Zum anderen weisen die in Deutschland verbliebenen Spanier eine enorm hohe Verweildauer auf, so daß mittlerweile mehr als 60% der Spanier seit mehr als zwanzig Jahren ununterbrochen in Deutschland leben.

Bis 1973 zeigten auch die spanischen Migranten die typischen demographischen Charakteristika einer unter dem Leitprinzip der Rotation organisierten Anwerbestrategie: starkes Wanderungsvolumen, hohe Rückkehrquote, kurze Aufenthaltsdauer, großer Anteil männlicher und/oder lediger Migranten. Zwischen 1960 und 1973 kamen insgesamt 749.163 Spanier nach Deutschland, während im gleichen Zeitraum 491.990 Spanier wieder nach Spanien zurückkehrten, was einer Rotationsquote von 65.67% entspricht.[28] Dieser Pro-

---

28 Gesamtzahl der Spanier sowie Zu-/Wegzüge von Ausländern zwischen der Bundesrepublik und Spanien

	Gesamtzahl	Zuzüge	Wegzüge	Saldo	Rotationsindex
1960	-	31.233	3.379	27.854	10.81
1961	44.200	55.967	12.118	43.849	21.65
1962	-	62.561	20.847	41.714	33.32
1963	-	62.134	34.095	28.039	54.87
1964	-	81.818	40.853	40.965	49.93
1965	-	82.324	48.641	33.683	59.08
1966	-	54.363	68.890	-14.527	126.72
1967	177.000	17.012	67.725	-50.713	398.10
1968	175.000	38.042	26.643	11.399	70.03
1969	206.900	59.273	25.609	33.664	43.20

zentsatz liegt zwischen den Rotationsindices anderer vergleichbarer Migrantengruppen, die insgesamt allerdings eine große Spannbreite aufweisen: Italiener ca. 80% bei einem Gesamtzuzugsvolumen von ca. 2.449.000, Griechen ca. 59% bei einem Gesamtzuzugsvolumen von ca. 812.000 und Portugiesen ca. 31% bei einem Gesamtzuzugsvolumen von ca. 170.000 Personen. Ab 1974 sind die spanischen Wanderungssaldi bis heute negativ, wobei die größte Rückkehraktivität in den 1970er Jahren aufgrund der Ölkrise und des Anwerbestopps sowie augrund des Demokratisierungsprozesses in Spanien nach dem Tode Francos (1975) zu verzeichnen ist. Ein erneuter kurzer Höhepunkt wird mit der Rückkehrförderung durch die deutsche Regierung in den Jahren 1982-85 erreicht.[29] Insgesamt verringert sich die spanische Bevölkerung seit ihrem quantitativen Höchststand im Jahre 1973 um mehr als die Hälfte, ihr relativer Bedeutungsverlust fällt noch größer aus, da sich der Anteil der spani-

	Gesamtzahl	Zuzüge	Wegzüge	Saldo	Rotationsindex
1970	245.500	61.318	31.939	29.379	52.08
1971	270.400	52.434	35.924	16.510	68.51
1972	267.200	44.450	36.124	8.326	81.26
1973	287.000	46.234	39.203	7.031	84.79
Summe:		749.163	491.990	257.173	65.67

Vgl. Leib/Mertins 1980, S. 198 sowie die entsprechenden statistischen Jahrbücher für die Bundesrepublik Deutschland. Während die Zu- und Wegzüge sehr genau erfaßt sind, gibt es bezüglich der Gesamtzahl spanischer Einwohner z.T. beträchtliche Schwankungen. In den statistischen Jahrbüchern nur ungefähre Angaben gemacht, die sich z.T. auf unterschiedliche Zeitpunkte der Zählung beziehen, so daß die Zuwächse bzw. Abnahmen in den Spalten Gesamtzahl und Saldo nicht übereinstimmen. Die nicht spanischen Wanderer zwischen Spanien und der Bundesrepublik fallen quantitativ kaum ins Gewicht, so daß nahezu von einer Identität von Spaniern und Ausländern gesprochen werden kann.

29 Gesamtzahl der Spanier sowie Zu-/Wegzüge von Ausländern zwischen der Bundesrepublik und Spanien

	Gesamtzahl	Zuzüge	Wegzüge	Saldo	Rotationsindex
1974	272.700	13.760	47.574	-33.814	345.74
1975	247.400	7.606	40.077	-32.471	526.91
1976	219.400	6.269	32.780	-26.511	522.89
1977	201.200	5.641	24.543	-18.902	435.08
1978	188.900	5.277	17.447	-12.170	330.62
1979	182.200	5.049	12.139	-7.090	240.42
1980	180.000	5.402	10.001	-4.599	185.13
1981	177.000	5.674	8.899	-3.225	156.83
1982	173.500	3.781	10.392	-6.611	274.84
1983	166.000	2.829	10.091	-7.262	356.69
1984	158.800	3.052	9.195	-6.143	301.27
1985	152.800	3.233	7.749	-4.516	239.68
1990	135.500	4.438	6.111	-1.673	137.69
1994	132.400	6.023	7.626	-1.603	126.61
1995	132.300	7.171	7.154	17	99.76

Vgl. Leib/Mertins 1980, S. 198 sowie die entsprechenden statistischen Jahrbücher für die Bundesrepublik Deutschland.

schen Bevölkerung an der ausländischen Gesamtbevölkerung von 7.23% (1973) auf 1.84% (1995) reduziert. Diese Zahlen stehen in starkem Konstrast zu den andern Vergleichsgruppen: Italiener, Griechen und Portugiesen haben seit 1986/ 87 wieder positive Wanderungsbilanzen mit z.T. hohen Zuzugskontingenten. Alle drei Gruppen sind quantitativ mehr oder weniger auf dem Stand von 1973[30] und haben dementsprechend auch in ihrer relativen Stärke weniger abgenommen. Aufgrund dieses absoluten und relativen Bedeutungsverlustes ist für die spanische Bevölkerung Remigration ein gegenwärtiges und brisantes Lebensthema. Denn im spanischen Fall liegen die für viele Migranten typischen Rückkehrabsichten nicht in einem zukünftigen – und möglicherweise idealisierten – Raum, sondern haben sich im Gegenteil schon in einem Maße realisiert, daß Remigration zur empirisch sich durchsetzenden Norm ihrer Lebensentwürfe geworden ist.[31]

Im Gegensatz zu ihrem quantitativen Bedeutungsverlust weisen Spanier allerdings eine vergleichsweise weitaus höhere Verweildauer auf. So lebten 1985 40.54% der in Deutschland verbliebenen spanischen Migranten seit mehr als fünfzehn Jahren in Deutschland, 1993 hielten sich sogar 60.94% seit mehr als zwanzig Jahren in der Bundesrepublik auf. Damit unterscheiden sich Spanier signifikant von Italienern, Griechen und Portugiesen, deren Vergleichswerte bei 31.55% bzw. 46.60% (Italiener), 31.23% bzw. 47.89% (Griechen) und 12.36% bzw. 38.16% (Portugiesen) liegen (vgl. Statistisches Jahrbuch BRD 1984, S. 68 und 1995, S. 67). Die Mehrheit der spanischen Bevölkerung stammt somit aus den Wanderungsbewegungen der 1960er Jahre mit einer starken Tendenz zum kontinuierlichen Aufenthalt in der Bundesrepublik.

1.1.2. Selbstorganisation

In vereinsorganisatorischer Hinsicht weisen spanische Migranten – ebenfalls im Vergleich zu anderen Migrantengruppen – einen hohen Selbstorganisationsgrad auf. Seit den 1960er Jahren haben sie mit ihren *Casas, Círculos* und *Centros* ein differenziertes und eigenständiges Vereinswesen etabliert, das z.T. parallel und in Konkurrenz zu den Aktivitäten und Dienstleistungen der für die Spanier zuständigen in- und ausländischen Betreuungsinstanzen (Caritasverband, kommunale Behörden, Spanische katholische Mission, Spanische Konsulate) vielfältige Vergemeinschaftungs-, Geselligkeits- und Bildungsangebote integriert. Besonderes Gewicht hat dabei die verbandliche Integration des spanischen Vereinswesens innerhalb des *Bundes spanischer Elternvereine* (Confe-

---

30 Die Italiener haben sich von 622.000 (1973) auf 586.100 (1995) leicht verringert, ebenso die Griechen von 399.200 (1973) auf 359.600 (1995), während die Portugiesen von 111.700 (1973) auf 125.700 (1995) leicht zugenommen haben. Vgl. Statistisches Jahrbuch BRD 1974, S. 51 und 1996, S. 68.
31 Aus diesem Grund beschäftigt sich auch eine Reihe von Untersuchungen mit den Remigrationsproblemen von Spaniern. Vgl. GERM 1979, Díaz Díaz 1991. Zum Problem der Rückkehrabsicht von Migranten generell vgl. Mihiçiyazgan 1989, Pagenstecher 1996.

deración de Asociaciones Españolas de Padres de Familia) und des *Bundesverbandes spanischer sozialer und kultureller Vereine* (Coordinadora Federal del Movimiento Asociativo Español). Dieses vielfältige Vereinswesen ist – abgesehen von einer Studie über den spanischen Elternverein (vgl. Breitenbach 1979) – kaum Gegenstand wissenschaftlicher Erforschung geworden, sondern nur über gelegentliche Erfahrungsberichte und kurze Überblicksdarstellungen dokumentiert (vgl. Kowalski 1977, Delgado 1980, Schneider-Wohlfahrt 1980, Thränhardt 1985, Breitenbach 1986, Díaz Díaz 1987).

Die Entwicklung und Ausdifferenzierung des spanischen Vereinswesens hing eng mit den allgemeinen makroökonomischen und makropolitischen Rahmenbedingungen sowohl in Spanien als auch in Deutschland zusammen. In den 1960er Jahren war das spanische Vereinswesen zugeschnitten auf die Bedürfnisse der Rotationssituation mit ihrer kurzzeitigen Zeitperspektive. Die Vereine widmeten sich daher zuerst und vor allem den unmittelbaren Arbeits- und Alltagsproblemen ihrer Landsleute bei der Arbeitssuche, der Wohnungsvermittlung oder bei Behördengängen. Daneben boten sie unterschiedliche Möglichkeiten der elementaren Aus- und Weiterbildung (Nachholen von Haupt- oder Realschulabschlüssen), des Erlernens der deutschen Sprache oder der Vermittlung beruflicher Kenntnisse. Desweiteren gaben die Vereine Raum für Geselligkeit und Freizeit sowie für Formen der Aufrechterhaltung der eigenen Sprache und Kultur durch Vorträge, Filmabende, Ausstellungen, etc. Schließlich stellten sie Foren der politischen Bildung und Diskussion bereit mit einer starken Ausrichtung auf die sozialen und politischen Probleme Spaniens während der Franco-Diktatur.

In den 1970er Jahren intensivierten die Vereine vor allem ihre politische Bildungsarbeit. Einerseits wurden sie zunehmend zu Stätten demokratischer Bewußtseinsbildung, zu Orten politischer Exilkultur und zu Artikulationszentren gegen Verhaftung, Folter und Hinrichtung politisch unliebsamer Gegner der Franco-Diktatur.[32] Andererseits waren die Vereine aber auch Orte der Einübung in organisatorisch-administrative Fähigkeiten, so daß für viele Remigranten, die nach 1975 in Spanien rasch bedeutende politische und soziale Funktionen übernahmen, die Vereine als Übungsfeld und Mobilitätsschleuse fungierten. Bei denjenigen Spaniern, die mit der Zeit eine dauerhafte Bleibeperspektive für sich in Deutschland als realistisch erkannten, kam es neben der spanienbezogenen politischen Bildungsarbeit zu einer immer stärkeren Interessenverschiebung hin auf die Probleme und Belange der Aufnahmegesellschaft. Diese Aufgaben- und Interessenverschiebung läßt sich besonders deutlich an einem neuen Vereinstypus, den sog. Elternvereinen, aufzeigen, die in den 1970er Jahren an vielen Orten gegründet wurden. Den Elternvereinen ging es vor al-

---

32 Dieses politische Engagement ist auch vor dem Hintergrund zu sehen, daß gerade in der Endphase der Franco-Herrschaft noch mehrere spektakuläre Hinrichtungen politischer Gefangener trotz massiver weltweiter Proteste durchgesetzt wurden und daß gerade die spanischen Migrantenvereine vehement gegen diese Form von Staatsterror ankämpften und vielen antifrankistischen Intellektuellen ein Forum zur Diskussion ihrer Vorstellungen und Ideen boten.

lem um die Beseitigung schulischer Diskriminierung und um die Durchsetzung einer möglichst guten schulischen Ausbildung für die eigenen Kinder. Dabei plädierten die spanischen Eltern von Anfang an für die Integration in die deutsche Regelschule bei gleichzeitiger Förderung des muttersprachlichen Zusatzunterrichts. Diese doppelte Strategie der schulischen Integration bei gleichzeitiger Bewahrung des eigenen Kulturerbes kennzeichnet die Elternvereine bis heute, die sich neben der Elternberatung, Hausaufgabenhilfe und schulischen Interessenvertretung zunehmend auch der umfassenden Pflege spanischer Kultur durch Feste, Ausstellungen, Theater- und Musikgruppen widmen.

In den 1980er Jahren standen viele Vereine vor der schwierigen Aufgabe des Generationenwechsels, d.h. der Übergabe der Vereinsleitung in die Hände der nachfolgenden Generation. Dieser Umbruch hing vor allem mit dem demographischen Strukturwandel der Vereine zusammen, der sich gegenwärtig noch verstärkt: Die erste Generation befindet sich bereits im Rentenalter oder im Vorruhestand, sie peilt die Rückkehr nach Spanien an oder ist bereits zurückgekehrt und zieht sich allmählich von der aktiven Vereinsarbeit zurück. Die dritte Generation ist in der deutschen Sprache und Gesellschaft heimischer als in der spanischen, sie geht häufig eigene Wege, hat nicht mehr die Probleme der (Groß-)Eltern und kennt Spanien vor allem als angenehmen Ferienaufenthalt. Die Vereine sehen sich deshalb mit der Aufgabe konfrontiert, das kollektive Gedächtnis spanischer Tradition und Kultur wach und lebendig zu halten und gleichzeitig die jüngere Generation durch entsprechende Angebote in die eigene Vereinsarbeit einzubinden. Neben und parallel zu diesem Generationenumbruch suchen viele Vereine auch eine stärkere Einbindung in die lokale Stadtteilkultur durch Beteiligung an den entsprechenden Vereinsringen, intensivieren die Zusammenarbeit mit anderen spanischen oder ausländischen Gruppen und streben eine verstärkte Einbeziehung sowohl von Deutschen als auch von Hispanoamerikanern in das Vereinsleben an. Das Spannungsfeld, in dem die Vereine insgesamt stehen, ist somit gekennzeichnet von Generationenumbruch, Stadtteilkulturarbeit und sozialer Öffnung bei gleichzeitiger Bewahrung und Verlebendigung der eigenen Tradition, Sprache und Geschichte.

1.1.3. Fremdsprachliche Kompetenzen

Neben diesen beiden Spezifika lag ein weiterer wesentlicher Grund für die Wahl spanischer Migranten in den fremdsprachlichen Kompetenzen des Autors: eine Studie über das eigenethnische Vereinswesen und über Migranten der ersten Generation ist nach Meinung des Autors nur zu leisten, wenn seitens des Forschers die sprachlichen Voraussetzungen gegeben sind, sich ohne Probleme in der Muttersprache der untersuchten Migrantengruppe zu unterhalten. Kennzeichen des eigenethnischen Vereinswesens ist gerade die starke muttersprachliche Ausrichtung, d.h. das Vereinsleben läuft – insbesondere für die Migranten der ersten, aber auch der zweiten Generation – fast ausschließlich in der Muttersprache ab, erst die dritte Generation präferiert mehrheitlich das Deutsche. Teilnehmende Beobachtung und sprachlicher Nachvollzug innerhalb des eigenethnischen Vereinswesens sind daher nur mit entsprechenden Sprachkenntnissen möglich. Fast noch wichtiger sind derartige Kompetenzen im Rahmen qualitativer Interviews, in denen bei Stegreiferzählungen die eigenen Relevanzsetzungen und Bedeutungsnuancen nur in der Muttersprache voll zum Tragen kommen (können), zumal auch die sprachlichen Ausdrucksmöglichkeiten der meisten Spanier der ersten Generation in der deutschen Sprache außerordentlich reduziert sind.[33] Diese sprachlichen Voraussetzungen waren beim Verfasser nur bei der spanischen (und katalanischen) Sprache gegeben, so daß sich seine Aufmerksamkeit von vornherein auf die Gruppe spanischer Migranten konzentrierte.

1.2. Geografische Einschränkung auf die Stadt Frankfurt am Main

Eine ethnographische Annäherung an das spanische Vereinswesen ist nur exemplarisch in einem umgrenzten geografischen Raum möglich. Die Stadt Frankfurt kann für eine derartige Annäherung insofern als prädestiniert gelten, als sie mit einem derzeitigen Ausländeranteil von über 29% nicht nur eine der multikulturellsten Städte Deutschlands darstellt, sondern auch seit den 1960er Jahren eine starke spanische Bevölkerungsgruppe mit einem weit verzweigten Vereinsnetz beherbergt.

Die Frankfurter Gesamtbevölkerung weist seit 1950 einen kontinuierlich steigenden Ausländeranteil auf:

Tab. 1: Entwicklung der Bevölkerung in Frankfurt[34]

	Insgesamt	Ausländer	%	Spanier	%
1955	614.846	10.340	1.68	157	1.51
1960	670.048	24.897	3.71	3.446	13.84
1961	685.682	31.399	4.57	4.479	14.26
1962	688.896	38.106	5.53	5.348	14.03
1963	691.257	41.033	5.93	6.315	15.39
1964	689.724	43.548	6.31	7.406	17.00
1965	689.288	52.279	7.58	9.274	17.73
1966	683.707	57.220	8.36	9.336	16.31

---

33 Im Rahmen von Selbsteinschätzungen bei einer Umfrage von 1979 hielten immerhin 57% der befragten Spanier ihre Deutschkenntnisse für unzureichend (vgl. Aguirre 1979, S. 23). Bei einer Nachuntersuchung von 1989 bezeichneten 48% ihre Deutschkenntnisse als mittelmäßig, 20% als mangelhaft, wobei in dieser Untersuchung der Prozentsatz der bereits in Deutschland aufgewachsenen Spanier wesentlich höher lag als bei der ersten Studie (vgl. Aguirre 1989, S. 32).

34 Der Prozentsatz der Spanier ist bezogen auf die Zahl der ausländischen Bevölkerung. Zur Berechnungsgrundlage vgl. Statistisches Jahrbuch Frankfurt 1955/56, S. 21; 1958, S. 4; 1961, S. 16; 1964, S. 18; 1967, S. 13; 1968,, S. 6; 1970, S. 12; 1978, S. 7; 1992, S. 13; 1994, S. 7 und 15; 1996, S. 8 und 19. Ab 1977 gibt es Unterschiede in den Ausländerzahlen, die aus unterschiedlichen Berechnungsmodi resultieren. Die hier aufgeführten Zahlen folgen dem Melderegister der Stadt Frankfurt.

	Insgesamt	Ausländer	%	Spanier	%
1967	667.457	53.514	8.01	8.019	14.98
1968	665.405	59.471	8.93	7.546	12.68
1969	665.791	74.801	11.23	9.294	12.42
1970	669.751	88.925	13.27	11.036	12.41
1971	669.331	103.175	15.41	12.142	11.76
1972	678.545	112.526	16.58	13.137	11.67
1973	672.592	125.737	18.69	14.469	11.50
1974	659.943	109.855	16.64	11.619	10.57
1975	642.738	114.723	17.84	11.502	10.02
1976	631.304	113.156	17.92	10.785	9.53
1977	636.253	116.775	18.35	10.456	8.95
1978	635.525	121.999	19.19	10.238	8.39
1979	631.312	129.079	20.44	10.005	7.75
1980	631.287	138.781	21.98	9.951	7.17
1981	626.947	145.029	23.13	9.912	6.83
1982	621.437	146.371	23.55	9.811	6.70
1983	614.739	146.300	23.79	9.690	6.62
1984	612.061	145.016	23.69	9.494	6.54
1985	613.588	146.937	23.94	9.246	6.29
1986	615.177	134.122	21.80	7.742	5.77
1987	621.379	137.926	22.19	7.625	5.52
1988	622.541	144.206	23.16	7.377	5.11
1989	627.531	149.862	23.88	7.224	4.82
1990	634.037	157.522	24.84	7.125	4.52
1991	648.018	172.257	26.58	7.071	4.10
1992	660.492	189.576	28.70	6.955	3.66
1993	658.815	190.753	28.95	6.655	3.48
1994	654.388	189.618	28.97	6.570	3.46
1995	653.241	191.897	29.37	6.486	3.37

Dieser Anstieg des ausländischen Bevölkerungsanteils auf über 29% liegt in Frankfurt weit über dem Bundesdurchschnitt, der sich zwischen 1955 und 1995 von 0.92% auf nur 8.76% erhöht hat (vgl. Statistisches Jahrbuch BRD 1956, S. 30 und 48 sowie 1997, S. 47 und 67). Die Frankfurter Bevölkerungszahl hält sich seit 1960 nahezu konstant, da die kontinuierliche Reduzierung der deutschen Bevölkerung durch den stetigen Zuzug ausländischer Personen kompensiert wird. Die spanische Bevölkerung verzeichnet – ähnlich dem bundesweiten Trend – einen starken Anstieg bis 1973, um dann kontinuierlich von 14.469 (1973) auf 6.486 (1995) zurückzugehen. Der relative Bedeutungsverlust der spanischen Bevölkerung zeigt sich am deutlichen Rückgang der prozentualen Spanierpräsenz von 17.73% (1965) bzw. 11.50% (1973) auf 3.37% (1995). Bezüglich der Aufenthaltsdauer liegt die spanische Bevölkerung – ebenfalls wie im Bundesdurchschnitt – signifikant über den Werten anderer Vergleichsgruppen: Während 1995 62.85% der Spanier seit fünfzehn und mehr Jahren in Frankfurt wohnten, kamen die Italiener auf 42.53%, die Griechen auf 41.90% und die Portugiesen auf 36.46% (vgl. Schröpfer 1996).

Hinsichtlich des eigenethnischen Vereinswesens weist Frankfurt seit den 1960er Jahren bis heute ein vielgestaltiges Vereinsnetz auf, das sich – gemäß der je spezifischen Ausrichtung der einzelnen Vereine – folgendermaßen differenzieren läßt: Zum einen gibt es Vereine mit einer allgemeinen umfassenden Ausrichtung und einem dementsprechenden polyfunktionalen Angebot wie der *Spanische Kulturkreis* (Círculo Cultural Español) in Heddernheim, das *Volkshaus* (Casa del Pueblo) in Rödelheim und das *Demokratische Haus Spaniens* (Casa democrática de España) in Höchst; zum anderen existieren Vereine mit einer klaren landsmannschaftlichen Prägung wie die *Galizische Runde* (Peña Gallega) und das *Galizische Kulturzentrum* (Centro Cultural Gallego) in Frankfurt Mitte.[35] Und schließlich gibt es Vereine mit einem konkreten eingeschränkten Vereinsziel wie die Sportvereine (Unión deportiva Española, Club de Fútbol Kriftel) und die Elternvereine (Asociaciones de Padres de Familia). Die Elternvereine stellen quantitativ die größte Vereinsgruppe dar, sie arbeiten schulbezogen-stadtteilorientiert und sind derzeit in unterschiedlichen Frankfurter Stadtteilen vertreten (Frankfurt-Ost, Frankfurt-Süd, Höchst, Alt-Zeilsheim, Hattersheim, Kriftel, Westerbach, Nordwest, Bergerstraße, Bornheim, Gallus). Trotz ihrer ursprünglich stark schulisch-edukativen Komponente haben sich einige Elternvereine von dieser engen Funktionsbindung gelöst und organisieren gegenwärtig auch außerschulische und allgemeinkulturelle Angebote. Insgesamt sind die spanischen Vereine über das gesamte Stadtgebiet verteilt, decken ein weites Spektrum unterschiedlicher Funktionen ab und sind seit über dreißig Jahren ein wesentlicher Bestandteil des öffentlichen Lebens der spanischen Bevölkerungsgruppe Frankfurts.

2. Datenerhebung, Datenauswertung, Datendarstellung

Zur Umsetzung der intendierten Verschränkung von Vereins- und Biographieanalyse bedient sich die Studie methodisch der Arbeitsweisen hermeneutisch-rekonstruktiver Sozialforschung. Ihr geht es daher nicht um Aussagen und Befunde mit allgemeiner Geltung, sondern um solche mit interpretativer Tiefenschärfe. Ihre Analysen stammen aus der „sehr intensiven Bekanntschaft mit äußerst kleinen Sachen" (Geertz 1987, S. 30) und deren interpretativ-mikroskopischer Sinnerschließung. Sie intendiert methodisch keine ‚objektiven' Wirklichkeitsberichte, sondern die Rekonstruktion subjektiver Wirklichkeitssichten. Aufgrund der vorgenommenen doppelten Blickrichtung auf Vereinswelten *und* Biographien folgt sie einem methodenpluralen Ansatz, in dessen Setting allerdings der teilnehmenden Beobachtung – im Sinne der längeren prak-

---

35 Der katalanische Verein *Casa Nostra* existiert seit Beginn der 1990er Jahre nicht mehr.

tischen Teilhabe am sozialen Geschehen der zu untersuchenden Personengruppe – und dem offenen, thematisch strukturierten Interview – im Sinne der Stimulierung von sowohl biographischen als auch thematisch fokussierten Erzählungen – ein entscheidender Stellenwert zukommen. Zur schrittweisen Erschließung und Ausdeutung des empirischen Materials sowie zum Erfassen zusammenhängender Sinnmuster nutzt sie insbesondere das Verfahren sequentieller Feinanalyse nach dem „Prinzip der extensiven Textauslegung und Geltungsbegründung" (Garz/Kraimer 1994, S. 13). Die Darstellung schließlich als die ihrerseits rekonstruktive Ausbalancierung von Forschungsprozeß und Forschungsergebnis, als Endresultat eines längeren Prozesses des „Hin und Her, des Vor und Zurück, des Mal-konkret und Mal-abstrakt" (Reichertz 1991, S. 172) versucht, den Leser zumindest ein Stück weit an dem Weg der Erkenntnisgewinnnung teilhaben zu lassen und ihn durch die (Teil-)Präsentation der erhobenen Daten in die Lage zu versetzen, die vorgeschlagenen Deutungen am Text selbst zu überprüfen.

2.1. Datenerhebung

Diese Trias von Erhebung, Auswertung und Darstellung ist nun nicht im Sinne einer linearen sukzessiven Phasenabfolge zu verstehen, sondern als ein Prozeß, in dem insbesondere Erhebungs- und Auswertungsarbeit einander abwechseln, in dem einer ersten Teilerhebung eine erste Teilauswertung erfolgt, die ihrerseits zu einer weiteren Datenerhebung stimuliert, etc. Erst im Laufe einer derartigen mehrfachen Phasenabfolge kommt es zu einer schrittweisen Eingrenzung und Verdichtung des Untersuchungsfeldes, zu einer Klärung des zentralen Datenkorpus, zu einer endgültigen Entscheidung über die Auswertungsmethode, etc. (vgl. Reichertz/Schröer 1994). Insofern sind auch die nachfolgend beschriebenen Erhebungsmethoden der teilnehmenden Beobachtung und des offenen, thematisch strukturierten Interviews eingebunden in einen ganzen Kranz weiterer Annäherungs- und Verfahrensweisen, mit denen sich der Autor allmählich einen Überblick über die Problemlage verschafft und einen Zugang zum Feld erarbeitet hat. In dieser Phase der Felderschließung ging es – neben ausführlichen Literaturrecherchen und der Aufarbeitung verfügbarer statistischer Materialien – vor allem um einen ersten Aufriß der spanischen Vereinslandschaft in Frankfurt, um erste Besuche und Gespräche in den betreffenden Vereinen sowie – wenn möglich – um das Auffinden schriftlicher Materialien (Satzungen, Mitgliederverzeichnisse, Berichte in der Presse, etc.). Parallel dazu verlief die Befragung von Experten der für Spanier maßgeblichen Betreuungsinstanzen kommunaler, kirchlicher und (bildungs-)politischer Art wie etwa das Amt für Multikulturelle Angelegenheiten, die Ausländer- und Sprachenabteilung der Volkshochschule, die Ausländersozialdienste der Caritas, die Spanische Katholische Mission, das Spanische Generalkonsulat und die spanische Lehrerschaft für muttersprachlichen Unterricht. Neben der inhaltlichen Expertise und der vereinsbezogenen (Selbst-)Darstellung hat der Autor aus all diesen Begegnungen und Gesprächen heraus *auch* eine Fülle biographisch relevanter Informationen erhalten und verarbeitet, die gemeinsam mit den Beobachtungsprotokollen, den Interviews und den zahlreichen, in den Vereinen spontan erfolgten Unterredungen den materialbezogenen empirischen Hintergrund für die zentralen Thesen der Arbeit bilden.

2.1.1. Teilnehmende Beobachtung von Vereinswelten

Die empirische Annäherung an das eigenethischen Vereinswesen spanischer Migranten in Frankfurt erfolgte über zwei Vereine, die nach dem Prinzip der maximalen Kontrastierung ausgewählt wurden und die gegenwärtig ein vollkommenes konträres Erscheinungsbild abgeben: der Spanische Kulturkreis und das Demokratische Haus.

Der Spanische Kulturkreis wurde 1961 als erster spanischer Verein in Frankfurt gegründet. Er war von Anfang an unabhängig, wies starke politische Tendenzen auf und hatte einen ausgeprägten Spanienbezug. Er organisierte bis in die 1970er Jahre hinein ein komplexes Netz unterschiedlichster Aktivitäten (Bibliothek, Zeitschrift, Theatergruppe, Musikgruppe, Ausstellungen, Exkursionen, Unterrichtskurse, Feste, etc.). Durch die Demokratisierung in Spanien und die verstärkte Rückkehr von Spaniern erlebte der Verein seit Mitte der 1970er Jahre einen drastischen Einbruch, der auch durch verschiedene Versuche der Reorganisation nur mühsam kompensiert werden konnte. Durch die fehlende Integration der zweiten und dritten Generation führt der Verein gegenwärtig eine Schrumpfexistenz, sogar die meisten aktiven Mitglieder geben dem Verein derzeit nur noch eine kurzfristige Überlebenschance.

Das Demokratische Haus wurde dagegen gemeinsam von den Farbwerken Hoechst und dem Caritasverband Frankfurt als Spanierzentrum 1967 gegründet und konnte sich erst 1978 als selbständig geführter Verein etablieren. Nach einem langjährigen Rechtsstreit mit der Caritas um den Erhalt der bisherigen Vereinslokalitäten bezog der Verein 1991 ein neues Vereinsdomizil mit ca. 250 Quadratmetern auf zwei Etagen und unterschiedlichen Funktionsräumen für die verschiedenen Vereinsgruppen (Fußball-, Flamenco-, Jugend-, Malgruppe). Das Demokratische Haus versteht sich als intergenerativer Verein, in dem der Kinder- und Jugendarbeit besondere Bedeutung zugemessen wird. Der expandierende Vereinsbetrieb zeigt sich nicht nur an der Aktivitätsvielfalt innerhalb des Vereins, sondern auch an dem ausgeprägten Stadtteilbezug und der Beteiligung an lokalen Festen.

Diese beiden Vereine hat der Autor während eines Jahres (1995/96) regelmäßig besucht und sich an Veranstaltungen beteiligt. Die Art seiner Vorgehensweise war unstrukturiert, offen, teilnehmend, tendenziell aktiv, direkt und im Feld angesiedelt.[36] Die Formen der Teilnahme wechselten je nach situativer

---

36 Zu diesen verschiedenen Beobachtungsdimensionen vgl. Lamnek 1989, S. 243ff.

Einbindung des Autors, wobei trotz der Dominanz von beobachtender Teilnahme bzw. teilnehmender Beobachtung es auch Phasen der völligen Identifikation bzw. der Beobachtung ohne Interaktion mit dem Feld gab. Als schriftliche Materialien aus dieser Beobachtungszeit stammen über sechzig längere Protokolle, die sämtlich direkt im Anschluß an den Vereinsbesuch angefertigt wurden. Als Vorlage bzw. Erinnerungsstütze diente ein Stichwortzettel, den der Autor diskret während des Vereinsbesuchs oder direkt beim Verlassen des Vereins angefertigte.[37] Neben den Protokollen konnte auch in gewissem Umfang Einsicht in die Archivmaterialien der beiden Vereine genommen werden (Vereinsprotokolle, Mietverträge, Korrespondenz, Zeitungsberichte, etc.), wobei – neben den generellen Vorbehalten gegen schriftliche Aufbewahrung und der damit verbundenen ‚Löchrigkeit' der Archivunterlagen – die nur selektiv gewährte Möglichkeit der Einsichtnahme in die Schriftmaterialien der dokumentarischen Aufarbeitung enge Grenzen setzte.

Während der einjährigen Feldphase machte der Autor vielfältige Erfahrungen mit denjenigen methodischen Fallstricken, die in der ethnographischen Literatur häufig beschrieben werden: Probleme des Feldzugangs und der Anerkennungsriten, Probleme der komplexen Anforderungssituation von Beobachtungen im Feld hinsichtlich der Wahrnehmungs-, Verarbeitungs- und Interpretationskapazität des Beobachters, Probleme der Rollenvermengung von Teilnehmerschaft/Engagement und Beobachterstatus/Distanz, Probleme der Protokollierung und Literarisierung von Erfahrung (vgl. nur als Beispiele Gerdes 1979, Aster 1989, Lamnek 1989, Friebertshäuser 1997). Einige dieser Probleme sollen im folgenden kurz reflektiert werden.

Die Kontaktanbahnung, der Integrationsverlauf und die Beteiligungsvarianten gestalteten sich für den Autor in beiden Fällen sehr unterschiedlich. Sowohl im Spanischen Kulturkreis als auch im Demokratischen Haus erfolgte der Feldzugang und die erste Integration in den Verein über die Vereinsvorsitzenden, die als Schlüsselpersonen fungierten, dem Autor in der Anfangsphase das Feld sortierten und ihn mit weiteren Vereinsvorständlern und Vereinsaktiven in Kontakt brachten. Während beim Spanischen Kulturkreis der Autor bei seiner ersten Kontaktaufnahme zufällig auf die Vereinspräsidentin traf, die an jenem Abend Bardienst hatte und das Abendessen vorbereitete, wurde er beim Demokratischen Haus an den Vereinspräsidenten verwiesen, mit dem er dann telefonisch in Kontakt trat und einen ersten Termin im Verein vereinbarte. In beiden Fällen fungierten die Vereinspräsidenten als die bestallten Vertreter der Gruppe für Außenkontakte und Öffentlichkeitsaufgaben, diejenigen, die den fremden Beobachter mit der offiziellen Vereinsversion vertraut machten.[38] Erst mit der Zeit konnte sich der Autor freier bewegen und auch unabhängig von den Vermittlungen der Vereinspräsidenten Kontakte zu Mitgliedern knüpfen.

---

37 Zu den rezeptologischen Anweisungen bei der Erstellung von Protokollen vgl. Lofland 1979.
38 Zur Bedeutung von Vermittlungspersonen – von Personen mit Schlüsselgewalt – und deren häufig marginaler Position innerhalb des Untersuchungsfeldes vgl. Lindner 1984.

Bereits bei seinem ersten Feldzugang hatte sich der Autor als Wissenschaftler vorgestellt, der mit der Absicht, eine Studie über die spanischen Vereine in Frankfurt zu erstellen, Kontakt mit dem Feld suche. Dieses Interesse wurde einerseits anerkannt, positiv begrüßt und mit der Einladung verbunden, an weiteren Vereinsaktivitäten teilzunehmen. Andererseits wurde die skeptische Frage nach dem *cui bono* und den Finanzierungsmodalitäten der Studie gestellt. Während im Spanischen Kulturkreis die Vorbehalte z.T. sehr offen als Spionageverdacht formuliert wurden, waren die Vertreter des Demokratischen Hauses eher an einer inhaltlichen Klärung interessiert. Bei seiner Überzeugungsarbeit in der Anfangsphase und bei seinem Versuch, Vorbehalte abzubauen, kamen den Sprachkenntnissen des Autors sowie dem Umstand, daß er selbst eine längere Zeit (fünf Jahre) in Spanien verbracht hatte, eine besondere Bedeutung zu. In gewisser Weise wurde er etikettiert als ‚einer von uns', als einer, der nicht nur quasi muttersprachliche Kompetenz besitzt, sondern auch Auslands(=Migrations-)Erfahrung hat. Diese Vergangenheitsprägung und -etikettierung ermöglichten das Anknüpfen an bestimmte Gesprächsinhalte, das Beherrschen der eigenen Sprache fungierte als Vertrauensbonus, aber auch als Interpretations- und Verortungsmöglichkeit im weiteren Verlauf wie beispielsweise in der Etikettierungsvariante ‚er ist ein Deutscher, der gut Spanisch kann und es hier praktizieren will'. Durch diese Kommunikation der Zugehörigkeit und durch die Mobilisierung von Alltagserfahrungen – in dieser Hinsicht war auch zumindest für den Integrationsverlauf im Demokratischen Haus die Tatsache von erheblicher Bedeutung, daß der Autor zu dieser Zeit zum ersten Mal Vater wurde und über diese Rolle vielfach in Gespräche integriert wurde – verschwamm allmählich die Forscherrolle, so daß der Autor häufig als Vereinsmitglied gesehen und angesprochen wurde.[39] Zudem profitierte der Autor auch von dem Faktum, daß in beiden Vereinen einige nicht spanische Mitglieder vorhanden waren und somit der Status ‚Deutscher im spanischen Verein' durchaus gewünscht und auch präsent war. Allerdings wurde der Autor immer wieder mit den Versuchen seitens einiger älterer Vereinsvorständler in beiden Vereinen konfrontiert, seinen Status im Verein als ‚Forscher' zur Geltung zu bringen und bei Präsentationen und Vorstellungen wie ‚Dr. Seitter' oder ‚Soziologe' eine Differenz zu den sonst üblichen Anrede- und Umgangsformen innerhalb des Vereins zu markieren.

Im weiteren Verlauf differierten die Strategien des Umgangs mit dem fremden Beobachtungselement in beiden Vereinen erheblich voneinander. Während im Spanischen Kulturkreis der Autor immer in dem prekären Schwebezustand verharrte, einerseits bereitwillig Informationen aus dem Archivbestand und Einladungen zu speziellen Vereinsaktivitäten (wie z.B. dem Kulturellen Samstag) zu bekommen, andererseits die generalisierte Skepsis gegenüber dem ‚Eindringling' zu verspüren und bestimmte Eingemeindungsversuche seitens eini-

---

39 Zur Bedeutung der kommunikativen Arbeit im Sinne der Etablierung und Aufrechterhaltung freundschaftlicher Beziehungen im Feld vgl. Schatzmann/Strauss 1979.

ger Vereinsmitglieder blockiert zu sehen, stellte das Demokratische Haus relativ schnell Ansprüche und Forderungen auf Eingemeindung und aktive Beteiligung: so z.b. durch die Aufforderung, sich am Tag der Offenen Tür zu beteiligen (Rede halten), durch die indirekte Avance, zukünftig in den Vorstand zu gehen, oder durch den moralischen Druck, sich als Mann in der frauendominierten Theatergruppe zu engagieren (Männermangel). Insbesondere der letztgenannte Test darüber, „inwieweit das Engagement und Interesse des Forschers gegenüber dem Feld sich an seiner Handlungsbereitschaft ablesen läßt" (Sprenger 1989, S. 43), führte zu einer konfliktiven Auseinandersetzung mit verschiedenen Mitgliedern der Theatergruppe, da der Autor an dieser Stelle auf seinen Beobachterstatus rekurrierte und die zeitintensive Bindung als Theatermitglied ablehnte.[40]

Ein weiterer wesentlicher Faktor bei den unterschiedlichen Formen der Beobachtung, der Beteiligung und der Etikettierung in beiden Vereinen bestand in den räumlichen Verhältnissen und den dadurch bestimmten Interaktionssituationen. Während die Raumsituation beim Spanischen Kulturkreis durch die Enge und Kleinheit der Räume keine Rückzugsmöglichkeiten bot, sondern einen ständigen Interaktionszwang durch Nähe ausübte, gab es durch die weitaus großzügigere Raumgestaltung beim Demokratischen Haus Möglichkeiten zur Interaktionspause. Insbesondere die Diele war für den Autor – aber nicht nur für ihn – ein Aufenthaltsraum mit Möglichkeiten des Rückzugs, der Halbanonymität, der distanziert-unbeteiligten Beobachtung über einen längeren Zeitraum hinweg. Der Diele kam im Ensemble der Raumaufteilung innerhalb des Demokratischen Hauses die Funktion einer zentralen Durchgangsstation zu, die den anwesenden Personen *auch* die Möglichkeit des ‚unbeteiligten' Zuschauens – insbesondere bei Hochbetrieb während der Wochenenden – bot. Insofern hing die höhere Interaktionsnotwendigkeit und -intensität beim Spanischen Kulturkreis nicht nur von den räumlichen Gegebenheiten, sondern auch von den unterschiedlichen quantitativen Größendimensionen der anwesenden Personen in beiden Vereinen ab.

Gemeinsam in beiden Vereinen war für den Autor die Erfahrung, als Ansprechpartner für kürzere und längere biographische Selbstporträts bzw. biographische Erzählungen in Anspruch genommen zu werden. Ein Stichwort, eine beiläufige Bemerkung, eine kleine Anfrage genügten, um einen spontanen Er-

---

40 Diese unterschiedlichen Strategien des Umgangs mit dem Autor als einem spezifischen Fremden wurzelten möglicherweise sowohl in der divergierenden Vereinsgeschichte als auch in der unterschiedlichen Altersstruktur beider Vereine: im Spanischen Kulturkreis waren nach wie vor viele altgediente ‚Kämpfer' der ersten Generation federführend, die die Zeit der aktiven Bespitzelung seitens des spanischen Konsulats miterlebt hatten und die aus dieser politischen Vergangenheit des Vereins heraus eine distante Haltung einnahmen. Im Demokratischen Haus war dagegen ein Generationenwechsel in der Führungsriege und bei den beteiligungsaktiven Mitgliedern eingetreten. Zwischen dieser mittleren Generation und dem Autor gab es möglicherweise ein reziprokes Erkennen und Anerkennen eines komplementären Kompetenzverhältnisses (*ihre* Deutschkenntnisse und die damit verbundenen Sozialisationserfahrungen waren so wie *seine* Spanischkenntnisse und viceversa).

zählfluß zu stimulieren. Der Autor machte die Erfahrung, als Projektionsfläche für Erzählungen zu dienen, die im Verein so selbst nicht unternommen wurden, da jeder jeden bereits kannte und jeder seine eigene Geschichte hatte. Der Umgang mit dem Forscher als einem spezifischen Eindringling stimulierte jedoch diese biographische Rede, zumal sie sich in der eigenen Muttersprache vollziehen konnte. Da der Autor in den interaktiven Prozessen während der Beobachtung keine Störung erblickte, sondern von der Reziprozität der Beobachtung und der während der Beobachtung stattfindenden Kommunikation ausging (vgl. dazu auch Lindner 1981), nutzte er die Aufgeschlossenheit seiner Diskutanten für biographische Erzählungen *auch* zur systematischen Stimulierung von Gesprächsinhalten, die nicht die eigene Biographie, sondern den Verein zum Thema hatten. Dabei konnte er durch die tatsächliche – oder angebliche – Kenntnis von Interna, die im Gespräch eingestreut wurden, zum Erzählen, Berichten und Differenzieren animieren. Auf diese Weise kam es häufig zu kontroversen Zweier- oder Gruppengesprächen, in denen die sedimentierten Wissensbestände und impliziten Regeln des Vereinslebens aktiviert wurden.

Trotz der methodologischen Vorbehalte gegen rekonstruierende Konservierungsformen als geeignete Datenbasis für hermeneutisch-rekonstruierende Sozialforschung bleibt dem Feldforscher zumeist nichts anderes übrig, als seine Beobachtungen und Erfahrungen im Feld zu protokollieren und damit ein abgelaufenes Geschehen sich nachträglich sprachlich zu vergegenwärtigen. Damit kommt es unweigerlich zu einem Transformationsprozeß, in dessen Verlauf „ein in sich sinnhaft strukturiertes, in situ organisiertes soziales Geschehen substituiert wird durch eine typisierende, narrativierende, ihrerseits deutende Darstellung ex post" (Bergmann 1985, S. 308). Diese interpretative Überformung und Transformation des Geschehens ist bei der Auswertung immer in Rechnung zu stellen und verbietet daher einen naiven Zugriff auf die Beobachtungswirklichkeit (Vereinswelt). Der Ethnograph ist immer ein interessierter – weil beteiligter und voreingenommener – Beobachter und Fixierer der beobachteten flüchtigen Ereignisse. Das Protokoll als Niederschrift des Geschehenen, das immer wieder herangezogen werden kann, ist daher auch nicht die Datenbasis zur Rekonstruktion von ‚Tatsachen' oder ‚Realitäten', sondern Ausgangspunkt für die Vermutung über Bedeutungen, für die Bewertung dieser Vermutungen und für erklärende Schlußfolgerungen aus den besseren Vermutungen heraus (vgl. Geertz 1987, S. 30).[41]

---

41 Als ‚Trost' sei vermerkt, daß auch den scheinbar ‚nur' registrierenden Konservierungsformen ein konstruktiver Charakter zueigen ist, insofern nämlich, als die audiovisuelle Aufzeichnung keineswegs nur die rein deskriptive Abbildung eines sozialen Geschehens darstellt, sondern ihr vielmehr aufgrund ihrer zeitmanipulativen Struktur – und der Verfügungsgewalt des Forschers über Ablaufgeschwindigkeit – grundsätzlich ein konstruktives Moment zukommt (vgl. Bergmann 1985, S. 317). Über die Datenqualität von Feldprotokollen und die Probleme ihrer Auswertung vgl. auch Reichertz 1989.

2.1.2. Offene, thematisch strukturierte Interviews mit spanischen Migranten

Während sich die teilnehmende Beobachtung vorzugsweise zur Registrierung von Handlungsschemata eignet, zielen Interviews auf die Rekonstruktion subjektiv verfügbarer Wissensbestände und Erfahrungsdeutungen. Da es dem Autor um die Verschränkung von Vereinsbeteiligung und biographischer (Migrations-)Erfahrung ging, er somit einerseits offen war für biographische Thematisierungen, andererseits aber auch an speziellen Themen (Vereinsbeteiligung, Stellung des Vereins in der eigenen Biographie, Migrationsverlauf, etc.) interessiert war, nutzte er das offene, thematisch strukturierte Interview, allerdings durchaus „mit narrationsgenerierenden Ambitionen" (Hitzler/Honer 1991, S. 384). Während biographische Erzählungen in der kommunikativen Rahmung des Vereinsgeschehens relativ problemlos und spontan auftraten, stießen die expliziten Versuche zur Gewinnung von Interviewpartnern dagegen auf erhebliche Vorbehalte. Direkte Ablehnung, Ausweichen, Rücknahme der Zusage, Versäumen von Terminen waren häufig anzutreffende Schwierigkeiten, die überwunden werden mußten. Bei der Auswahl möglicher Interviewpartner orientierte sich der Autor daran, Vereinsmitglieder aus beiden Vereinen und beiderlei Geschlechts gleichermaßen zu berücksichtigen. Allerdings gestaltete sich die Gewinnung weiblicher Interviewpartner äußerst schwierig. Ein weiterer Problempunkt stellte die Auswahl nach sprachlichen Kriterien und damit die potentielle Verwertbarkeit des Materials dar. Die dialektale Einfärbung insbesondere bei andalusischen Migranten war zum Teil derart stark, daß eine Kommunikation nur unter erschwerten Bedingungen stattfinden konnte und dieser – nicht unerhebliche – Teil der Vereinsmitglieder als mögliche Interviewpartner ausschied.

Die insgesamt sieben vom Autor selbst durchgeführten Interviews wurden ausnahmslos in spanischer Sprache in den Vereinsräumen bzw. jeweiligen Privatwohnungen der Interviewpartner geführt. Sie dauerten zwischen zwei und vier Stunden und wurden auf Tonband mitgeschnitten. Die Interviews wurden so geführt, daß die Interviewpartner einerseits in maximaler Form subjektive Relevanzen setzen und Kontexte ihrer Migration und Vereinsbeteiligung entfalten konnten, andererseits der Interviewer die thematische Kontrolle über den Gesprächsverlauf behielt. Obwohl die Interviews mit einem Leitfaden im Hinterkopf geführt wurden, paßte sich der Interviewer möglichst weitgehend an die sich in der Interviewsituation entwickelnde Erzähldynamik an. Als Erzählgenerator fungierte die Eingangsfrage nach dem Beginn der Migration. Die Themenkomplexe des ‚inneren Leitfadens', an denen sich der Interviewer im Gespräch locker orientierte, waren die biographische Situation vor der Migration, Schul- und Ausbildungsgang, der Wanderungsverlauf, der Erwerb der deutschen Sprache, die Bekanntschaft mit und die Beteiligung an Vereinen, die konkrete Vereinskarriere innerhalb des Spanischen Kulturkreises bzw. des Demokratischen Hauses, Rückkehr bzw. Rückkehrabsichten.

Obwohl der Autor seine Interviewpartner jeweils in einem Zweiergespräch zum Interview aufgefordert hatte, waren zwei der sieben Interviews doppelt besetzt, d.h. zum Gespräch kam nicht nur die angesprochene Interviewperson, sondern noch zusätzlich eine weitere (Begleit-)Person. Während im einen Fall das gemeinsame Auftreten und die gemeinsame Interviewführung bereits bei der Gesprächsanbahnung durchgesetzt wurde, präsentierte sich im zweiten Fall die Begleitperson unangekündigt.[42] Neben dieser Kollektivierung der Interviewsituation lag ein weiteres gemeinsames Charakteristikum der Interviews in der biographischen Umbruchsituation, in der die Interviewpartner als Repräsentanten der ersten Migrantengeneration entweder durch ihre unmittelbar bevorstehende Rückkehr nach Spanien oder aufgrund der lebenspraktisch nahen Rückkehrmöglichkeit – bedingt durch ihr vorgerücktes Alter – standen. Die Interviewsituation hatte daher starken Bilanzierungscharakter, sie war Ort und Möglichkeit biographischer Bilanzierung.

2.2. Auswertung der Daten

Die Profilierung von teilnehmender Beobachtung als Interaktionsprozeß (vgl. Lindner 1981) fand ihren Niederschlag in einer spezifischen Art der Protokollierung, indem der subjektive Faktor (des protokollierenden Wissenschaftlers) textlich gerade *nicht* eliminiert und damit „die ursprünglich dialogische Konstitution des anthropologischen Wissens im Feld" (Wolff 1987, S. 339) systematisch ausgeblendet, sondern der interaktive Charakter im Protokoll selbst festgehalten wurde. Doch nicht nur die Protokolle sind Protokolle der Interaktion zwischen dem Forscher (‚Ich') und dem Untersuchungsfeld, auch bei der Auswertung wurde die Analyse der Interaktion des Beobachters mit dem Feld zum auswertungsleitenden Prinzip erhoben. Diese Option, die unterschiedlichen interaktiven Umgangsweisen des Untersuchungsfeldes mit einem ‚Ich' forschungsstrategisch zu nutzen und die Vereinswelt über ihren Kontakt zum ‚Ich' zu rekonstruieren, bedeutete, einen direkten – naiven – Zugriff auf die Vereinswelt zu vermeiden und sie nur vermittelt – über die Interaktion mit dem Fremden, Außenstehenden – zu rekonstruieren. Der Option lag die Annahme zugrunde, daß in der Art und Weise, wie das Untersuchungsfeld mit dem Forscher umgeht, sich diejenigen Handlungsmuster und Instrumentarien reproduzieren, mit denen das Untersuchungsfeld generell im Umgang mit seiner Umwelt operiert (vgl. dazu Lau/Wolff 1983).

Die Auswertung der Protokolle verlief in mehreren Wellen. Zunächst wurden die Protokolle gesichtet und die in den Protokollen auftauchenden Szenen, Personen, Handlungen, Erzählungen, Themen, etc. notiert und Kategorien zugeordnet. Ziel war es, einen ersten Überblick über die in den Protokollen beschriebene Welt zu bekommen und vor diesem Hintergrund zu klären, wel-

---

42 Eine genauere Schilderung der Umstände bei der Gesprächsanbahnung sowie der Interaktionssituation während der Interviews wird bei der Auswertung der jeweiligen Interviews gegeben. Vgl. dazu die entsprechenden Teilkapitel in Teil III.

che Fragestellungen sich überhaupt mit Hilfe dieser Daten bearbeiten lassen. In einem zweiten Schritt wurde auswertungspragmatisch jeweils ein Protokoll über einen Vereinsabend im Spanischen Kulturkreis und im Demokratischen Haus ausgewählt und eine sequentielle Feinanalyse der Protokolle durchgeführt. Diese Feinanalyse wurde sowohl vom Autor alleine als auch innerhalb einer Interpretationswerkstatt durchgeführt.[43] Auf der Grundlage der Befunde der Feinanalyse und der dort abgesteckten Deutungshorizonte wurden die weiteren Protokolle arbeitsökonomischer analysiert und dabei die Interpretationsergebnisse konkretisiert, erweitert und modifiziert. Themenkomplexe, die sich als bedeutsam herausgestellt hatten, wurden durch die selektive Zuordnung von Protokollausschnitten weiter bearbeitet.

Die Auswertung der Interviews vollzog sich auf der Basis einer übersetzten Fassung der ursprünglich spanischen Interviewtranskription.[44] Sowohl die Transkription als auch die Übersetzung stellten eine äußerst langwierige und aufwendige Prozedur dar. Insbesondere bei der Übersetzung stieß der Autor auf z.T. unlösbare Probleme, da aufgrund der stark vom Deutschen abweichenden Syntax der romanischen Sprachen vor allem abgebrochene, nicht ausgeführte Satzteile kaum (ohne Zusätze) ins Deutsche übertragen werden konnten. Insofern stellt bereits die Übersetzung eine erste interpretative Konstruktion des Autors dar, die jedoch aufgrund von Rezeptionsschwierigkeiten bei einer rein spanischen Textgrundlage und im Hinblick auf die ausufernden Seitenzahlen bei einer bilingualen Textpräsentation in Kauf genommen wurde. Bei zentralen Wörtern wurde der spanische Terminus in Klammern beigefügt, Übersetzungsvarianten z.T. auch im Anmerkungsapparat debattiert und erläutert.

Im Unterschied zu generativen Verfahren, die auf die Homologie von biographischer Erfahrungsaufschichtung und retrospektiver Erzählstruktur abheben, orientierte sich der Autor bei der Interpretation an Verfahren, die die gegenwartsperspektivische Konstruktion von Erzählungen betonen (vgl. Krüger/Wensierski 1995, S. 192f.).[45] Gerade aufgrund des bilanzierenden Charakters der Interviews bot sich ein solches Verfahren an. Zeitliche Verlaufsprozesse kamen jedoch gleichwohl in den Blick, allerdings so, wie sie sich aus der gegenwärtigen Perspektive der Interviewten darstellten. Konkret wurden die Interviews in drei Phasen ausgewertet: eine erste Auswertungsphase zur Erzeugung eines thematischen Überblicks, eine zweite Phase sequentieller Feinana-

---

43   In der Interpretationswerkstatt arbeiteten Birte Egloff, Jochen Kade, Angelika Linkost, Helga Luckas, Dieter Nittel, Sigrid Nolda, Georg Peez, Damiana Roth, Marcus Schäfer, Friedhelm Scheu, Susanne Weber und Wolfgang Weber mit, denen der Autor an dieser Stelle für ihr Engagement und für ihre Kreativität bei der Erzeugung von Lesartenvarianten danken möchte.
44   Die Verschriftung der Interviews strebte kein Höchstmaß an Genauigkeit bei der Klassifikation von sprachlichen und parasprachlichen Äußerungen an, sondern gibt den Wortlaut der Interviews wieder sowie zusätzliche Geräusche wie (lachen), Pausen ... und unverständliche Passagen (...). Alle Namen wurden anonymisiert.
45   Aus der Fülle der Literatur, die sich mit diesem Problem beschäftigt, vgl. Bude 1984, Koller 1993, Corsten 1994.

lyse der jeweiligen Eingangserzählungen und eine dritte Phase der Konkretisierung und Modifizierung der Ergebnisse der Feinanalyse durch Einbeziehung der gesamten Interviewtexte. Die Interviews wurden sowohl vom Autor allein als auch gemeinsam innerhalb der Interpretationswerkstatt analysiert.

2.3. Die Transformation des Forschungsprozesses in ein fixiertes Schreibprodukt

„Forschungserfahrungen müssen in Texte transformiert und an Texten nachvollzogen werden" (Wolff 1987, S. 333). Mit dieser Problemstellung wird ein doppeltes Relationsgefüge aufgezogen: Der Text – der Forschungsreport – steht nicht nur in einem Spannungsverhältnis zur Felderfahrung mit ihren Problemen, Brüchen und Schwierigkeiten, sondern auch in einem Spannungsverhältnis zur Leserschaft mit ihren Erwartungen, Standards und Gütekriterien. Der Report steht somit in der Notwendigkeit eines doppelten Rapports: hin zum Feld *und* hin zur Leserschaft. Der Schreiber hat bei der Erstellung seines Berichts demnach zweierlei zu leisten: einmal muß der Autor „als kompetenter wissenschaftlicher Beobachter ausgewiesen werden, zum anderen muß der Beobachter als kompetenter Autor auftreten können, dem es gelingt, die unüberschaubare Komplexität des Beobachteten halbwegs plausibel an bestehende theoretische Diskurse anzuknüpfen" (Reichertz 1991, S. 167).

Während in den 1970er und 1980er Jahren die Probleme des schriftlichen Reports im Gegensatz zu den Problemen des Rapports mit dem Feld vernachlässigt wurden, zeichnet sich gegenwärtig – zumindest in der angelsächsischen Literatur – ein Wechsel des Thematisierungsschwerpunktes von der teilnehmenden Beobachtung (als Methode und Forschungsstrategie) hin zum ethnographischen Schreiben (als Konstruktions- und Rezeptionsprozeß) ab (vgl. Lüders 1995). Ethnographisches Schreiben – und wissenschaftliches Schreiben generell – wird als eine rhetorische Aktivität begriffen, bei der der Autor seine Leserschaft durch einen Text überzeugen muß. Textgestaltung wird interpretiert als „Arbeit an der Vertrauenswürdigkeit von Beschreibungen bzw. ihres Autors" (Wolff 1987, S. 337). Entscheidend sind dabei einerseits Prozesse der Dekontextualisierung des forschenden Handelns und der beobachteten Situationen sowie andererseits ihre Rekontexualisierung in Bezug auf die angezielte Leserschaft mit den dort etablierten (oder vermuteten) wissenschaftlichen Diskursen. Die für diese Relationierungsarbeit entscheidende Frage nach der ‚Angemessenheit' der Darstellung und der dabei eingesetzten Überzeugungsmittel liegt allerdings nicht so sehr in der ‚richtigen' Nutzung der etablierten literarischen Formen – im Falle der Ethnographie etwa im realistischen oder dialogischen Forschungsbericht –, sondern in der „im Text gezeigten Haltung des Deutens" (Reichertz 1992, S. 346), in der ‚Historisierung' des Deutungsprozesses" (ebda.), d.h. in der Zurückverwandlung der sich aufdrängenden Eindeutigkeit einer Deutung „in ein Nacheinander von Schluß- und Entscheidungsprozessen" (ebda.). Diesem Nacheinander korrespondiert nicht nur die sequenzanalytische Vorgehensweise bei der Interpretation von (Protokoll- und Interview-)Texten, wie sie in dieser Arbeit versucht wird, sondern auch die Sichtbarmachung und Reflexion der verschiedenen Stadien des Forschungsprozesses insbesondere im Hinblick auf die Auseinandersetzung mit (theoretischer) Literatur. Diese verschiedenen Stadien, die der Textproduktion vorausgehen bzw. sie entscheidend mitformen, sollen im folgenden kurz umrissen werden, um auch für den Leser den Prozeß der Transformation von Entstehungszusammenhängen in theoretische Begründungszusammenhänge bzw. die Pendelbewegungen von empirischer Arbeit, Auswertungsanstrengung und theoriegeleiteter Lektüre nachvollziehbarer zu machen.

Ausgangspunkt: Biographien spanischer Migranten

Ausgangspunkt der Untersuchung war die noch relativ vage und unpräzise Vorstellung, Lebensverläufe spanischer Migranten der ersten Generation in der Bundesrepublik hinsichtlich ihrer Bildungsbiographien zu rekonstruieren. Einige Sicherheit für die Unternehmung bestand dadurch, daß einerseits die nötige Sprachkompetenz, andererseits – durch entsprechende Vorarbeiten – gewisse Kenntnisse der politisch-kulturellen Entwicklungen im Herkunftsland Spanien vorhanden waren. Nach einer ausführlichen Literaturrecherche über Spanier in der Bundesrepublik und unter Berücksichtigung der verfügbaren Statistiken konnte der Autor zwei Ausgangsbefunde formulieren: die im Vergleich zu Migranten aus anderen Anwerbestaaten hohe Aufenthaltsdauer spanischer Migranten in Deutschland bei gleichzeitig permanent negativen Wanderungssaldi und die Existenz eines ebenfalls im Vergleich zu anderen Migrantengruppen relativ dichten Vereinsnetzes mit polyfunktionalen Ausdifferenzierungen. In demographischer Perspektive standen spanische Migrantenbiographien somit bereits seit Jahren unter einem empirisch nachvollziehbaren Remigrationsdruck, in biographischer Perspektive war der Dreischritt: Auswanderung, Deutschlandaufenthalt, Rückkehr(-absicht) für viele Spanier erfahrene Realität. Damit rückte die Frage nach der Art und Weise, wie diese Übergänge biographisch bewältigt und welche (Lern-)Strategien dabei verfolgt wurden, in den Vordergrund. Als These wurde dabei vor allem die Bedeutung autodidaktischer Lernformen formuliert – gerade auch vor dem Hintergrund des geringen formalen Bildungsniveaus vieler spanischer Migranten (Analphabetentum in Spanien, Bürgerkrieg, schlechte staatliche Unterrichtsversorgung, etc.). Hinsichtlich des spanischen Vereinswesens, das einen hohen Rekrutierungsgrad aufwies, kamen vor allem die vielfältige Betreuungs-, Schulungs- und Freizeitaufgaben in den Blick. Interessant war neben den Problemen der internen Ausgestaltung dieser Vereine und den historisch-gesellschaftlichen Veränderungsprozessen (z.B. durch den Tod Francos) insbesondere die Frage nach der Prägekraft der Vereine für die Biographien. Die Vermutung lautete, daß viele Migrantenbiographien entscheidende Prägungen durch das eigenethnische Vereinswesen erhielten. Die Recherche nach vereinssoziologischer Literatur wie überhaupt nach Betreuungsinstanzen für Spanier generell führte dann schnell zu einer ersten Präzisierung des Forschungsdesigns, nämlich die selbstorganisierten Migrantenvereine und die Bildungsbiographien spanischer Migranten in ihrer wechselseitigen Ergänzung und Abhängigkeit zu untersuchen. Die Kombination von Vereins- und Biographieanalyse bedeutete dabei nicht nur den Einsatz unterschiedlicher Methoden (Interviews, teilnehmende Beobachtung), sondern auch die Beschränkung auf eine kleine geographische Einheit. Die Eingrenzung auf Frankfurt fiel dann aus forschungspragmatischen (Wohnort des Autors), aber auch aus systematischen (Multikulturalität) Gründen.

Differenzierung und Ausweitung: Vereinskulturen *und* Bildungsbiographien

Der ersten Feldkontakt, die ersten Vereinsbesuche, die regelmäßige Teilnahme am Vereinsgeschehen sowie die zunehmenden Kontakte zu einzelnen Personen brachten dann eine Ausweitung und Differenzierung der Ausgangsbefunde und -vermutungen. Zum einen wurde die – wechselnde – Bedeutung des Vereins für die Migrantenkolonie und die Migrantenbiographien als Ort polyfunktionaler Einbindung, als Etablierung eines eigenen Raums, als Spannungsverhältnis zwischen Herkunfts- und Aufnahmegesellschaft, als Karrieremöglichkeit, etc. immer deutlicher. Fragen der Mitgliederrekrutierung, der Bindung der zweiten und dritten Generation, der institutionellen Bedrohung durch verstärkte Remigration, der Strategien der Öffnung und Schließung, der pädagogisch-politischen Ansprüche traten in den Vordergrund. Die These von der institutionellen Prägekraft der Vereine für biographische Prozesse verdichtete und differenzierte sich zunehmend, insbesondere durch den empirischen Nachweis der unterschiedlichen Einbindungsmöglichkeiten, welche die Vereine als Optionsalternativen für ihre Mitglieder bereithielten. Zum anderen wurde immer stärker die Bedeutung biographischen Redens im Verein, des Erzählens von lebensgeschichtlichen Fragmenten und bildungsbiographischen Anstrengungen erkannt. Dies führte zu der These, Migrantenbiographien als Bildungsbiographien zu interpretieren – Bildungsbiographien, die vor allem durch drei Dimensionen geprägt werden: durch starke autodidaktische Anstrengungen, da in den Herkunftsländern die schulisch-berufliche Erstausbildung aufgrund einer mangelhaften öffentlichen Unterrichtsversorgung häufig defizitär bleibt; durch die Beteiligung am eigenethnischen Vereinswesen, da in vielen Vereinen ein breites und leicht zugängliches Angebotsspektrum sozialer, kultureller und pädagogischer Art bereitgestellt wird; durch die Permanenz biographischer Reflexion, da die Migrationssituation und -erfahrung als struktureller Katalysator für biographische Reflexion, für biographische Selbstvergewisserung und Standortbestimmung fungiert.

Modernisierungstheoretische Fixierung: Migration als Risiko

In einem dritten Schritt wurde dann – angeregt durch die Auseinandersetzung mit entsprechender Literatur – sowohl der Migrantenverein als auch die Migrantenbiographie als eine spezifische Form des Umgangs mit Risiko interpretiert. In dieser modernisierungstheoretischen Sicht wird Migration und vereinskulturelle Einbindung zum exemplarischen Anwendungsfall einer modernisierten Moderne, in der Risiko als die Zurechenbarkeit von Entscheidungen ein – wenn nicht das – entscheidende(s) Merkmal darstellt. Migration wird zum riskanten Übergangsphänomen, das Kompetenzen verlangt, die den Individuen und Institutionen einer modernisierten Moderne generell abverlangt werden. Insbesondere Prozesse des Übergangs – von einem Stadium ins andere, von einem Land in ein anderes, in den Verein hinein und aus dem Verein heraus, von einer Form der Vereinsführung in eine andere, etc. – können als riskante Prozesse rekonstruiert und die damit einhergehenden Strategien der Risikominimierung identifiziert werden. In diesem Kontext findet dann auch die These von der Institutionenabhängigkeit von Biographien und der Biographieabhängigkeit von Institutionen ihre theoretische Verortung.

3. Gliederung der Studie

Die Studie ist in drei große Abschnitte untergliedert: In einem *ersten* Abschnitt (Teil II) werden auf der Basis der erstellten Vereinsprotokolle der Spanische Kulturkreis und das Demokratische Haus als zwei Vereine mit gegenläufigen Entwicklungstendenzen beschrieben. Die Darstellung und Analyse erfolgt dabei in paralleler Form: nach einer ersten ethnographischen Annäherung und einer Rekapitulation der historischen Entwicklungsphasen steht im Zentrum der Analyse ein vollständig wiedergegebenes Beobachtungsprotokoll eines Vereinsabends, das dann durch zusätzliche, thematisch geordnete Blöcke ergänzt wird. In einer Kontrastierung beider Vereine werden schließlich zentrale Ergebnisse herausgearbeitet und komprimiert dargestellt. In einem *zweiten* Abschnitt (Teil III) werden drei Interviews mit insgesamt vier Biographien vorgestellt, wobei jeweils zwei Biographien eng mit dem Spanischen Kulturkreis – Herr Sánchez und Frau García – bzw. eng mit dem Demokratischen Haus – Herr Delgado und Herr Salinas – verbunden sind.[46] Die Darstellung und Inter-

---

46 Die Beschränkung auf drei Interviews aus dem Gesamtkorpus der insgesamt geführten und z.T. transkribierten Gespräche erfolgte einerseits aus arbeits- und darstellungsökonomischen Gesichtspunkten, andererseits aus alters- und vereinsbezogenen Überlegungen heraus. So betraf ein in dieser Studie nicht weiter berücksichtigtes Interview eine Person, die als Mitbegründer des Rödelheimer Elternvereins nicht den beiden hier näher untersuchten Vereinen angehörte; zwei Interviews betrafen Personen, die einen Teil ihrer schulisch-beruflichen Ausbildung bereits in Deutschland durchlaufen hatten und vom Autor quasi aus heuristischen Gründen heraus befragt worden waren; ein anderes Interview litt infolge starker dialektaler Einfärbung

pretation aller drei Interviews sind so organisiert, daß nach einer Charakterisierung der Interviewsituation die Eingangserzählungen – in Gänze oder in Teilen – wiedergegeben und Abschnitt für Abschnitt interpretiert werden. In einem dritten Schritt werden dann relevante Themen aus den jeweiligen Interviews gesondert untersucht und auf die Eingangserzählungen bezogen. Eine vergleichende Darstellung der vier Biographien arbeitet schließlich zentrale Dimensionen der Interviewsituation sowie der biographischen Erzählung heraus. In einem *dritten* Abschnitt (Teil IV) werden die Ergebnisse noch einmal auf die bereits in Kapitel 2, Abschnitt 3 formulierten Thesen (Bildungsbezug, Verhältnis von Institution und Biographie, Risikothematik) bezogen und modifiziert.

Das Verhältnis von dokumentiertem Material und paraphrasierend-interpretierender Analyse ist sowohl in Teil II als auch in Teil III so gestaltet, daß lange originale Protokoll- und Interviewpassagen die Möglichkeit der Deutungsüberprüfung am Material zulassen. Die Analyse versucht, nach einer eher ordnenden Paraphrase des Materials über die Zusammenfassungen und Vergleichskapitel zu einer zunehmenden Abstrahierung und Kontrastierung der Fälle zu kommen, die in den Schlußkapiteln noch einmal auf ein allgemeineres Niveau gehoben werden. Der eilige Leser, der die langen materialgesättigten empirischen Durchgänge abkürzen möchte, hat damit die Möglichkeit, den Gang der Argumentation auf eine relativ zügige Weise nachzuvollziehen.

4. Danksagung

Jede wissenschaftliche Arbeit ist ein Resultat kommunikativer Prozesse, an denen eine Vielzahl von sowohl physisch als auch nur textlich anwesenden Personen Anteil genommen und mitgewoben haben. Die schriftliche Fixierung ist nur ein – wenn auch wesentlicher – Punkt im langen Prozeß der kommunikativen Auseinandersetzung. Eine ausfernde Liste wäre nötig, all den beteiligten Personen dieser Kommunikation gebührenden Dank abzustatten, und es widerspricht dem Gebot der Fairneß, aus der Menge der Vielen nur die Wenigen herauszustellen. Daher sei an dieser Stelle allen, die sich in Wort und Schrift – in welcher Form auch immer – an der Erstellung dieser Arbeit beteiligt haben, herzlich gedankt. Als die beiden Ausnahmen von dieser ‚Bescheidenheitsregel' seien die spanischen Interview- und Gesprächspartner, Freunde und Bekannte der beiden hier untersuchten Vereine genannt, die in ihrer Offenheit und Bereitschaft zur ‚Einsichtnahme' den empirischen Zuschnitt dieser Arbeit erst ermöglicht, aber auch bestimmt haben. Und ebenso sei allen Mitgliedern des Instituts gedankt, die durch die Bereitstellung der infrastrukturellen Vorausset-

---

unter großen Transkriptionslücken.Die Einbeziehung dieser Interviews in die Darstellung hätte zwar weitere interessante Konstrastebenen – insbesondere den intergenerativen Vergleich – ermöglicht, ist aber aus Umfanggründen und aus Gründen der Beschränkung auf die Perspektive der ersten Generation in dieser Arbeit unterblieben.

zungen, durch die kollegiale Ermutigung und vor allem durch die Respektierung der notwendigen zeitlich-inhaltlichen Freiheitsgrade maßgeblichen Anteil an der Fertigstellung der Studie haben – und stellvertretend für alle Jochen Kade.

II. Teil:

Vereinskulturen spanischer Migranten in Frankfurt am Main:
Zwei Fallstudien

Erstes Kapitel: Der Spanische Kulturkreis

1. Erste Annäherungen

Räumlichkeiten[47]

Der Spanische Kulturkreis hat gegenwärtig sein Domizil im Gebäudeblock 155 der Heddernheimer Landstraße in einem gemischten Gewerbe-/Wohnviertel in unmittelbarer Nachbarschaft zur riesigen Heddernheimer Heiz- und Müllverbrennungsanlage. Der Gebäudekomplex liegt direkt neben einem Lebensmittelgeschäft (Minimal-Markt) und beherbergt im vorderen Teil mehrere kleinere Läden, im hinteren Teil das Bildungswerk der Hessischen Wirtschaft. Zum Areal gehört noch ein großer Parkplatz sowie ein schmales mehrstöckiges Gebäude, in dem sowohl der Spanische als auch der Portugiesische Kulturkreis untergebracht sind.

Steht man an der Eingangstür des Gebäudes, sucht man vergebens eine Klingel bzw. ein Schild mit der Aufschrift *Spanischer Kulturkreis*. Der potentielle Besucher erhält an keiner Stelle einen Hinweis, am richtigen Ort zu sein. Während der Portugiesische Kulturkreis durch ein Namensschild Kenntnis von seiner Existenz gibt, verbleibt der Spanische Kulturkreis im Außenbereich namenlos. Bleibt der Besucher dennoch hartnäckig und betritt – durch die zumeist unverschlossene Tür – den dunklen, renovierungsbedürftigen Treppenaufgang, so findet er im ersten Stock des Gebäudes die Räumlichkeiten des Portugiesischen Kulturkreises, im zweiten Stock die Lokalitäten des Spanischen Kulturkreises, im dritten und letzten Stock schließlich eine Abteilung des Bildungswerkes der Hessischen Wirtschaft. Die Räume des zweiten Stocks bestehen aus einem schmalen Flur mit Garderobe, Pinnwand und Materialablage, einem kombinierten Bar- und Aufenthaltsraum sowie einem Mehrzweckraum. Ein weiterer Raum dieses Stockwerks wird nicht von den Spaniern, sondern von den Portugiesen genutzt.

Die Ausstattung der Räume des Spanischen Kulturkreises ist spartanisch: während der Bar-/Aufenthaltsraum aus einer Bartheke mit Kühlschrank und

---

47 Die folgende Beschreibung setzt sich aus den Raumerfahrungen des Autors während seiner Feldkontakte mit dem Kulturkreis zusammen. Während der etwa einjährigen Beobachtungsphase hat sich das Raumensemble des Kulturkreises so gut wie nicht verändert.

Spüle, drei Barhockern sowie drei kleinen Zweiertischen mit Holzstühlen besteht, ist der Mehrzweckraum mit Tischen, Stühlen und Schränken (für Bibliothek und Vereinskorrespondenz) sowie einem Fernseher ausgestattet. Er ist für maximal 25 Personen ausgelegt und kann durch die leichte Verschiebbarkeit der Tische schnell für unterschiedliche Zwecke genutzt werden. Die Wände sind mit Poster, Bildern und Plakaten – u.a. einem Scherenschnitt, einem Plakat mit Werken von Joan Miró und einer touristischen Karte von Spanien – ausstaffiert, vor allem aber mit Ankündigungen von zukünftigen und vergangenen Veranstaltungen des Kulturkreises. Unter den Ankündigungen ragen insbesondere die Vorträge des sogenannten kulturellen Samstags – *el sábado cultural* – heraus sowie die Aktivitäten der Frauengruppe, die vereinsübergreifend – zusammen mit den Frauen des Portugiesischen Kulturkreises – frauenspezifische Veranstaltungen anbietet und frauenpolitisches Engagement koordiniert. Die Vortragsankündigungen über *Frieden, Auschwitz,* den *Internationalen Frauentag* und *Frauenpower* einerseits sowie die Plakate der Vereinigten Linken[48] andererseits weisen mit ihrer thematischen und politischen Präferenz auf eine klare inhaltliche Richtung des Vereins hin. Werbeblätter für kommende Vorträge findet der Besucher nicht nur an den Wänden, sondern auch im Flur – zum Mitnehmen und zur weiteren Verteilung.

Vereinstreff an einem Freitag Abend

Die Hauptzeiten des Vereinslebens sind der Freitag- und Samstagabend. An diesen beiden Abenden treffen sich die Vereinsaktiven regelmäßig zum geselligen Beisammensein, zum gegenseitigen Austausch, zum Kulturprogramm. Ein derartiger Vereinstreff ist im folgenden kurz wiedergegeben:[49]

Gegen 19.30 versammelt sich in den Räumen des Vereins eine gesellige Runde von ca. zwanzig Personen, die sich alle untereinander kennen. Es geht locker, familiär und ungezwungen zu. Der Geräuschpegel ist hoch, aus einem Kassettenrekorder tönt spanische Musik. Es wird viel geplaudert und getrunken, an einem Tisch wird Schach gespielt. Ein mongoloider junger Mann sitzt an einem Tisch und fühlt sich sichtlich wohl. Hinter der Bartheke bereiten zwei Personen (eine Frau, ein Mann) das Abendessen vor, das gegen 20.30 ausgegeben wird.

Neben einer Mehrzahl von Personen über 50 Jahren gibt es auch eine Reihe jüngerer Ehepaare mit ihren Kindern. Die Kinder (4-5) sprechen ebenso wie die jungen Eltern untereinander fast nur Deutsch. Alle älteren Erwachsenen sprechen Spanisch, ebenso ist die Kommunikation zwischen älteren und jünge-

---

48 Loser Zusammenschluß des linken Parteienspektrums in Spanien unter Führung der Kommunistischen Partei.
49 Die Beschreibung erfolgt - im Gegensatz zu den Beobachtungsprotokollen in Abschnitt 3 - aus einer distanzierten Beobachterperspektive, die lediglich einen ersten Einblick in die Ablaufgestaltung eines Vereinsabends vermitteln will.

ren auf Spanisch. Für die jüngere Generation gehört praktizierte Zweisprachigkeit zur Normalität, sie wechselt ohne Probleme hin und her und ist – zumindest auf den ersten Blick – in beiden Sprachen kompetent.

Die Personenbesetzung bleibt während des Abends nicht gleich. Neue Besucher kommen, bleiben eine zeitlang und gehen wieder. Auch ein junger Deutscher taucht in Begleitung eines älteren Spaniers auf, sie reden – zwischen Deutsch und Spanisch hin und her wechselnd – über doppelte Staatsangehörigkeit und ziehen sich in eine Ecke des Mehrzweckraumes zurück.

Nach dem Essen, das schwerpunktmäßig im Barraum eingenommen wird, verteilen sich die Leute gleichmäßig auf die beiden Räume. An der Bar steht eine kleine Gruppe, die sich angeregt unterhält, während im Mehrzweckraum Karten und Schach gespielt wird. Ein älterer Spanier liest Zeitung. Auch der Fernseher läuft auf vollen Touren, obwohl niemand eine Sendung verfolgt. Die Kinder rennen hin und her, malen, tuscheln zusammen oder verstecken sich hinter der Gardarobe.

Gegen 22 Uhr verlassen die jüngeren Paare mit ihren Kindern den Verein. Die noch verbleibenden Besucher klönen bei einer Flasche Wein, unterhalten sich weiterhin beim Karten- und Schachspiel oder sitzen einfach da und schauen dem Treiben zu. Gegen 24 Uhr leeren sich die Räume nach und nach, auch das Barduo möchte nach Hause. Man verabredet sich auf den morgigen Samstagabend, an dem ein Vortrag stattfinden wird. Als die letzten Besucher die Lokalitäten verlassen, sind die Aktivitäten in den Räumen des Portugiesischen Kulturkreises ein Stockwerk tiefer noch in vollem Gang.

Porträtierung des Vereins durch die Vereinspräsidentin

Beim ersten Besuch des Autors im Spanischen Kulturkreis war auch die Vereinspräsidentin, eine ca. dreißigjährige bilinguale Frau, anwesend, die an diesem Tag zufällig Bardienst hatte. Auf Anfrage gab sie dem unangekündigten Besucher – in einem ruhigen Augenblick – folgende Selbstdarstellung über die Vereinsgeschichte und Vereinsgegenwart:[50]

Der Verein sei der erste spanische Verein in Deutschland, er sei vor 34 Jahren gegründet worden, er sei also älter als sie selbst mit ihren 31 Jahren. Sie sei quasi in den Verein hineingeboren worden. Ursprünglich sei der Verein ein Treffpunkt für Spanier gewesen, der Hilfestellung bei Integrationsschwierigkeiten geleistet habe und der mit einer fortschrittlich-demokratischen Zielsetzung, also in Richtung auf mehr Demokratie, gearbeitet habe. Desweiteren habe er die

---

50 Die folgende Darstellung ist dem Gedächtnisprotokoll entnommen, das der Autor im Anschluß an den Vereinsabend aufgezeichnet hat. Bei der Protokollierung konnte er sich auf umfangreiche Notizen stützen, die er während des Gesprächs - mit Erlaubnis der Vereinspräsidentin - niedergeschrieben hatte. Das Protokoll versucht möglichst genau den Gesprächsinhalt wiederzugeben. Allerdings sind nur die kursiv gedruckten Sätze bzw. Satzteile wortgetreue Aufzeichnungen.

spanische Kultur (Geschichte, Politik) gefördert mit einer sehr starken Ausrichtung auf Spanien hin. Seit ungefähr fünfzehn Jahren sei dann ein Wandel eingetreten. Einerseits seien die Themen allgemeiner geworden und wendeten sich auch an Deutsche bzw. nichtspanische Nationalitäten, andererseits seien die spanischen Themen in den Hintergrund getreten. Diese hätten sich irgendwann einmal erschöpft, man habe nach neuen, allgemeineren, auch in der Bundesrepublik aktuellen Themen wie den Europäischen Vereinigungsprozeß oder die Umwelt- und Ausländerpolitik gesucht. Jetzt seien immer mehr deutschsprachige Themen und Referenten angeboten, nachdem auch das Reservoir an spanischen Referenten immer mehr ausgeschöpft sei. Die erste Zeit des Vereins sei die Zeit der ersten Migrantengeneration gewesen, jetzt sei die zweite Generation wichtiger, die nicht mehr *die alten Kamellen von der Heimat der Eltern* hören wolle, sowie der Versuch, Deutsche mit deutschen Themen anzusprechen. Daher betreibe man auch die Werbung (Propaganda) seit neuestem auf Deutsch und Spanisch.

Ein Problem des Vereins – wie aller spanischen Vereine – seien die Räumlichkeiten. Der Kulturkreis sei sehr häufig umgezogen und habe in seiner Geschichte sehr unterschiedliche Räume genutzt. Der Verein bekäme keine Unterstützung, sondern trage sich selbst, vor allem über den Verzehr an der Bar. Der Verein sei immer freitag- und samstagabends geöffnet, an diesen beiden Tagen sei auch die Bar offen und die Mitglieder wüßten, daß sie dort zu essen und zu trinken bekämen. Ab und zu würden auch Projekte mitfinanziert über das Multi-Kulti-Amt, die EG oder die spanischen Behörden, die Zuwendungen seien insgesamt aber minimal.

Im Verein selbst würde ungefähr alle vierzehn Tage ein Vortrag gehalten, die Werbeblätter kopiere sie in ihrer Firma. Man wolle den Verein nicht zu einer bloßen Kneipe degradieren, die Bar sei nur eine Unterstützung zur Finanzierung der kulturellen Aktivitäten. Unter der Woche gebe es Vereinsgruppen, die die Räumlichkeiten selbständig – und ohne Öffnung der Bar – nutzten. So gebe es montags schon seit Jahren eine Nähgruppe, dienstags eine Folkloregruppe, die allerdings unabhängig vom Verein sei. Da jedoch mehrere Vereinsmitglieder dort aktiv seien, habe man der Gruppe ebenfalls die Räume zur Verfügung gestellt. Früher habe auch noch ein Fußballclub die Räume genutzt, dies sei aber seit dem Umzug in die Heddernheimer Landstraße nicht mehr der Fall. Der Verein sei also offen für die Aktivitäten von Mitgliedern und stelle dafür seine Räume zur Verfügung. Möglich sei auch die Vermietung der Räume an fremde Gruppen außerhalb der Vereinszeiten.

Ohne jemandem zu nahe treten zu wollen oder etwas Falsches zu sagen, glaube sie, daß der Kulturkreis der einzige spanische Verein in Frankfurt sei, der seine Räume die ganze Woche unter seinem Namen führe und nicht nur angemietete Räume von Kindergärten, Kirchen, der Gewerkschaft, etc. an bestimmten Wochentagen nutze. So verkehrten beispielsweise die Mitglieder der Casa del Pueblo nur samstags in Räumen, die eigentlich der Arbeiterwohlfahrt gehörten. Das Problem der Räume sei, daß sie teuer seien. Um sie halten zu können, sei der Partizipationsgrad der Mitglieder entscheidend. Der Kulturkreis habe heute 60-70 Mitglieder, die nur einen Monatsbeitrag von 5.- DM bezahlten, der Rest werde über den Umsatz an der Bar finanziert. Die monatliche Miete betrage 1.200.- DM. Die Mitarbeit im Verein sei freiwillig, jeder, der wolle, mache einmal im Monat Bardienst, sie selbst beispielsweise sei immer den ersten Freitag im Monat dran. D.h. es seien ca. acht bis zehn Leute, die den Umsatz machten (Essen, Trinken). Ca. fünfzehn Leute beteiligten sich in kontinuierlicher Form, freitags seien auch um die fünfzehn Personen da. Bei den Vorträgen, die jetzt immer samstags seien, kämen auch Nichvereinsmitglieder und jeder könne eine Spende bei den unentgeltlichen Vorträgen da lassen. Außerdem gebe es noch die Feierlichkeiten mit Tanz und Folklore, da müsse der Verein größere Räumlichkeiten anmieten. Die Vorbereitung solcher Feste sei aber sehr zeitintensiv, das letzte Jahr habe man deshalb das Vereinsfest ausfallen lassen. Außerdem arbeite der Verein mit den Portugiesen zusammen, so beispielsweise bei einem sehr erfolgreichen Zyklus über Neonazis oder jetzt über Auschwitz oder beim Internationalen Frauentag am 8. März [1995, W.S.]. Es existiere auch eine gemeinsame Frauengruppe, die sich einmal im Monat treffe und die für den Frauentag auch eine Sing- und Theatergruppe gebildet habe. Insgesamt seien die Vorträge, Feste, Film- und Theaterabende die wesentlichen Elemente der Vereinsarbeit. So sei z.B. vor zwei Jahren eine bekannte spanische Theatergruppe zu Gast in Frankfurt gewesen und habe hier zu Abend gegessen. Es sei sehr interessant gewesen, sich mit diesen Leuten auszutauschen. Oder anläßlich der Buchmesse kämen interessante Schriftsteller, die auch im Verein Vorträge hielten. Demnächst komme ein Liedermacher aus Aragón, dessen Lieder sich stark gegen den spanischen Zentralismus richteten. Diese Freiheit wolle man sich bewahren.

Der Mitgliederschwund sei hauptsächlich darauf zurückzuführen, daß die erste Generation zurückgekehrt sei und der Verein die zweite Generation nicht habe integrieren können. Sie habe auch für die Zukunft keine Hoffnung, jüngere Spanier anzusprechen. Die zweite Generation sei integriert und habe keinen Bedarf, sich über Spanien zu informieren oder mit Spaniern zu kommunizieren. Auch Spanier, die heute nach Deutschland kämen, hätten andere Motive als damals. Die wollten Deutsch lernen, wollten die deutsche Gesellschaft kennenlernen, wollten hier studieren, *die gewinnt man nicht*. Deshalb sei die Strategie des Vereins, eine allgemeinere Ausrichtung zu bekommen und auch andere Nationalitäten anzusprechen. Diese Strategie habe aber nicht den gewünschten Erfolg gehabt im Sinne einer Aktivierung von Mitgliedern oder der Gewinnung neuer Mitglieder, man habe sich gerade über Wasser halten können. Eine zeitlang seien sie sehr pessimistisch gewesen, man habe sich gefragt: *was machen wir hier eigentlich, hat das noch einen Sinn* und sei sehr unzufrieden gewesen. Jetzt sei die Aufgabe und Hoffnung, *daß wirs halten, daß es nicht verloren geht*. Es sei schon beschämend, wenn sich ein *hochkarätiger Professor vorbereitet hat und nur fünf Leute kommen*. Deshalb habe man den Versuch gestartet, mit vier anderen Vereinen zusammenzuarbeiten und habe Filmreihen und einen Zyklus über Don Quijote angeboten. Dies sei aber auch abgeebbt, es sei schwierig gewesen, die Vorstände zu motivieren oder gemeinsame Termine durchzusetzen, jeder Verein habe seine eigenen Aktivitäten, außerdem gäbe es doch gegenseitige Rivalitäten, der Kulturkreis sei der Verein der Vorträge und der Filme, andere Vereine hätten andere Prioritäten, so sei auch eine gemeinsame Theatergruppe gescheitert, außerdem wollten die Mitglieder nicht immer den Vorstellungen der Vorstände folgen. Bei den Elternvereinen gäbe es auch eine allmähliche Funktionsverschiebung. Ihre Generation könne die eigenen Kinder in der Schule schon unterstützen, dies sei bei der ersten Generation aber nicht der Fall gewesen.

Insgesamt versuche man, die eher düstere Zukunftsperspektive des Vereins dadurch zu verändern, daß man mittelfristig die Gründung eines gemeinsamen Dachverbandes aller spanischer Vereine anstrebe. Dem stünde jedoch die beharrliche Behauptungskraft der je spezifischen Vereinsinteressen entgegen. Die Frage sei jedoch, wer den längeren Atem habe. Auch politische Rivalitäten spielten eine Rolle. Ihr Verein habe ein politisch fortschrittliches Profil, im SPD- und Linksspektrum. Andere Vereine seien unpolitischer, weil dort die Konservativen versuchten, die Politik aus dem Verein herauszuhalten. Auch die Zusammenarbeit mit Vereinen anderer Nationalitäten gestalte sich schwierig. *Wir sind eigentlich im Prinzip nicht dagegen*, aber es bestünde eine Theorie-Praxis-Differenz. Zwar gäbe es gemeinsame Themen wie Ausländerpolitik und sie selbst könne dazu positiv stehen, aber der Verein verhalte sich ziemlich passiv. Viele Vereinsmitglieder fänden eine derartige Zusammenarbeit gut, partizipierten selbst aber nicht aktiv. Es sei ja schon schwierig, Kandidaten für den Vorstand zu gewinnen. Die Mobilisierung von Mitgliedern sei aber nicht nur ein Problem der spanischen Vereine, auch deutsche Vereine hätten ihre Probleme. Generell nehme die Bequemlichkeit zu und gehe das Engagement zurück. Vereinsarbeit sei immer mit Kosten verbunden und widerspreche einer konsumistischen Einstellung.

Zwischenbilanz

Bereits mit Hilfe dieser drei unterschiedlichen Materialtypen – der Beschreibung der geographischen Lage und der Räumlichkeiten des Vereins, der Ablaufskizze eines Vereinsabends und der Selbstdarstellung des Vereins durch die Vereinspräsidentin – ist es möglich, eine erste vorläufige Zwischenbilanz zu ziehen.

Schon von der geographischen Lage des Vereinslokals her ist ersichtlich, daß die meisten Vereinsmitglieder oder Besucher die Räumlichkeiten nicht zu Fuß erreichen bzw. als bequeme Aufenthaltsorte in Wohnnähe benutzen, sondern zur Zurücklegung weiterer Entfernungen genötigt sind. Der Gebäudeblock 155 hat aufgrund seiner Lage weder einen ausgeprägten Stadtteilbezug noch ist er in ein historisch gewachsenes Wohneinzugsgebiet integriert. Selbst die in Heddernheim ansässigen Spanier haben je nach Wohnort eine relativ lange

Wegstrecke zurückzulegen. Allerdings wird die geographische Randlage dadurch etwas kompensiert, daß verkehrstechnisch dieser wenig schmucke Stadtteil Frankfurts sowohl mit dem Auto als auch über öffentliche Verkehrsmittel relativ gut erreichbar ist. Zudem haben Autofahrer aufgrund des großen Parkplatzes im Gebäudeareal keine Parkplatzprobleme.

Im Innenbereich ist der Spanische Kulturkreis von zwei räumlich expandierenden Institutionen eingerahmt. Das Bildungswerk kommt mit seinen eigenen Räumen im Hinterhofgebäude nicht aus, sondern nutzt den dritten Stock zur Abhaltung von Weiterbildungskursen. Ebensowenig sind die Portugiesen nur auf den ersten Stock beschränkt, sondern weichen mit Teilen ihrer Aktivitäten bereits auf den zweiten Stock aus. Unter den drei Institutionen, die sich die Räume des Gebäudes aufteilen, ist der Kulturkreis mit Abstand die kleinste Einrichtung. Er befindet sich in einer Situation räumlicher Umklammerung, die bei weitergehenden Ansprüchlichkeiten der anderen beiden Gruppierungen möglicherweise negative Sogwirkungen in sich birgt.

Symptomatisch ist in dieser Hinsicht die Nichexistenz einer Klingel oder eines Hinweisschildes an der Eingangstür. Diese Namenlosigkeit kann als weiteres Indiz einer prekären Vereinsexistenz gedeutet werden. Fast scheint es, als ob nur Insider in die abgeschottete und von außen nicht erkennbare Innenwelt vordringen (sollen), als ob der Verein eine Existenz nur noch nach innen für Kundige und Eingeweihte besitzt. Der Verein verzichtet durch die Namenlosigkeit auf eine Signalwirkung nach außen bzw. auf eine Orientierungshilfe für Neuankömmlinge. Derjenige, der den Verein besuchen will, muß sich bereits auskennen, der Vereinsort ist ein Insidertreff.

Die Kombination Bar/Aufenthaltsraum und Mehrzweckraum entspricht den aktuellen Vereinsbedürfnissen. Die funktionale Aufteilung ermöglicht einerseits den Geselligkeitsbetrieb mit seinen kulinarischen und rekreativen Komponenten, andererseits die Versorgung der verschiedenen Vereinsgruppierungen mit alternativen räumlichen Nutzungsvarianten entsprechend den je spezifischen Raumnotwendigkeiten. Das zwanglose Treffen in familiärer Atmosphäre bei Musik, Essen und Trinken (Bar), Gespräch und Spiel (Karten, Schach), Fernsehen und Zeitungslektüre sind ebenso möglich wie die Vortragsveranstaltung, der Filmeabend oder die Aktivitäten der Frauen-, Näh- und Folkloregruppe.

Die eigenen, frei finanzierten Räume spielen – als Ausdruck des historischen und aktuellen Selbstverständnisses des Vereins – auch in den Ausführungen der Vereinspräsidentin eine bedeutende Rolle: Die erfolgreiche Behauptung auf dem freien Wohnungsmarkt ohne Privilegien oder finanzielle Fremdunterstützung bzw. die kontinuierliche Nutzung unter eigenem Namen unabhängig von anderen Institutionen ist eine Leistung, auf die der Verein nicht nur stolz ist, sondern mit der er sich gegen andere Vereine abgrenzt und profiliert.[51]

---

51 Die Behauptung, der Kulturkreis sei der einzige Verein mit eigenen Räumen, ist allerdings nicht richtig. Auch andere spanische Vereine haben dauernd und unter eigenem Namen Räum-

Eigene Räume sind die Bedingung unabhängigen Handelns – selbst in einer Situation, in der diese Unabhängigkeit nur noch partiell ausgefüllt wird, da der räumliche Auslastungsgrad durch eigene Vereinsaktivitäten relativ gering ist. Nur am Wochenende und montags (Nähgruppe) finden noch Vereinsaktivitäten statt, die Folkloregruppe ist bereits eine gemischte Gruppe von Mitgliedern und Nichtmitgliedern. Aus diesem geringen Auslastungsgrad heraus erklärt sich auch die Möglichkeit der Vermietung an andere Gruppen und damit die Schaffung zusätzlicher Einkünfte.

Das Pendant der räumlichen Unabhängigkeit ist die finanzielle Unabhängigkeit. Der Verein praktiziert die Selbstfinanzierung über den Konsum an der Bar, die freitags und samstags geöffnet ist. Die Betreuung der Bar – Einkauf, Vorbereitung, Ausschank, Instandhaltung, etc. – wird durch den ehrenamtlichen Einsatz einer relativ kleinen Gruppe von ca. zehn Personen gewährleistet, deren Engagement und Konstanz dem Verein die Unabhängigkeit sichern.

Gegen die Gefahr der Degradierung des Vereins zur reinen Kneipe und zum puren Geselligkeitsbetrieb steht der politisch-kulturelle Anspruch. Die Bar dient als Finanzierungsinstrument für weitergehende Ziele, die sich aus der historischen Tradition des Vereins ergeben. Die räumlich-finanzielle Unabhängigkeit ist somit auch Bedingung für eine inhaltliche Selbstbestimmung des Vereins. Allerdings gibt es durchaus unterschiedliche Nutzungspräferenzen der verschiedenen Gruppierungen innerhalb des Vereins, so daß ein Spannungsverhältnis zwischen der Geselligkeitsfunktion (Bar) und der kulturellen Dimension (Mehrzweckraum) naheliegt.

Die Bedeutung des Vortrags innerhalb des Vereinsgeschehens und der Vereinsthematisierung ist bereits visuell – an den vielen Plakaten, welche die Wände zieren – ablesbar. Die behandelten Themen verdeutlichen eine politische Linie, welche die Vereinspräsidentin als fortschrittlich-demokratisch, zwischen SPD und Linkszentrum charakterisiert. Der Vortrag ist der Prototyp der kulturellen Bestrebungen des Vereins, für ihn wird Werbung betrieben, er bleibt im kollektiven Vereinsgedächtnis aufbewahrt durch die Präsenz seiner Plakate. Auch die Frauengruppe ist durch die Ankündigung ihrer Aktivitäten präsent, sie ist – von der Ausstattung der Räume des Kulturkreises her betrachtet – die sichtbarste und aktivste Gruppe des Vereins, die in derselben politischen Linie engagiert ist wie das Vortragsprogramm.

Allerdings werden gegenwärtig die Vereinsaktivitäten – und damit potentiell auch die Unabhängigkeit und Freiheit des Vereins – durch drei Krisenmomente ausgehöhlt:

Zum einen gibt es eine Generationenkrise, die gleichzeitig eine Krise der inhaltlich-programmatischen Ausrichtung des Vereins ist. Während die

---

lichkeiten angemietet. Sie verweist jedoch auf das Konkurrenzverhältnis und die Abgrenzungsnotwendigkeit unter den Vereinen sowie auf den Stolz bei der Beurteilung der eigenen Mitgliederleistung im Sinne der Aufrechterhaltung ökonomisch-institutioneller Unabhängigkeit.

erste Generation der älteren Vereinsmitglieder, die quantitativ aufgrund der starken Rückkehrtendenzen zunehmend abbröckelt, auf die ursprünglichen Vereinziele Geselligkeit, Integrationshilfe, Unterstützung der Demokratie in Spanien und Ausrichtung auf die spanische Gesellschaft verpflichtet war und ist, setzt sich die zweite Generation von den Themen der Eltern ab und präferiert allgemeine Themen sowie den Bezug auf die deutsche Gesellschaft. Diese intergenerative Spannung ist auch sprachlich präsent, da der Gebrauch des Spanischen und des Deutschen generationsspezifisch und situativ stark variiert. Während die erste Generation untereinander und auch mit der jüngeren Generation nur Spanisch spricht, wechselt der Sprachgebrauch der Jüngeren je nach Gesprächspartner: untereinander wird (fast nur) Deutsch, mit den Älteren (fast nur) Spanisch gesprochen. Der Einsprachigkeit der Alten korrespondiert die Zweisprachigkeit der Jungen bei eindeutiger Dominanz des Deutschen.

Zum anderen gibt es eine massive Beteiligungskrise innerhalb des Vereins. Nur etwa fünfzehn bis zwanzig Besucher nehmen an den Vereinstreffs regelmäßig teil, die Vereinsarbeit und Organisation ruhen auf wenigen Schultern, bei Vorstandswahlen gibt es Rekrutierungsprobleme. Die erste Generation kehrt zurück, die zweite Generation ist insgesamt nur wenig integriert, neuzugewanderte Spanier sind aufgrund ihrer anderen Ausrichtung kaum zu gewinnen ebensowenig wie deutsche oder nichtspanische Mitglieder. Mangels Beteiligungsbereitschaft müssen Aktivitäten mit zeitintensiver Vorbereitung wie größere Vereinsfeste bereits ausfallen.

Schließlich gibt es eine Kooperationskrise zwischen den Vereinen. Trotz der relativ guten Zusammenarbeit mit den Portugiesen im eigenen Haus gestaltet sich die Kooperation mit anderen spanischen und ausländischen Vereinen eher problematisch. Rivalität und Konkurrenz, unterschiedliche inhaltliche Prioritäten, politische Meinungsauseinandersetzungen oder Divergenzen zwischen Vorständen und Mitgliedern setzen einer organisatorisch-inhaltlichen Zusammenarbeit enge Grenzen. Die Überwindung der Krise durch einen angestrebten Dachverband ist nicht in Sicht.

Insgesamt kann man thesenartig von einer prekären räumlich-inhaltlichen Schrumpfexistenz des Vereins sprechen, der mit voluntaristischen Durchhalteparolen seine – angebliche oder tatsächliche – Sonderstellung (der erste Verein in Deutschland, der einzige Verein mit eigenen Räumen, etc.) zu behaupten sucht. Dem politisch-kulturellen Anspruch der Vereinseliten steht eine routinisierte, auf Geselligkeit abhebende Vereinsrealität gegenüber, die auch altersspezifische Trennungen akzentuiert.

2. Geschichte des Vereins

Der Kulturkreis entstand Ende 1961 aus den Diskussionsabenden einer Gruppe spanischer Metallarbeiter heraus und nahm bereits in den ersten Jahren seiner

Existenz einen enormen Aufschwung.[52] Dieser Aufschwung war vor allem eine Folge des starken Zuzugs spanischer Migranten nach Deutschland bzw. Frankfurt aufgrund des deutsch-spanischen Anwerbeabkommens und der daraus resultierenden Notwendigkeit, Hilfs- und Integrationsangebote zu organisieren. Das Rotationsprinzip stellte derartige Hilfeleistungen auf Dauer, zumindest in den ersten dreizehn Jahren bis zum Anwerbestopp 1973, in denen die Rotationsquote bei durchschnittlich 66% lag. Neben den unmittelbaren Hilfs- und Serviceleistungen bot der Kulturkreis zahlreiche Möglichkeiten antifranquistischer Betätigung und politischer Bildungsarbeit, da er in politischer Perspektive einen organisatorischen Ersatz für die unter Verbot gestellte offene politische Betätigung bot. Als drittes Element organisierte der Verein eine Vielzahl kultureller, edukativer und geselliger Angebote für die in Frankfurt ansässigen Migranten. Gerade diese Kombination von politischer (Bewußtseins-)Bildungsarbeit, kulturell-rekreativen Angeboten und integrativen Serviceleistungen machte ihn für viele Zugewanderte äußerst attraktiv.

Programmatik

Zur genaueren Situierung der Vereinsziele soll im folgenden die Bilanzierung und programmatische Selbstvergewisserung der Vereinsarbeit analysiert werden, wie sie in der Vereinszeitschrift *Cultura Obrera* im Jahre 1964 – nach drei Jahren Vereinsbetätigung – formuliert wurde:

„Warum machen wir das alles? Weil wir die Gründe kennen, weshalb wir uns hier in Deutschland befinden und weil wir Teil dieser spanischen Kolonie sind, über die wir so oft berichten, und weil wir das Opfer kennen, das es bedeutet, weit weg von unserer Heimat zu sein in einer Umgebung und mit Bräuchen, die von den unsrigen so verschieden sind. Deshalb versuchen wir, mit all diesen Aktivitäten eine große Familie zu bilden, die sich in einer ansprechenden und zuträglichen Umgebung entwickelt, in der die Kultur, die Demokratie und die Freiheit vorherrschen, und gleichzeitig versuchen wir, in einer Freizeitumgebung zumindest teilweise das vergessen zu machen, was nicht vergessen werden kann: UNSER GELIEBTES SPANIEN. Laßt uns deshalb alle das nutzen, was bereits besteht, den Spanischen Kulturkreis, laßt uns ihn verbessern und laßt immer unser Motto sein: LERNEN, LERNEN, LERNEN, um ein neues, zukünftiges SPANIEN zu schaffen" (Cultura obrera Nr. 20, September 1964, S. 1).[53]

In dieser Selbstvergewisserung über die Gründe der Vereinsorganisierung formuliert der Kulturkreis – bzw. die für ihn sprechende Vereinselite – drei unter-

---

52 Die Rekonstruktion der Vereinsgeschichte ist aufgrund der reduzierten Quellenlage nur sehr bedingt möglich. Als Grundlage der folgenden Ausführungen dienen einige schriftliche Selbstdarstellungen, Dokumente und Briefwechsel aus dem kleinen Vereinsarchiv, vor allem aber die Vereinszeitschrift Cultura Obrera der Jahre 1962 bis 1971. Zwischen 1971 und 1980 klafft eine große Quellenlücke, erst ab 1980 gibt es im Vereinsarchiv wieder vereinzelt Jahres- und Vorstandsberichte sowie Korrespondenz und sonstige Schriftstücke. Zu bereits publizierten Kurzporträts des Kulturkreises vgl. Díaz Díaz 1987, Esteller 1992.
53 Sämtliche Zitate sind vom Verfasser vom Spanischen ins Deutsche übertragen worden. Die Zeitschrift Cultura obrera wird im folgenden mit CO abgekürzt.

schiedliche, für seine Handlungsorientierung entscheidende Perspektiven: zunächst präsentiert sich der Verein als ein Kreis, der die Gründe für den Aufenthalt der Spanier in Deutschland kennt. Er präsentiert sich als ein Wissender, der aus diesem Wissen heraus eine Verpflichtung für das Handeln ableitet. Gleichzeitig betrachtet sich der Verein selbst als ein Teil der spanischen Migrantenkolonie in Frankfurt, er ist nicht nur kritischer und souveräner Betrachter einer bestimmten Lebenssituation, sondern selbst ein Betroffener in einem gemeinsam geteilten Erfahrungshorizont. Und schließlich zeigt sich der Verein vertraut mit den psycho-sozialen Schwierigkeiten und Folgelasten, die für die Migranten aus der Heimatferne und aus der Distanz zur Aufnahmegesellschaft resultieren. Der Verein begründet sein Handeln und sein Engagement somit aus einer dreifachen Perspektive: erstens aus einer Wissensperspektive – Vereinsarbeit als Verpflichtung zur Aufklärung über die wahren Gründe der Emigration –, zweitens aus einer Betroffenenperspektive – Vereinsarbeit als Form der Selbstbetreuung und Identitätsbildung – und drittens aus einer psychologischen Perspektive – Vereinsarbeit als Form der psychischen Entlastung.

Nach diesen unterschiedlichen Begründungen für die eigene Tätigkeit folgt in einem zweiten Teil die Bestimmung der Zielperspektive für die eigene Arbeit. Die entworfene Utopie ist das Bild der Großfamilie und des unbedingten Zusammenhalts. Das Großfamilienmodell als Vereinsutopie bezieht sich dabei auf einen Grundpfeiler der spanischen Gesellschaft, der gerade auch in der Migrationssituation beschworen wird. Nach Ansicht des Vereins erfordert die gemeinsame Lebenslage der Migration einen Zusammenschluß der spanischen Kolonie wie in einer Familie, der Verein dient als Medium und Vehikel dieser familiären Gestaltwerdung. Dazu stellt er eine soziale Umgebung bereit, die über eine entsprechende Gestaltung vielfältige Entwicklungsmöglichkeiten für den Einzelnen bieten soll. Diese Potentialität ist für den Verein durch die drei Basiselemente gegeben, auf denen die Vereinsarbeit aufruht: Kultur, Demokratie und Freiheit. In dieser Benennung zeigt sich die politische Perspektive des Vereins, der – ohne das entsprechende Gegenbild anzusprechen – die Vereinsgestaltung diametral von den repressiven Lebensbedingungen in Spanien absetzt. Der Verein repräsentiert das bessere Spanien, in dem sich jeder gemäß den eigenen Voraussetzungen in einer freiheitlichen Atmosphäre entwickeln kann. Neben der großfamiliären Integrationsabsicht formuliert der Verein als zweite große Zielbestimmung eine Ersatzfunktion, die er mit Blick auf die Herkunftsgesellschaft wahrnimmt: Fiktion von Heimat. Allerdings hat er ein klares Bewußtsein von den reduzierten Möglichkeiten, Spanien tatsächlich vergessen zu machen. Er kann immer nur den – stets vergeblichen – Versuch unternehmen, durch eine entsprechend gestaltete Umgebung Heimat zu simulieren, die temporäre Illusion von Spanien in Deutschland zu erzeugen.

Der Aufruf zur Nutzung und Verbesserung der bereits bestehenden Einrichtung schließt die Selbstvergewisserung ab. Der Verein formuliert eine voluntaristische Fortschrittsperspektive und begreift die Verpflichtung zum Lernen als individualisierte Umsetzung des Kampfes für ein neues Spanien. Der Verein dient in dieser Perspektive als ein Medium der Selbstperfektionierung, die jedoch nicht mit einer individuellen Aufstiegsperspektive verbunden, sondern vielmehr an ein kollektives Ziel geknüpft ist. Lernen und Selbstvervollkommnung sind Voraussetzungen grundlegender gesellschaftlicher Veränderung, die Herausbildung des neuen Spaniens setzt permanente Lernanstrengung voraus.

Bei dieser Koppelung von großfamiliärer Entwicklungsabsicht und lernender Vorbereitung für das neue Spanien ist allerdings zu bedenken, daß aufgrund der permanenten Überwachungspraxis durch die deutschen, vor allem aber durch die spanischen Behörden (Konsulate) der Verein bei seiner Selbstdarstellung die kulturell-edukativen Vereinsfunktionen in den Vordergrund stellte. Kultur und Lernen waren nach außen unpolitische Formen der Vereinsgestaltung, die durch ihre Kontextbezogenheit jedoch einen klaren politischen Charakter besaßen – oder zumindest besitzen konnten. Bildungsarbeit war auf einen gesellschaftspolitischen Kontext bezogen, auf die strukturellen Benachteiligungen von Migranten, auf die repressiven Lebensbedingungen unter dem Franco-Regime, auf die Utopie des neues Spaniens. Zusammen mit dem generellen Spanienbezug stellen diese drei Elemente die entscheidenden identitätsstiftenden Merkmale der Vereinsarbeit dar, auf die auch die Bildungsarbeit bezogen blieb.

Diese gesellschaftspolitische Kontextuierung zeigt sich auch bei weiteren Stellungnahmen, in denen die diskursiven Auseinandersetzungen im Rahmen des Vereins zum Thema gemacht und als Verkörperungen des besseren Spaniens gedeutet werden. Insbesondere der Praxis des Dialogs und der Redefreiheit ohne Zensur werden eine stark bildende Wirkung zuerkannt – *„ein Dialog, den man uns schon seit vielen Jahren in unserer Heimat verboten hat. Die große Mehrheit der Emigranten hat die Redefreiheit in unserer Heimat nicht kennengelernt, hier im Frankfurter Kreis war deshalb die beste Arbeit, jedem Landsmann, der den Versammlungen beiwohnte, Rederecht und Redefreiheit zu geben"* (CO, Nr. 37, Juni 1966, S. 1) Die Einübung in formaldemokratische Spielregeln, die Schulung für die Demokratie, die Bewußtseinsbildung innerhalb der Arbeiterklasse und die Bereitstellung kompensatorischer Bildungsangebote waren klar formulierte Ziele. *„Was man eigentlich beabsichtigte, war, dem emigrierten Volk die Kultur zu geben, die uns allen fehlte und die man uns in Spanien vorenthielt und uns seit 25 Jahren immer noch vorenthält"* (CO, Nr. 28, Juni 1965, S. 1).

Allerdings war der Verein insgesamt in seiner Zielbestimmung vielschichtig und anschlußfähig genug, um unterschiedliche Bedürfnisse und Nutzungsabsichten zu befriedigen. Die Propagierung des familiären Zusammenhalts aufgrund der gemeinsam geteilten Lage, der Versuch zur Kompensation von Heimatferne und komplementär dazu die Betonung von Heimatbindung, die Gestaltung einer Umgebung zur Unterstützung persönlicher Entfaltungsmöglichkeiten, die Vorwegnahme des zukünftigen Spaniens durch die Verkörperung und Verlebendigung der besseren, demokratischen Traditionen, die Lernangebote zur Durchsetzung persönlicher und/oder gesellschaftspolitischer Ziele –

all diese Zielbestimmungen machten den Verein für ein breites Publikum interessant und erlaubten unterschiedliche Perspektiven der Vereinsbeteiligung.

Aktivitäten

Zur Realisierung seiner Vereinsziele organisierte der Kulturkreis eine Vielzahl von Aktivitäten, die sich mit der Zeit zunehmend ausdifferenzierten und auch Nutzungsmöglichkeiten ohne Einhaltung des ideologischen Kontextes zuließen:
– Die erste Maßnahme bestand Ende 1961 im Ankauf einer Anzahl von Büchern als Grundstock einer zukünftigen Bibliothek, die bereits 1962 über einen Bestand von ca. 1000 Bänden verfügte und bis Ende der 1960er Jahre ihre Bestände noch einmal verdoppelte. Die Bibliothek galt mit ihrem kostenlosen Ausleihbetrieb als eines der bedeutendsten Medien zur Wissensverbreitung innerhalb des Vereins. Über Schenkungen und Neuzugänge wurde in der Vereinszeitschrift regelmäßig berichtet. Seit 1965 gab es eine Abteilung mit berufsbildender Literatur zur selbstgesteuerten beruflichen Weiterbildung der Mitglieder, die zum großen Teil ohne berufliche Ausbildung nach Deutschland gekommen waren.
– Ein zweites wesentliches Element kultureller Weiterbildung waren die regelmäßig veranstalteten Vorträge, die von Vereinsmitgliedern oder auswärtigen Referenten – meist exilierten Intellektuellen – gehalten wurden. Die Inhalte waren breit gestreut und umfaßten neben spanienbezogenen Themen[54] auch Beiträge über Religion,[55] Politik und Wirtschaft,[56] Geschlechter- und Generationenbeziehung,[57] Naturwissenschaft und Technik[58] sowie Kunst und Kulturgeschichte.[59]
– Ein drittes Element der Wissenspopularisierung war die zwischen 1962 und 1971 herausgebene Zeitschrift *Cultura Obrera*. Sie brachte neben allgemeinbildenden Themen (Philosophie, Literatur, Kunst, Naturwissenschaften, Politik, Familie, etc.) möglichst unzensierte Nachrichten aus Spanien,[60] aber auch praktische, für das Leben in Deutschland relevante Themen

---

54 U.a. ‚Spanien nach den Prozessen von Burgos', ‚Gegenwärtige politische Lage in Spanien' (mehrfach), ‚Die neue Arbeiterbewegung in Spanien', ‚ETA', ‚Probleme der Wirtschaftsentwicklung Spaniens' (mehrfach), ‚Moderne spanische Poesie', ‚Spanisches Theater', ‚Der Tourismus nach Spanien', ‚Die Landwirtschaft Spaniens'.
55 U.a. ‚Enzyklika Populorum Progressio', ‚Marxismus und Christentum', ‚Der Konflikt zwischen Wissenschaft und Religion', ‚Über die Weltreligionen'.
56 U.a. ‚Antimilitarismus', ‚Intellektuelle, Arbeiter und die Revolution', ‚Schichtarbeit', ‚Die Rolle des Arbeiters in der modernen Fabrik', ‚Kolonialismus', ‚Die Grundlagen des Zweiten Weltkriegs', ‚Die Wiederentdeckung Afrikas'.
57 U.a. ‚Die Frau und ihre Rolle in der modernen Gesellschaft', ‚Die Sexualität in der Pubertät und in der Ehe', ‚Kindererziehung'.
58 U.a. ‚Fauna des Mittelmeers', ‚Die Bildung des Regens', ‚Biologie', ‚Der Kosmos', ‚Erdöl', ‚Anatomie', ‚Unsere Galaxie', ‚Telekommunikation', ‚Weltraumfahrt'.
59 U.a. ‚Kunst', ‚Der Einfluß der Musik auf die Völker', ‚Die alten Zivilisationen von Mexiko und Mittelamerika', ‚Ägypten'.
60 Aus diesem Grund konnte die Zeitschrift nur unter der Hand vertrieben werden.

wie Lohnsteuerjahresausgleich, Kindergeld oder Aufenthaltsgenehmigung sowie vereinsinterne Nachrichten über laufende und zukünftige Aktivitäten.
- Seit Oktober 1965 bot der Kreis in Zusammenarbeit mit dem Volksbildungsheim Unterrichtskurse an, die sowohl zur Vermittlung allgemeiner Kulturtechniken und zur Verbesserung der deutschen und spanischen Sprachkenntnisse dienten als auch weiterführende allgemeine (Mathematik, Geographie, Geschichte, Soziologie) und berufsbezogene praktische (Maschinenschreiben) Kurse umfaßten.
- Ein weiterer wichtiger Schwerpunkt der Vereinsarbeit war die Solidarität mit politischen Häftlingen in Spanien und die Unterstützung der im Untergrund arbeitenden Gewerkschaften. Seit Beginn der 1970er Jahre arbeitete der Kreis mit der ‚Kommission zur Hilfe für die politischen und sozialen Gefangenen in Spanien' zusammen und veranstaltete regelmäßige Sammlungen zur Unterstützung von Inhaftierten.
- Daneben organisierte der Verein eine Vielzahl kultureller und geselliger Aktivitäten wie die Veranstaltung von Kurz- und Dokumentarfilmen in spanischer Sprache in verschiedenen Frankfurter Kinos, Kunst- und Fotoausstellungen mit Werken spanischer Migranten, Gedichte- und Schreibwettbewerbe, Ausflüge in die nähere und weitere Umgebung (bis nach Berlin, Brüssel und Moskau), Geselligkeitsveranstaltungen sowie Tanz- und Varietéabende (im Haus Dornbusch und Haus Ronneburg). Außerdem unterhielt der Verein eine Theater-, Musik- und Fußballgruppe.

Ein schwieriges Kapitel der Vereinsgeschichte bestand in der Gewinnung geeigneter Räume für die expandierenden Vereinsaktivitäten. Die ersten zehn Jahre nutzte der Kreis Räumlichkeiten anderer deutscher Institutionen (DGB, Club Voltaire, Volksbildungsheim, Club Voltaire), die ihm kostengünstig zur Verfügung gestellt wurden, die aber häufig wegen politischer Auseinandersetzungen oder wegen Eigenbedarfskündigung gewechselt werden mußten. Erst mit dem Umzug in eine ehemalige Tanzschule im November 1970 besaß der Kreis eigenfinanzierte Räume, wobei ca. 30.000.- DM für Kaution, Renovierung und Ausstattung von den Mitgliedern selbst aufgebracht wurden. Die Zeit zwischen 1970 und 1973 war die Zeit der größten quantitativen Ausdehnung des Vereins, die auch mit dem absoluten Rekord Frankfurter Spanienpräsenz zusammenfiel. Der Verein hatte zeitweilig bis zu 1.000 Mitglieder und wies damit einen hohen Rekrutierungsgrad unter der spanischen Bevölkerung (ca. 14.500 im Jahre 1973) auf.

Vereinskrise

Mit dem Tod Francos (1975) und dem Übergang zur Demokratie setzte eine starke Rückwanderungsbewegung nach Spanien ein, die nicht nur zu einer quantitativen Verringerung der Vereinsmitgliedschaften führte, sondern auch das eigene Selbstverständnis in Frage stellte. Der Verein hatte mit der Demokratisierung Spaniens einen tragenden Pfeiler seiner Arbeit verloren, der Kampf für Demokratie und die Bemühung um politische Bewußtseinsarbeit mußte unter neuen gesellschaftspolitischen Vorzeichen reorganisiert werden. Beide Dimensionen – Remigration und Verlust des traditionellen Selbstverständnisses – führten daher Ende der 1970er und Anfang der 1980er Jahre zu einer Vereinskrise, die sich vor allem als Beteiligungskrise manifestierte: so gab es zwischen Mai 1978 und Januar 1982 keinen ordentlich gewählten Vorstand,[61] die Zahlungsmoral verschlechterte sich zunehmend – von den 179 Mitgliedern des Jahres 1980 hatten 119 ihre Mitgliedsbeiträge nicht bezahlt – und auch der Versuch, eine Kooperation zwischen dem Kulturkreis und dem spanischen Fußballverein *Unión deportiva Española de Frankfurt* herbeizuführen, scheiterte mangels Beteiligung seitens der Fußballer.

Die Vereinskrise zeigte sich auch in der starken Reduzierung der Vereinsaktivitäten, insbesondere hinsichtlich des Unterrichts: in den 1980er Jahren figurierten nur noch Deutsch und Nähunterricht als Unterrichtsfächer, während das ludische Element (Feste, Tanzveranstaltungen, etc.) eine allgemeine Stärkung erfuhr.[62] Diese Verschiebung hin zu gesellig-rekreativen Aktivitäten wurde Ende der 1980er Jahre als Verlust des kulturellen Anspruchs thematisiert. Der Vorwurf von Vereinsmitgliedern, daß sich der Verein in eine bessere Taverne gewandelt habe, korrespondierte mit der zentralen Stellung der Bar als dem entscheidenden Finanzierungsinstrument des Vereins, der – neben Mitgliedsbeiträgen und Subventionen – seinen Haushalt zu zwei Dritteln über den Barkonsum finanzierte. Die Bar stand damit immer im Mittelpunkt der geselligen Vereinsdimension mit der Gefahr der Abkoppelung von den übrigen Aktivitäten. Der Vorstand dementierte diese Vorwürfe heftig (Vorstandbericht für 1988) und verwies auf die Fortführung der Vortragstradition in ähnlicher Breite wie in den 1960er und 1970er Jahren.[63]

Generationenproblematik

Eine Frage, die Ende der 1980er Jahre ebenfalls stark debattiert wurde, war die Integration von Jugendlichen in den Kulturkreis. Ausgangspunkt für diese Debatte war die Präsenz von Jugendlichen in einem Ausmaß, das es in den Jahren

---

61 Als Grund vermerkt das Protokoll der außergewöhnlichen Versammlung des Kulturkreises vom 9. Januar 1982 die „*Bequemlichkeit der Mitglieder*".
62 Ende der 1980er Jahre existierte darüber hinaus noch eine Theatergruppe und eine vereinsübergreifende Frauengruppe.
63 Als Themen wurden in den 1980er Jahren u.a. behandelt: ‚Der demokratische Übergang in Spanien', ‚Spanien und die Nato', ‚Literatur' (A. Machado, Garcia Lorca, Pablo Neruda), ‚Cybernetik', ‚Energiequellen', ‚Ökologie', ‚Astrologie', ‚Psychologie', ‚Darwin', ‚Die Militärblöcke', ‚Die Krise der Weltwirtschaft', ‚Demokratie und Sozialismus', ‚Polen und die Gewerkschaftsbewegung', ‚Die Friedensbewegung in Europa', ‚Die Lage in Mittelamerika', ‚Kuba', ‚Marxistische Philosophie', ‚Christentum und Sozialismus', ‚Naturkosternährung', ‚Die Rentenversicherung in Deutschland', ‚Die Ausländergesetze in Deutschland'.

zuvor nicht gegeben hatte. Die Chancen, die mit der Anwesenheit dieser Jugendlichen – im Sinne einer Vereinsstabilisierung – verbunden waren, wurden jedoch nicht umgesetzt. Bereits Anfang der 1990er Jahre nutzten kaum noch Jugendliche den Verein als regelmäßigen Aufenthaltsort. Die Integrationsfähigkeit des Kulturkreises scheiterte an der spezifischen Problemwahrnehmung des Lebensalltags der Jugendlichen durch die erste Migrantengeneration, die – bezogen auf den Verein und seiner inhaltlichen Ausrichtung – das Bestimmungs- und Deutungsmonopol behielt. Ein besonders prägnanter Ausdruck dieser Problemwahrnehmung ist der Bericht *Jugendliche und der Kulturkreis* vom 11.12.1988:

„Sie [die Jugendlichen, W.S.] haben andere Erfahrungen als ihre Eltern und wenn es nur das ist, daß sie niemals ihre Koffer packen mußten, ihre Koffer aus Leder oder Holz, – das muß man immer im Gedächtnis haben – und daß sie niemals nach Deutschland gehen mußten, um sich ihr Geld zu verdienen. Die sogenannte ‚Sozialisation' der Jugend außerhalb der Familie ist gänzlich anders gewesen als die der Eltern, obwohl diese häufig versucht haben, innerhalb der Familie ihre Kinder so zu erziehen, wie sie selbst erzogen worden sind, was manchmal zu Widersprüchen geführt hat. Der Beweis dafür ist, daß sich der Kreis während langer Zeit gerade nicht mit den Kindern der ältesten Vereinsmitglieder gefüllt hat.

Hier sind wir nicht mit Generationenkonflikten – im positiven Sinne – konfrontiert, sondern auch mit Konflikten darüber, was die Emigration war und ist und deshalb auch darüber, was der Kreis war, ist und sein soll, um zu überleben: von einem Ort des Widerstands auf Spanien ausgerichtet wird er zu einem Ort, der immer noch, aber weniger, auf Spanien blickt und der beginnt, sich seiner Umgebung zu öffnen, in der wir leben – denn diese Jugendliche haben niemals eine andere kennengelernt, auch wenn sie alle eines Tages in das Land ihrer Eltern zurückkehren wollen".

Der Bericht ist ein Dokument über Generationenprobleme im Verein aus der Perspektive der Älteren – der ersten Migrantengeneration. Die Jungen selbst kommen in dem Dokument nicht zu Wort, sie sind nur Gegenstand der Diskussion, Objekt der Betrachtung, nicht jedoch gleichberechtigte Diskussionspartner. Ihre Perspektiven werden aus der Sicht der Älteren wahrgenommen, formuliert und interpretiert. Die Art des Berichts zeigt eine Bevormundung, die der realen Machtverteilung im Verein entspricht.

Die entscheidende Erfahrungsdifferenz, die von den Älteren mit Blick auf die Jungen formuliert wird, ist der Zwang zur Migration als einer elementaren Überlebensnotwendigkeit. Dieser Zwang, der mit dem Verlust der Heimat und einer prekären ökonomischen Existenz verbunden war, muß als Generationserfahrung der Älteren immer wieder erinnert, wachgerufen, aktualisiert werden. Symbol und Brandmal dieser Erfahrung ist der Koffer als dem sichtbaren Zeichen des erzwungenen Weges aus der Heimat. Im Kontrast zu dieser Differenz erscheint das Leben der Jugendlichen nicht nur als ein anderes, sondern unausgesprochen auch als ein leichteres Leben. Sie konnten bleiben, sie hatten zu essen. Indirekt kommt in diesen Sätzen ein latenter Vorwurf zum Ausdruck, der aus der Sicht der Älteren möglicherweise auch in dem Kontrast von erwarteter Dankbarkeit und erfahrenem Undank gefaßt werden kann.

Die Prägung von Eltern und Jugendlichen – außerhalb der Familie – ist die zweite entscheidende Differenz, mit der der Bericht hinsichtlich der Unterschiedlichkeit der Lebenslagen operiert, wobei die indirekte Abwertung der Lebenserfahrung der Jugendlichen im Vergleich zum ‚harten' Schicksal der Eltern gerade in dem pejorativ genutzten Begriff der ‚Sozialisation' deutlich zum Ausdruck kommt. Die Erfahrungen der Jugendlichen sind den Eltern nicht mehr vertraut, sie sind gänzlich anders verlaufen und können von den Eltern nicht mehr kontrolliert werden. Dieser Generationenbruch in der Prägung von Erfahrung durch eine andere Umgebung veranlaßt die Eltern zu einer umso stärkeren Kontrolle innerhalb der Familie, wobei der Versuch, die eigenen Erziehungsmaßstäbe anzulegen und die eigene Erziehung weiterzugeben, eingestandenermaßen zu Widersprüchen und Spannungen führt. Die Kompensation des äußeren Machtverlustes durch innerfamiliäre Dominanz verstärkt die externe Sozialisationsdifferenz und führt zu Entfremdungsphänomenen zwischen den Generationen. Einen empirischen Beleg für dieses Auseinanderleben sieht das Dokument in der Nichtpräsenz gerade von den Kindern der ältesten Vereinsaktiven und verweist damit auf eine deutliche Separierung der Freizeitsphären beider Generationen.

Der Bericht interpretiert diesen Negativbefund als Überlagerung der allgemeinen Generationsproblematik mit Konflikten darüber, was die vergangene und gegenwärtige Funktion der Migration und damit auch die Aufgabe des Vereins darstellt. Die Notwendigkeit einer Neubestimmung und Hinterfragung der Migration wird nicht von den Älteren selbst initiiert, sondern erst aufgrund der von den Jugendlichen eingebrachten anderen Sichtweisen aufgegriffen. Die Vergangenheitsbestimmung und Reflexion über die Aufgaben und Ziele der Migration ist dabei für die Älteren kein akademisches Spiel, sondern eine Überlebensfrage mit ernsten Folgen für die Gegenwart. In der Auseinandersetzung mit der Vergangenheit – sowohl hinsichtlich der Migration als Ganzer als auch in Bezug auf den Verein – zeigt sich die Kontinuität und Prägekraft von Deutungsmustern. Es geht – in der Perspektive der Älteren – um das Überleben, um das eigene physische Überleben und um das Überleben des Vereins.[64] Auch in der vorsichtigen Umformulierung der Vereinsziele wird die starke Spanienfixierung der bisherigen Vereinsarbeit kaum durchbrochen. Denn erstens bleibt trotz der intendierten Öffnung hin zur Aufnahmegesellschaft Spanien immer noch ein wichtiger Bezugspunkt und zweitens wird die Öffnung erst aus der Erkenntnis heraus begründet, daß die Jugendlichen nur diese deutsche Umgebung kennen und haben. Für die Alten bestand und besteht demnach nicht die

---

64 Möglicherweise distanzieren sich die Jugendlichen gerade von der Dramatik und Wucht einer biographischen Kollektivdeutung, die Migration als existentielle Notwendigkeit für das eigene Überleben in den Vordergrund rückt und betont stattdessen die Freiwilligkeit von Entscheidungen oder das Verlangen nach wirtschaftlicher Prosperität – mit der Folge, daß die eingenommene Opferrolle der Eltern plötzlich als aktive Gestaltungsmöglichkeit erscheint. Die Reflexion der Eltern führt jedoch nicht zu einer Relativierung einer derartigen Sichtweise, sondern im Gegenteil zu deren Verfestigung und Verstetigung.

Notwendigkeit, in dieser gesellschaftlichen Umgebung, in der sie mehrheitlich seit den 1960er Jahren leben, Fuß zu fassen. Ihre Reserve ist eher Ausdruck einer Nichtverwurzelung in der Aufnahmegesellschaft, was die deutliche Differenz der generationsspezifischen Spanien- und Deutschlandbindung nur noch einmal unterstreicht.

Im Schlußstatement des Berichts über die – unterstellte – Rückkehrabsicht auch der Jugendlichen zeigt sich die Prägekraft der Spanienbindung der älteren Generation in äußerst virulenter Form. Auch wenn alle bisherigen Äußerungen auf die radikale Differenz zwischen Älteren und Jüngeren abstellte, ist die Rückkehrabsicht – nach Meinung der Älteren – eine gemeinsame. Das ‚Land der Eltern' dient als Topos für die Generationenverbindung unabhängig von der empirischen Bedeutung Spaniens für die junge Generation. Das Dilemma der Vereins, ein Verein der Älteren zu sein und zu bleiben und sich trotz einer vorsichtigen Öffnung nicht von Spanien zu lösen, wird dadurch entschärft, daß die Jugend vor allem unter der Prämisse ihres eigenen – unterstellten – Spanienbezugs integriert wird. Ihre Rückkehrabsicht dient als intergenerationelle Illusion und Familienstabilisierung, Spanien steht als Chiffre für die gemeinsame Basis einer gemeinsam geteilten Zukunft.[65]

Konservierung des historischen Selbstverständnisses

Neben den Problemen der Mitgliederrekrutierung, Aktivitätsvielfalt, Generationenbindung und Vereinsstabilisierung ist in den 1980er Jahren auch eine Konservierung eines spezifischen historischen Selbstverständnisses des Vereins zu beobachten, das sich in vielen Briefen und Selbstdarstellungen äußert. So bezeichnet sich der Verein als der erste demokratische Kulturkreis auf deutschem Boden, selbstorganisiert und unabhängig von politischen oder religiösen Instanzen, als der einzige Verein mit einem politisch-kulturellen Anspruch, der die schwierige Arbeit der Bewußtseinsförderung und -bildung der Arbeiterklasse gegen den Widerstand der deutschen und spanischen Behörden zäh fortgeführt hat, als der Verein, der maßgeblich am erfolgreichen Kampf für die Durchsetzung der Demokratie in Spanien beteiligt war. Dieser Avantgardefunktion für die Demokratie und für die mentale Vorbereitung der Mitglieder in Bezug auf einen erfolgreichen politischen Umschwung entspricht – nach Meinung des Vereins – die Vielgestaltigkeit seiner politisch-kulturellen Arbeit. So sieht sich der Kulturkreis durch die Aufhebung der kulturellen Deprivation seiner Mitglieder in der Rolle des Vermittlers derjenigen Kultur, die der Bevölkerung in Spanien jahrzehntelang vorenthalten wurde; durch die Abhaltung von Vorträgen, die unzensierten Diskussionen und die regelmäßige Durchführung von Wahlen begreift sich der Verein als ein Forum zur Einübung demokratischer Verhaltensweisen, wiederum in Abgrenzung zu den repressiven Gesell-

---

65 Zur Bedeutung der Rückkehrabsicht als Stabilisierung des Migrations- und Familienprojektes vgl. auch Schiffauer 1991, Dietzel-Papakyriakou 1993.

schaftsbedingungen Spaniens während des Franco-Regimes; durch seine vielfältigen Integrationshilfen für Mitglieder und Nichtmitglieder sowie durch seine Unterstützung der Gefangenen in Spanien sieht sich der Verein schließlich als ein Beispiel solidarischen Handelns in Kontrast zu einer egoistischen Konkurrenzgesellschaft. Alle drei Topoi verdichten sich zu einem Deutungsmuster, in dem der Verein die bessere und vorwärtsblickende Tradition für sich in Anspruch nimmt, sich als Modell- und Avantgardeeinrichtung begreift und sich als Verkörperung der menschlichen Werte stilisiert.

Im Vergleich zu dieser positiven historischen Leistung beklagt der Verein die mangelnde ideelle und finanzielle Hilfe der gegenwärtigen Institutionen. Dabei deutet er in hermetischer Weise die politische Entwicklung der 1980er Jahre als Verfallsgeschichte, in der der Verein nur noch in der Rolle eines Opfers vorkommt. Grundaxiom seiner politischen Gegenwartsdiagnose ist die Enttäuschung der demokratischen Sehnsucht, für die der Verein so lange Jahre gekämpft hat, aufgrund der Indifferenz der spanischen Institutionen den Migrantenvereinen gegenüber. Die immer wieder vorgetragene Devise lautet: ‚die Demokratie und vor allem die PSOE [Sozialistische Spanische Arbeiterpartei, W.S.] hat uns vergessen, verraten, verlassen'. Dabei formuliert der Verein eine Anspruchshaltung, die hohe finanzielle Ausgaben des spanischen Staates für die immer kleiner werdende Gruppe von Migranten nicht nur für historisch gerechtfertigt hält – als Lohn für die geleistete Arbeit –, sondern selbstbewußt geradezu einfordert. Konkret beziehen sich die Forderungen auf den Erhalt der Spanienhäuser und der spanischen Arbeitsbüros sowie auf die Aufrechterhaltung der Option, in spanischen Schulen das Abitur abzulegen. Die gegenläufige Tendenz der spanischen Bürokratie – nämlich der Abbau spanienfinanzierter Kultur- und Sozialeinrichtungen in Deutschland auch gerade angesichts der rapide zurückgehenden Migrantenzahlen – wird als ein politisch bewußt kalkulierter Verrat betrachtet, als Resultat eines Kosten und Nutzen abwägenden Machtkalküls im Sinne von: ‚was bringen die spanischen Migranten für die politischen Parteien in Spanien' (vgl. CO Nr. 57, Januar 1987). Die Krise des Vereins wird somit z.T. externalisiert und auf den fahrlässigen Umgang der Demokratie mit ihren engsten Förderern zurückgeführt. Die heroische Leistung der Vergangenheit wird durch die Institutionen der Gegenwart weder gewürdigt noch kompensiert, wobei sich der Verein gegenüber den spanischen Institutionen wie ein Rentenversicherter verhält, der glaubt, einen Anspruch auf Versorgung einklagen zu können auf der Grundlage eines Beitrages, den er in Form des Kampfes für die Demokratie in der Vergangenheit geleistet hat. Für den Verein ist die Nichterfüllung dieser Pflicht eine einseitige Aufkündigung des von ihm getragenen und befürworteten intergeographischen Spanienvertrags durch die Nutznießer des neuen politischen Systems.

3. Der Kulturelle Samstag: Analyse eines Beobachtungsprotokolls

Der *Kulturelle Samstag* ist diejenige Institution, über die sich der Verein am häufigsten definiert und die durch ihren politisch-aufklärerischen Anspruch im Selbstverständnis der Vereinseliten das prägende Element der Vereinsarbeit darstellt. Seit Gründung des Vereins im Jahre 1961 war es Usus, regelmäßig Vorträge zu aktuellen Themen mit anschließender Diskussion zu halten. Diese Vorträge hatten die Aufgabe, zu informieren, aufzuklären, kontroverse Standpunkte zu benennen, etc. Der Verein sah in dieser Informations- und Aufklärungsarbeit bzw. in der Bereitstellung eines Forums zur kritischen Diskussion und Auseinandersetzung eine seiner wichtigsten Aufgaben. In den ersten Jahrzehnten wurden die Vorträge immer freitags gehalten, daher wurde der Freitag als *Kultureller Freitag* bezeichnet. Die Vortragstätigkeit, die in den letzten Jahren auf Wunsch der Mitglieder auf den Samstag verlegt wurde, ist jedoch nicht nur als inhaltliche Einlösung des politisch-aufklärerischen Vereinsanspruchs von Bedeutung. Vielmehr ist sie auch eine der wenigen Aktivitäten, die nach außen gerichtet sind und auch Nichtspanier und Nichtmitglieder ansprechen (sollen). Aus beiden Gründen wird im folgenden ein derartiger Vereinsabend detailliert dargestellt und analysiert.[66]

3.1. *Kultureller Samstag: Vortrag über Auschwitz*

Am Samstag, den 4.3.1995, fand in den Räumen des Kulturkreises ein deutschsprachiger Vortrag über ‚Auschwitz – im Bewußtsein der Deutschen – Verdrängung und Verleugnung'[67] statt. Referent war ein Redakteur des Hessischen Rundfunks, der sich schon seit längerem mit Fragen der Aufarbeitung des Nationalsozialismus in der Bundesrepublik beschäftigt hatte. Innerhalb und außerhalb des Vereins war die Veranstaltung durch den Aushang von Plakaten und die Ausgabe von Handzetteln angekündigt worden. Der Autor nahm zum ersten Mal an einer derartigen Veranstaltung des Vereins im Rahmen des *Kulturellen Samstags* teil. Die folgenden Ausführungen entstammen dem Protokoll, das er im Anschluß an den Abend angefertigt hat:

„Als ich gegen halb acht in den Kulturkreis komme, ist der Barraum bereits ziemlich voll (ca. zehn erwachsene Personen), teils mit Gesichtern, die ich schon kenne, teils mit neuen Gesichtern. Ich begrüße die mir bekannten Anwesenden, u.a. die Vereinspräsidentin, die an einem Tisch sitzt, Geld kassiert und Listen ausfüllt, sowie ihren Vater, Herrn Sánchez, einen der Gründer des Kulturkreises. Die meisten Leute stehen an der Bar mit ihren Getränken und

---

66 Insgesamt umfassen die Beobachtungsprotokolle des Spanischen Kulturkreises nicht nur Vorträge und Vereinsabende im Rahmen des kulturellen Samstags, sondern auch Vereinsabende am Wochenende ohne spezielle Aktivitäten sowie Vereinsnachmittage unter der Woche (Frauen-, Gymnastikgruppe).

67 ‚Auschwitz – en la conciencia de los Alemanes - Olvido y negación'

reden, einige der Anwesenden sind elegant und festlich gekleidet. Im Mehrzweckraum läuft der Fernseher – Bundesligafußball –, zwei Spanier sitzen davor und essen etwas. Der Raum ist bereits für den Vortrag vorbereitet, er ist mit fünf oder sechs Stuhlreihen bestückt, ein Pult aus zwei Tischen steht für den Referenten bereit. Ich schaue mir die Bilder an der Wand an, insbesondere eine touristische Karte von Spanien.

Nach einer Weile kommt Herr Pérez, einer der langjährigen – und mir ebenfalls bereits bekannten – Aktivisten des Vereins, auf mich zu. Er ist in Begleitung eines Deutschen, der sich als der Referent des Abends entpuppt. Herr Pérez begrüßt mich und unterhält sich eine Weile mit mir. Bei dieser Gelegenheit erfahre ich, daß er Katalane aus Barcelona ist. Ich sage ihm auf Katalanisch, daß wir uns auch gerne auf Katalanisch unterhalten könnten. Er geht darauf aber nicht ein, sondern unterhält sich so gut wie ausschließlich auf Deutsch mit mir. Wir kommen auf den Kulturkreis zu sprechen. Auch er gibt dem Verein nur noch wenige Jahre. Ursprünglich sei der Verein eine Alternative zur – verbotenen – politischen Betätigung gewesen. Heute sei die einzige Chance, um zu überleben, ein Zusammenschluß aller spanischen Vereine, der bislang jedoch gescheitert sei. Er glaube nicht, daß das Vereinswesen in Frankfurt in der jetzigen Form eine Zukunft habe, die wenigsten Vereine hätten eigene Räume, ihm sei es egal, unter welchem Namen eine zukünftige Vereinigung laufen könne, ob Casa Cultural oder Círculo, jedenfalls sei der Kulturkreis der einzige Verein mit einem kulturellpolitischen Anspruch. Die Elternvereine hätten auch gute Arbeit geleistet, entstammten aber einem anderen Hintergrund, den katholischen Missionen, und seien eher konservativ ausgerichtet, obwohl es auch dort sehr gute Leute gäbe. Viele Migranten seien bereits nach Spanien zurückgekehrt, was die Personaldecke der aktiven Mitglieder doch sehr reduziere. Es gebe im Verein eine Handvoll Leute, die aktiv mitmachten, ehrenamtlich den Bardienst versähen, aber auf Dauer sei dies nicht mehr aufrechtzuerhalten. Leider gebe es in Frankfurt keine dem Goethe-Institut vergleichbare spanische Kultureinrichtung, obwohl durchaus genügend Leute mit entsprechender kultureller und ökonomischer Solvenz – Banker, Diplomaten, etc. – vorhanden seien. Auf meine Frage, wie er sich denn die starke Rückkehrorientierung der Spanier erkläre, meint er, daß viele schon mit dem Demokratisierungsprozeß zurückgekehrt seien. Außerdem hätten Spanier eine andere Arbeitsmentalität als beispielsweise Griechen oder Italiener. Spanier machten sich viel weniger selbständig. Man brauche doch nur auf das Gastronomiegewerbe zu schauen, wie viele Griechen und Italiener, aber wie wenig Spanier es dort gäbe. Spanier blieben lieber in ihren Unternehmen als Arbeiter oder Angestellte.

Herr Pérez holt sich und dem deutschen Referenten etwas zum Trinken. Auch ich hole mir etwas an der Bar und treffe dort auf die Frau, mit der ich gestern über ‚Cultura obrera' – die mittlerweile eingestellte Vereinszeitschrift, von der noch etliche Exemplare im Keller lagern – gesprochen hatte und die das kleine Archiv des Vereins betreut. Ich frage sie, ob es ihr recht sei, wenn ich am nächsten Freitag käme, um mir die noch vorhandenen Exemplare anzusehen. Sie hat nichts dagegen und wir beginnen ein kurzes Gespräch, erst auf Spanisch, dann – als sie erzählt, daß sie Katalanin ist und aus einem Dorf nahe der Valencianischen Grenze stammt – auf Katalanisch.

Mittlerweile ist es bereits nach acht Uhr. Es sind noch mehr Leute gekommen, ein paar haben schon Platz genommen auf den Stuhlreihen, die im Vortragsraum angeordnet sind. Ich entdecke Herrn Sánchez in der hintersten Reihe und gehe zu ihm. Er heißt mich Platz nehmen und wir sprechen eine Weile. Scherzhaft meint er, daß die sprichwörtliche Unpünktlichkeit der Spanier auch hier in Deutschland Bestand habe und daß im Verein immer mit einer halbstündigen Verspätung angefangen werde. Er fragt mich nach meiner Arbeit, ich erzähle ihm von meinen Forschungen über Spanien ebenso wie über die vergleichenden Untersuchungen zur Erwachsenenbildung. Er findet das sehr interessant und schlägt Herrn Pérez vor, ich könne doch einmal einen Vortrag halten. Herr Pérez erzählt, daß der ehemalige Vorsitzende des Kulturkreises, der nun in Spanien sei, ein Archiv für Migration aufbauen wolle, und möchte mir später dessen Adresse geben.

Mit einer mehr als halbstündigen Verspätung fängt der Vortragsteil des Abends an. Herr Pérez präsentiert den Referenten – einen Kollegen, der als einziger Deutscher mit ihm in der Ausländerabteilung des Hessischen Rundfunks arbeitet. Herr Pérez spricht auf Spanisch, mit Verweis darauf, daß der Vortrag des Referenten auf Deutsch sei, und erläutert den weiteren Ablauf des Abends. Heute sei der erste Vortrag des Jahres und ohne Vorträge sei der Kulturkreis nicht mehr das, was er ist (Herr Sánchez feixt neben mir und meint, ohne Vorträge sei der Kulturkreis eben nur noch ein ‚círculo'). Er wolle bei dieser Gelegenheit auf die kommenden Vorträge hinweisen, auf den Internationalen Frauentag und auf den Vortrag am 18.3. über die Freidenker. Ihm sei daran gelegen, nach dem Vortrag Anregungen aus dem Publikum zu bekommen, wie man mit den Vorträgen mehr und neue Leute ansprechen könne, wie und ob man mit der Arbeit der Kommission zufrieden sei und wie man künftig besser Werbung betreiben könne. Er selbst versuche in diesen postmodernen Zeiten per Fax mögliche interessierte Gruppen und Institutionen wie das Multi-Kulti-Amt zu informieren.

Herr Pérez leitet dann zum Thema des Vortrags über: ‚Auschwitz im Bewußtsein der Deutschen – Verdrängung und Verleugnung'. Den Spaniern selbst läge Buchenwald näher, dort seien auch viele Spanier als politische Häftlinge gewesen, in Auschwitz selbst, dem Vernichtungslager, seien seines Wissens nach keine Spanier gewesen (Herr Sánchez platzt neben mir heraus, daß man es schon satt habe, so viel über die Erinnerungsfeiern zu hören). Das Thema Nationalsozialismus, so Herr Pérez, sei in Spanien ebenfalls lange ein Tabuthema gewesen, da viele Nazis in Franco-Spanien Unterschlupf gefunden hätten und das Thema nicht aufgearbeitet worden sei. Erst in den letzten Jahren habe man sich darüber ausgelassen, u.a. auch eine deutsche Jüdin, die seit mehr als dreißig Jahren in Spanien wohne und nun auch ihre Memoiren schreibe.

Nach dieser Präsentation spricht der Referent über sein Thema. Er erzählt über das Lager Auschwitz, über wissenschaftliche und autobiographische Zugänge, über die Verdrängung nach 1945, über Strategien der Normalisierung, über heutige Tabus, etc. Im Raum sitzen ca. fünfzehn Personen, der einzige, der sich Notizen macht, ist Herr Sánchez. Die Stimmung ist sehr konzentriert, die einzige Störung kommt von einigen Portugiesen, die noch Stühle für ihre Veranstaltung benötigen und mehrfach beim Kulturkreis anfragen, ob noch Stühle vorhanden sind. Dabei dringen sie relativ beharrlich und unbekümmert in den Vortragsraum – bei schon laufendem Vortrag – vor und transportieren die noch vorhandenen unbesetzten Stühle ab. Zwei oder drei Spanier machen sogar ihre Plätze frei und stehen für den Rest des Vortrages.

Nach einem mehr als einstündigen Vortrag gibt es eine ebenso lange und lebhafte Diskussion. Insbesondere eine schon ältere Frau plädiert für eine differenzierte Betrachtungsweise, für die Würdigung auch des deutschen Widerstandes, für die Zivilcourage, die auch heute nötig sei, und für eine Anerkennung der positiven historischen Vorbilder, die man dafür brauche. Sie wolle den compañeros des Kulturkreises ein Buch über Ärzte im Dritten Reich als Leihgabe überlassen, damit Interessierte dort nachlesen könnten. Sie wolle das Buch aber wieder zurückhaben, es sei in der DDR gedruckt und heute nicht mehr erhältlich. Desweiteren kommt es zu Vergleichen mit der Gegenwart (Ausländerfeindlichkeit) bzw. zu Fragen, inwiefern sich Auschwitz wiederholen könne oder inwieweit die deutschen Sekundärtugenden wie Pünktlichkeit, Ordnung und Sauberkeit dem Nationalsozialismus Vorschub geleistet hätten. Die Diskussion wird vorwiegend auf Deutsch geführt, nur drei Spanier sprechen Spanisch, deren Beiträge Herr Pérez übersetzt. Herr Sánchez kommentiert mir mehrfach Ausführungen des Referenten oder Diskussionbeiträge der Anwesenden, so beispielsweise, daß die Frau mit dem Buch eine Portugiesin sei und mit einem deutschen Kommunisten, der ebenfalls im KZ gesessen habe, verheiratet gewesen sei. Seine Kommentare sind manchmal recht laut und störend, einmal wird er indirekt von seiner Tochter zurückgepfiffen, die deutlich ‚pssst' ruft.

Nach der Diskussion wird – entgegen den Ankündigungen zu Beginn – nicht mehr über die Frage der Werbemöglichkeiten und des Vortragswesens insgesamt diskutiert. Herr Pérez spricht nur noch einmal die Absicht an, auch Leute zu erreichen, die sich vielleicht noch nicht so viel Gedanken über die jeweiligen Themen gemacht hätten, die Anwesenden seien sich ja in ihrer Grundausrichtung einig, obwohl es ja auch zwischen ihnen Differenzen gebe, aber man wolle doch auch neue Leute erreichen.

Nach den Schlußworten durch Herrn Pérez spaltet sich das Publikum in verschiedene Gruppen auf. Ein Teil unterhält sich an der Bar weiter, ein anderer Teil setzt sich an einen der Tische im Vortragsraum und ißt zusammen zu Abend (darunter auch Herrn Pérez und der Referent). Ich rede zunächst mit einem Andalusier, einem älteren dicken Mann, der sich keiner der beiden Gruppierungen zugesellen will, sondern lieber ‚herumtänzeln' möchte. Er erzählt mir sehr zutraulich über die ‚Schurken der Welt', über Nick Leeson, den ehemaligen Chef der Guardia Civil Roldán und über den Ex-Präsidenten der spanischen Notenbank (Banca de España). Er habe den Grundsatz, daß nur derjenige etwas wert sei, der etwas produziere, allen anderen müsse man das Arbeiten beibringen. Herr Pérez, der von der Bar mit Essensnachschub kommt, fragt, ob ich schon gehen wolle – wegen der Adresse. Ich verneine und setze mich mit ihm an den Tisch. Das Tischgespräch ist etwas schleppend. Herr Pérez sinniert über die Linke nach, die gespalten sei und sich nicht mehr mobilisieren lasse. Jeder schreibe nur noch seinen Kommentar oder ein Buch, und das wärs dann. Er ist in einer nachdenklich-gedrückten Stimmung, steht ab und zu auf, holt neue Sachen zum Essen und wendet sich häufig einer Deutschen zu, die auch zum Vortrag gekommen ist und ebenfalls eine Kollegin zu sein scheint. Nach einer guten halben Stunde beschließe ich zu gehen und verabschiede mich. Herr Pérez fragt mich, ob ich noch einmal komme. Ich weiß nicht, wie ich die Frage einschätzen soll, und sage, daß ich gerne am nächsten Freitag kommen wolle – auch wegen der Zeitschrift –, ob er denn da sei. Mit einem fast traurigen Gesicht meint er, daß er immer da sei, wo solle er denn sonst sein. Ich bezahle an der Bar meine Getränke und verabschiede mich auch dort von denjenigen, die noch bleiben."

3.2. Aufklärung ohne Klientel – der Verein zwischen Beharrung und Reformierung: Interpretation des Protokolls

Das Beobachtungsprotokoll umfaßt insgesamt zehn Abschnitte, die in drei große Themenblöcke zusammengefaßt werden können: die einführende Situationbeschreibung mit diversen Gesprächen bis zum Vortragsbeginn (1-4), der Vortrag mit Präsentation und anschließender Diskussion (5-9) sowie der Ausklang des Abends nach Abschluß des Vortragteils (10).

Geselligkeit am Beginn (Erster Hauptabschnitt)

1.
Das Geschehen im Beobachtungsprotokoll wird aus der Perspektive eines erlebenden Ichs thematisiert, das Zugang zum Verein sucht, mit den Personen dort interagiert und sich in den Fluß der verschiedenen Handlungssituationen einklinkt. Der Verein und das Geschehen im Verein werden nicht abstrakt aus der Perspektive eines distanzierten Beobachters beschrieben, sondern aus der Be-

obachtung eines erlebenden interaktiven Ichs heraus organisiert.[68] Das Interaktionsverhältnis dieses Ichs mit den Personen des Vereins ist durch eine Spannung von fremd und vertraut gekennzeichnet. Es gibt bekannte Personen, mit denen das Ich bereits Kontakt hatte und die den Zugang zum Feld erleichtern. Die Begrüßung der bekannten Personen verschafft Vertrautheit und ist Ausweis von Zugehörigkeit. Die Hervorhebung von zwei herausragenden Repräsentanten des Vereins bei der Begrüßung – der Präsidentin, die anscheinend eines ihrer Amtsgeschäfte wahrnimmt (möglicherweise Kassierung von Mitgliedsbeiträgen) sowie ihrem Vater, der als einer der Gründer des Kulturkreises die Kontinuität des Vereins seit seinen Anfängen repräsentiert[69] – folgt der Einhaltung bestimmter Interaktions- und Höflichkeitsregeln. In den Personen von Vater und Tochter hat das Ich Zugang zu zwei Personen, welche die Vereinsgeschicke bestimmt haben bzw. noch immer bestimmen. Der Verein präsentiert sich in beiden Personen als ein Ort familiären Engagements und familiärer Freizeitgestaltung. Vater und Tochter sind Mitglieder der Vereinselite, sie verkörpern die Präsenz der ersten und zweiten Generation im Verein. Durch die Begrüßung dieser beiden Personen ist das Ich gewissermaßen legitimiert und ausgewiesen.

Der Barraum als Ort der Handlung wird als ‚ziemlich voll' beschrieben. Das ‚bereits' deutet einerseits darauf hin, daß das Ich zu einem Zeitpunkt in den Kulturkreis kommt, zu dem die Mehrzahl der Besucher schon anwesend ist. Das Ich kommt möglicherweise zu spät oder kennt die Gepflogenheiten und Traditionen des Kulturkreises nicht. Andererseits zeigt das gesellige Beisammensein lange vor dem Beginn des offiziellen Programms, daß der Kulturkreis auch unabhängig von dem angekündigten Vortrag Leben hat, daß Geselligkeit zeitlich dem Vortrag vorgelagert ist, Priorität hat und damit vor der Kultur rangiert. Trotz der überschaubaren Anzahl von Personen (ca. zehn) macht der Raum einen vollen Eindruck, die Szene spielt sich in bescheidenen Verhältnissen, in einer kleinräumlichen Atmosphäre ab. Die Personen werden als erwachsen gekennzeichnet, d.h. Kinder und Jugendlichen sind nicht anwesend. Die Veranstaltung ist demnach eine Erwachsenenveranstaltung, möglicherweise weil es ein offizielles Programm mit einem Thema gibt, das für Kinder ungeeignet ist, oder weil es bei den Vereinsaktivitäten generelle altersspezifische Differenzen gibt (die Vorträge des Vereins interessieren die Kinder/Jugendlichen nicht). Die Charakterisierung der anwesenden Personen und ihrer Handlungen – das gemeinsame Gespräch an der Bar, der Konsum von Getränken, die elegante Note der Kleidung – vermittelt die Atmosphäre eines geselligen Abendtreffs. Man kommt zusammen, tauscht sich aus, konsumiert, regt sich gegenseitig an und ist herausgeputzt. Der Barraum erscheint als ein Mikrokosmos der geselligen Unterhaltung, in dem nebenbei auch Vereinsgeschäfte erledigt werden können.

---

68 Streng methodisch gibt es eine Differenz zwischen dem erlebenden Ich in der konkreten Handlungssituation und dem erzählenden Ich zum Zeitpunkt der Abfassung des Protokolls. Diese Differenz wird jedoch für die Interpretation vernachlässigt.
69 Herr Sánchez ist einer der Interviewpartner in Teil III.

Im Mehrzweckraum wird diese Form der zwanglosen Geselligkeit in einem anderen Rahmen – durch Fernsehkonsum und Essensgenuß – fortgesetzt. Als Fremdkörper in diesem Ensemble wirkt allerdings die bereits im Hinblick auf den Vortrag vorgenommene Bestuhlung des Raumes. Die symmetrisch angeordneten Stuhlreihen und ihre traditionelle Ausrichtung auf ein improvisiertes Rednerpult hin signalisieren eine hierarchische Zuordnung von Referent und Publikum, weisen auf ein klassisches Vortragssetting der Zweiteilung von klar definierten Rollen eines vortragenden Redners und eines zuhörenden Publikums hin. Die Mehrzwecknutzung des Raumes wird durch dieses gleichzeitige Arrangement von – noch nicht realisierter – Vortragstätigkeit und konsumorientierter Geselligkeit plastisch. Diese Aktualisierung der verschiedenen Raumfunktionen vermittelt einerseits Ungemütlichkeit, zeigt andererseits aber auch das Unberührtsein der sich dort aufhaltenden Personen vom Ernst des nachfolgenden Vortragsprogramms: dort, wo in Kürze ein Vortrag über Auschwitz beginnt, wird gegessen, fern gesehen, geschwatzt, etc. Die Unverbindlichkeit und Zwanglosigkeit gegenüber dem nachfolgenden Thema zeigt sich auch im Verhalten des Ichs. Es betrachtet – neugierig und zur Überbrückung der noch anstehenden Zeit – den Wandschmuck des Raumes und wird dabei besonders von einer Tourismuskarte – der Repräsentation von Urlaubsmöglichkeiten in Spanien – angezogen.

Insgesamt ist das Ambiente des Kulturkreises in seiner Kombination von Bargespräch, Getränkegenuß, Geselligkeit, Erledigung von Vereinsgeschäften, festlicher Kleidung, Fernsehkonsum und Abendessen eher auf ein Fest oder auf eine eingespielte Vereinsroutine hin orientiert als auf die Auseinandersetzung mit dem Thema Auschwitz. Die Bedrohlichkeit des angekündigten und von den Besuchern bereits im Vorfeld gekannten Themas hat keine Parallele in der festlich-geselligen Vereinsatmosphäre am Wochenende. Die Gleichzeitigkeit von small talk in der Gruppe (Bar) und Konsumgesellschaft zu zweit (Mehrzweckraum) in beiden Räumen des Kulturkreises wird nur durch das hierarchische Setting der Bestuhlung durchbrochen. Auch das Ich paßt sich diesem allgemeinen Trend an und dokumentiert durch sein eigenes Verhalten den geringen Bezug zum nachfolgenden Thema.

2.
Mit Herrn Pérez betritt ein weiterer Vereinsaktivist die Bühne, der dem Ich ebenfalls bereits bekannt ist. Herr Pérez ist derjenige, der die Initiative ergreift, auf das Ich zukommt, den Kontakt herstellt und das Ich aus seiner betrachtenden Isoliertheit herausreißt. Er handelt aus unterschiedlichen möglichen Motiven heraus: weil er das Ich bereits kennt (Bekanntschaftsmotiv), weil er sich mit ihm unterhalten will (Kommunikationsmotiv) oder weil er das Ich in das Vereinsgeschehen integrieren möchte (Integrationsmotiv). Allerdings ist Herr Pérez nicht alleine, sondern in Begleitung des deutschen Referenten, so daß er möglicherweise auch nur die beiden Deutschen zusammenbringen und damit die Internationalität und Offenheit des Vereins demonstrieren möchte. Herr Pérez

fungiert jedenfalls in doppelter Weise als Kontaktanbahner, Kontakthalter und Vermittler. Sowohl innerhalb als auch außerhalb des Vereins ist er derjenige, der Leute zusammenbringt, für Austausch sorgt sowie Innen- und Außenbeziehungen herstellt.

Auf das Ansinnen des Ichs, sich auf Katalanisch – die Muttersprache von Herrn Pérez – zu unterhalten, geht dieser nicht ein. Sprache (Katalanisch) wird hier vom Ich als Intimitätsherstellung, als Möglichkeit exklusiver Kommunikation genutzt. Die Zurückweisung des Angebots durch Herrn Pérez und die Nutzung des Deutschen als Verkehrssprache ist nicht nur eine Höflichkeitsgeste dem deutschen Referenten gegenüber, der mit dem Gebrauch des Katalanischen aus dem Gespräch ausgeschlossen wäre, sondern auch eine Zurückweisung des Intimitätangebots, mit dem das Ich die Fortsetzung der Ansprache als Fremder konterkarrieren könnte. Gleichzeitig gibt der Gebrauch des Deutschen Herrn Pérez auch die Möglichkeit, sich als kompetenter Sprecher der Landessprache zu profilieren und damit seine Vermittlungsqualitäten unter Beweis zu stellen.

Das sich im folgenden entwickelnde Gespräch zwischen Herrn Pérez und dem Ich über den Kulturkreis nutzt Herr Pérez, um Auskunft über die Geschichte des Vereins und seine gegenwärtige Krise zu geben und damit auf ein – unterstelltes oder tatsächliches – Ansinnen des Ichs zu reagieren. Herr Pérez hat eine pessimistische Sicht auf den Kulturkreis, dem er nur noch eine mittelfristige Existenzperspektive zubilligt. Das ‚auch' suggeriert eine Übereinstimmung seiner Aussage mit Äußerungen anderen Personen, die zu diesem Punkt bereits Stellung bezogen haben, so daß die Diagnose des mittelfristigen Vereinsendes eine gemeinsam geteilte Einschätzung unterschiedlicher Vereinsakteure darzustellen scheint. Dieses Krisenszenario motiviert Herrn Pérez zu einer Bestimmung der historischen Funktion des Vereins, zu einer Präzisierung seiner gegenwärtigen Krise und zu einer möglichen positiven Zukunftsgestaltung. Er formuliert dabei drei unterschiedliche Zusammenhänge, die die krisenhaften Gegenwartsphänomene und potentiellen Erneuerungsmöglichkeiten erklären (sollen): den Zusammenhang von vereinsinternen Funktionsveränderungen und darauf bezogener organisatorischer Neustrukturierung, den Zusammenhang von Remigration und Mitgliederrekrutierung sowie den Zusammenhang von staatlicher Kulturpolitik und privater Vereinsaktivität.

Herr Pérez verortet den Verein – aus seinem historischen Entstehungszusammenhang heraus – in einer politischen Perspektive. Unter Bedingungen restriktiver Politikbetätigung für Ausländer in der Bundesrepublik war der Verein – migrationshistorisch – eine erlaubte Alternative zur Aktivierung und Organisierung von Mitgliedern. Der Verein betrieb Politikgestaltung in einer gesellschaftlich akzeptierten Form, umfaßte aber auch alternative Möglichkeiten der Freizeitbetätigung. In der gegenwärtigen Situation – und unter veränderten politischen Rahmenbedingungen – ist die Existenz des Vereins für Herrn Pérez von der Lösung bestimmter Organisationsprobleme abhängig, nämlich vom Grad erfolgreicher Kooperation zwischen den verschiedenen spanischen Vereinen. Er hält den Verein in seiner jetzigen Form nicht mehr für überlebensfähig, sondern macht seine Weiterexistenz von einer grundlegenden Umstrukturierung abhängig. Die Frage der Vereinsexistenz ist für ihn eine Frage der internen Organisationsentwicklung bzw. der Reformierung des gesamten spanischen Vereinswesens in Richtung auf vereinsübergreifende Kooperation. Ein Grundproblem der prekären spanischen Vereinslandschaft ist für ihn die Raumfrage, sind die geringen Möglichkeiten räumlicher Verfügungsgewalt durch die Vereine. Die Lösung dieses Problems durch einen organisatorischen Zusammenschluß der verschiedenen Vereine ist jedoch mit dem Problem belastet, einen neuen Namen für den Dachverband finden zu müssen. Die von Herrn Pérez vordergründig gezeigte Toleranz hinsichtlich möglicher Namensalternativen wird jedoch mit dem Hinweis auf den Kulturkreis als einen Ausnahmeverein konterkariert. Während im Namen ‚Casa cultural' des Vereinsverbundes der kulturell-politische Anspruch des eigenen Vereins auch weiterhin aufgehoben ist, transportiert der Name ‚Circulo' selbst keinen inhaltlichen Anspruch. Der Kulturkreis (Círculo Cultural) würde daher in einem Verbund entweder die Komponente ‚Kultur' oder die Dimension ‚Kreis' verstärken und weiterführen können. Die Namensgebung ist daher mehr als nur eine Frage der opportunistisch-pragmatischen Einigung, sondern auch – und vor allem – eine Frage der inhaltlichen Ausrichtung und funktionalen Aufgabenbestimmung. Um die Position und das Profil des eigenen Vereins zu verdeutlichen, versucht Herr Pérez eine Typisierung der Konkurrenzvereine und ihrer Aktivisten. Insbesondere grenzt er sich gegen die Elternvereine ab, denen er einerseits durchaus eine gewisse Qualität – sowohl hinsichtlich der Güte ihrer Arbeit als auch der Güte ihres Personals – konzediert, deren Anbindung an kirchliche Träger und deren konservative Ausrichtung jedoch andererseits nicht den eigenen Ansprüchen von institutioneller Selbständigkeit und politischer Progressivität entsprechen. Durch seine Abgrenzungsbestrebungen wird Herr Pérez selbst ein Beispiel für die Schwierigkeiten institutioneller Kooperation und für die bislang gescheiterten Versuche inhaltlicher Annäherung.

Ein zweiter von Herrn Pérez angesprochener Zusammenhang hinsichtlich der gegenwärtigen Vereinskrise ist die starke Remigrationstendenz unter den Spaniern und damit verbunden die Reduzierung aktiver Vereinsmitglieder. Er gibt damit indirekt die Prägung und auch gegenwärtige Ausrichtung des Vereins auf die erste Migrantengeneration zu erkennen sowie die Abhängigkeit des Vereins von deren Präsenz. Der Kulturkreis ist ein Verein der ersten Stunde und den Interessen und Bedürfnissen der Migranten der 1960er Jahre verhaftet. Diese Generation hat den Verein aktiv geprägt, hat sich für die Belange des Vereins eingesetzt und hat den Verein durch eigenes Engagement getragen. Ihre verstärkte Rückkehr ist Anlaß der Personalkrise des Vereins, dessen aktive ehrenamtliche Helfer mit den anstehenden Aufgaben überlastet sind. Herr Pérez hebt insbesondere den Bardienst hervor, dessen Aufrechterhaltung von vitaler Bedeutung ist, da der Barkonsum die Hauptfinanzierungsquelle des Vereins darstellt. Die Konzentration der Aufgaben in Händen weniger Vereinsaktiver ist aufgrund der zeitlichen Belastung in seinen Augen ein nur für begrenzte Zeit durchführbares Vereinsmodell.

Ein dritter Zusammenhang, der von Herrn Pérez hergestellt wird, ist das Fehlen einer staatlichen bzw. öffentlich geförderten Kulturinstitution als Anregung und Hilfestellung auch für die privat organisierten spanischen Vereine. Er zielt damit auf die Sogwirkung einer prestigebehafteten öffentlichen Kultureinrichtung ab, die er – in ihrer allgemeinen Ausrichtung der Förderung spanischer Kultur und Sprache im Ausland – nicht als Konkurrenz, sondern als Unterstützung für die Vereinsarbeit deutet. Möglicherweise könnte eine solche Institution die bereits erwähnte Dachfunktion ausüben und auch das Raumproblem vieler Einrichtungen lösen. Die implizit ausgesprochene Benachteiligung Frankfurts durch die staatliche spanische Kulturpolitik wird dadurch noch verstärkt, daß nach Meinung von Herrn Pérez in Frankfurt durchaus die entsprechenden kulturellen und wirtschaftlichen Trägerkreise zur Förderung einer solchen Institution vorhanden sind. Diese Kreise sind allerdings nicht der migrationsbezogenen Vereinsarbeit verbunden, sondern aufgrund ihrer internationalen Ausrichtung und privilegierten Stellung eher auf die spanische Hochkultur ausgerichtet.

Insgesamt weist die von Herrn Pérez geleistete Beschreibung und Analyse der krisenhaften Momente innerhalb des Vereins auf unterschiedliche Dimensionen hin. In *vereinsinterner* Hinsicht zielt sie auf den ausgeprägten Mangel an aktiver Beteiligung aufgrund der Rückwanderung der älteren Vereinsmitglieder und der damit verbundenen Reduzierung der Personaldecke für ehrenamtliche Arbeit. In *vereinsübergreifender* Perspektive zielt sie auf den Mangel an notwendiger Kooperationsbereitschaft unter den Vereinen, wobei der Kulturkreis mit seiner politisch-kulturellen Ausrichtung eine Sonderstellung innerhalb der spanischen Vereinslandschaft beansprucht. In *kulturpolitischer* Hinsicht zielt sie auf den Mangel an öffentlicher Unterstützung durch eine öffentlich geförderte Kulturinstitution, die auch die bislang wenig engagierten Spanier Frankfurts mit großer wirtschaftlicher und kultureller Potenz binden kann. Herr Pérez träumt von einer Lösung der Vereinsprobleme sowohl auf horizontaler Ebene – Kooperation oder Zusammenführung aller Vereine – als auch auf vertikaler Ebene – gegenseitige Verstärkung staatlich geförderter Hochkultur und privat organisierter Arbeiterkultur. Seine Vision einer *spanish connection* stellt eine Verbindung aller spanischen Elemente jenseits ihrer schicht-, kultur- und organisationsspezifischen Ausprägungen dar – eine Utopie, dergegenüber sich die beschriebene Realität als äußerst trist ausnimmt.

Nach dieser Situationsbeschreibung hakt das Ich bei dem wichtigsten Grund für die Mitgliederminimierung und Vereinskrise nach, nämlich der Rückkehrorientierung der Spanier. Es zielt mit seiner Frage dabei nicht so sehr auf das tatsächliche Rückkehrverhalten als Resultat, sondern eher auf die Aufrechterhaltung einer Perspektive im zeitlichen Verlauf. Herr Pérez gibt für dieses Verhalten sowohl eine gesellschaftspolitische als auch eine mentalitätsgeschichtliche Begründung. Die gesellschaftspolitische Begründung verweist auf den Zusammenhang von Remigration und Demokratisierung im Heimatland. Demokratisierung ist für Herrn Pérez ein pull-Faktor der Remigration. Damit spricht er indirekt die politische Verfaßtheit der spanischen Gesellschaft (Franco-Diktatur) als den ausschlaggebenden Grund für die Migrationsentscheidung an. Migration war eine Auszeit, eine Zwischenzeit, eine Wartezeit für veränderte politische Rahmenbedingungen. In dieser Perspektive ist auch verständlich, warum der Verein als Alternative für verbotene politische Betätigung gegründet wurde und eine starke politische Ausrichtung hatte. Der politische Anspruch des Vereins fällt zusammen mit der politischen Dimension der Migration (Warten auf Demokratisierung). Mit der Rückkehr vieler Spanier nach dem Tod Francos entfällt dieser Vereinszweck mit der Folge, daß nicht nur ein Mitgliederschwund, sondern auch eine Depolitisierung des Vereins eintritt. Remigration ist somit für Herrn Pérez nicht nur ein Phänomen der Gegenwart aufgrund der altersbedingten Rückkehr berenteter Arbeiter, sondern ein bereits in der Vergangenheit virulenter Tatbestand aufgrund der veränderten gesellschaftlichen Verhältnisse in Spanien.

Die mentalitätsgeschichtliche Begründung zielt dagegen auf das Arbeitsverständnis der Spanier ab. Nach Meinung von Herrn Pérez scheuen Spanier den Schritt in die Selbständigkeit und präferieren die langjährige Bindung an ein Unternehmen.[70] Damit entfällt für sie nicht nur die Möglichkeit, sich über eigenen Firmenbesitz verstärkt in das Aufnahmeland zu integrieren, sondern auch über die sonst üblichen Pensionierungsgrenzen hinweg wirtschaftlich aktiv zu bleiben und so die bei ökonomischer Selbständigkeit fehlenden rigiden Altersregelungen hinsichtlich der Einbeziehung in bzw. der Ausgrenzung aus dem Arbeitsprozeß zu nutzen. Diese Präferenz langjähriger betrieblicher Arbeitsbindung steht für Herrn Pérez im Gegensatz zum Arbeitsverhalten anderer Migrantengruppen, die zur selben Zeit – und aus denselben Motiven – wie die Spanier nach Deutschland gekommen sind. Die griechische und italienische Dominanz im Gastronomiegewerbe ist für Herrn Pérez nur ein herausragendes Beispiel für diesen Mentalitätsunterschied.

3.
Nach dem Gespräch wendet sich Herr Pérez wieder dem Referenten zu und holt ihm einen Aperitiv. Damit paßt sich Herr Pérez an die allgemeine Verhaltensweise der sonstigen Anwesenden an, die in den Verein kommen, um auch etwas zu konsumieren. Kultur und Kulinarik schließen sich nicht nur nicht aus, im Gegenteil Essens- und Getränkekonsum geht der Kultur voraus. Auch das Ich paßt sich dieser impliziten Verhaltensregel an und geht vom Mehrzweckraum wieder in den Barraum zurück. Dort beginnt es ein Gespräch mit einer

---

70 Herr Pérez spielt dabei auch auf das in Spanien gängige Senioritätsprinzip an, dem bei Fragen der Stammbelegung, Vergütung und Kündbarkeit eine entscheidende Rolle zukommt.

weiteren Vereinsaktiven, die es bereits kennt.[71] Die Frau betreut das Vereinsarchiv und hat somit Schlüsselgewalt über einen Bereich, den das Ich interessiert. Es möchte Einsicht nehmen in die – bereits seit Jahren eingestellte – Vereinszeitschrift, von der es noch Exemplare im Keller gibt. Die Vereinszeitschrift kann Auskunft geben über die Vergangenheit des Vereins, sie ist Zeugin der besseren Zeiten des Kulturkreises, in denen eine solche Unternehmung wie die Herausgabe einer vereinseigenen Zeitschrift möglich war. Diese Vergangenheit, für die sich das Ich interessiert, ist in den derzeitigen Vereinsräumen nicht mehr präsent und aktuell greifbar, sondern ausgelagert und abgesunken in das räumliche Unterbewußtsein, zu dem nur noch eine Aktive regelmäßig Zugang hat. Das Ich will nicht nur die Vereinsgegenwart erleben und erfahren, sondern auch in diese abgelagerten Schichten der Vereinsvergangenheit vordringen. Für diese Einsichtnahme in die vom Verein bereits entsorgte Vergangenheit benötigt das Ich die Erlaubnis der Vereinsaktiven, die ihm auch gegeben wird. Der Kontakt, den das Ich anbahnt, hat somit instrumentellen Charakter. Es dient der Erlaubnisgewinnung für eine Aktivität, die nicht in den normalen Vereinsalltag integrierbar ist, sondern einen zusätzlichen Aufwand erfordert. Das Ich versucht sowohl eine synchrone als auch diachrone Perspektive auf den Verein zu werfen, es möchte den Kulturkreis sowohl in der gegenwärtigen Breitendimension als auch in der vergangenen Tiefendimension ausloten. Beide Perspektiven gestattet der Verein. Die mögliche Aufdringlichkeit, Impertinenz und Unhöflichkeit, die mit dem Ansinnen verbunden sind, werden nicht negativ sanktioniert, vielmehr wird dem Vorstoß in vollem Umfang entsprochen.

Die Zeitschrift, für die sich das Ich interessiert, trägt den programmatischen Titel *Cultura Obrera* (Arbeiterkultur) und verweist damit auf das Anliegen des Vereins, eine arbeiterspezifische Kultur zu etablieren. Dieser schichtspezifische Kulturbegriff gehört jedoch der Vergangenheit an. Er hat ausgedient oder wird zumindest nicht mehr über die Zeitschrift propagiert. Arbeiterkultur ist in dieser programmatischen Form nicht mehr vermittelbar, sie zielt auf einen antiquierten Kampfbegriff aus vergangenen Zeiten, der durch neue Formen kultureller Vergesellschaftung abgelöst worden ist. Diese Auflösung oder zumindest Annäherung an andere Kulturformen liegt auch dem Vorschlag bzw. der Hoffnung von Herrn Pérez zugrunde, alle spanischen Kulturkräfte zu bündeln und Kooperationen einzugehen, die in historischer Perspektive nicht denkbar waren.

Im Gespräch mit der Vereinsaktiven wählt das Ich wiederum die Strategie, über die gemeinsam verfügbare Sprache und Sprachkompetenz Intimität, Vertrautheit und Exklusivität herzustellen. Diesmal hat die Strategie Erfolg, was möglicherweise geschlechtsspezifische Gründe hat. Das Ich erfährt keine Zurückweisung wie bei Herrn Pérez, obwohl in beiden Gesprächen biographische Gesprächsinhalte Anlaß für den seitens des Ichs vorgeschlagenen Sprachwechsel waren.

---

71 Es handelt sich hierbei um Frau Botifoll, die beim Interview mit Frau García anwesend war. Vgl. dazu Teil III, Kap. 2.

4.

Der erneute Raumwechsel – vom Barraum in den Mehrzweckraum – führt dem Ich sowohl die Präsenz neuer Besucher als auch die erhöhte Erwartungshaltung einiger Anwesenden hinsichtlich eines baldigen Vortragsbeginns vor Augen. Bei der Suche nach der eigenen Verortung in diesem neuen Setting orientiert sich das Ich wiederum an bereits bekannten Personen und folgt der Höflichkeitsgeste von Herrn Sánchez, sich an seiner Seite niederzulassen. Herr Sánchez agiert einerseits in der Rolle des Gastgebers, der den unsicheren Besucher anspricht und integriert, andererseits in der Rolle des Interpreten der Normen, Verhaltensweisen und Routinen innerhalb des Vereins für das Ich. So kommentiert und bestätigt er die sprichwörtlichen Verhaltensstereotype von Spaniern im Umgang mit Zeit und unterstreicht die Dominanz der kulturellen Prägekraft der Herkunftsgesellschaft gegenüber der Prägekraft von Normen und Werten der Aufnahmegesellschaft. Auch im Verein mit seiner anderen gesellschaftlichen Einbettung setzt sich eine kulturelle Prägung der Vergangenheit durch und wird dort stabilisiert. In dieser Perspektive ist der Verein Inland, gegenwärtige Vergangenheit, Heimat im Ausland, Spanien in der Fremde. Er ermöglicht die Kontinuität von Verhaltensmustern durch die organisatorische Zusammenführung von ansonsten isolierten Individuen in einer fremden Umgebung, er ist institutioneller Ort zur Vermeidung von Anpassungsleistungen. In dieser Hinsicht stellt er einen Fremdkörper in der ihn umgebenden gesellschaftlichen Normalität dar. Er markiert eine Grenze nach außen, die allerdings angesichts der deutschen Präsenz im Verein nicht unkommentiert bleibt. Durch die Anwesenheit eines Deutschen wird ein im Vollzug des Vereinsgeschehens unhinterfragtes Verhaltensmuster hinterfragt, erklärt und ironisiert, es entsteht plötzlich ein Erklärungsnotstand, der durch die Mobilisierung alltäglicher Wissensstereotype relativiert wird.

Herr Sánchez überbrückt die Zeit bis zum Vortragsbeginn durch ein Gespräch über die Arbeit des Ichs. Er ist der Aktive, der das Ich befragt und dadurch an seinem Gegenüber Interesse signalisiert, mit seiner Frage möglicherweise aber auch gewisse Kontrollabsichten verbindet. Die Ausführungen des Ich stimulieren ihn zu der Überlegung, ob und wie man dessen berufliche Aktivitäten für Vereinszwecke nutzen kann. Die Instrumentalisierung des Gesprächs zur Anwerbung eines potentiellen Referenten ist einerseits ein Hinweis auf möglichen Referentenmangel innerhalb des Vereins, andererseits aber auch ein Beleg für die spezifische Art der Vereinsbeteiligung und Vereinssicht von Herrn Sánchez, der zufällig sich ergebende Kontakte aus der interessenbezogenen Perspektive eines Vereinsfunktionärs wahrnimmt und sie an vereinsdienliche Zwecke rückbindet. Die Identifizierung des Gesprächspartners als potentieller Redner im Verein wird jedoch nicht an diesen selbst rückvermittelt, sondern an einen anderen Vereinsaktiven – Herrn Pérez – weitergegeben. Erst durch den Vorschlag an Herrn Pérez erfährt das Ich von seiner möglichen zukünftigen Verwendung durch den Verein. Nicht die Rückversicherung und Einwilligung in diese Rolle durch das Ich ist das Anliegen von Herrn Sánchez, sondern die

Weitervermittlung dieser potentiellen Rednerschaft an den dafür zuständigen Vereinsaktiven. Herr Sánchez agiert somit über den Kopf seines Gesprächspartners hinweg. Seine Zustimmung wird bereits unterstellt, während der Vorschlag in die Vereinsöffentlichkeit getragen wird. Diese Form des Umgangs mit anderen – fremden Besuchern – kann als autoritäre Fremdbestimmung, als Abschneiden von Rückzugsmöglichkeiten, als sanfte Nötigung oder als forcierte Anbindung an den Verein interpretiert werden. Der Verein setzt an dieser Stelle seine eigenen Interessen zielstrebig und unter Verletzung elementarer Höflichkeitsregeln durch. Der eigentlich Betroffene ist Objekt der Entscheidung von Vereinsaktiven, nicht Subjekt seiner eigenen Zukunftspläne. Er wird zum Spielball fremder Interessen degradiert und passiver Zuhörer eines kommunikativen Aushandelungsprozesses zwischen zwei Mitgliedern der Vereinselite.

Den von Herrn Sánchez eingebrachten Vorschlag weist Herr Pérez indirekt durch Nichtbeachtung zurück. Damit sanktioniert er zum einen das Verhalten seines Vereinskollegen als negativ und bringt zum anderen auch einen gewissen Vorbehalt gegenüber dem potentiellen neuen Referenten zum Ausdruck. Gegenüber beiden verschafft er sich Distanz, indem er sowohl eine offene Interessenkollision zwischen sich und seinem Vereinskollegen, der sich möglicherweise Kompetenzen anmaßt, die ihm nicht zustehen, vermeidet, als auch inhaltliche Kontrollmöglichkeiten gegenüber einer Person offen läßt, die zu schnell in den Verein eindringt. Allerdings nimmt er die Perspektive des Ichs insofern ernst, als er es in seiner Forscherrolle akzeptiert und kooperativ Hilfe anbietet. Während Herr Pérez auf der einen Seite eine zu frühe Einbindung – möglicherweise als Vorsichtsmaßnahme – ablehnt, möchte er das – unterstellte – wissenschaftliche Anliegen seines Gegenübers fördern. Wiederum ist er derjenige, der über die Weitergabe von Adressen Kontakte vermittelt und herstellt, der aber auch dem Forschungsinteresse seines Gegenübers wissenschaftliche Anerkennung und Würde zuspricht. Migration ist für Herrn Pérez ein archivierens- und erforschenswerter Gegenstand, dessen wissenschaftliche Aufarbeitung erst in den Anfängen steckt. Er unterstellt eine Interessenübereinstimmung zwischen dem Ich und dem ehemaligen Vereinspräsidenten, da beide an der Erforschung – und Archivierung – dieses Gegenstandes interessiert sind. Er vermittelt zwischen zwei Außenseitern, die die Migrationssituation nicht mehr durchleben bzw. überhaupt nicht erlebt haben: der ursprünglich Betroffene, der bereits zurückgekehrt ist und als zukünftiger Archivar auftritt – und damit die eigene Vergangenheit konservieren, aufbewahren und verfügbar machen sowie sie dem vergessenden Strom der Geschichte entreißen möchte – und der nicht Betroffene, der Migration aus der Sicht eines distanzierten Forschers betrachtet. Die eigentlich Betroffenen können weder das eine noch das andere tun, für sie ist weder das Reden in der Vergangenheitsperspektive noch das Reden in der Forschungsperspektive möglich, für sie ist weder zeitliche noch inhaltliche Distanz gegeben. Die Haltung, die ihnen entspricht, ist die Betroffenheitsperspektive, die engagierte Wahrnehmung, der aufklärerische Habitus.

Vortragseinführung – Vortrag – Diskussion (Zweiter Hauptabschnitt)

5.
Wie bereits von Herrn Sánchez prophezeit, beginnt der Vortragsteil mit einer halbstündigen Verspätung. Herr Pérez, der den Vorsitz innehat und als Moderator fungiert, führt den Referenten des Abends ein. Der Referent ist ein Arbeitskollege, dessen Stellung im Arbeitsprozeß strukturell seiner Stellung im Verein gleicht. So wie er in der Ausländerabteilung des Hessischen Rundfunks als einziger Deutscher eine Sonderrolle innehat, so ist er auch als deutscher Redner in einem spanischen Verein in einer herausgehobenen Position. Herr Pérez, der in seiner Einführung Spanisch spricht, hält diesen Sprachgebrauch angesichts eines deutschen Referenten für erklärungsbedürftig. Er legitimiert die gegenüber dem Referenten möglicherweise als unhöflich erscheinende spanische Rede mit Verweis auf den anschließenden deutschen Vortrag und erleichtert damit der fast ausschließlich spanischen Zuhörerschaft die Zumutung eines in Deutsch gehaltenen Vortrags. Wo der deutsche Referent die spanische Einführung aushalten muß, müssen die spanischen Zuhörer den deutschen Vortrag tolerieren. Herr Pérez versucht den schwierigen Balanceakt einer doppelten Ein- und Ausgrenzung, die maßgeblich über Sprache läuft. Sprachlich wirkt der deutsche Referent in dieser Anfangsphase als Fremdkörper, zumal Herr Pérez die Präsentation des Referenten zu einer ausführlichen Reflexion über den Verein und die Vereinsziele sowie über den weiteren Verlauf des Abends nutzt. Für Herrn Pérez ist die Abhaltung von Vorträgen das vordringliche Vereinsziel, das den Verein als Verein definiert und das auch seinen intellektuellen Anspruch zur Geltung bringt. Er formuliert diese Aussage zugleich als Ist- und Soll-Aussage, womit er zu erkennen gibt, daß die Realisierung dieses Vereinszweckes nicht mehr ohne weiteres gewährleistet ist bzw. von allen vorbehaltlos anerkannt wird. Diese Skepsis wird auch dadurch untermauert, daß erst spät – nämlich am heutigen Vereinsabend (4.3.) – der erste Vortrag des laufenden Vereinsjahres abgehalten wird. Die Tatsache, daß Herr Pérez diesen Vereinszweck in Erinnerung ruft bzw. beschwört, deutet auf eine Krise innerhalb des Vereins hinsichtlich seines kulturell-intellektuellen Anspruchs hin. Angesichts einer äußerst geringen Vortragsquote bemüht sich Herr Pérez um die Vergewisserung und Bewußtmachung der ursprünglichen Vereinsziele, die für ihn auch noch heute Geltung haben (sollen).

Was Herr Pérez in der Schwebe läßt, wird durch den ironisch-abschätzigen Seitenkommentar von Herrn Sánchez bestätigt. Herr Sánchez spricht mit seiner Einlage die bestehende Spannung zwischen Ist-Zustand und Soll-Vorgabe deutlich an, die Spannung zwischen einem bloßen Kreis und einem Verein mit intellektuellem Anspruch – eine Differenz, die bereits bei der Frage der Benennung eines zukünftigen spanischen Dachverbundes indirekt von Herrn Pérez angesprochen (Casa cultural oder Círculo), von ihm aber vordergründig als belanglos abgetan wurde. Allerdings liegt genau in dieser unterschiedlichen Bezeichnung die wesentliche Differenz, die einen bloßen Geselligkeitsverein von einem Verein mit intellektuellem Anspruch unterscheidet und die gerade für Herrn Pérez wesentlich ist. In dieser Gegenüberstellung zeigt sich möglicherweise auch die Spannung zwischen der offiziellen Vereinsdefinition der Aktiven und der sonstigen geselligen Praxis der Vereinsmehrheit. Die Beschwörung des intellektuellen Anspruchs und die Aufrechterhaltung kultureller Ziele müssen mit einem fast missionarischen Eifer vorgetragen werden gegenüber der trägen Vereinsroutine. Sowohl der relativ späte Vortragsbeginn (4.3.) als auch die Vergewisserung über die Vereinsziele wie die ironisch-kritische Randbemerkung von Herrn Sánchez sind Belege dafür, daß sich der intellektuelle Anspruch nicht mehr von selbst durchsetzt, sondern von der Vereinselite angemahnt werden muß. Dabei übernimmt Herr Sánchez die Rolle desjenigen, der nicht mehr als Verantwortlicher für die Belange des Vereins zuständig ist und daher Wahrheiten aussprechen kann, die die anderen (noch) nicht sehen (wollen). Während Herr Pérez die Idealität der Vereinsziele verkörpert, repräsentiert Herr Sánchez die Anerkennung einer bereits bestehenden Vereinsrealität.

Den Beginn des diesjährigen Vortragszyklus nutzt Herr Pérez jedoch nicht nur für die Vergewisserung der Vereinsziele und die Vorschau auf den nächsten, inhaltlich bereits festgelegten Vortrag, sondern auch als Gelegenheit für ein feed back von den anwesenden Vereinsmitgliedern über die Vortragsarbeit generell. Herr Pérez kündigt eine Evaluationsrunde am Ende des Vortrages an und zwar in mehrfacher Hinsicht: erstens hinsichtlich der Frage der Quantität (wieviele Personen) wie auch der Qualität (welche Personen) des Zielpublikums – eine Frage, die auf insgesamt niedrige Teilnehmerzahlen bzw. auf die geringe Fluktuation des Publikums hinweist, d.h. die die konstante Anwesenheit eines sich personell kaum verändernden Stammpublikums problematisiert; zweitens hinsichtlich des Zufriedenheitsgrades mit der Kommissionsarbeit generell – eine Dimension, die darauf hinweist, daß es im Verein eine Kommission für Vorträge bzw. Kulturarbeit gibt und Herr Pérez (führendes) Mitglied dieser Kommission ist; schließlich hinsichtlich der Frage effizienterer Werbemöglichkeiten für die Vortragsarbeit, wobei Herr Pérez bereits ein Beispiel für die eigene gezielte Ansprache von Gruppen und Institutionen durch den Einsatz von Fernkopierern vorbringt, das jedoch nicht den erhofften Erfolg gezeitigt hat.[72]

Die Verortung dieses ganzen Fragenkomplexes an dieser Stelle der Einführung ist erstaunlich, da sich Herr Pérez an die Vereinsöffentlichkeit und nicht an die Vortragsöffentlichkeit wendet. Er nutzt seine Moderatorenrolle, um die Qualität der eigenen Arbeit zu besprechen, um eine vereinsinterne Kritik anzu-

---

72 Die Aktivierung der Vereinsmitglieder an dieser Stelle wirft im übrigen ein bezeichnendes Licht auf die Abweisung eines Themen- und Referentenvorschlages durch Herrn Sánchez vor dem Beginn des Vortrags. Obwohl Herr Pérez diesen Abend auch als Evaluationsabend nutzen und die Vorschläge und Ressourcen der Mitglieder zur effizienteren Gestaltung der Vereinsarbeit aufgreifen will, schlägt er gerade das Kooperationsangebot von Herrn Sánchez aus. Ob diese Negativselektion, die Herr Pérez betreibt, aus Vorbehalten gegenüber Herrn Sánchez, gegenüber dem potentiellen Referenten oder gegenüber dem vorgeschlagenen Thema resultieren, muß allerdings offen bleiben.

mahnen und um Möglichkeiten effektiveren Werbeeinsatzes zu diskutieren. V daher betrachtet ist es konsequent, daß er die Vereinssprache – Spanisch – nu und damit sowohl den Referenten als auch mögliche andere Besucher, die ni des Spanischen mächtig sind, ausschließt. Die Einführung in den Vortrag wi von ihm umfunktioniert in eine Plattform der vereinsinternen Auseinanderse zung über die Art der Arbeit unter Ausschluß der – möglicherweise präsenten nichtspanischen Öffentlichkeit durch die Nutzung der spanischen Sprach Obwohl Herr Pérez gerade nicht die immer gleichbleibend präsente Vereinsö fentlichkeit ansprechen will, schließt er faktisch die möglicherweise präsen Vortragsöffentlichkeit aus.[73]

6.
Nach diesem allgemeineren vereinsbezogenen Vorspann führt Herr Pérez in da Vortragsthema des Abends ein. Er präsentiert das Thema Auschwitz in eine Form, die seine Bedeutung für die Spanier und den spanischen Verein geradezu dementiert. Für Herrn Pérez ist ein derartiges Thema nicht aus sich heraus, sondern vor allem durch seinen Bezug zu Spanien von Bedeutung. Dieser Bezug kann unterschiedliche Dimensionen umfassen wie beispielsweise die Präsenz von Spaniern in den entsprechenden Lagern. Unter einer derartigen Perspektive ist das Thema Auschwitz jedoch uninteressant, da im Gegensatz zu Buchenwald dort keine Spanier als politische Häftlinge inhaftiert waren. Eine zweite Möglichkeit des Brückenschlags ist für Herrn Pérez die ideologische Nähe zwischen dem Nationalsozialismus und dem Franco-Regime, insbesondere aufgrund der Tatsache, daß die Franco-Diktatur vielen Nazianhängern nach 1945 politisches Asyl gewährte. Eine dritte Form des Bezug ist schließlich die Tabuisierung dieses Themas auch in Spanien und der Bruch dieses Tabus in der jüngsten Vergangenheit gerade durch Äußerungen jüdischer Opfer, die in Spanien ansässig sind, sich zu Wort gemeldet haben und von der spanischen Öffentlichkeit breit rezipiert werden. Alle drei mögliche Perspektiven – Spanier in deutschen Konzentrationslagern, politisches Asyl von Nationalsozialisten in Spanien nach 1945, Aufarbeitung dieser historischen Altlast durch die Opfer des Nationalsozialismus – werden durch das Vortragsthema und durch den Vortrag jedoch nicht aufgegriffen. Von daher stellt sich die Frage, warum überhaupt ein solcher Vortrag innerhalb des Vereins stattfindet, warum ein fast ausschließlich spanisch geprägter Verein sich mit einem solchen Thema auseinandersetzt.

Diese Frage drängt sich auch insofern auf, als während der Rede von Herrn Pérez wiederum Herr Sánchez seinem Unmut über die – seiner Meinung nach – sich häufenden ritualisierten Formen des Erinnerns freien Lauf läßt und damit indirekt das von Herrn Pérez formulierte Desinteresse am Thema bekräftigt. Herr

---

73 Diese kuriose Form der gleichzeitigen Ein- und Ausgrenzung wird von Herrn Pérez möglicherweise deshalb praktiziert, weil er aus seiner Kenntnis der Anwesenden heraus weiß, daß an diesem Abend Vereinsöffentlichkeit und Vortragsöffentlichkeit weitgehend übereinstimmen – eine Vermutung, die die diagnostizierten Krisenphänomene jedoch nur noch bestätigen und verstärken würde.

erneut eine provokante Form der Stellungnahme ab, allerdings
Seitenkommentar zum Ich, nicht als öffentlicher, laut vernehm-
:se Art der wiederholten, emotional beteiligten Stellungnahme
:h durch Scherzen, Feixen, Herausplatzen, etc. zeigt die distan-
/on Herrn Sánchez zum Vereinsgeschehen, der sich nur noch
Vereinsaktivitäten identifiziert, der durch seine größere Distanz
ontroversen hinweist und der dem Ich interpretatorische Hinwei-
ngs verbleibt sein Protest im folgen- und sanktionslosen Raum,
ι der Beziehung zu einem Vereinsoutsider äußert.
der Behandlung des Auschwitz-Themas im Verein läßt nun meh-
n zu. Zum einen kann für den Vortrag die Bekanntschaft von Herrn
ιem ausgewiesenen Experten verantwortlich sein. Der mögliche
ιg ist hier die Schwierigkeit, kompetente Referenten für die Vor-
: zu gewinnen. In diesem Fall kann Herr Pérez ohne großen Aufwand
ιgte Kontakte zur Rekrutierung eines Referenten nutzen, dessen
, aber auch dessen ‚ideologische Gesinnung' er kennt. Zum anderen
ιema eine Möglichkeit darstellen, den aufklärerischen Anspruch des
ιzusetzen. Die Beschäftigung mit dem Thema anläßlich der 50jähri-
rkehr des Kriegsendes korrespondiert in dieser Perspektive mit dem
:n Anspruch des Vereins, sich mit einem gesellschaftspolitisch brisan-
a auseinanderzusetzen, auch wenn es nicht unmittelbar die themati-
:ressen der Vereinsmitglieder tangiert. Der Problembezug liegt hier im
von Aktualität, bezogen auf die deutsche Geschichte und Gesellschaft,
h im Aufzeigen einer indirekten Komplizenschaft der spanischen Ge-
und Gesellschaft. Schließlich kann das Thema auch Ausdruck der Su-
ι inhaltlichen Programmfüllern sein, die reißerisch klingen und als Pu-
;magneten dienen. Das Thema Judenvernichtung ist in dieser Perspektive
:trumentalisierung zu Zwecken der Bestandssicherung und -erweiterung.
mbezug ist hier die schleppende Vortragstätigkeit generell und die Schwie-
, Mitglieder und Interessenten zu motivieren.

ie Indifferenz dem Thema gegenüber spricht nicht nur die Kontinuität der
ιnsroutine durch die selbstverständliche Einbettung des Themas in die gegen Verkehrsformen des Vereins, sondern auch die nur sehr kurze Beschrei-
g des Vortrags durch den Beobachter. Der Beobachter bringt diese Indiffe-
: noch einmal selbst zum Ausdruck, indem er den Inhalt des Vortrags nur
ch einige wenige Bemerkungen – die selbst Zwischenüberschriften oder
.ederungspunkte des Vortrags sein könnten – charakterisiert. Er selbst ist Teil
:ser Indifferenz, die er auf die Ebene des Protokolls transformiert.[74] Aller-

---

In diesem Zusammenhang ist auch von Bedeutung, daß in der Plakatankündigung Auschwitz fehlerhaft geschrieben wurde, nämlich als ‚Ausschwitz'. Dieser Fehler dokumentiert eben- falls den sorglosen Umgang des Vereins mit dem Thema, bei dem nicht einmal das zum Sym- bol für millionenfache Vernichtung gewordene Lager sprachlich korrekt wiedergegeben ist.

dings spricht die konzentrierte Atmosphäre des Zuhörens für einen gelungenen Spannungsbogen durch den Referenten, der nicht nur für eine durchgehende Aufmerksamkeit sorgt, sondern Herrn Sánchez sogar zum Mitschreiben veranlaßt. Wiederum fällt Herr Sánchez aus dem allgemeinen Rahmen und verstärkt seine – derzeitige – Sonderrolle im Verein. Die Störung des Vortrags durch die Portugiesen, die Stühle für ihre eigene Veranstaltung benötigen und penetrant bei den Spaniern nach freien Plätzen suchen, weist auf mögliche Spannungen zwischen dem Portugiesischen und dem Spanischen Kulturkreis hin bzw. auf Absprachen, daß bei parallelen Veranstaltungen der Portugiesische Kulturkreis Priorität hat. Die Portugiesen sind nicht nur räumlich – durch die Besetzung eines Zimmers – in der Sphäre des Kulturkreises präsent, sondern sie respektieren nicht einmal einen bereits laufenden Vereinsakt. Der Abtransport der Stühle ist eine Form der materiellen Enteignung, die vor dem Hintergrund des Themas – Auschwitz und Judenabtransporte – besonders prekär wirkt. Der spanische Kulturkreis gibt selbst ungewollt ein Beispiel seiner eigenen ungefestigten Situation, die durch die freiwillige Zurverfügungstellung von Stühlen und die damit verbundenen Unbequemlichkeiten stehender Vortragswahrnehmung noch verstärkt wird.

8.
Die lebhafte Diskussion zeugt ebenfalls von einem Interesse der Beteiligten an dem Thema. Allerdings wird entgegen der generellen Ankündigungsrichtung des Vortrags und auch entgegen den Äußerungen des Referenten von einer portugiesischen Besucherin ein Plädoyer für eine differenzierte Betrachtung des Nationalsozialismus gehalten. Eine Frau, eine Portugiesin und ein Nichtmitglied des Vereins widerspricht den Ausführungen des deutschen Referenten über ein traumatisches Thema der deutschen Geschichte im Sinne der positiven Würdigung auch deutscher Leistungen. Diese partielle Gegenrede wird aus einer persönlichen Betroffenheit heraus formuliert, die entgegen der akademischen Betrachtungsweise des Referenten subjektive Erfahrungen zur Geltung bringt. Gleichzeitig bietet die Frau den Freunden – den compañeros – des Vereins aber auch die Möglichkeit vertiefender Beschäftigung mit dem Thema an. Sie hat ein Buch mitgebracht und ist dementsprechend auf den Abend vorbereitet; sie ist in dieser Hinsicht der Prototyp des engagierten, interessierten Teilnehmers, der sich Gedanken zum Thema macht und versucht, auch über den Vortrag hinaus etwas beizutragen. Sie nutzt das Buch als Medium der gezielten Weiterbildung, allerdings nur in Form einer zeitlich begrenzten Leihgabe. Als Portugiesin, möglicherweise als Mitglied des Portugiesischen Kulturkreises, setzt sie sich nicht nur von ihren eigenen Landsleuten ab; sie verkörpert auch den Idealtypus des engagierten, betroffenen Vereinsmitgliedes, das selbst für Aufklärung sorgen will und das innerhalb des Kulturkreises im Schwinden begriffen ist. Sie trifft sich damit zwar mit den Intentionen der Veranstalter, nicht aber unbedingt mit deren inhaltlichen Präferenzen. Während ihre Landsleute die Spanier durch den Stühleabtransport materiell bloßstellen, stellt sie die ‚com-

pañeros' ideologisch bloß, indem sie auf eine differenzierte Betrachtung und Anerkennung dringt.

Die weiteren Beiträge – wie Gegenwartsbezug, Wiederholbarkeit von Auschwitz oder Erklärung des Nationalsozialismus durch deutsche Sekundärtugenden – werden mehrheitlich auf Deutsch vorgetragen. Bei den spanischen Beiträgen gibt es keine direkte Kommunikation zwischen dem Referenten und den spanischen Rednern, da Herr Pérez als Übersetzer fungiert. In sprachlicher Hinsicht stellt die Diskussion demnach eine Mischung zwischen Anpassungsleistungen an den deutschen Referenten und der Ausübung von Gewohnheitsrechten unter Inanspruchnahme vereinsinterner Übersetzungshilfen dar. Herr Sánchez übernimmt dem Ich gegenüber wiederum eine kommentierende Rolle, die diesmal durch ihre Lautstärke jedoch so aus dem Rahmen fällt, daß er durch die Vereinspräsidentin ermahnt wird. Allerdings kommt es zu keiner direkten Konfrontation zwischen Tochter und Vater, sondern nur zu einer indirekten Zurechtweisung.

9.
Nach der Diskussion findet die Evaluationsrunde – entgegen den Ankündigungen am Anfang – nicht statt. Statt dessen formuliert Herr Pérez noch einmal aus seiner Sicht eine Klarstellung der Vortragsintentionen. Mit den Vorträgen möchte der Verein Personen erreichen, die – so die Unterstellung – sich nicht oder nur kaum mit Themen wie den behandelten auseinandersetzen. Der Verein hat aus der Sicht von Herrn Pérez einen politischen Aufklärungsanspruch, der ironischerweise jedoch deshalb nicht eingelöst werden kann, weil diejenige Klientel, der das Defizit unterstellt wird, als Vortragspublikum nicht präsent ist. Der Verein betreibt Aufklärung ohne Publikum bzw. vor immer gleichem Publikum, das in der Grundtendenz die Meinung der Aufklärer teilt. *Das Vereinsdilemma ist die unterstellte Belehrungsnotwendigkeit der nicht anwesenden Personen und die eingestandene Belehrungshinfälligkeit des anwesenden Publikums.* Indirekt verweist dieses Dilemma auf die dringende Rekrutierungsnotwendigkeit neuer Mitglieder durch den Verein sowie auf die Selektion von Themen unter dem Gesichtspunkt, ob sie für neue Personengruppen interessant sein könnten. Themen dienen damit auch – oder vor allem – als Mittel zur Publikumsgewinnung und -belehrung.

Ausklang des Vereinsabends (Dritter Hauptabschnitt)

10.
Nach dem Vortragsteil spaltet sich das Publikum in zwei Gruppen auf, die an der Bar bzw. im Mehrzweckraum die Unterhaltung, gepaart mit kulinarischer Erfrischung, fortsetzen und so geistige Erbauung mit leiblicher Stärkung kombinieren. Eine Zwischenposition bei den Verarbeitungs- und Reaktionsmöglichkeiten auf den Vortrag nimmt ein Andalusier ein, dessen ausgeprägter Bewegungsdrang – ‚Herumtänzeln' – auch als Unentschlossenheit gedeutet wer-

den kann, sich einer der beiden Gruppen zuzuordnen. Seine Rede über aktuelle Beispiele prominenter Korruptionsfälle mit großer Medienressonanz sowohl in Deutschland als auch in Spanien weist ihn als Kenner der spanisch-deutschen Berichterstattung und Sensationspresse aus.[75] Gegenüber den kriminellen Machenschaften von Finanzjongleuren formuliert er ein Arbeitsethos, das Wertschöpfung an den Akt der Produktion bindet und das nur der produzierenden Arbeit Wert beimißt. Damit tradiert er ein klassenkämpferisches Arbeiterbewußtsein, das im produktiven Arbeiter den eigentlichen Warenproduzenten sieht.

Die Anfrage von Herrn Pérez bezüglich der spanischen Adresse veranlaßt das Ich, sich in die Tischgruppe zu integrieren. Das Gespräch wird von Herrn Pérez dominiert, der zwischen Essensaufnahme und Flirtversuchen laut über die Rolle linker Intellektueller nachdenkt. So wie der Andalusier nur den produzierenden Arbeiter als tatsächlichen Arbeiter ansieht, so ist für Herrn Pérez nur der handelnde Intellektuelle ein wahrhafter Intellektueller. Der Rückzug auf das Schreiben zeigt für ihn den Abgesang der Intellektuellen an, die sich der Tat enthalten und stattdessen die Feder bemühen. Seine Reflexion wirkt wie ein Kommentar zur Vereinskrise, zur Krise der linken Vereinselite, die eine neue Verortung sucht und für die auch der Verein nicht mehr das richtige Betätigungsfeld darstellt. Herr Pérez ist einer der wenigen, für die der Verein – möglicherweise mangels einer attraktiven Alternative – noch ein Zuhause bietet. Er ist auf den Verein angewiesen, wie der Verein auf ihn angewiesen ist. Der Verein ist der Ort, an dem er seine Freizeit verbringt und wo er gleichzeitig als Organisator, Vermittler, Interpret, Übersetzer, Mahner, etc. gebraucht wird. Er ist noch einer der wenigen exponierten Rollenträger, die sich im Verein profilieren und die die Anspruchstraditionen aufrechterhalten. Seine Frage an das Ich, ob es wiederkommen wolle, kann in dieser Hinsicht sowohl verstanden werden als Aufforderung und Anwerbung eines potentiellen Mitglieds, aber auch als Kontrolle und Vergewisserung nach dem Interesse des Ichs. In beiden Hinsichten entspricht sein Verhalten den fördernd-kontrollierenden Funktionen der Vereinselite.

Nach der Verabschiedung von Herrn Pérez bezahlt das Ich seine konsumierten Getränke an der Bar und verabschiedet sich dort von den restlichen Vereinsmitgliedern. Es folgt damit den etablierten Verhaltensnormen der Konsumtion und Bezahlung, über die sich der Verein finanziert.

Zusammenfassung

Das Beobachtungsprotokoll gibt Auskunft über den Zugang eines erlebenden Ichs zum Verein. Die Darstellung des Geschehens ist organisiert über die Person dieses Ichs, das sich die Vereinskultur aneignet, an den Gruppenprozessen

---

75 Alle drei von ihm erwähnten Personen waren in zwielichte Finanzaffären verwickelt (Spekulation, Korruption, unerlaubte Bereicherung), verhaftet und zum Zeitpunkt des Gesprächs in Untersuchungshaft.

an einem bestimmten Abend teilnimmt und in unterschiedlicher Weise mit den Vereinsmitgliedern interagiert: es fragt, fordert auf, wird angesprochen, hat schon Begegnungen gehabt, knüpft weitere für die Zukunft, etc. Aufgrund dieser personenbezogenen Darstellung ist die Vereinswelt nicht direkt, sondern erst über die spezifische Wahrnehmung des Fremden erschließbar.

Bei seinem Versuch, in der fremden Umgebung Vertrautheit und damit auch Sicherheit herzustellen, nutzt das Ich unterschiedliche Strategien: das Ritual der Begrüßung von bereits bekannten Personen, die Rückversicherung des Wohlwollens der Vereinselite, die Dominanz der Kontakte zu Vereinsaktiven, die Intimitätsherstellung über Sprache. Das Ich wechselt zwischen aktiver und passiver, selbstgesteuerter und reagierender Interaktion. Während es einerseits mit einer gewissen Rücksichtslosigkeit – z.B. gegenüber dem deutschen Referenten – vorgeht, ist es andererseits auch selbst Objekt fremder Entscheidungen, wird kontrolliert, geprüft, befragt und aus der Perspektive des Nutzens für die Vereinszwecke wahrgenommen. Der Verein ist insofern kein geschlossenes System, sondern vielfältig mit der Umwelt verwoben – nicht nur mit dem Ich, sondern auch mit dem Referenten, dem Hessischen Rundfunk, der deutschen Gesellschaft. Diese Gesellschaftlichkeit des Vereins kann gerade über seine Beziehung zum Ich rekonstruiert werden, da das Ich als Stellvertreter der gesellschaftlichen Umwelt des Vereins fungiert. In dieser Perspektive ist das Beobachtungsprotokoll ein Dokument eines Einsozialisierungsprozesses bzw. der Austauschbeziehungen des Vereins mit der Gesellschaft über die Person des Ich.

Während seines Aufenthaltes im Verein findet das Ich Personen vor, die in ganz unterschiedlichen Rollen im Verein agieren: die ehrenamtlichen Helfer, die den Bardienst versehen und damit dem Verein seine finanzielle Existenzgrundlage sichern; die Vereinspräsidentin, die ihren Amtsgeschäften nachgeht und disziplinarische Funktionen ausübt; die Betreuerin des Archivs, die die ausgelagerten Schichten des Vereins betreut; der Intellektuelle, der Kontakte vermittelt und herstellt, der Verhalten sanktioniert und auf Korrektheit untersucht, der den historischen und gegenwärtigen Anspruch des Vereins formuliert, der das moralische Gewissen repräsentiert und den Soll-Zustand ins Gedächtnis ruft, der Vorträge organisiert und moderiert, der um die kulturelle Qualität der Vereinsarbeit bemüht ist; der alte Vereinshase, der den Ist-Zustand des Vereins ironisch-sarkastisch kommentiert, das tatsächliche Verhalten zur Sprache bringt und als Vereins- und Situationsinterpret dem fremden Besucher Hilfestellung bietet; das einfache Vereinsmitglied, das die Gelegenheit zur verbalen Selbstpräsentation nutzt und noch die alte Vereinstradition verkörpert (Arbeiterbewußtsein); der deutsche Referent, der seine berufliche Praxis in den Verein hineinträgt; die Portugiesin, die als Nichtmitglied eine erfahrungsgesättigte Gegenrede hält. All diese Personen sind Teil eines eingespielten vereinsinternen Rollensystems, das sich während der Vereinsabende reproduziert und das dem Verein sein Gepräge gibt. Der Verein lebt aus dieser Verhaltenskonstanz seiner Mitglieder, die sich – auch in ihren Widersprüchen und Konflikten

– gegenseitig bestätigen und stabilisieren. Gleichzeitig sind der Verein und seine Mitglieder eingebettet in eine Vereinsumgebung, die sowohl physisch präsent ist – z.b. durch die lärmenden und Stühle suchenden Portugiesen, aber auch durch die Anwesenheit des deutschen Referenten und des Ichs – als auch in den Gesprächen imaginiert und thematisiert wird – so z.b. in Form des Ex-Präsidenten des Vereins, der in Spanien ein Migrationsarchiv aufbaut, durch deutsche Institutionen wie das Multi-Kulti-Amt oder der Hessische Rundfunk, durch andere spanische oder ausländische Vereine, zu denen ein Konkurrenz- und Kooperationsverhältnis besteht.

Aus den Gesprächen des Ichs mit den Vereinsmitgliedern bzw. ihren Selbstdarstellungen und Kommentaren geht hervor, daß sowohl die internen Beziehungen als auch die Außenbeziehungen des Vereins durch Belastungen und Konflikte geprägt sind, die die Fortexistenz des Vereins in Frage stellen bzw. durch den Wunsch nach Fortexistenz erst produziert werden. Der Verein lebt in einer Spannung zwischen angestrebter Veränderung und traditionaler Verhaftung, zwischen Kultur und Geselligkeit, zwischen hochgeschraubtem normativem Anspruch und banaler alltäglicher Realität. Die positive Abgrenzung gegenüber anderen Vereinen und die Betonung der eigenen – historischen und gegenwärtigen – Einzigartigkeit in Bezug auf räumliche Nutzung, kulturellen Anspruch und institutionelles Vorreitertum widerspricht den Strategien horizontaler und vertikaler Vernetzung, die der Verein umzusetzen versucht. Arbeiterkultur ist nicht mehr die tragende Ideologie, sondern macht neuen Formen übergreifender Kulturarbeit Platz. Der Verein muß, um zu überleben, Bündnisse eingehen und Kompromisse schließen, auch mit Vertretern der Hochkultur, mit konkurrierenden Vereinen, mit anderen Ausländern, so daß Vermittlungsarbeit auf einer neuen Ebene erforderlich wird. Allerdings sind nach wie vor Reste traditionaler Gesinnung übrig, z.B. im Arbeitsethos des einfachen Mitglieds oder im Aufklärungsgestus des Vereinsaktiven, die beide jedoch anachronistisch wirken und keine Bindungskraft mehr entfalten.

Auch der Vortrag über Auschwitz ist ein derartiger Versuch der Öffnung, der Profilierung einer Vereinsaktivität über das traditionelle Stammpublikum hinaus. In der Art seiner Umsetzung wird jedoch deutlich, daß es dem Verein nicht (mehr) um Aufklärung, sondern um sein eigenes Überleben geht. Die Vereinsaktiven haben zwar – über den Einsatz personaler Ressourcen – einen kompetenten Referenten einer renommierten öffentlichen Institution gewonnen. Das Thema Auschwitz selbst wird jedoch zur Selbsterhaltung und Perpetuierung der eingespielten Vereinsroutinen instrumentalisiert. Auch die Frage des Kulturverantwortlichen, welche Themen zukünftig interessieren könnten, zeigt eine Beliebigkeit in der Formulierung inhaltlicher Ansprüche. Diese Trivialisierung und Normalisierung von Inhaltsansprüchen kommt – neben der äußerst kurzen Darstellung des Vortragsinhaltes durch den Protokollanten – auch im allgemeinen Handlungstableau der abendlichen Szene zum Ausdruck, das die partielle Indifferenz der Beteiligten dem Thema gegenüber noch einmal reproduziert und bestätigt: man schaut fern, trinkt, unterhält sich, schlendert von einem Raum zum anderen oder richtet sich behaglich ein. Nichts deutet auf den Ernst und die Bedrohlichkeit des Themas hin, Auschwitz ist vielmehr integriert in eine gesellige Vereinsidylle, bei der der Vortrag eher stört als zur produktiven Auseinandersetzung stimuliert.

4. Die Vereinsgegenwart als Enteignungsprozeß

Die Krisenphänomene, die sowohl von den Beteiligten aus unterschiedlichen Perspektiven heraus angesprochen werden als auch aus dem Ablauf des Vereinsgeschehens heraus rekonstruierbar sind, stellen nicht nur ein Charakteristikum des Vortragsabends über Auschwitz dar, sondern werden auch in anderen Veranstaltungen in immer neuen Varianten (re-)produziert. Die dabei entzifferbaren Dimensionen dokumentieren einen Veränderungsprozeß, in dem ursprünglich festgefügte Ansprüche und Praktiken des Vereins immer mehr in den Hintergrund treten, ersetzt werden oder sich gar auflösen. Gerade diejenige Personengruppe, die die Geschichte des Vereins maßgeblich bestimmt hat – die erste Generation männlicher Migranten –, sieht sich hinsichtlich ihrer Verfügungsgewalt über den Verein mit zunehmenden Autonomieverlusten konfrontiert. Dieser Prozeß der Enteignung eingespielter Routinen und Gestaltungsräume umfaßt unterschiedliche Bereiche und bezieht sich 1. auf den Verlust einer beteiligungswilligen Klientel durch die zunehmende Unterminierung einer ausreichenden Mitgliederbasis, 2. auf den Verlust der Räume durch den mangelnden räumlichen Auslastungsgrad und die Umarmungssituation durch die den Kulturkreis umgebenden Institutionen, 3. auf den Verlust der männergeprägten Vereinstraditionen durch die zunehmende Initiative und Dominanz der Frauen im Verein und 4. auf den Verlust der eigenen Sprache durch die zunehmende Präsenz des Deutschen in den offiziellen Veranstaltungen des Vereins. Die Vereinsgegenwart stellt sich somit insbesondere für die Gruppe männlicher Migranten der ersten Generation als einen Enteignungsprozeß in personeller, räumlicher, geschlechtsspezifischer und sprachlicher Hinsicht dar.

4.1. Kulturanspruch ohne Publikum

Die von Herrn Pérez in der Einrahmung des Vortrages über Auschwitz beklagte Abstinenz von neuen Mitgliedern und/oder Interessenten stellt eine Defizitdiagnose dar, die in unterschiedlichen Variationen immer wieder präsentiert wird. Besonders prägnant erfahrbar wird sie in den kurzen Selbstdarstellungen des Vereins neuen Referenten gegenüber, die dadurch nicht nur auf die Vereinsmisere aufmerksam gemacht, sondern gleichzeitig auch zu Zeugen der vereinsinternen Debatte über den Krisenzustand des Vereins werden. Es ist häufig Herr Pérez, der zum Sprachrohr derartiger komprimierender Selbstpräsentationen wird – wie zum Beispiel vor dem Vortrag kurdischer Referenten am 29.4.1995 über: *Die Kurden – ein verfolgtes Volk*. Der Spanische Kulturkreis sei – so Herr Pérez in seinen einleitenden Bemerkungen – „*der älteste spanische Verein in Deutschland und sei gegründet worden als politische Plattform, als Möglichkeit, politische Bildung zu betreiben für Landsleute, die noch nie viel von Gewerkschaften, etc. gehört hätten, da in Spanien eine Diktatur geherrscht habe, aber auch als Möglichkeit, Elementarbildung wie beispielsweise Analphabetenkurse zu betreiben. Heute durchlebe man große Schwierigkeiten, das wolle man nicht verschweigen. Er sei mit der Jüngste und das bei seinem Alter, es sei schwierig, junge Leute anzusprechen und zu integrieren, aber: „Wir machen weiter (klingt etwas trotzig). Wir sind zwar nur wenige, aber eine gute Truppe".* "[76] Bei dieser Charakterisierung fällt die dichothome Gegenüberstellung auf, mit der Herr Pérez die bedeutenden Vereinsleistungen der Vergangenheit mit den gegenwärtigen Schwierigkeiten konstrastiert. Er wiederholt dabei ein Vergangenheitsverständnis, das den Kulturkreis auf seine Vorreiterrolle innerhalb der spanischen Migration festlegt. Im Akt des Erzählens und Wiedererzählens wird dieses Verständnis nicht nur kodifiziert, sondern auch unter den Anwesenden tradiert und im Kollektivgedächtnis wachgehalten. Dem Verein schreibt Herr Pérez in seiner vergangenheitsbezogenen Erfolgsbilanz vor allem Bildungsfunktionen zu: einerseits politische Aufklärung für eine Landsmannschaft, die aufgrund der repressiven Bedingungen der Diktatur nicht einmal über Grundkenntnisse politisch-gewerkschaftlicher Organisation verfügte; andererseits elementare Bildung für eine Klientel, die aufgrund des desolaten Bildungsniveaus in Spanien erst einmal mit den grundlegenden Kulturtechniken vertraut gemacht werden mußte. In Abgrenzung zu dieser grundlegenden Aufgabenzuordnung der Vergangenheit zeichnet sich die Gegenwart für Herrn Pérez durch eine prekäre Rekrutierungssituation aus, die zu einem zunehmenden Vergreisungsprozeß innerhalb des Vereins mangels Einbindung junger Mitglieder geführt hat. Sein trotzig-voluntaristisches Bekenntnis zum Weitermachen, das er mit der Qualität der – noch – beteiligungsbereiten Personen begründet, zeigt jedoch keinen Ausweg aus der Krise, sondern demonstriert nur den – tatsächlichen oder angeblichen – Aktivismus der Übriggebliebenen.

Die prekäre Vereinsgegenwart wird jedoch nicht nur in den vereinsöffentlichen Selbstdarstellungen zum Ausdruck gebracht. Ebenso heftig und ungeschminkt tritt die Klage über den desolaten Zustand des Vereins in Zweier- oder Dreiergesprächen unter Mitgliedern auf. In diesen Gesprächen stellt der Mangel an jungen Mitgliedern allerdings nur die eine Seite der Vereinsmisere dar. Die andere Seite liegt in der mangelnden Konstanz und Beteiligungsbereitschaft gerade seitens der langjährigen Mitglieder. Die Vereinskrise wird somit nicht nur als Rekrutierungskrise, sondern gerade auch als Beteiligungskrise interpretiert. So beklagt sich beispielsweise die Vereinspräsidentin, die so gut wie jedes Wochenende im Verein verbringt, darüber, daß an einem der letzten Samstage sich nur drei Mitglieder im Kulturkreis getroffen hätten. Auch Frau Gar-

---

76 Protokollauszug über den Vereinsabend vom 29.4.1995.

cía, eine weitere Vereinsaktive (und Interviewpartnerin in Teil III), kann derartige Vereinsbeschreibungen beliebig anreichern. Sie berichtet von einem Samstagabend, an dem nur *„sie mit Carmen allein dagewesen sei, nur sie beide, sie hätten zu zweit Essen gekocht, sich mehrere Stunden über die Vergangenheit unterhalten, hätten bezahlt und seien gegangen."*[77] Das Groteske der Situation ist kaum zu überbieten. Wahrscheinlich hatten Frau García und Carmen an diesem Samstagabend Bardienst. Sie kamen mit der Absicht, ihre Arbeitskraft dem Verein für die kulinarische Versorgung der Mitglieder unentgeltlich zur Verfügung zu stellen. Angesichts der Leere blieb ihnen jedoch nichts anderes übrig, als das Abendessen nur für sich selbst zuzubereiten. Der Inhalt ihrer Gespräche war – über die triste Gegenwart hinweg – die Vergangenheit. Der Akt des Bezahlens nach selbstverrichteter Tätigkeit zeigt die Disziplin der beiden Frauen, die sogar im absoluten Beteiligungsmangel ihrer finanziellen Verpflichtung dem Verein gegenüber nachkommen.

Es ist wiederum Frau García, die am selben Vereinsabend – angesichts der geringen Zahl anwesender Mitglieder – eine Diskussion über die Vereinssituation beginnt: *„Es sei beschämend, daß so wenig Leute da seien. Der Kulturkreis sei nur noch ein Schatten (fantasma) seiner selbst. Wenn eine Sache zu Ende gehe, müsse man sie auch sterben lassen. Der Kulturkreis habe 45 Mitglieder und wo seien die? Man nenne sich ja schließlich spanischer Kulturkreis (Kultur stark betont), so könne das nicht weitergehen. Auch die anderen pflichten ihr bei, daß man so nicht weitermachen könne"* (ebda.). Frau García trägt eine pessimistische Vereinsperspektive vor. Sie plädiert als Konsequenz aus der sich wiederholenden Negativerfahrung mangelnder Teilnahme für radikale Veränderungen. Ihrer Meinung nach hat sich der Verein überlebt, so daß seine Auflösung als folgerichtige Antwort auf den Beteiligungsmangel bedacht werden muß. Ihr Votum begründet sie auch damit, daß sogar die Selbstverpflichtung der Vereinsmitglieder, die sich für Frau García mit dem Namen des Kulturkreises verbindet, nicht mehr eingelöst wird. Aus ihrer Sicht wird der Verein von den eigenen Mitgliedern desavouiert. Frau García rekurriert damit auf ein Vereinsverständnis, das den einzelnen in die Verantwortung für das Vereinswohl nimmt. Sie duldet keine passiven Mitglieder, sondern der Kulturanspruch des Vereins muß eine Verpflichtung sein, die die Mitglieder mit ihrer Beteiligung an den Kulturaktivitäten des Vereins dokumentieren und einlösen. Mit dieser Sicht unterstreicht Frau García noch einmal ihr Selbstverständnis vom Verein als einer der Kultur verpflichteten Institution.

Dieser Grundtenor liegt auch den entschuldigenden und erklärenden Ausführungen zugrunde, die Frau García dem Referenten des Abends gegenüber abgibt. Zwar hatte man den Professor der Frankfurter Fachhochschule für Sozialarbeit, der an diesem Abend über *Arbeitslosigkeit als Instrument neoliberaler Wirtschaftspolitik* referieren soll, bereits im Vorfeld auf die möglicherweise geringe Zuhörerschaft hingewiesen, angesichts des tatsächlichen Zuhörerman-

---

77 Protokollauszug über den Vereinsabend vom 27.5.1995.

gels (an diesem Abend waren nur neun Personen anwesend, von denen zwei bei Vortragsbeginn den Kulturkreis verließen) sieht sich Frau García jedoch gezwungen, dem Referenten gegenüber die Vereinssituation zu erklären. Dabei begründet sie – im Unterschied zu ihren Ausführungen im Mitgliedervereinsgespräch – die Bemühungen um die Weiterexistenz des Vereins mit seiner kulturpolitischen Aufgabe in der Kommune: *„Der Kulturkreis sei derzeit zwar in einer Krise, sie meine jedoch, daß die Leute, die Mitglieder seien, auch so etwas wie eine Selbstverpflichtung hätten. Das jedenfalls sei ihre Meinung. Außerdem sei der Kulturkreis doch der einzige spanische Verein mit einem Profil, der Stellung beziehe und kämpfe und immer da sei, wenn man ihn brauche. Er werde immer angeschrieben und benachrichtigt, wenn etwas im Busche sei, ob beim Abbau des Muttersprachlichen Unterrichts, ob wegen der Abschiebung von Kurden, der Kulturkreis sei bekannt für seine politische Stellungnahme und werde auch benachrichtigt. Wenn er nicht mehr da sei, gebe es keine Institution mehr, die diese Interessen vertreten würde"* (ebda.). Trotz der Peinlichkeit angesichts leerer Vortragsräume betont Frau García die Einzigartigkeit des Kulturkreisprofils. Sie stellt sich damit in die Reihe derjenigen Vereinsaktiven, die – wie die Vereinspräsidentin oder Herr Pérez – dem Kulturkreis aufgrund seines engagierten Eintretens für die Belange diskriminierter Minderheiten eine besondere Rolle in der Frankfurter Ausländervereinsszene zuschreiben. Auch für Frau García hat der Verein nach wie vor eine wichtige ausländerpolitische Funktion, selbst wenn die eigenen Mitglieder ihrer eingegangenen Selbstverpflichtung nicht mehr nachkommen.

Insgesamt wird das Dilemma, sich einerseits einen politischen Anspruch zu bestätigen und geltend zu machen, andererseits in der konkreten Vereinsarbeit auf ein chronisches Desinteresse zu stoßen, innerhalb der Vereinselite in unterschiedlichen Varianten kommuniziert: im Einklagen einer Veränderung auch im Hinblick auf eine mögliche radikale Verkleinerung der angemieteten Räume (Frau García), im trotzigen Beharren auf Fortführung der Arbeit angesichts der Qualität der Restgruppe (Herr Pérez), im resignativ-zynischen Eingeständnis einer bloß geselligen Vereinsroutine (Herr Sánchez), im legitimatorischen Hinweis auf die kulturpolitische Bedeutung (Frau García). Auch die dabei angesprochenen Haltungen des eigenen Einsatzes fallen recht unterschiedlich aus: voluntaristisches Durchhaltevermögen, moralische Selbstverpflichtung, illusionslose Rückspiegelung sind vorfindbare Strategien, mit denen sich der verbleibende Vereinsrest auf die höchst unsichere Zukunft des Vereins einstellt.

4.2. Prekäre Raumsituation

Die prekäre Situation des Kulturkreises zeigt sich jedoch nicht nur an den Schwierigkeiten der Gewinnung neuer und der Motivierung alter Mitglieder, sondern auch an dem steten räumlichen Schrumpfungs- und Aushöhlungsprozeß, den der Verein durchläuft. Der Kulturkreis befindet sich in einer institutionellen Umarmungssituation zwischen dem Portugiesischen Kulturkreis und dem Bildungswerk der Hessischen Wirtschaft, die beide räumlich expandieren. Während das Bildungswerk – noch – auf den dritten Stock des gemeinsam genutzten Gebäudes beschränkt bleibt, verfügen die Portugiesen bereits über einen Raum innerhalb des Stockwerks, den der Spanische Kulturkreis angemietet hat. Dieser räumlichen Expansion seiner institutionellen Nachbarn korrespondiert die zunehmende Reduzierung der Inanspruchnahme der Räume des Kulturkreises durch seine Mitglieder. Bereits in ihrer Darstellung des Vereins hatte die Vereinspräsidentin auf die Möglichkeit einer Weitervermietung der eigenen Räumlichkeiten hingewiesen und damit indirekt den mangelnden Auslastungsgrad der Vereinsräume bestätigt. Die räumliche Auszehrung, unter der der Verein leidet, zeigt sich besonders markant im Leerstand der Räume während der Woche und in der niedrigen Frequentierung selbst an Wochenenden. Aus diesem Grund erwägt Frau García in ihrer Defizitdiagnose der Vereinsbeteiligung die Möglichkeit der Aufgabe oder radikalen Verkleinerung der Kulturkreisräume.

Als ein weiterer Beleg für die räumliche Auszehrung und Rückzugslage des Vereins kann die Namenlosigkeit – und daraus resultierende Nichtexistenz nach außen – des Vereins an der Eingangstür gedeutet werden. Der Kulturkreis existiert nur noch im Inneren des Gebäudes ohne Anspruch einer Signalwirkung nach außen – ein Rückzug, der dort allerdings nicht aufhört, sondern durch mögliche Anspruchlichkeiten der anderen Institutionen weitergeht. Der Verein ist – trotz seiner Bemühungen um Einwerbung neuer Mitglieder – de facto nur noch für Eingeweihte und Insider präsent, die unter sich bleiben und auf das – befristet hinausgeschobene – Ende warten.

Besonders symptomatisch für die Labilität der Raumsituation ist das Gerangel mit einigen Portugiesen, die anläßlich der Stuhlknappheit bei einer ihrer Veranstaltungen auf Stühle des Kulturkreises rekurrieren. Die Dreistigkeit ihres Vorgehens und die partielle Freigabe von Stühlen durch einige Spanier, die während der eigenen – gleichzeitig ablaufenden – Veranstaltung (Vortrag über Auschwitz) stehen müssen, können als Belege für mögliche Interessenüberschneidungen und Konflikte interpretiert werden, die sich aus der räumlichen Umklammerungssituation und den Anspruchlichkeiten des Portugiesischen Kulturkreises ergeben. Aufschlußreich ist in diesem Zusammenhang auch ein ironisch-aggressives Streitgespräch, das die Vereinspräsidentin, ihr Mann Mario und Frau García führen. *„Sie stehen an der ansonsten leeren Bar des Kulturkreises, während im Hof ein Grillfest des Portugiesischen Kulturkreises veranstaltet wird mit vielen Bierbänken und Biertischen unter Anwesenheit einer großen Menge gerade auch junger Portugiesen. Mario hat einen Teller voll Gegrilltes von unten mitgebracht. Er ist Portugiese, Mitglied des Portugiesischen Kulturkreises und spricht wie seine Frau akzentfrei Deutsch. Auch Spanisch spricht er sehr gut. Sein volles Teller, über das er sich genüßlich hermacht, veranlaßt Frau García, immer wieder ironische Kommentare bezüglich seiner etwas korpulenten Statur abzugeben. Die Vereinspräsidentin und Frau*

*García scherzen über ‚die da unten' – womit sie die Portugiesen meinen –,
worauf Mario in scharf-lächelndem Ton meint, sie sollten aufpassen, sie seien
hier ja nur Gäste."*[78] Die Situation, in der der Hinweis auf den Gaststatus der
Spanier fällt, ist komplex. Die leere Bar des Kulturkreises und der volle Hof
der Portugiesen, die portugiesisch-spanische Ehebeziehung in Deutschland, der
essende korpulente Mann in Defensive gegenüber einer ironisierenden Frau,
die Dichothomie zwischen ‚wir hier oben' – ‚die da unten' – all diese Gegensatzpaare münden schließlich in die Drohgebärde ein, den vorläufigen – und
damit jederzeit aufkündbaren – Gaststatus der Spanier hervorzukehren. Sie zeigt,
daß die – z.T. auch bewußt angestrebten – Synergieeffekte der räumlichen Nähe
und Kooperation zwischen beiden Vereinen auch durch Rivalität und Abgrenzungsbestrebungen bedroht sind und daß in Konfliktsituationen – ähnlich wie
beim Abtransport der Stühle – die Portugiesen nicht nur einen quantitativen,
sondern möglicherweise sogar einen juristischen Vorteil ins Spiel bringen können.[79]

4.3. Frauen als neuer sozialer Machtfaktor im Verein

Die zunehmende Ausdünnung der Mitgliederbasis hat neben den räumlich-inhaltlichen Auwirkungen noch einen weiteren Effekt: die weitgehende Identität zwischen den beteiligungsaktiven Mitgliedern und denjenigen Personen, die bereit sind, im Verein Organisationsaufgaben wahrzunehmen. Es gibt nur eine Gruppierung innerhalb des Vereins, die jenseits der allgemeinen gesellig-edukativen Gemeinschaftsaktivitäten und -aufgaben ein separates Programm durchführt: die Frauengruppe. Neben dem Umstand, daß sie sich entgegen dem allgemeinen Beteiligungsschwund als separate Gruppe durchhält, zeichnet sich die Frauengruppe im besonderen jedoch durch ihre vereinsübergreifende Zusammensetzung aus. Sie integriert Frauen sowohl aus dem Spanischen als auch aus dem Portugiesischen Kulturkreis und realisiert die allgemeine Kooperationsabsicht des Vereins, sich mit anderen Gruppierungen zumindest partiell zusammenzuschließen und damit das eigene Überleben zu sichern. Als einzige verbleibende zielgruppenorientierte Einrichtung und als einzige vereinsübergreifende Plattform der Mitgliederaktivierung genießt die Frauengruppe somit innerhalb des Vereins einen doppelten Sonderstatus.

Die Synergieeffekte aus dieser gemeinsamen Frauengruppe sind insofern besonders groß, da aufgrund der räumlichen Nähe beider Vereine Terminabsprachen leicht realisiert werden können. Die Vereinsgrenzen werden auf beiden Seiten fließend gehandhabt, die meisten Mitglieder sind in der Lage, die jeweils andere Sprache passiv zu verstehen, die Gruppengröße und Verbind-

---
78 Protokollauszug über den Vereinsabend vom 29.4.1995.
79 Daß die Portugiesen tatsächlich die ‚Hausherren' sind und die Spanier nur als Untermieter auftreten, zeigt sich in den Erzählungen von Herrn Sánchez in Teil III, Kap. 1, Abschnitt 2.3.5.

lichkeit der Teilnahme können (und dürfen) aktivitätsspezifisch variieren. Neben den beiden Grundaktivitäten Nähen und Gymnastik sind es insbesondere die jährlichen Vorbereitungen auf den Internationalen Frauentag, die die Gruppe zu weitergehenden Aktionen motivieren (wie beispielsweise die Einrichtung einer Theatergruppe). Auch in Bezug auf das Vortragsprogramm im Spanischen Kulturkreis hat die Frauengruppe die Initiative übernommen und – aufgrund der Nichtexistenz eines entsprechenden Angebots – im Herbst 1995 mehrere frauenspezifische Vortragsthemen bzw. Vortragszyklen organisiert (wie beispielsweise *Frauen und die literarische Produktion in Spanien und Portugal*). Somit erweist sich die Frauengruppe sogar hinsichtlich des kulturellen Anspruchs des Vereins als maßgebliche Traditionswahrerin.

Sowohl die Dominanz der Frauen innerhalb der Vereinsaktiven als auch ihre generell größere Beteiligungsbereitschaft machen aus dem Kulturkreis tendenziell einen Frauenverein mit angehängter ‚allgemeiner' Abteilung. Diese Verschiebung ist auch ein Resultat der Geschichte des Vereins, in deren Verlauf die Vereinsfrauen mehr und mehr ihre eigenen Interessen wahrgenommen und sich mit einem neuen Vereinskonzept z.T. gegen die traditionellen Interessen der Männer durchgesetzt haben. Frauen sind das einzige Nachwuchspotential, über das der Verein verfügt und das die ursprüngliche Männerdomäne Kulturkreis mit ihren eingespielten Geschlechterroutinen radikal in Frage stellt. Die Krise des Kulturkreises ist insofern auch eine Krise des Geschlechterverhältnisses im Verein.[80]

4.4. Deutsch als Sprache der Vortragsöffentlichkeit

Ein weiteres Problem der Vereinsgegenwart ist die sich wandelnde Sprachpraxis innerhalb der Vereinsöffentlichkeit und die damit verbundenen sprachlichen Ausgrenzungserfahrungen und Beteiligungshindernisse. Bereits zu Beginn der 1980er Jahre setzte sich im Spanischen Kulturkreis eine allmähliche Veränderung der bisherigen Vereinspraxis durch, indem die verstärkte Rückkehr von Spaniern im Zuge des Demokratisierungsprozesses und die zunehmende Berücksichtigung der Belange der zweiten Genration zum Versuch einer Öffnung in Richtung deutsche Gesellschaft führten – und zwar in einem doppelten Sinne: sowohl hinsichtlich der stärkeren Berücksichtigung deutscher Themen als auch hinsichtlich der Gewinnung deutscher Referenten. Mit beiden Dimensionen zog auch die deutsche Sprache offiziell in den Verein ein, das Deutsche wurde bei vereinsöffentlichen Aktivitäten als offizielle Sprache genutzt. Damit wurde ein Trend verstärkt, der sich bereits in der alltäglichen Vereinskommunikation bemerkbar gemacht hatte: nämlich die Nutzung des Deutschen als Verkehrssprache im Verein unter den jüngeren Vereinsmitgliedern,

---

[80] Vgl. zu diesem Prozeß die Erzählungen aus der Sicht von Frau García als einer Hauptbeteiligten in Teil III, Kap. 2.

die untereinander fast ausschließlich auf Deutsch kommunizieren und nur in Gesprächen mit der älteren Generation auf das Spanische umschalten.

Mit der Etablierung des Deutschen als Sprachvehikel bei vereinsöffentlichen Aktivitäten stellten sich Anschlußprobleme gerade für die ersten Generation von Migranten: zum einen mußte die Frage nach der Relationierung deutscher Themen für einen insgesamt spaniengeprägten Verein gelöst werden; zum anderen war die Frage nach der sprachlichen Ausdrucksfähigkeit und diskursiven Beteiligungsmöglichkeit der älteren Mitglieder zu klären. Standen z.B. in den 1970er Jahren die Diskussionen politischer Themen in Bezug auf die Franco-Diktatur in spanischer Sprache auf der Tagesordnung und waren für alle Beteiligten sowohl inhaltlich als auch sprachlich potentiell nachvollziehbar, so änderte sich die Situation mit der verstärkten Gewinnung deutscher Referenten, der Präsentation deutscher Themen und der Diskussion in deutscher Sprache grundlegend. Frühere Beteiligungsmöglichkeiten und -chancen galten nicht mehr, (Fremd-)Sprache fungierte als Selektionskriterium des Redenkönnens. Zwar wurde von Anfang an die Möglichkeit des Konsekutivübersetzens geboten, aber das setting hatte sich verändert. Die Migranten der ersten Generation sahen sich vor die Aufgabe gestellt, ihre Diskussionsfähigkeit in Deutsch unter Beweis zu stellen, wenn sie nicht auf Übersetzungshilfen angewiesen sein und damit einen Teil ihrer Souveränität abgeben wollten.

In der gegenwärtigen Situation sind die Vorträge (fast) alle auf Deutsch, so daß sich das Problem, inhaltliche Anschlüsse herzustellen und die Diskussionsfähigkeit durch Übersetzungen aufrechtzuerhalten, in verstärktem Maße stellt. Obwohl vor allem Herr Pérez als Übersetzer und Vermittler agiert, gibt es deutliche Belege für eine Rücknahme der Diskussionsbereitschaft und -beteiligung aufgrund mangelnder Sprachkompetenz. Ein markantes Beispiel für eine derartige Situation sprachlicher Enteignung bzw. Beschränkung zeigt ein Gespräch zwischen Herrn Sánchez, einem weiteren Spanier und dem Autor nach dem Vortrag über *Deutsches Freidenkertum im 20. Jahrhundert* vom Vorsitzenden der Hessischen Freidenker: *„Es sei schon etwas vermessen, von freiem Denken zu reden, meint Herr Sánchez. Niemand sei frei, jeder unterliege den Einflüssen seiner Erziehung, seiner Tradition, seiner Gesellschaft, wie könne man da von frei reden. Aber er habe sich zurückgehalten, das sei ein sehr komplexes Thema, das man – wenn überhaupt – in der eigenen Sprache besprechen müsse. Der andere Spanier pflichtet ihm bei und meint – sich zu mir drehend –, daß jeder seine Vorbilder und seine Meister habe, an denen er sich orientiere. Sein Meister sei Engels, der nachgewiesen habe, daß die Religionen und Gott nur Projektionen der Menschen seien. Das sei aber alles sehr kompliziert, um darüber zu reden, müsse man sehr gebildet sein und in der eigenen Sprache reden."*[81] Bezeichnend an dieser Sequenz ist, daß die Polemik gegen den Vortragsinhalt von beiden Spaniern erst nach dem Vortragsende geäußert und die Rücknahme der eigenen Redebeteiligung während der Diskussion mit dem

---

81 Protokollauszug über den Vereinsabend vom 18.3.1995.

Hinweis auf die mangelnden sprachlichen Differenzierungsmöglichkeiten jenseits der Muttersprache begründet wird. Komplexe Themen wie das Freidenkertum sind nur in der eigenen Muttersprache diskutierbar. Während Herr Sánchez eine Verbindung zwischen Beitragsfähigkeit und Muttersprachenkompetenz herstellt, ist für den anderen Spanier Redefähigkeit noch zusätzlich an bestimmte Bildungsvoraussetzungen geknüpft. In beiden Fällen führt jedoch die Nutzung des Deutschen als Vortrags- und Diskussionssprache zu einer Redeabstinenz gerade auch für diejenigen Personen, die – wie Herr Sánchez – die Entwicklung des Vereins maßgeblich bestimmt haben. *Angesichts fehlender Sprachkompetenzen bedeutet die Gewinnung deutscher Referenten im Sinne einer Öffnung des Vereins die Reduktion von Beteiligungsmöglichkeiten der Stammklientel,* die sich zu einem selbstauferlegten Schweigen verurteilt sieht.

Zweites Kapitel: Das Demokratische Haus

Das Demokratische Haus umfaßt als organisatorischer Dachverband zwei selbständige Vereine mit eigenen Vorständen und eigener Kassenrechnung, den Fußballclub CREU (Centro recreativo español de Unterliederbach-Höchst) und den Tanzverein Peña Flamenca. Über die jeweils spezifischen Vereinsaktivitäten hinaus organisiert das Demokratische Haus Aktivitäten, die sich vereinsübergreifend an alle Mitglieder richten. Außerdem nimmt es die Interessenvertretung nach außen wahr. Die beiden Vereine sowie der Gesamtverein nutzen gemeinsame Räume, wobei im gegenwärtigen Vereinsgebäude sowohl dem Fußballclub wie auch dem Tanzverein jeweils ein Raum zur exklusiven Verfügung stehen.

1. Erste Annäherungen

Räumlichkeiten[82]

Das Demokratische Haus hat gegenwärtig sein Domizil in einem älteren, mehrstöckigen Gebäude in der Zuckschwerdtstraße 28 in Frankfurt-Höchst. Der ehemalige Repräsentativbau diente früher als Verwaltungsgebäude der Main-Gas-Werke, die in unmittelbarer Nähe des Hauses noch eine größere Firmenabteilung unterhalten. Hinter dem Gebäude liegt ein großer umzäunter Parkplatz, der nur durch eine Einfahrt betreten werden kann und der auch den Besuchern des Demokratischen Hauses zur Verfügung steht. Im Erdgeschoß des Gebäudes ist ein Laden der Main-Gas-Werke untergebracht, dessen gehobene Ausstattung sich stark gegen die abgewirtschaftete Fassade abhebt. Der Laden hat eine breite Eingangstür an der Eckseite, während als Eingang zu den oberen Stockwerken eine schmale Tür in der Mitte der Längsseite dient. An dieser Tür ist nur ein Schild angebracht mit der Aufschrift der drei spanischen Vereine, die hier ihr Domizil haben: *Casa democrática de España e.V.*, *CREU* und *Peña*

---

82 Die folgende Beschreibung setzt sich aus den Raumerfahrungen des Autors während seiner Feldkontakte mit dem Demokratischen Haus zusammen. Während der mehr als einjährigen Beobachtungsphase hat sich das Raumensemble des Demokratischen Hauses – ähnlich dem Spanischen Kulturkreis – nicht verändert.

Flamenca. Eine Klingel ist nicht vorhanden – sie scheint herausgerissen bzw. defekt zu sein –, ebenso wenig gibt es Angaben zu den Öffnungszeiten der Vereine. Die Spanier sind neben dem Laden im Erdgeschoß die einzigen Mieter im Gebäude, sie nutzen exklusiv das Treppenhaus und belegen sämtliche Räume des zweiten sowie Teile des dritten Obergeschosses. Die restlichen Räume dienen als Lagerräume.

Das Treppenhaus ist sehr geräumig und mit verschiedenen spanischen Postern plakatiert. Der Flur des ersten von den Spaniern belegten Stockwerks ist mit vielen Fotos von Renovierungsarbeiten im Haus ausstaffiert. Vom Flur gehen zwei WC-Räume ab sowie ein Büroraum, in dem auch die kleine Bibliothek des Vereins untergebracht ist. Über eine Flügeltür gelangt man in eine riesige offene Diele, die als Verteiler zu verschiedenen Räumen dient, sehr schmuck hergerichtet ist und mit ihren kleinen Tischen und Stühlen als geselliger Aufenthaltsort genutzt wird. An einer Pinnwand gibt es verschiedene Aushänge mit Ankündigungen über laufende und geplante Vereinsaktivitäten sowie einen Zeitplan mit den im Verein abgehaltenen Unterrichtskursen.[83]

Von der Diele aus kann man den Barraum, den Raum des Fußballclubs, den Raum des Tanzvereins und einen großen Mehrzweckraum betreten. Der Barraum mit separater Küche besteht aus einer Theke mit vier Barhockern, Kühlschränken, Spüle, Gläser- und Getränkeschrank sowie einem schmalen durchgehenden Wandregal zum Abstellen von Gläsern und Tellern. Zwei Preislisten informieren über die angebotenen Getränke und Speisen, ein spanischsprachiges Schild gibt Kenntnis darüber, daß nur Mitgliedern der Konsum an der Bar gestattet ist, ein weiteres – zweisprachiges – Schild direkt an der Tür wirbt um den Beitritt zum Demokratischen Haus. Der Raum des Fußballclubs Creu ist mit fünf Tischen ausstaffiert, die die Besucher für Kartenspiel, Klönen oder Zeitungslektüre nutzen. Eine Wand hängt voller Trophäen, die der Verein bei Turnieren aller Art erspielt hat. Ein Fernseher versorgt das Zimmer mit spanischen Nachrichten und Fußballübertragungen. Der Tanzverein hat ebenfalls einen separaten Raum mit Dielenboden, Tischen und einer Vielzahl von Fotos mit berühmten Flamencogrößen und Musikern, die den Verein besucht haben. Der Mehrzweckraum für ca. vierzig Personen ist teilbar und dient einerseits als Übungsraum der verschiedenen Tanzgruppen, andererseits als Aufenthalts-, Fernseh- und Vortragsraum sowie als Proberaum für die Theatergruppe. Ebenfalls von der Diele aus führt eine breite Holztreppe ein Stockwerk höher, wo der Verein weitere funktionsbezogene Räume hat: einen Zeichenraum für die Malaktivitäten der Kinder, einen Umkleideraum insbesondere für Feste und Proben, einen Unterrichtsraum, in dem die verschiedenen Kurse für Kinder und Erwachsene stattfinden, einen Raum, der variabel genutzt wird (für Proben, Gespräche, etc.) sowie einen Jugendraum mit Musikanlage und popiger

---

83 Für das Jahr 1995 sind folgende Kurse angeboten: dienstags Hausaufgabenhilfe (Englisch, Deutsch, Spanisch), samstags Zeichnen (für Kinder), freitags ab 19 Uhr Jugendclub, mittwochs Tanz (für Erwachsene), freitags und samstags Spanischunterricht (für Anfänger und Fortgeschrittene).

Bemalung. Insgesamt geben die Räume auf den beiden Ebenen ein sehr großzügiges Ensemble ab, das sowohl vielfältige Möglichkeiten der separaten funktionsbezogenen Raumgestaltung bietet, aber auch Mehrfachnutzungen und Großveranstaltungen zuläßt.

Vereinstreff an einem Freitagabend

Die Hauptzeiten des Vereinslebens sind der Freitag- und Samstagabend sowie der Sonntag. An diesen drei Tagen treffen sich die Vereinsaktiven regelmäßig zum geselligen Beisammensein, zum gegenseitigen Austausch, zu den Proben, Unterrichtsangeboten, etc. Während der Woche finden gruppenspezifische Zusatzaktivitäten (Kinderbetreuung, Nachmittagsunterricht) statt, der ‚harte Kern' des Fußballvereins nutzt den eigenen Raum jeden Abend als geselligen Aufenthaltsort. Im folgenden wird ein Vereinsabend an einem Freitag kurz wiedergegeben.[84]

Gegen 19 Uhr laufen die Aktivitäten im Demokratischen Haus bereits auf Hochtouren. In der Diele sitzt eine Gruppe Jugendlicher um einen Tisch herum und spielt ein Spiel. Die Jugendlichen gestikulieren lebhaft, plaudern miteinander und amüsieren sich. Untereinander reden sie Deutsch, nur wenn sie mit einer älteren Person sprechen, wird auf Spanisch umgeschwenkt. Die Mitglieder der Theatergruppe sitzen ebenfalls in der Diele. Man trinkt Kaffee oder stärkt sich mit einem belegten Brötchen, zwei memorieren ihre Rollen, drei diskutieren über die Ausstaffierung der Kulisse für einen Akt des neuen Stückes und über verschiedene Formen der Kulissenherstellung. Der Raum des Fußballclubs ist mit ca. fünfzehn Personen voll besetzt, die an den Tischen sitzen und Karten oder Domino spielen bzw. sich stehend unterhalten. Ein paar schauen auf den Fernseher, wo ein spanisches Fußballspiel übertragen wird. Der Geräuschpegel ist hoch, die Luft voller Rauch. In der Bar herrscht ein Kommen und Gehen, Leute verlangen Getränke und bestellen Essen. Die beiden Barkeeper haben alle Hände voll zu tun, sie bedienen nicht nur an der Theke, sondern nehmen auch in den anderen Räumen des Demokratischen Hauses Bestellungen auf. Zwei Frauen stehen in der Küche und bereiten Speisen vor: belegte Brötchen, Omeletts, fritierter Tintenfisch, Kroketten, russischer Salat, etc. Auch im Raum des Tanzclubs sitzen einige Leute, die zu Abend essen und sich unterhalten.

Als die Theatergruppe mit ihrer Probe beginnt, wird es in der Diele etwas ruhiger. Die Jugendlichen haben sich in ihren Partyraum im zweiten Stock zurückgezogen und dort die Musikanlage aufgedreht. Ab und zu holen sie sich Getränke aus der Bar und verlangen von ihren Eltern Geld zum Bezahlen. Einige der älteren Jugendlichen machen sich im oberen Umkleideraum fertig für den Abendausgang. Ein ca. zehnjähriges Mädchen spielt in der Diele mit einem älteren Spanier ein Spiel, das sie ihm auf Deutsch erklärt, ansonsten ist die Unter-

---

84 Bezüglich der Art der Protokollierung vgl. Anmerkung 49.

haltung auf Spanisch. Der Barraum und der Fußballraum sind vollbesetzt. Während im Fußballraum gespielt wird, stehen im Barraum ca. zehn Personen, die sich lautstark über Politik, Handwerkerprobleme und Alltagssorgen unterhalten.

Gegen halb neun kommt eine Gruppe von fünf Leuten aus dem Unterrichtsraum im zweiten Stock in die Diele. Man spricht halb Deutsch, halb Spanisch. Zwei von der Gruppe nehmen in der Diele noch etwas zu sich, die anderen verlassen sofort das Haus. Um neun ist auch die Theatergruppe mit der Probe fertig. Die Diele füllt sich wieder mit Leben, die meisten Mitglieder der Theatergruppe bleiben noch zum geselligen Plausch. In dem zur Diele offenen Teil des Mehrzweckraums beginnt sich eine Gruppe junger Spanierinnen für eine Tanzdarbietung aufzustellen. Es ist der Auftakt eines Festes, zu dem der Tanzverein geladen hat. Die jungen Spanierinnen – sowie ein junger Spanier –, die alle in Tanzkleidung gekleidet und geschminkt sind, beginnen, zur Musik eines älteren Gitarristen eine dreiviertel Stunde lang zu tanzen. Der Gesang der Tänzerinnen, das rhythmische Klatschen und vor allem die scharf gestochenen Fußtritte mit den Absatzschuhen dröhnen laut in der Diele. Einige der Zuschauer singen und klatschen mit. Die Diele verwandelt sich schlagartig in ein Ensemble von Gebärden, Rhythmen, Musik und Gesang, die Tänzerinnen werden bei den Soli lautstark angefeuert. Auch die jungen Leute singen die spanischen Texte begeistert mit. Die meisten der insgesamt ca. vierzig Personen, die in den verschiedenen Räumen sind, strömen in der Diele zusammen, um die Darbietungen zu sehen. Es wird immer noch gegessen, die Küche läuft nach wie vor auf Hochtouren, die Barkeeper rennen, um alle Bestellungen aufzunehmen. Einige Kinder machen auf ihre Weise Lärm, indem sie das Treppengeländer hinunterrutschen. Sie fühlen sich sichtlich wohl und werden nur gelegentlich von ihren Eltern ermahnt. Gegen 23 Uhr leert sich das Demokratische Haus etwas, aber noch immer halten sich in den verschiedenen Räumen Gruppen auf, die sich angeregt unterhalten.

Porträtierung des Vereins durch Mitglieder der Vereinselite

Der erste längere Besuch des Autors im Demokratischen Haus erfolgte nach einer Verabredung mit dem Vereinspräsidenten, an den der Autor bei einem früheren Kurzbesuch von einem Vereinsmitglied verwiesen worden war. Bei diesem ersten Gespräch gab der Vereinspräsident folgende Porträtierung des Vereins:

Das Demokratische Haus sei ein Treffpunkt aller Generationen, von der ersten Generation, die in den 1960er Jahren gekommen sei, über die zweite bis zur dritten Generation. Er selbst gehöre zur zweiten Generation, sei mit zehn Jahren nach Deutschland gekommen und habe hier seine Ausbildung durchlaufen. Das Demokratische Haus versuche, den unterschiedlichen Perspektiven dieser drei Generationen gerecht zu werden, die dritte Generation sei natürlich dem Deutschen näher als dem Spanischen, aber das sei normal.

Was die Geschichte beträfe, sei das Demokratische Haus die Nachfolgerin des ‚Centro Español', das bereits 1967 bestanden habe. Das Centro sei entstanden sowohl aus dem Interesse des Spanischen Staates als auch aus dem Interesse deutscher Institutionen (Caritas) und Unternehmen heraus. Die Firma Hoechst habe ganz in der Nähe ein Haus zur Verfügung gestellt unter der Bedingung, ein Spanierzentrum einzurichten, und habe als Trägergesellschaft die Caritas beauftragt. Am Anfang sei alles auch ganz gut gelaufen, später dann nicht mehr so sehr, weil die Caritas die Räume für die Einrichtung einer Kindertagesstätte habe nutzen wollen.

Schon in den 1970er Jahren, noch unter Franco, habe man sich verstärkt um die Selbstorganisation des Zentrums bemüht und habe auch erstmals einen demokratisch gewählten Vorstand gebildet, der allerdings von Caritas nicht gern gesehen worden sei. Damals sei auch die Idee aufgekommen, ein Demokratisches Haus Spaniens (Casa Democrática de España) zu gründen. Man habe lange nach einem geeigneten Namen gesucht, Casa cultural, Club recreativo, Casa democrática, schließlich habe man mit nur knapper Mehrheit Casa democrática gewählt, ein Name, der auch eine Sehnsucht ausdrücke, ein demokratisches Ziel. Besonders wenn Leute den Namen in deutscher Übersetzung hörten, sagten sie, daß das bestimmt eine politische Einrichtung sei. Politisch seien sie zwar alle, aber nicht als Organisation, um die Mitglieder in einer bestimmten Richtung zu beeinflussen.

An dieser Stelle seiner Erzählung ruft der Vereinspräsident einen älteren Spanier herbei, den er als den früheren Präsidenten des Vereins vorstellt und den er danach fragt, wann genau die Querelen mit Caritas losgegangen seien. Der Expräsident berichtet dann in der Folge sehr detailliert über die Vorgänge, die zum Konflikt mit und zur Trennung von der Caritas geführt haben. Die Schwierigkeiten hätten bereits in den 1970er Jahren begonnen, als die Caritas die Räume des Spanierzentrums zunehmend belegt habe mit der Folge, daß das Demokratische Haus in den 1980er Jahren nur noch zwei Kellerräume für den Fußballclub CREU und den Tanzverein Peña Flamenca besessen und nur bei vorheriger Ankündigung einen Saal im Erdgeschoß zur Verfügung gestellt bekommen habe. Obwohl es einen Vertrag gegeben habe, in dem das Haus klar für ein spanisches Zentrum bestimmt gewesen sei, habe sich Caritas allmählich des Hauses bemächtigt und insbesondere den gewählten Vorstand nicht akzeptiert. Caritas habe sogar Nachbarn angestachelt, eine Klage wegen Lärmbelästigung gegen die Spanier anzustrengen. Man habe dann erreicht, das Demokratische Haus als Verein eintragen zu lassen, nicht in Frankfurt, sondern in Darmstadt. Jedenfalls habe man gegen Caritas zwei Prozesse verloren, habe aber mit einem juristischen Trick fertig gebracht, daß Caritas die Räumungsklage nicht habe durchsetzen können. Denn Caritas habe gegen die beiden Vereine Creu und Peña Flamenca geklagt und gewonnen, sie hätten jedoch immer wieder darauf hingewiesen, daß die beiden Gruppen zum Demokratischen Haus gehörten. Als dann der Räumungstermin näher gekommen sei, hätten sie einfach die Schilder ausgewechselt und statt Creu und Peña Flamenca ‚Casa Democrática-CREU' und ‚Casa Democrática-Peña Flamenca' an die Wand angebracht. Damit seien dem Gerichtsvollzieher die Hände gebunden gewesen und er habe nichts machen können. Allerdings habe man sich dann bemüht, zu einer anderen Lösung zu kommen. Während der ganzen Auseinandersetzung habe man sehr viele Solidaritätsbriefe erhalten und habe auch gezielt Öffentlichkeitsarbeit betrieben. Bundes- und Landtagsabgeordnete, die Stadt, der Ortsbeirat sowie das Amt für Multikulturelle Angelegenheiten seien eingeschaltet worden, bei einer Versammlung der evangelischen Kirche habe ein Theologe aus der Akademie Tutzingen stark gegen Caritas opponiert, der Konsul habe auch Rückendeckung gegeben, obwohl er die direkte Konfrontation mit der Caritas vermieden habe, außerdem habe es eine große Solidarität unter den Spaniern gegeben. Denn was könne man schon mit zwei Kellerräumen machen.

Nach diesem Bericht wendet sich der Expräsident wieder einem anderen Tisch zu, so daß der Vereinspräsident seinen Faden erneut aufnimmt und weiter erzählt. Im Jahre 1990/91, mit Beginn der Klage, sei auch für die zweite Generation der Augenblick gekommen, das Ruder zu übernehmen und sich mit den deutschen Behörden auseinanderzusetzen. Dies sei damit zu erklären, daß die jüngeren Leute viel bessere Sprachkenntnisse als ihre Eltern gehabt und sich auch besser mit den deutschen Sitten und Gebräuchen ausgekannt hätten. Jedenfalls habe man verstärkt nach einer anderen räumlichen Lösung gesucht, habe Kontakt mit vielen Personen des öffentlichen Lebens gesucht und schließlich dieses Haus gefunden. Es sei zehn Jahre lang unbewohnt gewesen, ohne Licht und sehr heruntergekommen, aber beim Betreten des Hauses habe man gewußt: das sei es. Dann sei eine wirklich gute Phase gekommen, die Mitglieder hätten eine große Solidarität gezeigt, man habe vier Wochen lang mit zeitweise achtzig Personen unentgeltlich gearbeitet. Dies habe auch einen Ruck gegeben, weil man gewußt habe, wofür man dies tue, und man habe sich dadurch das Haus zueigen gemacht.

Bevor der Vereinspräsident zur Aufzählung und Charakterisierung der verschiedenen Vereinsaktivitäten übergeht, ruft er eine jüngere Frau an den Tisch, die er als die Tanzgruppenleiterin und als eine der wichtigsten Personen des Vereins vorstellt. Beide erzählen dann abwechselnd und sich ergänzend die weiteren Punkte.

Insgesamt gebe es im Demokratischen Haus verschiedene Gruppen und Aktivitäten. Der Tanzverein führe eine ganz alte Tradition fort, denn er sei der älteste deutsche Tanzverein außerhalb Spaniens. Einmal habe er die Aufgabe, Kulturgut wie Flamenco und klassischen Tanz zu erhalten, dann aber auch das Ziel, dieses Kulturgut über Unterricht weiterzugeben. Der Verein sei schon überall aufgetreten, auch im Fernsehen. Mit den Einnahmen würde man u.a. einmal im Jahr eine Wochenendexkursion – z.B. nach Paris – finanzieren und die Jugendlichen seien ganz wild darauf, gemeinsam fortzufahren. Dies sei auch ein

Stimulus, bei der Gruppe zu bleiben. Insgesamt habe man in der Jugendgruppe ca. vierzig Personen zwischen 5 und 21 Jahren, in der Erwachsenengruppe ca. fünfzehn Personen.

Dann gebe es seit 1964 den Fußballclub, der neben der sportlichen Dimension vor allem die Geselligkeit und das Kartenspiel pflege. Für das Zusammenkommen der drei Generationen habe er eine ausgesprochen wichtige Funktion, zumal viele Clubmitglieder auch wochentags in ihrem Clubraum anwesend seien. Der Verein löse zudem nebenher viele Alltagsprobleme, die aus der Sprache oder aus fehlenden Informationen resultierten, insbesondere die Jüngeren übernähmen derlei Dienste.

Desweiteren gebe es seit 1990 die Theatergruppe, die angesichts der kurzen Zeit schon sehr großen Erfolg habe. Die vier bislang einstudierten Werke seien schon in Frankfurt, München, Köln, Stuttgart, Düsseldorf und Hannover aufgeführt worden. Derzeit gebe es in Deutschland nur wenig spanische Theaterkultur, früher habe es mehr gegeben, jetzt liege der Schwerpunkt auf dem Tanz. Angefangen habe die Gruppe deshalb, weil sich die Mütter, die ihre Kinder zum Tanzkurs gebracht hätten, überlegt hätten, was sie in der freien Zeit machen könnten. Aufgrund der Frauendominanz müßten die Frauen auch Männerrollen spielen, was jedoch sehr schwierig sei. Allerdings gebe es in der Theatergruppe einen großen Zusammenhalt, weil viele Frauen auch auf anderen Feldern zusammenarbeiteten, sie seien gewohnt, sich zu sehen, außerdem wollten die Frauen selbst etwas tun und nicht nur Anhängsel der Männer oder Begleitung der Kinder sein. Mittlerweile sei die Frauengruppe im Verein sehr stark und besetze auch insgesamt vier der sechs Vorstandsposten.

Als weitere regelmäßige Aktivität gebe es im Verein die Unterrichtskurse, die alle kostenlos seien: für Erwachsene gebe es einen Nähkurs, Spanisch für Deutsche – und zwar sowohl für Anfänger als auch für Fortgeschrittene – und Deutsch für Spanier, was allerdings schwierig sei, da viele Spanier Probleme hätten, Deutsch mit Bekannten zu lernen, da sei die Volkshochschule anonymer. Für Kinder habe man einen Spanischkurs eingerichtet als Ergänzung zum muttersprachlichen Unterricht, außerdem organisiere man Hausaufgabenhilfe, Englischunterricht sowie Zeichen- und Malkurse.

Desweiteren organisiere man Wettkämpfe und Ausflüge mit den Kindern, wo man beispielsweise versuche, einen Museumsbesuch mit dem Eislaufen zu verbinden und den Kindern so etwas Kultur nahe zu bringen. Gelegentlich mache man auch Video- und Filmpräsentationen, wobei das Niveau allerdings nicht besonders hoch sei, aber man müsse ja alle Bedürfnisse berücksichtigen. Außerdem veranstalte man ab und zu Informations- und Kulturabende zu Themen wie ‚Europäische Wahlen' oder ‚Maurisches Andalusien'. Generell übernehme das Demokratische Haus in ehrenamtlicher Weise auch sozialarbeiterische Aufgaben bei Problemen mit den deutschen Behörden.

Dann gebe es auch die Aktivitäten und Kontakte nach außen zur Caritas, der Volkshochschule und den politischen Parteien. Außerdem sei ein wichtiger Bezugspunkt nach außen das Höchster Schloßfest. Vor zwei Jahren habe das

Motto gelautet: ‚Unsere ausländischen Nachbarn' und man habe dort versucht, das Spanische in Frankfurt zu repräsentieren. Man habe eine über drei Meter hohe Mühle gebaut mit einem Don Quijote und einen Umzug der typischen Regionaltrachten veranstaltet, die man z.T. aus Spanien, z.T. aus anderen Teilen Deutschlands organisiert habe. Man habe den ersten Preis gewonnen, worauf der Verein sehr stolz sei.

Bezüglich der Finanzierung könne man sagen, daß sich der Verein vor allem über die Bar finanziere, alle Kurse seien kostenlos, es gebe einen Fond, um die Lehrer von außerhalb zu bezahlen, z.b. dadurch, daß man Paella verkaufe beim Höchster Schloßfest oder beim Altstadtfest. Man habe ca. 260 Mitglieder, die nur fünf Mark pro Monat bezahlten und darüber hinaus auch noch Anspruch auf ein kostenloses Essen im Jahr hätten. Dies müsse man vielleicht überdenken, das stamme noch von der ersten Generation. Vieles laufe nur durch ehrenamtliche Arbeit. Insgesamt habe man ca. 10% deutsche Mitglieder. Man spreche Deutsch und Spanisch, Sprachprobleme habe vor allem die ältere Generation.

Glücklicherweise verfüge man im Demokratischen Haus gegenwärtig über ca. zehn Personen der zweiten Generation, die die Zügel in der Hand hätten und die schauten, daß auch Angebote für die dritte Generation vorhanden seien. Ihr Versuch sei immer gewesen, Kontinuität herzustellen, Aktivitäten anzubieten, die attraktiv seien wie Disco oder Ausflüge. Man versuche, die Kinder in den Verein zu ziehen, damit sie sich hier und nicht anderswo, wo es gefährlicher sei, aufhielten. Hier im Verein seien sie wenigstens noch unter einer gewissen Aufsicht der Eltern.

Die Tanzgruppenleiterin wirft ein, daß die dritte Generation bereits sehr in Deutschland integriert sei und kein großes Interesse am Vereinsleben zeige. Sie sei immer weniger zweisprachig, da sie untereinander nur Deutsch spreche. Der Vereinspräsident gibt zu bedenken, daß irgendwann einmal der Moment komme, wo die Jugendlichen wissen wollten, wer sie seien, und dann müsse man ihnen die Möglichkeit geben, es kennenzulernen. Die Tanzgruppenleiterin erzählt, daß sie mit zwölf Jahren nach Deutschland gekommen sei und privaten Spanischunterricht gehabt habe. Sie glaube, daß man als zweisprachige Person bessere Berufschancen habe. Daher wolle sie mit aller Kraft vermeiden, daß man im Demokratischen Haus Deutsch spreche. Sie spreche in ihren Gruppen nur Spanisch. Eine Sache sei es, eine Sprache ein bißchen zu können, eine andere sei es, sie in Wort und Schrift zu beherrschen. Viele Eltern seien faul und vermengten beide Sprachen. Sie wolle daher die Möglichkeit geben, Spanisch zu sprechen. Der Vereinspräsident meint, irgendwann käme doch die Frage danach, ob man Spanier oder ob man Deutscher sei und auch die Jugendlichen suchten nach ihren Wurzeln. Dort, wo die Familien noch sehr spanisch geprägt seien, käme dies vielleicht nicht so häufig vor, aber in halbspanischen Familien oder gemischten Ehen trete der Wunsch, nach den eigenen Wurzeln zu suchen, sehr deutlich zutage. Ihre Arbeit sei daher eine Arbeit für die nächste

Generation und zwar nicht nur in dem Sinne, eine Bar zu unterhalten, sondern auch kulturell aktiv zu sein. Man wolle in Zukunft auch mehr Unterricht anbieten, man habe aber bisher einfach nicht mehr machen können.

Zwischenbilanz

Versucht man, ähnlich wie beim Spanischen Kulturkreis eine erste Zwischenbilanz aus den bisher präsentierten Materialien zu ziehen, so zeigt sich, daß in geographischer Hinsicht die Räumlichkeiten des Demokratischen Hauses günstig gelegen sind. Sie weisen zum einen einen ausgeprägten Stadtteilbezug auf, da sie zu Fuß in fünf bis zehn Minuten von einem Großteil der Bewohner von Höchst und Unterliederbach erreichbar sind.[85] Zum anderen sind sie auch für motorisierte Besucher, die nicht aus dem direkten Wohnumfeld der beiden Stadtteile stammen, attraktiv, da der große Parkplatz hinter dem Haus ausreichende Abstellmöglichkeiten bietet. Neben der geographischen Lage ist auch die Mietsituation selbst außerordentlich günstig. Abgesehen von dem Laden der Main-Gas-Werke ist das Haus nur von den Spaniern angemietet, die weder Expansionsgelüste von Mitkonkurrenten noch Lärmklagen von Mitbewohnern befürchten müssen. Die Spanier haben theoretisch sogar noch Möglichkeiten der räumlichen Ausdehnung in Teile des dritten Obergeschosses hinein, obwohl die insgesamt elf, auf anderthalb Stockwerke integrierten Räume den Bedürfnissen des Vereins derzeit vollauf genügen.

Die Lokalitäten des Demokratischen Hauses sind das Ergebnis eines langen Suchprozesses nach der krisenhaften Auseinandersetzung mit dem Träger der bisher genutzten Vereinsräume. Sie dokumentieren und symbolisieren den Kampf des Vereins um die Bewahrung der eigenen Traditionen. Der drohende, gerichtlich durchgesetzte Raumverlust aufgrund der Expanionsabsichten der Caritas ist dabei nicht nur Mobilisierungsanlaß für die Vereinsmitglieder, sondern markiert – so jedenfalls in der Sicht der Vereinselite – einen tiefen Einschnitt in der Vereinsgeschichte sowohl durch die Zunahme von Gestaltungsmöglichkeiten als auch durch den Generationenwechsel in der Führungsriege. Der erfolgreiche Kampf um die eigenen Räume wird zum vereinsbiographischen Wendepunkt, er fungiert als identitätsstiftendes Merkmal der jüngeren kollektiven Vereinsgeschichte. Aus dem erlittenen Raumverlust und der erneuten Raumgewinnung geht der Verein gestärkt hervor, der räumliche Befreiungsschlag führt sowohl in quantitativer als auch in qualitativer Hinsicht zu einer Vereinsstabilisierung und Vereinsausdehnung.

Neben der juristischen Dimension ist für die Mehrzahl der Mitglieder vor allem der massive ehrenamtliche Einsatz während der großangelegten Renovierungsaktion eine physisch erfahrbare Form der räumlichen Aneignung und

---

85 Höchst und Unterliederbach sind zwei Frankfurter Stadtteile mit einem traditionell hohen Spanieranteil, der vor allem aus der hohen Quote der bei den Farbwerken Hoechst beschäftigten Spanier resultiert.

Identifizierung. Diese räumliche Inbesitznahme zeigt sich auch an der Innenausstattung und insbesondere an der Dekoration der Wände, die die neu erworbene Vereinsvergangenheit aktualisieren und im Gedächtnis behalten: die Dokumentation der Renovierungsarbeiten an den Flurwänden vergegenwärtigt die Mühe des eigenen Einsatzes und ermöglicht einen immer wieder nachvollziehbaren zeitlichen Vorher-Nachher-Abgleich; die Pokaltrophäen im Fußballraum erinnern an die sportlichen Erfolge der Vergangenheit, an die es anzuknüpfen und die es fortzuführen gilt; die Photographien von Tanzgrößen im Raum des Tanzclubs geben Zeugnis von der physischen Präsenz der Vorbilder und Idole im Verein, an denen sich die gegenwärtige Praxis orientiert.

Bezogen auf das tägliche Vereinsleben und die inhaltliche Vereinsarbeit bedeuten die neuen Räume eine enorme Zunahme an Gestaltungsspielraum. Die Vielfalt der funktionsbezogenen Räume sowie die Kombination von exklusiver Belegung und Mehrfachnutzung ermöglichen nicht nur das Zusammenspiel von Geselligkeit und Kulinarik, Spiel und Fernsehen, Tanz und Theater, Unterricht und Malen, sondern integrieren auch unterschiedliche Altersgruppen und Neigungen. Der Vereinsraum läßt eine optimale Abstimmung, Zuordnung und Separierung der verschiedenen, gleichzeitig ablaufenden Vereinsaktivitäten zu und fördert damit einen dynamischen kontinuierlichen Wechsel zwischen offenen, diffusen, unstrukturierten, zufälligen Kommunikations- und Gesellungsmöglichkeiten einerseits und der gezielten, stetigen, verabredeten Arbeit an spezifischen Vereinsaktivitäten andererseits. Von Bedeutung sind vor allem die verschiedenen Vergemeinschaftungsformen in der Gruppe: man spricht miteinander, diskutiert, streitet und amüsiert sich, man sieht gemeinsam fern, spielt Karten, feiert Feste, ißt und trinkt, man spielt miteinander Theater, memoriert, probt, tanzt, erlernt eine Sprache und malt. Selbst derjenige, der alleine sitzt, wird angesprochen, immer gibt es Leute, die man kennt, die einen kennen, das Vereinsleben ist im ständigen Fluß der Kontakte, der Bewegung, des Hier nach Dort, der Überscheidungen und Überlappungen. Gleichzeitig bietet der Verein aber auch die Möglichkeit des immer gleichen Rückzugs an ein- und denselben Ort, mit denselben Personen und denselben Routinen. Der Verein ist sowohl Ort der Reproduktion und der Fortsetzung des Lebens, indem er routinisierte Formen der Freizeitgestaltung in einer vertrauten Umgebung kontinuiert, als auch Ort der Dynamisierung und der Steigerung des Lebens, indem er Möglichkeiten der Selbsterfahrung, des Lernens, der Identitätsbildung bereitstellt.

Die Vernetzung und Kohäsionierung des Vereins läuft jedoch nicht nur über die Vielfalt von Aktivitäts- und Vergemeinschaftsformen, sondern auch über die gleichzeitige Anwesenheit von drei Generationen. Neben der älteren und mittleren Generation haben auch Kinder und Jugendliche die Möglichkeit, sich im Verein zu betätigen und auszutauschen: sie spielen und feiern, tanzen und malen, flirten und singen. Sie nutzen den eigenen Jugendraum, die Diele, den Flur oder den Umkleideraum zur je unterschiedlichen Gestaltung ihrer Kommunikation, sie sind gleichzeitig jedoch auch über vielfältige Kontakte – über

Beteiligungen, Anfragen, Verbote, über das gemeinsame Spiel oder die gemeinsamen Feste – mit der älteren Generation verbunden. Der Verein ist für die Jugendlichen ein Ort der Anwesenheit spanischer peers, die den Verein für eine relativ kontrollfreie Ausgestaltung ihrer Freizeit nutzen. Für die Eltern bietet der Verein hingegen eine Möglichkeit der indirekten Kontrollnahme und pädagogischen Beeinflussung durch Maßnahmen der schulischen Hausaufgabenhilfe, durch organisierte Freizeitangebote oder durch die gemeinsam praktizierte Aufsicht.

Neben der Vernetzung nach innen betreibt der Verein auch eine intensive Vernetzung nach außen: Kontakte zur Caritas, zur Volkshochschule, zu den politischen Parteien, zum Höchster Vereinsring. Vor allem aber die Beteiligung an städtischen bzw. stadtteilbezogenen Festen stellt den Verein in ein vielfältiges Beziehungsgeflecht öffentlicher Einrichtungen. Durch die Partizipation an der städtischen Festkultur und durch die Präsentation spanischer Eß-, Tanz- und Kulturtraditionen macht sich der Verein in der Öffentlichkeit bekannt und wirbt für seine Aktivitäten. Die Vielfalt der nach außen getragenen Vernetzungen ist für den Verein eine gezielte Sicherungsstrategie gerade auch nach den Erfahrungen des Rechtsstreits, der Solidaritätskampagnen, der politischen Lobbyarbeit.

Getragen und forciert werden die Aktivitäten von unterschiedlichen Gruppen von Dienstleistern und ehrenamtlichen Vereinsaktiven: der vierköpfigen Bar- und Küchenmannschaft, den Experten für bestimmte Aktivitäten (Sprachenlehrerin, Theaterregisseur, Tanzlehrerin, etc.), dem Vorstand und Ex-Vorstand, der Frauengruppe. Bedeutsam für die Gestaltungsarbeit im Verein ist vor allem die zehnköpfige Gruppe der mittleren Generation, die den Dreh- und Verbindungspunkt sowohl zur älteren Generation als auch zu den Kindern und Jugendlichen darstellt. Die mittlere Generation hat Teile ihrer Schulsozialisation ebenso wie ihre berufsschulische oder universitäre Ausbildung bereits in Deutschland durchlaufen. Sie verfügt im Gegensatz zur älteren Generation über die entsprechenden Sprachkompetenzen und über einen souveränen Umgang mit den deutschen Behörden. Ihr Engagement im Verein ist auch ein Resultat des Rechtsstreites mit der Caritas, der den Generationenwechsel im Führungsstab des Vereins beschleunigte, da die mittlere Generation aufgrund ihrer besseren sozialisatorischen Voraussetzungen eine wichtige Ressource für den Überlebenskampf des Vereins in den behördlichen und juristischen Auseinandersetzungen darstellte.

Die Formulierung einer generationenübergreifenden bzw. generationenintegrierenden Vereinsideologie wird gerade auch von den Angehörigen der mittleren Generation getragen, wie sie beispielhaft in den Äußerungen des Vereinspräsidenten und der Tanzgruppenleiterin zum Ausdruck kommt. In ihnen werden jedoch auch die unterschiedlichen Perspektiven deutlich, mit denen die intergenerationelle Solidarität und Leistungsbereitschaft im Verein begründet wird. Generationenintegration bedeutet zunächst einmal einen Arbeits-, Vertrauens- und Leistungsvorschuß der Älteren für die Jüngeren, einen Wechsel auf die Zukunft des Vereins, der noch nicht durch die Bereitschaft der Jüngeren gedeckt ist, zukünftig auch selbst für die Belange des Vereins zu arbeiten. Daher hat Jugendarbeit einen strategischen Platz für die Sicherung der Arbeitsfähigkeit des Vereins in der Zukunft. Während der Vereinspräsident für eine vergangenheitsorientierte Legitimierung der Vereinsarbeit plädiert, favorisiert die Tanzgruppenleiterin eine aufstiegsorientierte berufsbezogene Perspektive. Der Vereinspräsident sieht die Vereinsarbeit als einen Beitrag zur Lösung von Identitätsproblemen bei Jugendlichen, die bei der Selbstvergewisserung über ihre eigene Herkunft im Verein entsprechende Antworten finden (sollen). Der Verein ist mit seinen Aktivitäten demnach bezogen auf die Aktualisierung der Herkunftsgesellschaft, damit auf eine simulierte Vergangenheit (Wurzel suchen). Die Tanzgruppenleiterin hat dagegen einen voluntaristischen Bezug auf Spanien, indem sie die biographischen Vorteile von Zweisprachigkeit formuliert. Für sie stehen nicht Identitätsprobleme im Vordergrund, sondern die Möglichkeiten der sprachlichen Anreicherung der eigenen Biographie und der daraus resultierenden Verwertungschancen im Beruf.

Beide weisen jedoch auf ein zentrales Problem der Vereinsgestaltung hin, das sowohl herkunfts- als auch zukunftsbezogen thematisiert werden kann: die Sprache bzw. Sprachkompetenz der im Verein anwesenden Personen. Die beiden im Verein präsenten Sprachen – Deutsch und Spanisch – verteilen sich sehr unterschiedlich auf die verschiedenen Generationen, wobei drei unterschiedliche Konstellationen anzutreffen sind: die ältere Generation, die ganz in Spanien sozialisiert worden ist, hat z.T. selbst noch nach dreißig Jahren Aufenthalt in Deutschland massive Sprachprobleme. Angebote des Vereins, Deutsch zu erlernen, stoßen auf Vorbehalte und Schamgefühle. Der Verein ist für sie eine Möglichkeit, die eigene Sprache zu praktizieren ohne Notwendigkeit einer sprachlichen Anpassung an die Aufnahmegesellschaft. Die mittlere Generation hat ihre Sozialisation teils in Spanien, teils in Deutschland durchlaufen. Sie beherrscht mehrheitlich sowohl Deutsch als auch Spanisch, wobei nur in Einzelfällen das Spanische deutlich überwiegt. Sie dringt auf den Erhalt der Zweisprachigkeit auch für die nachwachsende Generation. Der Verein ist für sie Ort des Austausches und ein Forum der voluntaristischen Überführung lebensweltlicher Praktiken in bewußte Traditionen. Die dritte Generation ist ganz in Deutschland aufgewachsen und nutzt gewöhnlich das Deutsche als Verkehrssprache. Sie hat z.T. massive Defizite in der spanischen Sprache, daher stellt der Verein Angebote zum Erlernen und Praktizieren des Spanischen bereit. Gerade diese schleichende sprachliche Unterwanderung und Aushöhlung durch die dritte Generation ist für den Verein nicht nur eine vordringliche Aufgabe, sondern auch eine latente Bedrohung. Die Sprachpraxis der Jugend stellt einen Riß in der ansonsten positiven Selbstdarstellung dar wie generell die Erfolgsaussichten in der Arbeit für die dritte Generation mit erheblichen Unsicherheitsfaktoren behaftet sind. Ob sie wirklich im Verein bleibt und sich zukünftig für den Verein engagiert, ist derzeit (noch) nicht ausgemacht.

2. Geschichte des Vereins

Das Spanierzentrum als institutioneller Vorläufer

Institutioneller Vorläufer des Demokratischen Hauses war das Spanische Zentrum, das in den Jahren 1964/65 aus den religiösen Aktivitäten der Spanischen Katholischen Mission mit Sitz in der Höchster Justinuskirche heraus entstand.[86] Diese religiös gebundenen Betreuungs- und Freizeitaktivitäten der spanischen Migranten in Höchst erfuhren eine entscheidende räumliche und inhaltliche Ausdehnung, als im Jahre 1967 die Farbwerke Hoechst, die zu diesem Zeitpunkt ca. 1.500 spanische Arbeiter beschäftigten, der Frankfurter Caritas ein mehrstöckiges Gebäude in Höchst (Emmerich-Josef-Str. 1) mit der Auflage übergaben, dort ein Spanisches Zentrum einzurichten. Neben der Caritas als dem Träger des Zentrums existierte ein Kuratorium mit beratender Funktion, in dem u.a. das Spanische Generalkonsulat, die städtische Arbeitsverwaltung, die Stadt Frankfurt, die Farbwerke Hoechst sowie die Leitung des Zentrums vertreten waren. In das von den Farbwerken bereitgestellte Gebäude siedelten nicht nur die Spanische Katholische Mission über, sondern auch das bisherige Spanische Zentrum, das nun von einem spanischen Sozialarbeiter der Caritas geleitet und als Einrichtung für soziale Hilfeleistungen, Freizeitunterhaltung und Weiterbildungsmöglichkeiten ausgebaut wurde. Bereits Ende der 1960er Jahre umfaßte das Zentrum den Fußballclub CREU, den Tanzclub Peña Flamenca Los Cabales, eine Jugend- und Pfadfindergruppe sowie eine Bibliothek, in der auch spanische Zeitungen und Zeitschriften auslagen. Ein weiterer Schwerpunkt waren die Deutschkurse für Spanier und der systematische Abendunterricht für ca. siebzig Kinder und Arbeiter mit der Möglichkeit, sowohl den Hauptschulabschluß als auch das Abitur in Spanisch abzulegen.

Rechtskonflikte und Vereinsmobilisierung

Bereits in den 1970er Jahren mußte das Zentrum mehrere Konflikte durchstehen, die dann zu Beginn der 1980er Jahre zunehmend eskalierten und schließlich in einen mehrjährigen Rechtsstreit mit der Caritas einmündeten.[87] Zwischen 1972 und 1976 war das Zentrum mehrfach mit Klagen eines Ehepaars

---

86 Die Vereinsgeschichte ist aufgrund der spärlichen schriftlichen Quellenlage nur sehr bedingt rekonstruierbar. Insbesondere die Frühgeschichte des Vereins ist äußerst schlecht dokumentiert, da die Caritas als Träger des ehemaligen Spanierzentrums Ende der 1980er Jahre während einer Säuberungsaktion sämtliche Akten vernichtete. Grundlage der folgenden Ausführungen sind deshalb vor allem Zeitungsberichte sowie Materialien aus dem kleinen Vereinsarchiv, die der Vereinsvorsitzende dem Autor zur Verfügung stellte.
87 Vgl. dazu vor allem die zahlreichen Artikel in der Frankfurter Lokalpresse zwischen 1987 und 1991 sowie die ‚Dokumentation des Demokratischen Hauses über die Versuche der Caritas, das Spanische Zentrum in Höchst aufzulösen' (März 1987) im Archiv des Demokratischen Hauses.

aus der Nachbarschaft konfrontiert, das gegen das Zentrum wegen Lärmbelästigung prozessierte. Als Konsequenz der *„jahrelangen Salamitaktik erreichten die beiden, daß die Besucher mittlerweile auch in den Augen der deutschen Behörden, dem Polizei- und Ordnungsamt, verdächtig sind".*[88] Wöchentliche Polizeikontrollen sowie 1976 die zeitweise Schließung des Fußballclubs beeinträchtigten die Arbeit des Zentrums massiv und stellten vor allem für die Mitglieder eine große psychische Belastung dar. Eine Unterschriftenaktion aus der Nachbarschaft mit einem deutlichen Votum für die Spanier sowie die auch polizeilich bekannte notorische Kläger- und Querulantenschaft des betreffenden Ehepaars führten zu einer für die Spanier günstigen Rechtsprechung, zumal in diesem Stadium auch die Caritas voll hinter dem Spanierzentrum stand.

Im Zuge des Demokratisierungsprozesses in Spanien und der damit verbundenen Politisierung der spanischen Migranten auch in Deutschland wurde im Zentrum 1977 ein demokratisch gewählter Hauptvorstand gebildet, der als übergreifender Vorstand die Aktivitäten der verschiedenen Gruppierungen innerhalb des Zentrums koordinieren und ein Gegengewicht zur Heimleitung darstellen sollte. Bei dem Versuch, diesen übergreifenden Vorstand als Verein eintragen zu lassen, wurde festgestellt, daß bereits 1965 ein Spanisches Zentrum in das Frankfurter Vereinsregister eingetragen worden war, dessen Existenz den Aktivisten Ende der 1970er Jahre allerdings unbekannt war. Um die Legalisierung als Verein zu beschleunigen, wurde – nach anwaltlicher Beratung – eine Namensumbenennung des Zentrums favorisiert und der Name *Casa Democrática* mehrheitlich festgelegt (vgl. das Protokoll der Vereinsversammlung vom April 1978). Diese juristische Loslösung des neuen Vereins von der Caritas sowie die autonome Formulierung des Arbeitsprogramms führten zu ersten inhaltlichen Auseinandersetzungen und Reibereien zwischen der Koordinationsgruppe und der Caritasführung. Ein zusätzlicher Konfliktpunkt war dabei die räumliche Doppelbelegung, da in dem Gebäude nicht nur die verschiedenen Gruppierungen des Spanierzentrums residierten, sondern seit Beginn der 1970er Jahre auch eine internationale Kindertagesstätte untergebracht war. Diese Doppelbelegung, die von der Caritas ursprünglich nur als vorübergehende Notlösung gedacht war, hatte mit zunehmender Dauer zur Folge, daß die räumlichen Nutzungsmöglichkeiten der Spanier immer mehr eingeschränkt wurden und mit der Zeit nur noch zwei Kellerräume zur ausschließlichen Nutzung für die Spanier zur Verfügung standen.

Der Erwerb des gesamten Anwesens durch die Caritas im Jahre 1983 führte dann zu einer grundlegenden Revision der bisherigen Arbeit durch den Verbandsvorstand. Der Absicht, eine integrative Sozialarbeit aufzubauen, bei der Deutsche und Ausländer gemeinsam betreut werden sollten, stand das Spanierzentrum im Wege, das deshalb per Vorstandsbeschluß vom 11.5.83 aufgelöst werden sollte. Begründet wurde dieser Schritt mit Integrationsargumenten und der Unterstellung, daß die Ausländerzentren ein ghettoisierendes Element dar-

---

88 Vgl. Dokumentation, S. 17.

stellen, „*das beim jetzigen Entwicklungsstand der Emigration nichts mehr verloren hat"*.[89] Dem Fußball- und dem Tanzverein, die die beiden Kellerräume nutzten, wurde per 31.10. bzw. 31.12.1986 wegen Eigenbedarfs (Platzmangel des internationalen Kindergartens) gekündigt – auch mit dem Argument, daß die beiden Vereine wie jeder deutsche Verein selbständig Räume anmieten könnten. Zudem wurde den Spaniern vorgeworfen, die Hausreinigung und Abfallbeseitigung nicht vertragsgemäß durchzuführen und die Anwohnerschaft durch verbotenen Alkoholkonsum und übermäßiges Lärmen zu belästigen. Da sich die Spanier weigerten, die Räume freiwillig zu verlassen, strengte der Caritasverband gegen beide Vereine eine Räumungsklage an.

Vor dem Hintergrund dieser juristischen Auseinandersetzung versuchten sowohl das Demokratische Haus als auch die beiden anderen Gruppierungen, die Öffentlichkeit zu mobilisieren. Regelmäßig abgehaltene Presse- und Informationsabende sowie der massive Einsatz des Vereinsvorstandes des Demokratischen Hauses führten dazu, daß die Spanier nicht nur von spanischen und ausländerspezifischen Organisationen wie der Spanischen Botschaft in Bonn, dem Spanischen Generalkonsulat in Frankfurt, dem Spanischen Sportkomitee Hessen oder dem Frankfurter Initiativausschuß Ausländische Mitbürger, sondern auch von deutschen und städtischen Einrichtungen wie dem Gewerkschaftsbund, dem Ortsbeirat oder dem Amt für Multikulturelle Angelegenheiten unterstützt wurden. Bei ihren Präsentationen machten die Spanier neben ihrem Gewohnheitsrecht auch ein moralisches Recht der Nutzung geltend, da das Gebäude eindeutig als Spanierzentrum von den Farbwerken zur Verfügung gestellt worden war. Zudem wiesen sie auf den möglichen Zusammenhang zwischen den Raumstreitigkeiten und der Streichung von Subventionen an die Caritas durch das Spanische Generalkonsulat im Jahre 1974 hin.

Selbstverständnis in der Außendarstellung

Ein besonders aufschlußreiches Dokument für die Standortbestimmung des Demokratischen Hauses und für die Art der Legitimierung der Vereinsarbeit durch die Vereinsverantwortlichen ist ein protokollierter Informationsabend vom 8.3.1988 für Vertreter der Presse und des Höchster Ortsbeirates. Bei dieser Außendarstellung des Vereins in einer politisch-juristischen Kampfsituation ging es vor allem um die Bedeutung der Räume für die Vereinsarbeit, die von den Verantwortlichen in dreifacher Hinsicht begründet wurde:

Zunächst präsentierten die Vereinsverantwortlichen den zähen Kampf um den Erhalt der Räume für das Demokratische Haus als einen Kampf um räumliche Verfügungsmacht und inhaltliche Kontinuität: „*Würde man den Fußballclub CREU und Peña Los Cabales aus dem Hause klagen, würden nicht nur die einzigen Räume, die wir frei zur Verfügung haben, verloren gehen, sondern auch bezüglich Tradition und Mitgliederzahl die wichtigsten Säulen dieses spa-*

---

89 Protokoll über ein Informationsgespräch des Vorstandes vom 11.5.1983.

nischen Zentrums verschwinden. Die restlichen Gruppen würden in der Luft hängen" (S. 1). In dieser Perspektive sind der Fußball- und Tanzverein die beiden wichtigsten Kristallisationskerne des spanischen Zentrums, da sie die mitgliederstärksten und ältesten Gruppierungen im Gesamtverein repräsentieren. Sport und Tanz sind die beiden Aktivitäten, um die herum sich das restliche Vereinsleben gruppiert. Beide Gruppen wirken als Katalysatoren der gesamten Vereinsarbeit, mit deren Verschwinden das Zentrum in seiner Existenz bedroht ist. Aktivitäten wie Vorträge, Kurse, Informationsabende, Ausflüge oder kulinarische Veranstaltungen werden von beiden Gruppen getragen, zwischen ihnen und dem Gesamtverein gibt es große personale Überschneidungen.

Neben dieser räumlich-inhaltlichen Begründung wurde von den Vereinsverantwortlichen eine zweite sozialarbeiterische Legitimation für die Beibehaltung der Räume ins Feld geführt: *„Diese Räume im Keller bieten außerdem die Möglichkeit für jeden Spanier, sich mit Fragen oder Problemen in ungezwungener und zeitlich ungebundener Art und Weise an andere Landsleute zu wenden, die entweder aus eigener Erfahrung sich darin auskennen oder an jüngere, welche die deutsche Sprache beherrschen und die Lebensgewohnheiten in Deutschland besser kennen. Sehr oft kann ihnen dann Hilfe bei dem ‚Irrweg' durch manche offizielle Institution gegeben werden. Diese Hilfestellung kann als Hilfe zur Selbsthilfe betrachtet, auch als Selbsthilfegruppe zur Integration bezeichnet werden"* (S. 2). In dieser Perspektive sind die Räumlichkeiten Orte der informellen Kommunikation und Hilfeleistung. Sie haben eine sozialarbeiterische Funktion, indem sie Hilfe zur Selbsthilfe ermöglichen und damit indirekt eine integrative Wirkung erzielen. Diese Hilfeleistung ergibt sich einerseits aus den zeitlich offenen und inhaltlich ungezwungenen Strukturen des Vereins, der keine Zugangsbarrieren oder Hemmschwellen erzeugt, andererseits aus der Praxis der innervereinsmäßigen Solidarität durch die eigenen Landsleute. Der Niedrigschwelligkeit des Vereins bei der Artikulation von Problemen korrespondiert die Hilfsbereitschaft der Mitglieder, deren Erfahrungs- und Wissensvorsprung im Verein kanalisiert wird und den hilfsbedürftigen – zumeist älteren – Mitgliedern zugute kommt. Der Verein wird in dieser Hinsicht als eine Institution präsentiert, die über ihre Vermittlungsarbeit den direkten Weg zu Lösungen bietet und die sich von den z.T. ineffizienten, z.T. langwierigen Karrierewegen innerhalb der offiziellen Beratungsstellen abgrenzt. Der Verein ist nicht nur der Ort, an dem die Probleme besser artikuliert und besser aufgehoben sind, sondern auch der Ort, an dem ohne Umwege und Irrungen Hilfe zur Selbsthilfe gegeben werden kann.[90]

Einen dritten Grund für die Beibehaltung eigener Räume sahen die Vereinsverantwortlichen im Generationenverhältnis bzw. in der Notwendigkeit

---

[90] Auch der Rechtsstreit selbst ist ein Beispiel für die intergenerationelle Hilfe im Verein. Da der Verein in den Auseinandersetzungen mit der Caritas nur dann eine Überlebenschance hatte, wenn er sich die besseren sprachlichen Kompetenzen und Sozialisationsvorteile der Jüngeren zunutze machte, wurde der Vorstand mehrheitlich mit Mitgliedern der zweiten Generation besetzt.

spanischer Kulturvermittlung durch den Verein: „*Wir möchten auch der nächsten Generation (das sind unsere Kinder, die jetzt schulpflichtig sind und werden) die Möglichkeit offen lassen, die Kultur und die Bräuche ihrer Eltern und Großeltern kennenzulernen. Sie sollen ihr Ursprungsland nicht nur von den 4 Wochen Jahresurlaub her kennen. Wir von der zweiten Generation sind zweisprachig aufgewachsen und sind trotzdem oder gerade deshalb gut in die deutsche Gesellschaft integriert. Was hilft der überall geforderte und teilweise gesetzlich verankerte Anspruch ausländischer Kinder auf Unterricht in der Landessprache ihrer Eltern, wenn sie keinen geeigneten Treffpunkt haben, um sie ab und zu mit anderen Kindern zu praktizieren. Nur wenn die Wurzel der eigenen Herkunft gut bekannt ist, kann die von uns allen gewünschte Integration erfolgreich sein*" (S. 3). In dieser Begründung wird der Verein als Treffpunkt der Generationen und als Vermittlungsinstanz spanischer Kultur für die in Deutschland nachwachsende Generation thematisiert. Der Verein hat Aufgaben der Kulturbewahrung und Sprachvermittlung, die er nicht delegieren kann. Weder der Jahresurlaub noch der muttersprachliche Unterricht sind aus der Sicht der Vereinsverantwortlichen ausreichende Möglichkeiten für die Begegnung und den Kulturkontakt. In diesem Abschnitt präsentiert sich die zweite Generation als der Kollektivautor des Vortragsprotokolls. Sie formuliert die Vorteile der Zweisprachigkeit und weist als unverzichtbare Bedingung für Integration auf die Notwendigkeit des Wissens um die eigene Herkunft hin. Für sie ist der Verein ein Ort der Kommunikationsmöglichkeiten auf Spanisch – auch unter den jüngeren Spaniern, die untereinander eher oder vor allem Deutsch sprechen. Er füllt in dieser Hinsicht eine Sozialisationslücke, die von der Familie oder der Schule nicht mehr hinreichend ausgefüllt wird.

Räumlich-inhaltliche Kontinuität der beiden zentralen Kristallisationsfaktoren Tanz und Sport innerhalb der Vereinsarbeit, sozialarbeiterische Betreuung von Problemfällen im Sinne einer Hilfe zur Selbsthilfe sowie Sprach- und Kulturvermittlung für die Identitätsarbeit der jüngeren Generation – diese drei Begründungen stehen für die Vereinsverantwortlichen des Demokratischen Hauses im Vordergrund der Außendarstellung. Sie geben gleichzeitig einen Einblick in das Selbstverständnis der Vereinselite – Integration durch Autonomiespielräume –, in die Reichweite der unternommenen Aktivitäten – Freizeit, Sozialarbeit, Kulturvermittlung – sowie in die Adressatenorientierung der Vereinsarbeit – intergenerationeller Austausch bei Berücksichtigung der jeweiligen generationenspezifischen Bedürfnisse –.

Expansion im neuen Vereinsgebäude und Kodifizierung der Vereinsgeschichte

Nachdem der Verein in zwei Instanzen gegen die Caritas verloren hatte, wurde nach mehreren vergeblichen Suchaktionen über das Liegenschaftsamt der Stadt Frankfurt – und durch persönliche Initiative und Fürsprache des ehrenamtlichen Stadtrates Daniel Cohn-Bendit – das ehemalige Verwaltungsgebäude der Main-Gas-Werke gefunden. Obwohl es für das Gebäude einen Mitkonkurrenten gab (Städtische Gärtnerei), bekamen die Spanier den Zuschlag und konnten ab dem 1.3.1991 ca. 280 Quadratmeter im rechten Flügel des Hauses anmieten. Nach einer intensiven zweimonatigen Renovierungsphase durch die Vereinsmitglieder wurden die neuen Vereinsräume im Mai 1991 eröffnet. Da das neue Gebäude in unmittelbarer Nähe zu den alten Lokalitäten lag, mußten durch den Umzug weder eingespielte Wegstrecken und Zeitroutinen noch Nutzungsweisen und Vorlieben der Mitglieder verändert werden. Allerdings brachten der Raumzuwachs und die institutionelle Selbständigkeit enorme Möglichkeiten, die Vereinarbeit inhaltlich auszudehnen und qualitativ zu verbessern.

Im gegenwärtigen Selbstverständnis stellen der gemeinsame langjährige Kampf, die Wahrung der institutionellen Unabhängigkeit sowie die Sicherung und der Ausbau des Erreichten die drei entscheidenden, Identität stiftenden Deutungselemente dar, die in den Erzählungen der Vereinsmitglieder bewahrt, tradiert und aktualisiert werden. Dabei wird im kollektiven Vereinsgedächtnis die Entwicklung des Vereins als zwar konflikthafte, insgesamt aber erfolgreiche Steigerungsgeschichte mit vier unterschiedlichen Phasen konstruiert. Das spanische Zentrum wird als Einrichtung gesehen, die ganz unter den Fittichen der Spanischen Katholischen Mission mit dem Schwerpunkt der religiös-kirchlichen Betreuung stand. Mit der Beauftragung der Caritas, in einem durch die Farbwerke bereitgestellten Gebäude ein Spanierzentrum einzurichten, werden dann die räumlichen Grundlagen für eine expanierende Freizeit- und Kultureinrichtung für die spanischen Migranten in Höchst gelegt, wobei das Spanierzentrum von der Caritas als dem Trägerverein, dann auch als der Eigentümerin des Gebäudes abhängig bleibt. In der dritten Phase führen die verschiedenen Versuche, durch eine zunehmende institutionelle Unabhängigkeit die inhaltliche Ausrichtung der eigenen Arbeit selbständig festzulegen, zu massiven Konflikten, die sich aufgrund der zunehmenden Entfremdung der Räume von ihrer ursprünglichen Bestimmung noch zusätzlich verschärfen. Der langjährige Rechtsstreit und der Kampf um die eigenen Räume münden dann schließlich nicht nur in einen Mobilisierungs- und Solidarisierungsschub unter den Mitgliedern, sondern auch – nach Einweihung des neuen Heims – in eine quantitative und qualitative Ausdehnung der eigenen Arbeit, die über eine verstärkte Generationeneinbindung auch für die Zukunft gesichert werden soll.

3. Geselliger Freitagabend: Analyse eines Beobachtungsprotokolls

Der Freitagabend ist einer der wichtigsten Vereinsabende des Demokratischen Hauses: er läutet das Ende der Arbeitswoche und den Beginn des Wochenendes ein, er ist Anlaß zu gesellig-kulinarischem Austausch und wird häufig als Abend für Feste genutzt, er ist der Abend für die Proben der Theatergruppe und für den

Spanischunterricht interessierter Deutscher. Ein derartiger Vereinsabend soll im folgenden detailliert dargestellt und analysiert werden:[91]

3.1. Geselliger Freitagabend[92]

„*Als ich das Demokratische Haus gegen 19 Uhr betrete, sitzen einige – weibliche – Mitglieder der Theatergruppe in der Diele, trinken Kaffee, essen etwas und klönen miteinander. Eine Frau blättert in ihrem Manuskript und memoriert leise ihre Rolle vor sich hin. Ich begrüße die Theaterleute und schaue kurz in die anderen Räume hinein, um auch die dort Anwesenden zu begrüßen. Im Raum des Fußballclubs CREU, in dem sich nur Männer aufhalten, wird an einigen Tischen Karten gespielt, der Barraum ist – bis auf den Barkeeper – noch ganz leer.*

Ich gehe wieder in die Diele zurück, wo ich auf den Leiter der Theatergruppe treffe. Er begrüßt mich sehr freundlich und verwickelt mich in ein Gespräch über das Theaterstück, das gerade geprobt wird. Das Stück heiße ‚Los caciques' [Die Kaziken] und sei von Carlos Arniches. Als ich mein Unwissen bekunde, meint er, Arniches sei nur in Spanien bekannt, er schreibe ‚comedia crítica', seine Stücke seien aber schwer zu übersetzen, da sie tief im spanischen Milieu verwurzelt seien. Außerdem seien die Stücke in einem antiquierten Spanisch geschrieben und auch deshalb schwer zu übertragen. Das sei etwa so, wie wenn ein Stück, das in einem Odenwalddorf spiele, auf die Situation in einem andalusischen Dorf übertragen werden müßte. Generell hätten es Volkskunst und Volkstheater heute schwer, die einzigen Volkskunstgattungen, die sich weiterentwickelt hätten, seien Jazz und Flamenco. Auf meine Frage, wie denn die Proben so liefen, wiegt er den Kopf hin und her und meint gut, aber für seinen Geschmack etwas zu langsam. Er erzählt dann über das spanische Theater und über spanische Literatur, spricht wie jemand, der sich gut auskennt, berichtet über seine romanischen und deutschen Literaturstudien, referiert über die seiner Meinung nach beste aktuelle spanische Literaturgeschichte und kommt schließlich auf die Akademie der spanischen Sprache zu sprechen. Bei ihrer neuesten, überaus umfangreichen Ausgabe der spanischen Sprache hätten nicht nur spanische, sondern auch Experten aus allen spanischsprachigen und sogar nicht-spanischsprachigen Ländern mitgewirkt. Er glaube, daß es in keiner Sprache ein so gut dokumentiertes Wörterbuch gebe, weder die Franzosen noch die Engländer hätten etwas vergleichbares. Die Franzosen hätten sich nicht bemüht, die frankophonen Länder miteinzubeziehen, so daß diese immer mehr zu ihren Stammessprachen zurückkehrten. Und auch die Engländer hätten in ihrer liberalen Tradition keine Kodifikation des Englischen zustande gebracht, so daß die englischen Sprachen immer stärker auseinanderdrifteten. Im Amerikanischen gebe es so viele Wörter deutscher, jüdischer, asiatischer oder indianischer Herkunft, daß man schon von einem Amerikans sprechen müsse, in Kanada und Australien sei es etwas besser. Er glaube, daß es noch so kommen werde wie mit dem Latein, daß sich aus dem Englischen allmählich neue Sprachen entwickelten. Seine Ausführungen reizen mich, ihn zu fragen, ob auch beruflich mit Literatur zu tun habe. Nein, er installiere bei der

---

91 Die Vereinsprotokolle insgesamt umfassen Besuche sowohl am Wochenende als auch unter der Woche, sie beziehen sich auf Vereinsabende mit gezielten Aktivitäten und Darbietungen (Tanz, Vereinsfeste, Videopräsentationen, Vorträge, etc.), sie dokumentieren aber auch Vorkommnisse wie etwa den ‚Tag der offenen Tür' im Verein, die Protestdemonstration in Wiesbaden anläßlich der Neuorganisation des Muttersprachlichen Unterrichts, die Vorbereitung und Beteiligung an Stadtteilfesten (Fußgängerzone Höchst, Höchster Schloßfest) oder die Teilnahme an gesamtstädtischen Veranstaltungen (Toleranztage Frankfurt, Multi-Kulti-Fest auf dem Paulsplatz, etc.).
92 Bei diesem Abend handelt es sich um den 21. April 1995.

Telekom Telephone, habe aber im Fernstudium Literatur studiert. Auf meine Nachfrage erzählt er, daß er dieses Fernstudium in Deutschland im Rahmen der Fernstudienangebote der UNED [spanische Fernuniversität in Madrid] aufgenommen und Geschichte in ihren verschiedenen Ausprägungen – Geschichte der Literatur, Kunst, Philosophie, etc. – studiert habe. Ein Jahr habe ihm noch zum Abschluß gefehlt. Er selbst sei nicht sehr häufig im Demokratischen Haus, nur freitags komme er zu den Proben, da er in Friedberg wohne.

Als sich der Theatermann nach diesen Ausführungen jemandem anderen zuwendet, gehe ich zu Nieves [Leiterin der Flamenco-Gruppen und Mitglied des Vereinsvorstandes], die allein an einem Tisch sitzt. Ich gebe ihr die Unterlagen über die Vereinsgeschichte zurück, da ich Pedro [Vereinsvorsitzender], der sie mir letzte Woche zur Durchsicht mitgegeben hatte, nicht sehe. Wir bringen den Ordner gemeinsam ins Büro, wo mich Nieves sowohl auf den Beginn des Videofilms am Sonntag in einer Woche als auch auf einen Vortrag über den Rocío [andalusisches Fest] in zwei Wochen hinweist. Als wir wieder in die Diele zurückkommen, ist der Theaterregisseur gerade dabei, seine Gruppe zum Probenbeginn aufzufordern. Da sich die Gruppenmitglieder nur langsam aktivieren lassen, meint er, daß man wohl etwas müde sei, worauf eine Frau einwirft, ja freitags nach der langen Arbeitswoche seien sie immer etwas müde. Während ich noch in der Diele bei dem Theatermann stehe, kommt eine Frau aus der Theatergruppe auf mich zu, die sich als Maria vorstellt und mich nach meinem Namen fragt. Sie wisse, daß ich Deutscher sei und gut Spanisch spreche. Deswegen komme sie zu mir, sie wolle mich einer Spanierin vorstellen, die erst seit kurzem in Deutschland sei und Deutsch lernen wolle, ob ich ihr einige Tips geben könne. Sie werde sie mir nachher vorstellen. Ich willige selbstverständlich ein und sage Maria, daß ich mich gerne mit der Spanierin unterhalten wolle.

Als die Theatergruppe im Mehrzweckraum verschwindet und mit der Probe beginnt, gehe ich in die Bar. Neben den beiden Barkeepern, die die Theke bedienen und Bestellungen aufnehmen, sehe ich in einem schmalen Flur, der die Bar mit der Küche verbindet, ab und zu zwei Frauen, die für die Zubereitung der Speisen verantwortlich sind. Ich bestelle mir eine Cola und ein belegtes Brötchen. Außer einem Mann, der ein Bier trinkt, ist niemand da. Nach einiger Zeit kommt Miguel [Vereinsmitglied, Handwerker und Interviewpartner in Teil III], den ich schon vorhin kurz begrüßt hatte, in die Bar, um ein Bier zu trinken. Er unterhält sich mit dem anderen Mann, fragt mich dann jedoch unvermittelt, wie ich Ostern verbracht habe. Wir kommen in ein kurzes Gespräch über die Osterferien und über den Schlittschuhlaufausflug, den das Demokratische Haus mit der Kindergruppe letzte Woche veranstaltet hat und der – laut Miguel – ein voller Erfolg gewesen ist. Das Gespräch hört ebenso unvermittelt auf wie es angefangen hat. Während ich mein Brötchen esse, kommen mehrere Kinder in die Bar – u.a. auch die Tochter von Miguel –, die sich etwas bestellen und mit den zwei Männern und den Barkeepern sprechen. Die Kinder reden untereinander so gut wie ausschließlich Deutsch. Deutsch ist ihre Sprache, die bei spontanen Ausrufen auch mit den Erwachsenen genutzt wird, obwohl im Gespräch mit der älteren Generation die Kinder Spanisch sprechen. Mit fällt auf, daß sie manchmal auf Spanisch nach Worten suchen, auch etwas falsch sagen und dann freundlich – oft auch indirekt – von den Erwachsenen korrigiert werden. Auch die Barkeeper sind sehr vertraut mit den Kindern, kennen sie mit Namen und sprechen mit ihnen, während sie ihre Wünsche vortragen.

Während ich an der Bar stehe, kommt Maria herein und meint, sie wolle mich nun – wie angekündigt – der Spanierin vorstellen. Es ist Patricia, die heute zusammen mit ihrem schwedischen Freund Klaus zum ersten Mal im Demokratischen Haus ist. Wir gehen zusammen in die Diele und setzen uns an einen Tisch. Klaus spricht auch Spanisch. Er unterhält sich im weiteren Verlauf mit Maria, während Patricia mich ganz in Beschlag nimmt. Sie sei erst seit kurzem in Deutschland, beginne in der Volkshochschule Deutsch zu lernen, sei ausgebildete Sprachenlehrerin und suche nun Jobs in diesem Bereich. Ob ich ihr denn dazu ein paar Tips geben könne. Sie habe bereits für Anfang Mai einen Termin in der Volkshochschule, habe *auch schon ein paar Privatkunden, versuche aber, möglichst viel an Land zu ziehen. Sie wolle sich eine Liste der deutschen Privatschulen mit dem Wahlfach Spanisch besorgen, sie glaube, das liefe über das Hessische Kultusministerium. Sie wolle gerne das deutsche Schulsystem kennenlernen, gerade auch in der Volkshochschule. Ein Bekannter, ein Peruaner, habe ihr gesagt, daß man privat 40 DM für 45 Minuten nehmen könne, daß man aber in der Volkshochschule nur 33 DM bekäme. Das sei ihr egal, Hauptsache, sie könne arbeiten. Man habe ihr auch geraten, als Verkäuferin zu arbeiten, aber sie könne ja die Sprache noch nicht. Zum Arbeitsamt wolle sie nicht gehen, weil dort dasselbe Problem auf sie zukäme. Patricia redet sehr schnell. Sie ist erst seit drei Wochen in Deutschland und Klaus – ihre Liebe, wie sie sagt – nach Deutschland gefolgt, der hier einen guten Job hat. Sie bittet mich, ihr meine Telefonnummer aufzuschreiben, um mit mir in Kontakt zu bleiben. Sie wolle nicht nur zuhause herumsitzen, sondern unter die Leute gehen und das Land kennenlernen. Sie habe bislang in Deutschland nur gute Erfahrungen gemacht, man habe ihr gesagt, die Leute hier seien reserviert und zurückhaltend, sie würde aber die Leute ansprechen, auf sie zugehen und sei bislang nicht enttäuscht worden. Klaus sei da sehr viel zurückhaltender, die Schweden und die Deutschen seien sich da wohl ähnlicher.*

Als Patricia erfährt, daß ich selbst in Spanien – in Katalonien – gelebt habe, gibt sie sich als Katalanin zu erkennen. Wir sprechen dann auf Katalanisch und über diese Wendung kommen wir auch mit den anderen beiden wieder ins Gespräch. Maria erzählt, daß sie neulich in Katalonien in Ferien war mit einer Katalanin, die sich dann häufig auf Katalanisch mit ihren Bekannten unterhalten und sie absolut nichts verstanden habe. Es entzündet sich ein Gespräch über die Katalanen, ihre Sprache, die sprachliche Normalisierung des Katalanischen, die Verteidigung der katalanischen Kultur, etc. Patricia gibt sich als gemäßigte Katalanin aus, die aufgrund ihrer jetzigen Erfahrung versteht, daß sich Leute darüber ärgern, wenn Katalanen auf stur stellen und auch Ausländer auf katalanisch ansprechen. Maria nimmt das Gespräch zum Anlaß, über ihre früheren Erfahrungen zu reden. Es sei schon sehr hart, wenn man in ein Land komme, dessen Sprache man überhaupt nicht verstehe. Sie sei mit fünfzehn Jahren nach Deutschland gekommen und man habe sie in eine deutsche Schule gesteckt, ohne ein Wort Deutsch zu können. Das sei verdammt hart gewesen. Abends habe sie Deutsch auf der Volkshochschule gelernt, morgens sei sie quasi mit Kindergartenschülern zusammen gewesen. Ihr Vater sei zuerst nach Deutschland emigriert, dann ihre Mutter, sie sei im Internat zurückgeblieben. Als sie dann auf Besuch nach Deutschland gekommen sei, habe sie gesagt, hier bleibe ich. Zu ihrem Vater habe sie mehr Distanz gehabt, aber an ihrer Mutter habe sie sehr gehangen. Sie habe nicht mehr allein nach Spanien zurückgehen wollen. Sie habe dann, wie viele ihrer Altersgenossinnen, auf der Schule der Casa de Espana [Spanienhaus der spanischen Botschaft] ihr Abitur gemacht. Zuhause in der Familie spreche man Spanisch, aber ihre Kinder würden ihr sehr oft auch auf Deutsch antworten. Ihre Tochter lache über sie, wenn sie Deutsch spreche, da sie oft die Artikel vertausche. Sie revanchiere sich dafür, denn wenn ihre Tochter Spanisch spreche, dann lache nämlich sie. Wenn man die Kinder hier im Demokratischen Haus beobachte, sähe man, daß sie untereinander nur Deutsch sprächen. Patricia will wissen, wo die Schwächen der Kinder im Spanischen liegen. Maria meint, daß die Generation ihrer Eltern mit einem sehr niedrigen Bildungsniveau nach Deutschland gekommen sei. Ihre Eltern beispielsweise stammten aus Andalusien und sprächen ein sehr eigentümliches Spanisch. Der Wortschatz sei sehr reduziert und habe sich nicht weiterentwickelt. Sie selbst interessiere sich für Bücher und lese viel, aber normalerweise sei der Wortschatz der Emigranten sehr reduziert. Die Kinder hätten im Deutschen einen viel differenzierteren Wortschatz, könnten sich besser ausdrücken und sprächen deshalb Deutsch.

Während Maria redet, kommt eine Frau aus der Theatergruppe und fordert sie auf, zur Probe zu kommen. Maria hat offenbar das Gespräch der Probe heute vorgezogen, zumal sie – wie sie erzählt – bei diesem neuen Stück nur eine kleine Rolle hat, im Gegensatz zum vorherigen Stück, wo sie eine Hauptrolle spielte und bei jeder Gelegenheit – im Zug, in der S-Bahn – ihre Rolle auswendig lernen und memorieren mußte. Dies sei auch so etwas, man übe, schneidere die Kleider selber, probe und habe dann oft nicht den erwarteten Erfolg und dies, obwohl man nur 5 DM Eintritt verlange. Die Unkosten, insbesondere die Theatermiete, seien sehr hoch, derzeit decke man mit den Einnahmen nicht einmal die Unkosten. Da mühe man sich ab und versuche, sein Bestes zu geben, und diese Anstrengung werde von den Zuschauern nicht honoriert. Obwohl man sämtliche Familienmitglieder und Freunde mobilisiere, komme es bei der zweiten Vorstellung dann vor, daß man durch den Vorhang spähe und feststellen müsse, daß der Saal einfach nicht voll werde. Dies sei dann sehr entmutigend.

Maria verschwindet schließlich doch noch in die Probe. Bevor sie geht, schreiben ihr Patricia und Klaus ihre Privatnummer auf eine Visitenkarte von Klaus und verabreden sich für nächste Woche. Auch mir schreiben sie ihre Telefonnummer auf und schicken sich an zu gehen. Ich sage Patricia, daß ich am Sonntag in einer Woche zum Videoabend kommen und ihr dann einige Volkshochschuladressen mitbringen wolle. Nachdem beide gegangen sind, beschließe auch ich, nach Hause zu gehen. Ich bezahle meine Getränke an der Bar und verabschiede mich dann von Miguel, der zusammen mit einem anderen Spanier die Dielendecke betrachtet, die beide demnächst neu streichen wollen. Als ich den Raum verlasse, reden sie gerade über die technischen Details, wie sie am besten die Höhe der Diele überbrücken, um die Decke streichen zu können".

3.2. Gesellige Freizeitgestaltung, biographische Selbstpräsentation, servicebezogene Vermittlungstätigkeit: Interpretation des Protokolls

Das Beobachtungsprotokoll umfaßt insgesamt acht Abschnitte, die den Abend in chronologischer Folge abbilden. Während der erste und letzte Abschnitt Situationseinführung und Situationsauflösung des Vereinsbesuchs beschreiben, thematisieren die mittleren sechs die Interaktionen und Gespräche des Abends.

1.
Im Beobachtungsprotokoll des Vereinsabends des Demokratischen Hauses wird – wie schon im Protokoll des Spanischen Kulturkreises – das Vereinsgeschehen aus der Perspektive eines erlebenden Ichs thematisiert. Wiederum ist der Kontakt des Ichs zum Verein geprägt von der Gleichzeitigkeit des Umgangs mit bereits bekannten und noch unbekannten Personen. Einerseits kann das Ich an Interaktionen der Vergangenheit anschließen und sich auf zeitlich zurückliegende Gespräche beziehen. Andererseits wird es mit unbekannten Personen konfrontiert, die entweder selbst neu in den Verein kommen oder das Ich ansprechen und zu bestimmten Serviceleistungen motivieren.

Das räumlich-soziale Arrangement, auf das das Ich beim Betreten des Demokratischen Hauses stößt, ist zweigeteilt: die von den Mitgliedern der Theatergruppe bereits bevölkerte Diele, in der diese die Zeit vor dem Probenbeginn mit unterschiedlichen Aktivitäten ausfüllen – vom geselligen Beisammensein bis zum Einstudieren der eigenen Rolle –, und der von den Fußballern gefüllte Vereinsraum, in dem diese ihren rekreativ-ludischen Aktivitäten nachgehen. Das Ich vollzieht die basalen Höflichkeitsregeln eines Neuankömmlings, indem es die Anwesenden in beiden Räumen begrüßt. Allerdings führt die Begrüßung nicht zur Eröffnung einer länger andauernden Kommunikation, sondern wird erst einmal zum Anzeigen der eigenen Präsenz, zur überblicksartigen Orientierung und zur Einschätzung der räumlich-sozialen Lage genutzt. Die Vereinsgesellkeit konzentriert sich zum Zeitpunkt der Ankunft des Ichs auf zwei Kreise, die räumlich separiert sind, sich geschlechtsspezifisch sortieren, unterschiedliche Aktivitäten ausüben und sich kommunikativ nicht überschneiden.

2.
Nach dem ersten Überblick kehrt das Ich in die Diele zurück, die durch ihre offene Lage und Verteilerfunktion in sehr viel stärkerem Maße als der in sich abgeschlossene Clubraum der Fußballer oder der noch leere Barraum Kontakte ermöglicht und damit zur Drehscheibe unterschiedlichster Kommunikationsanlässe wird. Zudem ist die Diele notwendige Durchgangsstation für Neuankömmlinge im Verein, sie fungiert als Ort des ersten Treffpunkts, aber auch als Durchgangspassage von einem Raum in den anderen.

Die Positionierung des Ichs in der Diele führt zum ersten längeren Gespräch mit dem Leiter der Theatergruppe, der dem Ich seine Aufmerksamkeit zuwendet, durch dessen An- und Nachfragen zum Erzählen animiert wird und das Gespräch zur biographisch-intellektuellen Selbstpräsentation nutzt. Erstes Gesprächsthema ist das Theaterstück, das gerade in der Gruppe geprobt wird. Es ist von einem Autor geschrieben, der aufgrund spezifischer Stilelemente in seinem Bekanntheitsgrad auf Spanien beschränkt geblieben ist. Carlos Arniches ist – nach Meinung der Theaterregisseurs – durch seine Milieuorientierung und sein antiquiertes Spanisch nur sehr schwer in andere Sprachen bzw. auf die heutige Zeit übersetzbar. Der Autor des Stückes wie auch sein Inhalt – die Kaziken – sind auf seine Epoche zu beziehen und von dort aus zu verstehen. Leichte Übertragungsmöglichkeiten sind ausgeschaltet, das Stück bedarf daher der intensiven Einlassung.

Diese Rede über den Schwierigkeitsgrad und die Voraussetzungshaftigkeit des Stückes kann einerseits als Reaktion des Theatermanns auf die Unkenntnis des Ichs interpretiert werden, als Begründung und Entlastung für sein Unwissen. Es ist für den Theatergruppenleiter unwahrscheinlich, daß ein so sehr im spanischen Milieu verankerter Autor in anderen Kulturkreisen bekannt ist, da seine Nichtübersetzbarkeit eine intellektuelle Beschäftigung mit bzw. eine alltagsweltliche Kenntnis von Spanien erfordert. Indem der Theatermann das Ich gleichsam exkulpiert, kann er sich selbst als intimen Kenner der spanischen Literaturgeschichte präsentieren. Das Unwissen des Ichs wird durch die Kennerschaft des Theatermanns aufgehoben und beseitigt. Der Verein gibt in der Begegnung beider dem Theatermann die Chance, sich gegenüber dem Ich als Experte und Lehrer zu profilieren. Andererseits kann die Inszenierung stark milieuverbundener Stücke auch eine Reaktion auf die Spanienferne nicht nur der potentiellen deutschen Zuschauer, sondern auch der in Deutschland lebenden oder gar in Deutschland geborenen – jüngeren – Spanier darstellen. Indem der Theatermann ein Stück mit hoher kultureller Intransparenz inszeniert, das nur sehr schwer eine Abstrahierung von seinen Kontexten erlaubt, kann er das ‚authentische' Spanien der Literatur Personen gegenüber zur Geltung bringen, die durch ihre Lebenssituation keine ‚authentischen Spanier' (mehr) sind. Er kann Spanier, die in Gefahr sind, ihr Spaniersein zu verlieren, mit dem ‚richtigen' Spanien konfrontieren. Durch das Theaterstück, das hohe Anforderungen an ihre Verständnismöglichkeiten stellt, kann er einen Kulturkontakt aufrechterhalten, der sonst möglicherweise verloren zu gehen droht. Der Theatermann nutzt somit den Spagat zwischen der – vergangenen – spanischen Welt des Stücks und der konkreten – gegenwärtigen – Lebenssituation seiner Hörer zur Durchsetzung einer Erziehungsabsicht. Durch seine Ferne zur Gegenwart der Hörer und durch den dadurch bedingten Zwang zur bewußten intellektuellen Annäherung eröffnet es Bildungschancen in vierfacher Hinsicht: *Literaturgeschichtlich* ermöglicht das Stück ein Vertrautwerden mit einem vergessenen bzw. nur in Spanien bekannten Autoren. Die Spanienferne der Migranten und die dadurch forcierte Vergessenheit spanischer Literaten werden durch das Stück ausgeglichen; das Stück gibt dem Regisseur die Möglichkeit, einen guten, aber unbekannten Autoren in der Migration bekannt zu machen. *Sozialgeschichtlich* setzt das Stück die Auseinandersetzung mit einem typischen spanischen Milieu voraus. Dem Milieubezug des Theaterstücks korrespondiert die milieuferne und -fremde Migrationssituation, in der das echte Spanien wieder präsent gemacht wird. *Sprachgeschichtlich* erfordert das Stück ein Vertrautwerden mit der Sprache und den Sprachformen vergangener Stilepochen. Der historisierende Gebrauch der spanischen Sprache erweitert – zumindest passiv – die Sprachkompetenz der Hörer, die mit einer ihnen in doppelter Weise distanten Sprache konfrontiert werden. *Politikgeschichtlich* ermöglicht das Stück schließlich eine Auseinandersetzung mit der politischen Verfaßtheit Spaniens um die Jahrhundertwende, insbesondere in Gestalt des politischen Klientelismus und der Wahlverfälschung durch einflußreiche Lokalmagnaten. Durch die Zuordnung des Stücks zur ‚comedia crítica' kann sich der Theatermann zudem den politik- und sozialkritischen Anspruch des Stückes zunutze machen und Volkstheater als Mittel der politisch-sozialen Aufklärung begreifen. Das Stück weist somit einen vierfachen Spanienbezug auf, der zunächst als Kluft, als Schwierigkeit im Verstehen durch die inhaltliche und sprachliche Ferne wahrgenommen wird. Durch die Konfrontation der Gruppe, aber auch der Zuhörerschaft mit dem unbekannten Autoren, seiner Milieuorientierung und antiquierten Sprache sowie der im Stück präsentierten politischen Vergangenheit wird das Theater zum Mittel der Spanienanbindung und der Spanienpräsentation im Ausland.

Nach dieser Situierung des Theaterstücks und den ihm inhärenten Verstehensschwierigkeiten geht der Theatergruppenleiter über die spanische Literaturgeschichte hinaus und präsentiert sich als Kritiker und Historiograph der Volkskunstgattungen im allgemeinen. Er stellt seine eigene Arbeit damit in einen größeren Zusammenhang, da er nicht nur die Bedingungen und Umsetzungsschwierigkeiten der konkreten Arbeit vor Ort im Verein, sondern die Verfaßtheit und den künstlerischen Entwicklungsstand der Volkskunst generell reflektiert. Mit seiner Unterteilung der Volkskunst in vier Sparten – Kunst, Theater, Musik und Tanz – und der Beurteilung ihrer künstlerischen Entwicklung kommt er zu einer polaren Gegenüberstellung. Der Traditionsgebundenheit, Konservierungstendenz und Stagnation von Kunst und Theater stellt er die Innovationskraft, Entwicklungsperspektive und Progressivität von Musik (Jazz) und Tanz (Flamenco) gegenüber. Er agiert damit im Gespräch nicht nur als Theaterliebhaber und Literaturkenner im engeren Sinne, sondern beansprucht mit seinem Urteil Kennerschaft im weiten Feld der Volkskunst. Allerdings suggeriert er mit seiner Negativfeststellung über die Entwicklungspotentiale des Volkstheaters, daß er mit seinen eigenen Bemühungen auf der schwierigeren, kritischeren Seite steht – möglicherweise auch im eigenen Verein, in dem neben dem Theater auch die in seinen Augen kreativere Flamenco-Tradition praktiziert wird. Sein Urteil ist möglicherweise Ausdruck dafür, daß seine Arbeit weniger anerkannt wird als z.B. die Arbeit der verschiedenen Flamencogruppen, die im Festrepertoir des Vereins fest verankert sind. Im abstrakten Verhältnis von Volkstheater und Volkstanz thematisiert er möglicherweise ein Konkurrenzverhältnis unterschiedlicher Aktivitäten bzw. unterschiedlicher Führungsfiguren innerhalb des Vereins, in dem er sich auf der negativen Seite positioniert.

Nach dieser Charakterisierung des Theaterstücks und der allgemeinen Einschätzung über die Volkskunst will das Ich das Gespräch auf die konkrete Ebene der Gruppe, der Theaterarbeit und den Probenverlauf hinlenken. Es will von der Abstraktion und Allgemeinheit des Theaterregisseurs weg, indem es ihn mit seiner konkreten Arbeit im Verein konfrontiert. Der Theatermann läßt sich jedoch kaum auf diese Ebene ein, da er einzig seine Ungeduld über die Langsamkeit der Probenfortschritte und damit die Divergenz der Geschwindigkeitsparameter zwischen eigener Vorstellung und fremder Realisierung formuliert. Die konkrete Arbeit in der Gruppe ist für ihn im Gespräch kein Thema, über das er sich profilieren und sein Wissen zeigen kann. Dies ist ihm nur möglich auf einer allgemeinen Ebene, auf der er seine Belehrungen über Theater und Literatur fortsetzt, Buchtips bezüglich der spanischen Literaturgeschichte abgibt und über die Bedeutung der spanischen Sprachakademie und deren Dokumentation der spanischen Sprache sinniert. Ihr mit Hilfe von Experten aus der ganzen Welt kodifiziertes Wörterbuch ist ihm ein Bindeglied und Garant für die weltweite Aufrechterhaltung der spanischen Sprache. In seinem linguistischen Diskurs unterstreicht der Theaterregisseur die Bedeutung von Sprachpolitik und Sprachplanung für die Bewahrung der drei großen Imperialsprachen Englisch, Französisch und Spanisch und hebt – nicht ohne Stolz – die sprachpflegerischen Erfolge des Spanischen im Kontrast zu den beiden anderen Weltsprachen hervor: während Frankreich ignorant seine ehemaligen Kolonien vernachlässigt und England in seiner Liberalität die Gefahr des Auseinanderdriftens in Kauf nimmt, ist Spanien durch die Einbeziehung der Expertenkompetenz auf der ganzen Welt ein Unikat gelungen. Diese Trias von Ignoranz, Liberalität und

Expertise nutzt der Theatermann, um auf die Wahrscheinlichkeit des Zerfalls des Englischen und Französischen einerseits und auf den potentiellen Bedeutungszuwachs und die zukünftige Weltstellung eines geeinten, durch das Wörterbuch kodifizierten Spanisch andererseits hinzuweisen. Indirekt ist für ihn damit Sprachpflege ein effizientes Mittel zur Sicherung der Weltposition der eigenen Sprache. Als Pendant zur Unübersetzbarkeit und dem exklusiven Milieubezug seines Theaterstücks steht Sprache – bzw. die beanspruchte und zukünftige Weltgeltung des gut kodifizierten Spanischen – hier für den Versuch einer gelungenen Abriegelung gegenüber den zentrifugalen Kräften einer transkontinental verbreiteten Sprache. So wie der Export einer Sprache abgesichert werden muß gegen die Angleichungs- und Amalgamierungstendenzen mit den jeweiligen autochthonen Landessprachen – Integration heißt hier allmähliche Kreolisierung –, so muß auch der Export von Menschen – die Migration – mit ihren spezifischen sprachlich-kulturellen Traditionen abgesichert werden gegen die zu weit gehenden Integrationsanforderungen der Aufnahmegesellschaft. Die Sprache und die Migranten befinden sich in einer strukturell ähnlichen Situation. Sie laufen Gefahr, aufgesogen zu werden, ihre Identität zu verlieren. Daher ist Rückversicherung und Heimatanbindung nötig, im einen Fall über die Kodifizierung und damit Standardisierung von Sprache, im anderen Fall über die Konfrontation mit der Herkunft, mit den authentischen Verkörperungen der eigenen Heimat.

Die Frage des Ichs nach der möglicherweise beruflich fundierten Beschäftigung mit Literatur und Sprache zielt auf die Legitimierung der Aussagen des Theatermanns durch eine entsprechende berufliche Ausbildung. Die damit indirekt vollzogene Infragestellung seines Expertenstatus zwingt ihn zu einer Ausweisung seines erworbenen Wissens und zu einem kurzen biographischen Exkurs. Der Theatergruppenleiter ist Fernmeldetechniker und hat in Deutschland ein Fernstudium an der spanischen Fernuniversität (Madrid) absolviert. Er ist also nur hobbymäßig bzw. nebenberuflich mit Literatur beschäftigt und hat sich der Mühe eines Fernstudiums neben der Arbeit unterzogen. Der starke motivationale Einsatz zur Absolvierung eines Studiums neben der Arbeit hat jedoch nicht zur Beendigung und damit zur offiziellen Beglaubigung seiner Studien geführt. Sein Studienfach ist Geschichte und steht für einen enzyklopädischen Anspruch. Geschichte ist für ihn nur ein allgemeiner Oberbegriff, der sich in konkreten Anwendungsfeldern wie Kunst, Literatur und Philosophie materialisiert, die er bevorzugt studiert.[93] Die enzyklopädische Weite seiner Aspirationen steht gegen spezialisierte Vertiefung und Beschränkung. Geschichte ist für ihn ein Studium, das Spezialfächer bündelt und zusammenführt. Geschichte ist für ihn Voraussetzung und Möglichkeit, die Entwicklung der Volkskunst kompetent zu beurteilen. Die Art, wie der Theatermann seinen Bezug zum Studium der Geschichte fomuliert, korrespondiert mit der Art, wie er sich

---

93 Möglicherweise erklärt sein Studium die starken historischen Aussagen und Bezüge in seiner Rede, das Denken in Entwicklungslinien, die Kategorisierung in traditional – innovativ, etc.

als Experte der historischen Entwicklungen unterschiedlicher Kunstgattungen versteht. Er ist mehr als ein Dilettant und weniger als ein akademischer Experte. Zwischen Dilettantentum und Expertenschaft entwickelt er seine eigene Form der Geschichtsinterpretation, die nicht durch akademische Beglaubigungen abgesegnet ist. Seine Zuordnung zum Demokratischen Haus ist durch die Theaterarbeit bestimmt, da er aufgrund der Wohnortferne zum Verein dessen Angebote insgesamt nur selektiv wahrnimmt. Die Möglichkeit, Theaterprojekte zu realisieren, ist der Grund seines Vereinsaufenthaltes. Dafür und nur dafür nimmt er die relativ weiten Anfahrtswege in Kauf und überwindet eine beträchtliche geographische Distanz zur Umsetzung seiner Kulturambitionen.

Insgesamt präsentiert der Theatermann die Geschichte einer sozialen Heimatlosigkeit, die sich auf drei Ebenen widerspiegelt: der Wissensebene, der Identität als Migrant, der Zugehörigkeit zum Verein. Auf der Wissensebene ist der Theatergruppenleiter weder Dilettant noch Experte. Er beschäftigt sich als Fermeldetechniker nur hobbymäßig mit Theater und Literatur und äußert dabei unkonventionelle Ansichten und klare Urteile. Auf der Identitätsebene steht er als Migrant zwischen Nähe und Ferne. Sowohl seine Beschäftigung mit spanischen Milieustücken als auch seine Bejahung der sprachlichen Weltgeltung des Spanischen können als zwei Formen der Selbstvergewisserung seiner Identität als Spanier und seiner Zugehörigkeit zu Spanien interpretiert werden. Auf der Vereinsebene steht der Theatermann zwischen seinen schnellen Umsetzungswünschen und der Langsamkeit der Gruppe, die er zu den Proben motivieren muß. Er beklagt die Differenz zwischen seinen künstlerischen Visionen und den beschränkten Möglichkeiten ihrer Einlösung. Der Verein, der geographisch weit von seinem Heimatort entfert ist, bietet ihm allerdings die Möglichkeit, wenigsten in einem gewissen Umfang sein Hobby und seine Kulturambitionen umzusetzen. Im Verein kann er seine Kenntnisse einbringen, der Verein ermöglicht die Ausübung seiner autodidaktisch erworbenen Fähigkeiten.

3.
Die Aufmerksamkeitsverlagerung des Theaterregisseurs veranlaßt das Ich, auf Nieves, eine der wichtigen und dem Ich bereits namentlich bekannten Vereinsaktivistinnen, zuzugehen. Das Ich nutzt die Gelegenheit des Zurückgezogenseins dieser Person, um ausgeliehene Dokumente zur Vereinsgeschichte zurückzugeben. Diese Dokumente, die die geschichtliche Tiefendimension des Vereins repräsentieren, auf die das Ich ebenfalls seine Aufmerksamkeit richtet, sind ihm durch den Vereinspräsidenten zugänglich gemacht worden. Der Vereinspräsident fungiert hier als Datenlieferant, der einerseits die Zugangswege zu den entsprechenden Materialien kontrolliert und die historischen Bestände vorseligiert, der andererseits jedoch keine Probleme damit hat, die ausgewählten Unterlagen dem Interessenten mitzugeben und damit einen unbeaufsichtigten Umgang mit den Daten zu gestatten. Der Vereinspräsident ist gleichzeitig Kontrolleur und Informant, der das historische Interesse des Ichs anerkennt, es jedoch durch die getroffene Vorauswahl in eine bestimmte Richtung lenkt.

Das Ich ist bemüht, einen korrekten Umgang mit dem geliehenen Material zu zeigen und die Unterlagen bereits eine Woche später zurückzugeben. Die Abwesenheit des Präsidenten veranlaßt das Ich, Nieves als Mitglied der Vereinsleitung anzusprechen und ihr die Dokumente zurückzugeben. Für das Ich ist Nieves in dieser Hinsicht gleichbedeutend mit dem Vereinspräsidenten, sie tragen die Verantwortung für den Verein kollektiv. Nieves nutzt den gemeinsamen Gang in das Büro, um das Ich über zwei in den nächsten Wochen laufende Kulturveranstaltungen – eine Videopräsentation und einen Vortrag über andalusische Festtraditionen – zu informieren. Als Vereinsaktivistin, Vorstandsmitglied und Leiterin der Flamenco-Gruppe verkörpert den sie kulturellen Anspruch des Vereins, der sich nicht nur in der Theater- und Tanzgruppe, sondern auch in Vortrags- und Filmaktivitäten materialisiert. Im Gegensatz zum Theatermann präsentiert sie sich im Gespräch nicht als Expertin, sondern tritt in werbender Weise auf. Sie gibt Informationen weiter, macht auf Aktivitäten im Verein aufmerksam und versucht, das potentielle Teilnehmerspektrum der Veranstaltungen auf nichtspanische Interessenten, die von außen kommen, auszuweiten.

Bei der Rückkehr in die Diele wird das Ich Zeuge der konkreten alltagspraktischen Schwierigkeiten, die mit der Umsetzung des Kulturanspruchs im Verein verbunden sind. Der Theatergruppenleiter muß deutliche Aktivierungs- und Motivierungsanstrengungen unternehmen, um seine Gruppe zum Probenbeginn zu stimulieren. Die Koordination und der Zusammenhalt der Gruppe liegt in seinen Händen, er muß den Übergang von verschiedenen Settings im Verein bewältigen. Er signalisiert den Probenbeginn und damit den Wechsel vom geselligen Beisammensein zu einer konzentrierten Freizeitbeschäftigung – ein Wechsel, der z.T. mit einem erheblichen Überwindungsaufwand seitens der Mitglieder verbunden ist. Der Theatergruppenleiter muß den Geselligkeitsraum der Diele schließen, er muß die vielfältigen Reize offener Interaktionsstrukturen kanalisieren und abdrängen, um den Lernraum der Theaterprobe zu eröffnen. Dieser Übergang stößt auf besondere Schwierigkeiten, da die Theaterleute am Wochenende müde von der Arbeit kommen und ihre dadurch bedingte Trägheit des Weitersitzens und Weiterplauderns erst überwinden müssen.

Die Schwierigkeiten der Aktivierung und Koordination zeigen sich auch daran, daß mit der Aufforderung zum Probenbeginn ein Mitglied der Theatergruppe eine neue Interaktion mit den Ich beginnt und damit die Aufforderung des Theatermanns mißachtet. Nach der gegenseitigen Namensbekanntgabe identifiziert die Sprecherin das Ich als Deutschen und Spanischsprecher und charakterisiert damit die Eigenschaften, die sie als Initiatorin der Interaktion interessieren. Das Ich ist für sie nicht in seiner Individualität interessant, sondern als Vertreter der deutschen Umgebung, dem sie aufgrund seiner Sprachkenntnisse Vermittlungsfähigkeiten zuschreibt. Der Grund für die Kontaktaufnahme ist die Anwesenheit einer Spanierin im Verein, die erst seit kurzem in Deutschland ist, die Tips für das Erlernen der fremden Sprache benötigt und für die Maria eine Art Patenschaft übernimmt. Das Ich ist somit Objekt einer Anfrage in Bezug auf Serviceleistungen, deren Erfüllung von ihm aufgrund seiner Fremdsprachenkompetenz, seiner Zugehörigkeit zur Mehrheitsbevölkerung und seiner Anwesenheit im Verein erwartet wird. Das Ich ist bereits als möglicher Serviceleister für die Bedarfe des Vereins im Visier, die von Mitgliedern, die diese Bedarfe aufgreifen und nach Umsetzungsmöglichkeiten suchen, formuliert werden. Dem Ich werden offensiv solidarisches Verhalten angesonnen und die Bereitschaft zur Mithilfe abverlangt – Forderungen, die das Ich aufnimmt, indem es in diesem konkreten Fall seine eigenen Fähigkeiten für die Belange des Vereins zu Verfügung stellt und damit an der Solidaritätsregel des Vereins teilhat. Hier zeigt sich die Brücken- und Kontaktbörsenfunktion, die der Verein zur Anbahnung und Herstellung von Kontakten übernimmt. Der Verein agiert als Vermittler, der dort, wo seine eigenen Kompetenzen aufhören, Fremdkompetenz mobilisiert und auch auf zufällig sich ergebende Kontakte zurückgreift. Der Verein nutzt seine Umwelten für die eigenen Zwecke, die er aktiv angeht und denen er – durch ihre Präsenz im Verein – Beteiligung zumutet.

Die Diele präsentiert sich in diesem Ensemble von Interaktionen als ein Ort der losen, lockeren Kommunikation, der ein problemloses Ein- und Ausklinken ermöglicht. Sie ist Durchgangsstation und Bleibeort, gibt Orientierung und leitet weiter, dient der Geselligkeit und dem Gespräch, ist Drehscheibe für und Vermittlungsinstanz von Anfragen, Aufforderungen oder Klärungen. Sie verbindet nicht nur die Räume miteinander, sondern auch Personen, die ein- und austreten, die sich begrüßen und weitergehen, die verweilen und konsumieren. Die Diele macht den Kommunikations- und Personenfluß, der durch das Demokratische Haus geht, sichtbar. Sie ist ein räumlicher und sozialer Verteiler, der die verschiedenen funktionalen Ausgliederungen integriert. Sie ist auch ein Ort der Beobachtung, der Rückzugsmöglichkeit, der unbeteiligten Beteiligung. Die Diele ist ein polyfunktionaler Raum, der innerhalb des räumlichen Gesamtgefüges bedeutende integrative Aufgaben hat.

4.
Die Auflösung der Dielenkommunikation aufgrund des Probenbeginns der Theatergruppe nimmt das Ich zum Anlaß, in die Bar zu gehen. Dieser Wechsel ist möglich durch die Integration unterschiedlicher Funktionsräume innerhalb des Vereinsgebäudes, wodurch das Demokratische Haus Besuchern die Möglichkeit bietet, unterschiedliche räumliche, soziale oder personale Präferenzen im zeitlichen Verlauf eines Aufenthalts auszuleben oder sich der ändernden Interaktions- und Kommunikationsdichte räumlich anzupassen. Das Ich hat damit auch die Möglichkeit, unterschiedliche Beobachterstandpunkte einzunehmen, das Vereinsgeschehen aus verschiedenen Perspektiven zu betrachten und Orte aufzusuchen, an denen – zumindest vorerst – unbeteiligte Beobachtungsmöglichkeiten vorhanden sind.

In der Bar verteilt sich die Vierermannschaft, die für die kulinarische Versorgung der Vereinsmitglieder zuständig ist, geschlechtsspezifisch auf die beiden Funktionsräume Theke/Bar und Küche. Der Service an der Bar ist die Domäne der beiden Männer, während die beiden Frauen als Köchinnen für die Zubereitung der Speisen sorgen. Der Verein kann durch die Bar auch die leiblichen Bedürfnisse und Ansprüche befriedigen und über den Getränke- und Essenkonsum integrative Wirkung erzeugen. Über die kulinarische Komponente bindet der Verein seine Mitglieder, die über Stunden hinweg den Verein als Aufenthaltsort nutzen können, ohne für ihre Versorgung Vorsorge treffen zu müssen. Auch das Ich partizipiert an den Möglichkeiten der Essens- und Getränkebereitstellung durch den Verein. Während es konsumiert, entsteht in der Bar eine Alltagskommunikation zwischen zwei Spaniern, die das Ich zum Teil bereits kennt. Auch das Ich wird einbezogen in den Gesprächsablauf, wobei die Anknüpfungspunkte die gerade zurückliegenden Osterferien und der Schlittschuhausflug – als ein Beispiel der vielen Aktivitäten des Vereins zur Betreuung von Kindern und Jugendlichen – sind. Das Gespräch hat keinen kontinuierlichen Verlauf, der abrupte Wechsel von einem Gesprächspartner zum anderen bzw. von einem Thema zum nächsten ist vielmehr ein Element der zwanglosen Gesellungsform an der Theke.

Während dieses schnellen Wechsels von Themen und Gesprächsadressierungen nutzen auch Kinder – wie beispielsweise die Tochter von Miguel – die Möglichkeiten der Versorgung im Verein, indem sie selbständig und nach ihren eigenen Wünschen Dinge an der Bar bestellen. Der Verein wird durch die Anwesenheit der Kinder zum Ort familiärer Freizeitgestaltung; Eltern und Kinder verbringen gemeinsam ihre Zeit im Demokratischen Haus, allerdings nutzen sie schwerpunktmäßig unterschiedliche Funktionsräume, wobei die Bar, aber auch die Diele punktuelle Überschneidungen ermöglichen. Das Demokratische Haus bietet somit beides: Raum für Trennung und Möglichkeiten des Zusammentreffens, funktionale Aufgliederung und Mehrfachausrichtung, Geschlechter- und Alterstrennung sowie Durchmischung der Mitglieder. Die Kinder gehen souverän mit diesen Möglichkeiten der räumlich-sozialen Ausgestaltung um. In sprachlicher Hinsicht ist der Verein für sie ein Feld bilingualer Kommunikation. Sie praktizieren Zweisprachigkeit, die altersspezifisch variiert wird bei deutlicher Präferenz des Deutschen. Ihre exklusive Nutzung des Deutschen untereinander zeigt den selbstverständlichen Integrationsgrad in die deutschen Sprache. Nur in Gegenwart der Älteren wird umgeschwenkt trotz gelegentlicher Wortsuche und fehlerhaftem Sprachgebrauch. Der Verein ist – wie in der Bar – ein Ort der Praxis der spanischen Sprache durch das intergenerationelle Gespräch, das sprachliche Korrekturmöglichkeiten miteinschließt und in dem die Älteren den Kindern indirekte Hilfestellungen bei der Anwendung der für sie ungebräuchlicheren Sprache geben. Auch die Barkeeper haben in dieser Hinsicht eine wichtige Rolle, da sie durch den verkaufsbedingten Kontakt die anwesenden Kinder namentlich kennen und mit ihnen über ihre Kaufwünsche auf Spanisch reden.

5.
In der Bar vollzieht sich die erneute Kontaktaufnahme durch Maria, die die mit dem Ich bereits abgesprochene Hilfeleistung in Anspruch nehmen will. Sie bringt die Deutsch lernende Spanierin Patricia sowie deren schwedischen Freund Klaus mit. Auch er beherrscht die Minimalregel ‚Spanisch im Verein' und kann sich daher in die Unterhaltung einklinken. Im folgenden entwickeln sich zwei parallel verlaufende Gespräche zwischen Klaus und Maria einerseits sowie Patricia und dem Ich andererseits, die beide in der Diele stattfinden. Maria ist somit nicht nur diejenige, die als Vereinslotsin Patricia bei der Kontaktanbahnung behilflich ist, sondern auch diejenige, die durch ihre Beschäftigung mit Klaus Patricia den ungestörten Kontakt mit dem Ich ermöglicht. Im Gespräch mit dem Ich präsentiert sich Patricia als eine Person, die ihre Eingliederungsphase in Deutschland zielstrebig angeht. Ihre beiden Hauptprobleme sind mangelnde Sprachkenntnis und Arbeitssuche als Sprachenlehrerin. Während sie das Sprachproblem mit Hilfe von Kursen an der Volkshochschule zu bewältigen sucht, möchte sie für das Arbeitsproblem die Hilfestellung durch das Ich. Das Problem, um das es ihr geht, ist somit nicht die Frage, wie oder wo man am besten Deutsch lernt – wie Maria unterstellt hatte –. Diesen Teil hat Patricia bereits selbständig geregelt und ist nicht auf Hilfestellung angewiesen. Ihr Problem ist vielmehr die erfolgreiche Einfädelung in den deutschen Arbeitsmarkt als Sprachlehrerin, wofür sie Tips, Informationen und Einschätzungen auch in Bezug auf die von ihr bereits verfolgten Strategien möchte. Patricia ist in der kurzen Zeit ihrer Anwesenheit in dieser Hinsicht bereits sehr aktiv gewesen. Sie nutzt die Volkshochschule nicht nur als Einrichtung zum Sprachenlernen, sondern auch als potentiellen Arbeitgeber, bei dem sie bereits einen Vorstellungstermin hat. Auch die Akquirierung von Privatkunden ist ihr schon gelungen. Daneben verfolgt sie die Idee, als Sprachenlehrerin für Spanisch in einer Privatschule zu unterrichten und sich dafür die entsprechenden Adressen über das Hessische Kultusministerium zu beschaffen. Patricia möchte ihren Deutschlandaufenthalt nutzen, um das ihr fremde deutsche Schulsystem kennenzulernen, wobei sie die Volkshochschule als Teil dieses Systems begreift. Sie ordnet fälschlicherweise Schule und Volkshochschule demselben bildungsadministrativen und bildungspraktischen Bereich zu und überträgt damit ihre Kenntnis der spanischen Verhältnisse, wo weite Teile der Erwachsenenbildung schulähnlich organisiert sind, auf die deutsche Situation. Sie identifiziert die Volkshochschule als schulförmige Einrichtung, die dem gleichen System unterstellt ist wie das allgemeine Schulwesen und damit Lehrern ebenso gute Arbeitsmöglichkeiten bietet wie die Schule. Auch ihre – pfiffige – Idee der Kontaktaufnahme mit deutschen Privatschulen geht von einer Bedeutung dieses Schultyps aus, die ebenfalls aus einer Übertragung spanischer Verhältnisse resultiert, wo ein großer Prozentsatz der Schulen von privater Hand betrieben werden und sowohl eine bessere Ausstattung als auch ein besseres Prestige genießen. Patricia ist in dieser Hinsicht ein typisches Beispiel für die Decodierungsversuche in einer fremden Situation gemäß den eigenen Erfahrungen und Relevanzsystemen.

Eine weitere Frage, die Patricia beschäftigt, ist das Preis-Leistungsverhältnis im deutschen Sprachengeschäft. Zur Klärung dieser Frage nutzt sie die Kenntnisse eines Bekannten, der ihr die preislichen Verhältnisse des deutschen Sprachenmarkts vorsortiert und sie auf die Honorardifferenz zwischen Kursleitertätigkeit an der Volkshochschule und Privatlehrertätigkeit auf dem freien Markt hinweist. Diese Preisdifferenz relativiert sie mit Hinweis auf ihren unbedingten Arbeitswillen. Für sie rangiert tatsächlicher Arbeitseinsatz vor möglichst hoher Gewinnspanne. Ihr ist klar, daß Alternativjobs wie Verkäuferin ebenso an der Sprachhürde scheitern wie die Indienstnahme offizieller Einrichtungen (Arbeitsamt). Sie ist daher angewiesen auf private Vermittler, die des Spanischen mächtig sind. Um an entsprechende Informationen heranzukommen, wird sie initiativ, knüpft Kontakte und ist auch bestrebt, mit dem Ich Verbindung zu halten.

Patricia möchte ihren Deutschlandaufenthalt nutzen, um sich ihre fremde Umgebung aktiv aneignen. Dabei formuliert sie eine Differenz zwischen dem erwarteten und dem tatsächlichen Verhalten der Leute – eine Differenz, die sich aus den ihr im Vorfeld mitgeteilten Klischeevorstellungen über die Deutschen ergibt. Ihre bisherigen Erfolge im Umgang mit Deutschen rechnet sie ihrer aktiven Herangehensweise zu. Sie ist diejenige, die das Geschehen bestimmt, die den – angeblich – introvertierten, zurückhaltenden Charakter der Deutschen durch extrovertierte, aktive Ansprache ausgleicht. In dieser Hinsicht formuliert sie eine Differenzerfahrung zu ihrem Freund, der als Schwede in Deutschland ebenfalls mit Integrationsproblemen konfrontiert ist. In seiner zurückhaltenden Art der Kontaktaufnahme sieht sie eine strukturelle Ähnlichkeit mit den Verhaltensweisen von Deutschen. Patricia verallgemeinert ihre Beobachtungen hinsichtlich der Art des Bezugs auf Deutschland, die sie in Differenz zu ihren Freund konstatiert. Dabei unterstellt sie eine Homologie im Benehmen von Deutschen und Schweden, das ihrem Verhalten der aktiven Inangriffnahme diametral entgegensteht.

Patricia verkörpert einen neuen Typus von Migranten, der in seinem Verhalten und seinen sozialen Voraussetzungen stark vom Migrantentypus der 1960er Jahre abweicht. Sie kommt aus privaten Motiven (aus Liebe) nach Deutschland, ist mit einem Schweden, der in Deutschland arbeitet, liiert, verfügt über einen Abschluß als Sprachenlehrerin, geht dezidiert das Problem des Spracherwerbs an, hat bereits klare Vorstellung über mögliche Arbeitsalternativen in ihrem Feld und möchte das deutsche Schul- und Volkshochschulsystem kennenlernen. Sie arbeitet forciert an ihrer Integration in die deutsche Gesellschaft und hat – trotz ihrer Übertragung spanischer Klischeevorstellungen hinsichtlich Bildungsrealität und typischer Verhaltensmuster – bereits in den ersten drei Wochen einen Teil ihrer Vorstellungen durch reale Kontakte mit Deutschen revidiert. Sie sucht private Berater, die des Spanischen kundig sind und nutzt die Feldkompetenz von in Deutschland ansässigen Spaniern/Peruanern. In dieser Hinsicht ist auch das Demokratische Haus für sie eine Anlaufstation, über die sie durch die Vermittlung von Maria geeignete Kontakte erhält. Für den Verein wiederum ist Patricia ein potentielles Mitglied, das über die Bereitstellung von Serviceleistungen angesprochen wird.

6.
Im Verlauf des Gesprächs erfährt Patricia von der Parallelerfahrung des Ichs, das so wie sie nach Deutschland einst nach Katalonien gekommen ist. Das Bekenntnis Patricias, Katalanin zu sein, steigert den Vertrautheitsgrad zwischen beiden und motiviert einen Sprachwechsel vom Spanischen ins Katalanische. Diese Wendung nimmt Maria zum Anlaß, sich in das Gespräch einzuklinken und über ihre sprachliche Fremdheitserfahrung in Spanien – in ihrem eigenen Land – zu berichten. Möglicherweise formuliert Maria hier eine Stoppregel gegenüber dem Neuankömmling und dem Ich, die etablierte Vereinssprache nicht zu mißachten und anderen Vereinsmitgliedern die Möglichkeit der Teilnahme an der gemeinsamen Kommunikation nicht zu verwehren. Die strukturelle Ähnlichkeit ihrer Erfahrung in Spanien mit der aktuellen Gesprächssituation im Verein ist groß. Hier wie dort ist sie durch den Gebrauch derselben fremden Sprache ausgeschlossen, hier wie dort muß sie sprachliche Fremdheit in den als eigen definierten Räumen über sich ergehen lassen. Im weiteren Gespräch über die Sonderrolle der Katalanen und über ihre Anstrengungen der sprachlichen Homogenisierung sieht sich Patricia genötigt, sich als gemäßigte Katalanin auszugeben. Sie formuliert diese Haltung als Ergebnis eines Lernprozesses in ihrer jetzigen Situation. Als Fremde hat sie ein Gespür und ein Verständnis für die Schwierigkeiten von Ausländern bekommen, in Spanien mit einer für sie fremden – und nicht erwarteten – Sprache, dem Katalanischen, konfrontiert zu werden. Allerdings spricht sie von Ausländern, nicht von spanischsprachigen Inländern und gibt damit den indirekten Vorwurf sprachlicher Intransparenz an Maria zurück. In der Person von Patricia und im katalanischen Gespräch zwischen ihr und dem Ich wird die Vorstellung einer sprachlichen Einheit Spaniens obsolet und auch die Sprachregel im Verein latent bedroht. Während Patricia die Differenz zwischen Katalanen und Ausländern anspricht, hat Maria den Unterschied zwischen Katalanen und nicht katalanischsprachigen Inländern im Blick. Von Maria, die als Spanierin einen anderen Status als ein Ausländer hat, erwartet Patricia eine größere Verständnisbereitschaft hinsichtlich der sprachlichen Andersartigkeit der Katalanen, obwohl Maria sich in den jeweiligen Sprechsituationen de facto wie eine Ausländerin fühlen muß.

Anläßlich der Debatte über die Katalanen kommt Maria ins biographische Erzählen. Ihre Ferienerfahrung evoziert in ihr die Härte, sprachlich unvorbereitet nach Deutschland gekommen zu sein. In Katalonien hat sich für sie eine Erfahrung wiederholt, die sie in viel stärkerem Maße bereits in Deutschland durchleben mußte. Mit fünfzehn Jahren, in einer Phase des nicht mehr Kindseins und noch nicht Erwachsenseins, kommt sie – so ihre Erzählung – abrupt nach Deutschland und wird in eine deutsche Schule gesteckt, in der sie sich als Jugendliche unter Kindern nicht nur sprachlich, sondern auch altersmäßig deplaziert fühlt. Sie durchläuft ihren Spracherwerb forciert in einer altersinadäquaten Umgebung, da auch die Volkshochschule als Erwachseneninstitution, auf der sie abends Deutsch lernt, nicht ihrem Alter entspricht. Am Anfang ihres Migrationsweges steht für Maria somit die Erfahrung sukzessiver Vereinsamung. Sie erfährt Migration als Verlassenwerden von den Eltern – zuerst vom Vater, dann von der Mutter – und als Einweisung ins Internat. Migration ist für sie die Trennung von der Familie und damit verbunden das Erleiden extremer Heimweherfahrung. Die Weigerung anläßlich eines Deutschlandbesuches, nicht mehr alleine nach Spanien zurückzugehen, verbindet sie indirekt mit einer Definition von Heimat. Heimat ist für sie – trotz der starken sprachlichen Differenzerfahrung in der gesellschaftlichen Umwelt – die Familie, insbesondere die Beziehung zu ihrer Mutter. In der geographischen Spannung zwischen Spanien und Deutschland ist ihre Heimat personenbezogen. Ihre weitere Schullaufbahn bis zum Abitur absolviert Maria dann auf einer spanischen Schule in Deutschland, so daß ihre Integration in die deutsche Schule nur eine Übergangsphase zwecks schnellerem Erlernen der deutschen Sprache darstellte.

Das Sprachproblem, das Leben zwischen zwei Sprachen ist für Maria auch Gegenstand ihrer weiteren Ausführungen, die sich auf die eigene innerfamiliäre Sprachpraxis beziehen. Sie sieht eine Verfestigung des Sprachgebrauchs der verschiedenen Generationen gemäß der Prägung durch die jeweilige Herkunftsgesellschaft. Während nach Marias Einschätzung die Eltern untereinander und mit den Kindern Spanisch sprechen, präferieren die Kinder nicht nur untereinander, sondern auch im Gespräch mit den Eltern das Deutsche. Sowohl die Alten als auch die Jungen bleiben somit trotz mehr oder weniger ausgeprägter Zweisprachigkeit primär den Sprachen ihrer jeweiligen Herkunftsgesellschaft verhaftet. Allerdings wird in der Erzählung von Maria nicht nur die generationenspezifische Festschreibung der Sprachnutzung deutlich, sondern auch die innerfamiliäre Ironisierung und Ridikülisierung der jeweiligen Sprachkompetenz des anderen. Sprachliche Kommunikation ist in der Familie auch ein Kampf, ein gegenseitiges Vorhalten der jeweiligen Schwächen, eine Belustigung über die Defizite des anderen – Verhaltensweisen, die umso mehr den Verbleib in der vertrauteren Sprache forcieren. Der intendierte Erziehungseffekt, durch ein spanischsprachiges Elternhaus und die Beteiligung am Demokratischen Haus auch bei den Kindern für eine flüssige spanische Sprachpraxis zu sorgen, wird dadurch konterkariert, zumal auch im Verein – wie Maria ausführt – Deutsch die Verständigungssprache der Kinder und Jugendlichen ist. Patricia bezieht sich auf die Ausführungen von Maria in pädagogischer Absicht, da sie als Sprachenlehrerin an den sprachlichen Schwächen der Kinder interessiert ist. Für Maria ist die mangelnde Sprachkompetenz der Kinder ein Resultat des niedrigen Bildungsniveaus der Eltern, die bereits aus ihrem Herkunftsland einen reduzierten und häufig dialektal eingefärbten Wortschatz mitbringen, der in der Migration weiter verkümmert und Kindern damit keine sprachlichen Entwicklungsmöglichkeiten bietet. Allerdings gibt Maria – auf ihre Person bezogen – auch ein Gegenbeispiel dieser generellen Negativfeststellung. Sie hat durch gezielte und häufige Lesepraxis den niedrigen sprachlichen Bildungsstand ihrer Eltern überwunden und entgegen den Konservierungstendenzen der Migrantensprache im Zielland ihren Wortschatz erweitert. Damit präsentiert sie sich als eine Ausnahme, die durch den Willen zur autodidaktischen Weiterbildung den üblichen Kreislauf durchbrochen hat. Ihren eigenen Kindern gegenüber reicht dieser differenzierte Wortschatz jedoch nicht aus, um die innerfamiliäre Sprachpraxis ganz auf Spanisch zu gestalten. Auch ihre Kinder – wie die in Deutschland aufgewachsenen Kinder generell – sehen Deutsch als ihre Sprache an.

7.
Während des Gesprächs wird Maria von einer Mitspielerin der Theatergruppe aufgefordert, zur Probe zu kommen. Ihre Abwesenheit während der Probe trotz ihrer Anwesenheit im Verein motiviert die Gruppe zu einer persönlichen Aufforderung der Teilnahme. Die Gruppe wehrt sich somit gegen die Zumutung einer ins Belieben eines jeden Einzelnen gestellten Beteiligung und klagt die Realisierung der gegenseitig eingegangenen Verpflichtung ein. Allerdings ist die Selbstkontrolle der Gruppe genügend flexibel, daß sie bei Anwesenheit einer Person im Demokratischen Haus die Möglichkeit einer späteren Einbeziehung nutzt und damit einen variablen Umgang mit den Proben erlaubt. Diese Spannung zwischen genereller Beteiligung und punktueller Nichtbeteiligung gibt den Mitgliedern – wie im Falle von Maria – größere Freiräume für die situationsbezogene Ausgestaltung des Vereinsbesuchs.

Als Begründung für ihre Abwesenheit führt Maria ihre kleine Rolle an, da in ihren Augen das Ausmaß einer Rolle unterschiedliche Verpflichtungsgrade der Teilnahme bedingt. Sie fühlt sich gegenüber früheren Besetzungen entlastet, bei denen sie große Rollen innehatte und unter einem erheblichen Lernzwang stand. Theaterarbeit ist bei großen Rollen für Maria eine Herausforderung, die mit erheblichen, hart erarbeiteten Gedächtnisleistungen verbunden ist. Sie kontrastiert diesen persönlichen Einsatz mit der geringen Resonanz, die die Theaterarbeit beim Publikum erzielt. Dabei bezieht sie das eigene Engagement nicht nur auf die Schauspielerei, sondern auch auf die in Eigenregie verantwortete Herstellung der Kostüme. Das Theaterspiel im Verein umfaßt demnach den Einsatz auf unterschiedlichen Gebieten und wird nicht nur als Freizeitbetätigung in den geschützten Räumen des Vereins betrieben, sondern auch als Ernstveranstaltung nach außen getragen. Für Maria ist der Aufführerfolg, die öffentliche Resonanz eine Belohnung für die durchgestandenen Mühen, die sich allerdings nur in sehr begrenztem Maße einstellen. Gemessen an der Erfolgs- und Steigerungsabsicht von Maria und gemessen an der Höhe der Eintrittsgelder ist die motivationale und ökonomische Bilanz negativ. Die Theateraufführungen erweisen sich eher als erweiterte Familien- und Freundessitzungen, da nur über die Mobilisierung des persönlichen Umfeldes die Räumlichkeiten überhaupt gefüllt werden können. Der äußere Erfolg als Kriterium zur Bewertung und Situierung der eigenen Arbeit wird minimiert durch die begrenzte Nachfrage nach spanischer Theaterkultur, die in Deutschland im hermetischen Raum persönlich und familiär rekrutierter Interessentenschaft verbleibt.

8.
Die Aufforderung ihrer Kollegin hat Erfolg, da sich Maria schließlich doch für die Probe entscheidet. Für Patricia und Klaus ist dies der Anlaß, sich zu verabschieden, da sie ihr Ziel erreicht haben. Mit der Bekanntgabe ihrer privaten Telefonnummer signalisieren sie noch einmal ihr Interesse an weiteren Kontakten, die auch von ihren Gesprächspartnern ausgehen können (und sollen). Der Hinweis des Ichs, bei der nächsten größeren Aktivität im Verein Adressen von Volkshochschulen mitzubringen, zeigt diejenige Form der Hilfestellung an, die es bereits gegeben hat bzw. noch geben will: das Vermitteln von Adressen im Volkshochschulbereich, die Kontaktanbahnung im Erwachsenenbildungssektor. Auch das Ich bereitet seinen Abschied vor, indem es seine Getränke an der Bar bezahlt und sich von Miguel, einem seiner noch in der Diele anwesenden Gesprächspartner des Abends verabschiedet. Dabei wird es Zeuge einer Besprechung zwischen Miguel und einem weiteren Vereinsmitglied über einen der freiwilligen Arbeitseinsätze im Verein, der Renovierung und Instandhaltung des Hauses und seines Ambientes. Der Verein ermöglicht und verlangt nicht nur die aktive Beteiligung bei der Vereinsorganisierung oder bei Sport- und Kulturaktivitäten, sondern benötigt auch Mitglieder, die sich um den äußeren materiellen Rahmen kümmern. Er stellt verschiedene Beteiligungsformen bereit, in denen sich Mitglieder je nach Bedürfnis und Fähigkeit engagieren können.

Zusammenfassung

Das Ich des Beobachtungsprotokolls, das den Vereinsabend erlebt, ist bereits in den Verein eingeführt und hat Kontakte zur Vereinsleitung und zu einzelnen Mitgliedern. Es bewegt sich zwischen bekannten und unbekannten Gesichtern, hat eine eher abwartend-passive Haltung und wird von den Anwesenden zu Gesprächen motiviert, die Anschlußmöglichkeiten für weitere Gespräche bieten. Das Ich nimmt nicht nur unterschiedliche räumliche Beobachterstandpunkte ein, auch der Involvierungsgrad in das Vereinsgeschehen ist unterschiedlich ausgeprägt. Es gibt Phasen der relativ unbeteiligten Anwesenheit, der Teilhabe an Alltagskommunikation, des gemeinsamen Tuns, des intensiven Gesprächs und Zuhörens. Die rezeptive Offenheit des Ichs sorgt für unterschiedliche Modi der Kontaktanbahnung und -pflege durch die Mitglieder. Das Ich wird zur Projektionsfläche sowohl für biographische Kommunikation und die Präsentation von Expertenwissen als auch für die Aufforderung zur Hilfe und zur Beteiligung am Vereinsleben. Das Ich ist nicht nur Gesprächspartner, sondern wird auch genutzt zu Vermittlungsleistungen und zur aktiven Praktizierung der Solidaritätsregel im Verein.

Die Personen, die das Ich im Verlauf des Abends erlebt, lassen sich in vier verschiedene Gruppen differenzieren mit unterschiedlichen Beteiligungsformen und vereinsbezogenen Aufgaben: Zunächst stößt das Ich auf die beiden relativ stark voneinander abgeschotteten Gruppen der Fußballer und Theaterleute, deren Stellung im Verein sehr unterschiedlich ist. Während die Fußballer den Verein zur geselligen Freizeitbetätigung nutzen, da ihr Gruppenzweck, Fußball zu spielen und zu trainieren, außerhalb des Vereinsgebäudes stattfindet, trifft sich die Theatergruppe zur Probe und damit zur zielgerichteten Ausübung ihres Gruppenzwecks. Sie repräsentiert die kulturelle Komponente des Vereins, während die Fußballer die ludische Dimension vertreten. Allerdings ist auch die Theaterprobe eingebettet in Formen sozialer Gesellung, aus denen heraus die Theatergruppe sich nur schwer zur Probe motivieren läßt. Während die Fußballer im Verlauf des Abends in ihrem Raum verbleiben, wechselt die Theatergruppe die Räumlichkeiten. Sie braucht zur Realisierung ihrer Gruppenarbeit den Wechsel von Öffnungs- und Schließungsaktivitäten. Eine dritte Gruppe im Verein sind die Kinder und Jugendlichen, die ihre Zeit in einer Mischung aus selbstbestimmter Aktivität und indirekter Kontrolle durch die Älteren verbringen. Eine weitere Personengruppe, die das Ich wahrnimmt, sind einzelne Mitglieder im Verein, die für das Ich jedoch im Anonymen verbleiben und zu denen es keinen direkten Kontakt aufbaut. Diese Personen können durch bestimmte Aktivitäten aus den drei bereits erwähnten Gruppen herausragen und so die Aufmerksamkeit des Ich auf sich ziehen – wie beispielsweise die Frau, die ihre Rolle vor dem Probenbeginn memoriert, oder das Mitglied der Theatergruppe, das Maria zur Probe auffordert. Es können jedoch auch Personen sein, die als Einzelne im Verein auftreten und keinen sichtbaren Bezug zu den dort anwesenden Gruppen haben – wie der Mann an der Bar oder der Renovierungshelfer von Miguel. In seinen Interaktionen ist das Ich mit Mitgliedern konfrontiert, die zum Vereinsestablishment gehören und dort auch bestimmte (leitende) Funktionen ausüben: Nieves, die das Ich als Vorstandmitglied anspricht und die um Teilnahme an den nächsten Kulturaktivitäten im Verein wirbt; der nicht anwesende Vereinspräsident, der mit der Selektion von Dokumenten bezüglich der Vereinsgeschichte dem Ich Zugang zur historischen Tiefendimension des Vereins eröffnet hat; die Barkeeper und Köchinnen, die die kulinarische Komponente des Vereins verkörpern; Miguel, der als Handwerker für die äußeren Belange des Vereinsgebäudes zuständig ist. Intensiven Kontakt hat das Ich vor allem mit drei Personen, die nicht nur innerhalb des Vereinsgeschehens und der Vereinsarbeit unterschiedliche Funktionen wahrnehmen, sondern sich auch dem Ich gegenüber in unterschiedlicher Weise biographisch positionieren: der Theaterregisseur, Maria und Patricia. Während der Leiter der Theatergruppe die Disziplin der Gruppe aufrecht erhält und sich als Experte für Volkskunst präsentiert, agiert Maria als Vereinslotsin für Neuankömmlinge und macht ihre (fremd-)sprachliche Biographie zum Thema. Sie verweist nicht nur auf die Schwierigkeiten ihres eigenen sprachlichen Integrationsprozesses, sondern auch auf die allgemeinen bildungssoziologischen Barrieren, die einer gut ausgebildeten Zweisprachigkeit in der Migration entgegenstehen. Allerdings setzt sie sich selbst gegen den allgemeinen Trend der sprachlichen Verschlechterung ab, indem sie sich als Leseratte stilisiert, die autodidaktisch und selbständig um die Erweiterung ihres Wortschatzes bemüht ist. Der Theatermann präsentiert ebenfalls eine autodidaktisch bzw. fernstudienmäßig abgestützte Bildungsbiographie. Seine enzyklopädischen Ansprüche, die er mit seinem Studienfach Geschichte verbindet, kontrastieren mit seinen Erziehungsintentionen, die auf eine Konfrontation mit dem authentischen Spanien für spanienferne Personen in der Migration hinauslaufen. Er leistet sowohl biographisch als auch vereinsmäßig Identitätsarbeit, indem er für sich und andere Spanien in seinen unterschiedlichen Facetten – Literatur, Theater, Sprache – präsent hält. Patricia hingegen nutzt den Verein als Kontaktbörse und weist sich als integrationsbegierige Katalanin aus. Bei ihr steht der Eingliederungsprozeß in Deutschland im Vordergrund, für den sie sowohl in sprachlicher als auch beruflicher Hinsicht bereits einige Anstrengungen unternommen hat. Aber auch sie thematisiert Lernprozesse, die durch den Wechsel nach Deutschland bedingt sind: die Konfrontation und Revision von Verhaltensklischees, das kritische Überdenken der Kultur- und Sprachpraktiken der eigenen Herkunftsgesellschaft, der sorgsame – möglicherweise auch strategische – Umgang mit regionalistisch-nationalistischen Beteuerungen.

In dieser Beobachtung von und Auseinandersetzung mit unterschiedlichen Gruppenpraktiken, Verhaltensweisen von Mitgliedern und biographischen Erzählungen zeigen sich verschiedene Dimensionen des Vereinslebens im Demokratischen Haus. Zum einen stellt der Verein ein eingespieltes Ensemble von Freizeitaktivitäten auf Dauer, er gibt die Möglichkeit der routinisierten, fortgesetzten Teilhabe, er stellt einen Raum der Zugehörigkeit zur Verfügung, in dem Freizeitpraktiken permanent abgerufen und aktualisiert werden können, in dem die Verstetigung und Vergesellschaftung von Freizeit (re-)produziert wird. Zum anderen aktiviert der Verein seine Mitglieder zu bestimmten Aktivitäten, verlangt Engagement und Beteiligung, motiviert zum Einsatz auch jenseits von Müdigkeits- und Trägheitsgrenzen. Die organisierende Vereinselite, die in dieser Hinsicht missionarisch und werbend tätig ist, die Ansprüche formuliert und durchzusetzen versucht, trifft auf Mitglieder bzw. setzt Mitglieder voraus, die aktiv, tätigkeitsorientiert und bildungsbeflissen sind und die im Verein eine Steigerungsperspektive suchen. Schließlich umwirbt der Verein Neuankömmlinge, versucht sie zur Mitarbeit zu motivieren und an den Verein zu binden. In dieser Hinsicht repräsentieren Patricia und das Ich zwei Personen, die von außen kommen und auf die der Verein sein Interesse richtet. An ihnen dokumentiert sich der Umgang des Vereins mit Fremden, indem er einerseits Serviceleistungen anbietet, andererseits zur Solidarität, zur Einhaltung von impliziten Vereinsregeln auffordert. Insgesamt ermöglicht der Verein unterschiedliche Formen der Beteiligung und unterschiedliche Grade des Engagements: die pure Reproduktion von Freizeit, die Steigerungsperspektive bei aktivierungsfähigen Mitgliedern, die Führungs- und Motivierungsarbeit der Vereinselite, der Umgang mit fremden Personen als potentielle Werbungs- und Eingemeindungsmasse. Der Verein gibt gleichzeitig Raum für Kinder, Frauen (Theater) und Männer (Fußball), für Familien und Alleinstehende, für die Barkommunikation und Dielengeselligkeit, für Spiel, Sport, Kultur, Unterhaltung und Kulinarik, für Kontaktanbahnungen und Vermittlungsaufgaben. Der Verein stellt ein unterschiedlich dicht geknüpftes Netz von Servicefunktionen, Freizeitbeschäftigungen und kulturellen Aktivitäten bereit, das differente, gleichwohl parallele und zeitgleiche Bezugnahmen auf den Verein ermöglicht und damit unterschiedliche Perspektiven und Interessenlagen befriedigt.

4. Die Vereinsgegenwart als expansiver Prozeß zwischen Generationenintegration und Stadtteilbezug

4.1. Generationenbeziehungen im Verein

Das Demokratische Haus präsentiert sich in seinen Selbstdarstellungen als ein Intergenerationenverein, der drei Generationen unter einem Dach vereint. Doch nicht nur in seinen offiziellen Selbstdarstellungen, sondern auch in der Vereinspolitik und in den Diskussionen unter Vereinsaktiven ist die Frage der Generationenbeziehungen und insbesondere die Frage nach der Integration von Kindern und Jugendlichen in den Verein ein Problemkomplex, der immer wieder angesprochen und thematisiert wird.

Bezüglich der Integrationsproblematik von Kindern und Jugendlichen verfügt der Verein sowohl in räumlicher als auch in inhaltlicher Hinsicht über exklusive jugendspezifische Angebote: räumlich durch die Bereitstellung eines ausschließlich der jüngeren Generation gewidmeten Aufenthalts-, Spiel- und Partyraums, inhaltlich durch regelmäßige Aktivitäten am Nachmittag (Kinderbetreuung, Hausaufgabenhilfe) oder Wochenende (Zeichenunterricht), durch altersspezifische Angebote des Flamencovereins (Kinder- und Jugendgruppe) sowie durch Zusatzaktivitäten (Schlittschuhlaufen, Ausflüge) und Einmalprogrammpunkte (Ferienreise nach Spanien). Diese unterschiedlichen Angebote werden von den Kindern und Jugendlichen im Verein auch tatsächlich nachgefragt und akzeptiert. Die jüngere Generation ist im Verein physisch präsent – und zwar auch jenseits des eigenen Jugendraums. Sie besetzt und nutzt die Räume – die Diele, die Bar und insbesondere den Flur – für ihre Zwecke, in dem sie – separiert von der Erwachsenenwelt und durch die offene räumliche Nähe doch integriert – häufig eigene räumliche Settings (Stuhlkreis) etabliert und eigene gesellige Runden bildet. Gleichwohl bleiben die Jugendlichen nicht nur unter sich, sie mischen sich auch unter die Erwachsenenwelt, so vor allem im Fußballverein für die männliche oder im Tanzverein für die weibliche Jugend. Ein wichtiges Moment intergenerationeller Gesellung sind zudem die zahlreichen Feste sowohl innerhalb als auch außerhalb des Vereins (s.u.), an denen Kinder und Jugendliche wie selbstverständlich beteiligt sind. Sie bleiben auf bis spät in die Nacht, werden zu Aktivitäten in den Verein mitgenommen und genießen als ‚junge Generation' einen Sonderstatus wohlwollender Aufmerksamkeitszuwendung. Der Verein ist ein Ort quasi großfamiliärer Integration, in dem einerseits indirekte Kontrollmöglichkeiten herrschen, in dem andererseits viele Kontaktmöglichkeiten über das eigene Elternhaus hinaus bestehen.

Trotz der relativen Erfolge bei der Integration und Bindung junger Vereinsmitglieder ist die Frage der Jugend und Jugendintegration unter den Vereinsverantwortlichen ein häufiges und z.T. kontrovers diskutiertes Thema. Im Verein herrscht ein geschärftes Bewußtsein über den Stellenwert der Kinder- und Jugendarbeit und zwar vor allem aus der Perspektive der institutionellen Überlebenschancen des Vereins. Die Zukunft des Vereins als einer Institution, die überleben will, steht – so die übereinstimmende Meinung – auf dem Spiel, wenn die Bindung der Jugend als dem zukünftigen Vereinsträger mißlingt. Gerade weil sich der Verein der Jugend (noch) nicht sicher sein kann, muß er verstärkt Jugendarbeit betreiben. Interessant ist in diesem Zusammenhang, daß Jugendeinbindung als Absicherungsstrategie für institutionelle Weiterexistenz von einem doppelten Diskurs begleitet wird, den vor allem die Vereinsaktiven der ersten Generation formulieren: einerseits wird mit Blick auf die Vereinsverantwortlichen der zweiten Generation die Bedeutung der Jugendarbeit dramatisch überhöht und als vordringliches Vereinsziel stilisiert und gleichzeitig unterstellt, daß die zweite Generation die Bedeutung der Jugendarbeit unterschätzt. So moniert beispielsweise der ehemalige Vereinspräsident, *„er habe tausendmal gepredigt, daß man unendlich viel Zeit verlieren müsse [perder horas y horas] vor allem mit der Jugend. Man müsse die Jugend begeistern, man müsse in die Jugend investieren, man müsse dafür Prioritäten setzen. Alles sei gut und wichtig im Verein, aber man müsse doch das Wichtigere vom weniger Wichtigen unterscheiden. Und die Jugend sei alles."*[94] Andererseits wird mit Blick auf die dritte Generation den Jugendlichen selbst eine moralische Verpflichtung der künftigen Übernahme von Vereinsaufgaben angesonnen. Begründet wird diese Verpflichtung damit, daß – aus der Sicht der Älteren – *„viele der jungen Generation eine bessere Ausbildung hätten als sie selbst"* (ebda.) und deshalb für die Jugendlichen ein quasi moralischer Anspruch besteht, zur Absicherung der Zukunft des Vereins selbst Vereinsämter zu übernehmen. Beide Diskurse, die sowohl auf *Intensivierung* als auch auf *Moralisierung* der Jugendproblematik abzielen, verweisen trotz der gegebenen Erfolge auf die Unsicherheit, die Jugend noch nicht endgültig für die Vereinsbelange gewonnen, die Weiterexistenz des Vereins noch nicht durch die Integration der Generationenabfolge gesichert zu haben. Die älteren Vereinsaktiven sehen daher ihre Aufgabe darin, als mahnendes, kontrollierendes und korrigierendes Gewissen des Vereins zu agieren, die beiden nachfolgenden Generationen in ihrem Verhalten zu kritisieren und gleichzeitig an ihre Pflichten erinnern: bezogen auf die zweite Generation bemängeln sie die – angebliche – Laschheit und mangelnde Konsequenz, mit der Jugendarbeit ihrer Meinung nach im Verein betrieben wird, und fordern den gezielten, bewußten, zeitintensiven Einsatz als Grundbedingung erfolgreicher Jugendarbeit. Bezogen auf die dritte Generation bemängeln sie die – an-

---

94 Protokollauszug über den Vereinsabend vom 6.10.95.

geblichen – Selbstverwirklichungstendenzen oder berufskarrieristischen Lebensplanungen und fordern den aktiven ehrenamtlichen Einsatz für den Verein als Gegengabe für die besseren Ausbildungs- und Berufschancen.

Die Versuche der älteren Generation, das Demokratische Haus von diesen beiden unterschiedlichen Diskursen her zu kohäsionieren, unterstellen eine prekäre intergenerationelle Absicherung des Vereins. Den Älteren geht es bei ihren Ausführungen nicht so sehr um die inhaltliche Begründung von Jugendarbeit, sondern um die Sicherung der Grundvoraussetzungen institutionellen Überlebens. Ihre Perspektive ist die Zukunft des Vereins durch Generationenabfolge und die Sorge um die erfolgreiche Weitergabe der Vereinsverantwortung. Sie vertreten als die Älteren eine Zeitperspektive, eine Perspektive der institutionellen Reproduktion in der Zeit. Ganz anders argumentieren die Vertreter der zweiten Generation hinsichtlich der Bedeutung und des Stellenwertes von Jugendarbeit. Die zweite Generation steht als mittlere Generation zwischen den beiden anderen Generationen. Sie hat eine Scharnierfunktion und dokumentiert – selbst in der Vereinsverantwortung stehend – die geglückte Generationenübergabe innerhalb des Vereins. Sie hat in einem kritischen Moment der Vereinsgeschichte eingewilligt, das Ruder zu übernehmen – aus Selbstverpflichtung *und* aus der realistischen Selbsteinschätzung der Älteren heraus, schlechtere Erfolgschancen in den rechtlichen Auseinandersetzungen mit der Caritas zu haben als die zweite Generation, die einen Teil ihrer Sozialisation bereits in Deutschland durchlaufen hat.[95] Die Vereinsaktiven der zweiten Generation begründen nun Jugendarbeit vor allem inhaltlich aus der Perspektive einer erfolgreichen Sozialisation, wobei sie die Kriterien für Erfolg aus ihrer eigenen Lebensperspektive und -erfahrung ableiten: Jugendarbeit verstehen sie als eine Möglichkeit, den Jugendlichen ihre Identitätssuche und Identitätsvergewisserung zu erleichtern, als eine Möglichkeit, mit den eigenen kulturellen Wurzeln konfrontiert zu werden, als eine Möglichkeit, in einer ansprechenden Umgebung die spanische Sprache zu praktizieren. Dabei wird in durchaus nüchterner Abschätzung der Vorteile von Bilingualität aktive doppelte Sprachbeherrschung auch als beruflicher Karrierevorteil thematisiert. Sprache, die Tradierung von Sprache, erweist sich gerade für die Vereinsaktiven der zweiten Generation als ein besonderer Problem- und Testfall gelungener Sozialisation, auf den der Verein mit verstärkten kulturellen Bestrebungen reagieren muß. Jugendarbeit wird somit nicht als institutionelle Zukunftsabsicherung, sondern als personenbezogene sprachlich-kulturelle Stabilisierung verstanden. Erfolgreiche Sozialisation heißt für die zweite Generation, die bipolare Herkunft auszuhalten und produktiv zu nutzen, sich nicht einseitig einem der beiden Herkunftskontexte zu verschreiben und deshalb Strategien der Gegensteuerung und Kompensation einzusetzen, um innerfamiliäre sprachliche Sozialisationsdefizite wenigstens ansatz-

---

95 Möglicherweise kommt in dem Ansinnen der ersten an die dritte Generation, Vereinsämter aus einer moralischen Verpflichtung heraus zu übernehmen, auch die positive Erfahrung zum Ausdruck, die beim Wechsel von der ersten auf die zweite Generation innerhalb des Vereins gemacht wurde.

weise auszugleichen, um schulische Anforderungen erfolgreich zu meistern, um das elterliche Kulturerbe weiterzutragen, etc. Damit favorisieren sie nicht so sehr eine *institutionenbezogene Zeitperspektive*, sondern eine *subjektbezogene Inhaltsperspektive*. Institutionelle Absicherung und sozialisatorischer Erfolg stellen demnach die beiden altersspezifischen Perspektiven der Generationenthematisierung im Verein dar.

4.2. Geselligkeit und/versus Kultur

Innerhalb des Demokratischen Hauses nimmt Geselligkeit einen breiten Raum ein; die Diele, die Bar, der Fußballclubraum sind Orte, an denen Spiel, Kulinarik und gesellige Kommunikation vorherrschen, an denen der Verein als feierabendliche Fortsetzung des Lebens genutzt wird. Im Konstrast zu dieser geselligen Komponente stehen die kulturell-pädagogischen Angebote, die entweder für bestimmte Teilgruppen des Vereins organisiert sind (Hausaufgabenhilfe, Malunterricht, Tanz- und Theaterproben) oder sich an die Gesamtmitgliedschaft richten (Filme, Vorträge, etc.). Wesentlich für die Organisierung und Durchsetzung dieser Angebote ist die Aktivierungsarbeit der Vereinselite; sie tritt mit einem missionarischen Anspruch auf, setzt sich werbend für die Realisierung der ideellen Vereinsziele ein und fungiert als Animationsinstanz gegen die sich einschleifenden Routinen des geselligen Vereinsalltags. So aktiviert der Theatermann die Gruppenmitglieder zum Probenbeginn, so weist die Tanzgruppenleiterin auf das Kulturprogramm hin, so versucht der Vereinspräsident, generell mehr Kultur im Verein zu verankern. Auch der Expräsident beklagt die eher passive, konsumistische Haltung der meisten Vereinsmitglieder. Seiner Meinung nach *„könne sich eine Vereinigung auf Dauer nur halten, wenn sie auch ein politisch-kulturelles Projekt habe... Hier gebe es den Fußballclub, die Peña, aber keine anspruchsvolle Kultur."*[96] *„Das Trinken und Spielen stehe sehr im Vordergrund.. Es sei schon richtig, daß der Mensch sich auch ausruhen müsse nach der Arbeit, aber nach ein, zwei Stunden könne man vielleicht doch sagen: Nun, laßt uns über die Dinge diskutieren, die uns betreffen, aber das geschehe heute nicht. Das sei wirklich traurig."*[97] Diese Anmahnung eines kulturellen Projektes, das der ehemalige Vereinspräsident als notwendige Überlebensbedingung für den Verein formuliert, steht im Kontrast zu der geselligen Vereinsroutine, die sich unabhängig und jenseits der kulturellen Ambitionen der Vereinselite durchsetzt. Der Exvereinspräsident klagt ein kulturelles Niveau ein, das es seiner Meinung nach in der geselligen Vereinspraxis nicht (mehr) gibt. Dabei geht er sogar so weit, die Kulturarbeit des Tanzvereins in ihrer inhaltlichen Relevanz zu schmälern. Er formuliert ein Anspruchsniveau, das vor allem auf die diskursive Auseinandersetzung, auf die intellektuelle Bearbeitung von

---

96 Protokollauszug über den Vereinsabend vom 30.4.1995.
97 Protokollauszug über den Vereinsabend vom 2.6.1995.

existentiellen, gegenwärtigen Problemlagen abzielt und nicht die – mehr oder weniger reflexionslose – Weitergabe und Einübung kultureller Traditionen anvisiert.

Diese Einschätzung ist umso bezeichnender, als Tanz im Verein einen bedeutenden Stellenwert hat und dasjenige Element repräsentiert, das sowohl innerhalb als auch außerhalb des Vereins wichtige Funktionen der Integration und Außendarstellung übernimmt. Tanz wird in unterschiedlichen altersspezifischen und altersübergreifenden Gruppen kultiviert und tradiert, Tanz ist auf allen Festen in Form von Gruppen- und Solodarbietungen präsent, Tanz spielt eine bedeutende Rolle bei der Präsentation des Vereins in der lokalen Stadtkultur. In der Tanzpraxis des Vereins zeigt sich allerdings – ebenso wie in der Literatur- und Theaterpraxis der Theatergruppe – die eigentümliche Zwischenwelt, in die die spanische Kulturausübung in der Migration gerät: sie wird zu einem willentlichen Akt der Bewahrung und Tradierung von Kulturgütern, die nicht mehr auf ein ‚natürliches', vorgegebenes Umfeld bezogen ist, sondern im abgeschotteten Raum der Vereinswelt eingeübt wird. Diejenige Person, die die Tanzkultur im Verein wesentlich prägt und gestaltet, hat bezeichnenderweise die unterrichteten Tänze selbst nicht in Spanien, sondern in Deutschland erlernt. Für sie ist die Ausübung und Weitergabe von Tanzkultur nicht Ausdruck eines sozio-kulturellen Umfeldes, in dem sich die Praxis des Volkstanzes oder Volksliedes spontan, naturwüchsig vollzieht, sondern Ausdruck eines willentlichen Aktes zur Bewahrung des spanischen Kulturerbes in Deutschland.

Die kulturelle Zwischenwelt, die über das Medium des Tanzes oder der Musik im Verein konstituiert wird, zeigt sich auch in der hybriden Überschneidung und Vermengung unterschiedlicher Handlungs- und Sprachlogiken. Einerseits wird über den Tanz und über die Musik eine Stimmung und ein Ambiente im Verein erzeugt, wie es mit anderen Medien nicht gelingt. Über den Tanz, die Musik, die Mimik und Gestik vollzieht sich eine Anverwandlung der Deutschspanier in Spanier. Die andalusische Musik (Flamenco), die Gesten beim Tanz, das rhythmische Klatschen, die Gebärdensprache, die anfeuernden Olé-Rufe, etc. vermitteln – zumal für einen Außenstehenden – den Eindruck, daß es sich hierbei um eine spanische Veranstaltung in Spanien handelt. Doch selbst in der möglichen Identifikation und Anverwandlung mit der Musik und mit dem Tanz geben sich die (jungen) Tänzerinnen des Vereins ihre Befehle verstohlen auf Deutsch und kommunizieren in derjenigen Sprache, in der sie sich heimisch fühlen. Und ebenso rufen sich die (jungen) Mitglieder der Band, die beim Musikabend hingebungsvoll spanische Liebeslieder singen, auf Deutsch die Befehle zu oder beraten auf Deutsch die technischen Details der Aufführung. Sie alle zeigen, daß das Kulturgut, das sie aktualisieren und tradieren, nur in der Zwischenwelt der Kolonie existiert und die Aufnahmegesellschaft bereits in die Ausübung der eigenen kulturellen Traditionen sprachlich vorgedrungen ist.

4.3. Die Bar als Ort reziproker Gastfreundschaft und biographischer Selbstpräsentation

Die Integration und Gleichzeitigkeit von Geselligkeit und Kultur, von routinisierter Freizeitgestaltung und aktivierender kultureller Betätigung, von geselliger Kommunikation und gezielter Ansprache wird maßgeblich unterstützt durch die räumliche Vernetzung, die das Vereinshaus bietet. Sowohl die funktionsbezogenen Möglichkeiten der Raumgestaltung als auch die funktionsübergreifenden Möglichkeiten der Kontaktpflege machen aus dem Vereinshaus einen polyvalenten Raum, der in der Gleichzeitigkeit unterschiedlicher Aktivitäten hohe integrative Wirkung hat.

Im Raumensemble des Demokratischen Hauses kommt neben der Diele vor allem der Bar eine bedeutende Integrationsfunktion zu – und zwar nicht nur im Hinblick auf die Sicherung der kulinarischen Komponente innerhalb des Vereins, nicht nur hinsichtlich der zwanglos-geselligen Kommunikationsformen, die sich dort bevorzugt etablieren, sondern auch und gerade in Bezug auf die Aufrechterhaltung wichtiger Sozialisationselemente, die aus der Herkunftsgesellschaft in die Vereinswelt hinein transportiert werden. So dient die Bar sowohl als Ort der Praxis und Kontinuierung der elementaren Reziprozitätsregel des gegenseitigen Einladens als auch als Bühne für kommunikative Selbstinszenierungen.

Das Ritual des gegenseitigen Einladens, das Spiel von Einladung und Gegeneinladung, von gegenseitig praktizierter Gastfreundschaft stellt ein bedeutsames Alltagsdetail der geselligen Kommunikation dar, das im Verein konserviert und verstetigt wird. Seine Bedeutung zeigt sich daran, daß es zu heftigen Auseinandersetzungen kommt, wenn sich eine Person nicht an diese Reziprozitätsregel hält und als formell eingeladene den eigenen Konsum doch selbst bezahlt. Die Praxis des sich gegenseitig Einladens an der Bar zu einem Drink führt daher regelmäßig zu Debatten darüber, bei wem der Barkeeper die Zeche aufzuschreiben hat. Dabei wird peinlich genau darauf geachtet, daß das Verhältnis von Einladen und Eingeladenwerden als Form der gegenseitigen sozialen Zugehörigkeitsbekundung ausgewogen bleibt. Neben dem gemeinsamen Trinken wird auch die Vergemeinschaftung durch das gemeinsame Essen gepflegt. Es wird als eine Selbstverständlichkeit angesehen, Freunde zum gemeinsam geteilten Essen einer Käse- oder Schlachtplatte aufzufordern, wobei auch die Küche durch die Mitlieferung von Spießstäbchen oder Gabeln gleichermaßen suggeriert und bestätigt, daß der Teller gemeinsam von den anwesenden Personen gegessen werden soll.

Neben ihrer Vergemeinschaftungs- und Reziprozitätsfunktion beim Essen und Trinken ist die Bar auch Ort der Selbstpräsentation von Personen, eine Bühne für spontane Rededuelle und Vorführungen, bei denen die Hauptakteure sich des mitgehenden, anfeuernden, intervenierenden oder kritisierenden Publikums sicher sein können. Ein prägnantes Beispiel für ein derartiges Changieren von streitsuchender Diskussion, lautstarker Rechthaberei, biographischer

Prahlerei, künstlerischem Auftritt und körperlicher Handgreiflichkeit einerseits sowie intervenierenden Reaktionen seitens des Publikums andererseits bietet ein Barabend, den hauptsächlich Ignacio und Esteban, zwei Spanier, die den Verein zwar häufig besuchen, jedoch nicht zum engeren Führungskreis gehören, bestreiten: *„Ignacio und Esteban debattieren lautstark an der Bar und schaukeln sich gegenseitig hoch. Es macht ihnen beiden sichtlich Vergnügen, sich gegenseitig zu piesacken, zumal sie von einem weiteren Spanier durch Zwischenrufe zusätzlich angefeuert werden. Es geht um ganz verschiedene Themen wie den sozialen Wohnungsbau unter Franco, die Dankbarkeit von Kindern den Eltern gegenüber, den Kommunismus, die Höhe des spanischen Lohnes in den 1960er Jahren. Esteban erzählt, wie er dreizehn Peseten bekam, um einen Lastwagen mit tiefgefrorenem Fisch zu entladen, und wie er immer, wenn der Aufpasser wegsah, ein Paket beiseite schaffte. Da habe er zwar nur dreizehn Peseten Lohn bekommen, sei aber mit zwanzig Kilogramm Fisch weggegangen, die er auf dem Schwarzmarkt für 6-10.000 Peseten verkauft habe. Lautstark wird darüber debattiert, daß und ob dies Raub sei, wobei sich auch zwei Personen, die an der Bar sitzen, in die Diskussion einschalten. Esteban versucht sich zu rechtfertigen, indem er beteuert, daß er sich nur geholt, was man ihm vorenthalten habe. Dreizehn Peseten für das Entladen eines ganzen Lastwagens, das sei Raub an ihm und deshalb habe er sich das Seine geholt. Allerdings bleibe leicht verdientes Geld nicht lange bei einem, sondern werde auch wieder leicht ausgegeben. Diese Rede animiert Ignacio seinerseits zu erzählen, wie er von Argentinien nach Spanien gekommen sei mit tausend Dollar, die ihm seine Arbeitskollegen geschenkt hätten, und wie er dieses Geld in kürzester Zeit durchgebracht habe. Bei ihren Erzählungen unterbrechen sich Ignacio und Esteban gegenseitig, Rede und Gegenrede wogen hin und her, Ignacio ist der aggressivere und lautstärkere von beiden, der Esteban auch ab und zu körperlich angeht und wegschubst. Er fordert Esteban auf, ein Weihnachtslied zu singen und fügt – zu mir gewendet – erklärend hinzu, singen, das könne Esteban wirklich. Und Esteban beginnt tatsächlich, im cante jondo Stil [Spielart des Flamenco] zu singen, zwei, drei Lieder, die ganze Bar freut sich und animiert ihn. Dann geht es wieder kontrovers um die Gabe der Sprache [dón de la palabra], nach Esteban das höchste Gut, das der Mensch mitbekommen habe. Ignacio widerspricht ihm heftigst, er sieht im Auge die höchste Gabe. Als Ignacio kurz aus der Bar geht, erklärt Esteban, daß Ignacio manchmal etwas in Rage gerate und ihn tätlich angreife, was er gar nicht leiden könne. Er kenne aber Ignacio schon seit Jahren und wisse, daß er es nicht so meine, daher gehe er ihm dann lieber etwas aus dem Weg, und wenn er sich wieder beruhigt habe, komme er wieder zurück. Man wolle doch zusammen lachen und Spaß haben, sich amüsieren und lustig sein. Als Ignacio wieder zurückkommt, beschließen beide, Karten zu spielen, und fordern einen weiteren Mann an der Bar auf, sich ihnen anzuschließen. Zu dritt verlassen sie die Bar."*[98]

---

98 Protokollauszug über den Vereinsabend vom 8.12.1995.

4.4. Stadt(teil)bezug und Festbeteiligung als erfolgreiche Marketingstrategien

Neben der Generationenintegration – und damit der Stabilisierung des Vereins nach innen – nimmt das Demokratische Haus für sich in Anspruch, auch eine Integration in die Aufnahmegesellschaft hinein – und damit eine Stabilisierung des Vereins nach außen – aktiv zu betreiben. Diese Öffnung des Vereins dokumentiert sich nicht nur in der relativ raschen und aggressiven Aufforderung zur Beteiligung und Indienstnahme potentieller Mitglieder – eine Form der Mitgliederanwerbung, für die stellvertretend das Ich und Patricia stehen –, sondern auch in den vielfältigen Kontakten, die der Verein mit anderen Institutionen unterhält. Die Öffentlichkeitsarbeit und Pflege der institutionellen Verbindungen hat im Verein einen hohen Stellenwert. Die Vernetzung der Kontakte läuft vor allem über den Vereinspräsidenten, der in vielen privaten und städtischen Vereinigungen vertreten ist (oder war) – so z.B. im Vorstand des Bundes für Volksbildung, im Höchster Vereinsring, in der Interessenvertretung Höchster Händler, im Ausländerbeirat – und multifunktional in der lokalen Öffentlichkeit auch im Interesse des Vereins verzahnt ist.

Ein wesentliches Element der institutionellen Verzahnung mit der Aufnahmegesellschaft ist die Beteiligung an stadtteilbezogenen oder gesamtstädtischen Festen (so z.B. am Höchster Schloßfest, den ToleranzTagen Frankfurt, dem Tag der offenen Tür, etc.) mit kulinarischen und/oder folkloristischen Aktivitäten (Stand mit kulinarischem Angebot, Aufführungen der Tanzgruppe(n), Beteiligung durch Ausstellungen, Festumzug, etc.). Diese Feste dienen sowohl der Integration des Vereins in die Stadt(teil)kultur als auch der Wahrnehmung der spanischen Präsenz innerhalb der Kommune. Sie sind ein Element der wechselseitigen Einwirkung, der Gleichzeitigkeit von Integration und Differenz, von Beteiligung und Selbstdarstellung. Zudem haben Feste für den Verein auch eine ökonomische Dimension, da sie Möglichkeiten der Gewinnerwirtschaftung über den Verkauf typischer Landesgerichte bieten.

Im Jahresrhythmus des Vereinslebens sind die Stadt(teil)feste fest verankert. Sie sind integraler Bestandteil der Vereinsarbeit und werden durch Programmankündigungen am schwarzen Brett den interessierten Mitgliedern im Vorfeld publik gemacht. Für ihre Vorbereitung, Durchführung und Nachbereitung ist der Verein meistens in der Lage, genügend ehrenamtliche Helfer zu mobilisieren. Insbesondere die Festbeteiligung mit Verkaufsständen bedarf einer verstärkten logistischen Vorbereitung (Einkauf, Ausrüstung, Materialbeschaffung, Kalkulation des finanziellen Risikos, etc.) und entsprechender Absicherungen im Verein. Allerdings entzünden sich gerade an der Frage der Logistik und der ‚richtigen' Strategie der Beteiligung z.T. heftige Kontroversen, die nicht nur auf Generationenkonflikte hindeuten, sondern auch auf unterschiedliche Vorstellungen von Stadtteilarbeit, Festbeteiligung und Vereinskultur. Anlaß für die im nachfolgenden dokumentierte Diskussion war das multikulturelle Fest

(1995) im Rahmen des Tages der offenen Tür in Frankfurt: *„In der Diele beginnt ein z.T. hitziges Wortgefecht zwischen Ribera [Expräsident], Claudia, Manuel und Pedro [Präsident] über die Verkaufsplanung und -taktik anläßlich des multikulturellen Festes am vergangenen Sonntag auf dem Paulsplatz. Ribera vertritt die Meinung, daß man falsch kalkuliert habe. Man müsse ein richtiges Preis-Leistungs-Verhältnis haben und für den Einsatz von Material und Leuten auch genügend Gewinn erzielen. Wichtig sei die Gewinnrelation... Pedro versucht z.T. behutsam, z.T. aggressiv, die Argumente von Ribera zu entkräften. Für den Verein sei es heute wichtig zu sehen, daß die ökonomische Dimension nur eine Seite sei. Die andere sei, sich als Verein zu präsentieren, Spanien zu repräsentieren, sich als Verein einen guten Ruf zu erwerben, sich auch in die lokale Stadtteilkultur zu begeben. Wichtig sei, den Verein bekannt zu machen, sich seinen Ruf zu erhalten, und man habe hier in Höchst ja einen Ruf zu verlieren. Wenn man frage, welcher Verein in Höchst sei der attraktivste, erhalte man die Antwort: die Spanier. Das sei der Punkt, man müsse heute mit Marketing-Strategien arbeiten, um erfolgreich zu sein. Mit den alten Methoden käme man nicht weiter. Außerdem wolle man den Leuten auch in der Tat etwas Reelles bieten: ein gutes Preis-Leistungs-Verhältnis, bei dem man sich nicht über den Tisch gezogen fühle. Er, Ribera, wisse doch genau, daß in den letzten Jahren die Qualität der Paellas der anderen Vereine sehr zu wünschen übrig gelassen habe. Sie hätten sich dagegen bemüht, wieder Qualität zu bringen und das sei ihnen gelungen. Auch Manuel und Claudia schalten sich in die Diskussion ein. Manuel steht ab und zu auf und wandert hin und her, weil er sich sehr erregt. Ribera gibt den Anwesenden zu verstehen, daß er alles schon bereits mehrfach kalkuliert habe und daß die ‚Jungen' scheinbar von Gewinnrelationen sehr wenig verstünden. Er zitiert immer wieder die alten Tage, worauf die ‚Jungen' allergisch reagieren."*[99]

Die Diskussion zeigt, daß Stadtfestbeteiligung von dem Expräsidenten aus einer anderen Perspektive begründet wird als von dem amtierenden Präsidenten und weiteren Vertretern der zweiten Generation. Für den Expräsidenten ist vor allem die ökonomische Dimension entscheidend sowie das effiziente Verhältnis von erbrachtem Einsatz und erzielter Leistung. Stadtteilfeste sind für ihn ein Medium der Gewinnerzielung für den Verein. Für den amtierenden Präsidenten ist Festbeteiligung dagegen ein Mittel der gezielten und sorgsam vorbereiteten Werbung für den Verein, sie ist Öffentlichkeitsarbeit und eine Form der Imagepflege. Für ihn steht der Erwerb und Erhalt eines guten Rufs als die entscheidende Kommunikationsleistung im Vordergrund, die durch Festbeteiligung und die damit gegebene Repräsentanz in der Öffentlichkeit erzeugt wird (werden soll). Dabei versteht er den Verein auch als einen Repräsentanten Spaniens in der lokalen Öffentlichkeit, der eine andere Kultur vertritt, bewahrt und in der Kommune transparent macht. Spanienrepräsentanz bedeutet für ihn aber auch die Demonstration von Qualität, mit der sich der Verein positiv von ande-

---

99 Protokollauszug über den Vereinsabend vom 2.6.1995.

ren spanischen Vereinen absetzt. Die Durchsetzung von Qualitätstandards ist für ihn eine maßgebliche Bezugsgröße bei der Beurteilung von Gewinnrelationen und nicht so sehr der tatsächlich erwirtschaftete Überschuß. Imagepflege des Vereins, Repräsentation von Spanien, Sicherung von Qualität und ökonomischer Gewinn möchte er als unterschiedliche Dimensionen der Marketingstrategie Festbeteiligung zusammensehen. Insofern betont auch er den instrumentellen Charakter des Stadtteilbezugs, allerdings in einer komplexeren Form als der Expräsident, der allein die ökonomische Dimension unabhängig von den integrativ-repräsentativen Effekten der Stadtteilarbeit anspricht. Daß der Verein durch seinen Stadtteilbezug in der lokalen Öffentlichkeit positiv präsent ist, darüber besteht für den Präsidenten kein Zweifel: Im Urteil der Öffentlichkeit ist der attraktivste Verein in Höchst das Demokratische Haus.

Drittes Kapitel: Vergleich der beiden Vereine

1. Das ‚Ich' als Stellvertreter der deutschen Gesellschaft im Verein: Zugehensweise auf und Integration in den Verein

Der (Erst-)Zugang des Autors zum Spanischen Kulturkreis und zum Demokratischen Haus wird beide Male über die jeweiligen Vereinspräsidenten gesteuert. Beim Kulturkreis ist es die zufällige Anwesenheit der Vereinspräsidentin, die dem Autor bei seinem ersten Besuch Auskunft gibt, ihn instruiert und in den Verein einführt. Beim Demokratischen Haus trifft der Autor auf ein Vereinsmitglied, das ihn an den Vereinspräsidenten weiter verweist. Nach einer telefonischen Verabredung entwickelt dieser in einem langen Gespräch die Vereinsgeschichte und Vereinsgegenwart und nimmt dabei auch die Hilfe zweier weiterer Vereinsaktiven in Anspruch. Zudem zeigt er dem Autor die Räumlichkeiten des Vereins und versorgt ihn im weiteren Verlauf mit Materialien über die Vereinsgeschichte. Beide Präsidenten vermitteln den Autor an andere, als auskunftsfähig bezeichnete Vereinsaktive – wie beispielsweise Herrn Delgado oder Herrn Sánchez –, die in allen Fällen bereitwillig diese Funktion übernehmen. Die Vereinselite hat dem Autor gegenüber eine Gatekeeperfunktion, sie weist ihn in die Gepflogenheiten des Vereins ein, sie interpretiert das Vereinsgeschehen und sie versucht zumindest im Anfangsstadium, die Situation dem Unbekannten gegenüber zu kontrollieren. Auch Mitglieder, die selbst nicht zur Vereinselite gehören, treten ihre Auskunftsfähigkeit an die gewählten Repräsentanten des Vereins ab, die ihrer Meinung nach für die Außenkontakte zuständig sind. Selbst im weiteren Verlauf seiner Vereinsintegration hat der Autor schwerpunktmäßig Kontakt mit diesem Kreis von vereinsaktiven Personen, die häufig auch von sich aus Verbindungen herstellen und aufrechterhalten.

Diese Konzentration auf den engeren Kreis der Vereinselite und die Schwierigkeit, mit ‚einfachen' Vereinsmitgliedern zu interagieren, hängt u.a. auch damit zusammen, daß der Grad an Öffnung und Auskunftswilligkeit in den verschiedenen im Verein verkehrenden Kreisen unterschiedlich stark ausgeprägt ist. Während im Demokratischen Haus die Fußballer sowohl durch ihren räumlichen Bezug (Aufenthalt im eigenen Clubraum) als auch durch ihre Spielaktivitäten (geschlossene Dreier- und Viererbesetzungen an den Tischen) sich überaus hermetisch verhalten, ist beispielsweise die Theatergruppe – auch durch ihre Positionierung in der Diele vor und nach den Proben – sehr viel durchlässiger, ansprechbarer und kontaktbereiter. Auch im Spanischen Kulturkreis sind spezifische Aktivitäten z.B. der Frauengruppe nur sehr schwer einsehbar, da sie nicht in das allgemeine Vereinsgeschehen integriert sind, sondern sich zeitlich separat vollziehen und – zumal für den männlichen Beobachter – Zugangsbarrieren bestehen. Zudem gibt es in beiden Vereinen unterschiedliche Affinitäten zwischen den verschiedenen Kreisen und dem Autor hinsichtlich schulischer Laufbahn, Berufsausbildung, beruflicher Stellung, Alter, Geschlecht, etc., die ebenfalls die Auskunftswilligkeit, Beobachtungsmöglichkeiten und Interaktionshäufigkeit bestimmen.

Die unterschiedlichen Formen des ‚Umgangs mit dem Ich' sind jedoch auch in starkem Maße räumlich bedingt. So gibt es im Spanischen Kulturkreis aufgrund der Beengtheit der Räume keine Ausweichmöglichkeiten oder relativ neutrale Beobachterstandpunkte. Die Anwesenden sind immer stark in das Geschehen involviert, sie stehen unter permanentem Interaktions- und Beteiligungsdruck. Distanz und Nähe sind kaum ausbalancierbar oder gar alternierend möglich. Es gibt keine Räume oder Nischen, die eine ‚unbeteiligte Beteiligung' und damit Formen des eher passiven Verweilens zulassen. Im Gegensatz dazu ist die Situation im Demokratischen Haus einerseits durch die Weitläufigkeit und funktionale Vielfalt der Räume, andererseits durch die gleichzeitige Anwesenheit von relativ festen Gruppen bestimmt. Es gibt Übergänge, Grauzonen, Möglichkeiten des Hin- und Herwechselns, des kommunikativen Auf- und Abbaus. Es gibt Orte wie die Diele oder die Bar, die Modi der Präsenz ohne direkten Interaktionsdruck zulassen. Das Geschehen ist vielfältiger und damit diffuser, es existiert nur selten – wie bei Aufführungen – eine zentrale Aufmerksamkeitsperspektive (fast) aller Anwesenden.

Für das Ich der Beobachtungsprotokolle gibt es unterschiedliche Formen der Kontaktanbahnung und Beteiligung: zielgerichtete Kontakte, zufällige Begegnungen, Kontakte, die sich über die Zeit vertiefen und an die wiederangeknüpft werden kann. In seinen Interaktionen ist das Ich einerseits bemüht, seine eigenen Interessen durchzusetzen wie beispielsweise bei der Suche nach Materialien, welche die historische Tiefendimension der Vereine belegen. Gleichzeitig ist es aber auch selbst Objekt der Interessen der Vereinsmitglieder, die unterschiedliche Ansinnen an es richten. Während das Demokratische Haus relativ schnell die Beteiligung des Ichs herausfordert und Ansprüche an seine Hilfsbereitschaft stellt, ist der Kulturkreis abwartender und reservierter. Das Ich wird dort nicht nur mit ironisch gefärbter Ablehnung (Spitzelvorwurf) konfrontiert, sondern auch stärker auf seine wissenschaftliche Rolle festgelegt. Während es im Demokratischen Haus sehr schnell als Referent, Teilnehmer und Informant in Anspruch genommen wird, der Verein ihm gegenüber also Integrationswilligkeit und Anspruchsformulierung dokumentiert, begegnen ihm im Kulturkreis trotz des Vorpreschens eines Vereinsaktiven eher Abwehr bzw. neutrale Distanz, d.h. das Ich wird nicht bzw. nicht zu früh für die Belange des Vereins aktiviert.

Die Interaktionsweisen, die sowohl der Kulturkreis als auch das Demokratische Haus dem Ich gegenüber zeigen, können als unterschiedliche Modi des Umgangs mit der deutschen Gesellschaft als der sozialen Umwelt der Vereine gedeutet werden. Beide Vereine haben nicht nur eine Innenperspektive – bezogen auf das Vereinsleben und die Vereinsgestaltung für die Mitglieder –, sondern auch eine Außenperspektive – bezogen auf die Formen des Austauschs und der Integration in die Aufnahmegesellschaft. Das Ich fungiert in dieser Hinsicht als Stellvertreter für das generelle Vereinsproblem der Öffnung in die deutsche Gesellschaft hinein. Allerdings repräsentiert das Ich nicht die deutsche Gesellschaft im allgemeinen, sondern einen speziellen Typus: es ist fremdsprachlich kompetent (Sprache) und kommt von der Universität (akademische Bildung). Einerseits erschließt sich das Ich durch diese Kombination bestimmte Personen, stimuliert bestimmte Geschichten und bringt bestimmte Leute dazu, sich als bildungsinteressiert vorzustellen. Das Feld richtet sich quasi magnetisch auf das Ich aus, das eine Projektionsfläche für die Präsentation von Bildungserlebnissen darstellt. Die Attribution als ‚gebildet' hat zur Folge, daß das, was an Bildung im Verein vorhanden ist, auf es zuströmt. Andererseits ist das Ich durch die Kombination von sprachlicher Kompetenz und universitärer Bildung ein Medium der durch den Verein intendierten Öffnung nach außen. Das Ich ermöglicht eine Vermittlung und einen Brückenschlag in die deutsche Gesellschaft hinein. Daher werden an es auch unterschiedliche Ansinnen gestellt wie Auskunft, Beratung, Vortragstätigkeit, Gruppenbeteiligung, Vorstandsarbeit, etc. Insofern ist die Interaktion mit dem Ich nicht nur von partikularer Bedeutung bzw. besitzt nicht nur eine partikulare Brechung, sondern ist auf eines der zentralen Probleme des Vereins, nämlich auf die Öffnung für Deutschland unter der Minimalvoraussetzung, Spanisch zu sprechen, bezogen. Diese Kombination von Öffnung und spanischer Sprachkompetenz macht das Ich möglich. Es ist der umgekehrte Spiegel der zweiten Generation, die – zumindest im Demokratischen Haus – gegenwärtig den Verein leitet. Aus der Interaktion mit dem Ich ist es daher möglich, die spezifischen Probleme des Vereins abzuleiten, aber auch die Lösungen, die bestimmte Personen in ihren Köpfen haben.

Insgesamt zeigt sich beim Demokratischen Haus eine starke Integrationstendenz dem Ich gegenüber. Es gibt zahlreiche Versuche der Überbrückung von Distanz, wobei die Möglichkeit, zwischen verschiedenen sozialen Situationen zu jonglieren, diesen Prozeß erleichtert. Der Verein hat eine aufsaugende, integrierende, instrumentalisierende Interaktionsweise. Weil er in egoistisch-vereinnahmender Weise versucht, seine jeweiligen Umwelten für die eigenen Belange zu nutzen, ist er (über-)lebensfähiger als der Kulturkreis. Dieser verhält sich abwartender und zögerlicher. Er ist stärker seinen Traditionen verhaftet und perpetuiert deshalb auch bestimmte Anschlußschwierigkeiten, die sich sowohl in der Innen- als auch in der Außenperspektive ergeben.

2. Vereinsbiographie als Geschichte, Gegenwart und Zukunft des Vereins

Die Öffnung hin zur deutschen Gesellschaft, welche beide Vereine intendieren, ist Ausdruck einer neuen historischen Situation, mit der beide Vereine konfrontiert sind. Sie müssen – um überlebensfähig zu bleiben – nicht nur das Problem der Anbindung der zweiten und dritten Generation an den Verein, sondern auch das Problem der Anschlußfähigkeit an die deutsche Gesellschaft lösen. Die historische Ausgangslage hat sich dabei für beide Vereine grundlegend verändert. Standen in den 1960er und 1970er Jahren die Hilfs- und Betreuungsmaßnahmen für die große Zahl der neuankommenden bzw. rotierenden Spanier bei einer eindeutigen Spanienorientierung im Vordergrund, so zerbrach mit zunehmender Aufenthaltsdauer, mit dem Integrationsproblem der zweiten Generation (Schule) und dem Demokratisierungsprozeß in Spanien die klare Fixierung auf das Heimatland. Zudem verursachte der Übergang zur Demokratie in Spanien einen enormen Remigrationsschub, der den Vereinen einen Großteil ihrer – aktivsten – Mitglieder entzog. Die Einbeziehung der zweiten Generation in die Vereinsarbeit, die allmählich Öffnung hin zu Themen der Aufnahmegesellschaft und die Frage nach nichtspanischer Mitgliederrekrutierung wurden zu dringenden Problemen mit Klärungsbedarf. Auch wenn dieser allgemeine Hintergrund für den Spanischen Kulturkreis und das Demokratische Haus gleichermaßen bestimmend ist, so sind ihre gegenwärtigen Strategien zur Lösung ihrer Beteiligungsprobleme jedoch sehr verschieden.

Der Spanische Kulturkreis war von Anfang an politisch-kulturell orientiert. Er gruppierte sich einerseits um ein vorgefundenes politisches Problem (Kampf gegen das Franco-Regime) und verstand sich andererseits als eine Institution, die vielfältige Serviceleistungen für die Betreuung der Spanier in Frankfurt anbot. Sowohl in seiner politischen Arbeit in Richtung Spanien als auch in seiner Dienstleistungsfunktion beanspruchte der Kulturkreis eine Pionierrolle. Er sah sich als Multiplikator für die Migrationsarbeit, als Kaderschmiede für die politische Arbeit in Spanien, als Aufklärungsinstanz für die politische Bewußtseinsbildung, als Kompensationsmedium für die vielfältigen Defizite der sozial- und bildungsbenachteiligten Migranten. Durch seine institutionelle Selbständigkeit konnte der Verein die inhaltliche Ausrichtung seiner Arbeit selbst bestimmen und wurde zu einem erheblichen Machtfaktor innerhalb der spanischen Kolonie. Mit der veränderten politisch-gesellschaftlichen Problemlage seit Mitte der 1970er Jahre und dem Verlust der politischen Kampfausrichtung erlitt der Kulturkreis eine zunehmende innere Auszehrung, zumal auch die verstärkte Remigration die Mitgliederbasis entscheidend schmälerte. Trotz der langjährigen Vereinskrise und der mangelnden Vereinsbeteiligung hielt und hält der Kulturkreis seinen politisch-kulturellen (Bildungs-)Anspruch weiterhin auf. Er versuchte und versucht Strategien der Kräftebündelung, der Öffnung und der Werbung neuer Mitglieder, ist aber durch die mangelnde Präsenz der zweiten

Generation, durch die mangelnde Bereitschaft seiner Mitglieder zur aktiven Teilnahme am Vereinsgeschehen und durch die mangelnden Erfolge bei der Kooperation mit anderen spanischen und ausländischen Vereinen in seiner Existenz bedroht. Diese dreifache Generationen-, Beteiligungs-, Kooperationskrise läuft parallel mit dem zunehmenden Zerbröseln und Obsoletwerden des normativ aufgeladenen, linksorientierten Bildungs- und Vereinsanspruchs, der weder die Mehrheit der Mitglieder noch potentielle Teilnehmer von außen erreicht. Trotz des Umschwenkens auf deutsche Themen und Referenten in der Hoffnung auf größere Resonanz bei Deutschen und unter den Spaniern der zweiten und dritten Generation bleibt der Erfolg aus. Der normative Anspruch wird unterlaufen durch die Dominanz geselliger Freizeitgestaltung, ohne daß die kritischen Ermahnungen seitens der für das Kulturprogramm verantwortlichen Vereinselite das – häufig nicht einmal anwesende – Publikum erreichen. Das Vereinsleben vollzieht sich sogar bei den langjährigen Vereinsaktivisten in Erwartung eines baldigen Endes und in der konventikelhaften Beschränkung auf einen kleinen Mitgliederkreis.

Demgegenüber war das Demokratische Haus ursprünglich als Spanisches Zentrum gegründet worden und stellte eine religiös-sozial-rekreative Betreuungsinstanz von Spaniern in Frankfurt unter der institutionellen Obhut der Caritas und der finanziellen Förderung durch die Farbwerke Hoechst dar. Von Anfang an wurden in starkem Maße Aktivitäten im erzieherischen, kulturellen und sportlichen Bereich unterstützt und durch eigene Gruppen innerhalb des Zentrums verfestigt. Erst im Verlauf der 1970er Jahre durchlief das Zentrum eine deutliche Politisierung, die nicht nur zu einer zunehmenden inhaltlichen Selbstbestimmung führte, sondern auch konfliktive Auseinandersetzungen mit dem Trägerverband zur Folge hatte, die in den 1980er Jahren in einen mehrjährigen Rechtsstreit einmündeten. Obwohl auch das Demokratische Haus mit der starken Remigrationswelle nach Spanien konfrontiert war, konnte es den Mitgliederschwund durch seine intergenerative Ausrichtung zumindest teilweise auffangen. Der Verein verstand und versteht sich als Dreigenerationenverein, als eine Verbindung von drei Generationen am selben Ort und zur selben Zeit. Der Verein hat bei dieser Integrationsleistung den Charakter einer Großfamilie, der die Interessen der verschiedenen Generationen zu berücksichtigen sucht und generationsspezifische Angebote macht. Für einen weiteren wichtigen Schub bei der Mitgliedermobilisierung und inneren Kohäsionierung des Vereins sorgte das neue Vereinsdomizil, das nach dem Verlust der alten Vereinsräumlichkeiten aufgrund des Rechtsstreits mit der Caritas unter Zuhilfenahme politischer Rückendeckung gefunden wurde und durch die weitaus größeren räumlichen Möglichkeiten eine deutliche funktionale Gliederung für die verschiedenen Vereinsgruppen zuläßt. Für den Gesamtverein erweist es sich auch als vorteilhaft, daß das Demokratische Haus als Dachverband von autonomen, festgefügten Gruppen mit Eigenleben, feste Räumen, eigener Vereinsleitung, etc. fungiert und sich als Gesamtrepräsentanz nach außen und als Wächter für die Belange der Gesamtmitgliedschaft versteht. Der Verein erhält somit Kohäsions-

und Synergieeffekte nicht nur über die Raumstruktur und Raumvielfalt, sondern auch über die rechtlich-administrative Gliederung des Gesamtvereins. Bezüglich der Öffnung in die deutsche Gesellschaft strebt das Demokratische Haus – im Gegensatz zu den Kooperationsversuchen des Kulturkreises mit anderen spanischen und ausländischen Vereinen – intensiv die Integration in die städtische Lokalöffentlichkeit an durch die Beteiligung an städtischen oder stadtteilbezogenen Festen, durch seine Mitgliederschaft im Höchster Vereinsring, durch seine Kontaktnahme zu verschiedenen deutschen (Kultur-)Institutionen. Mit seinem Wechsel der sozialen Situationen, seiner multifunktionalen Angebots- und Raumstruktur, seinen Möglichkeiten der locker-unverbindlichen Teilnahme und der zielgerichteten Vereinsaktivitäten eröffnet der Verein unterschiedliche Beteiligungsgrade. Gleichzeitig ist er jedoch auch Hort der Tradition durch die Praxis spanischer Kultur- und Sprachvermittlung. Allerdings begrenzt die Limitationsregel ‚Spanisch im Verein' nicht nur die Möglichkeiten der Öffnung nach außen und der Rekrutierung deutscher Mitglieder, sondern bringt auch interne Probleme der generationenspezifischen Sprachverständigung und Sprachpraxis.

Wichtig für die konkrete Ausgestaltung der Vereinsarbeit – und nicht nur für die Außendarstellung des Vereins – ist das historisch-inhaltliche Selbstverständnis, sind die Deutungsmuster, mit denen beide Vereine ihre eigene Geschichte belegen und von dorther die Gegenwart legitimieren. Die deutende Selbstreflexion ist vor allem eine Aufgabe der Altelite, die die Geschichte des Vereins maßgeblich mitgestaltet hat.

Für den Kulturkreis sind vor allem die institutionelle Vorreiterrolle innerhalb der Migration und der politisch-kulturelle Anspruch des Vereins maßgebende Orientierungen, die auf die Gegenwart projiziert werden, angesichts der eingetretenen Veränderungen jedoch nicht mehr realisierbar sind. Trotz oder gerade wegen der prekären Gegenwart schöpft der Verein sein Selbstbewußtsein immer wieder aus der traditionsreichen heroischen Vergangenheit. Die glorreiche Vergangenheit – *der erste spanische Verein in Deutschland* – ist im kollektiven Gedächtnis des Vereins aufbewahrt, die eigene Geschichte dient als Identifikationsmöglichkeit und partielle Selbstvergewisserung auch für die schwierige Gegenwart. Besondere Bedeutung bei der Formulierung des eigenen Selbstverständnisses und bei der Möglichkeit, trotz der veränderten Rahmenbedingungen an historische Traditionsbestände anzuknüpfen, kommt dem politisch-kulturellen Anspruch des Vereins zu. Für diesen Anspruch steht der Kulturelle Freitag (bzw. Samstag) als einer der ältesten Institutionen des Vereins, mit dessen möglichem Verschwinden die Fundamente und die gemeinsam geteilte Basis des Vereins endgültig bedroht wären. Politische Aktion *und* gesellschaftliche Aufklärung, progressiv-demokratische Gesinnung *und* Einsatz für benachteiligte Gruppen – in dieser Tradition stand der kulturelle Freitag, in dieser Tradition soll auch der kulturelle Samstag stehen. Der Kulturkreis definiert sich geradezu durch seinen kulturellen Anspruch, wiederum in Abgrenzung zu anderen spanischen Einrichtungen. Die Aufrechterhaltung des Vereins als purer Barbetrieb, als Möglichkeit zu Spiel und Unterhaltung, empfinden gerade die altgedienten Vereinsaktiven als eine Degradierung des eigenen Anspruchs. Die Bar wird nicht als Selbstzweck gesehen, sondern lediglich als Finanzierungsinstrument. Trotz dieses nach wie vor hochgehaltenen Anspruchs zerbrechen im Vereinsalltag jedoch zunehmend die politisch-kulturellen Ambitionen. Der tatsächlich erfahrbare Nachfragemangel und die geringe Resonanz unter den Mitgliedern stellt das Aufklärungsbestreben des Vereins in Frage, zumal sich innerhalb des Vereins zunehmend Formen der geselligen Freizeitbetätigung durchsetzen, welche die Vereinselite nur noch mit Resignation und Sarkasmus kommentiert (der Verein als bloßer círculo) oder zu sisyphusartigen Bemühungen um Reform anstachelt. Der Blick auf die Geschichte und die aus ihr abgeleiteten normativen politisch-kulturellen Ansprüche lassen daher nicht nur die Gegenwart als einen Niedergang, als einen partiellen Verfall erscheinen. Auch die Zukunft als verlängerte Gegenwart wird als chancenlos bezeichnet, als Zukunft, in der der Verein in Kürze sein Ende finden wird. In der gemeinsamen Deutung der meisten Vereinsaktiven werden die Überlebenschancen des Vereins als minimal eingestuft, der Verein hat in den Augen seiner Mitglieder nur noch eine befristete Zukunft. Seine Zeit und seine Aufgaben lagen in der Vergangenheit, aus der der Verein noch in der Gegenwart zehrt. Seine Zeit geht mit dem langsamen Verschwinden der ersten Generation aus dem Verein zu Ende. *Traditionsreiche Vergangenheit, prekäre Gegenwart* und *befristete Zukunft* sind daher die drei Elemente, mit denen die Vereinsbiographie und die Zeitperspektiven des Vereins bestimmt werden.

Das historisch-inhaltliche Selbstverständnis des Demokratischen Hauses ist dagegen vor allem durch den Bruch mit der Caritas, die Emanzipation von institutionellen Abhängigkeiten und die Erkämpfung eines eigenen Vereinshauses verbunden. Der Verein hat sich durch die langjährigen Rechsstreitigkeiten sowohl intern als auch extern gefestigt und versteht sich als Dreigenerationenverein mit einem starken Stadtteilbezug. Wichtig für sein Selbstverständnis ist die Integration unterschiedlicher autonom agierender Vereine unter dem gemeinsamen Dach des Demokratischen Hauses, so daß sowohl Kooperationsmöglichkeiten als auch vereinsinterne Aktivitäten durchgeführt werden können. Trotz der weitaus besseren Lage im Vergleich zum Spanischen Kulturkreis blicken jedoch auch im Demokratischen Haus die Vereinsaktiven der ersten Generation mit einem skeptischen Blick in die Zukunft. Die gegenwärtige Blüte des Vereins erscheint ihnen labil, sie muß immer wieder neu erkämpft und aufrechterhalten werden, die Integration der nachfolgenden dritten Generation ist für sie nicht gesichert. Daher ist das Generationenthema, die Bindung der Jugendlichen an den Verein, bei ihnen ein Dauerthema, das mit der Zukunftsperspektive des Vereins unauflöslich verbunden ist. *Konfliktreiche Vergangenheit, expansive Gegenwart* und *ungesicherte Zukunft* stellen somit diejenigen Elemente dar, die den zeitlichen Dreiklang ihres Vereinsbezug prägen.

3. Der Verein als eigener Sozial- und Kulturraum

Eine Grundbedingung für das Selbstverständnis und die Existenz sowohl des Kulturkreises als auch des Demokratischen Hauses stellt die Verfügung über eigene Räume dar. Räume sind ein – wenn nicht das – entscheidende(s) Element der historischen und inhaltlichen Kontinuität der Vereinsarbeit, die es zu bewahren gilt, um die gekämpft wird und ohne die die Existenz des Vereins gefährdet ist. Räume garantieren die inhaltliche Unabhängigkeit und kontinuierliche Ausgestaltung der eigenen Arbeit, sie stellen den Kristallisationspunkt und Kommunikationsgenerator für die Mitglieder dar, sie sind der physische Ort, an dem die nachwachsende Generation mit den eigenen Sozial-, Kultur- und Sprachtraditionen vertraut gemacht wird.

Im Kulturkreis stellt sich die räumliche Situation äußerst prekär dar. Neben der geographischen Nähe expansiver Institutionen leidet der Kulturkreis vor allem unter einem räumlichen Leerstand durch Nichtbeteiligung. Abgesehen von den z.T. nur spärlich besuchten Wochenendtreffen und dem Kultursamstag gibt es unter der Woche nur die Näh- und Gymnastikgruppe sowie die Aktivitäten der vereinsübergreifenden Frauengruppe, die sich z.T. mit den Aktivitäten der ersten beiden Gruppen überschneiden. Aktivitäten, die in früheren Jahren eine zentrale Bedeutung für das Vereinsleben besaßen und entsprechend auch Raum okkupierten, spielen gegenwärtig nur noch eine marginale Rolle. So fristet heute beispielsweise die Bibliothek – und damit die Möglichkeit der vereinsgesteuerten Bereitstellung von Büchern – nur noch ein Schattendasein, der Buchbestand als erstes und traditionsreiches Vereinselement ist größtenteils verschenkt bzw. im Keller ausgelagert.[100] Ebenso gehört die Zeitschrift des Vereins – Cultura obrera – nach einem fehlgeschlagenen Reanimationsversuch Mitte der 1980er Jahre endgültig der Vergangenheit an. Auch größere Vereinsfeste als Möglichkeit der Gesellung und publikumswirksamen Werbung sind stark reduziert, da sie in der Vorbereitung einen hohen logistischen Aufwand und Personaleinsatz erfordern. Trotz dieser inhaltlichen, sozialen und räumlichen Auszehrung besteht derzeit (noch) das Interesse, den Kulturkreis als einen eigenen geographischen und kulturellen Raum aufrechtzuerhalten. Die Freiheit der eigenen Arbeit, die Unabhängigkeit der politischen Ausrichtung sowie die Aufrechterhaltung der langen und erfolgreichen Vereinstradition reichen (noch) als Motivation eines fast trotzig klingenden Ausharrens und Weitermachens – *daß wirs halten, daß es nicht verloren geht* – aus. Symptomatisch für die Bedeutung eigener Räume ist die Aussage der Vereinspräsidentin, die trotz der prekären Raumsituation die Verfügbarkeit über eigene Räume bezeichnenderweise als ein Spezifikum des Kulturkreises deutet, gerade auch in Abgrenzung zu anderen spanischen Einrichtungen, denen sie – fälschlicherweise – unter-

---

100 Ein Reflex dieser büchergesteuerten bzw. buchunterstützten Kommunikation ist in der Geste der portugiesischen Zuhörerin zu sehen, den ‚compañeros' ein Buch über die besprochene Thematik zur Verfügung zu stellen.

stellt, keine Räume zu besitzen, die selbständig und unter eigenem Namen geführt werden.

Das Demokratische Haus befindet sich dagegen in einer Phase räumlicher Expansion. Die Sicherung und Weiterführung eigener Räume trotz der krisenhaften Auseinandersetzung mit der Caritas bzw. die Neugewinnung eines von deutschen Institutionen unabhängigen Raumes ist für den Verein ein zentraler vereinsbiographischer Wendepunkt. Der Verein erfährt durch den Kampf um die Räume nicht nur eine Stabilisierung und Mobilisierung seiner Mitglieder, sondern verfügt mit dem neuen Vereinshaus auch über die Möglichkeit, den eigenen Raum zu gliedern, zu dezentralisieren, multifunktional zu nutzen und damit ganz unterschiedliche räumliche Vernetzungen herzustellen. Entscheidend für die expansive Wirkung ist auch die Tatsache, daß der Vereinsraum im Demokratischen Haus kontinuierlich besetzt ist. Insbesondere die Mitglieder des Fußballclubs repräsentieren die räumliche Vereinskontinuität, indem sie jeden Abend ihre Clubraum als Gesellungsort nutzen. Aber auch die Nachmittage und Wochenenden sind belegt, da in den Vereinsräumen sich die verschiedenen Gruppen zur Probe treffen, der Vorstand regelmäßig tagt, die Kinderbetreuung und Hausaufgabenhilfe abläuft, Unterricht erteilt wird, Feste gefeiert werden, etc.

In beiden Vereinen hat die Bar zur Finanzierung der Unkosten und zur Gesellungsmöglichkeit eine bedeutende Stellung. Die Bar ist nicht nur über den Eß- und Getränkekonsum der Mitglieder das zentrale Medium der Mittelaufbringung in beiden Vereinen, sondern auch eine Möglichkeit, über relative preiswerte Angebote die Mitglieder an den Verein zu binden. Neben der ökonomischen Dimension ist die Bar vor allem ein zentraler Ort der zwanglosen Kommunikation, der verbalen Duelle, der Selbstpräsentation, aber auch der Versicherung von Sozialität über die Einladungsriten und den gemeinsamen kulinarischen Verzehr. Trotz der räumlichen Integration und Zuordnung von Bar (Geselligkeit) und Mehrzweckraum (Kultur) im Spanischen Kulturkreis bzw. Bar/Diele (Geselligkeit) und club- oder funktionsbezogenen Räumen (Kultur) im Demokratischen Haus entwickelt die Bar in beiden Vereinen insofern eine Eigendynamik, als sie durch ihre Präsenz und kontinuierliche Inanspruchnahme die Dominanz von Geselligkeit untermauert und damit den Kulturanspruch beider Vereine latent bedroht. Die Überwucherung von Kulturaktivitäten durch geselligen Konsum ist insbesondere beim Spanischen Kulturkreis, bei dem die Bar die Hälfe der Räume ausmacht, ein Problem, auf das die Vereinselite zwar sensibel reagiert, das aber angesichts der Erosion des Kulturanspruchs nicht mehr zurückgedrängt werden kann.

Die Dominanz und Kontinuität geselliger Praktiken erzeugt in beiden Vereinen Probleme der Öffnung und Schließung von Aktivitäten, die aus der Geselligkeit heraus in einen anderen Zielkontext (Kultur) gebracht werden sollen. Dies ist insbesondere dort schwierig, wo – wie beim Kulturkreis – ein polyfunktional genutzter Mehrzweckraum für einen speziellen Kulturzweck (Vortrag) hergerichtet und wo durch eine zeitliche Zäsur ein deutliches Vor- und

Nachher etabliert werden muß. Räumliche Vorteile hat bei dieser Aktivierungs-, Öffnungs- und Schließungsarbeit das Demokratische Haus, das Raum- und damit Kontextwechsel praktizieren und inbesondere – je nach Wochentag und Besucherfrequenz – in leere, unbesetzte Räume ausweichen kann. Es hat im buchstäblichen Sinne ‚Spielräume' zur Verfügung, während der Kulturkreis durch die Zentralität und Beschränkung seiner Räume einen größeren Öffnungs- und Schließungsaufwand betreiben muß.

4. Die Biographie aus der Sicht der Institution: der Verein und seine Mitglieder

Die Vereinselite hat nicht nur Funktionen der Repräsentanz und Selbstdarstellung nach außen, sondern vor allem auch die Aufgabe, den Verein nach innen am Laufen zu halten. Sie formuliert die Vereinsziele, sie gestaltet die Vereinsaktivitäten, sie hält das Bewußtsein der Vereinsgeschichte hoch, sie klagt Standards der konkreten Vereinsarbeit ein. Die Vereinselite hat ein missionarisch-aufklärerisches, aktivistisch-unternehmendes und voluntaristisch-intellektuelles Verhältnis zu den Mitgliedern, die angetrieben und zu Aktivitäten motiviert werden, die sie nur bedingt wollen (aus Trägheit, Faulheit, Müdigkeit). Die Vereinselite beschwört Zukunftsperspektiven, gibt Durchhalteparolen aus oder ergeht sich – mit Blick auf die gegenwärtige Vereinskrise – in resignativen Rückblicken. In beiden Vereinen besetzt die Vereinselite die ehrenamtlichen Positionen und Ämter über Jahre hinweg, was zu Überlastungsklagen führt. Während im Kulturkreis die allgemeine Beteiligungskrise und die zunehmende Rückwanderung gerade der älteren Vereinsaktiven eine Besetzung von Ämtern und eine Übernahme von Aufgaben immer schwieriger macht, hat sich im Führungsstab des Demokratischen Hauses ein Generationenwechsel vollzogen, ohne daß sich die ehemalige Führungsriege aus der Vereinsarbeit verabschiedet hätte. Die doppelte Präsenz des ehemaligen und amtierenden Vorstandes im Verein sorgt zwar gelegentlich für Reibereien, verteilt aber die Vereinsarbeit auf einen weiten Personenkreis. Die Dynamik des Demokratischen Haus resultiert zu großen Teilen gerade auch aus der Dynamik der Vereinselite. Sie hat im Doppelspiel von Generationenablösung und Führungserneuerung einerseits sowie Vergewisserung und Kontrolle durch den Altvorstand andererseits zu einer Kollektivierung der Vereinsleitung geführt, die im Verein für Aktivierungsschübe sorgt.

Die aktive und ehrenamtliche Vereinsarbeit stellt für die Beteiligten jedoch nicht nur eine z.T. enorme Zeitbelastung dar, sondern bietet auch Gratifikationen und Betätigungsmöglichkeiten, die aus bestimmten biographischen Dispositionen und Lebensentwürfen heraus ergriffen werden, gleichzeitig jedoch auch Auswirkungen auf biographische Verläufe haben. So ermöglicht beispielsweise der Verein ein Betätigungsfeld für Personen, die wie der Theaterleiter oder die Tanzgruppenleiterin im Demokratischen Haus sich Fähigkeiten (autodidaktisch) erworben haben und ihre jeweiligen Gruppen nutzen, um die eigenen künstlerischen und/oder kulturellen Aspirationen umzusetzen. Andererseits kann aktive Vereinsbeteiligung auch zu biographischen Krisensituationen führen, dann nämlich, wenn Personen – wie im Fall von Herrn Pérez – ihr angestammtes Betätigungsfeld im Verein durch Mitgliederschwund und Aktivitätsverfall (zunehmend) verlieren und nur noch historisch gewordene Ansprüche und Illusionen hochhalten. Gerade bei Krisenphänomenen zeigen sich die unterschiedlichen biographischen Verarbeitungsmöglichkeiten, die gemäß der eigenen Lebensphase variieren. Während Herr Pérez als linker Intellektueller am historischen Sonderstatus des Vereins festhält, als Vermittlungsagent zwischen innen und außen tätig ist und unter großem Zeitdruck für die Reformierung des Vereins arbeitet, kann Herr Sánchez als fast schon Zurückgekehrter die Vereinspraxis illusionslos kommentieren. Er verliert nichts mehr mit seiner Kritik und seinem Realismus, er hat mit seiner Vereingsgeschichte bereits abgeschlossen und hat sich eine neue vereins- und parteibiographische Zukunft aufgebaut.

Der Stellenwert der biographischen Dimension in der Vereinsarbeit zeigt sich jedoch nicht nur bei der Rekrutierung und Einbindung der Vereinselite, sondern auch in der Häufigkeit, mit der im Verein biographische Erzählungen, biographische Selbstpräsentationen (an der Bar) oder kollektive Vergangenheitsausdeutungen vorkommen. Besondere Bedeutung erlangt die biographische Dimension hinsichtlich des intergenerativen Vereinszusammenhanges bzw. hinsichtlich der – angeblichen oder tatsächlichen – Brüche und Kontinuitäten, die zwischen den Generationen bestehen. Allerdings werden der intergenerative Diskurs und die biographische Sortierung der Generationen in beiden Vereinen vor einem jeweils anderen Hintergrund geführt.

Im Kulturkreis ist die Frage der biographischen Thematisierung der Mitglieder zunächst und vor allem eine Frage der Mitgliederrekrutierung überhaupt. Die Mitgliedereinbindung stellt sich für den Kulturkreis als ein sich zuspitzendes, existentiell bedrohliches Problem dar. In diesem Zusammenhang werden die Mitglieder sehr deutlich nach ihrer Generationenzugehörigkeit und den dazugehörigen, je unterschiedlichen Lebensentwürfen sortiert. Die erste Generation kam in den Verein auf der Suche nach Hilfestellung, Aufrechterhaltung der spanischen Kultur, der Heimatbindung, etc. Sie hatte einen klaren Spanienbezug und strebte in einer mehr oder weniger nahen Zukunft die Remigration an. Migration war für viele Spanier der ersten Generation eine biographische Auszeit, ein Warten auf die Demokratisierung des Heimatlandes. Nach dem Aderlaß der durch den gesellschaftlichen Demokratisierungsprozeß in Spanien ausgelösten Remigration ist die gegenwärtige Rückkehrbewegung dagegen durch Pensionierungsschübe und Rationalisierungsmaßnahmen (Vorruhestand) verursacht. Der Spanienbezug, die Rückkehrorientierung und die tatsächliche Remigration bleiben ungebrochen und erodieren langsam die Möglichkeiten institutioneller Weiterexistenz. Hinsichtlich der zweiten und dritten Generation werden vor allem divergierende biographische Interessen und Lebensbezüge ins Feld geführt, die die Nachwuchsprobleme für den Verein erzeugen. Neben allgemeinen generationsspezifischen Problemen – *die alten Kamellen von der Heimat der Eltern* – zeigt sich dieser unterschiedliche Lebensbezug vor allem in der Sprache, da für die meisten Spanier der zweiten bzw. dritten Generation Deutsch – trotz praktizierter Zweisprachigkeit – die spontane Verkehrssprache darstellt und diejenige Sprache ist, in der eine höhere und differenziertere Wortschatzkompetenz ausgebildet wird. Diese biographische Dimensionierung und Zuordnung ist vor allem eine Kollektivdeutung der älteren Generation, die das Deutungsmonopol im Verein besitzt und die Jugendlichen in einer bestimmten Weise wahrnimmt. Die Älteren sehen die eigene Migration als Zwang und ökonomische Überlebensnotwendigkeit und kontrastieren ihre Erfahrungen mit den Lebensentwürfen der Jugendlichen. Obwohl ihre Andersartigkeit einerseits anerkannt wird, wird ihnen andererseits durch die unterstellte gemeinsame Rückkehrabsicht ein bestimmter Lebensentwurf angesonnen. Die Älteren erzeugen die Illusion einer intergenerativen Bindung, wohingegen die Jüngeren selbst durch ihr Verhalten keineswegs Zustimmung signalisieren. Die Jugend wird von den Älteren eher nach spanienbezogenen Prämissen konstruiert als mit ihrer eigenen Sichtweise angenommen. Sie wird einerseits durch eine hermetische Auffassung der Vereinszwecke und Vereinsgeschichte ausgeschlossen, andererseits in eine gemeinsame in Spanien liegende Zukunft integriert.

Im Demokratischen Haus wird nicht so sehr der Generationenbruch innerhalb des Vereins, sondern die Generationenintegration bei gleichzeitiger Anerkennung der unterschiedlichen generationenspezifischen Bedürfnisse und Prägungen thematisiert. Während im Kulturkreis die jüngere Generation aus der Sicht der ersten Migrantengeneration heraus wahrgenommen und beschrieben wird, rückt im Demokratischen Haus die zweite Generation in die Position der Situationsausdeuter: die zweite Generation, die zwar in Spanien geboren wurde, Teile ihrer schulischen und beruflichen Ausbildung jedoch bereits in Deutschland durchlaufen hat, definiert sich als eine Mittel- und Mittlergeneration. Diese Situationsausdeutung entspricht dem tatsächlichen Machtgefüge im Verein, den die zweite Generation durch einen bewußt herbeigeführten Generationenwechsel in der Führungsriege seit ungefähr zehn Jahren leitet. Es ist die zweite Generation, die die Perspektiven der dritten – bereits vollständig in Deutschland aufgewachsenen – Generation beleuchtet und die Sinnhaftigkeit ihrer Vereinszugehörigkeit definiert: nämlich Identitätsarbeit durch Kulturkontakt einerseits, Berufschancen und persönlicher Erfolg durch Zweisprachigkeit andererseits. Obwohl die Vereinsverantwortlichen unterschiedliche Prioritäten bei der Begründung ihrer Jugendarbeit haben, konvergieren sie in dem Ziel, den Jugendlichen neben ihrer prioritären deutschen Sozialisation auch eine spanienbezogene Parallelsozialisation zu ermöglichen. Die Erfolge dieser Arbeit sind zwiespältig bzw. werden ambivalent beurteilt, da nicht so viele Jugendliche im Verein präsent sind, wie es aufgrund ihrer zahlenmäßigen Präsenz innerhalb der Mitgliedsfamilien möglich wäre. Die Jugendlichen präferieren – trotz der bewußten Strategie der Vereinsführung, für die jüngere Generation ein passendes, attraktives und möglichst kontrollarmes Angebot zu gestalten und jugendspezifische Aktivitäten mit intergenerativen Gruppenaktivitäten zu kombinieren – zum großen Teil andere Orte der Gesellung, sie distanzieren sich von den Eltern und deren Freizeitaktivitäten, sie interessieren sich nicht für die ‚abgestandenen' Geschichten der älteren Generation. Trotz ihrer schulisch-beruflichen Aufstiegserfolge im Vergleich zum (Aus-)Bildungsniveau und Berufsstand der Eltern – oder gerade deshalb – sind sie wenig im Verein präsent. Gerade diese Bildungsdistanz zwischen Eltern und Kindern – oder Großeltern und Enkeln – wird von den Vereinsverantwortlichen thematisiert. In ihrer Rede über die Erfolge der Kinder und über die guten Ausgangsbedingungen ihrer Berufskarrieren schwingt der latente Vorwurf gegenüber der Jugend mit, sich aus der Solidargemeinschaft der Migranten auszuklinken und die eigenen Stärken nicht für die Belange des Vereins einzusetzen. Aus ihrer Sicht mißachten die Jugendlichen die Solidaritätsregel, welche die ältere Generation im Verein selbstverständlich mitlaufen läßt. Der Verein ist sich – trotz seiner partiellen Erfolge – der Jugend und damit seiner Zukunft nicht sicher bzw. sieht sich in der Fortführung seiner Traditionen bedroht. Eine der Bedrohungen, die paradoxerweise mit der erfolgreichen Integration der Jugendlichen in den Verein verbunden sind, stellt deren dominante deutsche Sprachpraxis untereinander dar. Der Verein versucht zwar, ein Gegengewicht herzustellen, indem er Anläße spanischsprachiger Kommunikation institutionalisiert. Allerdings werden durchaus Zukunftsvorstellungen formuliert, in denen bei gelingender Bindung der Jugendlichen an den Verein und bei abnehmender Präsenz der Älteren – durch Tod oder Rückwanderung – das Deutsche zunehmend das Spanische als Vereinssprache verdrängt und damit der Verein zu einem spanischen Verein mit vorwiegend deutschsprachigen Jugendlichen mutiert. Der Integrationsversuch der Jugend birgt somit gerade für die Älteren Risiken der vereinsinternen Umgestaltung nicht nur hinsichtlich von Freizeitprioritäten, sondern insbesondere hinsichtlich der Sprache.

III. Teil:

Bildungsbiographien vereinsaktiver spanischer Migranten:
Drei Fallstudien

Erstes Kapitel: Migration als Aufrechterhaltung von Handlungssouveränität und Organisation von Solidarität: Herr Sánchez

Herr Sánchez ist 1933 in Tomelloso (Castilla-La Mancha) geboren und lebt seit 1959 in der Bundesrepublik. Er ist verheiratet und hat eine erwachsene Tochter.[101] Als Mitbegründer des Spanischen Kulturkreises engagiert er sich seit vielen Jahren und in vielfältigen Funktionen innerhalb des Vereins. Zum Zeitpunkt des Interviews (14.3.1995) ist Herr Sánchez dabei, seine Rückkehr nach Spanien (im September 1995) vorzubereiten.

1. Gesprächsanbahnung und Interviewsituation

Schon beim ersten Besuch des Autors im Spanischen Kulturkreis hatte Herr Sánchez – auf Anregung seiner Tochter und amtierenden Vereinspräsidentin – dem Interviewer (=Autor) mehrere Stunden lang Auskunft über die Geschichte des Vereins gegeben und dabei auch von seiner baldigen Rückkehr nach Spanien erzählt. Aus diesem Grund fragte der Interviewer bereits an diesem Tag Herrn Sánchez, ob er für ein Interview zur Verfügung stünde. Herr Sánchez nahm diese Offerte bereitwillig auf und machte mit dem Interviewer einen Termin für die darauffolgende Woche aus. Er schlug einen Nachmittagstermin in seiner Wohnung vor – mit dem Hinweis, zu dieser Zeit sei er zuhause ungestört, da seine Frau bei der Arbeit sei. Zur Charakterisierung der Gesprächssituation werden im folgenden Auszüge aus dem Gedächtnisprotokoll entnommen, das der Interviewer unmittelbar nach dem Gespräch mit Herrn Sánchez angefertigt hat:

„Herr Sánchez wohnt im 1. Stock und ist auf unsere Zusammenkunft schon vorbereitet. Er ist sehr jovial und lädt mich ein, im warmen Wohnzimmer Platz zu nehmen. Zuvor zeigt er mir noch ein Zimmer, das bereits voll mit bepackten Kisten für die Abreise steht. Dann führt er mich in das Wohnzimmer, das mit einer Möbelwand, einem Fernsehtisch mit Fernseher, einer Sitzgarnitur und einem kleinen Schreibtisch in der Ecke ausgestattet ist. Nachdem ich – unter

---

101 Herr Sánchez ist identisch mit der Person gleichen Namens in den Beobachtungsprotokollen des Spanischen Kulturkreises, seine Tochter ist die amtierende Vereinspräsidentin.

aktiver Beteiligung von Herrn Sánchez – den Rekorder aufgebaut habe, äußert dieser die Sorge, daß er wohl kaum etwas Neues im Vergleich zu unserem ersten Gespräch sagen könne. Dann sprudelt es jedoch eine Stunde lang ununterbrochen aus ihm heraus, ohne daß ich ein einziges Wort sage. Nach einer Stunde muß Herr Sánchez eine Toilettenpause einlegen und fordert mich auf, den Rekorder anzuhalten. Danach nimmt er bruchlos den Faden der Unterhaltung wieder auf und redet noch eine halbe Stunde weiter. Auch meine anschließenden Fragen beantwortet er gerne und ausführlich.

Nach fast drei Stunden ist Herrn Sánchez' Redevorrat erschöpft. Ich beende das Gespräch – auch angesichts der Tatsache, daß seine Frau bald zurückkommt. Herr Sánchez meint – auf den Rekorder zeigend –, daß ich das jetzt wohl alles abtippen und sortieren müsse. Schließlich sei ja auch einiges durcheinander gegangen. Ich bestätige dies und charakterisiere etwas den Arbeitsaufwand einer Transkription. Er ist mit diesen Ausführungen zufrieden und möchte keine zusätzlichen Auskünfte über den weiteren Fortgang der Materialbearbeitung bzw. den Zweck der Untersuchung.

Mit dem Eintreffen seiner Frau verändert sich die Gesprächsatmosphäre, ihre Ankunft markiert eine klare Zäsur. Da ich mich zunehmend als Störenfried empfinde, verabschiede ich mich von beiden und bedanke mich bei Herrn Sánchez für das Gespräch. Auf meine Entschuldigung hin, ihren Mann nun schon ziemlich lange belästigt zu haben, meint Frau Sánchez, daß ihr Mann sich bestimmt gut die Zeit mit mir vertrieben habe. Als ich bereits die ersten Treppen hinuntergestiegen bin, sehe ich, wie Frau Sánchez ihrem Mann eine Mülltüte in die Hand gibt mit der Bemerkung, er könne die doch nach unten bringen und mir gleichzeitig die Türe aufmachen."

Das Gespräch findet zum vereinbarten Termin in der von Herrn Sánchez vorgeschlagenen Privatatmosphäre seiner Wohnung statt. Herr Sánchez hat zum Zeitpunkt des Interviews seine Zelte in Deutschland zum Teil bereits abgeschlagen, das Zimmer mit den voll bepackten Kisten ist sinnlich wahrnehmbarer Ausdruck seiner bevorstehenden Abreise. Er befindet sich in einem Übergangsstadium zwischen einem Leben in Deutschland, das fast abgeschlossen ist, und einem Leben in Spanien, das er in der Simulation – als noch nicht gelebte Praxis – verortet.

Nach einem ersten Vorbehalt hinsichtlich des Neuheitswerts seiner Erzählung redet Herr Sánchez – nach der erzählgenerierenden Aufforderung des Interviewers – fast ununterbrochen drei Stunden lang. Die Erzählung seiner Lebensgeschichte quillt förmlich aus ihm heraus. Allerdings ist Herr Sánchez nicht nur an einer ausführlichen Erzählung seiner Biographie, sondern auch an den guten Verwertungsmöglichkeiten seiner Ausführungen interessiert. Bezeichnenderweise sorgt er sich um die technische Qualität der Aufnahme und die Aufzeichnungsvollständigkeit seiner Darstellung ebenso wie um die als arbeitsintensiv veranschlagte Nachbereitung des Interviews. So hilft Herr Sánchez dem Interviewer bereitwillig, vor Beginn des Interviews die beste Position des Mikrophons zu eruieren und dafür ein entsprechendes Verlängerungskabel zu besorgen. Während des Interviews ist er darauf bedacht, daß tatsächlich alle seine Äußerungen auf Kassette aufgenommen werden und kein Detail verloren geht. Er heißt den Interviewer an, bei Pausen den Kassettenrekorder anzuhalten bzw. wieder einzuschalten und nimmt nach Pausen den Faden des Gesprächs wieder auf, indem er den letzten Satz wiederholt – „*für den Fall, daß es verloren gegangen ist*". Dieses Interesse an der technischen Qualität im Hinblick auf die nachträgliche Bearbeitung korreliert mit Herrn Sánchez' indirekt formulierter Einschätzung der Interviewsituation als einer simulierten Politikbühne. So qualifiziert er an verschiedenen Stellen seine Rede als einen Beitrag (intervención), als eine gute Übung (entrenamiento) und deutet damit an, daß sein Umgang mit der Interviewsituation durchaus strategische Momente einschließt. Die Antizipation der auf ihn zukommenden politischen Aufgaben veranlaßt ihn, die Interviewsituation als ein willkommenes Übungsfeld zukünftiger politischer Selbstdarstellung zu nutzen. Die Darstellung seiner Lebensgeschichte ist für Herrn Sánchez daher einerseits bezogen auf ein imaginiertes anwesendes Publikums, andererseits stellt sie eine gezielte Vorbereitung für derartige Publikumsauftritte dar.[102] Das Interview ist für ihn eine Probebühne, auf der er sich als Politiker und Vereinsfunktionär darstellen kann, das Mikrophon und der Kassettenrekorder sind rudimentäre Formen medialer Selbstpräsentation, bei denen noch geübt und trainiert werden kann.

Das Ende des Interviews wird durch die Ankunft der Ehefrau bestimmt. War Herr Sánchez vor der Ankunft seiner Frau ganz auf das Interview konzentriert, so wird er mit ihrem Eintreffen sofort in die kommunikative Abarbeitung alltagspraktischer Probleme wie Einkauf, Arbeit und baldige Abreise involviert. Die ‚ungestörte Ruhe' ist sowohl für Herrn Sánchez als auch für den Interviewer vorbei, die Dynamik des Geschehens wird im weiteren Verlauf von Frau Sánchez bestimmt. Sie bindet ihren Mann zügig in Aufgaben der Haushaltsführung (Müllbeseitigung) ein und sorgt so für eine rasche Beendigung des Nachmittags, den sie als einen guten Zeitvertreib für ihren Mann deutet. Auch die doppelsinnige Bedeutung des ‚Türeaufmachens' – als Höflichkeitsgeste und als Hinauskomplimentierung – verweist auf die klare und deutliche Bestimmung der Situation durch Frau Sánchez.

2. Zwischen Vereinsengagement und politischer Betätigung: Interpretation der Eingangserzählung

Auf die Frage des Interviewers nach seinem biographischen Werdegang beginnt Herr Sánchez mit folgender Erzählung:

2.1. Situation in Spanien

„Gut, ich .. ich stamme äh aus einer ziem-, ziemlich einfachen Familie, was man heute – meinen Vater würde man heute einen Selbständigen nennen .. einen Selbstän-, einen Selbständigen, d.h. einen kleinen, einen Kleinstgewerbetreibenden, wir hatten eine kleine Süßwa-

---

102 Intervention könnte daher bedeuten: der Eingriff in bzw. die Beteiligung an einer laufenden Debatte vor anwesendem Publikum, Übung – im Sinne von Training – dagegen die systematische Vorbereitung einer – gelungenen – Intervention.

renhandlung, eine Süßwarenhandlung und ich arbeitete mit meinem Vater und die ganze Familie lebte, wir lebten also vom vom Verkauf der Süßwaren, d.h. Turrón [Mandel-, Nußbrot, W.S.], Ananas, von allem also, was Süßwaren betraf /mhm/. Äh .. ich, ich arbeitete bis zum Militärdienst praktisch immer mit meinem Vater /mhm/. In die Arbeitswelt dann, in eine Fabrik sozusagen, beginne ich mich einzugliedern ... als ich vom Militärdienst zurückkomme, als ich im Jahr 1956 vom Militärdienst zurückkomme /mhm/. Zu diesem Zeitpunkt gliedere ich mich sozu- sozusagen in die Produktion ein und komme direkt äh .. auf ein Büro des Staatsbetriebes Calvo Sotelo. So, so so hieß das damals, heute entspricht das mehr oder weniger dem Staatsbetrieb Repsol /mhm/ Repsol /ja, mhm/. Gut, um in diesem äh Büro, Büro anfangen zu können, mußte ich an einer Auswahlprüfung [oposiciones] teilnehmen, bei der ich den Posten, den Platz gewann, gewann /mhm/. Ich bestand diesen Wettbewerb, bei dem sich viele auf nur sehr wenige Plätze bewarben, äh aber ich bestand sie und von da an begann ich, begann ich, äh in der Arbeitswelt, -welt aktiv zu sein. Schon während der Arbeit mit meinem Vater widmete ich mich – was mir immer gefiel, waren die Sprachen, war, Sprachen zu lernen /mhm/. Schon im Jahr, schon als ich noch sehr jung war, hatte ich diese Neigung, und da in Spanien diejenige Sprache, die man am meisten, diejenige Fremdsprache, die man damals am meisten lernte, Französisch war, Französisch war – Französisch war außerdem die erste offizielle Sprache in Spanien, äh die erste Fremdsprache in Spanien, die man, die man lernte – begann ich also, Französisch zu lernen, und konnte es mit der Zeit ziemlich gut sprechen, ziem- ziemlich flüssig, obwohl ich niemals in Frankreich gewesen bin /mhm/ in dieser Zeit. Gut .. als ich damals äh mit meiner Arbeit in diesem Be- in diesem Büro anfing, hatte ich die Gelegenheit, die Gelegenheit, Kontakt zu deutschen Monteuren aufzunehmen, die zur LURGI und zur BASF gehörten. Diese beiden Betriebe montierten nämlich Einrichtungen in derjenigen Abteilung des Staatsbetriebes Calvo Sotelo, in der ich arbeitete /mhm/. Und dieser Betrieb, diese Abteilung war die Raffinerieabteilung, wo wir die Schmieröle, das Benzin, das das Paraffin und viele andere Pro- Produkte herstellten /mhm/. Meine Abteilung wurde installiert von einem Monteur, einem Monteur, von Leuten der der LURGI, während ein bißchen weiter weg in einer anderen, in einer anderen Sektion – jenseits des Gleises, das beide Abteilungen voneinander trennte – äh äh bereits die Monteure der BASF arbeiteten / mhm, mhm, mhm/. Also, ich sagte, daß ich die Gelegenheit hatte, mit deutschen Kollegen oder Monteuren Kontakt, Kontakt aufzunehmen. Ich lernte einen Kollegen kennen, kennen, Peter Fischer, Peter Fischer ... der war der der der Büroangestellte und außerdem der Übersetzer, den die LURGI in jener Abteilung hatte, in jener Abteilung. Mein Kontakt – in der Firma, in der Firma, die Arbeit, die ich machte, betraf alles, was mit Gebühren zu tun hatte (...) Unterlagen, Entgelte, die man den Monteuren der LURGI bezahlte. Ich war derjenige, der die Rechnungen, die Kalkulationen machen mußte /mhm/ und deshalb hatte ich einen sehr direkten Kontakt zu diesem Peter Fischer .. ein äh äußerst gebildeter Mann, er sprach französisch, spanisch, d.h. kastilisch sprach er sehr gut /mhm/ und mit ihm, Fischer, sprach ich sehr gern auf in in Französisch und nutzte das zum Üben. Mit ihm begann ich auch, En- Englisch zu studieren, zu lernen, aber schon in dieser Zeit begann in meinem Kopf die Idee zu reifen, von Spanien wegzugehen. Obwohl ich damals kein politisch engagierter Mensch war, war ich doch eine Person mit äh liberalen Gedanken, die nicht zu den Vorstellungen der Diktatur paßten, die dazu nicht paßten, zur Diktatur damals hier in Spanien, zur Diktatur des General Franco. Ich fühlte mich damals schon unwohl, obwohl ich – wie gesagt – kein Mensch war, der eine politische Aktivität ausübte, geschweige denn eine gewerkschaftliche, denn damals gab es auch in Spanien keine demokratischen Gewerkschaften, Gewer- freie Gewerkschaften, was es gab, waren die Gewerkschaften des Systems, Gewerkschaften der Falangisten. Ich übte damals keine gewerkschaftliche Aktivität aus, ich hatte nur einen unruhigen Geist, ich fühlte mich, ich fühl-, ich fühlte mich damals nicht wohl in Spanien, obwohl ich – wie (..) gesagt – nicht aktiv war ... Damals begann also in mir die Idee, begann sich die Idee festzusetzen, von Spanien fortzugehen und äh ich liebäugelte ein bißchen mit Deutschland.

Wie gesagt, was was ich von Deutschland wußte, war durch diese Leute /mhm/, die mit uns dort in dieser Sektion arbeiteten und ko- kooperierten. Und als ich mich dann ... entschlossen hatte .. nach Deutschland zu gehen, hörte ich auf, Englisch zu lernen, Englisch zu studieren, und fing mit dem Deutschen an, vielleicht weil, äh, ich wollte, bevor ich nach Deutschland ging, wollte ich ein Minimum an Kenntnissen haben, die es mir erlauben würden, mich zu verständigen, zu verständigen oder zumindest, mich verständlich zu machen hier in Deutschland. Und so lernte ich sechs Monate lang deu- äh deutsch und äh alle meine äh immer hatte ich viele Grammatikfragen und diese stellte ich meinen Kollegen, den Monteuren der der LURGI /mhm/ oder Peter Fischer. Als es dann aber soweit war – ich war fest entschlossen, nach Deutschland zu gehen – bat ich mir sechs Monate unbezahlten Urlaub aus – das hieß damals Freistellung ohne Lohn – /mhm/, d.h. man gab mir sechs Monate Urlaub, in denen ich nichts verdiente, aber meinen Arbeitsplatz behielt ich in Reserve. Dann fuhr ich von meiner Stadt, von Tomelloso aus, in der Provinz Ciudad Real – was heute Castilla-La Mancha heißt – /mhm/ wie gesagt von meiner Geburtsstadt aus im Auto, im Auto eines Monteurs, zusammen mit ihm direkt bis nach <u>Koblenz</u>, bis Koblenz /mhm/. Dort in Koblenz stieg ich aus, direkt am Bahn- direkt am Bahnhof, und nahm dann einen Zug in Richtung Frankfurt, weil in Frankfurt hatte ich einige Bekannte, d.h. (...) Monteure oder Techniker der LUR-, der LURGI und außerdem hatte ich auch ein Empfehlungsschreiben für einen /mhm/ für einen spanischen Kollegen, der bei der LURGI arbeitete und der um einiges früher als ich auch beim Nationalbetrieb Calvo Sotelo angestellt gewesen war. Und so begann ein bißchen mein Abenteuer in Deutschland /mhm/" (S. 1-3).[103]

Herr Sánchez beginnt seine Erzählung mit einer Charakterisierung seiner Familie, insbesondere mit einer Positionierung ihrer wirtschaftlichen Arbeits- und Lebensbedingungen. Seiner eigenen Einschätzung nach stammt Herr Sánchez aus einfachen Verhältnissen. Das Leben der Familie wird geprägt durch das Süßwarengeschäft, das der Vater als „*Selbständiger*" bzw. „*Kleinstgewerbetreibender*" führt. Die ganze Familie ist miteinbezogen in den Arbeitsprozeß, auch Herr Sánchez arbeitet seit seiner Jugend im Familienbetrieb mit. Die Existenz der Familie hängt einerseits von der selbstverständlichen Mitarbeit der einzelnen Familienmitglieder ab, andererseits vom erfolgreichen Direktverkauf der im Geschäft angebotenen Waren. Für Herrn Sánchez ist durch diese Familiensituation von Kindheit an eine unmittelbare Anschauung vom Erwerb des Lebensunterhalts gegeben.

In der Erzählung von Herrn Sánchez wird der Militärdienst dann zur ersten entscheidenden Zäsur seines Lebens. Bis zu dieser Zeit ist er quasi naturwüchsig im Familienbetrieb eingebunden, nach dem Militärdienst entscheidet er sich für eine Beschäftigung in der Industrie. Diese Wendung seines beruflichen Daseins kann er nicht nur zeitlich genau fixieren – 1956 –, sondern beschreibt sie auch als einen von ihm aktiv betriebenen Eingliederungsprozeß in die ‚eigentliche' Welt der Arbeit. War der Familienbetrieb für Herrn Sánchez sozusagen das vorgefundene Schicksal, so ist sein Fortgang in die industrielle Arbeitswelt ein willentlicher Akt nach der Zäsur des Militärdienstes als einer Zeit der staatlich verordneten Trennung von der Familie. Diese Trennung ist für ihn kein folgenloses Zwischen-

---

103 Die unterstrichenen Wörter im Interviewtext sind nicht übersetzt, sondern von den Interviewpartnern trotz des auf Spanisch geführten Interviews auf Deutsch gesprochen.

spiel, nach dessen Ende er wieder an seinen angestammten Platz zurückkehrt, sondern markiert den Beginn einer Arbeitskarriere, die deutlich zur familiengebundenen Welt des Süßwarenladens abgegrenzt ist. Herr Sánchez präsentiert hier einen Wechsel von der personengebundenen, überschaubaren, direkten, auch die Privatsphäre übergreifenden Subsistenzwirtschaft der Familie hin zur arbeitsteiligen, produktionsorientierten, industriellen Arbeitswelt im staatlichen Großbetrieb. Allerdings gliedert sich Herr Sánchez nicht tatsächlich als Industriearbeiter in die „*Produktion*" ein, sondern arbeitet als kaufmännischer Angestellter in einem Büro des Staatskonzerns. Diese Tätigkeit, die Herr Sánchez gleichwohl der Produktionssphäre zuordnet, ist für ihn noch mit einer weiteren Differenz im Vergleich zu seiner Familientätigkeit verbunden: er muß sich die berufliche Position im Staatskonzern in einem Auswahlverfahren erst hart erkämpfen. Während Herr Sánchez in den elterlichen Kleinbetrieb, der die gesamte Familie wie selbstverständlich als Arbeitskräfte einsetzte, qua Geburt integriert war, der Familienbetrieb für ihn sozusagen die Normalität seines Daseins verkörperte, muß er sein Arbeitsvermögen im Industriekonzern mit seinen geregelten, normierten und vom Alltagsleben abgesetzten Abläufen erst einem Test unterziehen. In seiner Erzählung schwingt noch der Stolz und die Befriedigung mit, sich in der entscheidenden Auswahlprüfung[104] unter den vielen Bewerbern durchgesetzt und einen Platz im Betrieb erkämpft zu haben.

Was Herrn Sánchez zu dieser Veränderung seiner Arbeit veranlaßte, führt er ebensowenig aus wie die verschiedenen Stadien seines schulisch-beruflichen Ausbildungsganges. Worüber er dagegen ausführlich berichtet, sind seine Neigungen, Sprachen zu erlernen bzw. sich dem Studium der Sprachen zu widmen. Bereits neben seiner Arbeit im väterlichen Geschäft lernt er Französisch als der ersten offiziellen Fremdsprache in Spanien und erreicht – laut eigener Einschätzung – einen relativ guten Grad der Sprachbeherrschung, obwohl er zu dieser Zeit selbst niemals in Frankreich war. Während in Herrn Sánchez' Eingangserzählung seine offizielle Schul- und Lerngeschichte im Dunkel bleibt, verweist er sowohl mit seiner Teilnahme an einer staatlichen Wettbewerbsprüfung als auch mit seinen Studien von Fremdsprachen – konkret dem Französischen – auf Lernwege, die er neben der offiziellen Schulbildung erfolgreich durchläuft, ohne allerdings auf die Modalitäten dieses Lernens näher einzugehen.

In seinem Betrieb bietet sich Herrn Sánchez nun die Gelegenheit, mit deutschen Monteuren der LURGI und der BASF, die in seiner bzw. der angrenzenden Abteilung Einrichtungen installieren, Kontakt aufzunehmen. Er nutzt so den berufsbiographischen Zufall, daß zwei deutsche Firmen die Raffinerie-

---

104 Auswahlprüfungen sind in Spanien normale Ausleseverfahren zur Personalrekrutierung in großen Staatsbetrieben, aber auch in der Verwaltung und im Bildungswesen. Die allgemeinen Zulassungsvoraussetzungen und Prüfungsanforderungen in diesen Auswahlverfahren werden öffentlich ausgeschrieben, die Prüfungen selbst finden zentral und unter gleichen Bedingungen statt, die Bewerber mit den höchsten Punktzahlen erhalten die vakanten Stellen. Neben der autodidaktischen Vorbereitung gibt es eine Vielzahl privater Anbieter, die Kandidaten auf solche Prüfungen vorbereiten.

abteilung seines Betriebs modernisieren, um seine fremdsprachlichen Interessen auch in seinem neuen beruflichen Umfeld zu pflegen. Die fremde, Herrn Sánchez interessierende Welt von draußen wird für ihn besonders greifbar in der Person des einzigen kaufmännischen Angestellten der deutschen Gruppe, der gleichzeitig auch als Übersetzer fungiert. Die Kontaktnahme zwischen Herrn Sánchez und seinem Gegenpart erfolgt über reguläre Arbeitsbeziehungen, da Herr Sánchez in seiner Abteilung für die Bearbeitung der Entgelte an die deutschen Monteure zuständig ist und er so zwangsläufig mit seinem deutschen Ansprechpartner in Berührung kommt. Er stellt fest, daß sein Kollege von der Gegenseite ein „*äußerst gebildeter Mann*" ist, der Spanisch, Französisch und Englisch spricht, der also durch seine Sprachfähigkeiten ein Ideal verkörpert, das auch Herr Sánchez seit seiner Jugend anstrebt. Mit diesem Arbeitskollegen praktiziert Herr Sánchez nun seine bereits erlernten französischen Sprachkenntnisse, gleichzeitig nutzt er jedoch die Gelegenheit, um seine bisherigen sprachlichen Fertigkeiten zu erweitern und mit Hilfe des deutschen Arbeitskollegen auch Englisch zu erlernen. Herr Sánchez macht so in seinem Betrieb die positive Erfahrung der gegenseitigen Hilfestellung bzw. der uneigennützigen Förderung durch einen ausländischen Kollegen.

In diese Zeit des verstärkten Kontaktes zu den deutschen Monteuren fallen auch Herrn Sánchez' Überlegungen, aus Spanien wegzugehen. Inwieweit seine Verbindungen zur ausländischen Welt im Betrieb seinen Wunsch, selbst ins Ausland zu gehen, verstärkt oder gar erst entfacht haben, führt Herr Sánchez nicht aus. Seine allmählich reifenden Überlegungen wegzugehen begründet er vielmehr mit seinen „*liberalen Gedanken*", d.h. mit der – erfahrenen oder unterstellten – Diskrepanz zwischen den autoritären staatlich-politischen Vorgaben des Franco-Regimes und den davon divergierenden eigenen Zielvorstellungen und Wünschen. Allerdings ist es Herrn Sánchez wichtig zu betonen, daß er zu dieser Zeit kein politisch aktiver Mensch war, sich also weder parteipolitisch noch gewerkschaftlich betätigte. Nicht ein institutionelles Engagement treibt ihn zur Auswanderung – z.B. in der Form des politischen Emigrantentums –, sondern sein „*unruhiger Geist*", der sich in der frankistischen Gesellschaftsordnung nicht „*wohl fühlt*".

Bei der Präferenz für ein bestimmtes Land spielen seine Kontakte zu den deutschen Kollegen eine entscheidende Rolle. Durch sie hat Herr Sánchez eine gewisse Vorstellung von Deutschland bekommen, so daß er sich entscheidet, dorthin zu gehen. Dieser Entschluß ist für ihn der Anlaß, mit seinem deutschen Kaufmannskollegen nicht weiter Französisch oder Englisch zu parlieren, sondern gezielt Deutsch zu lernen und den anvisierten Deutschlandaufenthalt sprachlich vorzubereiten. Dabei legt er eine gewisse Hartnäckigkeit und Systematik an den Tag, indem er seine Kollegen immer wieder mit Grammatikfragen angeht und über das direkte feed back seine Sprachkenntnisse zu verbessern sucht. Für den zunächst auf sechs Monate geplanten Deutschlandaufenthalt erhält Herr Sánchez von seinem Arbeitgeber eine unbezahlte Freistellung mit einer Arbeitsplatzgarantie bei seiner Rückkehr. Ausgerüstet mit verschiedenen Adressen und einem Empfehlungsschreiben an einen ehemaligen spanischen Kollegen der Firma Calvo Sotelo, der in Frankfurt bei der LURGI arbeitet, nutzt Herr Sánchez die Rückfahrt eines Monteurs, um mit ihm gemeinsam bis nach Koblenz zu fahren und von dort die restliche Strecke bis zum Zielort Frankfurt per Bahn zurückzulegen.

Zentral für Herrn Sánchez Erzählung ist die Welt der Arbeit und die Welt der Sprachen, die sich in seiner Person z.T. neben der Arbeitswelt, z.T. in sie integriert und sie nutzend entwickelt. Sein Sprachinteresse bereits in der Jugend, die Aktivierung bzw. Fortführung dieses Interesses durch die berufsbiographisch bedingte Kontaktnahme zu deutschen Arbeitern, die Möglichkeit eines vertieften Deutschstudiums in Deutschland bei gleichzeitiger Distanzierung von der politischen Atmosphäre des damaligen Spaniens – diese klare Linie zeichnet Herr Sánchez in seiner Eingangserzählung. Durch seinen Einsatz hat er die Möglichkeit, in einer relativ privilegierten Situation nach Deutschland zu reisen. Die clever eingefädelte doppelte Absicherung – ‚nach hinten' durch einen garantierten Arbeitsplatz, ‚nach vorn' durch elementare Sprachkenntnisse, Empfehlungsschreiben und Adressen – macht für ihn das Risiko des Abwanderungsabenteuers vertretbar.

2.2. Arbeitssuche in Deutschland

„Ich kam, ich kam nach Deutschland mit einem Touristenpaß .. ich benötigte kein Visum damals, weil man kurz vorher den Visumszwang von der spanischen Regierung den Deutschen gegenüber und von der deutschen den Spaniern gegenüber außer Kraft gesetzt hatte /mhm/. Vorher hatte man ein Eingangsvisum benötigt, aber ich hatte erfreulicherweise das Glück, daß man kurz vorher den Visumszwang sowohl für Deutsche als auch für Spanier – die die jeweiligen Länder besuchen wollten – außer Kraft gesetzt hatte. Ich kam also hierher mit einem Touristenpaß, aber die Geldmittel, die ich hatte, die ich mitbrachte, waren äußerst gering; es waren Mittel, die ich gespart hatte, die ich gespart hatte, um heiraten zu können /mhm/, um zu heiraten /mhm/. Mit diesem Geld ... komme ich also, komme ich also nach Deutschland, und das erste Geld, das ich ausgebe, ist die Reise von Koblenz, von Koblenz nach Frankfurt – das werde ich nie vergessen, das war ein <u>Personenzug</u> aus der Zeit damals – und die Reise von Koblenz nach Frankfurt kostete mich 10 Mark /mhm/. Das waren die ersten 10 Mark, die ich in Deutschland ausgab. Damals mußte man 12 oder 13 Peseten für eine Mark bezahlen, d.h. mit den paar Peseten, die ich mitbrachte – ich glaube, es waren 2.500 Peseten – äh da man die Ausgaben in Deutschland mit Mark bezahlen mußte, mußte man viele Peseten damals hergeben, damals waren das viele Peseten. Damals dachte ich, alles was ich suchen muß, was ich suchen muß, ist eine Arbeit, eine Beschäftigung, um etwas zu verdienen, um mindestens sechs Monate bleiben zu können (sehr schnell). Dieser spanische Kollege von der LURGI .. von der LURGI äh versuchte mir zu helfen .. sehr zu helfen. Aber ehrlich gesagt hatten wir kein Glück. Ich erinnere mich, daß er mich von hier nach dort mitnahm, um – zu Firmen, um nach Arbeit zu fragen, er nahm mich mit zu Neckermann .. zu Neckermann dort nach Fechen- Fechenheim /mhm, mhm/. Dort wollten sie mich nehmen /mhm/, dort wollten sie mich nehmen, aber als wir ihnen sagten, daß ich studieren sie fragten, was ich hier mache, wer, wer ich sei, was ich hier in Deutschland machen wolle, und ich sagte, daß ich studieren wolle. Ab dem Augenblick, wo du ein Student warst, wo du studieren wolltest, warst du für Neckermann nicht mehr interessant. Woran, woran Neckermann interessiert war, waren auf jeden Fall Leute, die für ein, zwei bis zu vier oder fünf Jahren arbeiten konnten (sehr schnell). So lange es eben nötig war, aber nicht nur für 5 oder 6 Monate. Sie sagten nein. Dann waren wir auch bei Casella, dort untersuchten sie mich – Casella ist eine Chemiefabrik, die zu den <u>Farbwerken</u> gehört – dort untersuchten sie mich, aber die Untersuchung fiel nevativ aus. Denn schon als Jugendlicher häuteten sich meine Hände, meine Hände, wenn der Sommer kam. Mir passierte dasselbe wie (..) den Schlangen. Die Schlangen, so sagt man, ändern die Haut und ich änderte die Haut meiner Hände. Und als die Untersuchung schon vorbei war, sagten sie: „Strecken Sie die Hände so aus" [dabei zeigt er die Handinnenseiten offen nach oben]. Ich strecke sie so aus, sie schauen sie an und sagten mir: „Schauen Sie, Sie taugen nicht für die Chemie". So konnte ich auch dort nicht anfangen, ich sah, wie sich mir die Türen schlossen, daß die Zeit vorbei ging, daß das Geld ausging und daß ich noch fünf Monate vor mir hatte (...) in Deutschland. Ich sah, daß ich – obwohl ich .. sehr bescheiden lebte und nur wenig ausgab, weil ich nur wenig ausgeben konnte – trotzdem sah ich, daß das Geld ausging. Natürlich. Schön, damals gab es in Frankfurt eine Bar an an der <u>Hauptwache Hauptwache</u>, die hieß <u>Picknick</u>/mhm/ <u>Picknick</u>, heute gibt es sie nicht mehr. Dieses <u>Picknick</u> wurde sehr frequentiert, sehr frequentiert von den Spaniern, sehr frequentiert. Ich weiß nicht warum, aber in jenen Tagen, als wir von hier nach dort gingen, war ich auch im <u>Picknick</u> und dort lernte ich andere Spanier kennen, darunter einen Kellner, der dort war, einen Spanier, der äh hieß Alvarez, einen Valencianer, der fragte mich: „Mensch, du, was machst du, was machst du hier?" Und ich erzählte ihm alles .. was ich machen wollte, in was für einer Lage ich mich befand und er sagte: „Reg dich nicht auf, warte noch und du wirst sehen, daß man immer etwas findet". Er munterte mich sehr auf, dieser Mensch, er half mir sehr. Und ich sagte ihm, daß ich vielleicht nach Schweden gehen wolle, weil ich sah, daß ich hier in Deutschland, hier in Frankfurt, keine Arbeit finden konnte. Und er sagte, „Nein Mann, warte, geh nicht nach Schweden". Denn ich wollte schon nach Schweden mit anderen Spaniern gehen, die in denselben Schwierigkeiten waren wie ich und die tatsächlich auch nach Schweden gingen. Tatsache ist, daß ich auf diesen Herrn Alvarez hörte, ich blieb, lernte äh andere Spanier kennen, die in derselben Situation wie ich gewesen waren, sie fragten in ihrem Betrieb, wo sie arbeiteten – im <u>Café am Opernplatz</u> .. das heute auch nicht mehr existiert, es stand dort, wo heute das <u>Mövenpick</u> ist /mhm/, sie fragten also und so begannen sie mich zu fragen, dort zu arbeiten, Teller zu spülen und Kupfergefäße zu putzen „äh zu putzen, <u>als Geschirr</u>, äh, <u>Geschirr, als Spüler</u>, äh <u>Gesch</u>, äh, <u>ja</u> nicht <u>Kupfer</u> ähh <u>Kupferputzer</u>. Ich begann dort zu arbei-, zu arbeiten und in jenem Betrieb dort, im <u>Café am Opernplatz</u>, regelten sie auch meine Papiere für mich und brachten alles in Ordnung, wie man hier sagt, äh brachten alles in Ordnung mit mit der Polizei. Denn wann immer ich zur Polizei ging und sagte, daß ich eine Arbeit suchte, brachte ich ihnen eine sogenannte <u>Anmeldung</u> mit, aber die <u>Anmeldung</u>, die ich ihnen brachte, war von einem <u>Wohnheim</u> und das zählte nicht. Es mußte ein Zi-, es mußte eine Privatwohnung oder ein Privatzimmer sein, aber niemals ein <u>Wohnheim</u>. Damals, im Jahre 59, war das so, heute ist das anders. Deshalb sah ich mich gezwungen, sah ich mich gezwungen, zu einer Agentur zu gehen, zu einer Agentur, einem Wohnungsmakler, der mir eine Wohnung verschaffte. So fing ich an, eine Miete von 90 Mark zu bezahlen im Ke-, im Kettenho, Kettenhofweg /mhm/ Nr. 99. Und als ich dann dort wohnte, in diesem Haus, in einer <u>Mansarde</u>, einer Mansarde, konnte mir, konnte mein Betrieb das Aufenthaltsproblem lösen, meine Arbeitserlaubnis hier in Frankfurt /mhm/. Gut, ich war also ein Jahr im <u>Café am Opernplatz</u>. Aber <u>Geschirr-Geschirrspüler</u> oder <u>Kupferputzer</u>, das paßte mir nicht, das paßte mir nicht. Als dann die Vertragszeit, die Vertragszeit von einem Jahr, die ich mit dem <u>Café am Opernplatz</u> vereinbart hatte, herum war, kündigte ich, ließ die Arbeit und ging .. in die Metallindustrie, in eine Fabrik, die heute auch nicht mehr existiert, die Torpedo-Werke in Rödelheim ..." (S. 3-5).

Der Beginn seines Deutschlandaufenthaltes wird in Herrn Sánchez' Rückschau stark von organisatorisch-materiellen Problemen wie Einreisemodalitäten, Beschaffung von Geldmittel, Arbeitssuche und Erteilung der Aufenthaltsgenehmigung bestimmt. Da Herr Sánchez auf eigene Faust in Deutschland einreist und keinen festen Arbeitsvertrag hat, kommt er mit einem einfachen Touristenpaß. Diese Möglichkeit war damals gegeben, weil – wie Herr Sánchez ausführlich schildert – Spanien und Deutschland in einem bilateralen Abkommen kurz zuvor die Visumspflicht für Angehörige beider Staaten abgeschafft hatten. Schwierigkeiten bereiten ihm allerdings die geringen Geldmittel, die er zur Verfügung hat. Er nutzt für die Übergangszeit seine Ersparnisse, die allerdings bereits für eine Heirat einkalkuliert waren. Herr Sánchez verwirft also zu diesem Zeitpunkt eine mögliche Heiratsoption bzw. Heiratsabsicht zugunsten seines Auslandsaufenthaltes, den er nur auf diese Weise finanzieren kann. Das Geld für die geplante – oder auch nur für die in Zukunft anvisierte – Heirat fließt in die Bestreitung des Unterhalts in der kritischen Anfangsphase der Orientierung und Anpassung.[105]

Das Leben in Deutschland, das in der teuren Devisenwährung bezahlt werden muß, ist für Herrn Sánchez allerdings nur für kurze Zeit mit Hilfe seiner mitgebrachten Geldmittel finanzierbar. Daher ist für ihn die Suche nach einer Beschäftigung unabdingbar, um seinen sechsmonatigen Aufenthalt überhaupt finanzieren zu können. Bei der Anbahnung von Kontakten ist ihm der empfohlene spanische Kollege von der LURGI behilflich. Doch weder die Kontakte zu Neckermann noch die Anfrage bei den Casella-Werken haben den erhofften Erfolg. Herr Sánchez schildert ausführlich die Auswahlprozeduren und Negativbegründungen in beiden Vorstellungsgesprächen. Bei Neckermann kollidieren seine eher kurzfristigen Planungen mit dem langfristigen Beschäftigungsinteresse des Betriebs. Herr Sánchez gibt an dieser Stelle seiner Erzählung indirekt zu erkennen, was seine Prioritäten sind und wie er sich selbst in einem Vorstellungsgespräch mit einem Einstellungsbeauftragten definiert. Die Selbstthematisierung als Student zeigt, daß seine Absicht, nach Deutschland zu kommen, durch sein Sprachinteresse motiviert ist. Herr Sánchez möchte in Deutschland vor allem und zuallererst seine Deutschkenntnisse perfektionieren und hält diese Absicht auch in der prekären Situation der Arbeitssuche und Motivbefragung aufrecht.[106] Bei Casella, wo Herr Sánchez auf seine körperliche Tauglichkeit für einen Arbeitseinsatz in der chemischen Industrie hin un-

---

105 Ein möglicher Konflikt zwischen diesen beiden Optionen – Heirat oder Auslandsaufenthalt – wird von ihm nicht thematisiert ebensowenig wie seine tatsächliche persönliche Situation zur damaligen Zeit. Erst im weiteren Verlauf des Interviews (vgl. Abschnitt 2.6.1.) wird erkennbar, daß er zum Zeitpunkt seines Weggangs von Spanien bereits verlobt war, d.h. die Ersparnisse tatsächlich im Hinblick auf eine baldige Heiratsabsicht angelegt waren. In seiner Erzählung findet demnach eine Ausklammerung des Konflikts zwischen politischen Systemvorgaben, eigenem Wohlbefinden und privaten Bindungen statt.
106 Irritierend ist allerdings, daß Herr Sánchez im weiteren Verlauf der Eingangserzählung nichts darüber berichtet, wie er seine sprachlichen Vervollkommungsabsichten konkret umsetzt. Wichtig sind für ihn an dieser Stelle die alltagspraktischen Erfordernisse und materiellen Voraussetzungen, um das Sprachenstudium zu ermöglichen. Erst auf Rückfrage zu einem späteren Zeitpunkt des Interviews (vgl. Abschnitt 3.2.) erzählt er ausführlich auch von dieser Seite seines Deutschlandaufenthaltes.

tersucht wird, scheitert er an einer Hautkrankheit seiner Hände. Während im ersten Fall die Inkongruenz der Zeitperspektiven eine Anstellung verhindern, sind im zweiten Fall gesundheitliche Defizite für seine Ablehnung verantwortlich.

Diese Erfahrung der Ablehnung, des Zeitverstreichens und der Reduzierung seiner Finanzmittel – auch bei äußerst bescheidener Haushaltsführung – erzeugen in Herrn Sánchez eine gewisse Mutlosigkeit, Ratlosigkeit und Niedergeschlagenheit. In dieser Situation gerät er in ein spanisches Szenelokal, wo er einerseits andere Landsleute kennenlernt, die sein Schicksal teilen und die nach kollektiven Alternativlösungen (Schweden) suchen, wo er anderseits jedoch auch auf bereits etablierte Spanier trifft und deren Solidarität erfährt. Er findet sich also im spanischen Milieu Frankfurts wieder, in dem er nicht nur den Austausch von Informationen und das Aufzeigen neuer Möglichkeiten, sondern auch konkrete Hilfsangebote und solidarisches Handeln erlebt. In der krisenhaften Spannung von Weiterziehen und Bleiben hört Herr Sánchez auf den positiven Zuspruch der bereits Etablierten, durch deren konkrete Hilfe er schließlich einen Einjahresvertrag in einem Frankfurter Café als Geschirrspüler und Kuperputzer bekommt.

Eng verbunden mit der Arbeitssuche ist für Herrn Sánchez ein zweites vitales Problem der Existenzsicherung: der Nachweis einer privaten Unterkunft als Voraussetzung für die Erteilung einer Aufenthalts- bzw. Arbeitsgenehmigung. Die Anmeldung im relativ billigen Wohnheim ist für die Lösung dieses Problems jedoch keine hinreichende Bedingung, wie ihm sein mehrfaches Vorstelligwerden bei der Polizei deutlich vor Augen führt. Herr Sánchez kann in diesem Fall nicht auf die solidarische Hilfe seiner Landsleute rekurrieren, sondern muß sich über einen Makler ein anerkennungsfähiges Wohnobjekt vermitteln lassen. Erst mit Hilfe der teuren professionellen Vermittlungsdienste einer Agentur kann er eine Privatwohnung beziehen und unter Hinnahme großer finanzieller Belastungen durch eine hohe Privatmiete seine ‚Ordnungsprobleme' lösen.

Nach Ablauf seines Vertrages orientiert sich Herr Sánchez beruflich neu, da ihn die Arbeit als Tellerwäscher nicht befriedigt. Warum er nicht nach Spanien zurückkehrt, warum er überhaupt seinen ursprünglich auf sechs Monate befristeten Deutschlandaufenthalt verlängert hat, welche Regelungen er mit seinem früheren Arbeitgeber in Spanien getroffen hat – diese möglichen Fragen und Problemkomplexe nimmt er an dieser Stelle nicht auf. Wichtig erscheint Herrn Sánchez vielmehr die Tatsache, daß er nach einem Jahr durch die selbst initiierte Kündigung seine Handlungssouveränität wiedergewinnt. Die Lehrzeit ist nun vorüber, nach den Zufälligkeiten und Zwängen der Anfangsphase kann er wieder selbst Situation und Ort seiner beruflichen Tätigkeit bestimmen. Er fühlt sich jetzt sicher, hat die Fäden in der Hand und kann sich seinen weiteren Berufsweg selbst aussuchen. Herr Sánchez wechselt in die Metallbranche über, ohne die Modalitäten dieses Wechsels genauer zu schildern.

2.3. Leben im Spanischen Kulturkreis

2.3.1. Gründung des Spanischen Kulturkreises

„*Und dort, in den Torpedo-Werken, beginnt eine neue, sozusagen eine neue Phase .. eine neue Phase meines Lebens in Deutschland, in den Torpedo-Werken. Äh .. dort lerne ich einen Mann kennen, der etwas später als ich in die Firma eintritt .. er hieß mit Nachnamen Fernández, er ist schon gestorben, dieser Mann war ein ein Exilierter, ein Exilierter der spanischen Republik, er hatte, er hatte für die spanische Republik gekämpft, er war ein Anarcho-Syndikalist .. ein Aktivist schon seit Jugend an in der Nationalen Arbeitskonföderation, der CNT, der anarcho-syndikalistischen Gewerkschaft, und dieser Mann war mehr oder weniger derjenige, der mich in grundlegender Weise politisch aufzuklären begann, politisch natürlich immer gemäß seiner Ideologie /mhm/ gemäß seiner Ideologie. D.h. ich war damals, im Jahre 60, im Jahr 59, nein schon im Jahr 60, ein Mensch mit anarchistischem Gedankengut, anarchistisch natürlich in dem Sinne, wie es mir dieser Mann beigebracht hatte. Dieser Mann war sehr menschlich und da ich zu ihm den engsten und direktesten Kontakt hatte, sympathisierte ich mit seinen Ideen. In jener Zeit begannen aus Spanien noch andere Spanier zu kommen, die in derselben Situation waren wie ich, d.h. mit einem Touristenpaß, aber da man zu der Zeit bereits die Art und Weise, eine Aufenthaltsgenehmigung in Deutschland zu bekommen, liberalisiert hatte, hatten die Torpedo-Werke keine Schwierigkeiten, den Aufenthalt dieser Kollegen zu legalisieren, geschweige denn für sie eine Arbeitserlaubnis zu erhalten. Und so waren wir in den Torpedo-Werken ungefähr 8 oder 9 Kollegen und Kolleginnen und der Kollege Fernández, der Anarcho-Syndikalist, hatte die Idee bzw. machte den Vorschlag, etwas zu gründen, etwas, einen Club, ein Zentrum, einen Kreis, wir wußten nicht genau, was wir gründen wollten. Und gingen alle möglichen Namen durch. Erst später kapierte ich, daß das, was dieser Mann vorhatte, mehr oder weniger die Gründung einer Basisorganisation war, ein bißchen nach seinen Ideen, nach seiner Ideologie. Aber dieser Mann hätte das nicht aufrecht-, selbst wenn er es erreicht hätte, hätte er es nicht aufrechterhalten können, denn obwohl er sehr menschlich war, waren seine kulturellen Kenntnisse doch sehr bescheiden, sehr bescheiden. Er war einfach menschlich, in sozialer Hinsicht sehr gut geschult, sozial war er einfach toll, auch politisch, was seine Ideologie betraf. Aber jenseits seiner Ideologie war er jemand, der nicht mehr geben konnte (...) Jedenfalls trafen wir uns in einer Bar und beschlossen, etwas zu gründen, etwas, was wir damals Club nannten*" (S. 5-6).

Der Eintritt in die Torpedo-Werke ist für Herrn Sánchez nicht so sehr eine berufliche Zäsur als vielmehr ein Einschnitt in seiner politischen Orientierung. Denn seine dortige Bekanntschaft mit einem spanischen Arbeitskollegen, der eine ausgeprägte militante anarcho-syndikalistische Vergangenheit aufweist, ist für ihn der Beginn einer grundlegenden politischen Aufklärung. Trotz der lange zurückliegenden Jahre kennt Herr Sánchez noch seinen Namen, er weiß, daß er erst nach ihm in die Torpedo-Werke eingetreten ist, und er weiß auch, daß er bereits gestorben ist. In der Person dieses Arbeitskollegen, mit dem ihn nicht nur eine enge Arbeitsbeziehung verbindet, sondern den er auch als äußerst menschlich wahrnimmt, erfährt Herr Sánchez die Überzeugungskraft persönlich vermittelter Bildungsarbeit. Dieser – für Herrn Sánchez erstmals bewußte – politische Sozialisationsprozeß wird neben dem direkten täglichen Arbeitskontakt und der menschlich-sympathischen Ausstrahlung vor allem von der Legitimation ‚richtiger' Gesinnung und politischer Beteiligung während der

Zweiten Republik und im spanischen Bürgerkrieg getragen: Herr Fernández war nämlich nicht nur seit seiner Jugend politisch und gewerkschaftlich aktiv, sondern hatte für seine Gesinnung auch gekämpft und war – als Konsequenz der politischen Niederlage im Spanischen Bürgerkrieg – zum politischen Emigranten geworden. Diese Mischung aus politischem Engagement, menschlicher Haltung und täglicher Überzeugungsarbeit führen dazu, daß Herr Sánchez bald mit dem anarchistischen Ideengut seines Gegenübers zu sympathisieren beginnt.

Die politische Agitation des Arbeitskollegen Fernández beschränkt sich jedoch nicht auf seine eigene Person, sondern zielt auch auf andere Spanier des Betriebs, die ähnlich wie Herr Sánchez mit Touristenpaß nach Deutschland gekommen, aber aufgrund der liberalisierten Verfahren zur Erlangung der Aufenthaltsgenehmigung bzw. der Arbeitserlaubnis ohne Probleme in den Torpedo-Werken untergekommen waren. Im Kreis dieser Arbeitskollegen lanciert der erfahrene Politaktivist Fernández die Idee, eine Vereinigung zu gründen. Er nutzt die politische Unerfahrenheit und Naivität seiner Kollegen, die nur vage Vorstellungen über die verschiedenen inhaltlichen Möglichkeiten einer derartigen Gründung mitbringen, um eigene Gestaltungsspielräume durchzusetzen. Erst in der Rückschau – als politisch versierter und mit den Propagandamethoden der verschiedenen politischen Vereinigungen im Ausland vertrauter Mensch – kann Herr Sánchez die Aktivitäten seines Arbeitskollegen als den Versuch deuten, eine *„Basisorganisation"* zur Rekrutierung neuer Mitglieder zu gründen. Auf dem Hintergrund seiner Kenntnisse und Organisationserfahrungen kann er auch die menschlich-intellektuellen Fähigkeiten seines Weggenossen klarer einschätzen. Dabei kontrastiert die deutlich positive Wertung seiner menschlich-sozialen Fähigkeiten mit der kritischen Wertung seiner kulturell-intellektuellen Möglichkeiten. Eine Gruppe zusammenzuhalten, so gibt Herr Sánchez bereits an dieser Stelle indirekt zu erkennen, erfordert zahlreiche organisatorisch-intellektuelle Fähigkeiten, die er seinem Kollegen abspricht. Zum Zeitpunkt der Gründungsphase sind Herrn Sánchez allerdings diese Voraussetzungen noch nicht klar, erst mit zunehmender eigener Erfahrung ist er in der Lage, ein solches Urteil zu formulieren. Die Gründungsphase ist daher geprägt von den Treffen und Diskussionen in einer Bar, wo die Mitglieder in einem allmählich Klärungsprozeß die inhaltliche Ausrichtung der zu gründenden Vereinigung besprechen.

2.3.2. Gewerkschaftliche Hilfe, inhaltliche Konsolidierung, ideologische Richtungsveränderung

„Aber dann sahen wir, daß (..) obwohl wir uns regelmäßig – jede Woche – trafen – wir trafen uns jeden Samstag – dies langfristig keine Perspektive hatte, so daß wir schon etwas tun müßten. In dieser Situation hatte wiederum dieser Mann die Idee, zur .. IG-Metall zu gehen, zur Metallergewerkschaft, denn in den Torpedo-Werken waren wir alle gewerkschaftlich organisiert. Wir wollten also versuchen, diese Mitgliedschaft in der Metallgewerkschaft auszu-

nutzen und zu sehen, zu sehen, ob wir ein bißchen Hilfe, ein bißchen Hilfe erhalten könnten, um diese Sache zu entwickeln, die wir gegründet hatten, diesen Club, wie wir es nannten. Wir gingen also dorthin, man sagt uns, daß man uns Bescheid geben wird, und tatsächlich, eines Tages gibt man uns Bescheid, lädt uns ein und sagt uns, daß wir an einer Versammlung von äh Spaniern teilnehmen sollten, die man in äh im DGB, in den Räumlichkeiten des DGB abhalten wolle und die ein Kollege präsidierte, den ich in diesem Mo-, in diesem Augenblick zum ersten Mal sah. Er hieß, er hieß Luis Quintana [... und war] ein Neffe von, er war der Sohn einer, war der Sohn einer Schwester von Federico Garcia Lorca, d.h. er war Neffe von Federico Garcia Lorca. Dieser Mann oder dieser Kollege war So-, Sozialist, war von der Sozialistischen Spanischen Arbeiterpartei .. ein Kollege äh ein guter Kollege. Und wir nutzten dann dort diese Versammlung .. wir nutzten diese Versammlung, um – an der ungefähr .. 30 oder 40 Spanier teilnahmen, wo wir äh unsere Pläne vorstellten und wo wir ihm, wo wir ihm zuallererst erklärten, was wir gegründet hatten, was wir entwickeln wollten, daß uns aber die Mittel fehlten, um bestimmte Aktivitäten zu entfalten. Luis Quintana nahm das auf, nahm das alles auf und sagte uns, daß er uns eine Antwort gebe würde. Es waren viele Kollegen dort anwesend (sehr schnell), die sich dafür interessierten .. wo wir uns versammelten .. und wir sagten es ihnen und eine Woche später, als wir uns wieder trafen, nahmen auch einige dieser Kollegen an der Versammlung teil, nicht so Quintana, Quintana nahm nicht teil, und da da er nicht teilnahm, nicht kam, kein Lebenszeichen gab .. wandten wir uns erneut an die Metallgewerkschaft. Die Metallgewerkschaft muß ihm dann wohl gesagt habe: „Also geh mal dort hin, geh mal dort hin und schau dir das an". Und Quintana kam zum Kreis und sagte ja, das scheine ihm nicht schlecht, die Idee sei nicht schlecht und so, er wolle schauen, was er tun könne, was man machen könne, und zwei Wochen nach seinem Besuch in der Bar, wo wir uns trafen .. kam es eines schönen Tages und verkündete uns, daß er einen Raum über die die Gewerkschaften bekommen habe, innerhalb der Gewerkschaften, daß wir uns dort treffen könnten und dorthin umziehen könnten. Prima, wir gingen also zu den deutschen Gewerkschaften, in diesem Fall in einen Saal des DGB. Der DGB, der DGB finanzierte uns den Kauf der ersten Bücher, der Bücher für unsere Bibliothek, dort wurde der Kreis, der Kreis äh weil wir hatten im April 1961 angefangen, aber erst dort, im September oder Oktober desselben Jahres 61, als wir zum DGB kamen, erst dort gaben wir uns die ersten Statuten, dort führten wir die ersten demokratischen Wahlen durch, um den Vorstand zu wählen, dort – ich wiederhole mich – kauften wir die ersten Bücher, Bücher, dort blieben wir (der ganze Satz bis hierher sehr schnell, verschluckt viele Silben) mindestens ein Jahr oder anderthalb Jahre. Zweifelsohne paßte den Gewerkschaften jedoch die Richtung, die der Kreis allmählich nahm, nicht. Sie paßte einigen Gewerkschaftern nicht und ganz im speziellen demjenigen nicht, der beauftragt war, der Beauftragte der Gewerkschaften für Ausländerpolitik war .. Dieser Mensch war ziemlich, war zweifelsohne ein rechter Sozialdemokrat .. das ist klar. Er war ein rechter Sozialdemokrat, nicht einmal ein gemäßigter. Dieser Mensch fing nun an, uns Schwierigkeiten zu machen, es kam vor, daß wir sonntags in den Raum kamen, um uns dort zu treffen – weil wir trafen uns sonntags – und wir fanden die Tür verschlossen, so daß wir uns einige Male am Ufer des Main treffen mußten, bis wir ihm sagten, daß das so nicht weitergehen könne, so nicht weitergehen könne. Und wiederum über über die Gewerkschaften, konkret über Quinta- über Quintana .. den wir zum Präsidenten gewählt hatten, bekam, bekamen wir einen Raum in der <u>Volkshochschule, Volksbildungsheim,</u> und so zogen wir nach dort um, so zogen wir um .. " (S. 6-8).

Trotz der Regelmäßigkeit der Treffen wird dem lockeren Gruppenverbund bald klar, daß für eine langfristige Perspektive des Clubs eine andere Organisationsform notwendig ist und daß zur Absicherung der Clubexistenz Handlungsbedarf besteht. Auf Anraten des Initiators der Gruppe – des Anarchisten Fernández –, der sich wiederum als entscheidender Inputgeber erweist, sucht die Gruppe

Unterstützung bei der Gewerkschaft, zumal alle Teilnehmer der Gruppe gewerkschaftlich organisiert sind. Die IG-Metall erscheint in dieser Hinsicht als eine Organisation mit Finanzressourcen, die ausgenützt werden sollen. Die Anfrage hat insofern Erfolg, als man die Mitglieder der Gruppe zu einer vom DGB anberaumten Versammlung von Spaniern einlädt. Auf dem dortigen Treffen sieht Herr Sánchez zum ersten Mal einen Spanier, der für die weitere Entwicklung des Clubs von großer Bedeutung ist, der bei den Gewerkschaften arbeitet und zudem eine bedeutende kulturell-politische Tradition Spaniens verkörpert: Herr Quintana ist Neffe von Federico Garcia Lorca, dem ermordeten spanischen Dichter und Verteidiger der Republik, und aktualisiert durch den Verwandtschaftsgrad ein kulturelles und politisches Programm. Zudem ist er Sozialist und in den Augen von Herrn Sánchez *„ein guter Kollege"*. Die Versammlung wird von den Clubmitgliedern als Plattform genutzt, um einer größeren Öffentlichkeit – den spanischen Migranten in Frankfurt als den potentiellen Teilnehmern bzw. den Gewerkschaften als der potentiellen Hilfsorganisation – die eigenen Pläne zu präsentieren und Finanzmittel einzuwerben. Während die Werbeaktion bei den spanischen Kollegen Erfolg hat – da einige der Anwesenden beim nächsten Treffen des Clubs teilnehmen –, bleibt die erhoffte Resonanz auf Seiten der Gewerkschaft aus. Die Säumigkeit des spanischen Gewerkschaftsvertreters Quintana veranlaßt die Clubmitglieder zu einer erneuten Intervention mit dem Resultat, daß sich Quintana vor Ort ein genaueres Bild von den Leuten und ihren Absichten macht und nach kurzer Zeit tatsächlich Räumlichkeiten des DGB und Finanzmittel zum Ankauf von Büchern vermittelt. Die politisch-gewerkschaftliche Allianz zwischen dem DGB und dem Club führt zu einer Konsolidierungs- und Klärungsphase von über einem Jahr, in der grundlegende Weichen für die weitere Vereinsentwicklung gestellt werden. Neben der Bereitstellung von Räumen als der notwendigen Infrakstruktur für regelmäßige Versammlungen (weg von der Bar) ist vor allem die Triade von Informationsbeschaffung (Einrichtung einer Bibliothek und Verfügung über Bücher), Ausarbeitung der Satzung (Klärung des Assoziationszweckes) und Durchführung von Wahlen (Einübung in demokratische Verfahrensweisen zur Legitimierung des Vorstandes) für den weiteren Ausbau des Vereins von Bedeutung.

Allerdings wird die Inanspruchnahme gewerkschaftlicher Hilfe zunehmend mit Konflikten belastet, da der Club eine den Gewerkschaften mißfallende Richtung nimmt. Aus der Erzählung von Herrn Sánchez wird allerdings nicht deutlich, in welcher Weise die politische Ausrichtung des Clubs gegen gewerkschaftliche Positionen verstößt. Herr Sánchez personalisiert den Konflikt, indem er einen seiner Meinung nach rechten Sozialdemokraten für die Schikanen, denen sich der Club ausgesetzt sieht, verantwortlich macht. Die verschlossenen Türen des Gewerkschaftsraumes werden von den Mitgliedern als Zeichen dafür gewertet, daß die weitere Inanspruchnahme der Gewerkschaftshilfe als inopportun erscheint. Durch die erneute Vermittlung des Gewerkschafters Quintana, der mittlerweile zum Vereinspräsidenten gewählt worden ist, wird dem Verein

ein Raum im Volksbildungsheim zur Verfügung gestellt. Quintana agiert in dieser Phase der Vereinsgeschichte als Brückenfigur, der trotz seiner Funktionen innerhalb der Gewerkschaft und innerhalb des Clubs die Spannungen zwischen beiden Einrichtungen zwar nicht abbauen kann, der aber erfolgreich als Vermittler zwischen den Vereinsinteressen und den Hilfsmöglichkeiten einer größeren städtischen Öffentlichkeit auftritt. Als aktiver Gewerkschafter, engagierter Vereinspräsident und Repräsentant progressiver spanischer Politiktradition verfügt er über ausreichende Kontakte zu städtischen Kulturinstitutionen, um dem Verein in seiner Raumnot zu helfen. In seiner Person werden diejenigen organisatorisch-intellektuellen Fähigkeiten sichtbar, die Herr Sánchez bei dem Initiatoren des Vereins vermißt hatte. Die Entwicklung des Vereins wird bestimmt durch den Einsatz personaler Ressourcen. Während der Arbeitskollege Fernández als Impulsgeber mit bestimmten Zielvorstellungen handelte, ohne jedoch über die entsprechenden organisatorischen Fähigkeiten der Umsetzung zu verfügen, wird der Gewerkschafter Quintana mit seinen entsprechenden Kenntnissen zur entscheidenden Vermittlungsinstanz in der Konsolidierungsphase des Vereins.

2.3.3. Im Volksbildungsheim und Club Voltaire

„Und dort im Volksbildungsheim *begann die beste Zeit, die beste Zeit, ich würde sagen, es war die beste Zeit und die intensivste des Kreises, wir nannten uns schon spanischer Kulturkreis und diesen und diesen Namen hatten wir gewä- äh äh hatten wir demokratisch gewählt, d.h. der Name Kreis (...) viele Namen, mindestens 6 oder 7 Namen, und äh die Mehrheit entschied sich für spanischer Kulturkreis, weil wir glaubten, daß er am besten ins Deutsche übersetzt werden könnte,* spanische Kultur Kulturkreis *.. Im äh wie gesagt – im* Volksbildungsheim *war eine sehr gute Zeit, weil sie mit der Ankunft äh der Ankunft vieler Spanier in Frankfurt zusammenfiel. Der Kreis war der einzige demokratische Kreis mit einer antifrankistischen, antifrankistischen, antifaschistischen Richtung hier in dies- in dieser Stadt, es begannen, viele Spanier zu kommen, und sie kamen natürlich, ohne die Sprache zu kennen, sie fansie fanden sich in einer Welt, in einer fremden Welt vor, in einer Gesellschaft, einer wenig durchlässigen Gesellschaft, wenig durch-, durchlässig. Wohin wohin ging man dann? (..) Man kam zum spanischen Kulturkreis. Und nach einem Jahr mußten sie dann die Lohnsteuererklärung abgeben, den* Lohnsteuerjahresausgleich, *also kamen sie zum Kreis und dort hatten wir eine Gruppe, die nur dafür vorgesehen war, die äh die Anträge auszufüllen, auszufüllen, oder die Formulare zum* Lohnsteuerjahresausgleich. *Und ich arbeitete auch, arbeitete, ich war einer dieser Mitarbeiter äh bei der Ver- Vervollständigung dieser Anträge, dieser Formulare, dieser dieser* Anträge *.. Äh im* Volksbildungsheim *waren wir mindestens äh vier aufeinander folgende Jahre, vier aufeinander folgende Jahre, es gab einige Unterbrechungen wegen Revonierungsarbeiten, wir mußten von dort weggehen, dann kehrten wir wieder zurück, aber der Kreis hatte schon eine bestimmte Richtung genommen, so daß er dem Einfluß der Gewerkschaften entronnen war, entronnen war, der Kontrolle, die die Gewerkschaften ausüben wollten, sogar der Kontrolle, die äh das* Volksbildungsheim *ausüben wollte. Er war ihnen aus den Händen geglitten. Dann kam der Druck der äh der Gewerkschaft, man begann, um das Leben ziemlich schwer zu machen, dort im* Volksbildungsheim *begannen wir, äh eine Zeitschrift herauszugeben oder unser Bulletin ‚Arbeiterkultur', am Anfang nur fotokopiert, dann im Offsetdruck, bis wir (..) ein bißchen mit faulen Tricks aus dem* Volksbildungsheim *weggehen mußten. Man sagte uns, daß man uns Bescheid geben würde*

und wir zurück könnten (..) wenn die Bauarbeiten fertig seien, aber die Bauarbeiten wurden fertig und man sagte uns nicht Bescheid. Da begann der Zirkel zu – wenn der Zirkel äh seine Organisation mehr oder weniger intakt halten wollte, mußte er weiterhin für einen Treffpunkt sorgen .. jeden Sonntag, sonst resignierten die Leute, die Kollegen. Die Kollegen resignierten sonst. Wir trafen uns einige Male in einer in einer Bar, die hieß, die war in der Nähe der <u>Bockenheimer Warte</u>, <u>Zum</u> oder <u>Ho Hotel zum Heidelberger</u> glaube ich, so hieß sie, es gab dort viele Studenten, dort waren wir, äh wir waren auch in anderen anderen Lokali- Räumen von Bars oder <u>Gaststätten</u>, ja von <u>Gaststätten</u>, die man uns umsonst überließ und wo wir nur den eigenen Verzehr bezahlten. Man überließ sie uns, denn wenn wir uns zu 40 oder 50 trafen, trank man immer Bier, Kaffee und damit subventionierte der Eigentümer äh subventionierte ein bißchen oder holte etwas aus diesem Saal heraus ohne die Notwendigkeit, dafür irgendeine Miete zu kassieren. Damals begannen wir auch, Kontakte äh Kontakt zu anderen deutschen Organisationen aufzubauen, ich sagte schon, der Kreis hatte bereits eine politisch sehr engagierte Richtung genommen, äh politisch aber in einem sehr weiten, sehr sehr weiten Sinn. Im Kreis gab es, äh schon im <u>Volksbildung Volksbildungsheim</u> trafen, trafen sich .. Anarchisten, Anarcho-Syndikalisten, Kommunisten der Kommunistischen Partei Spaniens, äh Mitglieder der Volksbefreiungsfront, die damals gegründet wurde, Leute aus der Sozialistischen Spanischen Arbeiterpartei, die Mehrheit aber war parteilos. Es gab dann eine Wahl, die sehr kriti-, eine Wahl, die sehr kritisiert wurde, die sehr kritisiert wurde. Was damals auf dem Spiel stand zwischen den verschiedenen po- politischen Gruppierungen, sozialen und politischen Gruppierungen, war die Leitung des Kreises. Das stand auf dem Spiel. Ich war damals kein politisch engagierter Mensch, zumindest kein Aktivist, ich hatte, ich sympathisierte, sympathisierte mit einer Partei, mit der Kommunistischen Partei Spaniens, weil ich sah, daß es die einzige Partei war, die in Spanien wirklich, die äh beständig gegen die Diktagegen die Diktatur kämpfte (sehr schnell), deshalb sympathisierte ich mit jenen Leuten und mit ihren Führern, denn die Kommunisten hatten ziemlich gute Führer. In diesen Wahlen ging es also um die Kontrolle des Vereins. Und was passiert? Die Kontrolle über den Verein erhielten mehrheitlich die Kommunisten der Kommunistischen Partei Spaniens. Wenn schon der Kreis mit Quintana als Präsident nicht paßte, nicht zu den Kontrollvorstellungen paßte, die die Gewerkschaften oder das <u>Volksbildungsheim</u> ausüben wollten, um wieviel weniger paßte dann oder wollte man einen Kreis, der im Vorstand von den Kommunisten kontrolliert wurde. Und das zu einer Zeit, wo es einen so großen Antikommunismus äh hier in Deutschland gab, mitten in der Epoche des Kalten Krieges /mhm/. Mit diesen Tricks, mit diesen Tricks, die ich vorhin erzählte, mußten wir dann raus. Man sagte uns, daß man uns Bescheid geben würde, aber es war nicht so. Wir waren dann an verschiedenen Orten, bis wir zum Club Voltaire kamen. Dort, im Club Voltaire, gingen wir unseren Aktivitäten nach, aber, ehrlich gesagt, schon .. schon im <u>Volksbildungsheim</u> hatte der spanische Kulturkreis Federn gelassen. Und wenn ich sage, er hatte Federn gelassen, so deshalb, weil es eine Spaltung gab, eine Spaltung (trommelt mit den Fingern auf den Tisch). Denn einige Kollegen der Sozialistischen Spanischen Arbeiterpartei, die in der Gewerkschaft UGT aktiv waren, und die Kollegen der CNT, der Nationalen Konföderation der Arbeit, taten sich zusammen, bildeten die sogenannte Gewerkschaftsallianz und gründeten mit Hilfe der Gewerkschaften das Spanische Gewerkschaftsathenäum. Eigentlich gründeten die Gewerkschaften das Spanische Gewerkschaftsathenäum, sie gaben alle erdenklichen Hilfen, die man brauchte, sie kauften die Bücher, sie finanzierten ein Bu- auch ein Bulletin, das Athenäum hieß und dem des Kreises sehr ähnlich war, aber dieses Athenäum .. glücklicher- oder unglücklicherweise .. hielt sich kaum länger als ein Jahr, kaum länger als ein Jahr. Es löste sich auf trotz der Unterstützung .. der wirtschaftlichen Unterstützung und der Sympathie der deutschen Gewerkschaften. Der Kreis aber machte weiter, geschwächt zwar, geschwächt, weil eine Spaltung immer schwächt, immer schwächt, aber der Kreis machte noch viele –, lange Zeit weiter im Club Voltaire. Dort im Club Voltaire wurde der Kreis, der Kreis zum ersten Mal registriert, beim Amtsgericht regi-

striert als eingetragener Verein, *wir hatten das schon mehrfach versucht, aber die deutsche Gesetzgebung ließ dies nicht zu. Als dann aber damals die neuen Ausländergesetze verabschiedet wurden, die neuen Ausländergesetze, und als schon viele Spanier und andere Nationalitäten gekommen waren und schon begonnnen hatten, ihre eigenen sozialen und demokratischen Organisationen zu gründen, da griff das neue Ausländergesetz auch diese Frage der Vereine ausländischer Arbeiter auf, der* Gastarbeiter, *wie man sie damals nannte. Und aufgrund dieser Ausländergesetze legalisierte sich der Kulturkreis und wir waren der erste* eingetragene Verein *in der Bundesrepublik Deutschland .."* (S. 8-11).

Nach Einschätzung von Herrn Sánchez beginnt im Volksbildungsheim die beste Zeit des Vereins, der sich – aus Gründen der besseren Übersetzbarkeit ins Deutsche – Spanischer Kulturkreis nennt. Für diese Blütezeit führt Herr Sánchez unterschiedliche Gründe an: erstens die Präsenz vieler Spanier in Frankfurt, die im Gefolge des Anwerbeabkommens zwischen Spanien und Deutschland in großer Zahl in die Bundesrepublik – und auch nach Frankfurt – gekommen waren;[107] zweitens die politische Ausrichtung des Vereins, der mit seiner antifrankistisch-demokratischen Oppositionspolitik eine attraktive politische Alternative verkörperte; und drittens die konkreten alltagspraktischen Schwierigkeiten der spanischen Neuankömmlinge in der Anfangsphase ihres Deutschlandaufenthaltes (Sprachschwierigkeiten, Orientierungsprobleme, Isolation aufgrund der geringen Durchlässigkeit der deutschen Gesellschaft), auf die der Verein nicht nur mit einem allgemeinen Geselligkeitsangebot, sondern auch mit spezifischen Dienstleistungen – wie dem Ausfüllen der Formulare für den Lohnsteuerjahresausgleich – reagierte. Der Verein konsolidiert und erweitert in dieser vierjährigen Phase sein Aktivitätsspektrum, das neben der Bibliothek, den Serviceleistungen, bei denen auch Herr Sánchez aktiv mitarbeitet, auch die Herausgabe einer Zeitschrift mit dem programmatischen Titel *Arbeiterkultur* umfaßt.

Aber auch im Volksbildungsheim kommt es zu Konflikten, die aus der spezifischen Ausrichtung des Vereins resultieren, der sich der Kontrolle sowohl der Gewerkschaften als auch des Volksbildungsheims entziehen will. Die Differenzen zwischen der Eigendynamik des Vereins, der – wie Herr Sánchez mehrfach betont – demokratisch legitimiert ist, und den Interessen der deutschen Institutionen, die den Verein unter Kontrolle halten wollen, werden jedoch nicht in einem gemeinsamen Klärungsprozeß aufgearbeitet. Vielmehr wenden die jeweiligen Hausherren – in Herrn Sánchez' Sicht – unlautere Tricks an, um dem Verein die Räumlichkeiten und damit die infrastrukturelle Basis seiner Aktivitäten zu entziehen. Waren es bei den Gewerkschaften die mutwillig verschlossenen Türen, die den Verein zur Aufgabe zwangen, so ist es beim Volksbildungsheim der renovierungsbedingte Auszug, der ursprünglich nur als Provisorium angekündigt war, der sich in der Folge jedoch als endgültige Ausquartierung entpuppt.

Die Notwendigkeit eines festen Treffpunktes und die Aufrechterhaltung der organisatorischen Infrastruktur begründet Herr Sánchez mit den Erwartun-

---

107 Vgl. dazu die Zahlen im Teil I, Kapitel 2.

gen und Ansprüchen der einfachen Vereinsmitglieder, die ohne festen Stammsitz und regelmäßige Treffen „*resignieren*". Er identifiziert sich hier mit der Perspektive der Vereinsorganisatoren – zu denen er selbst gehört –, die für den Verein und das Wohlergehen der Mitglieder verantwortlich zeichnen und die in einer Krisensituation für entsprechende Alternativen sorgen müssen. Die Suche nach einem neuen geeigneten Lokal gestaltet sich jedoch schwierig, so daß der Zirkel zur Überbrückung seine Raumprobleme Lokalitäten verschiedener Gaststätten nutzt. Diese stellen ihre Räume dem Verein unentgeltlich zur Verfügung, da sie vom Verzehr von durchschnittlich 40-50 Personen profitieren.

In diese Zeit der räumlichen Neuorientierung fällt auch der Kontakt zu anderen Organisationen. An diesem Punkt seiner Erzählung gibt Herr Sánchez klar zu erkennen, daß die Mißstimmigkeiten zwischen den Gewerkschaften und dem Volksbildungsheim einerseits und dem Kulturkreis andererseits politischer Natur waren. Er konkretisiert die Ausrichtung des Vereins zu diesem Zeitpunkt als „*politisch sehr engagiert*". Zur Illustration dieser Aussage sieht sich Herr Sánchez gezwungen, auf die politische Linie des Kreises näher einzugehen und damit auch die Konflikte zu präzisieren. Bereits im Volksbildungsheim war der Verein ein Sammelbecken der unterschiedlichsten linken Kräfte, die um die Vorherrschaft innerhalb des Kulturkreises rangen. Herr Sánchez gibt zu erkennen, wo er sich im Spektrum dieser verschiedenen linken Möglichkeiten verortet. Ohne Aktivist der Partei zu sein, sympatisiert er mit der Kommunistischen Partei, weil sie in seinen Augen die einzige dauerhafte Oppositionspartei gegen das Franco-Regime darstellt und zudem die besten Führungspersönlichkeiten hat. Herr Sánchez kombiniert also ein politisches Inhaltsargument (Kampf gegen die Diktatur) mit einem organisatorischen Personenargument (Führertalente). In diesen internen Kämpfen um die Vereinskontrolle setzen sich die Kommunisten bei einer Vorstandswahl im Volksbildungsheim mehrheitlich durch, was zu einer harschen Kritik seitens der deutschen Institutionen führt. Herr Sánchez deutet diese Kritik zeitgeschichtlich, indem er sie mit dem Antikommunismus der Ära des Kalten Krieges in Verbindung bringt. Die Opposition gegen den Kulturkreis ist für ihn damit kein isoliertes und zufälliges Phänomen, sondern verortet sich in einem Kampf der politischen Systeme. Mit dieser Deutung revidiert Herr Sánchez seine personalisierenden Anklagen in einer früheren Passage, wo er die konfliktive Haltung der Gewerkschaften auf die persönliche Animosität des Ausländerbeauftragten zurückgeführt hatte.

Die kommunistische Machtübernahme hat für den Verein allerdings nicht nur die Konsequenz, aus dem Volksbildungsheim ausquartiert zu werden, sondern führt auch zu einer Spaltung des Vereins, da einige Anhänger der – so ist zu vermuten – unterlegenen Fraktion von der sozialistischen und anarchosyndikalistischen Gewerkschaftsallianz mit Hilfe der deutschen Gewerkschaften einen eigenen Kreis, das Spanische Gewerkschaftsathenäum, gründen. Trotz der massiven finanziellen Unterstützung bleibt das Gewerkschaftsathenäum in seinen Aktivitäten jedoch nur eine Kopie des Kulturkreises und muß seine Aktivitäten bereits nach einem Jahr wieder einstellen.

In dieser Krisensituation der kommunistischen Machtübernahme, der Spaltung des Vereins, der Ausquartierung aus den bisherigen Vereinsräumen und dem Notbehelf der Gaststättenunterkunft findet der Kulturkreis – auch aufgrund seines Kontaktes zu deutschen Organisationen – schließlich beim Club Voltaire ein neues Domizil. Der Club Voltaire ist somit die dritte deutsche Institution, die dem Kulturkreis Unterstützung gewährt, allerdings mit einem anderen Charisma als ihre Vorgänger.[108] Für Herrn Sánchez ist der Aufenthalt im Club Voltaire vor allem deshalb von Erzählinteresse, weil der Zirkel dort sein lang verfolgtes Ziel, als eingetragener Verein anerkannt und registriert zu werden, erreicht. Wiederum rekurriert Herr Sánchez auf zeitgeschichtliche Faktoren, um den Erfolg gerade zu dieser Zeit zu erklären. Mehrfache Versuche der Anerkennung waren an der rigiden deutschen Gesetzgebung gescheitert, bis dann eine Reform der Ausländergesetzgebung, insbesondere der Vereinsgesetzgebung, die Anerkennung ermöglicht. Der Regelungsbedarf seitens der deutschen Gesellschaft wird in Herrn Sánchez' Sicht vor allem durch die Präsenz der verschiedenen Nationalitäten in Deutschland erzeugt, die bereits über eigene sozial und demokratisch legitimierte Organisationen verfügen. In diesem Reformprozeß spielt der Spanische Kulturkreis insofern eine Vorreiterrolle, als er der erste eingetragene Verein in Deutschland wird. Nicht ohne Stolz gibt Herr Sánchez dieses Vorreitertum zu erkennen, wobei er nicht vom Kulturkreis als einer abstrakten Institution spricht, sondern von einem kollektiven ‚Wir', das sich diesen Erfolg zuschreibt.

2.3.4. In der ehemaligen Tanzschule der Hochstraße

„Lange noch nachdem wir bereits lega- nachdem wir den Status eines <u>eingetragene Verein</u> erhalten hatten, blieben wir im Club Volt- Club Voltaire .. Dann aber beschlossen wir, einen Schritt zu tun, beschlossen, einen Schritt. Unser Kreis wurde äh wurde angesehen, wurde angesehen, wurde zusammen mit dem Kreis Federico Garcia Lorca von, Fe-, Fe- dem Club Club Federico Garcia Lorca von Brüssel und dem Club Federico Garcia Lorca von Lüttich, von <u>Lüttich</u> als Pilotkreis angesehen, es waren Kreise, die auf sehr intensive Weise aktiv waren, die viele Ideen hatten, viele Ideen beisteuerten, viel Solidarität im Kampf für äh die Demokratie zeigten und für die Hilfe mit den politischen Häftlingen in Spanien, so daß man diese Kreise, diese Kreise aufrechterhalten mußte. Und da auch unser Kreis als Pilotkreis angesehen wurde, diese Kreis, in dem so viele gute Leute zusammengetroffen waren, Leute äh viele Intelektuelle, viele Intellektuelle, die hier äh durch Frankfurt kamen, die auf die eine oder andere Weise blieben, die mehr oder weniger dauerhaft im Kreis blieben, der (...) eine so intensive Aktivität entfaltete mit Vorträgen, Vorträgen, Diskussionsrunden, Kolloquien, äh äh wo man – wie heißt das – eine Arbeitsgruppe bildete, eine Folkloregruppe und so, d.h. der Kreis war tatsächlich ein kultureller Kreis, ein kultureller und rekreativer zugleich. Wie man aus den, aus den Statuten dieses Kreises, dieses Kreises ersehen kann. Die die Aktivität äh

---

108 Der Club Voltaire wurde 1963 gegründet als ein Ort der unreglementierten Diskussion am Abend und am Wochenende für junge Arbeiter, Angestellte, Schüler und Studenten. Seine Veranstaltungen waren – und sind – vor allem der kritischen Information und Auseinandersetzung über Fragen der Literatur und des Films sowie über gesellschaftliche und aktuelle politische Probleme gewidmet.

dieses Kreises war äußerst intensiv .. So beschlossen wir, einen weiteren Schritt zu gehen, einen Schritt nach vorn. Was passiert also? Wir müssen uns unabhängig machen. Wir sagten: „Wir müssen aus dem Club Voltaire raus. Es geht uns dort zwar sehr gut, aber wir müssen auf unseren ei-, auf unseren auf unseren eigenen Füßen stehen und ohne von irgend jemand abzuhängen". Und was passiert? Einem Kollegen kommt die Idee äh (...) die Idee und er sagt: „Paßt auf. Wir haben erfahren, daß ein Lokal hier neben der Hochstraße, eine Tanzschule, frei wird. Das wird frei. Dafür müssen wir, brauchen wir 20.000 Mark. Wenn wir es fertig bringen, 20.000 Mark bei all denen, die hier sind, zu sammeln, nehmen wir es. Dann nehmen wir es und die Miete beträgt 2.500 Mark monatlich". Und tatsächlich, es gab einen so großen Enthusiasmus, einige gaben 500 Mark, andere 5.000, wieder andere 7.000, so daß die 20.000 Mark zusammenkamen. Wir gingen also in die Hochstraße, dort hatten wir zwei Stockwerke, d.h. es waren zwei Keller-, zwei Kellergeschosse, ein oberes und ein unteres. Unten, im unteren hatten wir die Bar und einen großen Saal, denn das war vorher eine Schule, eine Tanzschule. Und im oberen Saal, im Saal, im im im oberen Kellergeschoß hatten wir noch einen Saal, einen noch größeren sogar als der als der im unteren Geschoß. Und in diesem oberen Keller gründeten wir eine Diskothek, d.h. die jungen Leute richteten sie ein, die Jugendlichen, die Mitglieder, die jungen Mitglieder des Kreises, die Jugendabteilung gab ihr den Namen ‚Diskothek Pica-, Picasso'. Und sie selbst verwalteten sie, natürlich immer unter der Kontrolle des Kreises, der ja die ganze Miete bezahlte äh die Miete und alle Ausgaben des Lokals .. Dort schlossen wir einen Vertrag über fünf Jahre ab, in der Hochstraße, aber als vier Jahre herum waren, mußten wir den Vertrag kündigen, wir mußten den Vertrag kündigen, wir erhielten etwas von dem Geld zurück, wir bekamen etwas [Unterbrechung, weil das Telefon klingelt] Kann ich weitermachen? /ja, ja, ja natürlich/ Dort also in der Hochstraße, in der Hochstraße, begann uns der Kreis aus den Händen zu gleiten .. nicht politisch, denn das hatten wir unter Kontrolle. Ich war damals Mitglied der Kommunistischen Partei Spaniens. Ich trat in die Partei ein im Jahre 1963 und seither gehöre ich der Kommunistischen Partei Spaniens an, seit 1963. Der Kreis glitt uns aus den Händen, begann, uns aus den Händen zu gleiten, weil wir das Pech hatten .. daß das Lokal neben dem Park lag .., den es in der Hochstraße gibt, wo das äh <u>Stadtbad Mitte</u> ist /mhm/. Damals versammelten sich dort alle Drogenabhängigen von Frankfurt. Von dem Augenblick an, wo wir die Diskothek hatten, zu der die Jugendlichen kamen, und wo es unter den Drogenabhängigen auch Spanier gab, die in die Diskothek kamen, begann der Verkauf und der Konsum von Drogen dort /mhm/. Wir hatten schließlich große Probleme mit den Jugendlichen des Kreises. Wir versuchten natürlich, das in Ordnung zu bringen, ohne alles zerstören. Aber die Jugendlichen, einige Jugendliche des Kreises, d.h. in der Diskothek waren gerade die politisch am wenigsten Sensibilisierten, diejenigen, die sich eher in dieser Welt des Marihuana, des <u>Haschisch</u>, des Joint bewegten (..) Und eines Nachts überfielen, überfielen sie den Kreis. Wir, wir Älteren, wir erwarteten sie bereits. Einer von ihnen hatte eine Pistole dabei, eine Pistole, eine echte Pistole, ich glaubte, es sei eine Gaspistole, aber es war eine echte. Und es waren viele Jugendliche dabei. Aber als wir, die Älteren, die Erwachsenen, die Erwachsenen, als wir die erste Gruppe sahen, sagten wir ihnen: „Kommt, kommt herein, sonst (sehr schnell) kommen wir heraus." Sie glaubten jedoch nicht, daß wir tatsächlich herauskommen würden. 7 oder 8 von uns standen innen an der Tür und machten den ersten An- Angriff, sie stoben auseinander, nur einer von ihnen, der, der die Pistole hatte, feuerte auf den Boden, wo die Patronenhülsen liegen blieben. Es gab dann einen ziemlichen Tumult .. jedenfalls ergriffen wir einen .. einen, von dem wir später erfuhren, daß er Italiener war. Wir zogen ihn nach innen und ich äh äh und dann, dann, ich, der ich ein Mensch bin, der unfähig ist, irgend jemand zu schlagen .. und noch weniger, wenn der Betreffende wehrlos ist, dort, in diesem Augenblick, konnte ich begreifen, konnte ich begreifen, wie der Mensch, das menschliche Wesen sich in gewissen Augenblicken .. in einen Unmenschen verwandeln kann, ja sogar in eine Bestie. Ich hatte nämlich einen harten Stock und als die anderen diesen Jungen nach *unten zogen, da gab ich ihm zwei Hiebe auf den Rücken, kräftige Hiebe mit einem Holzstock, ich gab ihm zwei Hiebe und jedes Mal dachte ich dann: „Aber Pedro, was hast du getan". So etwas hätte ich niemals getan unter nor- normalen Umständen, aber wir waren so verkrampft, als sie kamen, als wir sahen, daß sie unseren Kreis angriffen, der uns so viele Jahre und Kämpfe gekostet hatte, ihn aufzubauen und .. und ich verlor, äh wie sagt man, mir brannten alle Sicherungen durch und ich sah nichts mehr, ich sah nichts mehr. Dann kam die Polizei, die Polizei kam herein und fragte, was passiert sei, wir sagten ihnen, was passiert war. Wir hatten die Pistole an uns genommen. Die Polizei kam also, kam herein und ich sage, ich sage ihnen: „Sie hatten eine Pistole," und als ein Polizist mich mit der Pistole in der Hand sieht, sehe ich, wie er blitzschnell seine Pistole zieht und (..) sie auf mich richtet. Und ich sage: „Halt, halt", sage ich „die Pistole brachten die mit." „Wie? Wie? Gib sie mir" und wir gaben ihm die Pistole und (..) erklärten ihnen, was passiert war und so endete das Abenteuer. Dort konnten wir dann nicht mehr bleiben. Dort konnten wir nicht mehr bleiben. Von dem Geld, das wir hergegeben hatten, von den 20.000 Mark, hatten wir 10.000 Mark als Kaution gegeben, als Kaution, die anderen 10.000 Mark hatten wir der Tanzschule gegeben .."* (S. 11-14).

Die Etappe im Club Voltaire dient für den Kulturkreis zur Vorbereitung einer erneuten Expansionsphase, die aus der Abhängigkeit von einer deutschen Institution zur institutionellen Selbständigkeit führt. Diesen Schritt erklärt Herr Sánchez aus einer soziologisch-migrationshistorischen Perspektive, indem er den Werdegang des Kulturkreises einbettet in die allgemeine spanische Migrationsgeschichte bzw. seine Bedeutung und Position mit anderen Vereinigungen vergleicht. Der Frankfurter Verein, aber auch die Vereine in Brüssel und Lüttich galten als innovative Pilotkreise, als wichtige Orte der Opposition gegen die Franco-Diktatur und der Solidarität mit den politischen Häftlingen in Spanien. In der Formulierung „*diese Kreise mußten aufrechterhalten werden*" zeigt sich die strategische Bedeutung, die – vermutlich seitens der Kommunistischen Partei – den Kreisen für die politisch-kulturelle Arbeit beigemessen wurde. Die Kreise waren – wie in Frankfurt – Orte der intellektuellen Auseinandersetzung und Schulung, an denen die Migrationselite Vorträge, Kurse und Diskussionen abhielt, Arbeits-, Folklore- und Kulturgruppen gebildet wurden und sich die politische mit der kulturellen und rekreativen Komponente verband.

Auch der Frankfurter Kulturkreis zeichnet sich durch dieses Aktivitätsspektrum aus und plant – vom Club Voltaire aus – Schritte zur institutionellen Selbständigkeit. Bei der Durchführung der Pläne kommt ein zufälliger Gewerbeleerstand in der Nachbarschaft des bisherigen Domizils mit der Hilfsbereitschaft und finanziellen Spendenfreudigkeit der Vereinsmitglieder zusammen. Das notwendige Kapital für die Anmietung der Räume einer ehemaligen Tanzschule in der Hochstraße wird problemlos zusammengebracht und die Säle im oberen und unteren Kellergeschoß angemietet. Die Bar, ein Versammlungsraum und ein großer Saal für eine Diskothek, die in jugendlicher Selbstverwaltung unter der Oberkontrolle der Vereinsleitung eingerichtet wird, bilden das räumliche Ensemble der neuen Selbständigkeit. Doch bereits ein Jahr vor Ablauf der fünfjährigen Vertragsdauer sieht sich der Verein zur Kündigung gezwungen. Die Verantwortlichen des Kulturkreises – und auch Herr Sánchez –

machen die schmerzliche Erfahrung, daß sich der Verein zwar den Disziplinierungsversuchen seitens der deutschen Institutionen entziehen konnte, daß er jedoch nicht in der Lage ist, selbst die eigenen Mitglieder zu disziplinieren und die Kontrollabsichten der Vereinsleitung durchzusetzen. Bei diesem Kontrollverlust handelt es sich allerdings nicht um die politische Seite des Vereinsleben, das die Kommunisten nach wie vor dominieren und für das auch Herr Sánchez als langjähriges Mitglied der kommunistischen Partei verantwortlich ist. Was den Kontrollverlust vielmehr auslöst, ist die Eigendynamik des jugendlichen Diskothekenlebens, in Kombination mit der zufällig gegebenen Nähe zum Park Stadtbad Mitte, wo zu jener Zeit die Frankfurter Drogenszene beheimatet ist. Die Diskothek wird durch die Beteiligung spanischer Dealer zunehmend zum Ort des Drogenkonsums und Drogenverkaufs.

Herr Sánchez beklagt in der Rückschau die geringe politische Sensibilität dieser Jugendlichen, die in der Welt der Drogen ihr Glück suchen. Er präsentiert somit einen Generationenkonflikt aufgrund unterschiedlicher Prioritätensetzungen: politisches Engagement der ‚Alten' versus Drogenkonsum der ‚Jungen'. War die Diskothek von der Vereinsleitung (den Alten) ursprünglich als Ort jugendlichen Lebens und damit der indirekten Bindung an den Verein konzipiert, so entwickelt sie eine derartige Eigendynamik, daß sie sogar die Existenz des Vereins insgesamt bedroht. Der Konflikt eskaliert und es kommt zu tätlichen Auseinandersetzungen, bei der auf Seiten der jugendlichen Angreifergruppe auch eine Pistole zum Einsatz kommt. Herr Sánchez erzählt diese Passage mit einer großen inneren Erregung, die u.a. auch daran sichtbar wird, daß er häufig die direkte Rede nutzt. Er selbst hat bei diesem Überfall die für ihn erschreckende Erfahrung machen müssen, daß er in Grenzsituationen nicht mehr Herr über sich selbst ist bzw. die Kontrolle über sich selbst verliert. Nicht nur Verein entzieht sich der strategisch geplanten Ausrichtung und wird durch unvorhergesehene Ereignisse in andere Bahnen gelenkt, auch Herr Sánchez wird durch bislang unbekannte Seiten seiner Person überwältigt. Die Brutalität und Härte, mit denen er auf einen Wehrlosen einschlägt, veranlassen ihn noch in der Rückschau, nach einer Erklärung zu suchen. Er deutet seine Reaktion als einen black-out, als ein „*Durchbrennen aller Sicherungen*" in einer Situation, in der er die Existenz des Vereins auf das Äußerste gefährdet sieht und bei der die normalen rationalen Kontrollmechanismen ausgeschaltet sind.

Mit der Ankunft der Polizei als der staatlichen Ordnungsmacht endet die nächtliche Episode der Schlägerei, wobei Herr Sánchez sich selbst gegenüber Zuweisungen der Polizei zur Wehr setzen muß. Allerdings zwingt der unbewältigte Drogenkonsum in der Diskothek den Verein zum Verlassen seiner Lokale. Mit dem Auszug ist gleichzeitig eine herbe finanzielle Einbuße verbunden, da der Abstand in Höhe von 10.000 DM, die dem Tanzlokal gezahlt wurden, verloren ist. Nur die Kaution – ebenfalls in Höhe von 10.000 Mark – kann für die neue Lokalsuche verwendet werden.

2.3.5. Zusammen mit den Italienern und Portugiesen

„*Dann gingen wir in die Leibnizstraße. Dort mieteten wir einen Saal, in der Leibniz-, in der Leibnizstraße. Wir begannen zu renovieren, die Wände, wir versetzten alles in einen sehr guten Zustand. Aber dort hatten wir Pech. Dort hatten wir Pech. Nach einem Jahr oder so, sagte uns der Besitzer, der Besitzer dieses, dieses Stockwerks, daß man bauen werde (..) und es war tatsächlich so. Man baute, das Haus steht heute dort, wir hatten jedoch den größten Teil, den größten Teil des Geldes, das wir zurückbekommen hatten, die 10.000 Mark der Kaution, in die Wohnung gesteckt /mhm/. Wir hatten ungefähr, ungefähr 6.000 oder 7.000 Mark investiert, hatten einen Raum hergerichtet, der 60 oder 70 Personen faßte, hatten einen herrlichen Hof hinten geteert, der war voher aus Erde äh Lehm, den hatten wir geteert, und dann mußten wir das alles aufgeben. Glücklicherweise, glücklicherweise äh gingen wir zu einem Anwalt .. zu einem sehr bekannten Anwalt hier in Frankfurt und bekamen 5 der 6.000 oder 7.000 Mark zurück, die wir investiert hatten, wir bekamen 4 oder 5.000 Mark zurück / mhm/. Wir gingen schließlich wieder zum Club Voltaire, denn trotz allem hatten wir einen sehr guten, einen sehr guten Eindruck im Club Voltaire hinterlassen, dorthin gingen wir wieder. Dort gaben wir wieder unsere Zeitschrift heraus, die wir eingestellt hatten, äh die wir in diesem Jahr zwischen der Hochstraße und der Leibnizstraße eingestellt hatten. Wir gaben sie wieder heraus, die Zeitschrift ‚Ar- Arbeiterkultur'. Und nachdem wir ungefähr ein Jahr oder anderthalb Jahre beim Club Voltaire waren, entschieden wir wieder, begann wieder eine neue Etappe des Kreises, als wir nämlich in die Kronbergerstraße zogen, wo wir – in der Kronbergerstraße blieben wir am längsten, wir sind dort mindestens 16, 17 Jahre gewesen in der Kronbergerstraße. Zusammen mit den Italienern, die vom Ci-, Cir- Circolo Guiseppe di Vi- di Vittorio hatten dort einige Räume, einige Räume, die für für sie jedoch zu groß waren, sie hatten das ganze untere Stockwerk, das zu groß und zu teuer war. Daher gingen wir dorthin als äh Untermieter, als Untermieter, und zahlten die Räume, die wir hatten, die zahlten wir den Italienern und die Italiener bezahlten den gesamten Mietbetrag. Und dort blieben wir, bis .. es Krach gab zwischen den Italienern und den Spaniern, obwohl es politische und programmatische Übereinstimmungen gab, aber die Menschen sind halt, wie sie sind, und es prallen Personen mit unterschiedlichem Charakter aufeinander /mhm/. Die Italiener machten für den Geschmack der Spanier zuviel Lärm, das war ziemlich skandalös. Aber auch äh aus der Sicht der Italiener machten die Spanier zuviel Lärm. Es gab schließlich Krach und da wir, äh da wir diejenigen waren, die untergemietet hatten – die tatsächlichen Mieter waren sie – wußten wir, daß wir gehen mußten /mhm/. Das war klar, wir hatten zu gehen. Sie fingen an, sie fingen an, uns die Miete nach und nach zu erhöhen, so daß wir schließlich so viel Miete bezahlten, daß es sich nicht mehr lohnte, nicht mehr lohnte, dort weiterzumachen. Und außerdem hatten sie uns nur noch eine Frist, eine Frist von einem Jahr eingeräumt, um die Lokale zu verlassen. Wir zahlten also eine üppige Miete und hatten nur noch ein Jahr Frist, um die Räume zu verlassen, das lohnte sich nicht mehr, dort zu bleiben. Dann erfuhren wir, nahmen Kontakt auf mit dem Portugiesischen Kulturkreis, der ein ein ein Haus gemietet hatte hier in Heddernheim, und man fragte uns, ob wir Interesse am zweiten Stock hätten, am zweiten ja am zweiten Stock. Wir sagten ja, vorher waren wir Untermieter der Italiener, jetzt waren wir Untermieter der Portugiesen. Die Tatsache, daß die Portugiesen im ersten Stock sind und wir im zweiten, führt dazu, daß wir uns einander nicht stören, nicht stören. Und wenn es Störungen gibt, merkt man sie kaum. Wenn sie kommen, gehen sie gleich in ihre Räume, in ihre Räume, und wir gehen die Treppe hoch und gehen in unsere Räume, d.h. ihre Musik stört uns nicht und wenn unsere Kollegen Gitarre spielen, tanzen oder Lärm machen, dann stört das auch die portugiesischen Kollegen nicht. D.h. wir haben im Augenblick mit den Portugiesen bessere äh bessere Beziehungen als wir sie mit den Italienern hatten, zumindest in der zweiten Hälfte der Zeit, wo wir in der Kronbergerstraße waren. Man muß auch* *sagen, daß in der ersten, in der ersten Hälfte der Zeit, wo wir in der Kronbergerstraße bei den Italienern waren, die Sache gut lief. Wir hielten uns gegenseitig aus. Aber dann begannen die Sonderinteressen, die Italiener begannen – ihre Interessen waren die folgenden ...: Die Italiener konnten nicht mehr ihre eigenen Räume bezahlen .. Wir dagegen hatten mehr Leute als die Italiener im Club Voltaire, besser gesagt in der Kronbergerstraße. Und junge Leute. Sie hatten – weil damals in der in der der Kronbergerstraße hatten wir eine Fußballmannschaft und eine Fußballmannschaft zieht immer viele junge Leute nach sich, Jungen und Mädchen. Und sie hatten nichts, waren alles ältere Leute /mhm/. Da sahen sie, daß wir Geldmittel hatten. Sie konnten nur äh mit großen Schwierigkeiten ihre Räume bezahlen. Aber sie wollten natürlich nicht ihre Räume aufgeben. Sie wollten sie nicht aufgeben. Aber sie konnten sie auch nicht bezahlen. Was war also die Lösung, die sie sahen? Sie sagten, wir vermieten einfach die Räume oder den Teil der Räume, den die Spanier haben, an die <u>Volk-, Volkshochschule</u> oder an andere Schulen für Informatikunterricht, Deutschunterricht, Unterricht jeder Art, und tatsächlich gibt man heute dort Unterricht. Klar, die Italiener waren die Mieter, sie hatten das ganze Stockwerk gemietet, den ganzen, den ganzen Stock, das <u>Volksbildungsheim</u> oder die die <u>Vol-, Volkshochschulschule</u> und andere andere Schulen zahlen den Italienern Miete für die Nutzung dieses Teils, dieser Räume, ja dieser Räume, die es dort gibt. Und so sind die Italiener immer noch in ihrem in ihrem Lokal und wir Spanier mußten weg, mußten weg, wir mußten weg"* (S. 14-16).

Nach dem Auszug aus der ehemaligen Tanzschule beginnt für den Verein erneut eine Phase der räumlichen Unsicherheit. Trotz Anmietung neuer Lokale, die der Kreis in Eigenregie und unter Verwendung des Hauptteils der zurückerhaltenen Kaution renoviert, setzt der Eigentümer den Verein wegen geplanter Baumaßnahmen auf die Straße. Zwar kann sich der Kreis gerichtlich – mit Hilfe eines *„sehr bekannten Anwalts"* – einen Teil der Renovierungskosten erstreiten, sieht sich aber zum wiederholten Male gezwungen, seine räumliche Selbständigkeit aufzugeben und Unterschlupf beim Club Voltaire zu suchen. Die Notlösung, die mit gutem beiderseitigem Einvernehmen gefunden wird, trägt zumindest zur Stabilisierung bzw. Wiederaufnahme der Kulturaktivitäten, insbesondere der Herausgabe des Bulletin, bei. Nach diesem Zwischenspiel findet der Verein als Untermieter des italienischen *Circolo Guiseppe di Vittorio* neue Räumlichkeiten. Obwohl der Kreis über einen langen Zeitraum hinweg die Räume mit den Italienern teilt, hält Herr Sánchez nur die konfliktive Schlußphase, die dann zu einer Trennung führt, für erzählenswert. Herr Sánchez führt das Scheitern der gemeinsamen Raumnutzung trotz der politisch-programmatischen Übereinstimmungen beider Vereine auf persönliche Schwierigkeiten des Umgangs untereinander zurück, die unter dem Vorwand der gegenseitigen Lärmbelästigung ausgetragen werden. Hinzu kommen Rivalitäten hinsichtlich des sozialen Erfolgs beider Vereine, aber auch finanzielle Konflikte, da die Italiener über zu große Räume im Verhältnis zu ihren Aktivitäten und ihrer Mitgliederstärke verfügen und den Spaniern sukzessive die Miete erhöhen. In dieser Mietspirale ist der Kulturkreis trotz seiner sozial-ökonomischen Stärke als Untermieter jedoch in einer schwachen juristischen Position. Herr Sánchez präsentiert die Italiener als listige Personen, die ihr Interesse am eigenen Raumerhalt rigoros durchsetzen und mit dem knappen Wohnraum in guter Lage spekulieren. Er sieht die Spanier als finanzielle Melkkühe in den Fängen der Italiener, wobei er konzediert, daß die Spanier mit ihren jungen, konsumfreudigen Vereinsmitgliedern – den Fußballern – tatsächlich über mehr Finanzkraft als die Italiener verfügen, diese also mit einem gewissen Recht die Zahlungsfähigkeit ihrer Untermieter zur Lösung eigener Finanzprobleme ausschöpfen. Als die Italiener schließlich die Räumlichkeiten der Spanier solventeren Mietern – wie der Volkshochschule oder anderen Unterrichtsträgern – überlassen wollen, verschiebt sich die Kosten-Nutzen-Relation für den Kulturkreis so sehr zu seinen Ungunsten, daß er vorzieht, ein neues Domizil zu suchen.

Der Spanische Kulturkreis wird in der Folge Untermieter beim Portugiesischen Kulturkreis und setzt somit seine untergeordnete Mieterrolle fort. Allerdings konstatiert Herr Sánchez eine wesentlich bessere Kooperation zwischen diesen beiden Vereinen, die er auf die klare Verteilung und Trennung der genutzten Stockwerke zurückführt. Jeder Verein hat seine eigenen, durch das Treppenhaus getrennten Räume, so daß sich die gegenseitige Lärmbelästigung in Grenzen hält. Warum sich der Spanische Kulturkreis überhaupt auf das Risiko einer erneuten Untervermietung eingelassen hat – gerade auch angesichts seiner Negativerfahrungen mit den Italienern und seiner von Herrn Sánchez behaupteten wirtschaftlichen Potenz – wird nicht näher erläutert. Herr Sánchez beschreibt diesen Schritt in die erneute Mietabhängigkeit ganz ladipar als Wechsel von der einen Untervermietung in die andere. Der Zwang, aus den Räumen der Italiener weggehen zu müssen, wird vom Verein nicht als Chance zu größerer institutioneller Selbständigkeit wahrgenommen, sondern kontinuiert bereits eingeschliffene Mietroutinen.

2.4. *Zukunft, Vergangenheit und Gegenwart des Vereins*

2.4.1. Der nicht erfolgte Generationenwechsel

„Wie lange das hier dauern wird, jetzt in der Heddernheimer Landstraße, weiß ich nicht. Aber ehrlich gesagt, sehe ich keine große Zukunft für den Kreis. Erstens weil .. die Mehr- die die Mehrheit äh der ersten Generation, die noch da ist, äh der Kollegen der ersten der ersten Generation von Spaniern, ja die wir hier nach Deutschland gekommen sind und die wir den Kreis gegründet haben, allmählich weggehen. Ich zum Beispiel, ich gehe jetzt in diesem Sommer endgültig fort und meine Lebensgefährtin, d.h. meine Frau auch. Aber es gehen auch andere Kollegen und Kolleginnen fort. Äh Jugend, Jugendliche der neuen Generation kommen nicht in den Kreis. Warum? Weil es also also nicht ihr Milieu ist. Diese Jugendlichen der zweiten Generation sind entweder hier geboren oder sind hier aufgewachsen, sind hier in Deutschland erzogen worden. Deshalb haben sie auch ihre Freundeskreise hier (..) sie beherrschen sehr gut, sie beherrschen sehr gut, sie alle beherrschen sehr gut das das Deutsche, ihre Freunde sind Deutsche oder Leute anderer Nationalitäten, weil sie zusammen in die Schule gegangen sind, zusammen in die Schule gegangen sind. Äh sie sehen, sie sehen ihre zukünftigen Perspektiven hier in Deutschland, wenn es denn welche gibt und es gibt welche innerhalb der Europäischen Union, es gibt Zukunfts-, Zukunftsperspektiven, sowohl für Spanier als auch für alle Europäer der Gemein-, der Länder der Europäischen Gemeinschaft.

Diese Jugendlichen sehen, daß sie diese Perspektiven (...) daß wenn sie konkrete Forderungen haben, sie diese nicht über den Kreis verteidigen oder einklagen, sondern daß sie diese erreichen können, indem sie sich vielleicht in rein deutsche Organisationen eingliedern, rein deutsche und von dort aus dann, äh ja von dort aus dann – Wenn wir von der ersten Generation, die wir den Kreis gegründet haben, gehen und wenn es keine Generationenerneuerung gibt – die es nicht gibt und die es, glaube ich, auch nicht geben wird - dann, wie gesagt, das muß man betonen, dann wird der Kreis vermutlich ein biologisches Ende haben. Weil alles, was geboren wird, in in allem, in der Natur und in der Gesellschaft, weil alles, was entsteht, auch stirbt. Der Kreis wurde geboren. Er entfaltete eine sehr intensive Aktivität. Er erfüllte eine Mi- eine sehr, eine sehr konkrete Mission für die erste Generation von Emigranten .. und .. alles, was geboren wird, stirbt auch .. wenn es sich nicht generationenmäßig erneuert" (S. 16-17).

Nach der langen Erzählphase über die chronologische Entwicklung des Vereins, insbesondere im Zusammenhang mit den vielen Veränderungen der Vereinslokalitäten, beginnt Herr Sánchez über die Zukunftsaussichten des Vereins zu sprechen. Dabei sieht er für den Verein bereits mittelfristig keine Lebensperspektive mehr – eine Einschätzung, die er mit einem ganzen Bündel sehr differenzierter Gründe zu belegen sucht. Zum einen vermerkt Herr Sánchez, daß die Gründergeneration, die den Kreis organisiert und getragen hat, mehrheitlich wieder nach Spanien zurückgeht. Er selbst ist in dieser Hinsicht kein Einzelfall, wie die Migration ist auch die Remigration eine Kollektiverfahrung seiner Generation. Zum anderen konstatiert Herr Sánchez nüchtern, daß die Jugend, die zweite Generation, dem Kreis fernbleibt und sich andere Geselligkeits- und Sozialisationsorte sucht. Sie ist in Deutschland geboren, verfügt über sehr gute Deutschkenntnisse, hat deutsche Freunde und betrachtet Deutschland als ihren Lebensmittelpunkt. Im Gegensatz zur ersten Generation hat sich das Aufmerksamkeitsspektrum der zweiten Generation von Spanien nach Deutschland verschoben. Herr Sánchez betont auch die Bedeutung der Schule für die Konstituierung von nationalitätenübergreifenden Freundeskreisen, die als unmittelbare Sozialisationspartner den Lebensschwerpunkt der jungen spanischen Generation mitbestimmen bzw. mitprägen. Zudem sieht er die beruflichen Zukunftsperspektiven der nachwachsenden Generation in Deutschland, die durch den europäischen Integrationsprozeß noch vergrößert werden. Daher ist für ihn auch nachvollziehbar, daß die Jugendlichen ihre Interessenvertretung nicht mehr über spanische Institutionen organisieren, sondern durch deutsche Vereinigungen realisieren.

Das Fazit von Herrn Sánchez' Überlegungen ist daher die Feststellung, daß der Kreis aufgrund mangelnder Generationenerneuerung ein *„biologisches Ende"* nehmen wird. Herr Sánchez nutzt biologische Metaphern, um das Schicksal des Kreises zu verdeutlichen. Das Gesetz der biologischen Erneuerung durch den Generationenwechsel wird von ihm als Gesetz auch auf soziale Institutionen übertragen. In der Spanne von Geburt, Wachstum, Blüte, Verfall und Tod hat der Kreis – für die erste Generation von Migranten – seine Zeit und seine Mission erfüllt. Angesichts erfolgloser Nachwuchsrekrutierung und mehrheitlicher Rückkehr der Gründergeneration ist für Herrn Sánchez die Existenzberechtigung und Existenzwahrscheinlichkeit des Vereins mehr als fraglich.

2.4.2. Der Verein als Formierungsort von Migrationskadern

„Dieser Kreis, äh seine Aktivi- Aktivität war, wie gesagt, sehr intensiv sowohl auf kulturellem als auch auf rekreativem Gebiet. Aber nicht nur das, auch all die Personen, die während der während der ganzen Jahre, der der 30 Jahre – der Kreis wurde geboren, gegründet 61, jetzt haben wir äh haben wir 95, also 34 Jahre, 34 Jahre Existenz – also während all dieser 30, dieser 34 Jahre hat der Kreis, äh hat der Kreis – wie wir das nennen – gute politische Kader ausgebildet, gute Emigrationskader (..) gute Kader für die Emigrationsarbeit. Das hat er uns gegeben äh, das war normal dank der der vielen guten Leute und sehr gut vorbereiteten Leute, sehr gut präparierten Leute, die auch, äh die während dieser Zeit durch den Kreis gegangen sind, die Vorträge hielten und Diskussionsrunden, die Kurse ga- gaben, Kurse über politische Bildung, Ku- Kurse sogar mit beruflichen Bildungsinhalten, Kurse über kulturelle Bildung, über über über allgemeine Bildung, etc., etc. oder wie man das auch immer nennen mag. All das, all das hat hier etwas bewirkt und hat Leute geformt. Hat diese Kader geformt. Und dann kam der Augenblick, kam der Augenblick, wo der Kreis, der sich als ein ... sozialer, politischer, kultureller, als ein sozio-kulturell-politischer Kreis hervorgetan hatte .. sozio-kulturell, sozio- weil wir die Interessen der Emigranten verteidigten äh gegen äh zum Beispiel gegen Diskriminierungen, die es damals gab, gegen Fremdenfeindlichkeit; kulturell, weil wir ein sehr intensives Kulturprogramm hatten. Und politisch, weil äh weil wir die Solidarität aufrechterhielten, wir waren bekanntermaßen antifrankistisch, antifaschistisch und verhielten uns solidarisch im Kampf des spanischen Volkes für die demokra- demokratischen Freiheiten. Klar äh schon von Anfang an, zu Beginn, als das mit den Kommunisten in jenen berüchtigten Wahlen passierte, in jenen berüchtigten Wahlen, wo die Kommunisten, die Mitglieder der Kommunistischen Partei den Vorstand besetzten, besetzten, .. schon damals taufte man den Kreis als einen Kreis von Kommunisten, einen Kommunistenkreis. Und da es damals keinen Kompromiß geben konnte, um die Spaltung zu verhindern .. der Kompromiß, den den die Gewerkschaften sahen und das <u>Volksbildungsheim</u>, bestand darin, einen paritätischen Vorstand zu bilden .. So schlug man es uns damals vor (..) nach diesen berüchtigten Wahlen, in denen mehrheitlich die Kommunisten gewannen. Vom <u>Volksbildungsheim</u> schlug man zwei, zwei von der UGT, zwei von der CNT und zwei Kommunisten vor, aber in dem Augenblick, wo man das so machte und wo die UGT mit der der CNT zusammenarbeitete, waren es immer vier gegen zwei. Das konnte man, das konnte man nicht akzeptieren. Und von dem Augenblick an, wo man das nicht akzeptieren konnte, nicht akzeptieren konnte, begann man, begann man ... das ist ein Detail, ein Detail, das ich vorhin vergessen hatte (sehr schnell) zu erzählen, begann man, uns das Leben schwer zu machen, begann man, uns Schwierigkeiten zu machen. Und was dann in der Tat dazu führte, dazu führte, daß wir – mit Tücke – aus dem <u>Volksbildungsheim</u> gegen mußten, um die anderen späteren Lokale zu gehen, die ich bereits erwähnt habe" (S. 17-18).

Nach der Negativprognose für die Zukunft kommt Herr Sánchez auf die konkreten Funktionen – die Mission – zu sprechen, die der Verein in der Vergangenheit ausgefüllt hat. Eine wesentliche Funktion in der 34jährigen Vereinsexistenz war dabei die Formierung von *„Emigrationskadern"*, d.h. von Personen, die in den Interessenorganisationen der Migranten als Elite fungierten. Der Verein hatte in der Perspektive von Herrn Sánchez zuallererst die Aufgabe, als Kaderschmiede für die personale Besetzung und Aufrechterhaltung des migrationsbezogenen Organisationsgeflechtes der Spanier zu sorgen. Der Verein übernahm damit eine wesentliche Funktion zur Kohäsionierung, Stabilisierung und schlagkräftigen Interessenvertretung der spanischen Migranten insgesamt. Diese

Aufgabe erfüllte er vor allem durch die Selbstbildungsprozesse, die der Verein im Verein für Vereinsmitglieder initiierte und organisierte und die sich zu Karrieren – bezogen auf das geschlossene Feld der Migration – verdichten konnten. Herr Sánchez liefert an dieser Stelle eine differenzierte Beschreibung der verschiedenen Aktivitäten zur Herausbildung und Formierung dieser Kader: das Spektrum reichte von allgemeinen Diskussionen über Kurse zur politischen Bildung bis hin zu beruflichen Ausbildungsangeboten. Der Verein verfügte demnach über genügend intellektuelles Potential, um diese milieuorientierte Bildungsarbeit zu leisten.

Die Rekapitulation dieser umfassenden Bildungsarbeit veranlaßt Herr Sánchez dazu, noch einmal die gesamten Aktivitäten auf den Begriff zu bringen, indem er den Kreis als eine sozial-kulturell-politische Einrichtung beschreibt. Die soziale Dimension betrifft in dieser Aufzählung die Interessenvertretung der Migranten und ihren Kampf gegen Diskriminierung, die kulturelle Dimension das vielfältige Kulturprogramm, die politische Dimension das solidarische Handeln im antifrankistischen Kampf. ‚Antifrankistisch' und ‚prodemokratisch' eingestellt zu sein, heißt für Herrn Sánchez gleichzeitig auch, ‚kommunistisch' zu sein. Er übernimmt dabei die Vereinsperspektive, die ‚kommunistisch' parteipolitisch – im Sinne der Kommunistischen Partei Spaniens – auslegt mit der Folge, daß andere Linksfraktionen mit einem divergierenden Kommunismusverständnis aus dem Verein auswandern. An dieser Stelle präzisiert Herr Sánchez die Vorgänge um die erfolgreiche Kontrolle der Kommunisten über den Verein, die Vermittlungsversuche der Volkshochschulleitung und die Abspaltung von Sozialisten und Anarcho-Syndikalisten, die er bereits in vorherigen Passagen angedeutet hatte.

2.4.3. Elternarbeit

„Aber um zu dem zurückzukommen, was ich vorhin sagte .. Viele der ersten Generation von Migranten .. kamen ohne Kinder, kamen ohne Kinder. Sie heirateten hier. Andere wiederum kamen schon, kamen schon als Verheiratete und brachten die Kinder dann danach mit .. Als die Emigranten, äh wir nennen uns Emigranten (..) Wirtschaftsemigranten, äh es gibt politische Emigranten und Wirtschaftsemigranten (..). Die, die in den Jahren 60, 61 und 62 kamen, hatten 7 oder 10 Jahre später schon eine Familie gebildet, hatten schon untereinander geheiratet, diese emigrierten Männer und Frauen hatten dann schon Kinder und dann taucht ein neues Problem auf. Das neue Problem, das dann auf- auftaucht, ist der Unterricht. Denn .. die spanischen Arbeiter der ersten Generation wollten ihre Kinder erziehen .. nicht nur, daß sie sie auf die deutsche Schule schickten, sondern sie wollten sie auch erziehen in der Sprache ihrer Eltern, wollten, daß sie die Sprache ihrer Eltern lernten. Und so tauchte die Idee auf, Elternvereine zu gründen. Im Kreis, innerhalb des Kreises gab es, gab es, hatten wir viele Intellektuelle, Lehrer, und so taucht die Idee auf, mit Hilfe des Kreises einen Elternverein zu gründen, der sich diesem anderen Schwerpunkt widmen sollte, dem Unterricht, der der dem Unterricht der Emigrantenkinder in ihrer Muttersprache. Das konnten wir im Kreis selbst nicht machen. Das war schwierig. Der Kreis hatte sich bereits in Richtung, in kommunistischer Richtung weiterentwickelt und das paßte nicht, das paßte nicht, das paßte umso weniger, als die Spanier den Unterricht ihrer Kinder in einer traditionellen Form planten, denn

schließlich ist das eine traditionelle Form, die Dinge zu sehen, eine zwar legitime, aber traditionelle Form. Das paßte also nicht. Damals gründete man also mit Hilfe dieser Kollegen, mit Hilfe des spanischen Kulturkreises einen Elternverein, dessen Name – ich war auch in in der Gründungsversammlung – mit dem Namen ‚Verein der Eltern und des Lehrpersonals in Frankfurt'. D.h. ein Verein der Eltern und der Lehrer, kann man sagen .. Lehrer von Frankfurt. Dieser Eltern- und Lehrerverein hielt nicht lange, vielleicht zwei Jahre oder so. Nach und nach ging dieser Eltern- und Lehrerverein von Frankfurt immer mehr zurück und es begannen, Elternvereine in den verschiedenen Stadtvierteln von Frankfurt aufzutauchen, zum Beispiel in Bornheim, (...) in Bornheim zum Beispiel gibt es zwei oder drei, in Heddernheim gibt es wieder einen, in Griesheim gibt es auch einen, in Fechenheim und in anderen anderen Vierteln von Frankfurt gibt es Elternvereine. Und diejenigen, die diese Elternvereine gründeten, nicht die (...) nicht die, die sie jetzt leiten, nein ich meine die, die damals diese Elternvereine gegründet haben, waren Mitglieder ebendieses Eltern- und Lehrervereins, der, dessen Idee aus dem spanischen Kulturkreis heraus geboren wurde" (S. 18-19).

Neben der Elite- und Kaderbildung hatte der Verein noch andere zentrale Aufgaben zu bewältigen, die mit längerer Aufenthaltsdauer für viele Migranten immer virulenter wurden. Herr Sánchez rekurriert hier auf die migrationsbedingten Erziehungsprobleme, daß nämlich viele Migranten der ersten Stunde allein bzw. unverheiratet nach Deutschland gekommen waren, dort dann heirateten, Familien gründeten und allmählich mit den Unterrichtsproblemen ihrer Kinder konfrontiert wurden. Der Spagat zwischen der Integration der Kinder in die deutsche Gesellschaft über das Vehikel der Einschulung in eine deutsche Schule, die mehrheitlich von den Spaniern gewünscht und praktiziert wurde, und der gleichzeitigen Pflege und Weitergabe der elterlichen Sprache an die Kinder verlangte nach einer institutionellen Bearbeitung seitens des Kulturkreises. Neben der Elitebildung für die eigene Vereinsarbeit kam somit auf den Kreis eine neue breitenwirksame Aufgabe zu, die sich auf die Sozialisation der nachwachsenden Generation in die spanische Sprache und Kultur und auf die Wahrnehmung der spanischen Elterninteressen hinsichtlich der deutschen Schule bezog. Der Verein versuchte, dieses Problem durch die Gründung eines Eltern und Lehrer gleichermaßen umfassenden Vereins zu lösen, der sich diesem Schwerpunkt der Migrationsarbeit widmen sollte. Der Grund für die Konzentration und Spezialisierung dieser Aufgaben in einem institutionell unabhängig vom Kulturkreis operierenden Verein lag – nach Herrn Sánchez – in einer Polarisierung der inhaltlichen Vorstellungen. Während sich der Kreis an kommunistischen Vorgaben orientierte, wünschte die Mehrheit der Spanier eine traditionelle Form der Erziehung. Herr Sánchez konkretisiert an dieser Stelle jedoch nicht, warum er – und der Verein – die Erziehungsvorstellungen der Mehrheit als traditionell charakterisiert (Wunsch nach spanischem Zusatzunterricht überhaupt, Art des Unterrichts, Lehrinhalte). Die Interessendivergenz zwischen der kommunistischen Vereinsleistung und der Elternmehrheit wird jedoch aufgelöst durch die institutionelle Auslagerung und getrennte Bearbeitung dieses Aufgabenbereichs. Da der Elternverein nach kurzer Zeit zerbricht und statt dessen eine Vielzahl stadtteilorientierter Vereine entsteht, ist zu vermuten, daß der Kulturkreis den aus seiner Initiative heraus entstandenen Elternverein trotz seiner institutionellen Selbständigkeit inhaltlich zu kontrollieren versuchte und sich die neuen stadtteil- und schulbezogenen Vereine dieser Kontrolle entziehen. Allerdings betont Herr Sánchez, daß die Leitung dieser neuen Vereine ursprünglich ebenfalls Mitglieder des Kulturkreises innehatten, daß also auch die neue Form dezentralisierter Vereinsbildung zumindest indirekt vom Kulturkreis gesteuert wurde.

2.4.4. Expertenschmiede für politisch-gewerkschaftliche Aufgaben

„Der Kreis, dieser Kreis hat also nicht nur gute Kader gegeben, nicht nur gute Leute gegeben – was wir in der Politik in der Sprache der Politik (..) gute Kader der Emigration, der Emigration nennen, wie zum Beispiel Organisatoren von Vereinen, sondern dieser Zirkel hat auch, aus diesem Zirkel sind auch Kollegen und Kolleginnen hervorgegangen, die sich mehr der Politik gewidmet haben, vor allem der Politik, der Politik, der Politik verstanden, ich meine in ihrer ganzen Breite, Kollegen, die sich mehr der Gewerkschaftspolitik, der Gewerkschaftspolitik gewidmet haben. Diese Kollegen also, viele dieser Kollegen sind im Verlauf, im Laufe der, in der Zeit des Bestehens des Kreises, nach nach Spanien zurückgekehrt, haben sich dort integriert und als die Demokratie kam, ja sogar während der Franco-Zeit integrierten sie sich in die gewerkschaftliche Konföderation, was man damals Arbeiterkommissionen nannte, die geheime Gewerkschaft der Arbeiterkommissionen, die heute Konföderation, Gewerkschaftliche Konföderation der Arbeiterkommissionen heißt .. sie integrierten sich dort, entweder weil sie hier .. hier in Deutschland der Kommunistischen Partei beigetreten waren und sich nun dem geheimen Kampf der Kommunistischen Partei einfügten. Es war, äh sie kämpften dort gegen Franco. Danach wurden wurden diese Kollegen Gewerkschaftskader, als dann die Demokratie kam. Nach dem Tode Francos wurden sie Gewerkschaftskader und einige von ihnen haben haben noch heute hohe Posten in der Gewerkschaftskonföderation der Arbeiterkommissionen inne, wie zum Beispiel der Präsident, der zweite Präsident des Kreises, Ramón Pérez, derjenige, der den Kollegen Quintana als Präsident besiegte, besiegte in jenen berüchtigten Wahlen, in denen die Kollegen der Gewerkschaftsallianz gegen die bessere Organisation der Kommunisten verloren, nicht gegen die größere Zahl, sondern gegen die bessere Organisation ... und gegen die größeren Sympathien /mhm/ (..) Man muß aber klarstellen, daß die Mehrheit der Mitglieder des Kreises sich ... mit keiner Idee identifizierte. Die Kommunisten hatten aber die brillanteren Leute und wurden außerdem durch die Situation in Spanien unterstützt, wo jeder Häftling, der festgenommen wurde, als Kommunist bezeichnet wurde, auch wenn er Christdemokrat oder Sozialist war. Aber Franco brauchte das Gespenst des Kommunismus, um Verbündete in Europa zu suchen und die Hilfe der der Nordamerikaner, all dies begünstigte objektiv gesehen die Kommunisten und zwar in jeder Hinsicht" (S. 19-20).

Neben der Kaderarbeit und der institutionell ausgelagerten Erziehungsbetreuung hatte der Verein schließlich die Funktion, Experten für die politisch-gewerkschaftliche Arbeit, also nicht nur für das Vereinsnetz und die Selbstorganisation nach innen, sondern auch für die Interessenvertretung nach außen, zu formen. Ein Großteil dieser Spezialisten für politische Aufgaben ist nach einer gewissen Aufenthaltsdauer wieder nach Spanien zurückgekehrt, hat dort den illegalen politisch-gewerkschaftlichen Kampf gegen das Franco-Regime mitorganisiert und ist nach dem Tode Francos in führende Ämter der Gewerkschaften oder der Partei aufgestiegen. Mit der Präsentation dieser Berufsbiographien verweist Herr Sánchez auf ein spanienspezifisches Rekrutierungsmuster politischer Führungskader. Während die beruflichen Aufstiegschancen dieser Gruppe in Deutschland auf Ämter innerhalb des spanischen Vereins- und Parteienwesen beschränkt geblieben wären, wird das erworbene Organisationswissen Sprungbrett für eine weitaus steilere Karriere in der Heimat. Die Mobilitätsfalle ist somit durch die Möglichkeit der Rückkehr und dem Modernisierungsgefälle zwischen Spanien und Deutschland außer Kraft gesetzt.

Als Beispiel für eine derartige Berufskarriere führt Herr Sánchez denjenigen Kollegen an, der durch den Sieg der Kommunisten bei den Vorstandswahlen im Volksbildungsheim an die Spitze des Vereins gewählt wurde. Über dieses biographische Beispiel bezieht sich Herr Sánchez erneut auf den vereinsstrategischen Stellenwert dieser Vorstandswahlen. Sie sind ein zentrales Ereignis seiner Erzählung, auf das er in unterschiedlichen Nuancen immer wieder zu sprechen kommt. An dieser Stelle präzisiert Herr Sánchez, daß der Versuch, den Verein nach kommunistischen Prämissen auszurichten, vor allem aufgrund der besseren Personal- und Organisationsressourcen der Kommunisten von Erfolg gekrönt war. Angesichts der parteilosen Mehrheit der Vereinsmitglieder ohne ein klares politischen Bekenntnis profitierten die Kommunisten von ihrer attraktiven Personalpolitik, wobei sie allerdings nachhaltig durch den Antikommunismus Franco'scher Prägung mit seiner Attribuierung von Systemgegnern als Kommunisten – unabhängig von ihrer tatsächlichen ideologischen Provenienz – unterstützt wurden.

2.4.5. Historische Mission – prekäre Gegenwart

„Das war also sehr wichtig, die Arbeit dieses Kreises war sehr wichtig .. für die Spanier in der Bundesrepublik Deutschland. Erstens weil wir ein Pilotkreis waren, aus dem viele äh Initiativen kamen, ja es gab eine sehr intensive sozio-kulturell-politische Aktivität, die Statuten des spanischen Kulturkreises wurden in andere Orte hier in Deutschland exportiert, wo man andere Zirkel nach den gleichen Prinzipien wie den unsrigen gründete. Unser Zirkel schickte ihnen (..), wie gesagt, schickte ihnen die Statuten; sogar die Statuten des portugiesischen Kulturkreises sind die ersten die ersten Statuten des spanischen Kulturkreises, weil der portugiesische Kulturkreis von portugiesischen Kommunisten gegründet wurde. Die portugiesischen Kommunisten äh die portugiesischen Kommunisten kamen äh die portugiesischen Kommunisten kamen zu den spanischen Kommunisten und baten uns um Rat, was sie machen sollten und wir gaben ihnen, wir erklärten ihnen alles und gaben ihnen die Statuten (sehr schnell) /mhm, mhm/. Heute, heute wird der der portugiesische Kulturkreis, der spa- der portugiesische Kulturkreis nicht mehr von den Kommunisten kontrolliert, im Gegenteil, er wird kontrolliert von Kollegen, die keine kulturelle Aktivität wollen, nichts, keine kulturelle Aktivität, sondern nur Trinken, Vergnügen, Vergnügen, Trinken und Unterhaltung, Kultur gar nicht, bis zu dem Punkt, bis zu dem Punkt und hier knüpfe ich wieder an die Aktivität des spanischen Kulturkreises an: am vergangenen Sonntag haben die Frauengruppe des Kreises und die Frauengruppe des portugiesischen Kulturkreises den Internationalen Frauentag begangen, gefeiert, mit einem Akt, einem sehr schönen kulturellen Akt, sehr schön, sehr abwechslungsreich, sehr abwechslungsreich, im Saal des portugiesischen Kreises, der dafür bessere Bedingungen hat. Und dieser Akt, an dem an dem ungefähr 40 oder 50 Frauen und ungefähr 10 oder 15 oder 20 Männer teilnahmen, die Mehrheit waren Frauen, wie gesagt mit

einem mit einem sehr schönen und sehr abwechslungsreichen Kulturprogramm, dies alles wurde gegen .. den Vorstand .. des portugiesischen Kreises gemacht /mhm/. Weil er glaubte, daß dann die Frauen im Vordergrund stehen, wegen des machismo, des machismo. Bei den Spaniern gibt es auch machismo, aber die Portu- bei den portugiesischen Männern (sehr schnell) scheinbar noch mehr. Mehr als bei den Spaniern. Und wie gesagt, bei den Spaniern gibt es ihn (sehr schnell). Aber dort noch mehr. Sie glaubten, daß die spa- äh die portugiesischen Frauen und die spanischen Frauen – es gab auch eine oder zwei Deutsche dort – ihnen mit ihrem Tun Leute wegnehmen würden, wegnehmen würden, äh ja, daß sie dem portugiesischen Kulturkreis Leute wegnehmen würden beim Konsum, daß man weniger verkaufen könnte, weniger verkaufen könnte, Wein, Bier, was auch immer, daß man weniger Artikel verkaufen könnte. Dies war die letzte Aktivität, die man im spanischen Kulturkreis gemacht hat, eine Aktivität, die man schon seit langer Zeit macht. Jedes Jahr feiern die Frauen des Kreises den Internationalen Frauentag, mal mit Italienerinnen, mal mit Portugiesinnen, mal zusammen, mal mit Deutschen (sehr schnell), etc, etc." (S. 20-21).

Nachdem Herr Sánchez die lokalpolitische Bedeutung des Vereins für die spanischen Migranten in Frankfurt herausgestellt hat, spricht er nun noch einmal die migrationshistorische Bedeutung des Vereins für die spanischen Migranten in Deutschland generell an. Aufgrund seines Pilot- und Vorbildcharakters wurden die Statuten des Vereins zum Exportschlager bei der Gründung ähnlicher Vereine in anderen Orten. Verbreitungsmedien und – kanäle waren dabei auch die kommunistischen Gruppen, die sich gegenseitig in ihrer Kulturarbeit vor Ort – auch nationalitätenübergreifend – unterstützten. Dies illustriert Herr Sánchez an der Kooperation, die es zwischen den spanischen und portugiesischen Kommunisten der jeweiligen Kulturkreise in Frankfurt gegeben hatte. Damit gibt er auch einen Hinweis, daß der Kontakt zwischen beiden Vereinen nicht erst anläßlich der Wohungssuche der Spanier zustandegekommen ist, sondern bereits früher – allerdings in einem umgekehrten Abhängigkeitsverhältnis – bestanden hat. Dieses Umkehrverhältnis – Kulturdominanz der Spanier in der Vergangenheit, Finanzdominanz der Portugiesen in der Gegenwart – wird von Herrn Sánchez allerdings unterlaufen, da er zu einer Negativanalyse der heutigen Macht- und Kulturverhältnisse im Portugiesischen Kulturkreis übergeht. Der Gleichklang von Kommunismus und Kultur bei den Portugiesen ist für ihn aufgelöst durch Leute, die nur noch an Konsum und Geschäften interessiert sind. Durch die Abwertung des portugiesischen Kulturkreises kann er die Umkehr der Abhängigkeitsverhältnisse relativieren. Allerdings spricht er dem portugiesischen Kulturkreis nicht durchgehend die Kulturorientierung ab, sondern markiert eine Differenz von kulturloser Leitungsebene und kulturfreudigen – weiblichen – Mitgliedern – eine Differenz, die er am Beispiel der vereinsübergreifenden Veranstaltung der Frauengruppen der jeweiligen Kulturvereine anläßlich des Internationalen Frauentages ausführt.

Der Konflikt zwischen Leitung und Mitgliedern hat für Herrn Sánchez zugleich auch eine geschlechtsspezifische Komponente. Denn er interpretiert die Vorbehalte der portugiesischen – männlichen – Vereinsführung den Frauen gegenüber als Ausdruck des portugiesischen ‚machismo', der es nicht verwinden kann, daß die Frauen im Vordergrund des Vereinslebens stehen und den Män-

211

nern – möglicherweise – die Show stehlen. Der Konflikt zwischen den kulturell aktiven Frauen und den konsumorientierten Männern ist für ihn eine Konsequenz von Verhaltensmustern, die Frauen abwerten und die er sowohl bei seinen spanischen Landsleuten, in noch höherem Maße aber bei den Kollegen des portugiesischen Kulturkreises identifiziert. In dieser inneriberischen Vergleichsperspektive von Herrn Sánchez schneiden die Portugiesen schlecht ab: nicht nur, daß die Kommunisten die Kontrolle über den Verein verloren haben und die Konsumorientierung die Kulturorientierung überwiegt, auch die sexistischen Verhaltensweisen der Portugiesen mindern die kulturelle Entfaltungskraft der Vereine, die nicht nur zusammen wohnen, sondern partiell auch gemeinsame Veranstaltungen durchführen.

Bei seiner Konfliktbeschreibung und -interpretation verweist Sánchez indirekt auch auf eine Strategie der Vereine, durch vereinsübergreifende Kooperation mit deutschen und ausländischen Partnern Synergieeffekte zu erzielen und die Vereinsaktivitäten zu beleben. Auch hier zeigt sich die besondere Agilität der Frauen, die – wie beispielsweise mit ihren Aktivitäten zum Internationalen Frauentag – verschiedene Formen der Zusammenarbeit erproben und die Vereine aus ihrer nationalitätenverhafteten Isolation herauszuführen suchen.

Herr Sánchez spricht diese bereits traditionsreichen Kooperationsversuche der Frauen als „*die letzte Aktivität, die man im spanischen Kulturkreis gemacht hat,*" an. Mit der Doppeldeutigkeit von ‚letzte Aktivität' als der zeitlich zufällig letzten oder der letztlich übriggebliebenen läßt er offen, inwiefern sich auch der spanische Kulturkreis von seinem Aktivitätsspektrum her auf dem Rückzug – und damit in Gleichklang mit der Entwicklung des portugiesischen Kreises – befindet.

2.5. Eigene Beteiligung im Verein und in der Politik

„Ich weiß nicht, was ich noch über den Kreis erzählen könnte. Ich glaube, so in großen Zügen habe ich alles über den Kreis erzählt. Äh und über den Kreis und mein Leben und mein Leben und mein Leben innerhalb dieses Kreises und in diesem Prozeß, diesem Lebensprozeß, d.h. diesem Prozeß der Dauer des Kreises. Äh seit ich, ich äh, seit einiger Zeit, seit einiger, ich habe schon vor einiger Zeit mit der Vorstandsarbeit aufgehört. Ich war im Kreis, ich habe während vieler Jahre verschiedene Vorstandsposten innegehabt. Ich bin alles gewesen, ich bin alles außer Präsident gewesen, weil ich mir das niemals vorgenommen hatte, ich hatte niemals Interesse daran, ich hatte überhaupt keinen Ehrgeiz, alles, was ich gemacht habe – ich habe auch gar keine politischen Ambitionen – dies [reicht dem Interviewer ein Faltblatt mit seiner PDS-Kandidatur als Europaabgeordneter] war für mich keine politische Ambition, es war einfach – dieses Programm, das Sie hier haben, es war einfach so, daß die PDS, ich äh es ist einfach so, daß ich Koordinator von der Vereinigten Linken in Deutschland bin. Die PDS, die PDS ist eine Par- eine Partei, die sich mit den Prinzipien der Vereinigten Linken identifiziert. Weil die Vereinigte Linke ist ist die oder eine sehr plurale Linksorganisation, sehr plural, in der es Kommunisten, Sozialisten, Anarchisten, Ökosozialisten, Unabhängige, Grüne gibt, sie ist sozusagen <u>ein Sammelbecken</u> /mhm/, aber es funktioniert (...) es funktioniert. Und die PDS, diese Partei will will mit der Zeit eine äh ähnliche Organisation werden (...) Die PDS

wendete sich also an die Vereinigte Linke, zuerst wendete sie sich an den Koordinator der Vereinigten Linken in Deutschland, an mich und machte mir diesen Vorschlag. Ich sagte ihnen: „Also ich habe keine politischen Ambitionen, ich weiß, daß es schwierig werden wird, (..) zu gewinnen, aber zuerst müßt ihr euch an die Vereinigte Linke in Madrid wenden und wenn die nichts dagegen haben, akzeptiere ich, aber eins sage ich euch, eins sage ich euch, ich habe, wie gesagt, keine politischen Ambitionen". Mein einziges Streben heute ist (..) die Zeit meiner Pensionierung zu erreichen, zu erreichen, nach Spanien zurückzukehren und dann dort weiterzusehen. Ich habe mir niemals vorgenommen, ein politischer Profi zu sein oder Abgeordneter zu sein, nie habe ich mir so etwas vorgenommen, nie hatte ich solche Ambitionen. Alles, was ich gemacht habe, sowohl im Kreis als auch in der Politik, habe ich aus Lust gemacht, aus Vergnügen, als Hobby, ein Hobby, das ich immer erst genommen habe und immer noch ernst nehme, aber für mich war es immer ein Zeitvertreib, ein Hobby. So wie jemand sich für Fußball begeistert, für Fußball begeistert oder für was auch immer, so gilt meine Begeisterung der Politik ... d.h. nur unter diesen Bedingungen .. willigte ich ein .. willigte ich in den Vorschlag der äh der P, der PDS ein. Es fehlte nicht viel, es fehlte nicht viel. Die Vereinigte Linke in Madrid akzeptierte das, akzeptiert das, denn gesetzt den Fall, daß die PDS 5% erreichen würde, herausholen würde, war ich drin. Die Vereinigte Linke hätte somit indirekt einen Abgeordneten mehr /mhm/ einen europäischen Abgeordneten. Es fehlte nicht viel .. es fehlten ungefähr 52.000 Stimmen. Wir hatten ungefähr 4,8%. D.h. ohne es zu wollen, wäre ich wäre ich aus Solidarität ins Parlament gekommen, denn sie wollten einen Spanier haben, ebenso eine Italienerin; die Italienerin schaffte es, äh schafften auch (...) vor mir, ich hatte den 6. Listenplatz, sie hatte den 5. und wenn wir wenn wir 5% erreicht hätten, wären die ersten 6 gewählt gewesen. Die Italienerin und ich. D.h. es fehlte nur wenig und wir hätten die 5% erreicht. Äh die Vereinigte Linke in Madrid hatte wie gesagt nichts dagegen, denn wenn die die PDS 5% erreicht hätte, 5% erreicht hätte, hätten sie auf indirektem Weg einen Abgeordneten mehr gehabt, denn schließlich und endlich ist Sánchez /mhm/ Mitglied der Vereinigten Linken. Dies war, dies war meine meine letzte Erfahrung in der Politik, in der Politik, eine sehr direkte, eine sehr direkte Erfahrung, ungemein direkt durch die PDS. Jetzt kehre ich zurück, gehe ich zurück, nachdem ich im Kreis seiner Gründung Mitglied bin, 34 Jahr lang, wie gesagt ich war alles außer Präsident" (S. 21-23).

Nach dieser Funktionsbeschreibung des Vereins in historischer und gegenwärtiger Perspektive kommt Herr Sánchez auf sein eigenes Leben im Hinblick auf den Verein zu sprechen. Er reflektiert das Verhältnis von Verein und Biographie, indem er die Lebensspanne des Vereins mit der Spanne seines eigenen Lebens parallelisiert. Herr Sánchez war in den Entwicklungsprozeß des Vereins selbst stark involviert, als Mitbegründer und Aktivist in den verschiedensten Ämtern. Er ist also selbst ein Mitglied des Migrationskaders und damit sowohl Produkt als auch Produzent des Vereins. Dabei präsentiert er sich als eine Person ohne politischen Ehrgeiz, wobei er Selbstbewußtsein mit understatement paart. Zur Illustration seiner Haltung reicht er dem Interviewer unvermittelt ein Faltblatt, aus dem seine PDS-Kandidatur für die Europawahl 1994 hervorgeht. Er nimmt dieses Faltblatt zum Anlaß, einerseits die Zufälligkeit seiner Kandidatur zu beschreiben, andererseits seinen spielerischen Umgang mit der Politik zu bekräftigen. Allerdings wird deutlich, daß Herr Sánchez trotz seiner – vorgeblich – geringen politischen Ambitionen immerhin Koordinator der Vereinigten Linken[109] in Deutschland ist. In der Auseinandersetzung mit

---

109 Zur Vereinigten Linken vgl. Anm. 48.

dem Vorschlag der PDS, auf einer gemeinsamen Liste für die Europawahl zu kandidieren, konkretisiert Herr Sánchez sein Verhältnis zur Politik. Indem er seine Politikorientierung als Hobby und Zeitvertreib charakterisiert und eine Professionalisierungsperspektive dezidiert ablehnt, suggeriert er einen eher privatistischen Gebrauch von Politik, bei dem die uneigennützige Haltung des ehrenamtlichen Helfers aus freien neigungsbedingten Stücken im Vordergrund steht.

Der spielerische Umgang mit der PDS-Offerte wird durch seine schon zum damaligen Zeitpunkt feststehende Absicht, mit erreichtem Pensionsalter nach Spanien zurückzukehren, zusätzlich verstärkt. Er stellt daher klare Bedingungen für den gegenseitigen Politpoker, wobei er seine persönliche Zusage von der Zustimmung der Madrider Zentrale abhängig macht. Dem direkten persönlichen Aushandelungsprozeß ist somit die zentrale Kommandostelle der Vereinigten Linken vorgeschaltet, so daß Herr Sánchez seine Entscheidung der Entscheidungsgewalt der Partei unterordnet. Sein spielerisches Verhalten wird begrenzt durch das disziplinierte Einhalten feststehender Weisungsregeln, denen er absolute Priorität einräumt. Aufgrund des taktischen Kalküls, im Falle der erfolgreichen Wahl von Herrn Sánchez indirekt einen Abgeordneten mehr im Europaparlament zu haben, läßt sich die Vereinigte Linke auf das Angebot der PDS ein. Herr Sánchez teilt dieses Kalkül, da für ihn die Loyalität der Partei gegenüber außer Frage steht. Die Rechnung der PDS, mit einer multikulturell besetzten Liste Wählerstimmen zu mobilisieren, geht beinahe auf. Nur wenige Stimmen fehlen Herrn Sánchez als dem sechstplazierten der Liste, um ebenfalls – wie seine vor ihm plazierte italienische Kollegin – ins Europaparlament gewählt zu werden.

2.6. *Vorbereitungen für die Rückkehr in die Heimat*

2.6.1. Rücktritt von den politischen Ämtern in Deutschland

„Ich werde weiterhin politisch aktiv bleiben, wenn ich nach Spanien zurückkehre, vor allem äh vor allem, wenn ich zurückkehre, gehe ich in meine Heimatstadt, d.h. die Stadt, von der ich vor 36 Jahren weggegangen bin ... mit 26 Jahren ging ich von dort weg, 36 Jahre danach kehren wir dorthin zurück, ich kehre zurück und meine meine Frau, meine Lebensgefährtin, kehrt auch zurück. Sie stammt auch aus dieser aus dieser Stadt, wir waren verlobt, als ich nach Deutschland ging. Und ich werde weiterhin politisch aktiv sein. Hier in Deutschland äh .. letzten Sonntag war eine Versammlung der Vereinigten Linken in Frankfurt, wo ich nicht, wo ich nicht mehr kandidiert habe, wo eine andere Mannschaft gewählt wurde, eine andere Mannschaft für den Lokalvorstand der Vereinigten Linken .. am 26. werden wir eine Versammlung, die Bundesversammlung der Vereinigten Linken in Deutschland abhalten, wo man den neuen Koordinator wählen wird, den neuen politischen Rat Deutschlands der Vereinigten Linken, von Deutschland versteht sich, der Föderation in Deutschland. Ich bin der Koordinator dieser Föderation, auch in dieser Versammlung werde ich nicht mehr kandidieren, die Kollegen und Kolleginnen wissen das schon und man wird einen neuen politischen Bundesrat wählen müssen. D.h. am 26. werde ich werde ich aus der aktiven Politik hier in Deutsch-

land ausscheiden und im September nach Spanien zurückkehren. Jetzt im April gehen wir schon dorthin, um alles vorzubereiten, wir werden unsere Wohnung fertigstellen, d.h. unsere Wohnung möblieren. Aber die Tatsache, daß ich in Deutschland nicht mehr politisch aktiv bin, heißt nicht, daß ich die Politik überhaupt lasse, nein, ich wechsle nur das Szenario. Politisch werde ich weiterhin innerhalb der Vereinigten Linken aktiv sein, in diesem Fall dann an der Basis der Vereinigten Linken, denn wenn denn wenn ich nicht mehr Koordinator von Deutschland, der Konföderation in Deutschland bin, höre ich automatisch auf .. der Repräsentant von Deutschland im politischen Bundesrat der Vereinigten Linken zu sein, welches das höchste Führungsorgan ist, das die Vereinigte Linke zwischen Kongressen hat. Meinen Sitz im politischen Bundesrat der Vereinigten Linken ... wird dann neue Koordinator der Föderation besetzen, der in der Sitzung vom 26. gewählt wird. Ich werde dann einfaches Basismitglied der Vereinigten Linken sein .. ebenso wie ich Mitglied der Ko-, Mitglied der Kommunistischen Partei bin ... Ich sprach vorhin davon, daß ich nicht aus der Politik gehe, sondern daß ich nur das Szenario wechsle, das Szenario wechsle. Bis jetzt, bis jetzt war das Szenario Deutschland, jetzt wird das Szenario Spanien sein, konkret meine Heimatstadt und ganz konkret das Rathaus, das Rathaus dieser Stadt, Tome- Tomelloso, in der Provinz Ciudad Real, wie ich am Anfang bereits gesagt habe. Die Kollegen der Vereinigten Linken dort in dieser Stadt haben mich auf den 4. Platz der Wahlliste gesetzt für die Kommunal- und Landtagswahlen, die am 28. Mai stattfinden werden. Ich bin Kandidat der Vereinigten Linken, wie gesagt, aber nur für die Kommune, für die Kommunalwahlen .. Die Chancen gewählt zu werden, sind fast fast fast 100%, wenn wenn es nicht einen Wahlerdrutsch gegen uns gibt. Was ich nicht glaube. Wenn es einen Erdrutsch gibt, dann gegen die Sozialistische Spanische Arbeiterpartei. Wegen der Korruption, in die sie äh verwickelt ist. In wirtschaftliche und politische Kor- Korruption ist sie verwickelt, leider, denn das schädigt die Linke im Ganzen ... " (S. 23-24).

Nach der Konkretisierung seiner politischen und vereinsmäßigen Aktivitäten wendet sich Herr Sánchez nun seiner bevorstehenden Rückkehr zu. Er steht kurz vor Beendigung eines lebenszyklischen Bogens, der die Auswanderung mit 26 Jahren aus seiner Heimatstadt, den 36 Jahre dauernden Aufenthalt in Deutschland und die erneute Rückkehr in seine Heimatstadt umfaßt. Diese zentrale Periode seines Lebens in der Fremde ist für ihn nicht eine allein, sondern eine mit seiner Frau gemeinsam durchlebte Zeit. Seine Frau teilt somit nicht nur die geographische Spannweite seines Lebens, sie verkörpert auch in ihrer Person ein Stück Heimat, da sie aus derselben Stadt wie er stammt.[110] Herr Sánchez präsentiert in diesem lebenszyklischen Bogen eine doppelte Kontinuität, um Distanz und Fremde zu überbrücken: zum einem die Kontinuität der Heimatstadt als identischer Ausgangs- und Zielpunkt seiner Wanderung, zum anderen die Kontinuität von Sozialbeziehungen, insbesondere der partnerschaftlichen Beziehung.

Während die Heimatstadt und seine Frau Kontinuität in der Diskontinuität der Wanderung von Spanien nach Deutschland und wieder zurück symbolisieren, steht ein drittes Gemeinsamkeit stiftendes und Entfernungen überbrückendes Element in einem umgekehrten geographischen Spannungsverhält-

---

110 Erst an dieser Stelle seiner Erzählung wird deutlich, daß Herr Sánchez bereits vor seinem Deutschlandaufenthalt verlobt war und seine Ersparnisse für die Heirat, die er dann für den Beginn seiner Deutschlandfahrt nutzte, tatsächlich schon personenbezogen angelegt waren.

nis. Denn das aktive Engagement von Herrn Sánchez in der Politik, das er erst in Deutschland begann und das seinen Deutschlandaufenthalt maßgeblich prägte, möchte er auch nach Spanien übertragen und dort fortführen. Für diese Transposition seiner politischen Aktivitäten trifft Herr Sánchez bereits in Deutschland die notwendigen Vorbereitungen, indem er die geordnete Übergabe seiner Politikgeschäfte sowohl im lokalen als auch im nationalen Rahmen organisiert. Herr Sánchez scheidet nicht nur aus den Vorstandsämtern seiner Frankfurter Ortsgruppe aus, sondern gibt auch seine Führungsaufgaben in der Gesamtvertretung seiner Partei in Deutschland zurück. Allerdings laufen die Vorbereitungen für eine zweite lokalpolitische Karriere in seiner Heimatstadt bereits auf Hochtouren, da Herr Sánchez auf einem relativ sicheren Listenplatz der Vereinigten Linken bei den Kommunalwahlen in seiner Heimatstadt plaziert wurde. Obwohl er erst im September definitiv nach Spanien zurückkehrt, hat Herr Sánchez die Gewißheit, bereits am 28. Mai in eine bedeutende politische Funktion gewählt zu werden. Vor dem Hintergrund unterschiedlicher äußerer Politikbühnen inszeniert er – durch taktisch und zeitlich geschicktes timing – einen nahtlosen Übergang seiner politischen Ämter. Damit überbrückt Herr Sánchez mögliche Unsicherheiten seiner Rückkehr durch die Einbindung in das kommunalpolitische Tagesgeschäft – durch die bruchlose Kontinuität von Aktivitäten, die bereits in Deutschland seinen Alltag entscheidend mitprägten.

2.6.2. Vorbereitung auf ein neues politisches Amt in Spanien

„Ich werde also .. zum äh Stadtrat gewählt werden, weil ich auf dem 4. Platz bin, werde ich zum Stadtrat des des Rathauses von Tomelloso gewählt werden, mal sehen, äh ob .., ehrlich gesagt, habe ich ein bißchen Angst, habe ich ein bißchen Bammel. Angst brauche ich eigentlich nicht haben, denn auf der Ebene auf der Ebene der Kenntnisse, auf der Ebene der Kenntnisse und ich glaube auch des (schluckt) .. Arbeitsvermögens habe ich, habe ich genügend, genügend Kenntnisse, um diese Arbeit zu machen .. Mein Problem sind weder die Kenntnisse noch das Arbeitsvermögen, mein Problem .. könnten die vielen Jahre sein, die ich fern von der Wirklichkeit Spaniens verbracht habe. 34 Jahre lang, es ist nicht dasselbe, 30, 30 Jahre, das ganze Leben am selben Ort zu verbringen .. oder innerhalb des Landes als .. 34, 34 Jahre außerhalb. Sicher habe ich Aktivitäten gemacht, die Spanien gewidmet waren, aber man hat sich in einer ganz anderen Umgebung als Spanien bewegt. Deshalb frage ich mich selbst: „Pedro, wirst wirst du fähig sein .. dich an diese neue Wirklichkeit anzupassen?" .. Das ist die Frage. Wovon .. ja, ich habe .. oder nein, ich würde sagen, wovon ich überzeugt bin, ist .. daß von mir .. von mir mehr verlangt verlangt wird als ich vielleicht geben kann .. Der spanische Wähler, der mich wählt, der uns wählt, weiß .. daß Pedro Sánchez .. von der Vereinigten, auf der Liste der Vereinigten Linken, der erste Spanier auf einer Wahlliste für eine Europawahl war und zwar auf einer Wahlliste einer deutschen Partei .. der Partei des Demokratischen Sozialismus ... Der spanische Bürger weiß nicht, daß diese Partei, der der durchschnittliche Bürger weiß nicht, ob diese Partei viel oder wenig .. der durchschnittliche Bürger weiß nicht, daß diese Partei in der alten DDR großen Einfluß hat, aber daß sie insgesamt nur etwa 1% der Stimmen erreicht, der durchschnittliche Bürger (...), was der durchschnittliche Bürger sieht, ist die Partei, eine deutsche Partei, die Partei des Demokratischen Sozialismus, eine deutsche Partei und ein Spa-

nier und der ist aus Tomelloso, und der ist aus Tomelloso. Er ist aus dieser Stadt. Man wird mich also für einen Kandidaten für die Wahl zum Europaabgeordneten halten ... während die anderen Kollegen, die vielleicht nach mir plaziert sind .. die wird man (...) einfach als Bürger von hier, von Tomelloso, sehen. Und das ist die Angst, die ich habe. Das ist die Angst, die ich habe. Daß man von mir, daß man von mir einen falschen Eindruck hat. Daß man glaubt, daß ich also, daß ich, daß ich in der Lage sein werde ... in der Lage sein werde, Antworten wenn nicht auf alles, so doch auf fast alles geben zu können .. Denn der durchschnittliche Bürger, der durchschnittliche Bürger – meine Kollegen von der Vereinigten Linken, die, die mich kennen, wissen mehr oder weniger, was ich leisten kann, sie wissen es. Gut, ich bin jedes Jahr während der Ferien dort gewesen und bin zum Sitz, zum Haus der Vereinigten Linken gegangen. Aber die anderen, die anderen, der Bürger, der Bür-, der Bürger dort der Stadt, der Wähler, der einfache Wähler, der, der mich mich nur kennt, weil man kennt mich, die Älteren kennen mich noch von vor 35 Jahren .. oder man kennt mich, weil man mich im Radio gehört hat .. während der Europawahlen oder weil man mich in der ganzen Presse in Spanien gelesen hat .. Man kennt mich, man kann, äh der Spanier ist sehr darauf aus, .. sich Führer zu schaffen, sich falsche Vor- Vorstellungen zu machen. Er neigt sehr dazu, neigt sehr dazu .. Deshalb hat ein Teil dieser Bürgerschaft dieser Bürgerschaft sich ein falsches Bil- Bild von mir gemacht, von mir fabriziert. Ich kenne diese Verantwortung, diese Verantwortung, die man von mir verlangen wird, das wird für mich ein gewisser Druck sein, ein gewisser Druck, zweifelsohne. Ich glaube aber auch, daß ich das, daß ich das bewältigen kann. Nun gut .. ich werde sehen, was ich tun kann. Und ich werde nicht mehr tun, als was ich kann. Und wozu ich mich in der Lage sehe, werde ich tun, sehr gerne tun. Und wozu ich nicht in der Lage bin, da werde ich sagen: „Meine Herren, hier sind meine Grenzen. Hier sind meine Gren- hier sind meine Grenzen. Bis hierher und nicht weiter." Schluß, basta. Ich kann nicht mehr leisten, als was ich leisten kann /mhm/ .. Das ist also meine meine nächste Zukunft ... Ich weiß nicht, was ich Ihnen noch sagen könnte, wenn Sie glauben, daß ich etwas vergessen habe oder wenn Sie etwas wissen wollen, dann können Sie eine Frage stellen, /mhm/ ich kann dann vielleicht noch etwas ergänzen /mhm/" (S. 24-25).

Was in der vorausgehenden Sequenz nur der Wahrscheinlichkeit nach expliziert wurde, entwickelt Herr Sánchez nun als bereits feststehende Tatsache. Für ihn ist klar, daß er zum Stadtrat gewählt werden wird. Diese Sicherheitsperspektive wird jedoch durchbrochen von seiner Angst, den an ihn gerichteten Anforderungen und Erwartungen nicht gerecht zu werden. Diese Angst resultiert für Herrn Sánchez nicht so sehr aus möglicher Arbeitsüberlastung oder sachlicher Überforderung, sondern aus dem migrationsbedingten Mangel an intimer Kenntnis der politisch-gesellschaftlichen Verhältnisse in Spanien. Trotz seines langjährigen spanienbezogenen Politikengagements formuliert Herr Sánchez hier eine tiefgehende Distanzerfahrung, die er in Form einer Selbstvergewisserungsfrage dramatisiert.

Zu dem Problem der Anpassungsfähigkeit an das neue politische Milieu tritt als weiteres Element die Furcht vor überzogenen Erwartungen aufgrund der tatsächlichen oder unterstellten Klischees, die ihm als Europakandidaten vorauseilen. Herr Sánchez polarisiert hier sehr stark, indem er eine deutliche Differenz zwischen seinen Kollegen, die seine Fähigkeiten nüchtern einschätzen können, und dem spanischen Durchschnittswähler, der sich an Äußerlichkeiten orientiert, aufmacht und ausführlich beschreibt. Die Projizierung von Wählererwartungen, die Stilisierung seiner Person als Vorreiter in der Politik (der erste Spanier auf der Wahlliste einer deutschen Partei)[111] und sein Nimbus als ‚Wunderkind' der Stadt erzeugen einen von Herrn Sánchez selbst antizipierten Erwartungsdruck in Richtung auf Omnipotenz, die sich in der Formel konkretisiert: *„auf alles eine Antwort geben können"*. Herr Sánchez begreift den Politikeralltag als kommunikative Auseinandersetzung (Antworten geben können auf alle möglichen Fragen) in der Öffentlichkeit. Sein Erfahrungshorizont ist diesbezüglich begrenzt, da er sich bislang in dem eher geschlossenen Migrationsmilieu bewegt hat, während er im Wahlkampf bzw. als kommunaler Funktionsträger vor der städtischen Öffentlichkeit Rede und Antwort stehen muß, ohne über die entsprechenden lokalen Mikrokenntnisse zu verfügen. Allerdings transportiert Herr Sánchez in seiner Beschreibung des spanischen Durchschnittswählers ebenfalls eine Reihe von Klischees (mangelnde Sachkenntnis, Delegation auf Führer, Orientierung an hierarchischer Positionierung, etc.), an denen er sich abarbeitet und die – unabhängig von der Frage ihrer empirischen Grundlage – Ausdruck seiner Ängste darstellen.

Zur Bearbeitung der tatsächlichen oder selbstimaginierten (Fehl-)Einschätzungen seiner Person nutzt Herr Sánchez gewisse Sicherheitsventile bzw. vorausschauende Bewältigungsstrategien. Zum einen weiß er um die realistische Einschätzung seiner Kenntnisse durch die Kollegen von der Vereinigten Linken, die er Jahr für Jahr besucht hat. Zum anderen kann er bei älteren Stadteinwohnern noch auf persönliche Kontakte vor der Zeit seiner Auswanderung zurückgreifen. Und schließlich behält er sich bei Mißverständnissen oder zu großen Ansprüchen vor, Stoppregeln auf der konkreten Interaktionsebene seinen Kollegen gegenüber zu formulieren und Ansprüche abzuwehren.

Mit diesem Ausblick in seine unmittelbare lokalpolitische Zukunft beendet Herr Sánchez seine Eingangserzählung, die in ihrer dreistufigen Gliederung die Ausgangssituation in Spanien, den Aufenthalt in Deutschland und die Simulation der Rückkehr umfaßt. Mit diesem Ende formuliert er gleichzeitig ein Angebot zur Fortsetzung des Gesprächs. Er überläßt die Initiative nun dem Interviewer, der in Form von Zusatzfragen weitere Ergänzungen zum bisher Gesagten einfordern kann.

2.7. Zusammenfassung

Als sich Herr Sánchez mit 26 Jahren für einen zunächst befristeten Deutschlandaufenthalt entscheidet, hat er in Spanien bereits eine gesicherte berufliche Position inne. Nachdem er bis zum Militärdienst im Süßwarengeschäft seines Vaters gearbeitet und nebenbei – als Kompensation für seine nur rudimentäre Schulbildung – verschiedene Lerninteressen verfolgt hat, arbeitet er nach dem

---

111 Eine Vorreiterrolle, die auch Entsprechungen im Vereinsleben hat (der erste eingetragene Ausländerverein in Deutschland).

Militärdienst als festangestellte kaufmännische Hilfskraft im chemischen Großbetrieb seiner Heimatstadt. Dort kommt er in Kontakt mit deutschen Monteuren, die im Auftrag der LURGI technisches Gerät installieren. Er nutzt diese zufallsbedingten Bekanntschaften am Arbeitsplatz, um seiner Vorliebe für Fremdsprachen nachzugehen und Deutsch zu lernen. Aufgrund der restriktiven gesellschaftlichen Rahmenbedingungen der Franco-Diktatur fühlt er sich jedoch in seinen persönlichen Entfaltungsmöglichkeiten zunehmend eingeschränkt, so daß für ihn Auswanderung als Alternative mehr und mehr Kontur annimmt. Mit seinem Arbeitgeber kommt er überein, einen sechsmonatigen unbezahlten Urlaub in Deutschland zur Vervollkommnung seiner Deutschkenntnisse anzutreten. Ausgestattet mit einem Touristenpaß und mehreren Empfehlungsschreiben kommt er – sprachlich einigermaßen vorbereitet und die Ersparnisse für eine angestrebte Heirat nutzend – als Mitfahrgast eines deutschen Monteurs nach Frankfurt.

In Frankfurt bemüht sich Herr Sánchez mit Hilfe von Kollegen um eine Finanzierung seines Aufenthalts. In der schwierigen Situation der Jobsuche hilft ihm vor allem der Kontakt zu Gleichgesinnten bzw. schon etablierten Spaniern, die er in verschiedenen Kneipen kennenlernt und die ihm Mut zusprechen. Durch die Fürsprache eines derartigen Bekannten bekommt er zuletzt als Kupferputzer und Geschirrspüler in einem Frankfurter Café einen Einjahresvertrag. Nach einem Jahr wechselt Herr Sánchez in die Metallindustrie, wo für ihn eine neue Etappe seines Deutschlandaufenthaltes beginnt. Diese Etappe ist weniger durch den beruflichen Wechsel selbst gekennzeichnet als vielmehr durch das Kennenlernen spanischer Kollegen und die Gründung eines spanischen Vereins, der fortan seine ganze Kraft neben der Arbeit beansprucht.

Der Verein wird Teil des Lebens von Herrn Sánchez und nimmt in seiner Erzählung den größten Stellenwert ein. Seine eigene Biographie und die Vereinsperspektive verschmelzen miteinander und stehen in einem gegenseitigen Abhängigkeits- und Bedingungsverhältnis. Der Verein wird Teil der Biographie, die in großem Umfang innerhalb des Vereins stattfindet, gleichzeitig ist der Verein aber auch abhängig von dieser Biographie, die mit ihren persönlichen Ressourcen den Verein (mit-)trägt und (mit-)gestaltet. Im Falle von Herrn Sánchez ist die Identifikation mit seinem Verein ist so groß, daß dessen – tatsächliche oder angebliche – Mission im Leben von Migranten und der Migration generell seine eigene Mission wird.

Für Herrn Sánchez ist die Vereinsgeschichte stark mit den verschiedenen Vereinslokalitäten bzw. der Suche nach geeigneten Räumen verbunden. Seine Erzählung nimmt geradezu den Charakter einer Vereinsodyssee durch verschiedene Räume an. Mit den Räumen sind verschiedene Zentralerfahrungen in der Vereinsgeschichte verbunden, die Herr Sánchez – in subjektiver Auslegung – wiedergibt: die Bar als Diskussionsort noch vager Ideen in der Anfangsphase, die Räume des DGB mit erster Anschubfinanzierung und gleichzeitiger Ablehnung des eigenen eingeschlagenen Kurses, das Volksbildungsheim als Epoche der Expansion mit vielfältigen Aktivitäten und zunehmender politischer Radikalisierung, verschiedene Restaurants als Notlösung zur Aufrechterhaltung der Vereinskontinuität, der Club Voltaire als Zwischenstation und Verlegenheitslösung, die Tanzschule als Ort der institutionellen Unabhängigkeit bei gleichzeitigen Drogenproblemen, die Leibnizstraße als Betrugserfahrung mit anschließendem Rechtsstreit, die Kronbergerstraße als Zusammenarbeit mit den Italienern bei zunehmenden Rivalitäten und Finanzstreitigkeiten, die Heddernheimer Landstraße als Kooperationsverhältnis mit den Portugiesen bei klarer räumlicher Trennung.

In seiner Erzählung konstruiert Herr Sánchez eine Steigerungs- und Verfallsgeschichte des Vereins, die er mit biologischen Metaphern beschreibt: nach einem vagen Anfang mit den ersten Gehversuchen unter den Fittichen der Gewerkschaft erfolgt die Blütezeit beim Volksbildungsheim, die mit der starken Präsenz der Spanier in Frankfurt zusammenfällt. Der Verein wird als erster eingetragener Verein zum absoluten Vorreiter der spanischen Migrationsgeschichte und seine Statuten werden zum Exportschlager für Vereine in ganz Deutschland. Allerdings ist der Verein – bereits in dieser Blütezeit – nicht vor Negativerfahrungen gefeit, die im weiteren Verlauf den zunehmenden Verfall des Vereins einläuten: so spaltet sich nach der kommunistischen Vereinsübernahme eine Gruppe von dem Verein ab und versucht eine Konkurrenzgründung; der Elternverein wird institutionell ausgelagert, da die Mehrheitsausrichtung der Eltern nicht mit den Vorstellungen der Vereinsleitung korrespondiert; Drogenprobleme, Vermietungspleiten und Querelen mit den Italienern, aber auch die verstärkte Rückwanderung nach Spanien sorgen für eine allmähliche Verdünnung des Vereinslebens, dessen Kontinuität nur mittels einer vereinsübergreifender Kooperation abgesichert werden kann. Der Tod des Vereins ist für Herrn Sánchez nur noch eine Frage der Zeit, seine biologische Uhr ist abgelaufen, seine historische Mission beendet.

Herrn Sánchez reflektiert an mehreren Stellen seiner Erzählung die gesellschaftlich-juristischen Rahmenbedingungen sowohl seines Deutschlandaufenthaltes als auch der Vereinsentwicklung. Er bettet seine Erfahrungen in eine zeitgeschichtlich-soziologische Perspektive ein und deutet die eigene Vereins- und Lebensgeschichte im Spiegel der Weltgeschichte. Er relationiert seine Erzählung mit gesellschaftlichen Rahmendaten, die ihm zur Interpretation zur Verfügung stehen. So reflektiert er beispielsweise ausführlich die formalen – und sich im Laufe der Zeit verändernden – Voraussetzungen der Einreise (Touristenpaß, Visumspflicht, Liberalisierung der Einreisebestimmungen, Erteilung der Aufenthaltsgenehmigung nur bei festem privatem Wohnsitz). Er analysiert die deutsche Gesellschaft als rigide und wenig durchlässig für die Mehrheit der bildungsunerfahrenen Spanier. Er stellt die Politisierung des Vereins und die daraus resultierenden Schwierigkeiten in den Kontext des ausgeprägten Antikommunismus der Nachkriegszeit, an dem auch viele deutsche Institutionen teilhaben. Er sieht die Anerkennung des Kulturkreises als Verein im Zusammenhang mit der neuen Ausländergesetzgebung, die ihrerseits auf die massive Einwanderung mit ihren organisatorisch-institutionellen Ausprägungen reagiert. Und er interpretiert den Schritt des Vereins in die Selbständigkeit im Vergleich mit anderen spanischen Vereinen im Ausland, die eine Pilotfunktion für die Entwicklung der spanischen Migration leisten.

Die Erzählung von Herrn Sánchez lebt von der Spannung zwischen eigener Handlungssouveränität, erfahrener Solidarität und weitergegebener Solidarität.[112] Während er seine Auswanderung als souveräne Handlungsentscheidung unter Nutzung berufsbiographischer Zufälle thematisiert, beschreibt er seinen Eingliederungs- und Anpassungsprozeß in Deutschland als eine Kombination aus erfahrener Solidarität und dem Angewiesensein auf andere in einer kritischen Phase der Neuorientierung einerseits und allmählicher Wiedererlangung der Handlungssouveränität im Sinne der Existenzsicherung und der Rückgewinnung von Handlungsinitiative andererseits. Der Eintritt in die Torpedo-Werke markiert für Herrn Sánchez dann den Beginn der politisch selbstbewußten Organisierung solidarischen Handelns für andere – für seine Landsleute in Deutschland, die mit Anpassungsschwierigkeiten an eine fremde Gesellschaft zu kämpfen haben, für die politische Opposition in Spanien, die im Kampf gegen die Franco-Diktatur unterdrückt wird. Der Verein wird zum Ort der praktizierten Solidarität, an dem das Gesetz der gegenseitigen Hilfe unter Schicksalsgenossen gilt – eine Solidarität, die über die persönliche Treue der Organisation gegenüber aufrechterhalten, aber auch über das Vehikel der Parteidisziplin zusammengehalten wird. Durch seinen kontinuierlichen Einsatz wird Herr Sánchez Teil des Vereinsestablishments und bekleidet über Jahre hinweg unterschiedliche Ämter. Gleichzeitig gehört er zum politischen Funktionärskader der Kommunistischen Partei – und später der Vereinigten Linken – mit Aufgaben für die konkrete Migrationsarbeit vor Ort. Sein Weg nach Deutschland ist somit für ihn ein Weg in den Verein, in die Politik, in die Solidarität. Dieses Selbstverständnis ermöglicht es ihm, seine gesellschaftspolitische Rolle zu definieren und sowohl im Hinblick auf Deutschland als auch im Hinblick auf Spanien mit Erfahrungen von Fremdheit umzugehen. Über die Vereinsarbeit ist er institutionell ständig mit Fragen der Eingewöhnung und Integration, aber auch mit Problemen der Diskriminierung und Benachteiligung konfrontiert, über den Verein pflegt er permanente Sozialkontakte zu seinen Landsleuten in Deutschland, über den Verein hält er organisierten Kontakt zur Heimat.

Die langjährige Beheimatung in der organisierten Solidaritäts- und Politikarbeit ist für Herrn Sánchez auch das Vehikel, mit dem er sich seinen Weg zurück nach Spanien ebnet. Dabei setzt er seine in Deutschland akkumulierte Organisations- und Politikerfahrung als aktive Strategie zur Risikominimierung ein – eine Strategie, die Herr Sánchez schon bei seinem Weggang nach Deutschland praktiziert hatte. Er ist kein biographischer Hasardeur, sondern plant seine Schritte sorgfältig; Fremdheit, Risiko und Unsicherheit werden von

---

112 Erfahrene Solidarität ist für Herrn Sánchez vor allem eine Geschichte der persönlich vermittelten Hilfe durch Menschen, die er selbst nach Jahrzehnten noch namentlich kennt.

ihm strategisch bearbeitet. So wie er bei seinem Weggang von Spanien weder als Unterdrückter noch als Unvorbereiteter oder gar ökonomisch Abhängiger abreiste, so nutzt er auch bei seiner Rückkehr nach Spanien biographisch verfügbare Sicherheitsstrategien wie die bereits in Deutschland eingefädelten Eingliederungsvarianten in die spanische Politik. Bei seiner Rückkehrsimulation macht er dieselben Erfahrungen, die er bereits bei den schon früher zurückgekehrten Migrationskadern aus der Distanz beobachtet und beschrieben hatte: nämlich der relativ unproblematische Aufstieg in wichtige gesellschaftlich-berufliche Positionen durch den Erfahrungsvorsprung, der in der Fremde gewonnen wurde. Gleichzeitig erfährt er an seiner Person jedoch auch die Kosten, die mit dem Privileg verbunden sind, durch Wissens- und Organisationsvorsprung einen bevorzugten Platz als Quereinsteiger zu besetzen: Überforderung, überzogene Erwartungen, situative Unsicherheit. Für Herrn Sánchez bleibt in dieser Hinsicht ein Restrisiko, das er aber einigermaßen sicher taxieren zu können glaubt.

3. Prägende Phasen: Stationen eines Wanderungsweges

Der lebenszyklische Bogen, den Herr Sánchez in seiner Eingangserzählung präsentiert, geht von der Ausgangssituation der Auswanderung und reicht bis zu den antizipierten Problemen seiner Rückkehrentscheidung. War der Weg nach Deutschland für Herrn Sánchez vor allem ein Weg in die Solidarität des Vereins und des aktiven Politikengagements, so ist der Weg zurück nach Spanien eine Verlängerung und Ausnutzung der in Deutschland erworbenen ideellen und materiellen Grundlagen. Im folgenden sollen – unter Ausnutzung weiterer Interviewpassagen – die von Herrn Sánchez bereits angesprochenen prägenden Stationen des Lebens noch einmal vertieft werden, gerade auch unter dem Gesichtspunkt der vielfältigen Lernerfahrungen, die für Herrn Sánchez mit seinem Weg nach Deutschland verbunden waren. Im einzelnen geht es dabei vor allem um
– die Lern- und Bildungserfahrungen seiner Jugendzeit,
– seinen Weg nach Deutschland als Abenteuer des Sprachenlernens,
– seine aktive Beteiligung am Vereinsleben des Spanischen Kulturkreises als Organisator, Redakteur, Lehrer, etc.,
– sein Engagement in der Politik,
– seine geplante Rückkehr.

3.1. Ausbildungs- und Berufssituation in Spanien

In der Eingangserzählung schildert Herr Sánchez seine Jugendzeit und seinen schulisch-beruflichen Ausbildungsgang nur sehr summarisch, da er sich auf die Erzählung der Situation konzentriert, aus der heraus er die Entscheidung zur Auswanderung trifft. Die Zeit vorher streift Herr Sánchez nur kurz, indem er das Süßwarengeschäft seines Vaters als ökonomische Existenzsicherung der Familie beschreibt, seine eigene Arbeitsbelastung in diesem Familienbetrieb skizziert, seine Neigung zum Fremdsprachenlernen anspricht und den Militärdienst als erste Zäsur seines Lebens ausweist. An einer späteren Stelle des Interviews äußert sich Herr Sánchez jedoch sehr detailliert über seinen – defizitären – schulischen Werdegang, über die verschiedenen privaten Kompensationsversuche zur Erlangung einer allgemeinen Bildung und über die Militärzeit als der ersten entscheidenden Lebensstation außerhalb seiner Familienexistenz.

„Ich habe es schon gesagt, daß .. äh die ... meine Bildung .. ist eine autodidaktische Bildung, ... die einzigen Studien, offizielle Studien, die ich habe, die ich habe, offizielle Studien meine ich, die ich gemacht habe, das ist der sogenannte Hauptschulabschluß /mhm/, das ist alles, was ich gemacht habe ... (..) Zur gleichen Zeit belegte ich, belegte ich – die offizielle Schule war ziemlich schlecht damals in der Franco-Zeit, in der Franco-Zeit, die war ziemlich schlecht in Spanien, die öffentlichen Schulen waren ziemlich schlecht – und so belegte ich zur gleichen Zeit Komplementärklassen in Allgemeinbildung /mhm/, die mein Vater bezahlte /mhm/. Ich machte Buchführungskurse im Fernunterrricht, Fernunterricht .. <u>Fernkurse</u> /Fernkurse, ja, ja/ machte ich ... und das sind die Studien (..) meine Studien, die offiziellen Studien, der Hauptschulabschluß. Der ganze Rest ist äh Bildung, äh Bildung, Allgemeinbildung. Ich machte Buch-, Buchführung, aber ich holte mir nicht das Diplom, ich kam nicht bis zum Diplom, ich, ich äh und die Studien, die ich sonst machte, äh ich lernte, ich studierte Französisch .. ja ich konnte es schließlich ziemlich gut sprechen, noch heute kann ich, kann ich es sprechen, vor allem wenn ich nach Frankreich fahre (..) kommt es hoch /mhm/, kommt es hoch /mhm/, kommt das hoch, was noch eingraviert ist, eingraviert ist, kommen Wörter hoch und ich kann sprechen. Wenn ich dann aber wieder hierher oder nach Spanien zurückkehre, dann kommt alles wieder zum Erlahmen (...) Ich habe also kein Hochschulstudium oder Fachhochschulstudium, das habe ich nicht /mhm/, das habe ich nicht" (S. 37f.).

Herr Sánchez begreift sein erreichtes Bildungsniveau als Resultat autodidaktischer Anstrengung in Absetzung und Kontrast zu einer als ‚schlecht' definierten schulischen Ausbildung, die in seinem Falle nur den Hauptschulabschluß umfaßt. Mit Hilfe seines Vaters, der ihn finanziell unterstützt, nimmt Herr Sánchez Privatunterricht – *„Komplementärklassen in Allgemeinbildung"* –, absolviert eine nicht abgeschlossene Ausbildung in Buchführung und lernt nebenher französisch. Er präsentiert seinen Bildungsgang als Kontrast zwischen einer formalen Ausbildung auf geringem Niveau und einer Vielzahl privater, familiär unterstützter Anstrengungen im sprachlichen, kaufmännischen und allgemeinbildenden Bereich. Was ihm das öffentliche Bildungswesen – und damit der Staat – vorenthält, muß er sich auf privaten Wegen erarbeiten. Dabei beschränken die bescheidenen finanziellen Möglichkeiten der Familie die privaten Kompensationsversuche von Herrn Sánchez, aber auch die väterlicherseits angesonene akademische Berufsperspektive: *„Mein Vater wollte, äh mein Vater .. wollte gerne (...), daß ich Medizin studiere /mhm/. Aber es fehlte natürlich das Geld, um das Abitur zu machen damals, damals war es nicht leicht in Spanien, war es nicht einfach /mhm, mhm, mhm/, damals war das eine sehr schlechte Zeit /*

mhm/. Uns, meine Generation, traf die schlechteste Zeit /mhm/ nach, nach dem Bürgerkrieg /mhm/ ... eine sehr schlechte Zeit /mhm/. Die einzigen, die studieren konnten, – heute kann jeder beliebige Jugendliche studieren .. in Spanien .. aber damals konnten nur die Kinder der Mittelschicht studieren (...) Die Schule war teuer und mußte bezahlt werden ... /mhm/. So war das [...] Allerdings ist das Leben für mich auch nicht schwerer gewesen als für andere, andere hatten es schlechter /mhm/ ... ich mußte zwar auch gewisse Entbehrungen erleiden, aber .. vielleicht aufgrund der Tatsache, daß mein Vater diesen kleinen, diesen kleinen Laden hatte, als Selbständiger, das erlaubte uns damals, in jener Zeit so vieler wirtschaftlicher Entbehrungen /mhm/, das erlaubte uns, nicht gerade gut zu leben (laut) .. aber doch besser gestellt zu sein als andere Famili- als andere Familien /mhm, mhm/, die viel weniger hatten" (S. 42). Herr Sánchez spricht hier die spezifische Benachteiligung der Generation der unmittelbaren Nachbürgerkriegszeit an, die unter schwierigsten wirtschaftlichen und politischen Bedingungen aufwachsen mußte. Herr Sánchez deutet seine eigenen biographischen Chancen somit in einer gesellschaftspolitischen Perspektive und thematisiert sein eigenes Leben als Generationenschicksal, als Kollektivgeschichte, in der es Gewinner und Verlierer gibt. Bei dem Versuch einer eigenen Positionierung macht er zwei Kontrastebenen auf: ‚nach oben' hat er nicht das Privileg, zu einer Wirtschaftselite zu gehören, die trotz hoher finanzieller Aufwendungen für eine gute Schul- und Universitätsausbildung problemlos studieren kann; ‚nach unten' bleiben ihm aufgrund der bescheidenen – aber sicheren – ökonomischen Existenz seiner Eltern nicht nur Hungererfahrungen, sondern auch Erfahrungen kultureller Mittellosigkeit erspart. Herr Sánchez erfährt sich somit als ein Privilegierter auf niederem Niveau, dem im Vergleich zu Generationsgenossen aus begüterten Elternhäusern höhere beruflichen Aspirationen zwar verwehrt sind, der aber im Vergleich zu finanziell schlechter gestellten Gleichaltrigen dennoch ein gewisses Maß an kulturellen Entfaltungsmöglichkeiten hat.

Am Beispiel der Komplementärklassen zeigt Herr Sánchez auf, in welch personal vermittelter Weise er nicht nur seine defizitäre Schulbildung ergänzen kann, sondern auch in eine alternative Deutung der gesellschaftlichen Verhältnisse während der Franco-Zeit und seiner geschichtlichen Vorläufer eingeführt wird. Er gibt einen Einblick in die gesellschaftliche Situation relegierter Lehrer, die auf der falschen Seite gekämpft haben und die subversive Formen des Unterrichts nutzen mußten, um eine andere Form der Geschichtsdeutung aufrecht zu erhalten und die gescheiterte Utopie der spanischen Republik an die nächste Generation weiterzugeben. Für Herrn Sánchez sind diese Komplementärklassen erste Ansätze von politischer Bildung und Aufklärung, die im repressiven Spanien der Franco-Zeit nur in der Abschottung privater Räume einen gesellschaftlichen Ort finden konnten. *"Diese Privatstunden gab ein Lehrer, der ein republikanischer Lehrer (..) gewesen war, Republikaner. Er kam aus Soria, der Provinz Soria, aber weil er Republikaner war, wurde er versetzt, nach Tomelloso versetzt /mhm/. Dieser Mann war ein Nachbar, er lebte in der*

Nähe unseres Hauses und arbeitete in einem Büro des Staatsbetriebes äh der Eisenerzgesellschaft von Peñaroer [..] Dieser Mann war ein sehr gebildeter Mann, sehr gebildet und sehr menschlich. Um sich noch ein paar Peseten dazu zu verdienen zu denen, die er im Büro verdiente – denn damals verdiente man in Spanien sehr wenig – [...] unterrichtete er Jugendliche, die Jugendlichen aus der Nachbarschaft, aus der Nachbarschaft /mhm/ .. Er wußte, er war, er war ein Mann, wir wußten, daß wir bei ihm nicht nur Mathematik, Geographie, Geschichte lernen konnten, alles mögliche lernen konnten, denn er war ein sehr gebildeter Mann, sondern daß er auch ein Mann war, der einen ein bißchen (schnalzt) einführte .. wenn man dann so mit ihm sprach, der einen einführen konnte in die Politik. Er sprach über die Republik, was dort geschehen war, was noch mehr hätte geschehen können, wenn es nicht den Aufstand der Generäle gegeben hätte, über all all dies sprach er, er sprach über die Republik, die für uns eine, eine dunkle dunkle dunkle Epoche unserer Geschichte war (..) Republik, Republik, was wußten wir schon davon, in meinem Alter. Aber dieser Mann, dieser Mann äh erklärte es uns /mhm/. Natürlich konnte er es uns nicht auf der Straße oder öffentlich erklären /mhm/, aber in seinem Haus erklärte er es uns. So war das. Das sind, das sind meine Studien" (S. 38f.).

Neben der Schilderung seiner schulisch-privaten Bildungsversuche gibt Herr Sánchez eine ausführliche Skizze seiner Erfahrungen, Hoffnungen und Enttäuschungen als freiwillig verpflichteter Soldat im spanischen Heer – eine Verpflichtung, mit der Herr Sánchez ganz konkrete berufliche Vorstellungen verbunden hatte und deren Scheitern ihn zu einer alternativen beruflichen Laufbahn zwangen. *„Von dort [zuhause, W.S.], von dort ging ich zum Heer /zum Heer?/ von dort, von von dort ging ich, Augenblick, von dort, von dort ging ich weg, um den Segelflug äh Flugzeug also äh Sege äh Segel äh Segelflug wie heißt das Segel- äh Segelflugzeug äh Segelkursen zu machen /mhm/, ich machte einen Kurs im Segelflug /ah ja/, ich machte sogar (...) den A, B, C Schein in meiner Jugend /ah ja/, ja (lacht) ich wollte Pilot werden und so wurde ich Pilot /aha/ Pilot [...] ich wollte Pilot werden und damals mußte man zuerst den Segelflugzeugschein machen, die Ausbildung im Segelflug /mhm/. Ich machte den A, B und C-Kurs, die man mindestens haben mußte, um in die Militärakademie aufgenommen zu werden, weil mir gefiel, mir gefiel das militärische Leben /mhm/, mir gefiel dieses Leben, ich wollte unbedingt zum Militär /aha/, ich wollte unbedingt zum Militär. Daher gefiel mir natürlich die Fliegerei. Aber (schluckt) man sah damals natürlich alles mit jugendlichen Augen, mit den Augen eines Jugendlichen, erst später merkst du, daß du Abitur haben mußt, Abitur ... um in die Militärakademie aufgenommen zu werden. Den Segelflugschein, den Segelflugschein, den hatte ich, aber was mir fehlte, war das Abitur, waren die höhe-, die höheren Studien /mhm/.. und dann, und dann und dann wurde man genau filtriert, um in die Militärakademie aufgenommen zu werden, wegen der Diktatur wurde filtriert, es gab genaue Kontrollen, nicht alle wurden zugelassen /mhm/. Auch wenn man den Segelschein hatte, unbe-*

dingt zum Militär wollte und Abitur hatte, wurde man filtriert /mhm/. Die Ideale, die Wünsche sind eine Sache, die Realität dann ist eine andere /mhm, mhm, mhm/. Gott sei Dank. So meldete ich mich als Freiwilliger .. als Freiwilliger zur zur zur Luftwaffe /mhm/ <u>Bodenpersonal</u> /mhm/ Bodenpersonal und dort wurde wurde ich Korporal, <u>Korporal</u> /mhm/ wurde ich Korporal. Ich wollte dann .. ich (..) wollte .. die Militärlaufbahn fortsetzen äh als Feldwebel, wie heißt das äh <u>Feldwebel</u> äh als <u>Unteroffizier</u>, etc., etc. ... Das wollte ich, aber dann passiert, passiert folgendes: Ich kam in den Ferien .. ins Dorf und lernte dort, lernte dort ein Mädchen kennen. Nicht meine jetzige Frau. Ich verliebte mich, eine dieser verrückten Liebesgeschichten, dieser verrückten Liebesgeschichten. Als ich dann nach den Ferien wieder mein Quartier bezog /mhm/ – ich war auf einem, auf einem Flugstützpunkt in einer in einer äh einem einem Flugstützpunkt der äh äh einem Flugstützpunkt der Flugschule für Abwehrflugzeuge. Es war die Schule, die Schule, in der die Piloten der Abwehrflugzeuge (...) trainiert wurden /mhm, mhm/. Ich war in dieser Schule .. und arbeitete auf dem Büro der Schule /mhm/, ich arbeitete auf dem Büro dieser Schule .. In der, in der äh, ich arbeitete in der Flugkompanie, in der Flugeinheit. Dort erstellte man alle Stundenpläne für die Piloten, wann wer fliegen mußte, morgen, um wieviel Uhr, dort machte man die Flugpläne und trug sie in ein Raster ein, ich war der Chef, ich war der Chef, der Chef des Büros /mhm, mhm/ dieses Flugbüros [...] Ich (schnalzt) hatte Maschinenschreiben gelernt im Zehnfingersystem /ja/, so daß ich gewisse Fähigkeiten hatte /mhm/, die mir erlaubten, die mir erlaubten, direkt .. direkt auf ein Büro zu kommen (...), aber aber das, das ist nur die halbe Geschichte. Denn zuvor, meiner Idee folgend, Soldat zu werden, war ich zum Heer gegangen, auf eine Schule .. eine Schule äh eine Schule für Flugspezialisten /mhm/ Flugspezialisten /mhm/, die in León ist, in León /mhm/. Dort war ich .. dort war ich neun Monate. Und dort, dort in dieser Schule, in dieser Schule in León .. für Flugspezialisten hatte ich mich als Elektromonteur beworben. Elektromonteur, aber für Flugzeuge /mhm/ .. für Abwehrflugzeuge. Dort wurde ich für untauglich erklärt ... wegen Mangel an intellektuellem Vermögen /mhm/. So steht es in meinem Militärbuch /mhm/, dort steht: wird für untauglich erklärt wegen intellektuellem Unvermögen (laut und langsam gesprochen). Äh ich bestand weder Mathematik noch Physik /mhm/ und das nannten dann die Militärs intellektuelles Unvermögen /mhm, mhm/ [...] Ich ging dann in die Flugabwehrschule nach Talavera de la Real in der Provinz Badajoz. Und dort machte ich, machte ich äh machte ich die Ausbildung zum Korporal, um die Militärlaufbahn als <u>Unteroffizier</u> als Unteroffizier einzuschlagen. Aber dann lerne ich im Urlaub ein Mädchen kennen, verliebe mich in sie und sage dann: „nein, hier bleibe ich nicht, ich gehe ins Dorf zurück". Und ich ging ins Dorf zurück, aber dann wurde mit dem Mädchen nichts" (S. 39ff.).

Entgegen den finanziell unrealistischen Berufsabsichten seines Vaters möchte Herr Sánchez die Militärlaufbahn einschlagen und Pilot der spanischen Luftwaffe werden. Als vorgeschriebene Eingangsvoraussetzung zur Aufnahme in die Militärakademie benötigt Herr Sánchez den Segelflugschein, den er vor der Bewerbung in Etappen erwirbt. In jugendlicher Unkenntnis der tatsächlichen Bewerbungsvoraussetzungen erfährt Herr Sánchez zum ersten Mal in negativer Weise nicht nur die Beschränkungen seiner mangelnden schulischen Ausbildung, sondern auch die Bedeutung der ‚ideologischen Sauberkeit' von potentiellen Bewerbern: sowohl das fehlende Abitur als Eingangsvoraussetzung für die Ausbildung zum Piloten der Luftwaffe als auch die genauen ideologischen Kontrollen, denen sich die Kandidaten – auch bei Vorlage der notwendigen formalen Kriterien – unterziehen müssen, stellen für Herrn Sánchez zwei unüberwindliche berufsbiographische Hindernisse hinsichtlich der Realisierung seines Berufswunsches dar.

Trotz der ersten Enttäuschung beschließt Herr Sánchez, im gewünschten beruflichen Umfeld zu bleiben – wenn nicht als Pilot, dann als Elektromonteur für Abwehrflugzeuge. Er wird in eine entsprechende Spezialschule aufgenommen, erfährt aber bereits nach neun Monaten zum zweiten Mal die negativen bildungsbiographischen Konsequenzen seiner Schulzeit: aufgrund des Nichtbestehens zweier wesentlicher Fächer wird ihm mangelndes intellektuelles Leistungsvermögen und somit Untauglichkeit bescheinigt, eine Stigmatisierung, die sogar im Militärbuch vermerkt wird.

Herr Sánchez läßt sich jedoch auch von dieser Negativerfahrung nicht entmutigen und versucht zum dritten Mal, im Umfeld von Militär und Flugwaffe eine berufliche Laufbahn einzuschlagen. Er bewirbt sich für eine Militärausbildung im Bodendienst, für die logistische Büroarbeit einer Flugkompanie. Dabei kommen ihm seine autodidaktisch erworbenen Kenntnisse im Maschinenschreiben – vermutlich im Zusammenhang seines Buchführungsfernlehrgangs – zugute, so daß er zum Chef des Büros aufsteigt. Die zunehmende Verwässerung seines ursprünglichen Berufswunsches – vom Pilot über den Elektromonteur zum Büroarbeiter – und die zunehmende Ferne zum Objekt seiner Leidenschaft – vom Flugzeugführer über den Flugzeugbauer zum Flugzeugdirigierer – machen jedoch plausibel, daß Herr Sánchez wegen einer zufälligen Liebschaft beim Heimaturlaub von seinen ursprünglichen und zielstrebig verfolgten Berufsabsichten Abstand nimmt und in seine Heimatstadt zurückkehrt.

Insgesamt stellt Herr Sánchez seine Bildungs- und Berufsbiographie in Spanien in ein Geflecht unterschiedlicher persönlicher, familiärer, schulischer, generationenspezifischer und allgemeinpolitischer Rahmenbedingungen. So thematisiert er einerseits die defizitäre öffentliche Bildungsversorgung und damit gekoppelt die selektiven Zugangsmöglichkeiten zu höherer Bildung angesichts enormer Schul- und Studiengebühren. Dieses Schicksal trifft ihn jedoch nicht als Einzelperson, sondern verbindet ihn mit einer ganzen Generation, die unter den harten Bedingungen der Nachkriegszeitära aufwächst. Andererseits sieht er in den familiengestützten privaten Ausbildungsmöglichkeiten ein Privileg, das ihn von anderen Gleichaltrigen trennt und das ihm – auf vorher allerdings nicht antizipierte Weise – Karrierevorteile verschafft. Bezüglich seiner persönlichen zäh verfolgten Berufsaspirationen erlebt Herr Sánchez allerdings in mehrfacher

Hinsicht Selektionsmechanismen, die ihn zunehmend von seinen ursprünglichen Berufswünschen abdrängen. Trotz dieser Negativauslese in seiner beruflichen Erstwahl präsentiert Herr Sánchez seine Berufsbiographie nicht als Karriereknick, sondern als unterschiedliche, nebeneinander bestehende Entwicklungspfade, in denen er einerseits seine Fähigkeiten ausloten und unter Beweis stellen kann, in denen er andererseits immer wieder Anschlußmöglichkeiten für die Realisierung seiner eigenen Neigungen und Interessen findet.

3.2. Deutsch (ver-)lernen im Spannungsfeld persönlicher Anstrengung, gesellschaftlicher Lernanlässe und vereinsorientiertem Engagement

Nach der gescheiterten bzw. abgebrochenen Militärlaufbahen bewirbt sich Herr Sánchez zur Sicherung seiner Existenz in der kaufmännischen Abteilung des Staatsbetriebes Calvo Sotelo, der zu dieser Zeit expandiert und neue Mitarbeiter einstellt. Herr Sánchez ist in der Lage, seine bürospezifischen Kompetenzen erfolgreich gegen Konkurrenten durchzusetzen und sich im staatlichen Großbetrieb seiner Heimatstadt eine feste Anstellung zu sichern, die dann zum Ausgangspunkt und Katalysator seiner Auswanderungsbestrebungen wird. Er nutzt dort die zufallsbedingten Bekanntschaften ausländischer Monteure, um seine Fremdsprachenkenntnisse wieder aufzufrischen. Seine Kritik an den repressiven gesellschaftlichen Verhältnissen und die sich bietende Möglichkeit, durch einen Deutschlandaufenthalt die eigenen Deutschkenntnisse zu verbessern, geben für Herrn Sánchez den Ausschlag, für eine befristete Zeit ins Ausland zu gehen – bei garantiertem Erhalt seines Arbeitsplatzes. Allerdings verändert sich die ursprüngliche Absicht, dem undemokratischen Gesellschaftssystem eine zeitlang zu entkommen und der Jugendneigung Sprachenlernen in Deutschland nachzugehen, allmählich zu einer längerfristigen Auslandsperspektive mit gewandelten Inhalten.

Herr Sánchez präzisiert im weiteren Verlauf des Interviews die Eingangserzählung, in der er vor allem die wirtschaftlich-sozialen Anpassungsschwierigkeiten der Anfangszeit in Deutschland in den Vordergrund gestellt hatte. So gibt er detailliert Auskunft über die unterschiedlichen Lernschritte und Lernerfolge seines Deutschstudiums, über seine soziale Einbindung in deutsche Milieus, aber auch über die Verlernprozesse, die mit seinem Vereinsengagement und seiner Arbeit für spanische Landsleute zusammenhängen. *"Ja, gleich nach meiner Ankunft, gleich nach meiner Ankunft in Frankfurt schrieb ich mich in der Frankfurter Universität für Deutschkurse für Ausländer ein /mhm/. Ich machte, ich machte die <u>Grundstufe</u>, <u>Mittelstufe und Oberstufe</u> (..) Danach schrieb ich mich äh in Deutschkurse für Deutsche ein, d.h. <u>Rechtschreibung</u> im äh im <u>Volksbildungsheim</u>, in der <u>Volk</u>, <u>Volkshochschule</u>, wie das hieß äh, und dafür machten wir Übungen in <u>Rechtschrei</u>, <u>Rechtschreibung</u> aus einem Buch, das hieß <u>Deutsch auf auf fröhliche Art</u> /mhm/, das ich noch hier habe, ein sehr schönes Buch, ein sehr schönes Buch. Äh ich rede jetzt vom Jahr 1959. Im Jahr*

60, im Jahr äh im Jahr 60 und 61, 61 sprach ich, bevor wir den Spanischen Kulturkreis gründeten, sprach ich mehr und besser Deutsch als ich das heute tue. Der Grund dafür ist sehr einfach: damals gab es hier nur sehr wenige Spanier. Ich lebte in einer deutschen Familie. Ich lebte zuerst im Kette, Kettenho, Kette, Kettenhof /Kettenhof/ Kettenhofweg – ich hatte immer große Mühe, das auszusprechen – dann zog ich nach Hausen um /mhm/ nach Hausen /mhm/ äh nach Westhausen, /Westhausen/ Westhausen ist direkt neben Rödelheim /ja, ja/ Praunheim /mhm/ und lebte dort ungefähr vier Jahre bei einer deutschen Familie /mhm/. Damals, in dieser Zeit, mußte ich Deutsch sprechen /natürlich/ , ich mußte Deutsch sprechen [..] Im Jahre 61 (lacht) dann .. kommt allerdings die Idee mit dem Kulturkreis, die Idee, einen Verein zu gründen, eine Institution für Spanier ... ich selbst stieg ganz ein .. in diese Arbeit, machte das mit ganzem Ernst und anstatt Deutsch zu sprechen (lacht), sprach ich .. Spanisch.. In den Fabriken, wo man arbei-, wo man arbeitete, sprach man zwar Deutsch, aber die Sprache, die du in der Fabrik sprichst, ist die äh die äh äh die Arbeitssprache, ein sehr reduziertes Deutsch /hustet/, eine sehr reduzierte Sprache. Weil sie sich mehr oder weniger darauf beschränkt zu sagen: guten Tag, gute Nacht, wie geht's dir, was machst du, äh was machst du, wie heißt diese Arbeit, wie heißt dieses Stück, d.h. es ist ein sehr sehr redu-, äh ein sehr reduziertes Deutsch, eine sehr reduzierte Sprache. Das ist nicht die Sprache, wie wenn man zum Beispiel ganz in Lesekreisen oder Studentenkreisen verkehrt, wo man (..) das ist etwas anderes, dort sprichst du und die Sprache bereichert sich" (S. 34f.).

Parallel zu seinen in der Eingangserzählung detailliert beschriebenen Arbeitsproblemen versucht Herr Sánchez, das eigentliche Ziel seines Deutschlandaufenthaltes zu realisieren. Er durchläuft systematisch die Deutschangebote an der Frankfurter Universität für Ausländer, schreibt sich an der Volkshochschule in Deutschkurse für Deutsche ein, hat ein Wohnumfeld, bei dem er gezwungen ist, regelmäßig Deutsch zu praktizieren, und ist – in den Jahren 1959 und 1960 – hinsichtlich seines Status als ‚Spanier in Deutschland' ein Ausnahmefall. All diese Umstände macht Herr Sánchez dafür geltend, daß er in dieser Zeit wesentlich besser Deutsch sprach als zum Zeitpunkt des Interviews – nach 34 Jahren Aufenthalt. Für seine rückläufigen Deutschkenntnisse sind vor allem drei Entwicklungen von Bedeutung: die Heirat einer Spanierin, die Gründung des Spanischen Kulturkreises und sein großes Engagement in dieser spanischsprachigen Institution sowie die reduzierten Möglichkeiten der Aufrechterhaltung und Aktualisierung seiner Fremdsprachenkenntnisse im Rahmen der Fabriksprache. Herr Sánchez artikuliert nicht nur sehr deutlich die Differenz zwischen den Möglichkeiten (quasi-)studentischer Lebensweise mit Diskussionsforen und Lesekreisen – wo „*sich die Sprache bereichert*" – und den eingeschränkten, gestanzten Sprachformen innerhalb des industriellen Arbeitslebens. Vielmehr thematisiert er auch die negativen sprachpraktischen Konsequenzen seines Ausscherens aus einer anregungsreichen deutschen Umgebung und seines Eintauchens in das spanischgeprägte Migrationsmilieu der 1960er Jahre mit deutlichen Verlernprozessen einer sich zunehmend auf das innerspanische Vereinsleben bezogenen Biographie. *„Wenn du dich nicht in bestimmte Kreise zum Beispiel integrierst, in bestimmte Kreise, die es dir erlauben, die Sprache weiter zu entwickeln, wenn du das nicht machst, dann bleibt deine Sprache immer nur sehr begrenzt. Du erreichst ein gewisses Stadium und und du überwindest dann dieses Stadium nur sehr schwer. Das ist mir passiert. Das ist mir passiert. Ich kam, erreichte ein ziemlich ziemlich gutes Niveau, ein ziemlich hohes Niveau .. aber dann heiratete ich eine Spanierin .. widmete mich den Aktivitäten des Spanischen Kulturkreises, die Sprache, die ich sprach, war die Sprache der Fabrik, in der ich arbeitete, eine ... sehr reduzierte Sprache. Allmählich .. obwohl ich heute fernsehe und alles verstehe und so, kann ich heute nur noch, kann ich heute nur noch die <u>Umgangssprache</u> /mhm/ <u>Umgangssprache</u> und manchmal sogar diese nur mit Schwierigkeiten"* (S. 35) Obwohl Herr Sánchez allein nach Deutschland kommt und versucht, sich systematisch die deutsche Sprache anzueignen und sich in die deutsche Gesellschaft einzugliedern, wird er zunehmend von seiner spanischen Vergangenheit eingeholt: sowohl in Form seiner spanischen Lebensgefährtin als auch in Form des spanischen Vereins, durch den er in neue Aufgabenbereiche hineinwächst, so daß er – ohne die Kompensationsmöglichkeiten der ihm noch verbleibenden, in sich reduzierten Fabriksprache – allmählich auf das Niveau alltagssprachlicher Kommunikation abrutscht.[113]

Herr Sánchez ist im Vergleich zu vielen seiner angeworbenen Kollegen der 1960er Jahre in einer relativ privilegierten Situation nach Deutschland gekommen – ohne Verpflichtungen einer Familie gegenüber – und hat erst durch die zunehmende Massierung spanischer Präsenz und durch sein zunehmendes Engagement im Verein einen Wandel seiner uprünglichen Lebens- und Sprachgewohnheiten in Deutschland vollzogen. An seiner Biographie läßt sich erkennen, wie sehr die – nachvollziehbare – Ghettoexistenz des Vereins mit seiner schnellen Befriedigung primärer alltagspraktischer Bedürfnisse, die keinen Aufschub dulden, für ihn selbst mit bildungsbiographischen Verlusten verbunden sind, die er klar für sich selbst formulieren kann. Allerdings macht er auch deutlich, daß sein Vereinsengagement für ihn eine freiwillige und gerne vollzogene Aufgabe war, der er auch seine beruflichen Ambitionen unterordnet. Herr Sánchez strebt nach den Negativerfahrungen seiner Jugendzeit und möglicherweise nach den Routineerfahrungen büromäßiger Tätigkeit keine berufsbezogene Karriere an. Seine berufliche Laufbahn in Deutschland vollzieht sich auf der Ebene angelernter Tätigkeiten (Tellerspüler, Metallarbeiter, Drucker), die ihn physisch nicht zu sehr belasten und die ihm genügend Freiheiten für die Vereinsarbeit und die politische Betätigung einräumen. *„Ich widmete mich ganz dieser Aktivität der Spanier, des spanischen Kulturkreises und machte keine*

---

113 Auf die Schwierigkeiten, die Herr Sánchez gegenwärtig im Umgang mit der deutschen Sprache hat, verweisen auch die vielen deutschen Einsprengsel im Interviewtext, die z.T. grammatikalisch falsch sind, z.T. holprig oder wenig flüssig ausgesprochen werden.

anderen Kurse mehr .. nein, ich fühlte mich .. sehr wohl, ich arbeitete in der, ich arbeitete, ich hatte immer gute Arbeiten, solche, die nicht sehr schwer waren .. Montage von Schreibmaschinen, Montage von Zigarettenautomaten, Zigarettenautomaten, Druckereigewerbe, das waren meine drei Arbeiten, Tellerspülen, das war nur ein Jahr lang, die anderen Arbeiten waren leichte Arbeiten, Metallindustrie oder Druckerei, das war's, das war's" (S. 35).

3.3. Vereinsleben

Im Zentrum von Herrn Sánchez' Erzählung steht der Verein – seine Geschichte, seine Aufgaben, seine Mission innerhalb der spanischen Migration – sowie die intime Verbindung und Symbiose, die Vereinsgeschichte und biographische Entfaltung im Leben von Herrn Sánchez miteinander eingehen. In seiner Selbsteinschätzung ist seine Biographie Teil des Vereins geworden und der Verein Teil seiner Biographie, die unlösbar miteinander verbunden sind. Sein Leben ist Bestandteil einer kollektiven Migrationsgeschichte, die allerdings bereits aus einer Vergangenheitsperspektive wahrgenommen wird und die sich biographisch darin äußert, daß Herr Sánchez noch das einzige in Deutschland verbliebene Mitglied aus der Gründergeneration des Vereins ist. Herr Sánchez blickt zurück auf sein Leben im Verein, auf die vielfältigen Aufgaben und Herausforderungen, die das Vereinsengagement für ihn bedeutet hat – in der Gewißheit, selbst einen wesentlichen Beitrag geleistet und an vorderster Front gestanden zu haben. *„Die Geschichte, die Geschichte dieser meiner meiner – sagen wir – meines Lebens in Deutschland ist mit der Geschichte dieses Kreises, dieses Kreises verbunden ... dieser Kreis, dieser, äh ich bin, ich bin Geschichte dieses Kreises wie auch der Kreis, äh so wie ich Geschichte dieses Kreises bin, so ist der Kreis Teil meiner Geschichte in der Emi-, in der Emigration [..] Das sage ich nicht aus falscher Bescheidenheit, sondern ich sage das, ich sage das ganz ehrlich, ich sage es ganz einfach so, wie es war. Ich habe, ich bin die Nummer eins des Kreises. In meinem Mitgliedsausweis steht die Nummer eins. Ich bin der einzige, der noch hier ist von den Gründern des Spanischen Kulturkreises"* (S. 26).

Herr Sánchez hat im Verein vielfältige Funktionen übernommen und damit auch die Ausrichtung des Vereins geprägt. Neben seinen zahlreichen Ämtern im Vorstand und seiner Mitarbeit in verschiedenen Kommissionen war er vor allem an der Herausgabe der Vereinszeitschrift ‚Arbeiterkultur' und an der konkreten Unterrichtsgestaltung des Vereins beteiligt, wo er seine autodidaktisch erworbenen Kenntnisse und Fertigkeit nutzt, um sie seinen Landsleuten weiterzugeben. *„Außer dem Präsidenten bin ich alles gewesen .. ich war Vizepräsident, ich war Sekretär, ich war Vizesekretär, ich war äh Schatzmeister, Schatzmeister, d.h. ich ich war Schatz-, ich war Schatzmeister, d.h. die Ämter, die wichtigsten Ämter innerhalb des Kreises, die es in einem Kreis, in einer Organisation gibt wie das Sekretariat und das Schatzmeisteramt, habe ich innegehabt wäh-*

rend vieler, vieler, vieler Jahre .. Dies auf auf der Eb-, auf der Ebene, dies auf der Ebene, – ich war, ich war ... äh Mitglied des Redaktionsrats der Zeitschrift Kul-, der Zeitschrift des Kreises ‚Arbeiterkultur' ... In der ganzen Geschichte des Kreises, der Geschichte der Zeitschrift war ich. Sowohl als Schreiber, als Schreiber von Artikeln als auch als Kopierer, d.h. ich habe sowohl Artikel für die Veröffentlichung geschrieben .. als auch die Artikel der anderen vervielfältigt /mhm/. Und schließlich – und und nicht nur das, sondern ich habe sie sogar gedruckt, ich habe den Druck der Zeitschrift gemacht, weil die letzte Etappe der Zeitschrift ‚Arbeiterkultur' machten wir, druckten wir in der Druckerei, in der ich arbeitete [..] Dort dort druckten wir sie nach der Arbeit mit Zustimmung der der Direk-, der Leitung dieser Druckerei, die uns nur die Materialkosten in Rechnung stellte. Dann habe ich natürlich in den Kommissionen des Kreises mitgearbeitet, ich war vor allem in den Kulturkommissionen, in der Kommission äh in der Kulturkommission, ich ich war immer .. ich war immer in der Redaktionskommission der Zeitschrift, in der Kulturkommission. Und in der Sozialkommission war ich natürlich auch. Überall habe ich ein bißchen – manchmal mehr, manchmal weniger – meinen Beitrag geleistet, mein Sandkorn wie man in Spanien sagt /mhm/ mein Sandkorn" (S. 26). *„Zum Beispiel habe ich im Volksbildungsheim, im Namen des Kreises äh äh in Zusammenarbeit mit dem Volksbil-, der Kulturkreis in Zusammenarbeit mit, der Kreis äh der Spanische Kulturkreis in Zusammenarbeit mit dem Volksbildungsheim .. organisierten wir Unterricht im Maschinenschreiben und ich war derjenige, der sie leitete (...) ich war der der der Lehrer im .. Maschinenschreiben im Zehnfinger-System, im <u>Zehnfinger-System</u>"* (S. 44f.).

Das Engagement von Herrn Sánchez ist allerdings kein Einzelfall, da die Arbeit des Vereins auf dem ehrenamtlichen Engagement der Mitglieder basiert, die ihre Fähigkeiten dem Kulturkreis unentgeltlich zur Verfügung stellen. Die Selbstverständlichkeit dieses solidarisch praktizierten Gesetzes der gegenseitigen Hilfe in der Migrationssituation kontrastiert Herr Sánchez mit dem Unverständnis seiner deutschen Arbeitskollegen über diese Form der unbezahlten Freizügigkeit. Gerade im Vergleich zu der skeptischen Haltung seiner Fabrikkollegen verdeutlicht Herr Sánchez die besonderen Formen der selbsteingegangenen Verpflichtung und der Mobilisierung von Humanpotential innerhalb des Vereins. Der Kulturkreis *„hat fast alle Zweige der Kultur umfaßt, aber was wir besonders besonders besonders betonten, war .. jeden Sonntag hatten wir einen Vortrag .. einen Vortrag /mhm/. Es wurde eine Diskussion oder ein Vortrag über ganz unterschiedliche Themen veranstaltet /mhm/ über Religion .. über Philosophie .. über Chemie, über das Atom /mhm/ und all dies, alle diese Vorträge hielten Kollegen des Kreises, die Physiker, Chemiker, Ärzte ... Betriebswirte waren. Deshalb sage ich, deshalb sagte ich vorhin, daß in diesem Kreis äh, daß in diesem Kreis, daß durch diesen Kreis so viele gute und gut ausgebildete Leute gegangen sind, äh so gut ausgebildete Leute, daß diese Leute, diese Kollegen und Kolleginnen auf eine uneigennützige Weise, auf eine uneigennützige Weise alles gaben, alles gaben, was sie wußten. Das, was sie wuß-*

ten, gaben sie zum Wohle dieses Kreises und zum Wohle der Mitglieder [...] alles freiwillig äh, ohne etwas zu verlangen, ohne etwas zu verlangen. Manchmal erzähle ich all dies ... meinen Arbeitskollegen, die sagen dann: „Na schön, aber etwas werdet ihr ihnen doch bezahlen" .. Oder manchmal sehen sie, wie ich schreibe, wie ich schreibe, etwas vorbereite, vorbereite, ausarbeite, etwas vorbereite: „Man wird dir doch sicher etwas bezahlen für all diese Arbeit", „Nein", sie verstehen es nicht, die Kollegen äh die deutschen Kollegen, die verstehen es nicht /mhm/, daß ich – ohne etwas zu bekommen – etwas mache oder daß andere etwas machen" (S. 44).

Der Verein ist für Herrn Sánchez nicht nur Ort des persönlichen ehrenamtlichen Engagements, sondern auch Ort konflikthafter Auseinandersetzungen und gruppendynamischer Prozesse, die durch das Aufeinanderprallen unterschiedlicher Charaktere und Herkünfte bedingt sind. Herr Sánchez durchlebt in dieser Hinsicht vielfältige und komplexe Prozesse der Selbsterfahrung und versucht, Strategien des konfliktreduzierenden Umgangs zu entwickeln. Wichtig erscheint ihm dabei vor allem die Fähigkeit der Konsensbildung und der Überwindung von Spannungen durch Diskussion und Selbstkritik. *„Manchmal war ich – wie sagt man in Spanien – eingeschnappt, habe mich geärgert, habe die Unterlagen weggeworfen, weggeworfen und bin gegangen, bin gegangen, ich meine, bin nach Hause gegangen und bin dann wieder zurück. Und habe dann Selbstkritik geübt, habe um Entschuldigung gebeten, manchmal habe ich es aus Eigenliebe nicht getan, das war schlecht. Okay, okay. Wenn man 34 Jahre lang eine so intensive Aktivität in einer Organisation wie dem Spanischen Kulturkreis gehabt hat, eine Organisation, die so plural, so plural gewesen ist und und und mit so vielen Kollegen und Kolleginnen, einer so großen und so gut ausgebildeten Zahl von Kollegen und Kolleginnen, die dort durchgegangen sind, die zum Teil nur vorübergehend gekommen sind, zum Teil geblieben sind – dann ist es nicht erstaunlich, daß manchmal, äh wir sind ja Personen mit verschiedenen Empfindlichkeiten, Personen mit unterschiedlicher Mentalität, trotz allem, mit unterschiedlicher Herkunft, unterschiedlicher Herkunft, unterschiedlicher Herkunft, dann gibt es schon Momente, wo es Friktionen gibt, wo es Friktionen gibt .. Friktionen, die die die (..) mit der Zeit aber überwunden werden können, überwunden werden können"* (S. 27).

Neben den Erfahrungen im Umgang mit den Kollegen thematisiert Herr Sánchez auch Enttäuschungserfahrungen und Lernprozesse im Hinblick auf die Art und Weise, wie sich Vereinsmitglieder auf die vielfältigen Vereinsangebote beziehen. Herr Sánchez kontrastiert dabei das uneigennützige Engagement der Kollegenschaft mit dem strategischen, interessenorientierten und zeitlich häufig befristeten Umgang der Mitglieder. So artikuliert er beispielsweise Erfahrungen des allmählichen Mitgliederschwundes gerade bei Aktivitäten mit einer längeren Zeitperspektive. Als Erklärungsmodell für das ‚Versagen' der Mitgliedschaft rekurriert er auf – angeblich typische – spanische Charaktereigenschaften wie geringe Konstanz und Strohfeuermentalität. *„Wenn sich etwas nicht verwirklichen ließ, war es, weil die menschlichen Mittel fehlten. Die Geld-*

mittel nicht so sehr, die menschlichen Mittel /mhm/ .. weil der Spanier wenig konstant ist .. der Spanier ist wenig konstant. Die spanische Mentalität ist so. Oder zumindest war sie so in meiner Generation. Am Anfang organisierten wir etwas und es kamen viele Leute .. Aber als dann, als man dann, als dann der Unterricht los ging, der Unterricht los ging, man z.b. um drei Uhr begann – der Unterricht oder die Kurse dauerten drei Monate. Im ersten Monat äh im ersten Monat kamen viele Leute, dann kamen weniger bis schließlich im dritten Monat nur noch zwei oder drei kamen (sehr schnell); der Spanier ist wenig konstant" (S. 44).

Der langjährige Anschauungsunterricht in Sachen Mitgliederverhalten und Vereinsnutzung veranlaßt Herrn Sánchez, in seiner Erzählung sehr detailliert und erfahrungsreich über die Gründe für die Attraktivität des Vereins, die Funktionsvielfalt seiner Aufgaben, die Form der Bezugsnahme seitens der Klientel und die notwendige Haltung der Organisatoren zu reflektieren. Für Herrn Sánchez liegt die Attraktivität des Vereins vor allem in den Dienstleistungen begründet, die der Verein für die eigenen Landsleute in einer Situation der plötzlichen und dringenden Anpassungsnotwendigkeit übernehmen kann. So bietet der Verein – aus seiner Sicht – eine Kollegenschaft, die bereits in die Gewohnheiten des Gastlandes einsozialisiert ist, er verfügt über eine Organisation, die Brückenfunktionen ausüben kann, und er dient als Auffangbecken für Neuankömmlinge in einer Situation sozialer Not. Die Übernahme von Dienst- und Hilfsleistungen bei der Wohnungs- und Arbeitssuche, die Solidarisierung bei wirtschaftlicher Diskriminierung, das antifranktistische Engagement und der Kampf für die Demokratie in Spanien, die politische Orientierungshilfe beim Erlernen und Ausüben demokratische Freiheiten – all diese Faktoren verhelfen dem Verein nach der Erfahrung von Herrn Sánchez zu einem Prestige unter der spanischen Migrantenschaft. Allerdings weiß Herr Sánchez auch um die opportunistischen Formen der Vereinsnutzung durch die Mitglieder, die in Unkenntnis der fremden Sprache und fremden Gewohnheiten einerseits die Hilfeleistungen des Vereins zwar in Anspruch nehmen und als Lernhilfe für das eigene Selbständigwerden nutzen, andererseits nach erfolgter Eingewöhnung aber auch massiv wieder abspringen. Für Herrn Sánchez ist dieses Verhalten eine Konstante, mit der jeder Vereinsorganisator rechnen muß. Der Vereinszulauf ist situativ, interessengebunden, häufig zeitlich begrenzt und geht von einer Notlage aus: *„Zunächst einmal, weil man, weil man, wie ich schon zu Anfang sagte, in ein fremdes Land kommt, wo man die Sprache nicht spricht, wo man die Sitten nicht kennt. Und dann treffen die Neuankömmlinge, die Neuankömmlinge auf etwas bereits Geschaffenes, etwas Geschaffenes, und dieses Geschaffene ist eine Organisation, in der man die eigene Sprache sprechen kann, in der es Leute, Kollegen gibt, die Deutsch sprechen und die mehr oder weniger äh schon die Sitten des Landes kennen, Kollegen, die bereit sind, dich zu begleiten, dich zu begleiten bei der Wohnungssuche, Kollegen, die bereit sind, dich zu begleiten und zu dolmetschen, Kollegen, die bereit sind, sich mit dir zu solidarisieren, sich mit dir zu solidarisieren [..] denn die die die, die aus Spanien* *kamen, wurden natürlich diskriminiert, kamen in Barracken ... nicht alle Firmen waren wie die* <u>Farbwerke</u>, *die einen in Wohnheime steckten, man kam in Barrack-, man steckte einen in Barracken /mhm/, da gab es ... natürlich Mißbrauch, da wurde man diskriminiert, es wurde einem weniger Geld ausgezahlt als damals üblich war, obwohl es für spanische Verhältnisse viel Geld war / mhm/, man benachteiligte einen nicht nur beim Geld, sondern auch bei der Arbeit, da man die Sprache nicht kannte. Daher war dieser Kreis attraktiv, man kam – in gewisser Weise – aus opportunistischen Gründen, aber das ist menschlich /mhm/. Man blieb, die Mehrheit ging wieder, aber so war das Leben, so war das Leben des Kreises. Wenn man eine Organisation, eine soziale, eine politische oder sonst irgendeine Organisation grün- gründet, gründet, gründet man diese Organisation nicht äh mit der Überzeugung, daß all diejenigen, die kommen, auch darin bleiben /mhm/, das ist unmöglich. Man kommt, man probiert und wenn es einem nicht gefällt, geht man wieder. Andere wiederum kommen, es gefällt ihnen und sie bleiben. Und darum ist der Kreis so attraktiv gewesen. Er war die einzige antifrankistische Organisation, die es gab, die es damals gab, antifaschistisch (..) Millionen Spanier kommen nach nach nach Europa und finden sich – kommen von einer Dikta- von einer Diktatur ohne Freiheiten und finden und kommen in Länder, wo es demokratische Freiheiten gibt, aber sie kennen nicht die Sprache, kennen nicht die Sitten und treffen auf .. etwas schon Geschaffenes /mhm/, wie ich schon sagte, wie ich schon sagte. Sie integrieren sich, sie integrieren sich, bis sie alleine gehen können, allein, auf ihren eigenen Füßen, auf ihren eigenen Füßen. So war das /mhm/, so war das ..."* (S. 46f.).

3.4. Parteizugehörigkeit als Ausdruck antifrankistischer und pluraler Gesinnung

Bereits in der Eingangserzählung hat Herr Sánchez die Bedeutung der politischen Arbeit für seine Biographie herausgestellt. Über einen langen Prozeß allmählicher politischer Aufklärung ist Herr Sánchez selbst politisch aktiv geworden und hat sich als Funktionär in den Dienst seiner Partei gestellt. Nachdem er in seiner Jugendzeit bei seinem republikanischen Privatlehrer ersten Anschauungsunterricht in Sachen politischer Geschichts- und Gesellschaftsdeutung – jenseits der offiziellen politischen Geschichte – bekam, ist der Eintritt in die Torpedo-Werke in politischer Hinsicht für ihn ein Wendepunkt seiner Biographie, da er dort durch einen Kollegen in Kontakt mit kommunistisch-anarchistischem Gedankengut kommt. Sein Eintritt in die Kommunistische Partei Spaniens ist dann ein Resultat gezielter Werbungsarbeit seitens der Kommunistischen Partei nach einem besonders grausamen Hinrichtungsakt durch die Franco-Regierung an einem kommunistischen Widerstandskämpfer. *„Das fing an 19-, 1963 /mhm/, das fing an im Jahre 1963, als ich innerhalb des Kreises Kommunisten kennenlerne, aber damals wollte ich keiner kommunistischen*

Partei beitreten, überhaupt keiner Partei, überhaupt keiner Partei [...] Aber dann erschießt Franco, die Regierung Francos im Jahre 1963, im April des Jahre 1963, einen Kommunisten, der Julián Grimau hieß. Er war, er war eine Führungsperson der Kommunistischen Partei, der dort im Untergrund lebte, er war aus Frankreich gekommen und hielt sich mehrere Jahre lang im Untergrund auf, bis man ihn aufgrund einer Denunziation faßte, er wurde denunziert, man faßte ihn, man folterte ihn und ließ ihn in einem derart schlechten Zustand, körperlichen Zustand, diesen Julián Grimau, daß sie versuchten, ihn zu töten. Man warf ihn aus dem Fenster der Generaldirektion für Sicherheit. Aber er überlebte ... er überlebte. Dann stellte man diesen Mann vor ein Militärgericht und erschoß ihn. Die Kommunistische Partei begann damals eine Mitgliederwerbung, die sie Mitgliederwerbung Julián Grimau nannte. Und aufgrund dieser Kampagne .. dieser Werbungskampagne Julián Grimau trat ich im Jahre 1963 in die Partei ein ..." (S. 28).

Nach dieser Werbungsaktion macht Herr Sánchez die für sich entscheidende Erfahrung frankistischer Gewaltherrschaft, da er aufgrund einer Denunziation während eines Ferienaufenthaltes in Spanien selbst verhaftet und mehrere Tage lang verhört wird. Trotz der Erfahrung von Denunziation, Gefängnis, Verhör und Bedrohung distanziert sich Herr Sánchez von politischen Opponenten gegen das Franco-Regime, die ihren Gefängnisaufenthalt als Heroenschaft interpretieren und mit der – angeblich – erlittenen Folter sozial hausieren gehen. *„Im Jahr 63, im Jahr 64 oder 65, 65, als meine Tochter ein Jahr alt war, ein Jahr alt war, ging ich nach Spanien ... ging ich nach Spanien äh in äh mein Dorf. Dort sprach ich vielleicht etwas zu frei, mehr als erlaubt war, irgend jemand hörte mich, es gab eine Denunziation, es gab eine Denunziation und man verhaftete mich .. ja, irgend jemand, irgend jemand gab, äh ich sprach zu frei, klar, man kommt aus Deutschland, kommt aus Deutschland, von einem Ort, wo es Freiheit gibt, man ist es gewohnt, offener zu sprechen, dort habe ich wahrscheinlich in irgendeiner Bar oder sonst wo, auf der Straße, mit Freunden offener gesprochen, offener, irgend jemand hörte mir zu und denunzierte mich, irgendein Spitzel denunzierte mich bei der bei der Polizei, denunzierte mich bei der Polizei, die Polizei wollte mich zuhause, im Haus meiner Schwiegereltern abholen, ich war in diesem Moment nicht zuhause (...) zu dem Zeitpunkt war ich nicht in Tomelloso .. ich war auf Reisen und meine Frau sollte, meine Frau sollte – meine Tochter war ein Jahr alt – meine Frau sollte einen Zug von Tomelloso nehmen, der um 4 Uhr nachmittags abfuhr, und wir wollten uns in Madrid treffen, ich wollte sie in Madrid abholen, nachts, im Bahnhof, in Madrid, und als ich sie dann abholte, am Zug, [..] umstellt mich die Polizei, die Polizei .. einer an meiner Linken und ein anderer an meiner Rechten, sie nahmen mich fest und lieferten mich in die Generaldirektion für Sicherheit ein ... Dort war ich äh war ich drei Tage oder zweieinhalb Tage, sie verhörten mich dreimal am Tag .. ich hatte Glück .. sie mißhandelten mich nicht ... was selten vorkam. Was selten vorkam, damals im Jahre 1964, 65, in diesem Haus, in diesem Häuserblock, in dieser Generaldirektion gewesen zu sein .. in der Ge-*

neraldirektion äh der Polizei und von dort wieder herauszukommen, ohne daß man dir eine Ohrfeige oder einen Tritt gegeben hat. Ich sage es ganz ehrlich, es gab viele Drohungen ... viele Drohungen, aber .. nein, man mißhandelte mich nicht, man ging nicht über die Drohungen hinaus. Andere haben sich vielleicht als Helden präsentiert .. und .. nach dieser Zeit, in der Zeit der Demokratie bereits. Scheinbar haben viele, äh einige geglaubt, nur weil sie festgenommen worden sind, sei dies bereits eine Frage der Heroenschaft, wo es doch in Wirklichkeit ein Unheil ist .. andere, äh andere hätten vielleicht gesagt „ja, als sie mich faßten, als man mich erwischte und festnahm, schlug man mich, äh man gab mir vier, fünf Schläge auf den Körper" (gepreßt herausgedrückt), sie würden vielleicht sagen „man folterte mich, man gab mir Schläge mit einem feuchten Handtuch, um keine Spuren zu hinterlassen", sie würden so etwas vielleicht sagen, um als noch größere Helden zu erscheinen. Ich sage so etwas nicht, ganz ehrlich, ich sagte es damals nicht und ich sage es heute nicht. Ich war dort drei Tage lang und es ging nicht über Drohungen hinaus .. Allerdings habe ich die ganze Zeit über geleugnet, daß ich Aktivist der kommunistischen Partei sei. Denn ich identifizierte mich damals nicht .. ideologisch mit der kommunistischen Partei, obwohl ich seit einem Jahr, anderthalb Jahren Mitglied war. Ich identifizierte mich nicht damit, allenfalls identifizierte ich mich .. vielleicht mit der antifrankistischen Politik, aber nicht ideologisch [..] Denn ich kam zur Kommunistischen Partei, ich kam zur Kommunistischen Partei nicht aufgrund einer ideologischen Identifikation, sondern ich kam dorthin .. weil ich in dieser Partei .. die einzige Organisation sah, die dauerhaft gegen die Diktatur gekämpft hatte seit dem Jahre 1939, in dem die Republik niedergeschlagen wurde. Dann bin ich dort geblieben und .. dann bin ich dort geblieben, du hast deine Freunde dort, deine Bekannte, hast dein Leben, gut, dort bin ich also, dort bin ich geblieben .. dort bin ich geblieben" (S. 28ff.).

Neben der antifrankistischen Einstellung als Motivation zum Eintritt in die Kommunistische Partei betont Herr Sánchez die gesellschaftlichen Trägheits-, Routine- und Alltagsgründe, die für seinen weiteren Verbleib in der Kommunistischen Partei verantwortlich waren. Allerdings ist Herr Sánchez nicht so sehr routineverhaftet, als daß er sich neueren politischen Entwicklungen verschließen würde. So hat Herr Sánchez in den letzten Jahren in der Vereinigten Linken ideologisch eine neue politische Heimat gefunden, in der er sich – ohne seine Mitgliedschaft in der Kommunistischen Partei aufzugeben – als Funktionär einsetzt und die er bereits in der Eingangserzählung detailliert beschrieben hat. Er stilisiert sich damit als entwicklungsoffen, ohne dabei seine Bindung und Zugehörigkeit zu seiner alten Politformation zu verlieren: *„Heute hingegen identifiziere ich mich eher mit dem pluralen Geist, dem pluralistischen, offenen .. und demokratischen Geist der Vereinigten Linken ..., was nicht heißt, daß die Kommunistische Partei Spaniens nicht demokratisch ist, sie ist eine der demokratischsten Parteien gewesen, die es von allen kommunistischen Parteien gegeben hat neben der italienischen. Die französische ist sehr sehr dogmatisch, sehr sektiererisch, die Kommunistische Partei von Italien, die Italienische und* *die Spanische Kommunistische Partei sind die beiden offensten kommunistischen Parteien gewesen, die es gegeben hat (sehr schnell). Aber heute habe ich ideologisch, heute äh habe ich, habe ich eine neue politische Identität. Nicht die politische Identität der Kommunistischen Partei, in der ich bin, in der ich bin, in der ich nach wie vor bin, aber heute ist meine neue politische Identität ganz die von der Vereinigten Linken, heute ... "* (S. 30).

3.5. Gescheiterte Rückkehrversuche und definitive Rückkehrabsicht

Zum Zeitpunkt des Interviews bereitet Herr Sánchez aktiv seine Rückkehr nach Spanien vor. Im Interview nimmt daher dieser neue Lebensabschnitt eine wichtige Position ein und zwar in vierfacher Hinsicht: erstens in Bezug auf gescheiterte Rückkehrversuche in früheren Jahren, zweitens hinsichtlich der vielfältigen Gründe seiner definitiven Rückkehr, drittens im Bezug auf die Simulation der Möglichkeiten und Schwierigkeiten, die ihn – seiner Meinung nach – in der neuen/alten Heimat erwarten werden, und viertens hinsichtlich der Erinnerungsarbeit seines Lebens in Deutschland.

Bereits zu einem sehr frühen Zeitpunkt – 1961 – ist Herr Sánchez mit der Frage einer möglichen Rückkehr konfrontiert, allerdings nicht aus eigenem Willen heraus, sondern aufgrund des Unbehagens seiner Lebensgefährtin mit ihrer Situation in Deutschland. *„Meine Frau .. als sie nach Deutschland kam im Juni 61 .. nach einer Woche in Deutschland wäre sie wieder nach Spanien gegangen, wäre sie wieder nach Spanien zurückgekehrt, wenn sie gekonnt hätte. Meine Frau äh meine Frau blieb hier in Deutschland, weil ich hier war .. aber wenn ich gesagt hätte damals, wir kehren zurück, wäre sie sofort und ohne Zögern zurückgegangen"* (S. 30f.).

Ein zweiter – gescheiterter – Rückkehrversuch im Jahre 1964/65 hängt mit beruflichen Veränderungswünschen von Herrn Sánchez zusammen, der in diesen Jahren ins Druckgewerbe wechselt und sich zum Drucker ausbilden lassen will. Er nutzt – wie so oft – zufällig sich ergebende Chancen aufgrund persönlicher Bekanntschaften zur Realisierung seines neuen Berufswunsches. Sein Ziel ist es, nach erarbeiteter Expertenschaft in den neuen Drucktechniken sich in Spanien selbständig zu machen. Dieser berufliche Veränderungswunsch scheitert jedoch an der – bereits erwähnten – Denunziation mit ihren negativen Folgen für sich und seine Familie. *„Ein Kollege des Spanischen Kulturkreises .. studierte Betriebswirtschaft /mhm/ Luis Martín. Er war nicht nur Kollege des Kulturkreises, sondern auch Parteikollege, ja ein sehr intelligenter Mann [...] Er wechselte das Studium .. mit der Arbeit, mit der Arbeit ab, er arbeitete in der Druckerei und studierte. Damals traf ich ihn im Kulturkreis und sagt zu ihm: „Luis", er hieß, er hieß Luis Martín und ich sagte zu ihm: „Luis", sagte ich, „schau mal, ich würde gerne etwas in der Druckerei lernen, Drucker, schau mal, ob es eine Möglichkeit gibt, in diese Druckerei zu kommen." Und so kam das alles /mhm/, so fing ich dort an [..] weil die Druckerei damals, der der offset, der offset große Zukunft hatte /mhm/*

. Der offset war die Zukunft damals. Vor 28 oder 30 Jahren war der <u>Buchdruck</u> nicht mehr die Zukunft der Druckerei /mhm/. Die Zukunft lag im offset. Und innerhalb des offset die die neuen, die neuen <u>Verfahren</u> innerhalb des offset, die die neuen Formen zu zu drucken entweder mit Alkohol oder mit Wasser (..) deshalb war ich natürlich, dachte ich damals, als ich dort anfing, als ich dort in jenem Jahr anfing in der Druckerei dort, was ich dachte, was ich wollte, war zu lernen und dann nach Spanien zu gehen /mhm/ nach Spanien zu gehen, um dort als Drukker zu arbeiten /ah ja/. Aber die Dinge kommen nicht so, wie man denkt /mhm/, wie man denkt .. die Politik kam dazwischen, die Verhaf-, es passierte, passierte das mit der Verhaftung /mhm/. Es kamen die Belästigungen der Polizei meiner Familie gegenüber, warum sollte ich also weggehen, warum sollte ich /mhm/. Wenn ich dorthin gegangen wäre, hätte man mich lokalisiert, hätte man mich sofort lokalisiert.. und in Deutschland ging es mir auch nicht so schlecht, ging es mir auch nicht gerade schlecht" (S. 365f.).

Nach diesen beiden Rückkehrversuchen hat Herr Sánchez beinahe dreißig Jahre lang im Druckereigewerbe gearbeitet. Zum Zeitpunkt des Interviews ist er aufgrund von Rationalisierungsmaßnahmen im Vorruhestand und hat sich zusammen mit seiner Frau definitiv für eine Rückkehr nach Spanien entschieden. Die Gründe, die er für diesen Schritt anführt, sind vielfältig und liegen im wirtschaftlich-gesellschaftlichen, klimatisch-sozialisatorischen und privat-familiären Bereich.

Zunächst sind für Herrn Sánchez die wirtschaftlichen Belange von Bedeutung. Einerseits besitzt er in Spanien Wohneigentum, das er für Fremdzwecke wie Vermietung nicht nutzen will, andererseits hat er als Rentenempfänger in kaufkraftstarker deutscher Währung Wechselkursvorteile in Spanien. Beides zusammen bedeutet für ihn einen wesentlich höheren Lebensstandard in Spanien, während in Deutschland seine Rente nicht zur Finanzierung sämtlicher Ausgaben reichen würde. *„In Spanien.. habe ich ein Haus, ein Haus, ein Haus, ich habe ein eigenes Haus, ich habe ein eigenes Haus. Hier habe ich eine Mietwohung. Bald werde ich Rentner sein. Die Einkünfte, die Einkünfte aus der Rente sind nicht ausreichend, nicht ausreichend – obwohl, wir könnten weitermachen, wir könnten weitermachen, aber sie reichen nicht aus, um äh die Miete zu bezahlen, die Miete zu bezahlen und die anderen Ausgaben und dann noch zu leben, zu leben (...) Und was mache ich dann mit der Wohnung, die ich in Spanien habe? Ich habe sie verschlossen, ich habe sie verschlossen"* (S. 31).
„Ich habe Einkünfte, die für die Lebensbedingungen in Spanien ziemlich akzeptabel sind – denn wenn ich ich – meine Rente aus der Zeit in Spanien äh in Deutschland beträgt ungefähr 1.800 Mark; und außerdem beziehe ich noch Rente aus der Zeit in Spanien. Aber allein die 1.800 Mark aus Deutschland, wenn ich die heute mit 90 Peseten zum Beispiel multipliziere, sind das, sind das 160.000 Peseten. Wo meine Frau und ich zum Leben gerade einmal 80 oder 90.000 brauchen. D.h., daß ich äh ich, äh daß ich Geld habe, bekommen werde, das ich nicht ausgeben kann" (S. 31f.).

Ein weiteres Motiv für seine Rückkehr liegt für Herrn Sánchez in der klimatisch bedingten spanischen Lebensart, die – seiner Meinung nach – ein intensiveres Leben ermöglicht. *"In Spanien lebt man besser, man lebt dort besser als in Deutschland. Nicht daß man besser leben würde, aber man lebt das Leben mehr und besser wegen dem Klima .. natürlich äh hier äh hier äh zum Beispiel wenn heute äh einigermaßen gutes Wetter ist, regnet es morgen schon wieder. Wie lebt man das Leben hier? Man kommt von der Arbeit, geht in seine Wohnung ... und schaut fern. Die Tatsache, daß in Spanien die Sonne scheint und daß das Wetter nicht so häufig wechselt wie hier, sondern daß es stabiler ist, bedeutet, daß man zumindest in dieser Hinsicht das Leben mehr und besser lebt"* (S. 31).

Desweiteren spricht Herr Sánchez familiäre Gründe für seine Rückkehr an, insbesondere die Familienbande zwischen seiner Frau und ihrer Schwester. Aber auch er selbst hat Familie in Spanien, in Tomelloso, seiner Heimat- und Rückkehrstadt. *"Meine Frau äh äh meine Frau hat nur eine Schwester. Es sind zwei Schwestern, die immer sehr, die immer sehr einander verbunden waren, aber nur sehr wenig Zeit zusammen waren. Als meine Frau 61, im Jahre 61 nach Deutschland kam, war ihre Schwester noch sehr jung. Sie war 6, 5 oder 6 Jahre alt. Dann waren wir hier äh in in Deutschland ziemlich viele Jahre, ohne nach Spanien zu gehen. Es sind also zwei Schwestern, die sich immer sehr gut, sehr gut verstanden haben und die nur wenig Zeit zusammen waren. Und sie haben sich natürlich nicht nur gut verstanden, sie verstehen sich immer noch gut. Wir haben also dort Familie, ich habe dort meinen Bruder, ich habe zwei Schwestern, eine in meiner Stadt und eine in Barcelona, für mich ist also auch Zeit, nach Tomelloso zurückzukehren"* (S. 32).

Das einzige Motiv, in Deutschland zu bleiben, ist Herr Sánchez' Tochter, die nicht nach Spanien zurückkehren wird. Für Herrn Sánchez ist die Trennung von Kindern jedoch eine biologische Notwendigkeit, die er auch mit Metaphern aus dem Tierreich für sich interpretiert. Dabei möchte er die Unabhängigkeit, die er für sein Leben reklamiert hat, auch seiner Tochter zugestehen. Allerdings sieht er deutliche geschlechtsspezifische Unterschiede in der Art und Weise des Umgangs mit Trennung, insbesondere durch die lebenslange Prägekraft der Schwangerschaft als körperlich-seelische Bindung. *"Es gibt nur ein Motiv zu bleiben, äh meine Tochter zum Beispiel, die hier bleibt, meine Tochter, aber ich habe immer gesagt, ich habe immer gesagt, daß .. daß wir Menschen ein bißchen, daß wir ein bißchen so sein müssen wie ... ein wenig wie die Vögel, wir Menschen kommen zusammen, äh Mann und Frau .. es gibt Nachwuchs und es kommt der Augenblick, .. wo deine Söhne oder deine Töchter älter werden und ihr Leben leben müssen. Sie müssen ihr Leben leben, es ist ihr Leben, so wie du dein Leben gelebt hast. Genauso wie ich mein Leben gelebt habe, müssen sie ihr Leben leben. Sie hängen nicht mehr von den Eltern ab, sondern haben gelernt, allein zu fliegen"* (S. 31) *"Und wenn ich Lust habe (..) mit der Zeit werden wir meine, meine Tochter besuchen, vielleicht kommt meine Frau alleine, sie ist diejenige, die mehr Sehnsucht, die mehr Sehnsucht nach ihrer Tochter haben wird, weil die Frauen sind anders, die Frauen haben immer mehr Sehnsucht nach ihren Kindern, mehr als die Männer .. die Männer sind weniger sensibel, was nicht heißt, daß daß wir nicht unsere Kinder mögen, aber daß wir weniger Sensibilität für sie haben, denn wir haben sie nicht in uns gehabt, sie waren nicht Teil unseres Körpers"* (S. 32).

Die unmittelbar bevorstehende (Wieder-)Eingliederung in die spanische Gesellschaft ist für Herrn Sánchez mit verschiedenen Problemdimensionen und Schwierigkeiten verbunden, die er bereits in der simulierten Vorausschau kognitiv zu bearbeiten und zu bewältigen sucht:

Zunächst thematisiert Herr Sánchez die Angst vor Eingewöhnungsschwierigkeiten und vor möglicher Leere bei seiner Rückkehr. Er sucht daher nach Beschäftigungsalternativen im politischen Geschäft, wo er sich sicher fühlt, und versucht, Unsicherheitsgefühle mit quasi-beschäftigungstherapeutischen Maßnahmen zu kompensieren. Dabei verfolgt er zwei Alternativen – nicht nur seine Kandidatur als Stadtrat bei den Spanischen Kommunalwahlen, über die er bereits in der Eingangserzählung detailliert berichtet hat, sondern auch seine Beschäftigung als Koordinator für Auslandsaufgaben der Vereinten Linken. Beide Optionen sind bereits im Vorfeld seiner Rückkehr so festgezurrt, daß er sicher sein kann, zumindest eine der beiden vorgeplanten Aktivitäten später auch tatsächlich ausüben zu können. *„Natürlich wird es einige Zeit brauchen, es mir etwas schwerfallen, mich einzugewöhnen, nach so vielen Jahren wird es mir schwerfallen, mich einzugewöhnen. Aber vielleicht .. wegen dieser Schwierigkeit vielleicht, die auftreten, die auftreten kann (...) wegen dieser Schwierigkeit, die auftreten kann, um mich einzugewöhnen, um mich einzugewöhnen, vielleicht gerade deswegen versuche ich, es mit einer politischen Aktivität aufzufüllen... /mhm/ vielleicht versuche ich deshalb, es aufzufüllen /mhm/ (...) ich werde nicht soviel grübeln müssen, weil ich gezwungen sein werde, eine Aktivität oder eine Arbeit auszufüllen ... äh deshalb [..] Man hat mir, man hat mir vorgeschlagen, eine Art Koordinationsassistent zu werden und all das zu sammeln, was die Vereinigte Linke vorschlägt und verabschiedet und es sofort den verschiedenen Kollektiven in Europa zu schicken ... Man hat mich dafür vorgeschlagen und ich habe das akzeptiert, aber nur unter einer Bedingung: daß für den Fall äh daß .. die Bedingung war, daß wenn die Vereinigte Linke von Tomelloso mich in der städtischen Wahlliste aufstellen würde, ich die Kandidatur, den Platz, den sie mir zur Verfügung stellen, annehmen würde. Und daß wenn ich gewählt werden würde, ich das andere nicht machen würde... D.h. so oder so hätte ich mir, hätte ich mir einen Zeitvertreib gesucht /mhm/. Wenn der Versuch, <u>Stadtrat</u>, Stadtrat von Tomelloso zu werden, fehlgeschlagen, fehlgeschlagen hätte, wäre ich eine Art zusätzlicher Koordinator .. für die Koordinationsaufgaben der Kollektive von der Vereinigten Linken in den Ländern der Europäischen Gemeinschaft und in der Schweiz geworden /mhm/ ...."* (S. 32f.).

Mit seinem zukünftigen politischen Engagement sieht Herr Sánchez allerdings auch einige Konflikte auf sich zukommen, die er in der politischen Radikalität seiner zukünftigen Weggefährten ortet. Vor allem antizipiert er den politischen Radikalismus der spanischen Frauen, die er seinem erfahrungsgesättigten Realismus, seiner Organisationserfahrung und seinem Alter gegenüberstellt. Er nimmt sich vor, sich nicht zu gruppendynamischen Schwierigkeiten und Konflikten hinreißen zu lassen und durch diese Konflikte möglicherweise politische Konstellationen im Rathaus zu sprengen.[114] Und er baut in dieser Hinsicht bereits schon interaktiv vor, indem er mit seiner Frau über diese möglichen Schwierigkeiten debattiert. *„Es können Spannungen auftreten (..) die Frauen sind ra-, sind radikaler, im allgemeinen sind die Frauen, die politischen – die politischen Frauen sind gewöhnlich radikaler als die Männer, in ihren Ansätzen .. zumindest die spanische Frau, das ist die Erfahrung, die ich habe. Und und deshalb können – und und und dieser Radikalismus liegt mir nicht, vielleicht wegen meines Alters, wegen meiner Erfahrungen .. wegen meiner Erfa-, politischen Erfahrungen, die ich gemacht habe äh, durch die ich zu der Schlußfolgerung, zu der Schlußfolgerung gekommen bin, daß man mit Radikalismen auch nicht weiter kommt. Alle sind wir radikal gewesen am Anfang / mhm/ und vor allem die, vor allem die Leute der Linken sind immer radikal gewesen in ihren Anfängen (...) danach aber kommt die Ruhe, die Erfahrung lehrt dich, die Erfahrung lehrt dich, daß daß nicht alles so ist, wie wir das am Anfang glaubten [..] ich glaube, ich könnte, ich weiß ich, ich habe es bereits meiner Frau gesagt, ich habe ihr gesagt, daß ich alles in meiner Macht stehende tun werde .. daß ich alles in meiner Macht stehende tun werde, um mich nicht zu ärgern, um nachzugeben und zu ertragen, was auch kommen mag. Daß ich, daß ich .. äh daß wegen mir, daß wegen mir keine Gruppe .. auseinanderbrechen wird, keine städtische Gruppe einer politischen Partei"* (S. 27).

Neben den Schwierigkeiten, die mit seiner zukünftigen politischen Arbeit zu tun haben, simuliert Herr Sánchez auch die Veränderungen in den allgemeinen gesellschaftlichen Rahmenbedingungen Spaniens, die er über einen diachronen spanisch-spanischen Vergleich (Spanien früher-Spanien heute) einzufangen sucht. Herr Sánchez hat sich somit nicht nur an einer deutsch-spanischen Differenz abzuarbeiten, sondern sich auch einem innerspanischen Vergleich auf der Zeitachse zu stellen. Durch sein theoretisches Wissen verfügt er zwar über eine gewisse Einschätzung der Lage, aber erst im direkten Kontakt mit Spanien glaubt er, sich eine definitive Meinung bilden zu können. *„Ich versuche, mich zu fragen: „Gut, Pedro ... wie war das vor 36 Jahren, bevor du nach Deutschland gingst ... Hat Spanien etwas gewonnen im Vergleich dazu?" Das muß ich also, das muß ich in der Praxis sehen .. denn es gibt viele Dinge, vor allem das soziale Netz, das heute schlechter ist als in Zeiten Francos. Es ist schlechter .. es ist schlechter. Weil Franco – was immer man auch sagen mag – sozial gese-*

---

114 Damit thematisiert Herr Sánchez eine andere mögliche Konfliktdimension als in der Eingangserzählung, in der er vor allem zu große Anspruchlichkeiten und Erwartungen seitens seiner potentiellen Wähler antizipierte. In beiden Fällen geht es ihm jedoch um den Aufweis der Bedeutung seiner eigenen Person.

hen, – natürlich gab es keine Gewerkschaften, es gab keine Parteien, es gab keine Demokratie .. es gab keine Demokratie. Aber es gab – das soziale Netz, das wir in Spanien haben, stammt aus der Franco-Zeit /mhm/ und (..) das einzige, was es seither gegeben hat, sind Einschnitte gewesen, Einschnitte, Einschnitte, Einschnitte .. /mhm/ .. Wie wird es also sein, das werde ich, das werde ich fragen, das werde ich erst sehen, wenn ich dort wohne .. obwohl ich weiß es ja schon, aber – ich weiß es ja, aber ich habe es noch nicht gelebt, in der Praxis. Ich weiß es vom Hörensagen, aber praktisch habe ich es noch nicht gelebt. Wenn ich es also praktisch lebe, werde ich mich fragen: „Wie war das vor 36 Jahren, als du weggingst?" und ich werde eine Antwort geben müssen" (S. 47f.).

Neben dem Vorwärtsblick thematisiert Herr Sánchez im Interview auch den Blick zurück. Er verläßt Deutschland, er verläßt vor allem den Kulturkreis, dem er so viele Jahre seines Lebens seine ganze Energie gewidmet hat. Dieser biographische Verlust ist für Herrn Sánchez auch mit Trauerarbeit verbunden, zumal sein Weggang nur ein weiterer Schritt in der allmählichen Agonie des Kreises darstellt, der mit der Rückkehr der Gründergeneration seine soziale Basis verloren hat. Herr Sánchez vergleicht den Kulturkreis mit einem Patienten, der sterben will, den man aber noch nicht sterben läßt. Das Problem des Abschieds kompensiert er mit der Aussicht der wiederkehrenden Besuche in Deutschland, bei denen der Kulturkreis erste Priorität haben wird. Allerdings beginnen sich bei Herrn Sánchez die biographischen Relevanzen bereits zu verschieben. So hat er mit seiner Lebensetappe in Deutschland bereits soweit abgeschlossen, daß er sich eingestehen kann, daß sein Heimweh und seine Erinnerungshäufigkeit sich in Grenzen halten. Er geht in einer privilegierten Situation als ökonomisch gesicherter Rentner zurück ebenso wie er in einer relativ privilegierten Situation nach Deutschland gekommen war. *„Ich werde mich erinnern, na klar, ein bißchen an die, also zuerst, weil hier Kameraden zurückbleiben, weil wir hier Kameraden zurücklassen, mit denen du diskutiert hast, dich gestritten hast, gelebt hast, dich vergnügt hast, all diese Dinge, und weil du auch die Tochter hier läßt .. du läßt alles .. du läßt ein ganzes Leben, du läßt ein ganzes Leben .. Ich gehe bereits mit der Überzeugung, daß der Kreis sich auflösen wird, ich bin überzeugt, daß er sich auflösen wird, das ist normal, ich sehe das so, wir wissen alle, was da läuft, daß wir ihn nicht sterben lassen wollen, wir wollen ihn nicht sterben lassen. In der letzten Versammlung .. wollte ein Teil von uns ihn bereits begraben, ein Teil, darunter auch ich, war bereit, ihn zu begraben. Aber es gab einen anderen Teil, der ihn noch weiterführen wollte, der die Führung übernahm. Aber für wie lange noch? Für wie lange noch? Die Kameraden und Kameradinnen haben es so gewollt, sie sind nun dort, sie sind nun dort... Wenn ich also vielleicht, wenn ich also vielleicht in einem Jahr oder in 6 Monaten hier zu Besuch bin, wenn ich die Tochter besuche, dann werde ich immer gern hierher kommen und die Kameraden vom Spanischen Kulturkreis besuchen. Das wird natürlich einer meiner ersten Besuche* *sein .. Mensch, natürlich werde ich mich etwas, etwas daran erinnern .. vielleicht äh und wenn ich mich vielleicht nicht so sehr erinnere, vielleicht würde ich mich mehr erinnern .. wenn ich Deutschland, wenn ich Deutschland verlassen würde, um in Spanien zu arbeiten .. vielleicht würde ich mich dann mehr erinnern /mhm/, aber in dem Augenblick, wo du .. von Deutschland weggehst .. und ich gehe ohne große wirtschaftliche Probleme /mhm/, ohne wirtschaftliche Probleme, ehrlich ohne wirtschaftliche Probleme"* (S. 48f.).

4. Zusammenfassung

Herr Sánchez präsentiert seine Biographie als solidarische Migrationsbiographie, in der der ehrenamtliche Einsatz auf unterschiedlichen Ebenen, insbesondere die Vereinsarbeit und die politische Interessenvertretung, zwei dominante Bezugspunkte seiner Erzählung darstellen. Neben diesen beiden Eckpfeilern spielen auch die Vielfalt autodidaktisch bzw. personal vermittelter Lernprozesse sowie die berufliche Stagnation und Bescheidung als Voraussetzung für seine vereinsgebundene Tätigkeit eine wichtige Rolle in seiner Erzählung.

– Die von Herrn Sánchez thematisierten Lernprozesse sind vor allem im Bereich selbstinitiierten Lernens angesiedelt: der Privatunterricht neben der Schule, der Erwerb fremdsprachlicher Kenntnisse, der Buchführungskurs im Fernunterricht, das selbsterlernte Maschinenschreiben, der absolvierte Segelkurs, etc. Sie alle sind Teil der von Herrn Sánchez eher beiläufig erwähnten Lernbestrebungen als Ergänzung zu seiner rudimentären Schulbildung, im Hinblick auf einen zukünftigen Berufswunsch, als berufliche Weiterqualifizierung oder als Ausdruck interessenorientierter Neigung. Wichtig für seine biographische Selbstdeutung sind die schulischen Defiziterfahrungen und mangelnden formalen Schulabschlüsse, die deutliche Negativkonsequenzen für seinen weiteren beruflichen Werdegang haben und die er als kollektive Benachteiligung der unmittelbaren Nachbürgerkriegszeit interpretiert.
Derjenige selbstinitiierte Lernprozeß, den Herr Sánchez am intensivsten betreibt, ist sein Deutschstudium am Beginn seines Deutschlandaufenthalts. Die systematische Aneignung der deutschen Sprache mit Hilfe institutioneller Angebote erweitert nicht nur seinen fremdsprachlichen Horizont, sondern führt auch zu einer starken reflexiven Bearbeitung der Sprachenproblematik für Migranten generell. So thematisiert Herr Sánchez die mit der Migration verbundenen Sprachprobleme seiner Landsleute, schildert das privilegierte soziale Umfeld seiner eigenen Lernerfahrungen und reflektiert die mit dem erneuten Eintauchen in das spanische Migrationsmilieu verbundenen Verlernprozesse wie das erneute Fremdwerden einer ehemals beherrschten und durchdrungenen Fremdsprache.
– Innerhalb seiner Lern- und Anpassungsleistungen sind in Herrn Sánchez' Erzählung die personal vermittelten (Lern-)Möglichkeiten von großer Be-

deutung. Herr Sánchez kennt die Personen, die ihn unterstützt und weitergebracht haben, noch nach 35 Jahren mit ihrem Namen und ist in der Lage, mehr oder weniger umfangreiche Charakterskizzen anzufertigen: der republikanische strafversetzte Privatlehrer, der deutsche Arbeitskollege und Dolmetscher bei den Staatsbetrieben Calvo Sotelo, der Anarchosyndikalist Fernández bei den Torpedo-Werken, der Gewerkschafter Quintana als Vermittlungsperson. Diese personengebundene und personenstimulierte Weiterbildungsmöglichkeiten nutzt Herr Sánchez einerseits für seine Ziele, andererseits ist die erfahrene Solidarität durch Menschen – in den Bargesprächen, bei den Hilfsgängen der Kollegen, bei der Jobvermittlung des Druckereistudenten, etc. – auch Grundlage seiner eigenen Hilfsbereitsschaft.
- Im Verein kann Herr Sánchez seine zum großen Teil autodidaktisch erworbenen Kenntnisse nicht nur erweitern, sondern auch gemäß den Bedürfnissen seiner Landsleute weitergeben. So übernimmt Herr Sánchez durch sein Vereinsengagement im Laufe der Jahre eine Vielzahl von Funktionen – insbesondere das Sekretariat und das Schatzmeisteramt – und avanciert zum Mitglied der Vereinselite mit großer Organisationserfahrung. Er selbst ist auch aktiv tätig als Redakteur und Kursleiter und somit mit der schriftlichen und mündlichen Weitergabe von Wissen befaßt. Der Verein ist institutionell eine Selbstbildungsorganisation durch die ehrenamtliche Beteiligung der akademisch gebildeten Vereinselite, die durch Vorträge und Kurse das eigene Wissen unentgeltlich weitergibt. Auch Herr Sánchez kann seine Fähigkeiten einbringen, nicht nur als Organisator und Vereinsmanager, sondern auch als Lehrer im Maschinenschreiben und als Person, die aufgrund seiner bevorzugten Anfangssituation in Deutschland sich einen Wissensvorsprung erarbeitet hat, der nun den eigenen Landsleuten durch Beratung, Hilfestellung, konkrete Unterstützungsaktionen und Unterricht zugute kommt. Herr Sánchez' Leben ist so stark von seinem Vereinsengagement geprägt, daß Vereins- und Individualbiographie in seiner Erzählung miteinander verschmelzen, daß er zum Missionar der Vereinsziele wird, daß er sein Leben aus der Perspektive der kollektiv organisierten Solidargemeinschaft interpretiert.
- Voraussetzung seines Engagements ist allerdings eine berufliche Negativkarriere bzw. Stagnation, die ihm überhaupt erst die zeitlichen Ressourcen für eine derart umfangreiche Vereinsbeteiligung ermöglicht. Herr Sánchez thematisiert sehr deutlich diesen Zusammenhang, ja er selbst sieht seine bescheidene berufliche Stellung nach den verschiedenen z.T. erlittenen, z.T. selbst herbeigeführten Karriereknicks als Bedingung für eine erfolgreiche Zweitkarriere im Verein und in der Politik. Beruflich ist sein Leben eine Geschichte gescheiterter Wünsche, die er zur Voraussetzung seines außerberuflichen Erfolges umdeutet. Der Berufswunsch seines Vaters (Mediziner) scheitert an den mangelnden finanziellen Möglichkeiten der Familie; der eigene Berufswunsch seiner Jugend (Pilot der Luftwaffe) scheitert an den fehlenden formalen Schulabschlüssen; der Berufswunsch als Erwach-

sener (selbständiger Drucker in Spanien) scheitert an den repressiven Auswirkungen der Franco-Diktatur. Trotz dieser dreifachen beruflichen Negativbilanz zeichnet sich Herr Sánchez durch eine intelligente Nutzung seiner erworbenen Fähigkeiten aus, die ihm sowohl eine ausreichende ökonomische Existenz sichern als auch eine erfolgreiche Zweitkarriere außerhalb des Berufs ermöglichen.

- Als politischer Funktionär steht Herr Sánchez seit vielen Jahren im Dienste einer Partei. Sein politisches Engagements ist einerseits geprägt von den Anforderungen antifrankistischer Politik in Spanien, andererseits auf die Erfordernisse der Migrationsarbeit in Deutschland bezogen. Durch seine Politikverbundenheit interpretiert Herr Sánchez sein Leben auch in politischen Kategorien bzw. relationiert seine Biographie mit den politisch-gesellschaftlichen Rahmenbedingungen seiner Zeit. Er ist Teil einer politisch geprägten Kollektivgeschichte, in der sein Leben an verschiedenen Stellen Pioniercharakter annimmt: die Erfahrungen der Nachbürgerkriegsgeneration, sein privilegierter Status als Spanier in Deutschland zu Beginn der 1960er Jahre, die Pilotfunktion des Vereins in der deutschen Ausländervereinsgeschichte, seine PDS-Kandidatur im Rahmen der Europawahl. Auch in die Zukunft gerichtet begreift Herr Sánchez sein Leben als politisch engagiertes Leben, das werbend in die Öffentlichkeit treten muß und das bereits die Interviewsituation als Forum politischer Selbstdarstellung nutzt.

Zweites Kapitel: Migration als frauenspezifisches Emanzipationsdrama: Frau García

Frau García ist 1948 in einem Dorf in Asturien geboren und lebt seit 1966 in der Bundesrepublik. Sie ist verheiratet und hat zwei erwachsene Söhne.[115] Seit über zwanzig Jahren arbeitet sie in einem Kindergarten und engagiert sich in zahlreichen Vereinen. In den letzten zehn Jahren war sie vor allem im Spanischen Kulturkreis aktiv, wo sie leitende Funktionen innehatte. Zum Zeitpunkt des Interviews (21.6.1995) steht sie kurz vor ihrer Rückkehr nach Spanien (21.7.1995).

1. Gesprächsanbahnung und Interviewsituation

Schon vor dem Interview hatte der Interviewer im Rahmen der Bargespräche nach den Samstagsvorträgen im Kulturkreis mehrfach Gelegenheit, sich mit Frau García länger zu unterhalten. Als er Frau García an einem dieser Abende um ein Interview bat, erklärte sie sich spontan zu einem derartigen Gespräch bereit. Allerdings war es etwas schwierig, einen Termin mit ihr zu vereinbaren, da sie aufgrund ihrer Rückkehrvorbereitungen zeitlich sehr angespannt war. Das Gespräch fand schließlich am Mittwoch, den 21.6.1995, zwischen 18.15 und 20.15 in den Räumen des Spanischen Kulturkreises statt und zwar im Anschluß an die Übungsstunde der Frauengymnastikgruppe, die sich zu dieser Zeit immer am Mittwochnachmittag traf. Zur Charakterisierung der Gesprächssituation werden im folgenden Auszüge aus dem Gedächtnisprotokoll entnommen, das unmittelbar nach dem Gespräch angefertigt wurde:

„Als ich zum verabredeten Termin in den Kulturkreis komme, ist die Gymnastikgruppe noch in vollem Gange. Ich warte daher im Flur, bis die Stunde vorüber ist. Nacheinander kommen die Frauen (6 oder 7 Personen) in den Barraum, rauchen und trinken etwas. Zu meiner Erleichterung ist auch Frau García dabei.

Gegen 18.15 verabschieden sich alle Frauen außer Frau Botifoll. Sie macht keine Anstalten zu gehen, im Gegenteil: sie holt sich etwas zu trinken und setzt sich zu Frau García an den Tisch. Zu meiner Überraschung ist Frau Botifoll über das bevorstehende Gespräch in-

---

115 Frau García ist identisch mit der Person gleichen Namens in den Protokollen des Spanischen Kulturkreises.

formiert und hat auch die Absicht, daran teilzunehmen. Ich überlege mir, ob ich die Situation kurzerhand umdefinieren und eine Gruppendiskussion über den Spanischen Kulturkreis initiieren soll. Da ich aber wahrscheinlich keine Chance mehr habe, Frau García über ihren Lebensgang zu befragen, beschließe ich, mich auf sie zu konzentrieren.

Ich erläutere noch einmal die Forschungsperspektiven meiner Studie und insbesondere meinen Wunsch, individuelle Lebensverläufe näher kennen zu lernen. Die beiden wollen wissen, wer hinter der Studie steht und wer sie finanziert. Ich versuche, mögliche Bedenken bzgl. institutioneller Kontrolle und Anonymisierung der Daten auszuräumen. Was ursprünglich als kurze Anbahnung des Interviews gedacht war, nimmt dann in der Folge eine eigendynamische Entwicklung, die wegführt von meiner Absicht, Frau García zur Erzählung ihrer Lebensgeschichte zu stimulieren. Die Frauen beklagen sich in dieser Phase des Gesprächs vielmehr über die geringe Resonanz, die die Öffentlichkeit – auch das Kultusministerium in Wiesbaden oder das Frankfurter Amt für Multikulturelle Angelegenheiten – den Migrantenorganisationen zukommen läßt, ebenso wie über den Mangel an Literatur bzw. an schriftlichen Quellen über die Geschichte der Migrantenorganisationen. Frau García beginnt, über die aktuelle Situation des Kulturkreises, über ihre Enttäuschung hinsichtlich der geringen Vereinsbeteiligung und über die ambivalente Rolle der modernen Kommunikationsmedien in Bezug auf das Vereinsleben zu sprechen. An einem bestimmten Punkt ihrer Reflexionen versuche ich, sie auf ihre eigene Person anzusprechen und frage, wie sie denn den Kulturkreis kennengelernt hat. Über diese Frage kommen wir dann sehr schnell auf ihren Lebensweg, über den Frau García dann bereitwillig ca. anderthalb Stunden redet.

Frau Botifoll ist während des gesamten Gesprächs anwesend und klinkt sich vor allem bei den Passagen über den Kulturkreis ein paar Mal in die Unterhaltung ein. Ansonsten verbleibt sie im Hintergrund und bedient das Telefon, das mehrmals klingelt. Die Präsidentin des Vereins, die während des Gesprächs ebenfalls den Barraum betritt, um mit den dort vermuteten Anwesenden zu plaudern, merkt, daß sie ungelegen kommt, und verläßt bald darauf wieder den Raum.

Nachdem das Aufnahmegerät ausgeschaltet ist, berichtet Frau García noch von ihrem neuen Domizil in Spanien, von ihren zwei Söhnen und von ihrem schon geplanten ersten Deutschlandaufenthalt nach ihrer Rückkehr anläßlich der Heirat ihres älteren Sohnes mit einer Deutschen. Ich bedanke mich für das Gespräch und verabrede mit Frau García, daß wenn sie im nächsten Jahr nach Deutschland kommt und im Kulturkreis über ihre Erfahrungen in Spanien berichtet, auch ich mit von der Partie sein werde. Nach dem Gespräch bringt Frau Botifoll, die mit ihrem Auto da ist, Frau García nach Hause. Vielleicht ist auch dies einfach der Grund, warum Frau Botifoll da geblieben ist und am Gespräch teilgenommen hat."

Die Interviewsituation findet direkt im Anschluß an eine regelmäßige Aktivität der Frauengruppe des Vereins – also eingelagert in eine vertraute Umgebung – statt. Allerdings wird die verabredete und von Frau García selbst vorgeschlagene Ausgangssituation insofern modifiziert, als sie sich nicht alleine in die Interviewsituation begibt, sondern in Begleitung von Frau Botifoll,[116] einer anderen Vereinsaktiven sowohl in der Frauengruppe als auch im Gesamtverein. Diese Veränderung ist vor allem bei der Gesprächsanbahnung, aber auch im weiteren

---

116 Mit Frau Botifoll, einer Katalanin (vgl. auch Anmerkung 71), hatte der Interviewer innerhalb des Kulturkreises häufigen Kontakt und schon mehrfach Gespräche über ihre Heimat und ihr Leben in Deutschland geführt. Außerdem hat Frau Botifoll dem Interviewer die Akten des Archivs und insbesondere die noch vorhandenen Jahrgänge der vom Kulturkreis herausgegebenen Zeitschrift *Cultura obrera* zugänglich gemacht.

Verlauf des Interviews von Bedeutung. Beide Frauen artikulieren zunächst ihr latentes Mißtrauen, indem sie nach den Hinterleuten und Finanziers der vom Interviewer geplanten Studie fragen. Dieses Mißtrauen kann der Interviewer jedoch entkräften, u.a. auch aufgrund der Zusicherung, die Daten zu anonymisieren. Die beiden Frauen bestimmen dann den weiteren Gesprächsverlauf, indem sie sich sowohl über die geringe Resonanz der öffentlichen Institutionen als auch über den Niedergang des Vereins selbst beklagen. Die aktuelle Vereinskrise steht im Vordergrund ihres Lamento, das sich in ihrer Enttäuschung über die geringe Beteiligung der eigenen Landsleute (Mitglieder), aber auch in ihrem Bedauern über das geringe Interesse der Öffentlichkeit äußert. Insgesamt ist die Anbahnung des Interviews eine langwierige und mühsame Angelegenheit. Als es dem Interviewer jedoch gelingt, mit der Frage nach dem ‚wie' von Frau Garcías Kontaktnahme mit dem Verein ihre Aufmerksamkeit auf die eigene Lebensgeschichte zu lenken, erzählt sie fast ununterbrochen anderthalb Stunden lang. Während dieser Zeit hält sich Frau Botifoll bis auf zwei signifikante Ausnahmen (ihre eigene Beteiligung an der Theatergruppe und der Frauengruppe) diskret im Hintergrund. Sie ist Begleiterin, Zuhörerin, Zeugin einer Erzählung, die den Weg in den Verein hinein und aus dem Verein heraus zum Thema hat. Sie ist Bürge der Authentizität dieser Erzählung, deren Inhalt sie über weite Strecken selbst miterlebt hat. Möglicherweise läßt sich eine wesentliche Dimension der Interviewsituation als biographische Abschiedssituation bestimmen, bei der Frau Botifoll den Verein – die personale Seite des Vereins – repräsentiert. Sie ist diejenige, von der Abschied genommen wird. Eine solche Deutung legt auch der Interviewverlauf nahe, in dem Frau García den Bogen spannt von Spanien zu Deutschland und den Verein und wieder zurück. Ihre Erzählung ist ein Hin und Her, ein Verlassen und doch wieder kommen. Auch der Interviewer wird in dieses Pendeln miteinbezogen, auch er hat teil an dieser Abschied vermeidenden Gleichzeitigkeit des Hin und Her, da auch er Zeuge ihres Wiederkommens werden soll.

2. *Migration als frauenspezifisches Emanzipationsdrama: Interpretation der Eingangserzählung*

Nach dem bereits kurz skizzierten Eingangsgespräch über die geringe öffentliche Resonanz der Migrantenorganisationen, die geringe Vereinsbeteiligung insgesamt und die negativen Zukunftsaussichten auch des eigenen Vereins beginnt Frau García auf die Frage des Interviewers, wie sie denn den Kulturkreis kennengelernt habe, mit folgender Erzählung:

2.1. *Situation in Spanien*

„*Also äh, als äh als ich nach Deutschland kam, kurz nachdem ich nach Deutschland kam (längere Pause), ich kam von Spanien nach Deutschland zu einer Zeit, wo es eine Diktatur gab, wo .. diejenigen, die nicht aus politischen Motiven – eigentlich, ja, war es eher die – der große Druck, der in Spanien herrschte, der einen veranlaßte, von dort fortzugehen, vor allem in in meinem Fall, also als Frau und Jugendliche, ich ging von Spanien weg mit 18 Jahren mit großen Spannungen äh in meiner Familie, mit meinem Vater, mit großen .. äh Kämpfen dort, dort. Meine einzige Möglichkeit, verschwinden zu können von jenem Dorf, wohin ich jetzt gehe, äh und von jenem (lacht gepreßt) Vater und von jenem ganzen schrecklichen Umfeld, weil in der Tat äh .. für die Jugend, die wir äh die die wir damals waren, die die Jugend, die wir waren, die wir begannen, uns ein bißchen weiter zu entwikeln, war dies dort tödlich, d.h. die ganze Bande, die wir waren, ging fort. Wir waren eine Bande, wo äh die einen mehr die anderen weniger, d.h. in diesem Fall war ich vielleicht diejenige, die am wenigsten politisch war, weil mein Vater äh war Franco-Anhänger /mhm/, der Rest war also entweder äh, mein Großvater – etwas Verbindung zur zur Politik hatte ich durch meinen Großvater, der war Anarchist /mhm, mhm/, aber nicht viel, zuhause hatte mein Vater das Sagen .. sein eigener Vater durfte nicht einmal den Mund aufmachen, dort sprach nur er, ein typischer Diktator also, dort sprach man nichts anderes. Meine meine Freundinnen aber, ja, ein Vater war Kommunist gewesen, ein anderer Sozialist, während des Bürgerkrieges hatten sie gekämpft .. und so hatten sie entsprechende Bücher, hatten auch Gespräche in ihren in ihren Häusern, die es bei mir zuhause nicht gab. Und dann also (...) der Kirchenbesuch zum Beispiel äh äh, in der Schule hingen die Noten – zumindest in jenem Dorf – davon ab, ob du zur Messe gingst /mhm/. Wenn du sonntags nicht die Messe besucht hattest, wurde dir am Montag ein Fehltag eingetragen, zum Beispiel /mhm/. Klar, man wurde älter, in dieser Umgebung, man begann, schon ein bißchen zu protestieren, der Schock des Bürgerkrieges lag schon ein bißchen zurück, nicht ganz zurück, aber die Schrecken waren schon etwas verblaßt, so daß man schon begann, schon begann, anders zu sprechen. Wir als Jugendliche, das ist ist ganz klar, schrieen am meisten ... ja, also ja in dieser ganzen Umgebung war es das Beste fortzugehen – unsere ganze Bande ging fort, die einen gingen nach Frankreich, die anderen gingen nach Frankreich [ist wahrscheinlich ein Versprecher, W.S.], ich war die einzige der ganzen Bande, die nach Deutschland ging, wieder andere gingen nach Barcelona, wo sie Tanten hatten, die etwas liberaler waren, wir verschwanden alle von dort, alle, in diesem Fall verschwanden wir alle von dort, um zu zu zu .. /mhm/. Ich war auch /war es ein kleines Dorf?/ nein, damals war es nicht so klein, 4.500 Einwohner, heute hat es nur 1.200 oder so, aber damals war es ein Dorf, das noch (.) hatte, ja und es waren auch keine Arbeitsmotive, d.h. ich kam nach Deutschland als Aupair-Mädchen /wie?/ Aupair-Mädchen /mhm/, das war mehr oder weniger eine Putzhilfe, das konnte man auch in dem Dorf machen, es existierten – und und und es waren keine, es waren keine wirtschaftlichen Gründe Gründe, sondern es war wirklich die Beklemmung [Atemnot, Not, Ersticken; ahogo, W.S.], die dich veranlaßte, die dich veranlaßte fortzugehen ... umso mehr, wenn du Frau warst /mhm/. Ich weiß noch genau, die ersten, die Hosen trugen in diesem Dorf, waren eine Freundin und ich (betont). Ich glaube, sogar die Ratten kamen aus ihren Löchern, /Frau Botifoll lacht/ um uns zu sehen, /lacht/ man schimpfte uns Lesben ... das war wirklich schreck- äh du fühltest dich nur wohl, wenn du in die Berge gingst und allein warst. Der Rest war ganz und gar zum Ersticken [ahogo] /mhm/. Nein, es waren keine, es waren keine wirtschaftlichen Gründe, Gründe, die – auch nicht, weil das Dorf klein war, nein, sondern weil weil es wirklich eine Demütigung [depresión] war" (S. 1-2).*

Die Frage des Interviewers nach ihrem ersten Kontakt mit dem Kulturkreis evoziert in Frau García die Ausgangslage vor ihrer Auswanderung nach Deutschland. Ihr erster Anlauf zur Beantwortung der Interviewerfrage, die sie in einer zeitlichen Perspektive auszuführen beginnt – „*als ich nach Deutschland kam, kurz nachdem ich nach Deutschland kam*" – endet in einer längeren Pause. Sie ist nicht in der Lage, ihren ersten Kontakt mit dem Kulturkreis näher zu präzisieren, ohne vorher auf die Umstände einzugehen, die überhaupt zu ihrem Wechsel nach Deutschland geführt haben. Die Art ihrer Kontaktaufnahme ist für sie erst verständlich zu machen vor dem spezifischen Hintergrund ihrer Migrationsentscheidung. Sie schaltet daher ihre Erzählung um und beginnt mit einer ausführlichen Schilderung ihrer familiär-dörflichen Situation in Spanien vor ihrer Entscheidung, ins Ausland zu gehen.

Ausgangspunkt von Frau Garcías Erzählung bildet die Feststellung, daß es zum Zeitpunkt ihres Wechsels von Spanien nach Deutschland in Spanien eine Diktatur gab. Neben dem möglichen Hintergrundshinweis für den nicht informierten Interviewer gibt sie damit eine erste Einbettung ihres eigenen Migrationsmotivs. Sie kommt aus einem Land, in dem zum Zeitpunkt ihres Weggangs eine Diktatur bestand. Die implizite Frage, in welchem Zusammenhang die Diktatur mit ihrer Entscheidung, von Spanien wegzugehen, steht, beantwortet Frau García, indem sie politischen Auswanderungsmotiven Motive gegenüberstellt, die mit der allgemeinen Lebenssituation unter den Bedingungen einer Diktatur zu tun haben. Damit gibt sie indirekt zu erkennen, daß ihre Migrationsentscheidung nicht politisch motiviert war, sondern mit dieser allgemeinen Lebenssituation zusammenhing – eine Situation, deren entscheidendes Kennzeichen für Frau García „*ein großer Druck*" ist, der sich in ihrem Fall geschlechts- und altersspezifisch äußert. Ohne es an dieser Stelle schon näher auszuführen, sieht sich Frau García sowohl als Frau als auch als Jugendliche mit Situationen konfrontiert, die sie bedrücken und unter denen sie leidet. Bereits im Alter von achtzehn Jahren – unter damaligen Bedingungen also als Minderjährige – verläßt sie Spanien und zwar unter großen „*Spannungen*" und „*Kämpfen*" innerhalb ihrer Familie, speziell mit ihrem Vater. Die gesellschaftliche Drucksituation wird somit zum ersten Mal konkretisiert als Druck innerhalb der Familie, als Auseinandersetzung mit dem Vater.

Die einzige Möglichkeit, dem Dorf, dem Vater und dem „*ganzen schrecklichen Umfeld*" zu entkommen, sieht sie im „*Weggehen*", im „*Verschwinden*". Die dörfliche Struktur, die Person des Vaters und das durch die Diktatur geprägte Umfeld lassen für ihre Person ein Existieren innerhalb dieses Rahmens nicht zu. Die Verben, die sie benutzt, verweisen auf Flucht (entkommen), auf Vermeidung (weggehen) und auf Auslöschung (verschwinden). In diesem Umfeld gibt es für sie keine Existenzgrundlage. Sie muß mit ihrer Person an einen anderen Ort, um sich entfalten zu können, um Luft zum Atmen zu haben. Allerdings ist das Dorf in der rückblickenden Perspektive von Frau García nicht nur der Ort mit einer negativen Vergangenheitsprägung und Ausgangspunkt ihrer Migration, sondern auch der Ort ihrer Rückkehr. In das Dorf, von dem sie wegging, kehrt sie wieder zurück. Damit deutet Frau García schon an dieser Stelle an, daß sich ein Kreis für sie schließt, daß sie bzw. das Dorf in der Zeit ihrer Abwesenheit eine tiefgreifende Veränderung durchlebt haben und daß sie dadurch in die Lage versetzt worden ist, in dieses Dorf wieder zurückzukehren.

Die Erfahrung einer lebensbedrohenden Einschränkung ist für Frau García allerdings kein einsam ertragenes Los, sondern das Kollektivschicksal einer ganzen Generation. Denn für denjenigen Teil der Dorfjugend, der sich aus den gesellschaftlichen Fesseln zu befreien „*und sich ein bißchen weiter zu entwikkeln*" suchte, war die Situation aus der Sicht von Frau García ebenfalls „*tödlich*". Daher ist auch der von ihr gewählte Befreiungsversuch – nämlich das Fortgehen – keine isoliert getroffene und durchstandene Entscheidung, sondern ein kollektiver Akt der peer group. Die ganze fortschrittlich gesinnte – weibliche – Jugend optierte nicht für den Verbleib, sondern für die Migration als der einzigen Möglichkeit einer selbstbestimmteren und freieren Entwicklung. Für Frau García war dieser Rückhalt in der Gruppe gleichgesinnter Jugendlicher auch insofern von Bedeutung, als sie – vermittelt über die Eltern ihrer Freundinnen – sich mit politischen Meinungen auseinandersetzen konnte, die jenseits des offiziellen und eigenen familiären Horizontes lagen. Ihre Freundinnen stammten nämlich z.T. aus kommunistischen und sozialistischen Elternhäusern und hatten Väter, die während des Bürgerkrieges auf Seiten der Einheitsfront gekämpft hatten, über entsprechende Bücherbestände verfügten und in ihrer Familienkommunikation entsprechende Themen behandelten. Frau García bezeichnet sich als die unpolitischste ihrer Gruppe und begründet dies mit ihrem frankistischen Vater. Sie deutet damit an, daß sie aufgrund der Linientreue ihres Vaters von ihrem Elternhaus her – im Vergleich zu ihren Freundinnen – am wenigsten imstande war, von der vorgegebenen frankistischen Doktrin abweichende politische Meinungen zu kultivieren und damit – wenn auch nur im geschützten Rahmen der Familie – in Konkurrenz mit der offiziellen Lehrmeinung zu treten. Allerdings erlebt auch Frau García in Gestalt ihres als Anarchisten gekennzeichneten Großvaters eine Verbindung zur Politik, deren Ohnmächtigkeit ihr allerdings zumindest in ihrer Familie drastisch vor Augen geführt wird. Ihr Großvater ist aufgrund seines Anarchistentums in doppelter Weise sowohl hinsichtlich seiner Stellung in der Generationenabfolge als auch in Bezug auf die Möglichkeiten politischer Meinungsäußerung entmündigt. Im Rahmen der Großfamilie hält der Sohn die Zügel in der Hand und verweigert mit seiner Autorität und seinem Durchsetzungsvermögen sogar dem eigenen Vater das Rederecht. Frau García bezeichnet ihn als einen „*typischen Diktator*", der die eigene Familie unter Kontrolle hält und in dessen Person der gesellschaftliche Druck in die familiäre Sphäre hineinverlagert wird. Der Vater ist gerade als Franco-Anhänger, als Vertreter der offiziellen politischen Doktrin, auch innerhalb der Familie in der Lage, das im Kontext der spanischen Gesellschaft dominierende Gesetz der Generationenunterordnung zu durchbrechen und seinem eigenen Vater als dem Anhänger der unterlegenen Partei die ihm zustehende familiäre Position erfolgreich streitig zu machen.[117]

---

117 Die Tatsache, daß Frau García die Haltung ihres Vater als unpolitisch bezeichnet, obwohl er sich als Franco-Anhänger zu einer bestimmten politischen Bewegung bekannte, und nur die Haltung ihres Großvaters, der sich als Regimegegner in einer hoffnungslosen Minderhei-

Nach dieser ersten Charakterisierung des gesellschaftlichen Drucks in familiär-politischer Hinsicht gibt Frau García eine weitere Konkretisierung der sie bedrückenden Zustände nach der schulisch-kirchlichen Seite hin. Sie verweist auf die ideologische Abhängigkeit und enge Verquickung von Schule und Kirche als zweier bedeutender Sozialisationsinstanzen der Franco-Diktatur. Schulische Leistungsbewertung und schulischer Erfolg hingen nicht – nur – von Wissenskriterien ab, sondern waren an kirchlich-religiöses Wohlverhalten – den sonntäglichen Besuch der Messe – und damit an ein öffentlich kontrollierbares Sozialverhalten gekoppelt.

Doch selbst in diesem Kontext engmaschiger Kontrolle gab es eine Entwicklung hin zu freierer Meiungsäußerung, ja sogar zu der Möglichkeit eines gewissen Protestverhaltens, da die rigide Repression unmittelbar nach dem Ende des Bürgerkriegs (1939) allmählich einer zaghaften Liberalisierung der Meinungsfreiheit wich. Hauptträger dieser freieren Meinungsäußerung waren die Jugendlichen, die peer group, der auch Frau García angehörte. Ohne es an dieser Stelle auszuführen, muß die Diskrepanz zwischen erhoffter und tatsächlicher Liberalisierung jedoch so groß gewesen sein, daß diese entwicklungsfreudige Jugend den Weg in die Migration als einzige Lösung ihres Dilemmas betrachtete. Die tatsächlichen Wanderungswege der peers variierten entsprechend den familiären Voraussetzungen und führten entweder in die Binnenmigration – zu den liberaler eingestellten Verwandten in Katalonien – oder in die Emigration, vor allem nach Frankreich. Die einzige, die den weiten Sprung nach Deutschland wagte, war Frau García.

Die Frage des Interviewers nach der Größe des Dorfes nutzt Frau García, um die vom Interviewer suggerierte bzw. von ihr dem Interviewer unterstellte Verbindung von kollektiver Auswanderung und schlechten ökonomischen Möglichkeiten eines kleinen Dorfes zu dementieren und noch einmal nachdrücklich auf die beklemmende Lebenssituation als dem entscheidenden Auswanderungsmotiv hinzuweisen. Dabei präzisiert sie auch, daß sie – und wahrscheinlich auch ihre Freundinnen – als Aupair-Mädchen den Weg in die Ferne angetreten ist und daß diese Form der Beschäftigung als einer besseren Putzhilfe auch in ihrem Dorf möglich gewesen wäre. Die wirklichen Gründen lagen für sie ausschließlich in der Beklemmung, welche die Lebenssituation in ihrem Dorf in ihr hervorrief – eine Beklemmung, die auch geschlechtsspezifische Züge trug. Frau García illustriert dies am Verhalten der Dorfbewohner, die auf die

---

tenposition befand, als politisch etikettiert, deutet darauf hin, daß für sie Politik nicht so sehr die Ausgestaltung des gesellschaftlichen status quo bzw. dessen ideologische Verteidigung umfaßt, sondern vielmehr denjenigen – utopischen – Diskurs meint, der sich mit der Überwindung des status quo bzw. mit den noch nicht ausgeschöpften Möglichkeiten des Lebens und der Gesellschaft beschäftigt. Dieses Politikverständnis wird auch für ihr späteres Leben prägend sein, das Frau García als den Versuch ansieht, gegen gesellschaftliche und persönliche Beharrungskräfte Veränderungsprozesse zu initiieren und durchzusetzen. In der diskriminierten Position ihres Großvaters, mit dem sie sich identifiziert, ist jedoch schon in ihrer Familie die Zerbrechlichkeit, der Mißerfolg und das Scheitern einer solchen – heroischen – Form von Gesellschaftsveränderung vorweggenommen.

Herausforderung und jugendliche Provokation des Hosentragens von Frauen –
von Frau García und ihrer Freundin – mit Abwehr und Verleumdung reagieren.
Das Austesten von Spielräumen und die Verletzung von festgefahrenen Konventionen und Rollenerwartungen endet für beide Mädchen in der Beschimpfung als Lesben. Noch im nachhinein ist Frau García das Schreckliche und
Demütigende dieser Situation voll präsent. Die Luft zum Leben, den Raum für
Entwicklung, die Möglichkeit des Wohlbefindens findet sie in dieser angespannten Lage allein in der Einsamkeit der Berge bzw. in der Flucht ins Ausland als
Aupair.

2.2. Ambivalenz des ersten Kulturkreiskontaktes in Deutschland

*„Schön, du kommst also nach Deutschland, ... dort lernst du äh Spanier kennen ... und lernst
den Kulturkreis kennen. Damals gab es äh .. ja, war es eine Zeit ... wo, ja, wo die politischen
Parteien große Kämpfe untereinander ausfochten, man ich hatte kein großes Interesse, mich
aktiv zu beteiligen an diesem, an diesem .. an diesem – auch wurde ich sehr jung Mutter .. mit
20 Jahren bekam ich meinen ersten Sohn, da war ich nicht nicht in der Lage, beim Kreis oder
so aktiv mitzumachen. Allerdings verkehrte ich häufig dort, nahm an den äh Demonstrationen teil, an den Diskussionen äh, die veranstaltet wurden, etc. .. Erst Jahre später, als meine
Söhne schon etwas größer waren .. außerdem nein, weil damals im Kreis, d.h. zumindest ich
sah dort .. ja, diese Frömmlerinnen meines Dorfes (lacht), vor allem die Frauen, nicht wahr,
Frauen, die sich politisch sehr libertär gaben, aber als Frauen waren sie genau so wie wie
meine Großmutter äh /mhm/ (lacht). Es war schrecklich, es war schrecklich, sie zu hören äh,
sie die Faust recken zu sehen, zu sehen, wie sie z.B. die Internationale sangen und im Grunde,
im Grund äh den Klatsch zu sehen, den (lacht) nein, (lacht), also mir, mir machten die Frauen, also damals machten mir die Frauen des Kreises .. Angst, ganz und gar Angst. Nein, nein,
der Autoritarismus, den es dort gab, man sah, welche Parteien hinter dem standen, es gab
einen Autoritarismus, einen Diktatorismus und hier (klatscht in die Hände) kann man nur
über das und das sprechen, nein, das war nicht mein mein – Jahre später war ich in einem
Verein .. äh im Vorstand eines Vereins, zusammen mit meinem Mann. Mit dem Präsidenten
dieses Vereins hatten wir auch ständig Auseinandersetzungen äh ziemlich – ich weiß nicht,
überall, wohin ich gehe (..) Kämpfe (lacht, so daß sie die weiteren Wörter verschluckt) Auseinandersetzungen – er warf mir nämlich vor, daß ich .. zuviel Politik in den Verein brächte
und daß der Verein ein Elternverein sei und sich nicht politisch zu betätigen habe. Und ich
sagte, daß das eine doch mit dem anderen (laut) zu tun habe, Familie ist Politik (...) ist
Politik, etc."* (S. 2-3).

Nach der Schilderung ihrer familiär-dörflichen Situation und ihrer Entscheidung zur Migration ist für Frau García der erste Erzählabschnitt beendet. Den
nächsten Abschnitt – wie auch die folgenden Abschnitte, die einen thematischen
Wechsel bringen – eröffnet sie mit *„schön"* und nimmt den direkt nach der
Eingangsfrage des Interviewers begonnenen Faden wieder auf. Lapidar bemerkt
sie, daß sie nach Deutschland gekommen ist und dort sowohl Spanier als auch
den Kulturkreis kennengelernt hat. Die scheinbar zwangsläufige Abfolge: nach
Deutschland kommen, Spanier kennenlernen, den Kulturkreis kennenlernen, ist
für sie nicht näher begründungspflichtig, aber auch nicht wert, detaillierter be-

schrieben zu werden. Wahrscheinlich hatte Frau García als Fremde in dem für sie neuen Land Kontakt zu ihren Landsleuten gesucht und über diesen Kontakt auch Zugang zum Kulturkreis gefunden. Der Werdegang ihrer Kontaktnahme zum Kulturkreis über landsmannschaftliche Bindungen ist für sie an dieser Stelle nicht wichtig. Was Frau García dagegen ausführt, ist die Situation, die sie damals im Kulturkreis vorfand. Hervorstechendes Kennzeichen war für sie die harte Auseinandersetzung zwischen politischen Parteien, die Indienstnahme des Kulturkreises als politischer Kampfarena. Obwohl Frau García also in Deutschland in der Vereinsöffentlichkeit ihrer Landsleute eine Atmosphäre konkurrierender politischer Meinungsäußerung vorfindet, die sie in Spanien aufgrund der begrenzten Spielräume politischer Meinungsbildung ja gerade vermißt hatte, will sie sich trotzdem an diesen Auseinandersetzungen nicht beteiligen. Als einen ersten Grund für ihre reservierte Haltung nennt Frau García ihre frühe Mutterschaft schon mit zwanzig Jahren, die eine aktive Beteiligung am Kulturkreis oder an anderen Einrichtungen unmöglich machte. Allerdings nutzte sie den Verein durchaus entsprechend ihrer eigenen Interessen und ihrer – trotz früher Mutterschaft – verbliebenen Möglichkeiten zum geselliger Verkehr, zur Teilnahme an Demonstrationen und zum Besuch von Diskussionsabenden. Frau García macht hier also eine Differenz zwischen aktiv-engagierter Beteiligung mit Verpflichtungscharakter und locker-selektiver Teilnahme an von anderen organisierten Vereinsaktivitäten. Erst Jahre später, mit der Lockerung ihrer familiären Bindungen und Verpflichtungen aufgrund des zunehmenden Alters ihrer Söhne – nach einer längeren Phase der Mutterschaft – war es ihr möglich, sich stärker zu engagieren. Welche Beteiligungsmöglichkeiten sie konkret wahrnahm, führt sie an dieser Stelle des Interviews jedoch nicht aus, sondern benennt einen weiteren Charakterzug des Kulturkreises zum Zeitpunkt ihrer ersten Kontaktaufnahme, der neben ihrer Mutterschaft ebenfalls eine intensivere Beteiligung ihrerseits verhinderte. Im Kulturkreis traf Frau García nämlich auf Frauen, deren politische Progressivität ihrer Meinung nach mit religiös-biederer Verhaftung einherging und zu denen sie ein äußerst ambivalentes Verhältnis entwickelte. Der libertäre Gestus (Faust recken, Internationale singen) dieser Frauen wurde – in Frau Garcías Augen – von einem bigott-frömmlerischem Habitus überlagert, der sie an ihre Großmutter, an die Frauen des Dorfes erinnerte, aus dem sie eben erst geflüchtet war. Frau García hatte Angst vor diesen Frauen, vor dieser Umgebung, und fühlte sich damals noch nicht stark genug, sich dieser Situation konfrontativ zu stellen und eigene Wege zu gehen. Zudem mußte sie feststellen, daß trotz des politischen Meinungskampfes das Vereinsklima von Autoritarismus geprägt war, von doktrinär-diktatorischer Anmaßung, Themen zu bestimmen und inhaltlich vorzugeben, was gesprochen werden konnte und was nicht. Somit glich auch in dieser Hinsicht die Situation im Verein struktruell der Situation in ihrem spanischen Dorf. In gewisser Weise kann man sagen, daß Frau García vom Regen in die Traufe kam. Daher bekräftigt sie noch einmal ihre distanzierte Haltung und weist in dezidierter Form eine zu enge persönliche Bindung an den Verein zurück.

Frau García nimmt dann mit der Wendung „*Jahre später*" einen Gedanken wieder auf, den sie schon weiter oben angetippt, dann aber unausgeführt gelassen hatte. Jahre später – nach dem Größerwerden ihrer Kinder – fällt ein entscheidender Hinderungsgrund für eine aktivere Vereinsbeteiligung weg, so daß sich Frau García zusammen mit ihrem Mann im Vorstand eines Elternvereins engagiert.[118] Trotz größerer familiärer Unabhängigkeit bleibt ihr Vereinsengagement somit funktional auf ein entscheidendes Handlungsproblem ausländischer Eltern – nämlich die Unterstüzung der eigenen Kinder in der Schule sowie die anwaltschaftliche Vertretung ihrer Rechte und Interessen im Schulalltag – bezogen. Innerhalb des Vorstands erlebt sie nun ebenfalls harte Auseinandersetzungen über unterschiedliche Vorstellungen von Politik- und Vereinsarbeit. Die Konflikte entzünden sich an dem Vorwurf des Vereinspräsidenten, Frau García brächte zuviel Politik in den Elternverein, der sich politisch neutral zu verhalten habe. Für Frau García ist Vereinsbetätigung und familiäre Repräsentanz nicht von politischen Fragen zu trennen, sie begreift Familie – ihre Lebenssituation und ihren Alltag – nicht als einen privaten, abgezirkelten Raum mit einer gewissen, gesellschaftlich tolerierbaren Form der Interessenvertretung, sondern als ein Politikfeld, in dem Veränderungen notwendig sind. Sie rekurriert hier zum ersten Mal explizit auf ein Politikverständnis, das sie implizit schon im ersten Abschnitt entfaltet hatte: Politik als die Veränderung des status quo, als der Kampf um die besseren Möglichkeiten von Leben. Dieses Privatheit und Öffentlichkeit umgreifende Verständnis von Politik bringt sie in Konflikt mit der Vereinsspitze, die eine politisch neutrale Form der schulischen Interessenvertretung wünscht.

Die Erzählung ihrer Konflikte im Elternverein veranlassen Frau García zu einem spontanen Einschub und zu einer ersten reflexiven Schlaufe über ihre Person bzw. über die massive Konfliktivität, die überall dort auftritt, wo sie sich als Person einbringt. Die Koppelung zwischen dem Vorhandensein dieser Konflikte und dem Sosein ihrer Person wird zwar nicht ausgeführt, die Heftigkeit ihrer parasprachlichen Äußerungen (Lachen, Verschlucken), die ihre inhaltlichen Aussagen nur sehr bruchstückhaft verstehbar machen, legt eine derartige Koppelung jedoch nahe.

2.3. Theatergruppe und Vereinsübernahme

„Schön, im Kulturkreis wurde dann eine Theatergruppe gebildet. Und das interessierte mich nun wirklich .. ja. Das war sozusagen der offizielle Anlaß, in den Kulturkreis einzutreten, immer mit größter Vorsicht und mit großer Distanz äh wie gesagt nicht gegenüber der Arbeit, die kultureller Ebene, auf politischer Ebene geleistet wurde, sondern gegenüber dem, was dir diese Leute gaben, was sie dir gaben. Sie waren von Spanien weggegangen äh äh äh vor 10, 15, 20 Jahren mit einer .. ja mit einer Unterdrückung äh, sie wußten nicht, meiner Meinung nach – und ich glaube, daß ich mich nicht täusche – meiner Meinung nach

---
118 Zu den Elternvereinen vgl. Teil I, Kap. 2, Abschnitt 1.1.2.

wußten sie nicht, hatten sie nicht nicht Teil am kulturellen Leben, am politischen Leben, am am daß es auch andere, deutsche Formen von Kultur gab. Sie hatten sich in ihren Kreis eingeschlossen, hatten nur die politische Seite gesehen und hatten sich als Personen als als Menschen – ich weiß nicht, wie ich sagen soll – vernachlässigt /mhm/.. sie hatten sich etwas vernachlässigt. Dieselben, die politisch superfortschrittliche Ideen hatten z.b. entweder kommunistische oder anarchistische, dieselben blieben ganz innendrin ... doch die vom Dorf. Dieselben alten Beckmesserinnen, die in die Kirche gingen äh, um zu sehen, wer, ob du 10 oder 15 Minuten gebeichtet hast. Für mich, ja, für mich war war war .. war – gut (..) ja, es gab dort die Theatergruppe, ich lernte Carmen [Frau Botifoll, W.S.] kennen, es gab eine Reihe von Leuten, die mich dort interessierten /mhm/ äh, ja wir spielten Theater ... nahmen Verbindung zueinander auf.. und wieder (lacht) war es aufgrund eines Kampfes, eines anderen Streits (lacht), daß im Kreis, im Kreis jetzt ungefähr vor .. 7, 8 Jahren .. 8 oder 10, ich weiß nicht genau /Frau Botifoll 10, 10/, daß der Kreis äh dieser politischen Partei etwas aus den Händen glitt, weil sie nicht mehr genug Kraft hatte /mhm/. Damals äh gab es im Kreis auch ein paar Stimmen, ein paar sehr kleine nur, äh die aber sagten, man müsse allen Gelegenheit zur Teilnahme geben, etc. Damals – herrschte jedoch, herrschte jedoch immer noch der Druck, das (schnauft aus) „hier befehle ich" (klopft bei jedem Wort auf den Tisch). Der Präsident war äh wie der Bundes- äh präsident, also äh der Größte. Der Vorstand, die Größten. Äh ich bin der Meinung – hier habe ich den Anarchismus meines Großvaters – ich sage, um irgendwo Präsident zu sein, mußt du zuerst Volk sein, sonst kannst du nie Präsident sein und Präsident sein heißt nicht, daß du die Wahrheit in Händen hälst (...) (lacht). Und so kamen äh ja, große Kämpfe, äh die diktatorische Form (langsam und betont) äh nicht nicht nur der Parteileute .. wir waren auch mit den Christenleuten zusammengeprallt. Auch äh die bestanden aus lauter Dogmen (lacht) äh mit einem großen Autoritarismus, wo (Telefon klingelt) es nichts gab außer dem eigenen (Telefon klingelt). Ja, es gab dann eine Art, wir machten eine Art (Frau Botifoll geht ans Telefon und spricht leise) .. Rebellion innerhalb des Kreises /mhm, mhm/. Rebellion äh gegen (laut) ja gegen all diese Dogmen und sagten, man kann, man kann äh man kann ein Kollektiv machen, wo es natürlich drei gibt, die entscheiden müssen, die die Entscheidungen fällen müssen .. aber nicht ohne den Rest zu hören (Frau Botifoll kommt zurück). Wir machten dann eine Art Absprache, nicht wahr Kleine, äh eine Art Absprache, daß wir uns gegenseitig unterstützen, also wenn ich mich einmische, mischst du dich ein, und wenn du dich vorwagst, komme – okay, unterstütze ich dich /mhm/, um irgendwie diesen Teil zu stürzen (lacht) zu stürzen ... also, ja .. nicht diesen Vorstand, sondern diese Personen, weil für mich hatte die Sache wirklich mit mit den Personen zu tun und nicht mit dem Vorstand /mhm/, weil der Vorstand von den Personen abhängt. Und ja, so kam dieser abgesprochene Vorstandsvorschlag zustande äh aus Gründen äh, es waren auch weiterhin Parteileute, Christenleute im äm, aber äh damals war es ein bißchen wie heute, etwas anders, aber entweder machte man den Kreis dicht .. oder man mußte uns akzeptieren, diese Leute, die wir eintraten .. unterstützt von dreien, scheel angesehen von zweihundert (lacht) oder hundert, die wir damals im Kreis waren, wo man ein Aber gegen uns hatte .. weil wir nicht einer Partei angehörten, weil wir nicht der Kirche angehörten, weil man nicht wußte, in welche Schublade man uns stecken sollte, wo – in diesem konkreten Fall war es ich (betont), d.h. ich, ich war die einzige äh, die äh weder einer Partei noch der Kirche angehörte, sondern ich war einfach Conchita, die dort auftauchte. Einfach so (betont) ohne sonst was. Ja, äh man unterstützte .. ich weiß nicht warum, ich weiß nicht warum (lacht) /mhm/, ich vermute, daß die Art und Weise, daß eine Frau dort aufkreuzt und redet, aufkreuzt und vielleicht sogar mit der Faust auf den Tisch haut, so wie das die Männer taten, während die Frauen nicht aufmuckten. Na ja, warum soll ich den Mund halten äh, ich kann genauso mit (schlägt auf den Tisch) mit der Faust auf den Tisch hauen, ich vermute, aufgrund der Originalität, so eine andere Art zu zu sehen, außerdem war ich nicht in der Partei (betont), klar, ich erzähle all dies, damit du ein bißchen siehst.. " (S. 3-5).

Nach der Schilderung ihrer ersten Kontaktaufnahme mit dem Kulturkreis, ihrer ambivalenten Erfahrungen dort und dem prospektiven Einschub ihres Engagements im Elternverein setzt Frau García eine erneute Zäsur, wiederum mit dem Markierer „*schön*". Was sie nun erzählt, ist der Beginn ihrer sich allmählich ändernden Beziehung zum Kulturkreis mit entscheidenden Folgen für ihre Person und für den Verein. Ausgangspunkt ihrer Erzählung ist die Gründung einer Theatergruppe innerhalb des Kulturkreises, die mit ihrer Arbeit ein „*wirkliches*" Interesse von Frau García berührt. Neben den gelegentlich mitgenommenen Vereinsaktivitäten tritt hier zum ersten Mal ein Element auf, mit dem sich Frau García stark identifiziert, so stark, daß sie sogar trotz ihrer tiefliegenden Vorbehalte offiziell Mitglied des Vereins wird. Frau García nimmt somit eine Dreierabstufung ihres Vereinsverhältnisses vor: ihre Bindung an den Verein über wirkliche Interessen, die sie innerhalb des Vereins verfolgen kann; dann die Möglichkeit der gelegentlichen Teilnahme an kulturellen und politischen Aktivitäten; und schließlich ihre Skepsis und Distanz den tonangebenden Leuten des Kulturkreises gegenüber.

Die Vorbehalte gegenüber der älteren Generation von Spaniern, die Frau García im Kulturkreis antrifft, formuliert sie noch einmal sehr deutlich. Obwohl sie sich der subjektiven Perspektive ihrer Aussagen bewußt ist, glaubt sie, ihnen dennoch einen gewissen Realitätsgehalt zuschreiben zu können. Entscheidender Erfahrungshintergrund dieser Generation ist nach Meinung von Frau García die Unterdrückungssituation in ihrem Herkunftsland mit ihren tiefgreifenden sozialisatorischen Wirkungen. Damit spielt sie – wie schon am Anfang ihrer Erzählung – auf die frankistische Diktatur und die repressiven Lebensumstände nach dem Bürgerkrieg an. Trotz ihres Weggangs von Spanien blieb diese Generation in den Augen von Frau García in den Sozialisationsbedingungen ihrer Herkunft befangen. Sie war nicht in der Lage, sich dem politisch-kulturellen Leben in Deutschland mit seinen anderen Formen zu öffnen, sondern blieb in ihrem eigenen engen Kreis „*eingeschlossen*". Frau García liefert hier die Beschreibung einer Ghettoexistenz, die im kleinen Kreis eigene Umgangsformen zelebriert, sich nicht der sie umgebenden Kultur öffnet und sich auf den politischen Kampf im Heimatland konzentriert. Als Fazit ihrer Beschreibung hält sie die „*Vernachlässigung*" der persönlich-menschlichen Seite dieser Generation fest, die sich sehr einseitig nur um die Kultivierung politischer Diskurse gekümmert hat. Frau García nimmt mit dieser Kritik eine Außenperspektive ein: sie kommt mit anderen Ambitionen, sie will weg von der engen Form politischer Auseinandersetzung, aus der sie geflohen ist und die sie als doktrinär und autoritär empfindet. Die von ihr beobachtete Diskrepanz zwischen der Progressivität der politischen Ideen und der Stagnation in der Persönlichkeitsentwicklung wird für sie auch insofern umso gravierender, als eine Anzahl von Personen im Verein Verhaltensweisen zeigen, die eine für sie fatale Ähnlichkeit mit Verhaltensweisen von Personen aus ihrem Dorf aufweisen. Sie wiederholt an dieser Stelle dieselbe Kritik wie schon im vorherigen Abschnitt: die Internationale singen und gleichzeitig Klatsch verbreiten, verbietet sich für Frau García ebenso wie kommunistische Ideen propagieren und beckmesserisch die Beichtdauer in der Kirche verfolgen.

Mit einem neuerlichen „*schön*" kehrt Frau García in ihrer Erzählung zur Theatergruppe zurück. In ihr traf sie auf Personen, die im Gegensatz zur Personengruppe der älteren Spanier ihr Interesse fanden, so z.B. Frau Botifoll, die sie explizit nennt. Frau García konkretisiert somit ihr Interesse an der Theatergruppe als ein Interesse für bestimmte Personen, die in diesem Kreis vertreten waren. Was diese Personen im Vergleich zu den doktrinären Leute der Kulturkreises auszeichnete, führt sie an dieser Stelle nicht aus. Allerdings bestand in der Theatergruppe ein immer stärkeres gegenseitiges Beziehungsgeflecht, das in der persönlichen Verbindung und im thematischen Interesse am Theaterspiel zunehmend zu einem Kreis im Kreis wurde.

In diese Situation zunehmender persönlich-thematischer Interessenverflechtung hinein verortet Frau García nun einen neuerlichen Konflikt. Wieder sind es Streitigkeiten, welche die Erzählung bestimmen. Konfliktivität ist ein wesentlicher Bestandteil von Frau Garcías Lebensrückblick. Wodurch dieser Streit zustande kam und wer die führenden Kontrahenten waren, ist an dieser Stelle nicht ersichtlich. Es ist jedoch zu vermuten, daß aufgrund der Erzählnähe die Theatergruppe, der Kreis im Kreis, bzw. die Personen, die in der Theatergruppe engere Beziehungen zueinander aufgebaut hatten, dabei eine Rolle spielten. Die zeitliche Fixierung dieser Auseinandersetzung gelingt Frau García nur relativ vage, so daß Frau Botifoll sich zum ersten Mal in das Gespräch einklinkt und ihr mit einer Zeitangabe aushilft. Inhaltlich war der Streit auf eine Krisensituation des Vereins bezogen, da die bislang dominante Partei ihre führende Stellung verloren hatte. Es ging also um die Kontrolle des Vereins im Gefolge eines allmählich sichtbar gewordenen Machtverlusts. In dieser Situation formulieren „*ein paar Stimmen*", eine zwar nach wie vor schwache, aber dennoch existente und sich zu Wort meldende Opposition, eine Gegenpolitik zu der bisher praktizierten Vereinsgestaltung: nämlich allen Vereinsmitglieder Gelegenheit zur Teilnahme zu geben. Hinter diesem Vorschlag steckt eine eindeutige Kritik, die die bisherige Vereinspolitik als zu elitär, als zu wenig demokratisch ablehnt und die die bisherigen Partizipationschancen als selektiv zugeteilt betrachtet.

Zur besseren Charakterisierung dieser alternativen Vereinspolitik geht Frau García noch einmal detailliert auf die bisherigen Praxen und Routinen im Verein ein, auf den „*Druck*", der damals das Vereinsleben beherrschte.[119] Der Verein ist in ihren Augen der Vorstand und der Vorstand betrachtet sich selbst als „*der Größte*". Gegen diese Anmaßung formuliert Frau García – dabei der anar-

---

119 Zur Beschreibung der Vereinsatmosphäre benutzt sie wiederum dasselbe Wort – presión –, mit dem sie auch die Situation in ihrem Dorf charakterisiert hatte. Auch in dieser Hinsicht zeigt sich, daß sich für Frau García die Situation im Dorf und die Atmosphäre im Verein strukturell glichen.

chistischen Gesinnung ihres Großvaters folgend – ihr eigenes Verständnis von Vereinsführung: Präsident sein, heißt zuerst Volk (pueblo) sein, heißt sich klein machen, dienen und zuhören, heißt zu erkennen, die Wahrheit nicht gepachtet zu haben. Gegen ein elitär-autoritäres Vereinsverständnis setzt sie ein partizipativ-demokratisches. Die Streitigkeiten entzündeten sich nun genau an diesem Punkt, da aus der Sicht von Frau García der Verein von Kommunisten und Christen dominiert wurde, die sich in der autoritären Gesprächsführung und im dogmatischen Beharren auf dem eigenen Standpunkt sehr ähnlich waren.

Ein kollektives *„wir"* – möglicherweise der Theaterkreis, aus dem sich die Opposition speiste – inszenierte nun *„eine Art Rebellion"*, da sich die Oppositionsgruppe stark genug fühlte, um einen alternativen Personalvorschlag für die Vereinsleitung zu unterbreiten. Dieses *„Kollektiv"* sollte dabei durchaus über Entscheidungskompetenzen verfügen, diese Kompetenzen jedoch erst nach Anhörung der restlichen Vereinsmitglieder ausüben. Frau Garcías Vision eines Präsidenten, der das *„Volk"* ernst nimmt, konkretisiert sich hier in einem dialektischen Verhältnis von Vereinsleitung und Mitgliederbefragung. Ihr demokratisches Modell sieht einen Modus der Entscheidungsfindung vor, der einerseits die Basis miteinbezieht und ihr Potential zu aktivieren sucht, ohne dabei andererseits die Schrittmacherfunktion der Vereinsspitze zu unterschlagen. Bei der konkreten Umsetzung ihres Planes nutzte die Oppositionsgruppe die Taktik der im voraus abgesprochenen und festgelegten Schritte. Sie erhöhte damit ihre Chancen, in der Entscheidungssituation – wahrscheinlich die Mitgliederversammlung zur Neuwahl des Vorstandes – ihren Vorschlag durchzubringen, indem sie durch aktives Eingreifen und gegenseitiges Verstärken den vereinsöffentlichen Diskurs besetzte und steuerte und so Einheitlichkeit und quantitative Stärke dieses Alternativvorschlages suggerierte. Die Absprache und Festlegung, sich gegenseitig in der Vereinsöffentlichkeit zu stützen, zeugt dabei von einer klaren Vorstellung über die vereinsinternen Möglichkeiten der Machtübernahme.

Die Absprache hatte zum Ziel, den amtierenden Vorstand bzw. Personen dieses Vorstandes zu *„stürzen"* (derrocar). Zur Präzisierung der umstürzlerischen Pläne macht Frau García allerdings einen dezidierten Unterschied zwischen dem Vorstand als einer im Vereinsleben notwendigen und daher zu stützenden Einrichtung und den zu stürzenden Personen, die diese Einrichtung für eigene Zwecke usurpieren. Der Vorschlag und die Umsetzungstaktik hatten den erhofften Erfolg: der alte Vorstand erlitt eine empfindliche Niederlage. Indes ging der eigene erfolgreiche Listenvorschlag nicht soweit, den gesamten Vorstand mit eigenen Leuten zu besetzen, sondern auch weiterhin Repräsentanten der Partei und der Kirche miteinzubeziehen, so daß der Vorstand insgesamt eine größere Pluralität aufwies.

Die Krisensituation, in der sich dieser Widerstand artikulieren konnte, hatte jedoch noch eine weitere Dimension: der Verein selbst steckte in einer tiefen Krise. Frau García parallelisiert die Situation von damals mit der gegenwärtigen Lage des Vereins, die sich ebenfalls als äußerst prekär darstellt. Damals –

wie heute – stand der Verein nämlich vor der Frage, ob er sich auflösen oder ob er neue Mitglieder mit anderen Zielsetzungen und anderen Herkünften akzeptieren sollte. Die damals vorhandenen Neueintritte von Mitgliedern – so wie derjenige von Frau García, die über die Theatergruppe zum Vereinsmitglied wurde – wurden vom Vereinsestablishment mit Argwohn und Mißtrauen betrachtet. Insbesondere die engagierten, arbeitswilligen, gestaltungsfreudigen und innovativen Neumitglieder, die ein Mitspracherecht einforderten, brachten die bis dato herrschenden Kategoriensysteme durcheinander, da sie sich nicht den üblichen Lagern – Partei, Kirche – zuordnen ließen. Vor allem Frau García, die selbst an exponierter Stelle agierte und für den neuen Vorstand kandidierte, hatte sich mit dieser Ambivalenz auseinanderzusetzen. Sie gehörte weder einer Partei noch der Kirche an, sie war einfach sie selbst. So wie sie sich damals im Dorf als Frau und Jugendliche nicht den Rollenkonventionen beugen wollte, so ist sie im Verein einfach Conchita. Sie hat keine institutionelle Rückendekung und ist damit auch keiner bestimmten Institution zuordenbar. Sie möchte einfach Mensch mit eigenem Namen sein, womit sie allerdings die eingefahrenen Verfahrensmuster des Vereins außer Kraft setzt.

An dieser Stelle des Interviews reflektiert Frau García das Warum ihrer Unterstützung durch einen Teil der Vereinsmitglieder. Sie vermutet, daß gerade die Verletzung der Rollenkonventionen, vor allem das Wagnis, sich dieselben Rechte wie die Männer im Verein herauszunehmen, männertypisches Verhalten zu praktizieren und das schweigende Verhalten der Frauen zu durchbrechen, einen entscheidenden Grund ihrer Wahl darstellten. Mit ihrem Verhalten durchbricht sie lang gepflegte Rollentabus und gewinnt gegenüber den sich vordergründig so libertär gebenden, von den Männern des Vereins jedoch majorisierten Frauen an Gewicht und Originalität. Zudem ist sie als parteiungebundene Person weniger beeinflußbar. Mit dieser Reflexion gibt sie gleichermaßen auch zum ersten Mal einen metakommunikativen Hinweis bezüglich der Interviewsituation. Sie ist sich der Rollensituation im Interview durchaus bewußt und erzählt bestimmte Dinge, um dem Interviewer ein plastisches und plausibles Bild zu geben. Sie entwirft und komponiert ihre Erzählung auch im Hinblick auf die Verstehensmöglichkeiten ihres Gegenübers, der nicht wie sie über die Insidereinblicke verfügt und der darum auch auf informativ-erklärende Passagen angewiesen ist. Gleichzeitig kann sie die Interviewsituation nutzen, um an bestimmten Punkten ihrer Erzählung noch einmal distanzierter über ihr Verhalten und das Verhalten anderer im Verein nachzudenken.

2.4. Partielle Durchsetzung der eigenen Vorstellungen und Konsequenzen der Veränderungen

"Ja, äh so war es, wie, äh, ja, wir gingen in in den Vorstand dieses dieses verfluchten Vereins, weil (lacht) dieses Vereins und wollten bestimmte Dinge verändern äh, natürlich änderst du nicht .. Wenn eine Zeit vorüber ist, so wie jetzt, 8 Jahre, ungefähr 8 Jahre, 7 oder 8 Jahre,

weißt du genau, daß du nicht in der Lage gewesen bist .. Gut in den letzten 3 Jahren haben wir doch einiges verändert, seitdem wir hierher, in die Heddernheimer Landstraße, umgezogen sind, haben sich gewisse Formen verändert. Dort (...) unser Haus, sagten sie, bestimmte Männer und Frauen. „ Wir haben es hier immer /Frau Botifoll: so/.. so gemacht /Frau Botifoll: und so/ wir haben hier immer ein Mittagessen gemacht" (sehr laut und betont) und auch wenn du dort warst und sagtest: „ Gut, jetzt machen wir einmal ein Abendessen, weil ich dazu Lust habe (sehr laut und schrill) oder weil wir dazu jetzt Lust haben", war es ihr Haus. Als wir es fertigbrachten, von dort wegzuziehen, äh wir mußten aus wirtschaftlichen Gründen wegziehen, wir hatten nicht das Geld, um jene Räume zu bezahlen, kamen wir hierher, es war .. gut zwischen Heddernheim und der Kronbergerstraße, Westend, war es etwas weiter weg .. für mich, der Hauptgrund war die O- war der Widerstand .. der Mehrheit von ihnen, sie wußten, .. daß hier, also dort hatte jeder einen Schlüssel, nicht jeder, aber es gab bestimmte Personen, denen du nicht sagen konntest: „ Gib mir die Schlüssel", du hattest überhaupt nichts zu sagen, weil sie die Schlüssel immer gehabt haben. Hier dagegen ... kamen sie und wir gaben die Schlüssel nur denen, denen wir sie geben wollten (langsam und betont). Nein, ihnen wollten wir sie nicht geben. Nur denjenigen, die wirklich die Verantwortung für eine Arbeit übernahmen, für eine Arbeit, sonst nicht (..) weder weil du einmal Präsident gewesen bist noch weil du ääh 10 ääh 10 Jahre lang den Kreis auf deinen Knieen geschrubbt hast, nein, nein. Nur wenn du jetzt arbeitest, bekommst du auch einen Schlüssel /mhm/. Und irgendwie .. ja, äh waren es wir Frauen, die den Umzug machten. Auch das war ein, ja (...) wenn man jetzt darüber spricht (lacht) und nachdenkt und sagt /Frau Botifoll: Die Frauen zogen von diesem Kreis weg, nicht die Männer, die waren dagegen/ wir Frauen zogen weg, weil wir es so wollten (...) Man hat uns gesagt, äh, ihr äh ihr habt den Kreis an den Arsch der Welt geschafft oder wie war das? Ja, also Ausdrücke, also ‚sie' (laut und scharf), sie sprachen immer von ‚ihnen' äh, ‚den Frauen' /mhm/ .. ja, ich glaube, daß seitdem wir hier sind, sind immer weniger Leute bei uns geblieben, aber wir sind daran wirklich nicht schuld, weil .. wir eine Menge gearbeitet haben, eine Menge gearbeitet haben /Frau Botifoll mhm/. Meiner Meinung nach äh .. ich glaube, daß wir der beste Vorstand gewesen sind, den dieser Kreis in den 33 Jahren jemals gehabt hat (lacht). Diejenigen – diejenigen zumindest, die eine Öffnung gebracht haben, diejenigen, die nicht das Prinzip ‚hier befehle ich' aufgezwungen haben. Wenn du gekommen bist und eine Sache machen wolltest, hast du volle Autonomie gehabt, jeder, der Lust hatte, etwas zu machen .., hatte die Freiheit dazu und unsere volle Unterstützung – ob es uns nun gefiel oder nicht /mhm/. Ja, das ist mehr oder weniger .. (senkt die Stimme)" (S. 5-6).

Nach der Rekapitulation „*ja, so war es*" beginnt Frau García, Anspruch und Realität ihrer Vorstandsarbeit zu bilanzieren. Ursprünglich war sie angetreten, über eine neu akzentuierte Vorstandsarbeit den Verein, mit dem sie in einer Haßliebe verbunden ist, zu verändern. Seit der Formulierung dieses Anspruches und seit der erfolgreichen Palastrevolution sind nun ca. acht Jahre vergangen, die sich im Rückblick bilanzieren lassen. Die Bilanz fällt durchmischt aus: vielfach war der Vorstand nicht in der Lage, seine Vorstellungen tatsächlich durchzusetzen. Erst die räumliche Trennung von seinem alten Lokal und der Umzug in das neue Domizil brachten eine gewisse formale und inhaltliche Veränderung. Um diese Veränderung verständlich zu machen, arbeitet Frau García – wie schon mehrfach – mit Kontrastierungen, indem sie die Situation vor mit der Situation nach dem Umzug vergleicht: vor dem Umzug, im alten Domizil, verfügte die ehemalige Vereinselite über bestimmte Privilegien, insbesondere über die Schlüsselgewalt. Sie betrachtete die Vereinslokale als ihre Lokale und beharrte auf eingespielten Routinen. Traditionelle Formen der Vereinsgestaltung standen immer über dem Willen zur inhaltlichen Neugestaltung jüngerer Vereinsmitglieder. Erst mit dem Umzug nach Heddernheim änderte sich diese Situation. Obwohl der Verein aus wirtschaftlichen Gründen sein bisheriges Lokal verlassen mußte, geht aus den Andeutungen von Frau García hervor, daß es eine Leistung ihrer Gruppe war (fertigbringen), den Umzug zu organisieren und mit der räumlichen auch eine inhaltliche Veränderung durchzusetzen. Trotz der wirtschaftlichen Notwendigkeit des Auszugs gab es eine Mehrheit im Verein gegen den Umzug in die Heddernheimer Landstraße – und zwar nicht nur wegen der größeren Entfernung zum angestammten Lokal (Westend), sondern vor allem auch, weil die Promotoren des Umzugs – Frau García und ihre Gruppe – nun über die Schüsselgewalt verfügten. Die Schlüsselgewalt als Symbol der Herrschaft über Räume besiegelte die entgültige Entmachtung der alten Eliten. Während der neue Vorstand im alten Lokal die Schlüsselübergabe nicht durchzusetzen imstande war, konnte er im neuen Domizil dagegen bestimmen, wer die Schlüssel bekam und wer nicht. Bei der Zuteilung verfuhr der Vorstand nach dem Leistungs- und Verantwortungsprinzip. Nur wer bereit war, auch in den neuen Räumen mitzuarbeiten, bekam die Schlüssel ausgehändigt, alte Meriten – und seien sie auch noch so verdienstvoll – wurden nicht berücksichtigt. Die „*Rebellion*" endete somit nicht nur mit einer inhaltlichen Neugestaltung der Vereinsarbeit, sondern auch mit dem Entzug von Räumen bzw. der Schlüsselgewalt über Räume.

Interessanterweise spricht Frau García hier zum ersten Mal die geschlechtsspezifischen Implikationen dieses Wechsels an und verweist somit auf den Zusammenhang des Machtwechsels im Verein mit Konflikten in der Geschlechterbeziehung. Es waren nämlich die Frauen des Vereins (vermutlich meint sie die jüngeren Frauen), die den Wechsel wollten und auch durchführten und zwar gegen den Widerstand der Männer, die lautstark protestierten und die Frauen sogar beschimpften. Es handelte sich somit auch um eine geschlechtsspezifische Entmachtung. Im nachhinein betrachtet erweist es sich daher nicht als zufällig, daß mit Frau García eine Frau in den neuen Vorstand gewählt wurde und damit zur Sprecherin dieser Frauenfraktion avancierte, die in der Folge die Geschicke des Vereins immer stärker bestimmte.

Das Brechen von Traditionen und die Entmachtung der alten männerdominierten Vereinselite hat jedoch seinen Preis. In ihrer Bilanz gibt Frau García zu, daß seit dem Umzug als dem entscheidenden Wendepunkt in der jüngeren Vereinsgeschichte immer weniger Leute den Verein aufgesucht haben und daß sich die Krise somit nicht ent-, sondern zunehmend verschärft hat. Mit dieser ernüchternden Bilanzierung formuliert sie zugleich auch die Schuldfrage. Allerdings sieht sie die Gründe für diese rückläufige Entwicklung nicht im Vorstand oder in ihrer Gruppe – dem kollektiven Wir –, die ihrer Meinung nach hart für diesen räumlich-inhaltlichen Wechsel in den letzten Jahren gearbeitet hat. Die eigene Bescheinigung darüber, daß ihr Vorstand der beste in der gesamten bisherigen Existenz des Vereins gewesen sei, steht in merkwürdigem Kontrast zu der Aussage, daß gerade in dieser Vorstandsperiode sich die Mitgliederbasis zunehmend ausgedünnt hat. Frau García übergeht diesen Widerspruch und setzt die Leistung der eigenen Arbeit gegen den faktischen Niedergang des Vereins. Die Entmachtungskomponente mit ihren geschlechtsspezifischen Implikationen blendet sie aus und verweist stattdessen auf das eigene Arbeitsethos. Fast scheint es so, als wolle sie ihre mögliche Beteiligung an der verschärften Vereinskrise mit dem Hervorheben des eigenen Engagements und der durchgesetzten Innovationen exkulpieren. Die positive Wertung ihrer Arbeit betrifft dabei vor allem die Öffnung des Vereins, die Veränderung des autoritäten Führungsstils sowie die Potenzierung und Unterstützung von Mitgliederinitiativen ohne inhaltliche Vorgaben. Die Erfolgsstory der Übernahme endet so in der Hervorhebung der eigenen Verdienste bei gleichzeitigem Eingeständnis der rückläufigen Mitgliederbasis.

Mit dieser Bilanz scheint Frau García an ein vorläufiges Ende ihrer Erzählung gekommen zu sein. Sie senkt ihre Stimme und macht eine Pause. Doch dann fährt sie mit ihrer Charakterisierung der Vereinslage fort, indem sie die jüngste, aktuelle Situation des Vereins zu schildern beginnt.

2.5. Aktuelle Vereinssituation

„Schön, jetzt sind wir an einen Punkt gekommen, wo .. also wo – vor zwei Wochen war Generalversammlung – .. wir vielleicht zumachen, du warst nicht da? /Frau Botifoll: nein/ /Interviewer: nein/. Schade, das hätte dich interessiert (lacht kurz) .. ja, ja, einfach um zu sehen, einfach um zu sehen, daß bei uns viel faul ist, ohne daß wir das sehen wollen, wir machen die Augen zu und sagen ja, nein, ja, nein, nein ... /Was wurde denn beschlossen oder was/ Eigentlich wurde nichts beschlossen, d.h. der Kreis ist in einem äh in einem Zu-, in einem Zustand ... der letzte Vortrag, der so gut war – für mich war er hervorragend – und wir waren nur 7, ja es ist, wie wenn man sich für einen anderen schämt. Nein – es gibt keine Beteiligung, es gibt keine Beteiligung, d.h. wenn sich dort niemand beteiligt, funktioniert auch die Bar .. äh funktioniert auch die Bar nicht, wie sie funktionieren soll, d.h. es ist kein Geld da. Hier im Kreis hat man auch – äh es ist ja so kompliziert – vor 8 oder 9 Jahren hat der Kreis die <u>Gemeinnützigkeit</u> bekommen äh verstehst du, Gemeinnützigkeit, weil die Leute glauben, daß sie die <u>Arbeiterwohlfahrt</u> sind oder eine derjenigen Einrichtungen, in die der Staat Geld steckt. Der Kreis ist eine .. eine sehr kleine Sache, wo man kein Geld investieren wird (..). Vor 8 oder 9 Jahren erhielt man also Gemeinnützigkeit /mhm/ äh .. und nun hat man sie uns entzogen. Weil wir nicht die Arbeiten tun, die das <u>Finanzamt</u> verlangt .. Gemeinnützigkeit. Gemeinnützigkeit bedeutet zwar, daß deine Kasse null, null, null sein muß. Aber null, null null darf sie nicht sein, denn was passiert im nächsten Monat? Du mußt die Miete bezahlen im nächsten Monat. Deshalb ist dies unmöglich. Und so hat man uns die Gemeinnützigkeit entzogen äh ja, und genau an dem Punkt hat sich dann ein Proteststurm entzündet mit mit – ich erinnere mich nicht mehr /Frau Botifoll: mit den Finanzen auch/ ja, die Finanzen, die <u>Stadtkasse</u> /Frau Botifoll: will Geld/ verlangt von uns etwas über 6000 Mark, über 6000 Mark für den Ausschank, den wir hier haben ... irgendwie wußten wir das alle, aber wir wollten uns ein bißchen betrügen. Das ist eine Situation, die ziemlich äh ziemlich, auf der anderen Seite sind wir Leute, die Massen haben wollen und die sind nicht da. Wenn wir also diesen Teil des Lokals dort schließen müssen und nur den Teil hier behalten, weil die derzei-

tige Situation so ist, daß wir diesen Raum dort nicht halten können, dann bleiben wir eben hier, verändern ein wenig die Struktur, deshalb geht die Welt nicht unter. Wir werden den Sturm aushalten, ihn aushalten, aushalten und dann sehen – ich bin der Meinung, daß sich diese Situation innerhalb weniger Jahre verändern muß /mhm/. Noch machen wir Sachen, noch gefällt es uns und noch haben wir Interesse, in den Kreis zu kommen aufgrund der Dinge, die hier passieren. Deshalb .. ja, anstatt zu sagen ‚gehen wir', okay wenn wir alle unsere Koffer packen und sie in eine Kirche oder an irgendeinen Ort schleppen müssen, dann sollen wenigstens die kulturellen Aktivitäten weitergehen /mhm/... Es gibt Leute, die damit nicht einverstanden sind .., aber das kann man nicht erklären, das muß man erleben, um (...) ein bißchen die die, ja, die Arbeit, die Arbeit dieses Kreises ist ziemlich transparent, aber die Leute, aus denen dieser Kreis besteht, äh .. um zu wissen wie – es ist sehr schwer, diese Situation zu erklären. Män hätte einfach dabeisein müssen. Einfach um um, um ein bißchen zu sehen, wie wie .. es funktioniert, und um zu sehen (...)" (S. 6-7).

Beim Blick auf die gegenwärtige Lage des Vereins konstatiert Frau García, daß der Verein wieder vor derselben Situation steht wie damals, als Frau García das Ruder übernommen hat: auf der kurz zuvor abgehaltenen Vereinsversammlung wurde erneut über die Auflösung des Vereins debatiert. Nach einer Vergewisserung, ob der Interviewer bei dieser Versammlung anwesend war und möglicherweise selbst den aktuellen Zustand mit seinen Inkonsequenzen und Negativseiten gesehen hat, gibt Frau García eine Zustandsbeschreibung der Krisensituation, ihrer Ursachen und Motive.

Die Krise des Vereins äußert sich vor allem darin, daß die Beteiligung der Vereinsmitglieder sehr zu wünschen übrig läßt, die Vorträge schlecht besucht sind und damit auch der Konsum an der Bar, über den sich der Verein finanziert, rückläufig ist. Außerdem wurde dem Verein die Gemeinnützigkeit aberkannt, da er die fiskalischen Voraussetzungen, als gemeinnützig anerkannt zu bleiben, nicht (mehr) erfüllt. Zudem ist der Entzug der Gemeinnützigkeit auch das endgültige Ende der von Frau García als illusorisch bezeichneten Hoffnung vieler Vereinsmitglieder, größere staatliche Zuwendungen zu erhalten. Überdies hat der Verein noch wegen einer ausstehenden Schankgebühr Schulden, die er bei der Stadtkasse tilgen muß. All diese Faktoren waren Anlaß einer stürmischen Debatte auf der Vereinsversammlung, wobei die einzelnen Krisenmomente von allen eingeweihten Beteiligten – inklusive von Frau García, die hier wiederum das kollektive wir nutzt – vorauszusehen waren. Kritisch vermerkt sie, daß die Sehnsucht des Vereins nach wie vor in Richtung großer Zahlen, der Massen, geht, daß die Massen jedoch dem Vereinsgeschehen fernbleiben. In dieser prekären finanziellen Situation lehnt Frau García die Radikallösung, nämlich die Schließung des Vereins, ab. Sie sieht noch genügend Interessenten, welche die Aktivitäten des Vereins schätzen und unterstützen. Eine weniger einschneidende Lösung sieht sie daher in der Verkleinerung des Vereinslokals durch die Aufgabe des großen Versammlungsraums und der Beibehaltung des Barraums unter Veränderung der bisherigen Funktionsaufteilung. Frau García gibt sich kämpferisch, sie will die Krisensituation – diesen „*Sturm*" – aushalten – da sich innerhalb der nächsten Jahre sowieso zeigen muß, ob und wie die Existenz des Vereins aufrechterhalten werden kann. Als weitere Variante – und als Minimallösung zur Bewältigung der aktuellen Krise – sieht sie die Möglihckeit, die eigenen Räume ganz aufzugeben und beispielsweise in einer Pfarrei Unterschlupf zu suchen, um wenigstens die kulturellen Aktivitäten des Vereins zu retten. Diese Perspektive – die Aufrechterhaltung der kulturellen Aktivitäten auch unabhängig von der Raumfrage – möchte Frau García auf jeden Fall gewahrt wissen. Als den kleinsten Nenner des Vereins, als seinen Daseinsgrund definiert sie die kulturellen Aktivitäten, denen gegenüber die Raumfrage sekundär wird. In der Vereinsversammlung wurde über diese drei Varianten – Auflösung des Vereins, Verkleinerung der Räume, Aufgabe der Räume unter Beibehaltung der kulturellen Aktivitäten – jedoch keine klare Entscheidung getroffen. Vielmehr regte sich gegen diese alternativen Vorschläge ein diffuser Widerstand, den Frau García auf der Ebene der Schilderung in der Interviewsituation für nicht vermittelbar hält. Daher verweist sie wiederum auf die Möglichkeiten, welche die persönliche Teilnahme dem Interviewer gegeben hätte. Für Frau García sind die Überlebensprobleme des Vereins und die möglichen Alternativlösungen seiner Weiterexistenz zwar mitteilbar, die Vereinsatmosphäre, die Stimmung unter den Mitgliedern, die Ambivalenzen der Argumentation – das *„Faule"* – kann sie über das Medium der Sprache jedoch nicht transportieren.

2.6. *Zusammenfassung*

Mit diesem Auslaufen ihrer Erzählung in das trübe menschliche Vereinselement hinein, das sich nur in der Interaktions- bzw. Beobachtungssituation selbst entschlüsselt, endet Frau Garcías Eingangserzählung. Die Eingangsfrage des Interviewers nach ihrem ersten Kontakt mit dem Kulturkreis stimulierte in ihr die Erzählung eines weiten Bogens, der ausgehend von der Schilderung ihrer dörflich-sozialen Situation ihre erste Berührung mit dem Verein, ihr zunehmendes Engagement, die Palastrevolution und Vereinsübernahme, den gescheiterten Versuch einer Neuausrichtung und die aktuelle Krisensituation des Vereins umfaßt. Diese verschiedenen Stationen ihrer Erzählung sollen noch einmal kurz zusammengefaßt werden:

Frau García begründet ihre Migrationsentscheidung nicht mit politischen oder wirtschaftlichen Schwierigkeiten, sondern ausschließlich mit dem Problem mangelnder persönlicher Entfaltungsmöglichkeiten. Ausgangspunkt ihrer Erzählung bilden die vielfältigen Negativprägungen ihrer Kindheit sowohl im Mikrokosmos ihres Heimatdorfes als auch im Kontext ihrer Familie. Die rigide soziale Kontrolle des öffentlichen Lebens im Verbund mit traditionellen katholischen Erziehungsnormen sowie der autoritäre Erziehungsstil ihres frankistisch eingestellten Vaters lassen für sie kaum Entwicklungsspielräume jenseits eng gezurrter Grenzen zu. Widerstand gegen diese Form der Gängelung erlebt Frau Garcia einerseits in der Jugendgruppe, mit der sie dieses Generationenschicksal teilen kann und in der sie indirekt – über die Eltern ihrer Freundinnen – auch andere Formen politischer Gesinnung und Gesprächskultur erleben kann, andererseits in der Person ihres Großvaters, der als Anarchist ebenfalls Bezüge zur Politik herstellen kann – allerdings nur in nicht familiär kontrollierten Situationen. Auch die Schule ist Teil dieser starren Sozialordnung, in der Kirchenbesuch für die Notengebung wichtiger ist als reale Leistung. Die allmählichen Lockerungen der nach dem Bürgerkrieg äußerst repressiven öffentlichen Verkehrsformen finden rapide ihre Grenzen, als durch jugendlichen Überschwang traditionelle Rollenerwartungen verletzt werden. Nur in der Einsamkeit der Berge oder in der Flucht ins Ausland sieht Frau García noch Möglichkeiten, ihrer gesellschaftlichen Situation und Stigmatisierung im Dorf als Frau und als Jugendliche zu entkommen.

Diese Negativerfahrung ihres Dorfes findet dann in Deutschland ihre Verlängerung in der dogmatisch-autoritären Atmosphäre des Kulturkreises. Trotz selektiver Teilnahme an verschiedenen Aktivitäten hält Frau García Distanz zum Verein, da sie einerseits durch die Dominanz eines bestimmten Frauentyps in fataler Weise an Personen ihres Dorfes erinnert wird und andererseits sich als junge Mutter außerstande fühlt, sich aktiv und engagiert am Vereinsleben zu beteiligen. Erst mit der Gründung einer Theatergruppe – und auch aufgrund ihrer größeren zeitlichen Dispositionsspielräume in der Familie durch das Älterwerden ihrer Söhne – tritt Frau García in den Kulturkreis ein. Die Theatergruppe stellt quasi eine peer- group im Verein dar, in der sich Personen versammeln, mit denen sie als gleiche unter gleichen interessante Erfahrungen machen und persönliche Beziehungen aufnehmen kann. Aus dieser Gruppe heraus formiert sich eine Opposition, die sowohl eine neue Art der Vereinsführung und damit der Vereinsbeteiligung propagiert als auch auf eine massive Vereinskrise reagiert, die mit dem Vertrauensverlust des bisherigen politisch kontrollierten Vorstandes, aber auch mit den autoritär verkrusteten Vereinsstrukturen insgesamt zusammenhängt. Der Listenvorschlag dieser Gruppe für einen neuen Vorstand ist aufgrund einer intelligenten Taktik der Vorabsprache und der situativen Verstärkung in der entscheidenden Vereinsversammlung mehrheitsfähig. Frau García wird Mitglied eines plural besetzten Vorstandes, obgleich sie keiner der bestehenden Fraktionen der Partei und der Kirche angehört. Sie interpretiert ihren Erfolg vor dem Hintergrund ihres Rollenkonventionen und Vereinstabus durchbrechenden Verhaltens, das in der Vereinsöffentlichkeit als bedrohlich und originell gleichermaßen eingestuft wird.

Der neue Vorstand hat mit seinen Veränderungsvorschlägen jedoch nur partiell Erfolg, wie Frau García in ihrer bilanzierenden Rückschau konstatiert. Einerseits kann er durch den vor allem von den Frauen des Vereins geplanten und durchgeführten Umzug in ein anderes Lokal alte Privilegien durchbrechen (Entzug der Schlüsselgewalt) und eine Öffnung des Vereins durchsetzen. Kehrseite dieses geographischen Wechsels und fraueninduzierten Machtzuwachses ist jedoch ein permanenter Mitgliederschwund, der zusammen mit dem Entzug der Gemeinnützigkeit und der Auftürmung von Schulden in eine akute Krisensituation mündet. Die Alternativen der Krisenbewältigung – Verkleinerung der Räume, Auflösung oder Ausübung kultureller Aktivitäten ohne feste Räume – werden in einer einberufenen Mitgliederversammlung kontrovers und ohne definitive Entscheidung diskutiert. Die Zukunft des Vereins bleibt somit in der Schwebe.

Sowohl der Erzählung von Frau Garcías Kindheitserlebnissen als auch der Erzählung ihrer Vereinsgeschichte liegt ein ähnlicher dramatischer Aufbau zugrunde. Ausgangspunkt ist jeweils eine Lebenssituation unter dogmatisch-traumatischen Bedingungen, die Konflikte provoziert und in Frau García einen Veränderungswillen entfacht. Dann folgt ihr Kampf um Durchsetzung, Veränderung und Emanzipation, der vordergründig von Erfolg gekrönt ist, der sich im Rückblick allerdings als zwiespältig erweist.

Diese Elemente – dogmatisch-traumatische Ausgangssituation, Provokation von Konflikten, Veränderungswille, Emanzipation und ambivalente Bilanz trotz partieller Teilerfolge – reproduzieren sich mit gewissen Varianten und in unterschiedlichen Kombinationen in den verschiedenen markanten Lebenssituationen, die Frau García in der Eingangssequenz z.T. schon ausführlich, z.T. nur kurz, z.T. auch verdeckt angesprochen hat. Im folgenden soll nun versucht werden, diese Dynamik anhand der entsprechenden Interviewpassagen näher auszuführen. Im Vordergrund stehen dabei folgende prägende Lebenssituationen und Lebensstationen:
- die Konflikte im Dorf und im Elternhaus mit dem Entschluß wegzugehen, sich gegenüber dem Vater durchzusetzen und sich von der Heimat, von der Familie und von traditionellen Rollenerwartungen freizumachen (Emanzipation von der eigenen Herkunft);
- Muttersein als Anlaß zur Bewältigung eigener traumatischer Konflikte und als Beginn eines sozialen Engagements als Elternvertreterin in Kindergarten und Schule (Emanzipation als erziehende Mutter in Auseinandersetzung mit einer stereotypisierenden Umwelt);
- die Ehekrise und der Kampf um Unabhängigkeit durch eigene Berufsarbeit und berufliche Fortbildung (Emanzipation als Ehefrau durch Berufsarbeit);
- die Vereinsarbeit mit ihren Emanzipationsmöglichkeiten innerhalb der Theatergruppe durch die Präsenz von Gleichgesinnten und das Ausagieren neuer Rollenmuster einerseits und die Kultivierung eines neuen Führungsstils – Offenheit, Vereinshauswechsel, Annäherung an deutsche Kultur und Sprache – mit seinen ambivalenten Folgen für die Vereinstradition andererseits (Emanzipation vom Vereinsestablishment und dem traditionellen Rollenrepertoir);
- die Rückkehr ins Dorf als Schließung des lebenszyklischen Bogens, wobei auch dort trotz des erlebten Zugehörigkeitsgefühls die Auseinandersetzungen mit Klischeezuweisungen weitergehen.

3. Emanzipation durch Kampf und Lernen: prägende Lebensstationen

3.1. Arbeit als Au-pair-Mädchen in Deutschland als erster Emanzipationsversuch

Bereits in der Eingangssequenz hatte Frau García die von der Franco-Diktatur geprägten Dorf- und Familienstrukturen, die sie veranlaßten, aus Deutschland wegzugehen, detailliert beschrieben. Das eigene Erleben war dabei eingebettet in ein Kollektivschicksal, in eine gemeinsam geteilte Erfahrung der Unterdrükkung und des Ausbruchs in der Gruppe. In einer späteren Interviewsequenz kommt Frau García noch einmal auf diese Ausgangssituation des „*Erstickens*", die zu ihrer Migrationsentscheidung führte, zurück. Dabei wird deutlich, daß der kollektive Emanzipationsversuch der weiblichen Dorfjugend einerseits von den Erfahrungen einiger älteren Frauen im Dorf abhängig war, die diese Möglichkeit des Ausbrechens schon erfolgreich vorgelebt hatten, andererseits aber auch von paßrechtlichen Problemen (Volljährigkeit), Zufälligkeiten im weiteren Bekanntenkreis und politischen Präferenzen der Familienoberhäupter bestimmt wurde. Im Falle von Frau García konkretisieren sich diese Faktoren dahingehend, daß der von ihr favorisierte Parisaufenthalt, der ihr von einer pariserfahrenen älteren Dorfbewohnerin schmackhaft gemacht wird, von ihrem Vater mit der Begründung abgelehnt wird, daß Frankreich gegen Hitler-Deutschland opponiert habe. Durch Intervention eines Familienfreundes – eines ihr freundlich gesonnenen Franco-Anhängers – kommt dann Deutschland als Alternative ins Spiel. Mit diesem Vorschlag verbindet Frau Garcías Vater dezidierte Erziehungshoffnungen, da er glaubt, daß der Lebenswandel in der Bundesrepublik noch genügend autoritär sei, um seiner renitenten Tochter Manieren beizubringen. Frau García gelingt es in dieser Variante, ihrem Vater die Erlaubnis, das Dorf und Spanien verlassen zu dürfen, abzutrotzen: „*Die einzige Form, daß mein Vater zustimmte – seine Unterschrift gab – damals war man erst mit 21 Jahren volljährig und man gab mir keinen Reisepaß, wenn mein Vater nicht einverstanden war. Deshalb machten wir .. ein Freund von ihm, aber .. ja, auch der war so ein Faschist (..) aber anders, ich gefiel ihm sehr, dieser Mensch hatte großen Gefallen an mir, meine Art, ihm zu widersprechen, keine Angst zu haben, nein, nein ich hatte vor nichts Angst, äh irgendwie unterstützte er mich, indem er mit meinem Vater sprach „also Luis"* – *wie gesagt, mein Ziel war, nach Paris zu gehen /mhm/, weil es gab eine Frau, die war älter als wir, die kam von Paris zurück und sprach darüber und wir machten so große Augen (lacht und verschluckt fast den ganzen Satz) – Frankreich, für meinen Vater, das war (..) das hatte Widerstand gegen die Nazis geleistet (..) Ein Bruder dieses Freundes meines Vaters lebte nun in Deutschland /mhm/.. Als mein Vater Deutschland hörte, rief er: „Dorthin, dorthin, denn auch wenn sie [die Nazis, W.S.] dort wegen Hitler nicht mehr existieren, muß es immer noch solche Leute geben. Dort werden sie dir Manieren beibringen (spricht ganz verschwörerisch), dort werden sie dir Manieren beibringen" (lacht). So war es äh ... wie ich als ‚Volljährige' nach Deutschland kam"* (S. 14).

In Deutschland macht Frau García während ihres auf neun Monate befristeten Arbeitsaufenthaltes die für sie grundlegende Erfahrung einer anderen, freieren Gesellschafts- und Alltagsordnung. Nach einer gewissen Eingewöhnungszeit ist für sie das Leben in Deutschland – in dem damals kleinen Frankfurter Vorort Bischofsheim – im Vergleich zu Spanien ein *„ Unterschied wie Tag und Nacht"*. Beispielhaft nennt Frau García das kaum von katholischer Religiosität geprägte Leben ihrer Gastfamilie sowie die Möglichkeit, nicht zensierte Kinofilme anzusehen – Filme, die in der Lebenwirklichkeit ihres spanischen Dorfes nicht existierten. *„Ich erinnere mich äh – was weiß ich – ein einfacher äh, ein einfacher Film in in einem Kino, in einem zweit- oder drittklassigen Kino in Bischofsheim, bestimmt (betont) war es nur zweiter Klasse, also dort gab es Filme, die hatte ich niemals gesehen in jenem Dorf, wo ich (..) es waren so viele Dinge, es war wirklich ein Unterschied wie Tag und Nacht"* (S. 14).

Die vollständig deutsch geprägte Umgebung, in der Frau García lebt, und ihr Verlangen nach persönlichen Kontakten zu Menschen machen für sie das Erlernen der deutschen Sprache zu einer unabdingbaren Voraussetzung befriedigender Lebensgestaltung. Dabei praktiziert sie bewußt neue und ihr adäquatere Formen des Lernens. Zwar nimmt sie mehrere Monate lang Unterricht an einer Privatschule. Ihr erneuter Schulbesuch reaktiviert in ihr jedoch sehr schnell die traumatischen Schulerfahrungen ihres Dorfes, so daß sie sich bald von dieser negativ erlebten Form des Lernens distanziert und zu selbständigen bzw. autodidaktischen Formen des Erlernens von Sprache über Bücher bzw. über den aktiven Kontakt zu Menschen greift. *„Ich war nur drei Monate in der Schule /wie?/, drei Monate in der Schule /aha/, aber ich habe es gut gelernt, weil äh es mir gut gefiel und ich (..) brauche den Kontakt zu Leuten. Ich lebte damals in Bischofsheim /mhm/, das damals ein kleines Dorf war, vor 29 Jahren war es ein sehr kleines Dorf. Und entweder sprachst du – alle in meiner Umgebung sprachen Deutsch – entweder ich lernte Deutsch oder ich ging fort. Die beiden Möglichkeiten hatte ich. Und dann äh ja (...) die Schule, mir war, als ob ich wieder zur Schule meines Heimatdorfes zurückkehrte, diese unterdrückerische Schule, wo man dir nichts beibrachte, wo man einfach, wenn du nicht sticken konntest äh in diesem Fall (..) in meinem Fall, wenn du nicht sticken (betont) konntest – ich bin ganz schlecht im Sticken, im Nähen äh – und wenn du nicht das machtest, was der Herr Pfarrer und die Frau Lehrerin entschieden hatten, dann bekamst du eine Ohrfeige. Deshalb war die Schule für mich ... ja äh ... etwas wo, wo – so kaufte ich mir Bücher .. und lernte auf diese Art /mhm/, lernte auf diese Art .. und lerne immer noch so"* (S. 11f.). Nach drei Monaten *„ging ich nicht mehr, ging ich nicht mehr hin, weil es mir viel besser gefiel .., es selbst zu lernen /mhm/ äh und die Leute darum zu bitten, mir zu zeigen, <u>Tisch</u> zu sagen, äh also äh das erfüllte mich viel mehr und* *so lernte ich es – und wirklich lernte ich so viel schneller als /mhm, mhm/ als als in der Schule"* (S. 12).

Trotz ihrer positiven Gesamterfahrung durchlebt Frau García auch starke Krisenmomente in Deutschland. Aufgrund der klimatischen Anpassungsschwierigkeiten (nasses, feuchtes Klima) und der sozialen Defizite, die sie verspürt (Einsamkeit, fehlendes Straßen- und Nachtleben, geringe Kneipenkultur), gibt es *„Augenblicke, wo ich mir sagte: „Nein, nein, ich gehe weg, übermogen gehe ich nach Spanien, ich halte das nicht aus, nein""* (S. 12f.). Die Horrorvision, in dasselbe Spanien zurückkehren zu müssen, aus dem sie geflohen ist, läßt sie jedoch große Anstrengungen unternehmen, um sich in ihrem deutschen Umfeld zu integrieren. Diese Hartnäckigkeit wird u.a. auch durch die Warnungen ihres Vaters verstärkt, der ihr aufgrund ihres unangepaßten Verhaltens in der Familie eine baldige (Zwangs-)Rückkehr prophezeit: *„Die letzten Worte meines Vaters waren: „Du bist ja in zwei Tagen wieder hier" /mhm/. Im Oktober, am 28. Oktober ging ich fort und kehrte im Juni wieder zurück /mhm/, d.h. ich bin nicht früher zurückgekehrt (lacht). „Nirgendwo wird man dir durchgehen lassen, was wir hier zuhause aushalten" (lacht), „dich hält ja niemand aus", aber es war nicht so (lacht)"* (S. 15).

Als Frau García nach dem Auslaufen ihres Vertrages nach Spanien zurückkehrt, geht sie – entgegen den Erziehungsintentionen ihres Vaters – selbstbewußter und in ihren Ansichten gestärkt zurück. Sie hat erfahren, daß es jenseits der kleinen Welt ihres Dorfes noch eine andere Welt gibt, in der sie sich zurechtfinden kann. Sie fühlt sich *„stark .. weil ich weggegangen bin, ich wußte, daß es eine andere Welt gab"* (S. 16). Sie kann nun das ungesicherte Wissen ihres Vaters über Deutschland kritisieren, mit neuen Kochrezepten und unbekannten Nahrungsmitteln aufwarten sowie Geschichten über eine fremde Welt erzählen. In der Familiendynamik führt die Korrektur der falschen väterlichen Vorstellungen durch das realitätsgerechtere Wissen der Tochter über Deutschland zu einer partiellen Entmachtung des Vaters, der dies nur entgeistert zur Kenntnis nehmen kann. *„Als ich zurückging und dem Typ erklärte, daß also Deutschland nicht so war, wie er erzählte, – ich erinnere mich jetzt nicht äh an die Unterschiede, die ich ihm sagte, daß, daß es sie gab, also daß dort die Familie, wo ich wohnte, nicht jeden Sonntag zur Messe ging, daß dort überhaupt niemand zur Messe ging – klar, er wußte, er wußte über Hitler, über Deutschland und so äh ja nur das, was auch die Faschisten in Spanien bekannt geben wollten (...) „Das ist nicht möglich, das ist nicht möglich" (flüstert), dieser Mann war wirklich wie vor den Kopf gestoßen"* (S. 15). Andererseits haben die Vorführkünste von Frau García hinsichtlich des deutschen Essens und der deutschen Sprache den Effekt, daß der Vater mit den Fähigkeiten der Tochter im Freundeskreis prahlt und seine Ansichten über seine Tochter teilweise revidiert. *„Ich erinnere mich, daß ich ihm (..) von hier .. daß ich ihm <u>Sauerkraut</u> und / Frau Botifoll: lacht/ und lauter solche Sachen mitbrachte (..) ein deutsches Essen und so, der Typ war (..) ganz und gar erstaunt und sagte zu seinen Freun-*

den: „Schaut, meine Tochter hat aus Deutschland Würstchen (flüstert) mitgebracht, die sind so (betont) dick, so etwas gibt es in Spanien nicht", also der Typ (..) wie betäubt (lacht), betäubt, und: „Wie heißt das auf deutsch?" (..) Ich hatte meine Bücher und so mitgebracht, zum Beispiel erklärtest du ihm: „Also in Deutschland heißt das so" und der Typ .. sagte .. irgendwie bei sich: „Also, na ja, also (...) ganz so schlecht, wie ich dachte, kann meine Tochter nicht sein" " (S. 16).

Trotz der partiellen Anerkennung und Rehabilitierung von Frau García seitens ihres Vaters wird ihr schnell klar, daß sie nicht in Spanien bleiben kann. Einerseits gehen die starken Spannungen in der Familie unvermindert weiter, da sich der Vater durch ihr Wissen in seiner Autorität unterminiert fühlt, andererseits haben sich in Frau Garcías Sicht auch die Dorfstrukturen nicht verändert, alles ist absolut gleich geblieben, außer ihr selbst hat sich nichts verändert. *„Diejenige, die sich verändert hatte, die andere Lebensformen gesehen hatte, war ich – dort jedoch blieb alles exakt (betont) gleich /mhm/, exakt gleich / mhm/ (lacht), es war, es war, es war schrecklich .. /mhm/ .."* (S. 15). Nach anderthalb Monaten Aufenthalt in Spanien fällt sie daher die Entscheidung, endgültig nach Deutschland zurückzukehren und heuert per Telefon wieder bei ihrer deutschen Gastfamilie als Haushaltshilfe an. Bei ihrer Entscheidung kann sie insofern autonom handeln, als sie den unterschriebenen Reisepaß als Garanten ihrer Bewegungsfreiheit vorsorglich außerhalb ihres Hauses – bei einer Freundin – deponiert hat und somit nicht mehr auf die Einwilligung ihres Vaters angewiesen ist.

3.2. Erziehungsarbeit (Mutter) und Kampf gegen Vorurteile (Engagement als Elternvertreterin)

Kurz nach ihrer Rückkehr nach Deutschland lernt Frau García ihren Mann kennen und bekommt mit zwanzig Jahren ihren ersten, mit sechsundzwanzig Jahren ihren zweiten Sohn. Während dieser Zeit wird ihr Leben von den Anforderungen innerhalb der Familie dominiert. Im Interview spricht sie allerdings kaum über ihre Beziehung zu ihrem Ehemann. Was sie dagegen stark in den Vordergrund stellt, sind die mit der Erziehung ihrer Kinder, insbesondere ihres ersten Sohnes, verbundenen Herausforderungen, die sowohl ihre eigene Person betreffen als auch auf die sozialen Konflikte bezogen sind, die aus der Kindergarten- und Schulzeit resultieren.

Die mit der Geburt ihres Sohnes entstandenen Erziehungsaufgaben nutzt Frau García in erster Linie zur Auseinandersetzung mit sich selbst, zur Bewältigung ihrer eigenen Erziehungsvergangenheit. Sie möchte möglichst Erziehungsfehler vermeiden, die aus ihrer traumatisch erlebten Kindheits- und Jugendzeit stammen. Abgeschnitten von den ihr vertrauten Kanälen sozialer Einbettung sucht Frau García daher nach geeigneten Formen der Bearbeitung dieser Vergangenheit. Dabei stößt sie zufällig auf die Zeitschrift *Eltern*, die sie regelmäßig liest, abonniert und mit deren Hilfe sie eigentherapeutisch den Versuch unternimmt, die eigenen Kommunikationsweisen und Kommunikationsfehler zu analysieren: *„Die Art, wie ich kommuniziere, äh habe ich also dank der Zeitschrift Eltern gelernt /Frau Botifoll: lacht/ äh dort, ja, so erzog ich meinen Sohn [...], denn als Kind habe ich viel gelitten und um den Jungen nicht psychologisch zu verletzen, habe ich dort mich mich .. mich [...] Diese Zeitschrift habe ich eine Menge gelesen /aha/ ja /aha, aha/, ich hatte sie aboniert"* (S. 25).

Den Kindergartenbesuch ihres ältesten Sohnes erfährt Frau García dann in doppelter Hinsicht als entscheidende biographische Weichenstellung: Zum einen wird ihr klar, daß mit dem Kindergartenbesuch die Ausbildungszeit ihres Sohnes beginnt und daß sie ihm eine andere Qualität von Ausbildung ermöglichen möchte als die, die sie selbst erlebt und durchlitten hat. Zum anderen scheitert ihr Versuch, vor dieser Zäsur der Kindergartenzeit nach Spanien zurückzukehren, da sie ihren Mann in der schwierigen spanischen Wirtschaftsphase der 1970er Jahre nicht dazu bewegen kann, das Wagnis einer Rückkehr einzugehen (vgl. dazu auch Abschnitt 3.5.).

Mit ihrer Entscheidung, in Deutschland zu bleiben, verbindet Frau García jedoch ein klares Bekenntnis zum Leben in der Gegenwart. Sie möchte nicht in der *„Illusion leben, eines Tages nach Spanien zurückzukehren"* (S. 25), und verwirft daher auch für ihre Person den von emigrierten Spaniern häufig praktizierten Kauf von Wohnungen in Spanien. Statt dessen optiert sie für eine bewußte Integration in die deutsche Gesellschaft und versucht aktiv bei der Bewältigung pädagogisch-sozialer Probleme mitzuarbeiten. Insbesondere die Konfrontation mit Vorurteilen sowie die noch weithin ungeregelten Formen des Umgangs mit Ausländerkindern veranlassen sie zu einer entschiedenen Aufklärungsarbeit unter der Lehrer- und Elternschaft. Als Elternvertreterin im Kindergarten erfährt sie hautnah den Beginn der ausländerpädagogischen Untersuchungseuphorie seitens der akademischen Welt und nimmt den für sie erschreckenden Ausgang einer Untersuchung von Studenten über die Probleme von Ausländerkindern an dem Kindergarten ihres Sohnes zum Anlaß, eine verstärkte Öffentlichkeitsarbeit zur Veränderung des gesellschaftlichen Wissens über Ausländer zu initiieren. Über die konfrontative Auseinandersetzung bei Elternabenden, über die Organisierung von Vorträgen und Diskussionen oder über die Aufarbeitung von Problemfällen versucht Frau García, eine Bewußtseinsveränderung und Problemsensibilisierung sowohl bei Lehrern als auch bei Eltern zu erreichen. *„Was mich bezüglich der Ausländersache am meisten anstachelte, war .. man kam von der Universität, von der Universität, um Studien über Kinder zu machen äh, Verhalten äh motorischen äh, d.h. äh verschiedene, verschiedene Studien .. Damals, als mein Sohn, der ältere, in den Kindergarten ging, äh, kamen sie, um über äh Ausländer /mhm/ klar, weil damals war das ‚in', ich spreche von vor 21 Jahren, als, als schon der Boom da war von wegen der vielen Ausländer. Damals begann man schon ein bißchen zu spüren, daß das Exotische des Anfangs nicht mehr galt [...] Damals begann (..) die Frem-*

denfeindlichkeit, daß äh, äh, daß sie mit Öl braten, daß sie viel Knoblauch essen, äh man begann schon, Frauen mit Kopftüchern zu sehen [...] Und man kam von der Universität, um Studien zu machen ... äh einige waren Studenten äh, die kamen, um – nicht Studien, wie heißt das, doch Studien /Frau Botifoll: ja, Studien/ zu machen über Kinder, über über ausländische Kinder [...] Sie fragten äh also die Kind-, eine der Fragen, die sie stellten, war äh: <u>„Ja, was sind Ausländer?" „Äh (sehr laut), die sind dreckig, die stinken nach Knoblauch"</u> .. äh <u>„Aha, und was noch?"</u> d.h. absolut alles, klar, die Kinder, all das, was sie zuhause gehört hatten, der ganze negative Teil äh .. <u>„Und, seht ihr hier bei euch (..)?"</u> und die Kinder damals in in der Gruppe, in der mein Sohn war, äh <u>„Gibt's bei euch Ausländer?" „Bei uns, nee, wir sind alle deutsch (laut)"</u>. Die Kinder – d.h. mein Sohn hat nun wirklich gar nichts Deutsches an sich, er ist dunkelhäutig (betont), er war, er war ganz äh, er kam in diesen Kindergarten, äh als er gerade einmal Hänschenklein auf Deutsch kannte, das ich ihm beigebracht hatte, oder irgendein Lied, das ich ihm zeigte, damit er sich sich – oder Kassetten, die ich ihm kaufte und so, damit er – äh oder die er auf der, auf der, ich weiß nicht, auf der auf der Straße lernte. Aber das Deutsche beherrschte er überhaupt nicht – und er war also kein Ausländer, klar, er war einer von ihnen, einer der ihren. Das gab mir auch viel zu denken. Damals sagte ich, das hier ist gefährlich, daß man anfängt mit – weil das bringen sie von zuhause mit. Und so fingen wir an .. auf der Versammlung, die wir <u>Elternvertreter</u> abhielten /mhm/. Ich rollte damals dieses Thema auf /mhm, mhm/ .. „Äh was ist das? Äh, du, du, du äh, äh, äh, was gibt es typisches (ironisch) in Spanien? Euch schmeckt die tortilla, die tortilla habe ich gemacht, d.h. ich stinke nach Knoblauch, ich bin also ein Schwein", etc., etc. Damals begannen wir so ein bißchen diese Bewußtseinsarbeit .. ja weil tatsächlich auch die Direktorin ein Frau war, die sozial sehr .. ja, die die Konflikte sah, äh vielleicht nicht sah, wie ich sie sie sah, aber aber die doch sah, daß dies große Konflikte nach sich ziehen, nach sich ziehen konnte .." (S. 19f.).

Mit dieser Notwendigkeit interkultureller Aufklärung sieht sich Frau García auch während der Schulzeit ihres Sohnes konfrontiert, dem sie – ihrer Meinung nach – die eigene Schulverdrossenheit weitergegeben hat, der vor den Lehrern kein Blatt vor den Mund nimmt und der schnell mit Vorurteilen zu kämpfen hat. Auf Elternabenden setzt sich Frau García daher erneut – wie im Kindergarten – mit den deutschen Stereotypen über Spanier auseinander. Sie beklagt die Wissensdefizite, die Eltern und Lehrer gleichermaßen betreffen, sie versucht, Informationsmaterialien über Spanien zusammenzutragen und die beiden Gesellschafts- und Schulsysteme miteinander zu vergleichen, und bemüht sich, aufkeimende Fremdenfeindlichkeit zu bekämpfen. Dabei unterstützen sie auch einige deutsche Eltern, die nach anfänglichen Auseinandersetzungen diese Initiative des gegenseitigen Austausches und der gegenseitigen Aufklärung aktiv mittragen.

Insgesamt ist Frau Garcías Engagement in der Öffentlichkeit von den Erfahrungen bestimmt, die sie im Kindergarten und in der Schule ihres Sohnes mit dem Ausländerstatus und der darauf gerichteten sozialen Auseinandersetzung macht. Ihr Heraustreten aus der Familie ist somit eine Folge der Diskriminierungen, die mit den Sozialisationsinstanzen Kindergarten und Schule auf die Familie einwirken. Es sind weniger die konkreten Sprachdefizite, die aus einer bewußt spanisch geprägten vorschulischen Erziehung resultieren, als vielmehr die Vorurteile, Stereotypen und die Wissensdefizite über Spanien, die Frau García mobilisieren. Allerdings ist ihr öffentliches Engagement in dieser Phase noch stark von den Problemen und institutionellen Kontakten bestimmt, die mit dem Familienzyklus zusammenhängen.[120]

3.3. Ehe und Beruf

Noch während der Kindergartenzeit ihres ersten Sohnes durchlebt Frau García eine schwere Ehekrise, bei der die Eheleute sogar die Scheidung erwägen und Frau García einen Rechtsanwalt konsultiert.[121] Zur Sicherung ihrer finanziellen Unabhängigkeit nimmt sie eine Aushilfsstelle im Kindergarten ihres Sohnes an, eine Stelle, die sie ununterbrochen bis zum Zeitpunkt des Interviews innehat. Diese Stelle wird ihr von der Kindergartenleiterin angeboten, die einen personalen Engpaß (Vakanz der Hauptpraktikantin) überbrücken muß und Frau García als engagierte Elternvertreterin zur Mitarbeit ermuntert.

Diese Art der eher zufälligen Gelegenheitsarbeit kontinuiert eine berufliche Praxis, die für Frau García bereits in Spanien typisch war. Aufgrund einer fehlenden Berufsausbildung, die Frau García auf die miserablen Ausbildungsverhältnisse der Franco-Diktatur zurückführt, war sie in unterschiedlichen Bereichen als ungelernte Kraft angestellt (als Friseuse, Schneiderin, Büroangestellte, etc.). Was in Spanien jedoch immer nur einen sehr sporadischen Charakter hatte – auch aufgrund der fehlenden Einfügungsbereitschaft von Frau García: „*ich hielt es nirgendwo länger als einen Monat aus (lacht)*" (S. 13) –, wird in Deutschland allmählich zu einer Dauerbeschäftigung.

Im Laufe der Jahre versucht Frau García, ihre engen finanziellen Spielräume als ungelernte Kraft allmählich zu erweitern. Da sie über keinen Abschluß als Erzieherin verfügt, übernimmt sie die Küche und belegt zwecks besserer tariflicher Einstufung über mehrere Jahre hinweg berufliche Fortbildungskurse im Bereich Küche und Nahrung. „*Als dann äh die Zeit kam, daß ich mehr Stunden brauchte, daß ich mehr Geld brauchte – ich hatte weder den Titel einer einer <u>Erzieherin</u> oder so –, übernahm ich die Küche und spezialisierte mich mit Kursen äh über Kinderdiät und .. so*" (S. 17). Frau García nutzt somit die über die Allgemeine Ortskrankenkasse, den Evangelischen Regionalverband und das

---

120 Die in der Eingangssequenz angesprochene Vereinsarbeit in einem spanischen Elternverein kommen in diesen Passagen des Interviews nicht zur Sprache.
121 Insgesamt spricht Frau García nur in sehr spärlichen und kursorischen Andeutungen über ihr Eheverhältnis.

Deutsche Rote Kreuz angebotene Fortbildung, um die ausbildungsbezogenen Defizite ihrer beruflichen Vergangenheit ansatzweise zu kompensieren.

3.4. Emanzipationsprozesse und Konflikte im Spanischen Kulturkreis

Schon bald nach ihrer Rückkehr nach Deutschland lernt Frau García den Spanischen Kulturkeis kennen, der seit dieser Zeit in ihrem Leben eine mehr oder weniger bedeutsame Rolle spielt. Ihr Verhältnis zum Verein und die Form ihrer Vereinsbeteiligung lassen sich in drei Phasen untergliedern:

Zu Beginn ihres Deutschlandaufenthaltes hält Frau García aus verschiedenen Gründen Abstand zum Vereinsgeschehen. Die persönliche Belastung als junge Mutter, das ambivalente Verhältnis zu den älteren weiblichen Vereinsmitgliedern, die sie an die kleinkarrierten Frauen ihres Dorfes erinnern, und der aus ihrer Sicht stark ausgeprägte Autoritarismus des mehrheitlich kommunistisch, aber auch christlich beeinflußten Vereins verhindern ein stärkeres Engagement bereits von Anfang an. Allerdings nutzt sie – wie in der Eingangssequenz ausgeführt – in dieser ersten Phase selektiv die verschiedenen Vereinsangebote geselliger, kultureller und politischer Art.

Erst mit dem Beginn der Theatergruppe beginnt für Frau García eine neue Etappe der Vereinszugehörigkeit und des Vereinsengagements. Die Theatergruppe fungiert als Bindeglied zwischen einer distanzierten, selektiven Inanspruchnahme der Vereinsangebote und einer aktiven Mitarbeit in verantwortungsvoller Position. Leute, die nicht dem Verein angehören, werden über die Mitgliedschaft in der Theatergruppe offiziell Mitglieder des Vereins, so daß die Theatergruppe als Mitgliederschleuse fungiert. Was Frau García in der Eingangssequenz nur andeutungsweise anspricht – nämlich die Andersartigkeit der Kontakte innerhalb der Theatergruppe – konkretisiert sie im weiteren Verlauf des Interviews. Dabei kommt es zwischen ihr und Frau Botifoll zu einem Dialog und einer Verständigung darüber, was das Typische des Theaterkreises war. Während Frau Botifoll sich während des Interviewverlaufes normalerweise im Hintergrund hält, wird sie an dieser Stelle sehr erzählaktiv. Dies hängt möglicherweise mit der biographischen Bedeutung zusammen, die die Theatergruppe auch für ihre Person gehabt hatte. Auch sie war über die Theatergruppe zum Kulturkreis gekommen, auch sie hatte ähnliche Erfahrungen wie Frau García mit dem autoritären Vereinsleben gemacht, auch für sie war die Theatergruppe ein Wendepunkt ihres Vereinsengagements. Beide Frauen ergänzen und korrigieren sich in ihren Erzählungen in bezug auf die Theatergruppe sowie auf deren Auswirkungen auf die Vereinskultur und auf das weibliche Rollenverhalten im Verein. *„Ja, die Theatergruppe war irgendwie, ja, die Leute oder .. ja, die Leute waren anders, außerdem war es anders, es war anders /Frau Botifoll: Auch ich war dort, ich ging auch in die Theatergruppe (..). Wäre nicht die Theatergruppe gewesen, wäre ich auch nicht in den Kreis eingetreten (..). Also die, die dort eintraten, waren anders, wir waren jüngere Leute, die auch anders* *dachten, nicht so in dieser strengen Weise, daß man sich sagte: also hier mußt du vorsichtig sein, sondern .. wir machten mehr oder weniger das, wozu wir Lust hatten [...] Die Leute dort begannen, Theater zu spielen, wir gingen aus / Frau García: hustet/ (..) wir übten, es gefiel uns, wir trafen uns – die Leute waren anders [...] /Frau García: Aber das Sonderbarste war, daß selbst die Leute, die vom Verein in der Theatergruppe waren, sich dort anders verhielten /mhm/, sie waren anders im Verhältnis zu sonst äh .. [...] /Frau Botifoll: Klar, diese Leute verhielten sich in der Theatergruppe so und draußen anders, weil sie sich im Grunde genommen mit dem Theater identifizierten, weil sie fühlten, was sie im Theater machten. Wenn sie Theater spielten, identifizier- identifizierten sich die Leute mit der Rolle, die sie spielten und sie gefiel ihnen und das (betont) gefiel ihnen. Man sah, daß die Leute wirklich damit zufrieden waren, wohingegen sie mit den Sachen draußen vielleicht nur einverstanden waren, aber mehr nicht. Es ist ein bißchen so, wie Concha [Frau García, W.S.] sagte, die die Identität der Person, also du identifizierst dich mit einer Partei und befolgst die Regeln dieser Partei, aber du bist in manchen Augenblicken nicht Person, nicht du selbst /mhm/, du bist nicht du selbst, Parteien sind – meiner Meinung nach auch, für meine Art zu –, sehr rigoros. Das ist also so ein bißchen .. (..)/Frau García: Aber das ist schon seltsam, daß gerade die Leute (..), auch die Form, aber es war nicht nur die Identifizierung mit Rollen, Carmen [Frau Botifoll, W.S.], sondern auch /Frau Botifoll: die Art zu handeln/, die Art, sich sich zu verhalten, die Art, sich zu verhalten, zu sprechen, war vollkommen (betont) anders, äh zum Beispiel äh wenn, wenn man eine Mitgliederversammlung machte oder wenn man danach in seiner eigenen Welt war, wenn man aus dem Verein wegging, wegging, dann war das Verhalten anders"* (S. 8f.).

In den Erzählungen der beiden Frauen wird das Spannungsverhältnis von traditionellem Rollenverhalten im Verein, insbesondere den Männern gegenüber, und der eigenen Identität als Person und als Frau in der Theatergruppe deutlich. Die Theatergruppe erscheint als derjenige Raum, in dem Frauen unabhängig von eingeschliffenen Vereinsroutinen und Rollenerwartungen sich ausleben und ausagieren, sich mit neuen Rollen identifizieren und ohne Rücksicht auf soziale Konventionen Präferenzen der eigenen Person geltend machen können. Die Theatergruppe erscheint als sanktionsfreier Raum, in dem man sich nicht taktisch verhalten muß, wo ein lustbetontes Handeln im Vordergrund steht, wo man sich trifft und miteinander ausgeht. Diese Möglichkeiten der personenbezogenen Kommunikation und Aktion innerhalb der Theatergruppe werden von beiden Frauen in Diskrepanz zu den engen Verhaltensspielräumen innerhalb des Vereins als äußerst positiv erlebt. Allerdings wird auch sichtbar, daß beide Frauen das stark kontextabhängige Verhalten denjenigen Teilnehmerinnen, die sich als Vereinsmitglieder im Verein an den strikten Vorgaben der Partei orientieren, in der Theatergruppe dagegen die Möglichkeiten selbstbestimmten Agierens nutzen, als ambivalent und spannungsreich erleben.

Diese Ambivalenz und Gleichzeitigkeit kontextabhängigen Rollenverhaltens überträgt sich in der Folge auch auf die Frauengruppe, die sich allmählich aus der Theatergruppe heraus entwickelt, die aber in noch viel stärkerem Maße als die Theatergruppe mit derartigen Rollenkonflikten bzw. situationsgebundenen Rollendiskrepanzen konfrontiert wird. Die Frauengruppe ist die erste nicht parteiengebundene Gruppierung weiblicher Mitglieder innerhalb des Kulturkreises. Sämtliche Mitglieder der Theatergruppe sind dort aktiv, aber auch Frauen, die sich über den Verein und ohne Zugehörigkeit zur Theatergruppe in die Frauengruppe integrieren. Trotz der gemeinsamen Aktivitäten – Handarbeit, Gespräche, Ausflüge, Vorträge, etc. – führen die unterschiedlichen Rollenerwartungen zu derartigen Konflikten und Dauerspannungen, daß sich die Gruppe schließlich auflöst. *„Die Frauengruppe .. (atmet tief aus), die (atmet nochmals tief aus) die, die diese Frauengruppe war etwas so konfliktreiches, weil all das, was ich dir vorhin über den Konflikt erzählt habe, den es in bestimmten Personen gab [...], auch auf die Frauengruppe überging [...] Zum Beispiel mir, ich konnte mich nicht aufteilen, ich (betont) äh in der Theatergruppe war ich Concha (klopft auf den Tisch), in der Frauengruppe war ich Concha (klopft auf den Tisch) und im Kreis war ich Concha (klopft auf den Tisch). Sie [Frau Botifoll, W.S.] war Carmen in der einen, in der anderen und in der dritten Gruppe, klar, du kannst dich doch nicht aufteilen, äh /mhm/ obwohl du an jedem Ort äh anders handelst und glaubst, daß daß du dich in einer anderen (..) äh Weise verhalten mußt. Ich bin der Meinung, daß man uns nicht so sah, sondern man sah uns .. also ein bißchen als diejenigen an, die störten (...), ja, wir fingen an, uns gegenseitig kennenzulernen, machten Handarbeiten, hatten einige Vorträge /Frau Botifoll: ja, Vorträge machten wir auch, wir kamen zusammen, sprachen auch miteinander, weil für uns war es wichtig zu sprechen .. für viele Leute war es auch wichtig zu sprechen (Telefon klingelt)/ Frau Garcia: bereiteten den Internationalen Frauentag vor /Frau Botifoll: ja (..) (Telefon klingelt)/ Frau Garcia: aber äh die Konflikte, die es im Kreis gab (Frau Botifoll geht ans Telefon), hatten auch wir, ja, es war ziemlich heftig. Zuletzt, d.h. als sich auch andere Personen zu integrieren begannen oder .. äh mitgebracht wurden, klar, logisch, wenn wir sagen wir einmal morgens eine Sitzung, eine Mitgliederversammlung gehabt hatten, wo es Diskussionen über Organisationsfragen, über Ideen (sehr langsam und betont) gegeben hatte, gingen natürlich nachmittags, als wir uns trafen .. die Auseinandersetzungen weiter. Es war, es war beinahe unmöglich, zu zu .. beinahe unmöglich zu zu äh .. irgendwie weiterzumachen ... zuerst traten drei aus, dann zwei weitere und schließlich .. löste sich diese Gruppe auf"* (S. 9f.).

Eine dritte Phase des Vereinsengagements beginnt für Frau García mit ihrer Vorstandskandidatur, die auch aus dem Umkreis der Theater- und Frauengruppe mitgetragen und forciert wird. Obwohl ihr Plädoyer für einen anderen, offeneren, partizipativeren Verein kritisch vom Vereinsestablishment beäugt wird, wagt sie zusammen mit anderen Frauen die *„Palastrevolution"* und wird zu ihrer Überraschung auch gewählt (vgl. Eingangssequenz). Über die Art und Weise, wie sie und der neue Vorstand insgesamt den Verein zu modernisieren trachteten, berichtet sie folgendermaßen: *„Die Dynamik, die Dynamik, die Dy-*

namik war anders [...], es gab keine Bosse mehr dort, die orga-, keine Organisatoren, die das Sagen, das (klatscht in die Hände) letzte Wort und das erste Wort hatten, sondern wo jede Gruppe – wo man die Vorstandssitzungen bei offener Tür abhielt, d.h. wir waren dort versammelt und wenn du zufällig eine Coca-Cola trankst, konntest du äh ohne Probleme hereinkommen, dich hinsetzen. Aber (betont und laut) die Leute waren das nicht gewohnt, wir wollten, daß sie hereinkamen – das waren so Themen, äh .. man versuchte andere Vorgehensweisen, äh der Kulturfreitag, äh den Kulturfreitag mußte man auch – er wurde auch irgendwie unter einem Dogma geführt, unter, unter einer Norm, wo wir dann sagten äh, man äh muß ihm mehr .. Farbe geben, mehr Farbe, weil es ist doch interessant zu wissen, wieviel interessante Leute es in Frankfurt gibt, denn man war doch eher auf die Politik in Spanien ausgerichtet [...], aber die Politik, die uns tatsächlich schadete, war die Politik, die man in Deutschland machte. Die Politik in Spanien wird mich dann interessieren und sehr interessieren, wenn ich eines Tages in Spanien bin, heute (betont) interessiert mich die von hier [...] Es war hier fast unmöglich, einen .. einen Redner zu verpflichten, äh der der Deutsch sprach /mhm/, der nur Deutsch sprach und kein Spanisch, weil die Leute wegblieben. Deshalb sagten wir: „Wie armselig seid ihr doch, wenn ihr nach dreißig Jahren kein Deutsch gelernt habt. Ihr habt hier zwar gelebt .., aber ihr habt vegetiert, ihr habt nicht gelebt /mhm/ ihr habt das (..) versäumt". Deshalb sagten wir: „Nein, nein .. äh wenn ihr etwas nicht versteht, könnt ihr die Hand heben und sagen, dieses Wort habe ich nicht verstanden und diejenigen von uns, die da sind und Deutsch können, werden euch helfen, den Vor- äh den Vortrag zu verstehen" (S. 10f.).

Frau García – und der neue Vorstand – versucht, einen neuen Führungsstil zu praktizieren, der die Mitglieder nicht nur zu passiven Empfängern der vom Vorstand dekretierten Entscheidungen stempelt, sondern der die Mitglieder aktiv in die Entscheidungsprozesse miteinbeziehen will. Diese partizipative Form der Vereinsführung sind die Mitglieder allerdings nicht gewohnt, so daß der vom Vorstand gewünschte spontane Wechsel vom Barkonsum zur Vorstandssitzung kaum gelingt. Auch der Kulturfreitag soll von der – in Frau Garcías Augen – dogmatischen Verengung entrümpelt und in einen stärkeren Bezug zu Frankfurt bzw. zu den dortigen Gruppierungen gestellt werden. Dabei unternimmt der Vorstand den Versuch, die bisherige ausschließliche Spanienorientierung des Vereins umzulenken auf die gegenwartsbezogenen Probleme in der Aufnahmegesellschaft. Er plädiert damit für ein Politikverständnis, das auf die Verhältnisse in Deutschland gerichtet ist, welche die Lebensumstände der Migranten stärker prägen als die – nicht nur geographische – ferne Spanienpolitik. Die Betonung aktueller deutschlandbezogener Themen und die Einladung deutscher Referenten sind allerdings mit einer harschen Kritik an den Kulturgewohnheiten der im Verein integrierten Spanier verbunden, die trotz eines z.T. langjährigen Deutschlandaufenthaltes nicht in der Lage sind, die deutsche Sprache zu verstehen. Frau García macht mit dieser Kritik eine Trennungslinie auf zwischen denjenigen Spaniern, die in ghettohafter Selbstgenügsamkeit ihre spanische Traditionen und Interessen pflegen, und denjenigen, die sich auch stärker um die Möglichkeiten und Belange der Aufnahmegesellschaft kümmern. Ihr Vorschlag der Übersetzungshilfe bei sprachlichen Verständigungsschwierigkeiten kommt vor dem Hintergrund der bisherigen Vereinstraditionen jedoch einer offenen Diskriminierung gleich, da sie eine Selbstoffenbarung für diejenigen Mitglieder bedeutet, die nur über rudimentäre Deutschkenntnisse verfügen und somit den neuen Ansprüchen nicht Genüge leisten können. Frau García – bzw. der Vorstand – praktizieren hier eine ähnlich schroffe Form der Innovation wie bei der Schlüsselvergabe im neuen Vereinsdomizil, bei der die Meriten der alten Eliten nicht nur nicht mehr gewürdigt, sondern im Gegenteil sogar explizit verneint werden. Die Modernisierungsmethoden des neuen Vorstandes, der sich selbst hervorragende Arbeit – „*der beste Vorstand seit 33 Jahren*" – bescheinigt, verstärken die Desintegrationsprozesse im Verein, so daß die Mitgliederbasis zunehmend abbröckelt. Zwar sind die Kriterien der Öffnung, der Einbeziehung neuer Themenfelder, der universalistischen Maßstäbe der Raumvergabe, etc. durchaus plausibel, sie negieren jedoch die ebenfalls durch langjährige Teilnahme erworbenen Rechte der alteingesessenen Eliten. Frau Garcías Öffnungsversuche gehen daher einher mit Schließungs- und Ausgrenzungseffekten, die vom Vorstand zwar nicht beabsichtigt sind, die in der Konsequenz jedoch ebenfalls negative Folgen für den Verein haben. Die in der Eingangssequenz beschriebenen akuten Krisenerscheinungen des Vereins gewinnen durch diese Ausführungen weitere Plausibilität.

3.5. *Rückkehr*

Zum Zeitpunkt des Interviews steht Frau García kurz vor ihrer definitiven Rückkehr nach Spanien. Die Frage des Interviewers nach den Gründen ihrer Rückkehr veranlaßt sie zu einem weiten biographischen Reflexionsbogen, in dessen Zentrum erneut das Problem von Identität und Zugehörigkeit, aber auch die Auseinandersetzung mit klischeehaftem Verhalten sowohl der Deutschen als auch ihrer Landsleute stehen. Ausgangspunkt ihrer Erzählung bildet die Erkenntnis, daß sie nach den Stigmatisierungserfahrungen als Jugendliche in ihrem Heimatdorf auch in Deutschland auf der Suche nach Identität und Akzeptanz niemals eine bedingungslose Heimat finden würde: „*Als die Phasen, diese diese Phasen dann vorüber waren, äh ja die Phasen also, daß du als Mädchen oder als Jugendliche irgenwie also eine Identität suchen mußtest, suchen mußtest, daß du suchen mußtest .., daß irgenwie, ich weiß nicht .. mit einer Unterdrückung, mit mit einem Klischee, das du dort in diesem diesem Dorf hattest, dort dort drinnen. Äh .. aber als ich sah, daß du auch hier äh niemals einfach als eine unter anderen akzeptiert werden würdest, daß du immer äh .. abgesehen von ganz kleinen, ganz kleinen Kreisen, wo du äh .. Concha warst .. Concha, daß du also niemals als als Person akzeptiert werden würdest, einfach so, als Person mit einem spanischen Akzent oder einer mehr oder weni-*

ger guten Aussprache .. immer war ich äh äh – wie gesagt außer einem sehr kleinen Kreis – immer war ich "ja, ja, stolz wie eine Spanierin", es gab gab Stempel, die mir (...) Die Komplexe, die ich damals [im spanischen Dorf, W.S.] hatte, äh waren äh das genau äh .. äh "wie dein Großvater (laut), eine Revolutionärin bist du, eine Anarchistin, die auf niemanden hört", deshalb, als man mir hier sagte, äh .. äh "stolz wie eine Spanierin" äh, das äh das also machte mich wütend, weil erstens .. gut .. du sahst, daß du nicht akzeptiert sein würdest" (S. 23f.

Diese Erkenntnis motiviert Frau García bereits mit dreiundzwanzig Jahren – fünf Jahre nach ihrer Rückkehr nach Deutschland und im Zuge der Integration ihres ältesten Sohnes in den Kindergarten – zu dem Versuch, nach Spanien zurückzukehren. Dieser Versuch scheitert jedoch aus den o.g. Gründen (bessere Ausbildungsmöglichkeiten, Mann will nicht zurück, vgl. Abschnitt 3.2.) und führt Frau García zu einer verstärkten Integration in die deutsche Gesellschaft, wo sie den Kampf gegen Vorbehalte und Diskriminierungen aufnimmt. Obwohl sie kein Leben in Rückkehrillusionen führen möchte und aus diesem Grund einen Hauskauf in Spanien ablehnt, hält sie kontinuierlichen Kontakt zu ihrem Heimatdorf, insbesondere als ihre Kinder älter sind: *"Ich habe niemals den Kontakt zum zum Dorf verloren, ich bin einmal pro Jahr dort gewesen und in den letzten Jahren, als die Kinder größer waren, bin ich häufiger weggegangen, habe mich weggestohlen. Als die .. Kinder schon älter waren, nahm ich den Bus (schnippt mit dem Finger) und verschwand dorthin, auch wenn es nur für fünf Tage war"* (S. 26).

Nach einer langen Phase der aktiven Auseinandersetzung in Deutschland mit Vorurteilen, Klischees und den Möglichkeiten einer guten Ausbildung für ihre Söhne einerseits und der Aufrechterhaltung eines kontinuierlichen Kontaktes mit Spanien andererseits plant Frau García mit siebenundvierzig Jahren die definitive Rückkehr in ihr Heimatdorf. Für diese Entscheidung spielt ein ganzes Bündel von Faktoren eine Rolle, die sowohl persönlich-familiäre (Pflegebedürftigkeit der Mutter, Tod des Vaters, Selbständigkeit der erwachsenen Kinder) als auch beruflich-gesellschaftliche Veränderungen betreffen (Vorruhestand des Mannes, veränderte sozio-politische Situation in Spanien): *"Jetzt ist mein Mann – mein Mann ist älter als ich – äh in Rente, äh man hat ihm eine Entschädigung gegeben, er ist äh arbeitslos äh, er wird bald die Rente bekommen (...). Meine Mutter ist krank .., äh mein Vater ist inzwischen gestorben, die Dinge in Spanien haben sich geändert .. Gott sei Dank haben sie sich geändert, für mich wie äh Tag und Nacht, alles ist vollkommen verändert .. gut .. auch die Situation meiner Söhne jetzt, sie haben die die die Ausbildung beendet, der eine geht nach Spanien, um zu studieren, der andere ist hier und arbeitet hier"* (S. 25). Außerdem fühlt sie sich noch jung genug, um sich ein neues Leben aufzubauen: *"Mit 47 Jahren gehe ich entweder jetzt dorthin zurück und suche mir eine Arbeit oder ich kann es nicht mehr machen bis zur Rente. Und diese Aussicht ist nicht gerade rosig [...] Ich möchte gehen, wenn ich noch Lust habe, neue Dinge zu sehen"* (S. 26).

Der wichtigste Grund ist für sie jedoch die Möglichkeit, ein Leben im Modus selbstverständlicher, gegenseitiger Akzeptanz ohne Begründungs- und Ausweispflicht zu führen: *„Das wichtigste für mich ist jedoch, daß ich .. ja an einen Ort zurückkehre, wo ich keine Erklärungen abgeben muß /mhm/ und wo, wenn ich keine Lust habe, dir ins Gesicht zu schauen, es nicht mache. Und wo sich niemand (betont) darüber aufregt, warum zum Teufel ich dich nicht angeschaut habe"* (S. 29). *„Da ich den Kontakt dort in meinem Dorf nicht verloren habe, muß ich nicht erklären, warum ich jetzt (klopft auf den Tisch) mit der Faust auf den Tisch haue. Alle wissen, daß Concha schlechte Laune hat und daß etwas schlimmes (betont) passieren muß, daß sie auf den Tisch haut. Es heißt also weder „Concha ist aggressiv" noch „Concha ist verrückt" noch „typisch asturisch" .. das sagt man mir hier im Kreis, „Concha ist doof, man braucht doch nur zu sehen, was für Umgangsformen sie hat". Dort muß ich überhaupt keine Erklärungen geben, alle .. weil die anderen auch so sind wie ich"* (S. 26).

Dieses Zugehörigkeitsgefühl zu ihrem Heimatdorf erhält noch zusätzliche Unterstützung durch die Massierung fremdenfeindlicher Ausbrüche in Deutschland und die geringe Reaktion der Bevölkerung: Situationen *„wie Solingen, wie äh Mölln, wie bei all diesen Dingen äh gab es keine Anteilnahme .. ich weiß nicht .. mich hat dies alles sehr, ja mich hat das berührt, sehr berührt, ich weiß nicht, diese letzten Situationen. Dabei hat mich nicht nur berührt, was an diesen Orten alles passiert ist, sondern die Reaktion der Leute äh /mhm/ sogar in meinem Freundeskreis. Eine sehr gute Freundin, die ich ha-, äh die ich ha-, äh die ich hatte äh äh, haben wir aufgegeben aufgrund dieser Situationen, Situationen des Kampfes, der rassistischen Konflikte, wirklich rassistischen Konflikte /mhm/. Vielleicht, vielleicht bin ich sehr empfindlich und übertreibe, vielleicht, vielleicht, aber es gibt gewisse Dinge, die ich nicht akzeptiere, die ich weder in einer Freundschaft noch in der Arbeit akzeptiere"* (S. 27).

Allerdings geht ihr Kampf gegen Klischees auch in Spanien weiter, wo sie sich – trotz stärkerem Zugehörigkeitsgefühl – auch mit vorurteilsbeladenen Zuschreibungen als ‚Deutsche' auseinandersetzen muß. Sie wird zu einer Grenzgängerin, die auf beiden Seiten als Fremde erlebt wird: *„Dasselbe Thema hattest du mit mit mit den Spaniern, „also die Deutschen sind (betont) ..", dort (betont) warst du also eine Deutsche [...] „also du, ja also du .. hast äh Gewohnheiten, du bist ja mehr Deutsche als Spanierin". Das habe ich äh x-mal gehört"* (S. 29). Deshalb oder gerade trotzdem formuliert sie die Hoffnung auf ein Leben frei von Kämpfen und Klischees, die Hoffnung einer transkulturellen Utopie, wo der Mensch nur Mensch ist: *„Ich habe immer versucht (...), nicht den Paß zu sehen; die Grenzen haben die Menschen gemacht. Natürlich haben wir kulturell unterschiedliche Formen, aber ganz innen drin sind wir alle nackt, sind wir (..) und niemand weiß äh, ob der eine Deutscher ist, der andere Türke, der andere Pole, der andere – niemand weiß es"* (S. 29).

In der rückschauenden bilanzierenden Reflexion über ihr Leben formuliert Frau García noch einmal die Ambivalenz ihrer Lebensgeschichte in prägnanter Weise: Einerseits haben sie die Migrationserfahrung und die vielfältigen Prozesse der Anpassung und des Durchsetzens zu einer selbstbewußten Persönlichkeit werden lassen. Sie bezeichnet Deutschland als das Land ihrer wichtigsten Lernerfahrungen, insbesondere in Bezug auf Identitätsgewinnung und Identitätssicherheit. Sie hat in der Fremde Gewißtheit über sich selbst und ihren Weg erlangt und stellt – ihre Situation damals und heute vergleichend – fest, daß sie ohne Probleme zurückkehren kann. *„Damals – wenn ich auch heute sehr gerne zurückkehre, weil ich heute weiß, was ich will, wer ich bin, wohin ich gehe und .., etc., etc. – damals, äh, mit 18, 19 Jahren wußtest du weder äh, wohin, wer du warst, wohin du geht, geschweige denn .. damals, nein, nein, nein, wo .. ja .. das einzige, was du wußtest war, wie du heißt und daß du Frau bist"* (S. 13). Andererseits blickt sie auf ein Leben zurück, das sich permanent mit Rollenkonflikten auseinandersetzen mußte und das trotz eines angestrengten Kampfes seine Ziele nicht erreicht hat. Von dieser Grundeinschätzung her bekommt auch ihre Rückschau eine pessimistische Tönung, die sie in ihren letzten Worten des Interviews – gewissermaßen als Fazit – folgendermaßen zum Ausdruck bringt: *„ Und im Grund genommen .. ist es sehr traurig: so viele Jahre Kampf, Kampf um dieselbe Sache, mehr als zwanzig Jahre lang, und im Grund bist du immer noch am Anfang, wir haben nicht – wir sind schlimmer als die Esel, wir lernen nicht, wir sind nicht fähig zu lernen ... (lange Pause)"* (S. 30).

4. Zusammenfassung

Frau García präsentiert ihre Biographie als eine Emanzipationsbiographie, die sie in einen weiten geographischen Rahmen einbettet: Ausgangspunkt ist ihr Heimatdorf, das sie als Jugendliche und als in ihrer Identität unsichere Frau verläßt, dann folgt die lange Phase ihres Deutschlandaufenthaltes mit den vielfältigen Prozessen des Kampfes, des sich Durchsetzens und des Lernens, schließlich wird die Rückkehr ins Dorf als reife und in ihrer Identität gefestigte Frau antizipiert. In diesen Gesamtrahmen sind unterschiedliche Themenstränge eingeflochten, denen Frau García in ihrer Erzählung einen bedeutenden Stellenwert einräumt und die in unterschiedlichen Variationen wiederkehren, so z.B.
– die Gleichzeitigkeit von individueller (ich) und kollektiver Geschichte (wir). Frau García verweist auf spanische Prägungen (Familie, Milieu, Peers, Zerstrittenheit des Milieus, Modernisierungsprozesse in Spanien), die sie und ihre Generation geprägt haben. Gleichzeitig präsentiert sie ein biographisches Kontinuum, das sich in der Konstanz und Kontinuität von Personen äußert, die als Typen sowohl in Deutschland als auch in Spanien auftreten: die Vaterfigur, mit der sie in unterschiedlichster Gestalt – innerhalb der Familie, des Elternvereins, des Kulturkreises – Kämpfe ausficht; die älteren Frauen, die nicht nur im Dorf bigott-frömmlerisch die Jugend auf ihre traditionellen Rollenmuster festnageln, sondern auch im Verein trotz ihres revolutionären Gehabes derartige Verhaltensweisen zeigen; der Großvater

und sein anarchistisches Erbe, das sowohl in Deutschland als auch in Spanien zu bestimmten Zuschreibungen führt; die peer group, die sich in Spanien als Jugendgruppe, in Deutschland als Theatergruppe konkretisiert. Frau Garcías Suche nach Identität ist eingelagert in ein kollektives Handeln, das sie stützt. Sie macht den Sprung zur Individualität über die Sozialität. Allerdings üben die Konflikte innerhalb der Sozialität auf sie auch einen Zwang zur Positionierung/Individualisierung aus;
- die Kontinuität von Bildungs- und Lernerfahrungen: In ihrem Heimatdorf erlebt Frau García eine defizitäre bzw. stigmatisierende (Aus-)Bildung, die durch die Dominanz kirchlich-religiöser bzw. autoritär-traditioneller (Schul-)Inhalte geprägt ist. Diese Negativprägung versucht sie unter Zuhilfenahme neuer Lernanlässe und Lernformen in unterschiedlichen persönlich-familiär-beruflichen Lebensphasen zu bearbeiten und zu kompensieren. So nutzt sie den Au-Pair-Aufenthalt in Deutschland nicht nur dazu, die deutsche Sprache zu erlernen, sondern gleichzeitig auch autodidaktische Lernformen (Buchlektüre, Lernen durch aktiven Kontakt) auszuprobieren. Die (Erziehungs-)Arbeit als Mutter bedeutet für sie nicht nur Erledigung der vielfältigen Erziehungsaufgaben, sondern gleichzeitig auch Vergangenheitsbewältigung und Bewußtseinsarbeit an sich selbst, die sie wiederum autodidaktisch mit Hilfe der Zeitschrift ‚Eltern' angeht. Ihr Engagement als Elternvertreterin bringt sie dazu, Vorurteile auf der face-to-face-Ebene aufzugreifen und eine Auseinandersetzung unter Anwesenden zu initiieren. Sie versucht über Vorträge, Beschaffung von Informationsmaterialien und kritischen Systemvergleichen eine Bewußtseinsarbeit zu leisten, wozu sie ihr Leben in zwei gesellschaftlichen Welten besonders befähigt. Wie schon in der Auseinandersetzung mit ihrem Vater lernt sie, ihren Wissensvorsprung im Vergleich zu Einheimischen strategisch einzusetzen, um von ihr als vordringlich erachtete Ziele zu erreichen. Auch die Teilnahme an der Theater- und Frauengruppe setzt bei Frau García Selbstbildungsprozesse in Gang: über Vorträge, gemeinsame Aktivitäten, Rollenagieren, etc. lernt sie zusammen mit den Frauen der Gruppe, ihre eigenen Gefühle und Präferenzen auch in Situationen zum Ausdruck zu bringen, wo traditionellerweise ein gefügiges Verhalten von Frauen erwartet wird. Insgesamt zeigt sich, daß Lernerfahrungen bei Frau García häufig mit Aktivitäten und dem Einsatz in der Gruppe verbunden sind. Lernen und Handeln bilden bei ihr oft eine Einheit, Handeln wird von Lernen, Lernen von Handeln begleitet;
- Politik als Suche nach der besseren Welt: Die Kategorie des Politischen wird in Frau Garcías Erzählung an sehr unterschiedlichen Stellen genutzt: in der großen Spannbreite politischer Optionen innerhalb ihrer Familie und ihres Bekanntenkreises (frankistischer Vater, frankistischer Freund des Vaters, anarchistischer Großvater, kommunistische und sozialistische Eltern der Freundinnen), in den politischen Auseinandersetzungen des Kulturkreises und des Elternvereins, zu deren Beschreibung sie implizit die Kategori-

en ‚politisch', ‚apolitisch' und ‚falsche Politik' nutzt, oder in der doppelten politischen Orientierung von Migranten auf die Herkunfts- und auf die Aufnahmegesellschaft. Frau Garcías politischer Einsatz ist in ihrer Erzählung jedoch immer an die menschlichen Entwicklungspotentiale gekoppelt bzw. hat den Menschen mit seinen besseren Möglichkeiten im Blick. Von daher ist es auch nur konsequent, daß für sie Frauen Politik erst einmal über die Familie machen. Frau García propagiert das Ethos der Verpflichtung, der Beteiligung und des aktiven Engagements an den Orten, die für die alltägliche Lebensführung von Bedeutung sind: Kindergarten, Schule, Verein. Ausgehend von diesen eher kleinräumigen Foren politischen Lebens formuliert sie jedoch ihre Utopie einer besseren Welt in Form einer multikulturellen Utopie sehr deutlich. Allerdings ist ihre Bilanz des bislang – sowohl persönlich als auch gesellschaftlich – erreichten Fortschritts durchsetzt mit pessimistischen Tönen. Der Fortschritt ist ambivalent, der Kampf gegen Klischees hat eine ernüchternde Bilanz, wie es in ihrem Fazit des gesamten Interviews – „*wir sind Esel, wir lernen nicht*" – drastisch zum Ausdruck kommt;

– der Verein und ihr (Abschieds-)Verhältnis zum Verein. Einerseits präsentiert Frau García in ihrer Erzählung ihr Leben und Leiden mit dem Verein. Sie zeigt seine Dynamik, seine Machtkämpfe, seine Ideologien und – in der Kontinuität von Ideologien – die Parallelen zu Spanien, die in der Enklave vor Ort ebenso zu finden sind wie in der Heimat. In ihrem Vereinsengagement steht sie außerhalb der traditionellen Vereinseliten und wirkt als dynamisierender Faktor. Andererseits präsentiert sie den Verein als eine vorübergehende Erscheinung in ihrer Biographie, die weit mehr als nur den Verein umfaßt. Sie verläßt den Verein zu einem Zeitpunkt akuter Gefährdung, was von den zurückbleibenden Vereinsmitgliedern, aber auch von ihr selbst möglicherweise als Illoyalität aufgefaßt wird. Von daher ist es plausibel, daß Frau García die Erzählung ihrer Lebensgeschichte bzw. die Interviewsituation generell so strukturiert, daß ihre Rückkehr nicht als Illoyalität dem Verein und seinen Mitgliedern gegenüber aufgefaßt werden kann. Teil dieses Arrangements ist die Anwesenheit von Frau Botifoll. Sie repräsentiert als Mitglied der Theater- und Frauengruppe eine gemeinsam geteilte Erfahrung von großer biographischer Bedeutung und wird aus dieser privilegierten Stellung heraus Zeugin der Abschiedserzählung im Interview, aber auch der angekündigten Wiederkehr. Einerseits verkörpert Frau Botifoll durch ihre Präsenz die authentische Form des Abschiednehmens, andererseits gibt sie Frau García und ihrem Verhältnis zum Verein die Möglichkeit einer Kontinuitätssicherung und -wahrung.

Drittes Kapitel: Migration als erlittene und gestaltete Kollektivgeschichte: Herr Delgado und Herr Salinas

Herr Delgado ist 1945 in einem kleinen Dorf in Aragón geboren und lebt seit 1964 in der Bundesrepubllik. Er ist mit einer Spanierin verheiratet und hat drei z.T. schon erwachsene Kinder (einen Sohn, zwei Töchter). Er ist einer der Hauptaktiven des Demokratischen Hauses und hatte dort lange Jahre leitende Funktionen inne. Herr Salinas ist ebenfalls 1945 in Madrid geboren und lebt seit 1964 in der Bundesrepublik.[122] Auch er ist mit einer Spanierin verheiratet und hat zwei schulpflichtige Töchter. Als vielseitig versierter Handwerker ist er im Demokratischen Haus vor allem für die Instandhaltung der Räume verantwortlich.

1. Gesprächsanbahnung und Interviewsituation

Bereits lange vor dem Interview hatte der Interviewer mit beiden Gesprächspartnern häufigen Kontakt und zwar sowohl alleine als auch zu zweit. Im Demokratischen Hauses traten Herr Delgado und Herr Salinas oft als Tandem auf, da sie befreundet sind und viele Freizeitaktivitäten gemeinsam unternehmen. Ursprünglich wollte der Interviewer seine Gesprächspartner einzeln interviewen, doch als er Herrn Salinas um ein Gespräch bat, schlug dieser spontan vor, das Gespräch zusammen mit Herrn Delgado zu führen. Trotz mehrfachen Insistierens war es dem Interviewer nicht möglich, Herrn Salinas von seiner Idee abzubringen, zumal dieser die Initiative ergriff, mit Herrn Delgado telefonierte und einen Termin ausmachte. Als Ort des Gesprächs wurde die Wohnung von Herrn Delgado vereinbart und zwar an einem Freitagabend (25.5.1996) zu einem Zeitpunkt, an dem die Frauen von beiden bei der Theaterprobe im Demokratischen Hauses waren – denn dann, so lautete die Begründung, sei man ungestört. Zur Verdeutlichung der Gesprächssituation werden im folgenden Auszüge aus dem Gedächtnisprotokoll entnommen, das der Interviewer unmittelbar nach dem Gespräch angefertigt hat:

---

122 Herr Salinas ist identisch mit Miguel in den Protokollen des Demokratischen Hauses, während Herr Delgado in den Protokollen nicht vorkommt.

„Als ich um halb sieben in die Wohnung von Herrn Delgado komme, ist Herr Salinas schon da, sitzt im Wohnzimmer und trinkt zusammen mit Herrn Delgado ein Glas Bier. Beide begrüßen mich herzlich. Auch ihre Frauen sind noch da, sie gehen aber nach kurzer Zeit zur Probe. Herr Delgados älteste Tochter ist in der Küche und telefoniert während der nächsten Stunde. Herr Delgado bietet mir etwas zu trinken an, worauf ich ein Glas Wasser nehme. Auf meine Frage, wie es ihm geht, fängt er zu erzählen an: von der baldigen Hochzeit seines Sohnes, von dem damit verbundenen Organisationsaufwand, von seiner Sorge über die schlechte wirtschaftliche und arbeitsmarktpolitische Situation in Deutschland, von den Zukunftsaussichten der jungen Generation, die er im Vergleich zu seinen damaligen Zukunftsaussichten als gering einschätzt. Er berichtet, daß sein Sohn Paco (Masseur) ursprünglich nach Spanien habe auswandern wollen, dann jedoch von dieser Entscheidung abgekommen sei, da er in Spanien für sich keine berufliche Zukunftsperspektive sehe. Herr Salinas fällt ein und ergänzt, daß es auch in Deutschland um die Zukunft von Masseuren sehr schlecht bestellt sei, da die Krankenkassen die Kuren nicht mehr bezahlen wollten und damit ein wichtiger Arbeitsbereich von Masseuren wegfalle. Herr Delgado meint, er rate seinem Sohn, nach Australien auszuwandern. Herr Salinas hält dagegen, daß auch dort die Zukunftsaussichten nicht mehr so rosig seien wie noch vor zwanzig Jahren, außerdem könne Paco auch nicht so gut Englisch, um sich dort durchzuschlagen. Vor zwanzig, dreißig Jahren sei das anders gewesen – zu der Zeit, als sie selbst ausgewandert seien. Heute gebe es eine andere Art von Migration: Polen, Ostdeutsche, Schwarze, Afrikaner, Asylanten, das sei eine andere Migration als zu der eigenen Zeit.

Als das Thema Migration aufkommt, hake ich ein und meine, dies sei ja auch der Grund meines Kommens, da ich mehr über die persönlichen Lebensläufe und Lebensschicksale von Migranten, also von ihrem Leben, erfahren wolle. Nach einer kurzen Klärung der Gesprächsmodalitäten erzählen beide ausführlich die Geschichte ihrer Migration, die sie als Kollektivgeschichte begreifen. Nach ca. einer Stunde beginnt Herr Delgado, Tortilla, Käse, Brot, etc. aufzutischen. Er habe eine Tortilla gemacht, weil er wisse, daß mir Tortilla schmecke, kommentiert er lachend die Auswahl. Zum Essen kommt auch seine Tochter, die das Telefonieren beendet hat. Sie setzt sich neben ihren Vater auf das Sofa und hört teils aufmerksam, teils gelangweilt dem Gespräch zu. Beim Thema Rückkehr befragen sie Herr Delgado und Herr Salinas nach ihrer Rückkehrbereitschaft.

Um 21 Uhr kommt Frau Delgado von der Theaterprobe zurück. Sie setzt sich ebenfalls zu uns, erzählt einiges aus ihrer Vergangenheit und kramt Bilder von früheren Zeiten hervor, wie sie nach Deutschland kam, ihren Mann kennenlernte, etc., was Herrn Delgado dazu veranlaßt, mir das offizielle Verlobungsfoto zu zeigen. Auch die zweite Tochter gesellt sich zu uns, während sich Herr Salinas verabschiedet, da er sich mit seiner Frau im Demokratischen Haus verabredet hat.

Gegen 21.45 kommen Herr und Frau Martínez, ein befreundetes Ehepaar, zu Besuch. Frau Martínez ist ebenso wie Frau Delgado Mitglied der Theatergruppe. Auch sie werden verköstigt und Frau Delgado macht eine Sektflasche auf. Die Runde wird immer lustiger, zumal Herr Martínez, der für seine Späße bekannt ist, immer mehr in Fahrt kommt. Auch er beginnt, von seinen Migrationserfahrungen zu erzählen. Er ist ein Jahr früher als Herr Deldago und Herr Salinas nach Deutschland gekommen und möchte sich gar nicht mehr an diese – wie er sagt – miserablen Zeiten erinnern. Dann erzählt er jedoch Anekdote über Anekdote, was Herr Delgado zu dem Vorschlag veranlaßt, daß man sich eigentlich einmal zu viert oder zu fünft treffen und sich gegenseitig beim Erzählen anregen müsse, vieles sei ja in Vergessenheit geraten, aber gegenseitig könne man sich anregen und sich erinnern. Auch Frau Martínez reflektiert über die vergangene und jetzige Zeit. Sie ist der Meinung, daß früher der Zusammenhalt unter den Spaniern wesentlich besser gewesen sei, da eine Notwendigkeit dazu existiert habe. Heute gebe es viel Neid, man sei nicht mehr aufeinander angewiesen, außerdem habe es früher viel mehr Spanier gegeben. Die heutige Situation – darin sind sich *alle einig – sei ganz anders als die damalige. Neben der Vergegenwärtigung der vergangenen Zeiten ist das Essen bzw. die Zubereitung bestimmter spanischer Spezialitäten ein weiteres wichtiges Thema der Runde. Sowohl Herr Martínez als auch Herr Delgado haben einen Gemüsegarten gepachtet und fachsimpeln heftig über Anbaumethoden, Gemüsesorten und Zubereitungsarten. Gegen 23 Uhr kredenzt Herr Delgado Herrn Martínez und mir einen aragonesischen Kräuterschnaps und macht dafür extra eine neue Flasche auf.*

Um 23.30 wollen Herr Martínez und seine Frau aufbrechen. Auch ich schließe mich ihnen an. Wir verabschieden uns von Herrn Delgado und seiner Familie und verlassen die Wohnung. Herr und Frau Martínez fahren noch einmal mit ihrem Auto ins Demokratische Haus zurück, um dort noch einen Drink zu sich zu nehmen."

Der Gesprächsabend verläuft in unterschiedlichen personellen Besetzungen, die sich in vier zeitliche Phasen untergliedern lassen: zunächst das Gespräch zwischen Herrn Delgado, Herrn Salinas und dem Interviewer, dann die Unterbrechung des Gesprächs durch die Abendbroteinlage von Herrn Delgado, wobei ab diesem Zeitpunkt auch die ältere Tochter von Herrn Delgado anwesend ist, schließlich die Ankunft von Frau Delgado, die Verabschiedung von Herrn Salinas und die Anwesenheit der gesamten Familie im Wohnzimmer, zuletzt die Gesamtfamilie mit dem befreundeten Ehepaar aus dem Demokratischen Haus.

Fast alle anwesenden Personen des Abends thematisieren in irgendeiner Weise Migrationserfahrungen: Herr Delgado und Herr Salinas, die neben ihrer eigenen Migrationsgeschichte sich über die unterschiedlichen Migrationsszenarien der Vergangenheit und Gegenwart verständigen und sich mit ihrer eigenen, positiv bewerteten Migrationsvergangenheit von den Wanderungsströmen der Gegenwart absetzen, denen sie eine andere Qualität zuschreiben; die ältere Tochter von Herrn Delgado, die über ihre möglichen Migrationsabsichten nach Spanien befragt wird; Frau Delgado, die über Fotos die gemeinsame Familiengeschichte erzählt; Herr Martínez, der sich vor allem über die schwierige Anfangsphase in Deutschland ausläßt; Frau Martínez, die die vergangene Solidarität mit dem gegenwärtigen Neid kontrastiert. Die unterschiedlichen Personenkombinationen ergeben unterschiedliche Gesprächsschwerpunkte, wobei auch die kulinarische Komponente des Abends den Gesprächsverlauf bestimmt. Das Interview schmiegt sich den wechselnden Personengruppen und dem Essensverlauf an und geht von einem mehr oder weniger konzentrierten Gespräch über die Migrationserfahrungen von Herrn Delgado und Herrn Salinas in eine Familienplauderei bzw. in ein Gespräch unter Freunden über. Es hat somit keinen eigentlichen Schlußpunkt, sondern mündet allmählich in die gesellige abendliche Familienkommunikation ein.

Die Interviewsituation samt der an sie anschließenden Gespräche dokumentiert die Spannung zwischen einer personenbezogenen Individual- und gruppenbezogenen Kollektivgeschichte; sie dient der kommunikativen Vergewisserung und Verständigung unter den Anwesenden, indem sie sowohl zum Anlaß für innerfamiliäre Kommunikation als auch zur Anregung für innerspanische Erinnerungsarbeit unter Altmigranten genommen wird. Die Interviewsituation ist das Medium, in dem die eigene Migrationserfahrung, die Zukunftsaussichten der

Kinder, die Einschätzung der Erfolgsaussichten gegenwärtiger Migrationsentscheidungen und die differenten zeitlichen Migrationskontexte thematisiert werden. Gleichzeitig ist der Gesprächsabend verwoben mit Prozessen des Kommens und Gehens vom Demokratischen Haus und ins Demokratische Haus zurück. Die Wohnung von Herrn Delgado stellt gleichsam eine erweiterte Dependance des Vereins dar, da die Gesprächsteilnehmer des Abends zwischen dem Verein und Herrn Delgados Wohnung hin und her pendeln. Zwischen dem Verein und dem (Familien-)Gesprächsabend gibt es vielfältige sowohl räumliche als auch persönlich-familiäre Verbindungen. Ähnlich wie das Vereinsleben im Demokratischen Haus stellt auch das abendliche Privattreffen eine Verbindung von Diskussion, Essen, Geselligkeit, Feier und Austausch dar und weist mit seinen wechselnden Personenkonstellationen, seiner inhaltlichen Polyfunktionalität, seinen unterschiedlichen Beteiligungsgraden und seiner intergenerationellen Einbindung große strukturelle Ähnlichkeiten mit dem Vereinsleben auf.

2. Erbrachte Leistung und mangelnde Leistungsanerkennung: Strukturierte Interpretation der Eingangserzählung[123]

Innerhalb des bereits skizzierten Eingangsgesprächs präzisiert der Interviewer auf Anfrage von Herrn Delgado und Herrn Salinas, daß er den Gesprächsverlauf nicht durch Fragen vorstrukturieren will, sondern daß es ihm vielmehr darum geht, seine beiden Gesprächspartner frei zu Wort kommen und ihre Geschichte nach eigenem Ermessen erzählen zu lassen. Diese Aufforderung wird von Herrn Delgado und Herrn Salinas dann folgendermaßen aufgegriffen und konkretisiert:

2.1. Auswanderungsentscheidung und -verlauf: vergangene Deutung und gegenwärtiger Bezug

„Herr Delgado (im folgenden D.): Ja, über über unsere

Herr Salinas (im folgenden S.): Als wir hierher kamen.

D.: hierher kamen. Ja, hier war es so, daß es zwei zwei Formen gab: erstens diejenigen, die über das Emigrationsbüro kamen mit einem Vertrag und zweitens diejenigen, die wir ohne

---

123 Die Interpretation der Eingangserzählung dieses Interviews unterscheidet sich von den anderen Interviews dahingehend, daß – aus Umfangsgründen – nicht der gesamte Text übernommen wurde, sondern nur Ausschnitte, die allerdings in ihrem erzählchronologischen Ablauf beibehalten wurden. Dieses Verfahren bot sich auch deswegen an, weil Herr Delgado in seinem Bestreben, den Interviewer umfassend zu informieren, neue Themenblöcke immer mit einem bestimmten sprachlichen Markierer – und dann (y entonces, y luego) – einführte.

Vertrag kamen /mhm/. Denn nicht allen gab man einen Vertrag in Spanien, äh vor allem diejenigen ... es gab .. wegen der Politik, du weißt, daß Spanien eine Diktatur war und daß man damals Leute raus ließ. Weil das begann so ungefähr im Jahre 56, als Spanien eine halbrevolutionäre Phase durchmachte. Und Franco war eine Person, obwohl er ein Diktator war, war er schlau und sagte sich: „Was ist das Beste, das ich machen kann? Die Leute äh rauswerfen /mhm/. Wenn ich zwei oder drei Millionen Leute aus Spanien entferne, beruhigt sich die Sache." Und tatsächlich hatte er recht /mhm/. Und dann begann äh so um das Jahr 58 herum, begannen die ersten Leute wegzugehen .. und ..

S.: *Leute hierher, nach Europa.*

D.: *Nach Europa.*

S.: *Denn früher*

D.: *Nach Europa, nach Südamerika sind die Leute immer weggegangen [salido].*

S.: *nach Südamerika sind die Leute immer weggegangen (..)*

D.: *Immer. Nach Südamerika sind wir Spanier immer emigriert [A Sudamérica los españoles hemos emigrado siempre].*

S.: *Nach nach Europa, hierher, nach Deutschland und in die Schweiz, nach Deutschland. Im Jahr 58, 57, 58 begann man, hierher zu kommen, die Mehrzahl kam zwischen 62 und 64, damals kamen auch wir, ich kam im Jahr 64 und du?*

D.: *Ich auch 64,*

S.: *Damals kam die Mehrzahl.*

D.: *im März 64. Damals war das Problem, das wir hatten – zum Beispiel in in in meiner Region, in meiner Heimat, ich rede jetzt von von Aragón .. Äh ich zum Beispiel konnte keine Arbeit finden, denn um Arbeit zu finden, mußte man .. mußte man Mitglied der Falange sein,*

S.: *lacht*

D.: *der Falange des Regimes, der Einheitspartei, die es gab. Und dann äh trotz der vielen Versuche, eine Lehrlingsstelle zu finden – damals war die Sache auch schon ziemlich schwierig, es gab eine Pha- eine Zeit, ja, wo man Leute nahm, aber später wurde die Sache sehr schlecht. Und dann entschloß ich mich, wegzugehen. Ich ging ins Emigrationsbüro, trug mich ein, aber es kam nichts, weder aus Frankreich noch aus Deutschland. Das waren die beiden Länder, die am meisten – und Belgien auch ... und dann äh sagte ich zu meinem Vater: „Ich gehe. Ich gehe nach Deutschland" /mhm/. „Okay, aber wie willst du gehen, auf welche Art?" Denn das Schwierige war, daß man – Miguel zum Beispiel ist in einer Großstadt aufgewachsen, in Madrid, eine Großstadt ist eine Großstadt, aber ich kam aus einem Dorf (lacht), aus einem Dorf mit 700 Einwohnern /mhm/ ... ein kleines Dorf, ein sogenanntes Kaff – /mhm/. Ich sage also: „Ich gehe und schau mal, wie das so ist". Mein Vater gab mir 15.000 Peseten, er verkaufte eine Kuh, um mir das Geld geben zu können. Denn damals, wer, wer hatte schon 15.000 Peseten.*

S.: *(lacht) Ich komme aus einer Großstadt*

D.: Er verkaufte eine Kuh,

S.: und kam mit weniger Geld.

D.: kam zu mir und sagte: „Hier, nimm das Geld und wenn du siehst, daß du dort ankommst (lacht) und es nicht schaffst, dann komm zurück" /mhm/. Ich hatte hier einen Bruder .. aber

I.: In Deutschland?

D.: Ja, aber mein Bruder fand keinen Arbeitsvertrag, den er mir schicken konnte und so, denn hier gab es auch eine Zeit, wo die Sache ein wenig äh vor allem für die Kleinbetriebe, man mußte mit einem Vertrag aus Spanien kommen, weißt du, die Leute kamen, aber man mußte

S.: Ich habe vergessen, ich hätte die alten Verträge mitbringen können, damit du sie hättest sehen können.

D.: Natürlich.

S.: Ich habe sie zuhause, da steht noch drauf: 3 Mark 15 die Stunde (lacht).

D.: Und ich fing mit 2 Mark 49 an.

S.: Da habe ich ja mehr verdient als du.

D.: Es waren 2 Mark 49, als ich ankam. Und dann beschloß ich, ich kam wie gesagt, ich nahm den Zug in Bilbao .. bis bis Irún /mhm/, in Irún nahmen wir dann .. bis Paris, das (betont) war dann das Schwierige, mein Gott, da sieht man, wie schwer es ist, wenn man ankommt und eine andere Sprache hört, denn leider hatten wir nicht einmal das, wir hatten immer nur Kastilisch sprechen gehört .. weil äh vielleicht, wie gesagt, vielleicht diejenigen, die in Tourismusorten waren, hörten vielleicht etwas, aber ich, ganz ehrlich, ich hörte einen Franzosen, einen Deutschen oder einen Engländer oder einen Italiener sprechen und ich dachte, sie sprechen alle gleich.

S.: lacht

D.: Ich sah keinen Unterschied, ich sah keinen. Nun gut, wir kamen also hier an äh und ich hatte Glück. Ich kam an einem Samstag an und montags begann ich zu arbeiten. Ich traf mich mit Agustín Pérez, mit .. einem Mann, der hier schon ziemlich viele Jahre lebte .. und der ziemlich gut Deutsch sprach.

S.: Ja.

D.: Er sprach es ziemlich gut, weil er hatte studiert, er war ein Mann, der in Spanien studiert hatte, und er sagte zu mir: „Wenn du willst, komm am Montag mit mir zur Arbeit". Er arbeitete in einer Gießerei. Dieser Mann war sehr gut ausgebildet, aber da er ein Säufer war, /lacht/, äh (lacht) arbeitete er nur zwei Tage die Woche.

S.: lacht

D.: Und das Geld, das er verdiente, wenn er beispielsweise 60 Mark oder so verdiente, kehrte er so lange nicht mehr zur Arbeit zurück, bis er sie ausgegeben hatte /mhm/. Ich kam also hierher zur Firma Rau in Unterliederbach, einer Gießerei, und .. als ich ankam, wußte ich nicht einmal, was man mir sagte. Der Vorarbeiter hat mir wahrscheinlich gesagt: „Wenn du willst, kannst du heute zum Arbeiten bleiben". Und ich habe ja gesagt, ich bleibe zum Arbeiten. Dort fing ich also an und blieb 17 Jahre /mhm/ in dieser, in dieser Gießerei .. Und als dann die Eigentümer starben, wechselte ich dorthin, wo ich heute noch bin" (S. 1-3).

Die allgemeine Aufforderung des Interviewers, die eigene Geschichte frei zu erzählen, bezieht Herr Salinas – nach einer eher suchenden, zögernden und nicht zu Ende geführten Antwort von Herrn Delgado – auf ihre Wanderung nach „*hierher*". Die in der Interviewsituation erzählte Geschichte beginnt für Herrn Salinas somit mit dem Zeitpunkt des Weggangs – „*als wir hierher kamen*" – aus der Blickperspektive der gegenwärtigen geographischen Verortung. Der eigene Werdegang wird als Migrationsgeschichte aus einem Hier heraus präsentiert, das zwar nicht weiter präzisiert wird, das jedoch die Richtung, von der aus auf die Vergangenheit und den Beginn der eigenen Geschichte geschaut wird, bestimmt.

Dieser zeitlich-geographischen Perspektive schließt sich Herr Delgado an, indem er den von Herrn Salinas ins Spiel gebrachten zeitlichen Verlaufsprozeß durch eine Analyse der unterschiedlichen Migrationsformen ergänzt. Aus seiner Sicht ist die Differenz zwischen einem vertragsgebundenen, behördlich-administrativen Weg und einem vertragslosen, individuell-regulierten Weg entscheidend.[124] Herr Delgados eigener Wanderungsweg ist in diesem polaren Spannungsverhältnis der organisierten Abreise über die spanische Vermittlungsstelle mit einer vertraglichen Absicherung und des selbstorganisierten Weggangs auf eigenes Risiko ohne vertragliche Bindung auf der Seite der Unsicherheit angesiedelt. Er kam – wie andere Spanier auch – ohne Vertrag und weiß sich in dieser Situation als Teil einer Kollektivität. Er nutzt an dieser Stelle die im Spanischen häufig anzutreffende Verbindung zwischen einem Kollektivplural des Substantivs (diejenigen) und einer die eigene Person einschließenden Verbalform (wir).[125] Herr Delgado ist Teil einer kollektiven Geschichte, in der bereits am Beginn unterschiedlich privilegierte Formen des Hierseins stehen.

Allerdings beläßt es Herr Delgado nicht bei dieser polaren Aufzählung und individuellen Zuordnung, sondern gibt weitere Erläuterungen sowohl in Bezug auf die Leitdifferenz vertraglich/vertraglos als auch im Hinblick auf die besondere politische Situation Spaniens. Damit verläßt er die Ebene des ‚hier' und begibt sich auf die Ebene des ‚dort', der Situation in Spanien selbst vor Beginn

---

124 Ohne dies zu benennen, spielt Herr Delgado auf die Anwerbeabkommen zwischen den mitteleuropäischen Industrienationen und den Staaten Südeuropas ab Mitte der 1950er Jahre an, konkret auf den gegenseitigen Nutzen der Arbeitskräfteanwerbung seitens der Industrienationen und der machtpolitisch kalkulierten Teilöffnung des spanischen Arbeitsmarkts.

125 Die im Deutschen unübliche Wendung „*diejenigen, die wir ohne Vertrag kamen*" wird im Spanischen sehr häufig verwendet „*los que nos veniamos sin contrato*".

der Auswanderung. Er durchbricht die von Herrn Salinas vorgegebene Zeit- und Blickperspektive und widmet sich einer gesellschaftlichen Problemanalyse Spaniens zum damaligen Zeitpunkt.

Für Herrn Delgado ist die Frage der Vertragsgebundenheit ein Selektionsvorgang, bei dem die Ausreisewilligen selbst eher passive Dulder denn verantwortliche Akteure darstellen. Verträge werden aus seiner Sicht zugeteilt oder auch nicht, ohne daß Herr Delgado genauere Angaben zu dieser von ihm als willkürlich beschriebenen Form der Vertragsvergabe macht. Dagegen sind seine Ausführungen über die politische Lage sehr präzise. Er verortet die beginnende Migration der 1950er Jahre zeitgeschichtlich im Kontext machtpolitischer Kalkülüberlegungen des Franco-Regimes. Migration ist für Herrn Delgado eine Folge der bewußt kalkulierten und gesteuerten (Teil-)Öffnung der spanischen Grenzen mit Ventilfunktion für gesellschaftliche Unzufriedenheit und Protestbewegungen. Die von ihm benutzten Verben – rauslassen, rauswerfen, entfernen – verweisen einerseits auf eine aktive und gezielte Intervention des Franco-Regimes, andererseits auf eine abgeschottete und kontrollierte Gesellschaft. Implizit thematisieren sie Spanien als ein kollektives Gefängnis, in dem die Revolte zur Entlassung und Verbannung eines Teils der aktiven Häftlinge führt. In dieser Perspektive ist Migration für Herrn Delgado der Export regimekritischer Elemente und damit ein herrschaftsstabilisierendes Instrument zur Pazifizierung gesellschaftlicher Konfliktlagen. Aus der zeitlichen Distanz eines Beobachters im Nachhinein sieht er sich gezwungen, dieser Strategie sogar gesellschaftlichen Erfolg zu attestieren und die Schläue des Diktators herauszustreichen, der eine kritische Situation erfolgreich zu meistern verstand.

Die Frage, ob und inwiefern die vertragliche Anwerbepolitik, die machtpolitische Systemstabilisierung und die (un-)freiwillige Ausreise aufeinander bezogen sind, wird von Herrn Delgado ebenso wenig thematisiert wie die Frage, ob denn die politischen Aktivisten auch tatsächlich die Mehrheit der Ausreisewilligen darstellen. Entscheidend bleibt für ihn die Einbettung der Migration in zwei unterschiedliche Verweisungszusammenhänge, den ökonomisch-sozialen (vertragsgebunden, vertragslos) und den politisch-herrschaftsstabilisierenden (rauswerfen, weggehen). Beide Verweisungszusammenhänge bewegen sich in einem Kontinuum von Sicherheit und Unsicherheit, Chance und Zwang, Privilegierung und Deprivilegierung, Wahlmöglichkeit und Willkür. Der Möglichkeit des Ausweichens vor einem rigiden politischen System steht die Unmöglichkeit politischer Reformen im Land selbst gegenüber, dem Neuanfang mit einer gewissen ökonomischen Absicherung entspricht der Beginn ohne vertragliche Regelungen, der freiwillige Weggang korrespondiert mit dem forcierten Exil. Dieses von der Franco-Regierung erzeugte und tolerierte Optionsspektrum wurde von einem nicht unbeträchtlichen Teil der Bevölkerung auch genutzt.

Als Herr Delgado vom *„Weggehen der ersten Leute"* spricht, klinkt sich Herr Salinas wieder in das Gespräch ein. Er bringt erneut seine Perspektive des Hier zur Geltung und beharrt auf seiner gegenwartsbezogenen Blickrichtung gegenüber der eher spanienorientierten Sicht von Herrn Delgado. Herr Salinas präzisiert nun das „*hierher*" als „*Europa*", eine Deutung, der sich Herr Delgado sofort anschließt. Wie kann nun der Begriff Europa gedeutet werden, welchen Stellenwert hat er im Kontext der Erzählung? Zunächst kann Europa in Differenz zu Spanien gebraucht werden, Europa als das zivilisierte Gegenstück zu Spanien mit seinem diktatorischen Regime. In dieser Perspektive erscheint die eigene Migration als ein zivilisatorischer Aufstieg. Zugleich markiert die Differenz Spanien-Europa jedoch auch eine enorme sprachlich-kulturelle Entfernung. Europa ist weit weg von Spanien, dorthin zu gehen, bedeutet, einen großen Schritt zu tun. Europa ist im Gegensatz zu Spanien das Fremde, das Unvertraute, das Besondere, das es erst zu entdecken gilt. Schließlich kann Europa bedeuten, daß der Weg nach ‚Hierher' als Weg nach Europa uminterpretiert wird. Während Europa als das fremde bzw. zivilisatorische Gegenstück zu Spanien auf ein Deutungsmuster rekurriert, das sich bereits in den 1950er Jahren als Interpretationsfolie angeboten hatte und in der gegenwärtigen Nutzung seine Resistenz erweist, ist Europa als umfassender politisch-geographischer Raum ein Deutungsmuster der Gegenwart. Aus der heutigen vertrauten Jetzt-Perspektive sind die Grenzen aufgehoben, hat es gar keine Migration gegeben. Man ist gar nicht weggegangen, sondern in Europa geblieben. Europa ist ein einheitlicher Raum geworden, in dem die Migrationssituation aufgehoben ist. Der Begriff Europa kann somit zumindest in drei unterschiedlichen Formen gedeutet werden: als zivilisatorischer Aufstieg, als Weg in die sprachlich-kulturelle Fremde, als Aufhebung der Migration.

Herr Salinas versucht nun, den Weggang nach Europa in eine zeitliche Perspektive, in einen geschichtlichen Zusammenhang einzubetten, indem er ihn mit früheren Erfahrungen kontrastiert. Allerdings kommt Herr Salinas nicht dazu, seinen Gedankengang auszuführen, denn Herr Delgado präzisiert sogleich die angedeutete zeitliche Kontrastierung in einer systematischen Perspektive: im Vergleich zu Europa hat es den Weggang nach Südamerika schon immer gegeben. Eine bekannte und historisch häufig genutzte Wanderungsroute in einen mit Spanien sprachlich-kulturell vergleichbaren Raum hinein steht der Weggang nach Europa als dem historisch neuen Phänomen gegenüber. Europa wird hier als geographischer Begriff, als Erdteil in Abgrenzung zu Südamerika genutzt, allerdings auch in Abgrenzung des historisch Neuen zum historisch Vertrauten. Für Herrn Delgado ist Spanien historisch und mental Südamerika demnach näher gewesen als Europa. Europa stellt das Neue, das Unbekannte, die historische Ausnahmesituation dar, mit der allerdings eine Normalisierungsperspektive verbunden werden kann: denn die Wanderung nach Europa repräsentiert einen bestimmten Typus von Wanderung, den es in Spanien schon einmal gegeben hat. Auch (Süd-)Amerika ist einmal entdeckt worden (Kolumbus), so daß die Pionierleistung in Richtung Europa bereits einen historischen Vorläufer hat.

Neben der geographisch-kulturellen Ferne markiert Herr Delgado mit der Verwendung des Begriffs ‚emigrieren' eine weitere Differenz. Die Wanderungsbewegung nach Südamerika wird von ihm als Emigration, als ein endgültiger Weggang gedeutet, während der bloße Weggang nach Europa die Möglichkeit der Rückkehr offenläßt. Herr Delgado nutzt an dieser Stelle wiederum die Kombination von Kollektivplural und eingeschlossener Verbalform – „*nach Südamerika sind wir Spanier immer emigriert*" –, allerdings im Vergleich zu seinem Erstgebrauch in modifizierter Weise. Durch die Nutzung dieser grammatikalischen Form zeigt Herr Delgado seine Verbundenheit, seine Identifikation mit den Spaniern (wir Spanier), die nach Übersee ausgewandert sind. Es ist, als wäre er selbst dorthin ausgewandert. Ohne physisch in Südamerika zu sein, ist er Teil dieser Wanderungsbewegung nach Übersee. Sein Spaniersein definiert sich durch Wanderung, durch die Existenz als ‚homo migrans'.

Nach dieser historisch-geographischen Zwischeneinlage nimmt Herr Salinas den gegenwartsbezogenen Faden wieder auf, indem er Europa und das ‚Hier' zum ersten Mal geographisch als Deutschland und die Schweiz konkretisiert. Dieser geographischen Konkretion folgt eine zeitliche Präzisierung in Form einer Verlaufskurve. Er verortet die eigene Ankunft innerhalb eines Migrationsstroms, der Ende der 1950er Jahre beginnt und zwischen 1962 und 1964 seinen Höhepunkt erreicht. Sowohl Herr Salinas als auch Herr Delgado sind beide nicht die Pioniere dieses Prozesses, sie kommen vielmehr als Teil einer allgemeinen, massenhaften, bereits etablierten Migrationsbewegung nach Deutschland.

Nach der zeitlichen Verortung seiner eigenen Ankunft nutzt Herr Salinas die Interaktionsebene des Interviews, um auch von seinem Gesprächspartner weitere Informationen über dessen Ankunft zu erhalten. Herr Delgado nimmt diese Aufforderung zum Anlaß, um mit einer längeren biographischen Erzählung den eigenen Weggang zu erläutern. Zunächst beginnt er, die konkreten Gründe für seinen Weggang zu benennen. Er thematisiert den Zusammenhang von individueller Arbeitsmöglichkeit und politischer Zwangsmitgliedschaft in seiner Heimatregion während der 1950er Jahre. Indem er den falangistischen Organisationszwang als Voraussetzung für den Erhalt eines Arbeits- bzw. Lehrlingsplatzes beschreibt, gibt er ein anschauliches Beispiel für die Lebensbedingungen innerhalb des von ihm bereits oben als Diktatur qualifizierten politischen Systems. Er verortet somit die Auswirkungen des Franco-Regimes nicht nur zeitgeschichtlich, sondern auch individualbiographisch und gibt gleichzeitig mit dieser Verortung dem Interviewer erklärende Erläuterungen über die politische Verfaßtheit Spaniens. Seine vergeblichen Bemühungen um einen qualifizierten Ausbildungsplatz führen schließlich zur Auswanderungsentscheidung. Herr Delgado stellt seine Entscheidung indirekt als Konsequenz seiner politischen Opposition dar. Er, als Nichtmitglied der Falange, wird in seiner ökonomischen Subsistenzsicherung entscheidend benachteiligt, so daß ihm nur die Option der Auswanderung bleibt. Er veranschaulicht an dieser Stelle den schon oben angesprochenen Zusammenhang zwischen machtpolitischer Systemstabilisierung und Migration als Ventilfunktion durch den Export regimekritischer bzw. regimedistanter Elemente. Durch die Bindung ökonomischer Reproduktionsmöglichkeiten an die – zumindest nominelle – Beteiligung an den Einheitsorganisationen des Regimes werden Nichtmitglieder zur Migration geradezu gedrängt: sie werden – in obiger Perspektive – „*rausgeworfen*". Bei seinen fehlgeschlagenen Bemühungen der Arbeitssuche rekurriert Herr Delgado auch auf die schwierige Arbeitsmarktsituation generell, in der unter Bedingungen knapper Ressourcen der Zwangsmitgliedschaft in der Falange größere Bedeutung zukommt als in Zeiten ökonomischer Prosperität, in denen das Kriterium der politischen Zugehörigkeitsbekundung durch Mitgliedschaft nicht so entscheidend ist.

Nach seiner Auswanderungsentscheidung versucht Herr Delgado, über den bereits erprobten Weg organisierter Vermittlung aus Spanien wegzugehen. Er wendet sich an die entsprechende Behörde, wartet jedoch vergeblich auf ein konkretes Angebot aus den Ländern mit dem größten Bedarf. Auch an dieser Stelle zeigt sich, daß Herr Delgado die allgemeine Situationsbeschreibung Spaniens zu Beginn des Interviews durchaus mit persönlichen Erfahrungen belegen kann: Auch ihm gab man keinen Vertrag, obwohl er einen Vertrag wollte. Die passive Empfängerrolle wird auf der persönlichen Ebene reproduziert, ohne daß Herr Delgado allerdings Gründe – mangelndes Angebot, mangelnde Passung zwischen Angebot und ungelerntem bzw. arbeitslosem Nachfrager, bloßer behördlicher Willkürakt – anführt.

Nach diesem erneuten Mißerfolg will Herr Delgado das Wagnis einer selbstorganisierten Ausreise auf sich nehmen. Wie riskant diese deprivilegierte Form der Ausreise ist, zeigt das referierte Gespräch mit dem Vater, der die Entscheidung von Herrn Delgado zwar grundsätzlich befürwortet, jedoch die Frage nach der konkreten Bewerkstelligung, nach dem Modus der Ausreise stellt. Den Sinn dieser Frage erklärt Herr Delgado mit dem Hinweis auf seine dörfliche Herkunft – in Kontrast und Abgrenzung zum großstädtischen Erfahrungsreichtum. Er stammt aus einem kleinen Dorf mit überschaubaren festgefügten Ordnungen ohne Wahlmöglichkeiten, während Leute aus der Großstadt – wie Herr Salinas, zu dem er hier die erste große Differenz aufmacht – andere Ausgangsbedingungen haben. Für Herrn Delgado ist die Stadt-Land-Differenz eine Differenz von Lebensmöglichkeiten, von geprägter Erfahrung, von Optionsreichtum, von ökonomischer, aber auch mentaler Differenz.

Insgesamt thematisiert Herr Delgado seinen Weg aus Spanien als einen Weg der mehrfachen Benachteiligung: zum einem bekommt er als Folge seines indirekten politischen Widerstands keinen Arbeitsplatz und wird so zur Auswanderung gezwungen; zum anderen erhält er nach seiner Auswanderungsentscheidung als Folge seines Ungelerntenstatus, seiner Arbeitslosigkeit oder einer weiteren politisch induzierten Willkürstrategie keinen Arbeitsvertrag und muß daher die ökonomisch riskantere Variante der Auswanderung auf sich nehmen; und schließlich besitzt er als Folge des begrenzten Horizontes seiner dörflichen Herkunft weder die ökonomischen noch die mentalen Mittel, um einen solchen Schritt adäquat vorbereiten zu können. Seine Bemühungen, eine Lehrlingsstelle zu finden, einen Arbeitsvertrag zu bekommen und seine Ausreise zu organisieren, werden systematisch torpediert bzw. erschwert durch die strukturellen und politischen Benachteiligungen, denen sich Herr Delgado ausgesetzt fühlt. Gleichzeitig geht die Schilderung seiner unterprivilegierten Lage einher mit einer impliziten Abwertung derjenigen Personengruppen, mit denen er sich vergleicht: einerseits mit den in Spanien Verbliebenen – die nur deshalb eine Arbeitsstelle finden können, weil sie sich mit dem Regime einlassen oder weil sie das Glück ökonomisch besserer Zeiten auf ihrer Seite haben –, andererseits mit denjenigen, die – wie Herr Salinas – aufgrund eines Arbeitsvertrages oder wegen ihrer großstädtischen Herkunft günstigere Startbedingungen für ihren Weggang haben.

Die einzige Unterstützung, die Herr Delgado erhält, ist die innerfamiliäre Hilfe. Durch die Einsatzbereitschaft seines Vaters, der mit dem Verkauf einer Kuh die Grundlagen seiner eigenen ökonomischen Existenz reduziert, erhält er eine für damalige Verhältnisse ungewöhnlich hohe Summe als Startkapital. Die Unterstützungsbereitschaft des Vaters bezieht sich jedoch nicht nur auf die Gewährung dieser finanziellen Starthilfe, sondern beinhaltet auch Toleranz und Verständnis für ein eventuelles Scheitern sowie das Angebot der Rückkehr.

Die Spannung zwischen der von Herrn Delgado hervorgehobenen Benachteiligung aufgrund seiner dörflichen Herkunft und der hohen Kapitalausstattung durch familiäre Solidarität nimmt Herr Salinas zum Anlaß, um die ihm von Herrn Delgado zugeschriebene privilegierte Lage als Großstädter zu relativieren und so der Erzählung von Herrn Delgado eine konkurrierende Deutung zu geben. Im Blick auf die monetäre Versorgung kommt Herr Salinas mit weniger Geld nach Deutschland, so daß dem Vorteil der großstädtischen Erfahrung der Nachteil einer geringeren finanziellen Ausstattung gegenübersteht. Indem Herr Salinas seinen eigenen Fall ins Spiel bringt, weist er das Erzählschema einer durchgängigen Benachteiligung durch Herrn Delgado zurück. Er negiert das einfache Weltbild, das Herr Delgado präsentiert, durch eigene Kontrastierungen und Erfahrungswerte, die sich nicht in das von Herrn Delgado vermittelte Bild einfügen lassen.

Die Mobilisierung finanzieller Ressourcen ist nicht die einzige Form, mit der Herr Delgado auf die Familiensolidarität zurückgreifen kann. Auch die Anwesenheit eines Bruders in Deutschland, der als Vorposten und Brückenkopf agiert und sich aktiv – allerdings ohne Erfolg – um die Vermittlung eines Arbeitsvertrags kümmert, erleichtert Herrn Delgado die Auswanderungsentscheidung. Sein Weggang läßt sich somit als eine familiengestützte Kettenwanderung interpretieren. Während die politischen, wirtschaftlichen und herkunftsbezogenen Rahmenbedingungen die prekäre Seite seiner Wanderung verkörpern, ist die Familie der verläßliche, opferbereite und solidarische Ort des Rückhalts. Somit erfährt Herr Delgado trotz seines riskanten Entschlusses zur selbstorganisierten Emigration eine doppelte Risikominierung durch die Familie, die sowohl von Spanien als auch von Deutschland aus seinen Weggang absichert und trägt.

Die Erwähnung der Hilfestellung durch den Bruder – Stichwort Arbeitsvertrag – gibt Herrn Salinas die Möglichkeit, sich erneut in das Gespräch einzubringen. Sein Bedauern über die zuhause vergessenen damaligen Arbeitsverträge zeigt, daß er darum bemüht ist, konkretes Anschauungsmaterial für den Interviewer als dem Historiographen der eigenen Migrationsgeschichte zu liefern. Die alten Dokumente dienen jedoch nicht nur als Beweisstücke und Verkörperung der Realität von damals, sie dienen auch als Gedächtnisstütze für arbeitslohnbezogene Details, die in der Folge zu einer weiteren Präzisierung und Differenzierung der Ankunftssituation von beiden führen. Denn anhand der ausgetauschten Zahlen über die Arbeitslöhne der ersten Stunde wird deutlich, daß Herr Salinas zwar mit weniger Geld ausreiste, aber bereits zu Beginn seines Aufenthalts in Deutschland weit mehr verdiente als Herr Delgado. Die Interaktion dient somit nicht nur der Vergewisserung einer gemeinsamen Geschichte, sondern auch dem Austausch neuer Informationen und dem Aufzeigen von Differenzen.[126]

Nach diesem Einschub von Herrn Salinas nimmt Herr Delgado seinen Erzählfaden wieder auf. Bei der Aufzählung seiner Reiseroute von Bilbao über Irún nach Paris deutet Herr Delgado an – ohne näher darauf einzugehen –, daß er die Reise nicht als einzelner und alleine auf sich selbst gestellt erlebte, sondern daß er sich im Umfeld anderer Personen bewegte, die die gleiche Reiseroute vor sich hatten. Die Aufzählung der Reisestationen mündet ein in die Vergegenwärtigung und das erneute Ergriffenwerden von der ersten zentralen Fremdheitserfahrung, mit der er auf seinem Weg nach Deutschland konfrontiert wird: das Ausgeliefertsein an eine fremde, unbekannte, niemals gehörte Sprache. Die erneute Vergegenwärtigung dieser Erfahrung veranlaßt ihn zu einer abermaligen Klage über die mangelnden mentalen Vorbereitungsmöglichkeiten in seiner Heimat. Die eigene Unfähigkeit, Sprachen differenzieren und erkennen zu können, führt Herr Delgado auf den geringen Erfahrungshorizont des Dorfes, auf die abgeschottete, eindimensionale, traditionale Welt seiner agrarischen Herkunft zurück. Das geographische Gegensatzpaar, mit dem er hier operiert, ist nicht die Stadt-Land-Differenz, sondern die An- bzw. Abwesenheit touristischer Prägung, die eine Eingewöhnung und Annäherung an fremde Sprachwelten erlaubt. Der Tourismus ist für Herrn Delgado eine der wenigen Breschen von außen in die abgeschottete Welt der spanischen Gesellschaft im allgemeinen und der dörflichen Idylle im besonderen. Vor diesem Hintergrund ist sein Weg

---

126 Auch der weitere Interviewverlauf zeigt, daß die von Herrn Delgado vorgebrachte Differenz einer privilegierten und deprivilegierten Form der Migration – personalisiert in seinem eigenen Werdegang und dem von Herrn Salinas – bei einer genaueren Überprüfung durchaus revisionsbedürftig ist und daß dieser Revisionsbedarf von Herrn Salinas auch eingefordert wird. So konzediert Herr Salinas zwar, daß er in der Tat bereits vor seinem Weggang aus Spanien in Madrid eine Ausbildung als Schreiner durchlief, relativ viel Geld verdiente, mit Vertrag nach Deutschland kam und von seinem Chef abgeholt und begrüßt wurde; andererseits betont er, daß er neben den bescheidenen mitgebrachten Finanzmitteln in Deutschland ganz auf sich alleine gestellt war, auf keine familiäre Abstützung zurückgreifen konnte und auch Phasen der Arbeitslosigkeit durchstehen mußte.

nach Europa tatsächlich ein Weg in die Fremde, in das Unbekannte, den man sich aus heutiger Perspektive kaum noch vorstellen kann. Die fremde Sprache wird für ihn das erste zentrale Orientierungsproblem, seine Reise wird zur Sprachodyssee.

Im Gegensatz zum Sprachproblem während der Reise hat Herr Delgado bei der Arbeitssuche nach seiner Ankunft keine Probleme. Weder der fehlende Arbeitsvertrag oder die schwierige Wirtschaftslage der Kleinbetriebe noch die vergeblichen Bemühungen des Bruders oder der eigene Ungelerntenstatus sind Hindernisse für eine schnelle erfolgreiche Jobsuche. Dieser Erfolg ist allerdings an die Hilfsbereitschaft eines Experten und Landsmannes gebunden, der in Deutschland bereits gut situiert ist, sich auskennt und seine Vermittlung anbietet. Herr Delgado beschreibt diesen Verbindungsmann als einen Augenblicksmenschen, dessen Arbeitseinsatz nur dem direkten Konsum dient und der als Alkoholiker in Deutschland sein Leben fristet. Als studierter und hilfsbereiter Mensch verschafft er Herrn Delgado eine Arbeitsgelegenheit bei seinem eigenen Arbeitgeber. Der Arbeitsbeginn verläuft für Herrn Delgado ohne vorherige Verständigungsmöglichkeit mit seinem direkten Vorgesetzten. Die Kommunikation geht über seinen Kopf hinweg, ohne eigene aktive Gestaltungs- und Rückkopplungsmöglichkeiten. Allerdings ist dieser erste Arbeitseinsatz der Beginn einer kontinuierlichen Betriebszugehörigkeit über siebzehn Jahre hinweg, die erst mit dem Tod des Eigentümers aufhört und dann in einem anderen Betrieb fortgesetzt wird. Herr Delgado präsentiert sich demnach als der Prototyp des betriebsgebundenen langjährigen Stammarbeiters, der sich mit seiner Arbeit identifiziert und loyal zu seinem Betrieb steht.

Bereits in der bisherigen Erzählung werden eine Reihe von Themen und Problemkomplexen entfaltet, die im weiteren Verlauf des Interviews aufgenommen und variiert werden: der Blick zurück nach Spanien und die Situationsanalyse der spanischen Heimat in politischer Perspektive (Spanien als Gefängnis, Zwangsmitgliedschaften in den Staatsorganisationen, despotische Machtausübung, etc.), in wirtschaftlicher Perspektive (schlechte ökonomische Lage, Arbeitslosigkeit, Rückständigkeit) und in geographischer Perspektive (Stadt-Land-Kontrast mit seinen unterschiedlichen berufs- und individualbiographischen Möglichkeiten); die Thematisierung von Migration aus einer vergangenheits- und spanienbezogenen Perspektive heraus (als politisch-ökonomischer Export von Regimegegnern und Arbeitslosen) sowie aus einer deutschland- und europabezogenen Gegenwartsperspektive heraus (als zivilisatorischer Aufstieg, als Weg in die Fremde, als Aufhebung der Migration); die Sprachproblematik mit ihrer Kritik an der monolingualen Sozialisation einerseits und den diskrimierenden asymmetrischen Kommunikationsstrukturen in der Fremde andererseits; die Unterstützung und solidarische Hilfe durch familiär-kollegiale Netzwerke und personengebundene Vermittlung.

Ein weiteres Thema sind die Unterschiede zwischen Herrn Delgado und Herrn Salinas in der Wahrnehmung und Interpretion ihres Werdegangs sowie dessen sprachliche Präsentation in der Interviewsituation. Herr Delgado sucht einerseits nach Gründen der Migration und bettet sein Leben in größere Zusammenhänge ein, andererseits zeigt er aber auch die Schwierigkeit des eigenen Weges und die heroische Anstrengungen auf, die mit seiner Bewältigung verbunden waren. Herr Salinas dagegen interessiert sich weniger für die Analyse von Gründen, er hat vielmehr eine klare zeitliche Perspektive. Er kommt zwar weniger zu Wort, macht dafür aber detaillierte Angaben. Er übernimmt einerseits die von Herrn Delgado eingebrachten Perspektiven, indem er Ergänzungen und Präzisierungen vornimmt, andererseits konfrontiert er ihn auch mit konträren Deutungen und relativiert die von ihm vorgenommenen Differenzen. Herr Salinas lebt im Hier und Jetzt und hat das Problem der Auswanderung/ Rückwanderung gelöst durch seine Europadeutung; durch Europa hebt er die Spannung zwischen Deutschland und Spanien auf, durch Europa fällt die gelebte Zeitdifferenz weg: es hat keinen Wanderungsprozeß gegeben, sondern er ist immer in Europa – und in der Großstadt – geblieben. Herr Salinas ist viel gegenwärtiger und auch freier gegenüber aktuellen Deutungen. Sein häufiges Lachen kann daher auch als Ausdruck seiner Freude über eine schöne Geschichte interpretiert werden, die für ihn keine existentielle Bedeutung (mehr) hat. Herr Salinas ist fröhlich und amüsiert über die in der Erzählung erinnerte Geschichte, während sich Herr Delgado über die vergegenwärtigte Geschichte an seiner Identität abarbeitet. Für ihn bleibt die Differenz zwischen Herkunft und Hiersein bestehen, er macht in der Erzählung immer wieder auf Differenzen aufmerksam. Er mußte in seinem Anpassungsprozeß viel mehr leisten, er kam gezwungenermaßen aus dem Dorf, ohne Arbeit, ohne Vertrag, ohne Sprachkenntnisse jedweder Art. Er identifiziert sich mit dem Migrantenschicksal der Spanier (wir Spanier), er leidet an den miserablen politischen und ökonomischen Verhältnissen seiner Heimat. Herr Delgado hat Diskontinuitäten und Differenzen im Auge, seine Erzählung strukturiert sich geradezu entlang von Differenzen: mit Vertrag-ohne Vertrag, Europa-Südamerika, Großstadt-Dorf, Tourismusorte-Dorf, gelernt-ungelernt, studiert-unstudiert. Dabei präsentiert er sich als Benachteiligter, dessen heroischer Weg in die Fremde nur durch ein persönlich-familiäres Hilfsnetz abgefedert wird.

Während des Interviews werden auf der Interaktionsebene zwischen Herrn Delgado und Herrn Salinas sowohl eine gemeinsame Geschichte konstruiert als auch Differenzen bloßgelegt. Einerseits schließen sie sich beide durch die Erzählung zusammen und bilden gemeinsam ihre Identität in einer brüchig gewordenen Deutungsheimat, andererseits präsentieren sie unterschiedliche biographische Prozesse und Migrantenschicksale. Gerade deshalb produziert die Interviewsituation in der gemeinsamen Fabrizierung einer Geschichte auch weiteren Informationsbedarf über Details im Leben des anderen (Fragen von Herrn Salinas an Herrn Delgado), der durch Fragen, Einstreuungen und Ergänzungen gedeckt wird. Herr Delgado und Herr Salinas bilden so die soziale Gemeinschaft der Migranten, sie selbst repräsentieren empirisch das in ihren Erzählungen thematisierte ‚wir', wobei sich in der unterschiedlichen Nutzung des

Kollektivplurals noch einmal die Gleichzeitigkeit von Perspektivenverschränkung und -differenz niederschlägt. Während Herr Salinas zweimal das empirische ‚wir' anspricht, das ‚wir' als ‚ich und du' in der Interaktionssituation und es beide Male auf die Ankunft in das ‚hier' bezieht, präsentiert sich Herr Delgado als Angehöriger ganz verschiedener Kollektive, die durch das ‚wir' repräsentiert werden: einmal die Zugehörigkeit zu Personengruppen, die strukturell benachteiligt sind (‚wir im Dorf', ‚wir ohne Vertrag'), dann die Identifikation mit dem Migrantenschicksal der Spanier in historischer Perspektive und schließlich die konkrete Situation der Reise nach Deutschland im Zug (‚wir nahmen den Zug', ‚wir kamen an').

Insgesamt stellt die gesamte Sequenz eine Verschränkung und Differenzierung von Perspektiven, eine Auseinandersetzung zwischen unterschiedlichen Deutungen des Weggangs dar: einerseits die Perspektive des spanienbezogenen Weggangs in den 1950er Jahren, andererseits die gegenwärtige Deutung (vielleicht auch unter dem Eindruck der Erfahrungen der zweiten Generation) der europäischen Einigung. Europa wird als das historisch Neue, als Ausnahmesituation *und* als erlebte Gegenwart, als Alltag erfahren. Die Zeitperspektive und chronologische Erzählung alterniert mit der analytischen, distanzierenden Auseinandersetzung. Der Einmaligkeit und Besonderheit (damaliger Aufbruch) wird die Normalität und der Alltag (das heutige Europa) gegenübergestellt. Herr Delgado und Herr Salinas haben ihre traditionelle Deutungsheimat verloren bzw. stehen zwischen der geschichtlichen Erfahrung und der ihnen aufgedrängten bzw. der sich zu eigen gemachten Deutung ihrer Gegenwart. Auch wenn beide sich in diesem polaren Spannungsverhältnis bewegen, ist Herr Delgado eher der vergangenheitsorientierte, der mit Spanien verbundene, der analytische Typ, der die Schwierigkeiten der Migration betont und sich gegen Herrn Salinas abgrenzt – allerdings nicht ohne dessen Widerspruch zu provozieren. Insofern kann das Interview auch als ein Kampf um die Durchsetzung bestimmter migrationsspezifischer Wertungen und Deutungsmuster gelesen werden.

2.2. Diskriminierung, Anpassung, Bindung: Stationen eines Integrationsprozesses

Nach der Schilderung seines Weggangs aus Spanien, seiner Reiseerfahrungen und seines beruflichen Werdegangs nach der Ankunft in Deutschland kommt Herr Delgado sehr ausführlich auf einen neuen Themenkomplex zu sprechen, nämliche die vielfältigen Probleme und Benachteiligungen, denen er – und die Spanier in Deutschland generell – nach ihrer Ankunft ausgesetzt waren. Herr Delgados Weg nach Europa erweist sich damit als eine Fortsetzung der strukturellen Benachteiligung in Spanien, allerdings unter veränderten Bedingungen. Vor allem aber ist es ein Weg, der in Herrn Delgados Wahrnehmung nicht in der Diskriminierung verhaftet bleibt, sondern zu einem allmählichen Anpassungsprozeß wird, ja sogar eine Entwicklung hin zur Gleichstellung beinhaltet. Er deutet den Weg nach Europa in einer Fortschrittsperspektive von unten nach oben, in der alle drei o.g. Varianten von Europa enthalten sind: als einen sozialen Aufstieg, als einen Prozeß des Heimischwerdens, als Wandlung vom diskriminierten Bürger zweiter Klasse zum Promotoren der europäischen Vereinigung.

„*D.: Und dann äh, dann also kamen die Probleme, die Probleme, die die sich aus der Ankunft ergaben, aus der Unkenntnis der Sprache, des .. des (atmet aus) Mißtrauens der Deutschen uns gegenüber.*

S.: lacht.

D. Äh all das haben wir durchlebt [vivido] und durchlitten [sufrido], äh damals war es nicht so wie heute, äh die jungen Leute heute betrachten uns nicht mehr als Fremde, aber im Jahre 60 war das eine Zeit, so 64 herum, als wir aus aus dem Süden Europas kamen und hier, die Deutschen, die es noch gab, das waren ältere Leute, die den Deutschlandkrieg erlebt hatten und die mißtrauisch waren den Ausländern gegenüber" (S. 3).

Zunächst resümiert Herr Delgado einen dreifachen Problemkomplex alltagspraktischer, sprachlicher und sozialpsychologischer Art, mit dem die Ankunft in Deutschland belastet war: Probleme wie Aufenthaltsbestimmungen, Geldbeschaffung, Wohnungssuche oder Orientierung im Alltag, Probleme der nicht vorhandenen sprachlichen Verständigungsmöglichkeiten sowie Probleme, die aus der feindseligen Atmosphäre gegenüber den Neuankömmlingen resultieren. Sie alle sind Herrn Delgado auch heute noch sehr präsent, was nicht nur an den parasprachlichen Äußerungen (ausatmen), sondern auch an der Wahl der von ihm benutzten Verben deutlich wird. Für ihn war der Beginn seines Deutschlandaufenthaltes eine Zeit des Leidens, der erfahrenen und durchgestandenen Härten. Um die große Spannbreite des inzwischen zurückgelegten Weges zu verdeutlichen, konstrastiert er den Leidensweg von ‚damals' mit der Situation von ‚heute'. Vergangenheit und Gegenwart sind nicht mehr vergleichbar, sie haben nichts mehr miteinander zu tun. Vom ‚heute' aus betrachtet, ist die erlittene Erfahrung nicht mehr nachvollziehbar. Nur noch in der Erinnerung, in der erzählenden Rückschau kann sie aufleuchten, ist sie vergegenwärtigbar.

Der große Unterschied zwischen ‚heute' und ‚damals' ist eine Einstellungsdifferenz, die Herr Delgado als eine generationenspezifische Differenz beschreibt. Wer sind jedoch diese jungen Leute, denen Herr Delgado eine derartige Einstellungsveränderung bescheinigt? Es können junge Deutsche sein, die den Zugereisten anders begegnen als ihre Eltern, es können jedoch auch junge Ausländer sein, die in Deutschland aufgewachsen sind und Herrn Delgado deshalb als einen der ihren betrachten, es kann aber auch die – Deutsche und Ausländer übergreifende – junge Generation allgemein gemeint sein, die in ihrer interkulturellen Mischung ein neues Lebensgefühl erworben hat. Welche Gruppierung Herr Delgado auch immer im Visier haben mag, er kann das offenere Verhältnis dieser jüngeren Generation den Migranten gegenüber nur negativ bestimmen, nämlich als ‚nicht fremd'. Ihm steht nur der Kontrast ‚fremd-nicht fremd' zur Verfügung, er hat keinen positiven Ausdruck für die Beschreibung dieses Verhältnisses. Er antizipiert seinen gegenwärtigen Status nur im Gegensatz zur zentralen Anfangserfahrung von damals und findet keine adäquate Benennung für das Resultat der Einstellungsveränderung, die so sehr von der Ausgangssituation verschieden ist.[127]

Im Gegensatz zu der Situation von heute wurde die Situation von damals – zu Beginn der 1960er Jahre – durch die Sichtweise und Erfahrungen der dezimierten, vom Zweiten Weltkrieg noch übriggebliebenen älteren Generation bestimmt. Herr Delgado interpretiert die mißtrauische Haltung dieser älteren Menschen einerseits als Resultat der Vergreisung der deutschen Gesellschaft aufgrund der großen demographischen Lücken, die der Weltkrieg in Deutschland hinterlassen hat, andererseits als Ausdruck ihrer traumatischen Kriegserfahrungen und somit nicht als Akt individueller Feindseligkeit, sondern als kriegsbedingte Kollektivhaltung. Neben dieser demographischen und sozialpsychologischen Erklärungsvariante führt Herr Delgado noch einen weiteren Grund für die distanziert-ablehnende Haltung der Deutschen an. Er thematisiert nämlich eine gegenseitige Fremdheitsunterstellung und Fremdheitserfahrung, die nicht nur zwischen Spanien und Europa besteht, sondern die auch Europa mit Spanien macht. Spanien ist zwar ein Teil Europas, aber nicht nur geographisch, sondern auch mental weit entfernt von den mitteleuropäischen Migrationszentren. Nicht nur für Herrn Delgado und für die Spanier generell ist Europa das Neue und Fremde, auch für Deutschland ist der *„Süden Europas"* – die Konkretion des kollektiven ‚Wir' – fremd und unbekannt. Beide Seiten müssen erst zueinander finden und dieser Prozeß ist in der auf Abschottung ausgerichteten Mentalität des vergreisten Nachkriegsdeutschlands, das sich einem Invasionsszenario durch den bevölkerungsreichen Süden gegenübersieht, besonders schwierig.

Herr Delgado und Herr Salinas geben nun im weiteren Verlauf des Interviews von allen drei angesprochenen Problemkomplexen zahlreiche Kostproben: Probleme der Alltagsgestaltung (Einkaufen, Freizeit), sprachlich bedingte Mißverständnisse und Unsicherheiten sowie vor allem die aus Mißtrauen und Ablehnung resultierenden sozialen Diskriminierungen, aber auch Benachteiligungen aus ökonomischen Motiven heraus: Schwierigkeiten bei der Wohnungssuche, Schikanen der Vermieter (z.B. Öffnung der Gemeinschaftsküche nur zu bestimmten Uhrzeiten), Betrug bei der Abrechnung von Wasser, Heizung und Strom, Zutrittsverbot zu Bars und Tanzveranstaltungen, Einbehaltung von Sozialversicherungsbeiträgen, etc. Nach diesen z.T. sehr ausführlichen und plastischen Erzählungen über vielfach erlittene und erduldete Diskriminierungen beginnt Herr Delgado dann, die allmählichen Veränderungen im zeitlichen Verlauf zu thematisieren, die auf beiden Seiten stattgefunden haben:

---

127 Möglicherweise kommt in der unterstellten Sichtweise der Jüngeren aber auch deren eigene Ambivalenz und Unklarheit zum Ausdruck, möglicherweise kann auch die junge Generation nicht klar definieren, welchen Status diese Nicht-mehr-Fremden haben.

„*D.: Mit der Zeit haben sich die Dinge dann verändert, weil wir haben auch dazugelernt, unsere Kinder sind hier zur Schule gegangen und wie gesagt heute ist die Atmosphäre eine andere, eine andere, die Jugend mißtraut uns nicht mehr oder – ich beispielsweise arbeite heute in einer Firma und dort weiß man, daß ich Ausländer bin, aber ich habe noch nie bemerkt, daß man etwas gegen mich hat als Ausländer oder so, sondern heute spricht man mit mir über die neuen Ausländer, die kommen und sagt: „ Wegen diesen Leute da wird alles viel schlechter" und so fort, so daß man mich heute als einen .. von hier betrachtet /mhm, mhm/ aufgrund der Jahre, aufgrund der Kontakte, die man hat"* (S. 5).

Herr Delgado begründet den Veränderungsprozeß in dreifacher Form: zum einen hat ein persönlicher Lernprozeß die Migranten dazu befähigt, ihre Situation in einer anderen Weise zu meistern oder zumindest die Dinge in einer anderen Weise zu sehen. Zum anderen hat ein Lernprozeß der Kinder stattgefunden, die in Deutschland ihre schulische Sozialisation durchlaufen haben, so daß sich möglicherweise die Eltern über den Schulbesuch der Kinder besser in Deutschland integriert haben. Neben den direkten Veränderungseffekten durch eigene Lernprozesse und indirekten Veränderungen über die Sozialisations- und Integrationswirkungen der zweiten Generation rekurriert Herr Delgado schließlich erneut auf die veränderte gesellschaftliche Atmosphäre – und zwar in zweifacher Hinsicht: einerseits macht er wiederum das Verhalten der Jugend für das veränderte gesellschaftliche Klima verantwortlich – allerdings nach wie vor nur als Negativbestimmung des ursprünglich vorhandenen Mißtrauensverhältnisses –, andererseits zeigt er am Beispiel der betriebsgebundenen Alltagskommunikation zwischen Kollegen eine weitere entscheidende Veränderung der eigenen gesellschaftlichen Positionierung auf. Aufgrund der langsamen Gewöhnungseffekte durch die vielen Jahre seiner Betriebszugehörigkeit wird Herr Delgado nämlich von seinen Kollegen in die Front gegen die neuen Ausländer miteinbezogen und wie selbstverständlich als einer der ihren akzeptiert. Die Existenz von als bedrohlich empfundenen neuen Gruppierungen deckt Differenzen zwischen den alten Gruppen zu, so daß Herr Delgado durch die Ankunft von Personen, die auf der beruflich-sozialen Hierarchieskala unter ihm stehen, eine Veränderung der sozialen Kommunikation und damit eine Veränderung seiner eigenen sozialen Position erfährt. Herr Delgado referiert an dieser Stelle zwar nur die Sicht seiner deutschen Kollegen, ohne deutlich zu machen, ob er sich auch inhaltlich ihre Ausagen zu eigen macht. Allerdings interpretiert er seine Integration, die durch Abgrenzung von und Ausgrenzung anderer ausländischer Arbeitnehmer erfolgte, als eine positive Veränderung der sozialen Atmosphäre. Er ist in dieser Sicht der integrierte und damit privilegierte Ausländer im Gegensatz zu den Neuankömmlingen, auf die nun die Sündenbockrolle übertragen wird. Allerdings interpretiert Herr Delgado die Besserung seines sozialen Status nicht nur als Folge von Ausgrenzungsstrategien, sondern auch als Resultat veränderter positiver Bestimmungsmerkmale:

„*D.: Und heute muß man auch anerkennen, daß wir (betont), wir, die Emigranten, daß wir alle Teil, Promotoren der europäischen Vereinigung sind. Weil, wie gesagt, zuerst sah man uns als Personen zweiter oder dritter Klasse an. Aber heute, heute nicht mehr. Heute, heute,*

heute akzeptiert man uns und äh, unsere Kinder zum Beispiel, äh äh ich sehe sie zusammen mit den deutschen Kindern, meine Töchter kommen hierher und die deutschen Mädchen, die mit ihnen zur Schule gehen, rufen sie an, sie gehen zusammen aus und besuchen sie, heute ist es ganz anders. Diese Leute haben eine ungeheure Veränderung durchgemacht. Heute sind es nicht mehr wir und nicht mehr die zweite Generation, heute ist es bereits die dritte (betont) Generation, die sich hier zu bewegen beginnt. Aber, wie gesagt, damals war es schwierig, als wir kamen.

S.: Das Schwierigste war

D.: Und wenn man ein Papier wegwarf – denn man kam, man war nicht erzogen in diesen Dingen – dann kam ein Deutscher und hieß dich an, es wieder aufzuheben /ach ja/, ja ja, er sagte dir dann: „He, das muß man aufheben". Na ja, teils hatte er ja recht, denn heute sieht es wirklich schlimm aus (lacht). Heute sieht es schlimm aus, aber wie gesagt, all diese Dinge mußten wir durchleben [vivir] und durchleiden [sufrir].

S.: Aber wir haben ziemlich viel gelernt (..)

D.: Wir haben gelernt, heute, heute bin ich nicht unzufrieden mit den Deutschen. Oft war ich nahe dran, den Koffer zu packen und fortzugehen /mhm/ in den ersten Jahren. So nach dem Motto: wenn ich den Lohn ausbezahlt bekomme, dann gehe ich fort, dann gehe ich /mhm/, aber dann ist man geblieben und hat sich allmählich angepaßt, man hatte dann andere Probleme, als man heiratete und Kinder bekam .. es gibt dann schon viele Dinge, die dich mit hier verbinden, mit diesem Land hier. Zum Teil ist es tatsächlich so, denn wenn man sieht, wie viele von denen, die ... hier in Deutschland gewesen sind, ihre Kinder und Enkelkinder besuchen, die hier leben – zum Teil bleibt man an an an das (betont) hier gebunden" (S. 6f.).

Herr Delgado kommt nun auf eine neue Dimension zu sprechen, die weder aus der Inlands- noch aus der Auslands-, sondern aus einer dritten Perspektive gedacht ist: die der europäischen Vereinigung mit der besonderen Rolle der Migranten. Das ‚wir' der ‚Emigranten' ist nicht aus einer nur spanierbezogenen, sondern aus einer nationalitätenübergreifenden Perspektive gedacht, die mit der ebenfalls nationalitätenübergreifenden Perspektive der europäischen Vereinigung korrespondiert. Die Beziehungsqualität zwischen beiden beschreibt Herr Delgado zunächst als eine Teilmenge: ein Teil der europäischen Vereinigung sind ‚wir', sie ist – nicht ausschließlich, aber doch zum Teil – an die eigene Existenz gebunden, da es durch die Präsenz der Migranten eine de facto Vereinigung auf einer konkreten lokalen benennbaren Basis gibt. Dann deutet Herr Delgado die europäischen Vereinigung als einen das eigene Leben umfassenden, übersteigenden Prozeß. Durch die Vereinigung bekommt die eigene Existenz eine neue Bedeutung, sie erscheint in einem anderen Licht. Neben diesen beiden möglichen Beziehungsmodi radikalisiert Herr Delgado schließlich das Verhältnis von Migration und europäischer Vereinigung, indem er den Migranten nicht nur eine mehr oder weniger passive Teilnehmerschaft, sondern vielmehr eine aktive Promotorenrolle zuschreibt. Er weist den Migranten eine Schrittmacherfunktion zu, die einen Prozeß historischen Ausmaßes am Laufen hält bzw. vorantreibt. Diese bedeutende historische Funktion harrt jedoch der gesellschaftlichen Anerkennung bzw. ist noch nicht als allgemeinverbindliche Deutung durchgesetzt, obwohl für Herrn Delgado aus der zeitlichen Distanz heraus kein Zweifel besteht, daß sie anerkennenswert ist.

Herr Delgado begründet seine Aussage wiederum auf mehreren Ebenen: bezogen auf die Gruppe der Migranten hat sich ein grundlegender Veränderungsprozeß vollzogen, da sie aus Personen zweiter Klasse zu Gleichberechtigten, zu Mitgliedern der gleichen ersten Klasse geworden sind. Bezogen auf die Deutschen und ihre Akzeptanz Ausländern gegenüber sieht Herr Delgado ebenfalls einen enormen Veränderungsprozeß, den der als Zeichen eines vollzogenen inneren Einigungsprozesses bzw. als Grundlage im Prozeß der Vereinigung interpretiert. Sein Blick fällt vor allem aber auf die zweite Generation: sie durchläuft eine mit den deutschen Kindern gemeinsame Sozialisation, sie lebt von Anfang an eine reziproke Beziehung unter Gleichen, sie erfährt die Selbstverständlichkeit des gemeinsamen Aufwachsens, der gemeinsamen Kommunikation, der gemeinsamen Freizeitaktivitäten. Durch die Beobachtung der eigenen Kinder wird Herrn Delgado plastisch vor Augen geführt, wie weit der Integrationsprozeß fortgeschritten ist. Im Vergleich zum ‚damals' der eigenen Ankunft und der eigenen Anpassungsbestrebungen ist das ‚heute' so anders, daß er sich die Differenz nur aufgrund einer *„ungeheuren Veränderung"* erklären kann, die *„diese Leute"* vollzogen haben.[128] Herr Delgado deutet somit seinen Integrationsprozeß auf zwei verschiedenen Ebenen: auf einer persönlich nachvollziehbaren und erlebbaren Ebene (Kollegen, Akzeptanz) und auf einer ihm über die Beobachtung zugänglichen Ebene seiner Kinder bzw. der zweiten/dritten Generation generell. Er macht somit nicht nur seine eigene Erfahrung, sondern vor allem die veränderten Rahmenbedingungen des Aufwachsens der nachfolgenden Generationen zur Grundlage seiner eigenen Deutung.

Im Konstrast dazu steht die Situationsbeschreibung aus der damaligen Zeit mit ihrem klaren Sozialisations- und Erziehungsgefälle bzw. ihrem starken Auseinanderklaffen unterschiedlicher kultureller Gewohnheiten. Herr Delgado interpretiert sein damaliges – aus Spanien gewohntes – Verhalten als erziehungsbedürftig und übernimmt damit die angesonnene Perspektive der Deutschen. Er beharrt nicht selbstbewußt auf den eigenen, je spezifischen Kultur- und Verhaltenstraditionen – Verständnis von Sauberkeit, öffentlicher Ordnung, etc. –, sondern legitimiert im Nachhinein das erzieherische Verhalten des Gastgeberlandes, dem er ausgesetzt ist. Während heute der Migrant Promotor der europäischen Vereinigung ist – ein Vorreiter, Förderer und aktiver Unterstützer eines historischen Prozesses –, war er früher eine erziehungsbedürftige Person. Herr Delgado übernimmt jedoch nicht nur die damaligen Defizitzuschreibungen, sondern internalisiert zumindest die fremde Sauberkeits- und Ordnungsperspektive derart, daß er den gegenwärtigen deutschen Ist-Zustand ebenfalls als

---

128 Im spanischen Original: *„Esa gente ha dado un cambio algo terrible."* Die angegebenen Personenkreise können sich wiederum sowohl auf die Deutschen als auch auf die Spanier oder die Deutschen und Spanier gemeinsam beziehen.

desolat beschreiben kann; sein gegenwartsbezogener Blick ist durch die deutsche Brille bestimmt, sein Sauberkeitsgefühl legitimiert im nachhinein die Erziehungsaktionen der Deutschen. Allerdings waren diese Erfahrungen, die mit dem Emporarbeiten zu einer gleichberechtigen, akzeptierten Person zusammenhingen, nicht einfach. Der Integrations- und Zivilisationsfortschritt war vielmehr mit einem Prozeß vielfältiger Leiden verbunden, der auch in der gegenwärtigen Erzählperspektive stark präsent ist.

Gegenüber der von Herrn Delgado betonten Zentralerfahrung der Diskriminierung und des Leidens auf dem Weg der Integration macht Herr Salinas eine Gegenperspektive auf: er bestätigt zwar einerseits die von Herrn Delgado geschilderte Perspektive, stellt ihr andererseits jedoch einen Gewinn gegenüber, nämlich die Lerneffekte, die mit dieser Erfahrung verbunden waren. Herr Salinas verweist somit mit seiner Aussage auf einen alternativen Deutungshorizont, der das Gesagte relativiert bzw. in einem anderen Licht erscheinen läßt. Er unterstreicht erneut die positive Perspektive, die der Weg in die Fremde für ihn gehabt hat.

Herr Delgado bestätigt seinerseits diese Gegenperspektive, indem er allerdings eine eigentümliche Positionierung nachschiebt: in seinem Statement der doppelten Verneinung – *„nicht unzufrieden"* – unterläßt er erneut eine positive Selbstbeschreibung und Zuordnung und wiederholt zur Beschreibung seiner eigenen Beziehungen nur eine Negativperspektive. So wie er heute (von den Deutschen) als ‚Nichtfremder' wahrgenommen wird, so ist er selbst mit den Deutschen nicht unzufrieden. Aus dem Fremden ist jedoch kein Bekannter, kein Freund oder Vertrauter geworden, sondern nur ein Nichtfremder, einer, der aus Gewohnheit, aus den Abschleifeffekten der Zeit dazugehört. Herr Delgado formuliert kein positiv gestaltetes Verhältnis zu den Deutschen seiner Umgebung, seine Selbstbeschreibung klingt eher unpersönlich und distanziert, mit einer gewissen Reserve.

Der trotz der vielen innerpsychischen Vorbehalte und Abwanderungsabsichten vollzogene Anpassungsprozeß, den Herr Delgado in der Folge beschreibt, ist ein Resultat der biographisch-familiären Anpassungszwänge, der Eigendynamik der alltagspraktischen Probleme und vor allem des Eingliederungsprozesses der Kinder. Herr Delgado sieht sich an Deutschland gebunden über seine an Deutschland gebundenen Kinder. Diese Bindungskraft der Kinder für die eigene Biographie ist für Herrn Delgado nicht nur aus der eigenen Erfahrung heraus ersichtlich, sondern auch aus der Beobachtung von bereits nach Spanien zurückgekehrten Eltern, deren Kinder in Deutschland geblieben sind und die nun eine Pendelexistenz – zwischen Deutschland und Spanien hin und her – auf sich nehmen. Damit beschreibt Herr Delgado die Europäische Vereinigung nicht nur als einen – trotz seiner Leiden – insgesamt erfolgreichen Integrationsprozeß, sondern auch als eine Spannung des gleichzeitigen konträren Wollens: des Bleibens und Zurückkehrens, der Bindung sowohl an Deutschland als auch an Spanien.

Insgesamt dominiert Herr Delgado die Teilausschnitte. Er zeichnet die Stationen eines Integrationsprozesses nach – eines Weges, der ihn vom Außenseiter, Bittsteller und Bürger zweiter Klasse zum Promotoren der europäischen Vereinigung macht. Diese scheinbar so strahlende Aufsteigerlinie wird aber gebrochen durch die Art und Weise, wie er die Veränderung des eigenen Status und Standortes bestimmt, nämlich negativ als Abwesenheit von Diskriminierung und Mißtrauen, als Nichtfremdheit und Nichtunzufriedenheit, als Gewöhnungseffekt über die Jahre und Eingemeindung in der Abwehrfront gegen die Ankunft neuer sozialer Gruppen. Seine Beziehung zu Deutschland bleibt in seiner Erzählung merkwürdig distanziert nach so vielen Jahren gelebter Erfahrung, sie wird in Negativbestimmungen formuliert, durch den Bezug zu einem abstrakten politischen Prozeß (Vereinigung) überhöht bzw. in Abgrenzung zu anderen sozialen Gruppen (neue Ausländern, Jugend, etc.) thematisiert. Entgegen der Selbststilisierung von der aktiven Migrantenrolle im Prozeß der europäischen Vereinigung wird sichtbar, daß die Statusveränderung, die Herr Delgado wahrnimmt, für ihn ein gleichzeitig ablaufender Prozeß der Gewöhnung und Ausgrenzung ist: Einerseits ist sein Status und sein Integrationsindex durch sein Verhältnis zu den neuen Ausländern bestimmt. Durch seine langjährige Anwesenheit sitzt er im selben Boot wie die Deutschen und betreibt Besitzstandswahrung. Die europäische Vereinigung wird nicht als soziale Utopie entworfen, sondern in der Abgrenzung alter berechtigter und neuer nicht berechtigter Gruppierungen thematisiert. Was er als Integration bezeichnet, ist die Privilegierung seines Ausländerstatus in Abgrenzung zu Neuankömmlingen. Andererseits wird sein eigener Status durch die Erfahrung des gemeinsamen Aufwachsens von Deutschen und Ausländern der zweiten und dritten Generation bestimmt. Die europäische Vereinigung vollzieht sich an der Basis durch die gemeinsame Sozialisation unterschiedlichster Nationalitäten. Allerdings führt die Interpretation des gemeinsamen Aufwachsens der Jugend als Vereinigungsutopie gegenüber der mißtrauischen Separierung der Alten nicht nur zu einer Idealisierung der Jugend, sondern nimmt auch die Differenzen unter den Jugendlichen selbst nicht wahr. Die Kinder werden aus der Perspektive der eigenen Probleme thematisiert, ihre Probleme erscheinen aus der Sicht der Älteren so gering, daß sie gar nicht wahrgenommen werden. Die Jugend wird nur als ‚anders' interpretiert, als Einheit, die eigene Wege geht. Herr Delgado steht zwischen diesen beiden Gruppen in der Mitte. Er gehört dazu und gehört doch nicht dazu. Im Verhältnis zu den neuen Ausländern ist er integriert und akzeptiert, gegenüber den Kindern erfährt er die Differenz seiner Integration. Die Selbstverständlichkeit ihrer Zugehörigkeit steht seiner erworbenen Zugehörigkeit gegenüber. Je nach Bezugsgruppe mußt er sich neu positionieren, er hat keine eindeutige, sondern nur eine gespaltene Zugehörigkeit.

2.3. Bildungshintergrund und autodidaktisches Lernen

Einen Großteil ihrer Anpassungsschwierigkeiten, insbesondere ihre sprachlichen Defizit- und Diskriminierungserfahrungen, interpretieren Herr Delgado und Herr Salinas als Resultat des geringen formalen Bildungsniveaus, das ihrer Meinung nach die Mehrzahl der älteren spanischen Migranten aufgrund ihrer defizitären Schulausbildung aus Spanien mitgebracht hat. Die Reflexion dieser Grundvoraussetzung sowie der Nachweis autodidaktisch erworbener Bildung sind daher weitere wichtige Bestandteile des Interviews, mit denen Herr Delgado und Herr Salinas sowohl ihre unterprivilegierte Situation als auch das Ausmaß der eigenen Anpassungsleistungen zu dokumentieren bestrebt sind.

„D.: Und dann, als dann zum Beispiel die die Generation meiner Frau und und der Frau von Miguel kam, als dann jüngere Leute kamen, die hier ein bißchen zur Schule gingen und lernten .. da wurde die Sache dann anders. Aber auch dann äh ich weiß noch, wie meine Frau beim Caritasverband auftauchte, jeden Tag begleitete sie Leute zur Polizei, zum Krankenhaus, zum Arzt, weil sie nicht [Deutsch, W.S.] sprechen konnten. Die Leute kamen hierher und konnten nicht sprechen. Heute noch (betont) gibt es leider Leute hier, die fast (betont) nicht sprechen können. Denn die Sprache ist sehr schwierig und wenn du nicht ein kleinwenig grammatikalische Vorkenntnisse hast, dann ist es sehr schwierig, dann ist es sehr schwierig, sie zu lernen.

S.: Die Mehrzahl von uns, in unserem Alter, ging nur wenig in die Schule.

D.: Wenig Schule.

S.: Als wir mit 18 Jahren hierher kamen, was wußten wir?

D.: Nichts, nur die Nationalschule.

S.: Es gab nur die Schule bis 14. Und mit 14, ich begann schon zu arbeiten, bevor ich 14 war. Wenig Schule.

D.: Und in Spanien, und in Spanien ging man zur Schule und lernte – ich spreche jetzt von dem Dorf, wo ich geboren wurde – äh zu beten, zu rechnen und zu singen äh

S.: Cara al sol (lacht) [Hymne der Falange, W.S.]

D.: die Nationalhymnen, die es damals gab, die lernte man. Wenn du dann in der Lage warst, lesen zu lernen und und deine Eltern den den Willen hatten, dir etwas beizubringen äh und und, das war die einzige Möglichkeit, vorwärts zu kommen" (S. 8f.).

Eingeleitet wird die Sequenz über den eigenen Bildungshintergrund wiederum durch den Markierer „*und dann*", mit dem Herr Delgado ein neues Thema anschneidet. Gegenüber den langwierigen und z.T. erfolglosen Integrationsbestrebungen von Migranten seines Alters verweist er auf die leichteren Integrationsschritte derjenigen jüngeren Migranten, die – wie seine Frau und die Frau von Herrn Salinas – in Deutschland einen Teil ihrer Schullaufbahn absolviert haben und damit erheblich bessere sprachliche Integrationsmöglichkeiten hatten. Damit unterstreicht Herr Delgado nicht nur die Bedeutung der Schule als Integrationsmedium, sondern hebt auch die geschlechtsspezifischen Differenzen bezüglich der Integrationsmodalitäten innerhalb der beiden Ehepare hervor. Diese jüngere und bereits in Deutschland (teil-)sozialisierte Generation nahm daher eine Art sprachlicher Brückenfunktion wahr, indem sie den sprachlich hilflosen älteren Migranten bei den zentralen und äußerst sensiblen Behörden- und Institutionengängen (Ausländerbetreuung, Polizei, Krankenhaus, Arztbesuch) aushalf. Zur Erläuterung dieser sprachlichen Integrationsschwierigkeiten der Migranten der ersten Generation führt Herr Delgado sowohl die geringen sprachlich-grammatikalischen Vorkenntnisse als auch den seiner Meinung nach objektiven Schwierigkeitsgrad der deutschen Sprache an. Beide Faktoren zementieren in ihrer Kombination eine sprachliche Anpassungsresistenz, die auch trotz langjähriger Aufenthaltspraxis nicht durchbrochen werden kann.

Diese Defizitfeststellung veranlaßt Herrn Delgado und Herrn Salinas, ihre eigene Schulausbildung zu reflektieren, wobei sie drei unterschiedliche Dimensionen ansprechen:
– erstens die geringe zeitliche Beschulungsdauer, für die ihrer Meinung nach sowohl institutionelle als auch soziale Rahmenbedingungen verantwortlich sind. In dieser Sicht korrespondiert der relativ geringen Schulpflicht (bis 14 Jahre) der finanzielle Zwang, bereits im schulpflichtigen Alter arbeiten zu müssen. Geringe schulische Inklusion und Kinderarbeit werden somit zu lernbehindernden Faktoren;
– zweitens die Nationalschule, d.h. die staatliche Grundschule, als der einzigen schulischen Option, womit beide indirekt – ohne dies weiter auszuführen – auf zwei andere schulische Möglichkeiten hinweisen: auf weiterführende höhere Schulen auf freiwilliger Basis und auf privat organisierte Schulen mit höherem Prestige. Beide – nur angedeutete und für das eigene Leben nicht realisierbare – Optionen verdeutlichen die relative Bildungsarmut, auf die sich Herr Delgado und Herr Salinas beziehen;
– drittens die curriculare Ausgestaltung der Schule auf der Basis christlich-nationaler Indoktrination. Kirche und Falange werden als die beiden zentralen Erziehungsinstanzen angesprochen, die auch den Unterricht in der Schule dominieren.

Im Gegensatz zu dieser zeitlich reduzierten und qualitativ schlechten Schule verweist Herr Delgado auf die in seinen Kreisen einzige Möglichkeit, vorwärts zu kommen: nämlich trotz der schlechten sozialen und schulischen Infrastrukturbedingungen die Fähigkeit zum Lesen auszubilden und darin durch den Bildungswillen der Eltern unterstützt zu werden. Die Eroberung des Lesens als der Eintrittskarte in eine neue geistige Welt und die Unterstützung durch die Familie für den weiteren Bildungsfortgang, das Zusammenspiel eigener Willenskraft und familiengestützter Hilfe sind für beide die Grundpfeiler des eigenen bildungsbiographischen Werdegangs. In indirekter Form kontrastiert das Segment damit erneut die schlechte allgemeine (schul-)politische Lage mit der solidarischen Hilfeleistung der Familie (schwacher Staat – starke Familie).

Als konkreten Anwendungsfall für die schlechte Ausbildungssituation und die damit verbundenen bildungsbiographischen Konsequenzen führt Herr Delgado zwei Beispiele an:

„D.: Ich kam hierher und die Nächte verbrachte ich damit, für meine Freunde /mhm/ äh Briefe an ihre Familien zu schreiben /mhm/. Denn von den vieren, die wir zusammen auf dem Zimmer waren, konnte nur ich lesen und schreiben /mhm/ .. Sie schickten dann die Briefe an ihre Familie, an ihre Frau oder an wen auch immer, und diese mußten dann dort auch wieder jemanden suchen zum Vorlesen, zum Schreiben, denn auch sie konnten nicht schreiben /mhm, mhm/. Ich habe hier Leute kennengelernt, wie .. äh Constanza, die Frau von Colón,

S.: ja

D.: diese Frau begann mit 50, lesen und schreiben zu lernen, a,e,i,o,u, sie konnte weder lesen noch schreiben – einmal, im Elternverein, mußte sie etwas unterschreiben und ich weiß noch, wie sie sagte: „Ich kann nicht", und wir sagten: „Was, wie kommt es, daß du nicht lesen und schreiben kannst? Du bist doch eine -", weil wenn man mit ihr sprach, sah man, daß sie eine intelligente Frau war /mhm/ und sie sagte: „Ich kann nicht – meine Kinder wollen es mir nicht beibringen, weil sie keine Lust haben". Obwohl die Kinder sogar hier in eine deutsche Schule gingen.

S.: Klar.

D.: Und so haben Josefa und ich sie uns vorgeknöpft und gesagt: „Wenn du willst, dann machen wir äh jeden Freitag .." und es vergingen nicht einmal anderthalb Monate und diese Frau konnte schreiben" (S. 9).

Auch in Deutschland erfährt Herr Delgado die Auswirkungen der z.T. katastrophalen Ausbildungssituation in Spanien, die ihm gleichzeitig jedoch auch vor Augen führen, daß er trotz der schlechten eigenen schulischen Startbedingungen einen erheblichen Bildungsvorteil gegenüber seinen lese- und schreibunkundigen Zimmergenossen hat, denen er beim Briefeschreiben und Vorlesen aushilft. Die Konfrontation mit der Unkenntnis seiner Landsleute ist für Herrn Delgado somit Anlaß für konkrete solidarische Hilfeleistungen. Der Zusammenhalt in der Fremde wird jedoch nicht nur bei dieser individuell erbrachten Hilfeleistung sichtbar, sondern auch bei den vereinsmäßig organisierten Unterstützungsaktionen im Elternverein[129]. Herr Delgado illustriert den vereinsgesteuerten Zusammenhalt am Beispiel einer Frau, die bei einer Unterschriftenaktion als Analphabetin entdeckt wird, wobei selbst den Vereinsmitgliedern das Defizit dieser als intelligent beschriebenen Frau kaum nachvollziehbar ist. Auf die Insistenz ihrer Fragen wird sichtbar, wie die im familiären Kreis bekannte Lese- und Schreibschwäche der Frau ignoriert und

---

129 Zu den Elternvereinen vgl. Teil I, Kap. 2, Abschnitt 1.1.2.

nicht einmal ihrem eigenen Wunsch auf Besserung ihrer Lage entsprochen wird. Die Weigerung der Kinder, aus puren Unlustmotiven heraus der Mutter bei ihren Alphabetisierungsbestrebungen zu helfen, wird von Herrn Delgado ausdrücklich mißbilligt, da sie – objektiv betrachtet – von ihren Kenntnissen her zur Hilfestellung in der Lage waren. Herr Delgado kontrastiert das solidarische Verhalten innerhalb der eigenen Generation, in der Bildungsbenachteiligung selbst erfahren wurde, mit der mangelnden Hilfsbereitschaft der zweiten Generation, deren eigener schulischer Werdegang sie eigentlich zu umso größerer Solidarität hätte verpflichten müssen. Herr Delgado spricht hier das Auseinanderdriften unterschiedlicher Erfahrungs- und Sozialisationskontexte an, die innerhalb der Familie zu einem Problem der intergenerativen Verständigung werden. Gegenüber der Verweigerungshaltung der Kinder präsentiert er die gemeinsame solidarische Aktion im Verein, die für ihn umso bemerkenswerter ist, als die analphabete Fünfzigjährige trotz ihrer doppelten Benachteiligung – durch die vorenthaltene Ausbildung in Spanien und durch die vorenthaltene Hilfestellung innerhalb der Familie – eine enorme Schnelligkeit in ihren Lernfortschritten und ihrem Selbständigwerden durch den Erwerb schriftsprachlicher Kompetenzen zeigte.

Auch Herr Salinas konkretisiert Formen der autodidaktisch-familiengestützten Hilfe, die für ihn in Deutschland für die Daseinsbewältigung von Bedeutung waren:

„S.: Ich sagte zu meinem Vater, daß er mir, wenn er mir schrieb, daß er mir, daß er mir schreiben solle, wie man einen Auf-, einen Auflauf macht, wie man Bohnen zubereitet (..) wie man kocht (lacht). So lernte ich das (lacht), hier allein zu kochen, weil ich koche gerne. Ich schrieb meinem Alten und er antwortete mir. „Alter, sag mir, wie man Linsen kocht" und im Brief erklärte er mir alles (lacht) und so lernte ich kochen.

I.: Tatsächlich?

S.: Ja (lacht)

I.: Also durch den Briefwechsel mit mit deinem Vater?

S.: Mein Vater kochte auch sehr gerne und mir hat es auch immer Spaß gemacht, natürlich nicht mit 18 in Spanien, aber hier, da ich alleine war und es mir gefiel, kochte ich dann. Und ich schrieb – mein Vater ist jemand, der viel gelernt hat /aha/. Er kam aus einer Familie – aber dann, wegen der Politik (lacht), da er ein Linker war (lacht) (..) er hatte viel gelernt und konnte sehr gut schreiben – 5 Blätter schrieb er mir – eines mit (lacht) dem Kochrezept, ein anderes (..)

D.: Ja, ja, zum Teil, die Personen, die im Gefängnis waren, ja der Vater von von Mig- von Miguel kam aus einer Familie mit Niveau, man wußte

S.: Er war Dreher (..) hatte viel gelernt und in den besten Werkstätten in Sevilla und Madrid gearbeitet /mhm/, er war ein guter, ein guter Dreher.

D.: Ja, wie ich schon sagte, sie hatten beispielsweise eine Ausbildung. In den Großstädten gab es mehr Möglichkeiten /mhm/ schon immer /mhm/ Das ist nicht so wie – wo mein Vater zum Beispiel lernte, wo mein Vater viel lernte, das waren die zehn Jahre, die er im Gefängnis war, auch wegen der Politik /mhm/. Dort gab es Rechtsanwälte, Ärzte, Ingenieure, es gab Leute vor allem aus Navarra, die meisten, weil wir grenzen an Navarra an /mhm/, wir sind Nachbarn. Und sie brachten den Gefangenen das Schreiben bei, Lesen, Rechnen, viele Dinge und sie lernten viel. Im Gefängnis lernten viele viele verschiedene Dinge /mhm/, einige wurde große Künstler. Und hier (betont) hat es auch große Künstler gegeben, Emigranten, Leute, die sehr gut malen konnten, die sehr sehr schöne Dinge aus Holz machen konnten" (S. 9f.).

Die Erzählung von Herrn Salinas, wie er familiäre Lernressourcen mobilisierte und über die Kommunikation durch Briefe mit seinem Vater das Kochen erlernte, führt zu einem Exkurs über das Lernen der Vätergeneration selbst bzw. über die Bedeutung der Väter in der eigenen Biographie. Herr Salinas schildert seinen Vater als eine extrem lernwillige und wißbegierige Person, als einen Elitefacharbeiter und Experten in seinem Beruf, dessen berufliche Entwicklung nur durch seine politische Haltung gebremst wurde. Herr Delgado dagegen führt erneut die Stadt-Land-Differenz ein, um die ganz andere (Aus-)Bildungssituation seines Vaters zu charakterisieren. Sein Vater lernte vor allem im Gefängnis durch die kollektive gegenseitige Hilfestellung der Mitgefangenen, die ihr Wissen in der Extremsituation langjähriger politisch bedingter Inhaftnahme weitergaben. Herr Delgado thematisiert das Gefängnis damit als einen erzwungenen Versammlungsort akademisch-technisch-praktischen Wissens, der trotz seines Zwangscharakters – nach den Lernerfahrungen seines Vaters – bedeutende individuelle Selbstentfaltungsmöglichkeiten durch die kollektiv organisierte Hilfe der Gefängnisinsassen bot – Möglichkeiten, die bis zur Ausbildung hohen künstlerischen Könnens reichten. Das Paradox von Selbstentfaltung unter Bedingungen extremer Heteronomie (Gefängnis) parallelisiert Herr Delgado mit der Migrationssituation, in der es – seiner Erfahrung nach – ebenfalls zu Realisierungen hoher Künstlerschaft gekommen ist. Ohne es konkret auszuführen, suggeriert Herr Delgado eine Strukturähnlichkeit von Gefängnis- und Migrationssituation, die beide ein enormes individuelles Selbstentfaltungspotential freigesetzt haben – durch kollektive Hilfe, durch die Bereitschaft von Mitgefährten, das eigene Wissen weiterzugeben, durch autodidaktische Beharrlichkeit.[130] Interessanterweise rekurriert Herr Delgado vor allem auf die Figur des Künstlers, um diese Potentiale zu konkretisieren – die Künstlerschaft als diejenige Form der Kultivierung eines persönlichen Innenraums oder der Ausbildung handwerklicher Fähigkeiten, die auch unabhängig von den Zwangsverhältnissen totaler Institutionen oder von den funktionalen Anpassungserfordernissen sprachlich-kultureller Art in der Migrationssituation möglich ist.

---

[130] In gewisser Weise wäre es auch möglich, den Verein – als andere institutionelle Variante – in dieser Weise zu beschreiben – allerdings als einen freiwilligen Ort des Zusammentreffens, bei dem das Zusammenwirken von solidarischer Hilfe und eingebrachtem Potential ebenfalls zu erstaunlichen Erfolgen führen kann (wie das Beispiel der analphabeten Fünfzigjährigen zeigt).

Insgesamt können die Bildungserzählungen als Erzählungen darüber interpretiert werden, wie trotz Unterprivilegierung schöpferische Prozesse und Lernerfolge durch die Kombination von Selbsteinsatz und Fremdhilfe möglich sind. Trotz schulischer Benachteiligung, trotz Inhaftierung, trotz Migration sind durch eigene Willenskraft und familiär-kollegiale Hilfe erhebliche Potentiale freisetzbar. Allerdings gibt es innerhalb des Migrantenkollektivs eine große Spannbreite zwischen erfahrener und beibehaltener Bildungsarmut sowie freigesetzten Bildungspotentialen. In diesem Spannungsfeld präsentieren sich Herr Delgado und Herr Salinas als privilegierte Unterprivilegierte: sie haben Frauen, die helfen, sie haben Väter, die unterstützen, sie haben Vereine, in denen aktive Hilfe gewährt wird. Sie zeigen damit nicht nur die generationeninterne Variierung von Entfaltungsmöglichkeiten auf, sondern kritisieren auch die generationenspezifische Verweigerungshaltung der zweiten Generation, die das Gesetz der gegenseitigen Hilfe torpediert.

2.4. Selbstorganisation im Verein und in der Politik

Nach der Präsentation der eigenen Bildungsdefizite und -erfolge reflektieren Herr Delgado und Herr Salinas über ihre Selbstorganisationsleistung im Verein und in der Politik:

„D.: Und dann äh trotz der vielen Probleme, die wir hatten, gründeten wir die spanischen Zentren /mhm/ äh die CRES, wie sie heute auf Bundesebene heißen, und .. zum Teil, das kann man sagen, haben wir erreicht, die spanische Kultur hier in Deutschland zu bewahren. Trotz, wie gesagt, der wenigen Kultur, die wir von zuhause mitbrachten, einige aufgrund des jungen Alters, andere weil sie nichts hatten lernen können, trotzdem haben wir äh unsere Bräuche bewahrt .. unsere Tänze, unsere Sprache, unsere –, wir haben Kurse abgehalten und Sachen organisiert, das äh ist auch ein sehr großes Verdienst für für uns, für diejenigen, die wir heute hier sind. So war das, wie gesagt, wir haben schwer gearbeitet, weil wir überhaupt keine Mittel hatten, wir haben das alles finanziert mit Beiträgen; heute, das muß man auch sagen, sind unsere Kinder, nicht alle, aber die Mehrheit, gut situiert, haben studiert .. äh man findet hier alles, Ingenieure

S.: Die Mehrzahl unserer Kinder, ich denke, mindestens 80%, haben einen guten Arbeitsplatz.

D.: Einen guten Arbeitsplatz.

S.: Von den spanischen Kinder hat die Mehrheit

D.: Ja, ja.

S.: einen guten Arbeitsplatz.

D.: Weil wir uns viel (betont) gekümmert haben, nicht wahr, und weil wir viele Debatten geführt haben. Unter uns hat es auch äh äh Leute gegeben, die versucht haben, uns fertig zu machen, Leute unserer Rasse, nicht Deutsche, sondern Leute unserer Rasse. Sie waren Anhänger des Regimes und sollten hier die Leute ausspionieren, wie und auf welche Art wir uns bewegten, und diese Leute haben versucht, andere Zentren und andere Dinge aufzubauen, um uns das ... wegnehmen zu können, was wir hatten. Um das alles haben wir gekämpft, das alles haben wir erlebt. Viele (betont) Stunden sind wir von zuhause weggewesen .. und haben gekämpft und haben uns um die Politik gekümmert, ich habe schon erzählt [..], wie man hier die politischen Parteien gegründet hat, wir haben uns organisiert, aber damit will ich nicht sagen, daß wir damals alle Kommunisten oder Sozialisten gewesen sind, sondern es gab eine Sehnsucht (betont), ein Verlangen zu kämpfen, zu kämpfen gegen den Tyrannen, und der Tyrann war Franco. Und wir wollten, daß das zu einem Ende kommt. Als dann .. als als dann die Demokratie kam, äh begannen dann die Spaltungen zwischen den Leuten. Zuerst zogen wir alle an einem Strang, Sozialisten, Kommunisten, Sozialdemokraten, äh Christen für den Sozialismus .. es gab eine Menge – Maoisten, es gab eine Menge Gruppierungen, die damals gegründet wurden, immer gab es einen Führer, der der einem besser gefallen hat und man hat eben gesagt, okay, bei den Leuten mache ich mit. Aber wie gesagt, später waren viele weder Kommunisten noch Sozialisten noch sonst etwas, sondern es war dieser Kampf äh für die Demokratie. Das alles haben wir hier durchlebt und durchlitten und sind viel herumgelaufen und haben viel gearbeitet. Ich im speziellen habe sehr viel gearbeitet .. für all diese Dinge /mhm/, ich habe viel gearbeitet, obwohl man es mir später nicht gedankt hat noch – denn die, die äh wirkliche Kommunisten waren, haben dann natürlich auch ihre Leute in die sie interessierenden Positionen gehievt, sie wußten, wer die einen und wer die anderen waren .. sie organisierten ihre ihre Sachen und brachten ihre Leute in die Positionen, um dann an dem Tag losschlagen zu können, an dem die Demokratie kam und so /mhm/, das ist klar. Wir haben hier ganz schön gelitten und ziemlich viel durchgemacht.

S.: Jetzt geht es uns aber gut.

D.: Jetzt geht es uns gut.

S.: Bald bekommen wir die Rente /mhm/ (lacht).

D.: Jetzt geht es uns gut und dann .. die Casa [Casa Democrática, W.S.], die wir haben, die haben wir uns alle ein bißchen erkämpft. Obwohl sie nicht so funktioniert, wie sie funktionieren sollte, aber ich glaube, daß daß sie ganz gut funktioniert. Wahrscheinlich gibt es nicht viele Deutsche, die so ein Zentrum haben wie wir (lacht), das so funktioniert mit seinen Flamencogruppen, mit seiner Fußballgruppe, mit seinem Unterricht in Englisch, in in Deutsch, in Spanisch, in –, d.h., es ist nicht so, wie wir es gerne hätten, aber .. die Sache funktioniert .. Probleme gibt es immer .. und es wird sie immer geben, aber ich glaube, diese Probleme haben wir .. alle" (S. 13f.).

Mit der Formulierung „*und dann*" führt wiederum Herr Delgado in ein neues thematisches Feld ein: die Aktivitäten im Verein und in der Politik. Das Erzählmuster, das dieser Passage zugrunde liegt, ist die Spannung zwischen den vielfältigen Schwierigkeiten und Benachteiligungen einerseits und den erreichten Leistungen andererseits, insbesondere auf dem Gebiet der vereinsbezogenen Selbstorganisation. In Herrn Delgados Perspektive diente die Gründung der spanischen Zentren vor allem der Bewahrung der spanischen Kultur. Für ihn steht die Kulturfunktion der Vereine im Vordergrund, die es in der fremden Umgebung zu stärken gilt. Gegen die Bedrohung des kulturellen Verlustes durch die Integrationsbemühungen in Deutschland stehen die Gründungs- und Bewahrungsleistungen der Vereinsaktiven. Indirekt verweist Herr Delgado auch auf den relativen hohen verbandlichen Organisations- und Kooordinationsgrad der Vereine, indem er – wahrscheinlich als Information für den Interviewer – die offizielle Bezeichnung der Zentren auf Bundesebene nennt. Die Bewahrung der spanischen Kultur in Deutschland steht im Kontrast zu der geringen Vermittlung von Kultur in Spanien selbst, für die Herr Delgado sowohl altersbedingte als auch institutionelle Gründe anführt. Der inhaltliche – und möglicherweise auch prekäre – Zusammenhang zwischen einer bewahrenden Kulturleistung im Ausland ohne die entsprechende kulturelle Sozialisation im Inland wird von ihm allerdings nicht thematisiert. Daher gleicht auch diese kulturelle Bewahrungsarbeit einer Pionierleistung, die – ähnlich wie die europäische Vereinigung – nur aufgrund heroischer Einzel- und Kollektivanstrengung möglich wird.

Kultur bedeutet für Herrn Delgado vor allem: Bräuche, Tänze, Sprache. Diese spezifische Engführung und Ausgestaltung von Kultur wird in den Vereinen durch die Abhaltung von Kursen und anderen – nicht weiter ausgeführten – Organisationsleistungen gewährleistet. Sie ist nicht mehr in einen selbstverständlich vorgegebenen Lebensalltag eingelagert, sondern wird durch institutionelle Vorgaben künstlich produziert. Der Mangel an Milieuverbundenheit muß durch einen organisatorischen Kraftakt ausgeglichen werden, damit Weitergabe und Bewahrung überhaupt erst möglich wird. Von daher ist es nicht zufällig, daß Herr Delgado so sehr das „*große Verdienst*" dieser Leistung herausstreicht, die nur aufgrund des enormen Arbeitseinsatzes mobilisierungsbereiter Aktivisten und der ausreichenden Mittelfinanzierung über Beiträge möglich war und deren Resultate die in Deutschland verbliebenen Landsleute auch heute noch genießen können.

Ein überaus greifbares Resultat dieser Arbeit – und der Einsatzbereitschaft der spanischen Elterngeneration generell – ist der berufliche Erfolg der Kinder, die nach Meinung von Herrn Delgado ausbildungsmäßig und ökonomisch sehr von der Anstrengung der Eltern profitiert haben. Herr Salinas unterstützt mit seiner Einschätzung über die hohe prozentuale berufliche Erfolgsquote der zweiten Generation voll die Ausführungen von Herrn Delgado. Mit dem beruflichen Erfolg der Kinder hat sich auch der Einsatz der Eltern gelohnt, deren Leistung nach Herrn Delgado zudem umso höher einzuschätzen ist, weil zusätzlich zu den bereits erwähnten Schwierigkeiten die Auseinandersetzung und der Abwehrkampf gegen Spitzel aus den eigenen Reihen geführt werden mußten. Herr Delgado verweist hier auf die Erfahrung, daß das Franco-Regime bis in die ausländischen Zentren hinein Kontrollfunktionen auszuüben versuchte. Die Beobachtung und Informationsweitergabe waren gepaart mit dem Versuch, alternative regimetreue Zentren aufzubauen und über die Konkurrenz organisierter Angebote die selbstorganisierten, regimekritischen Vereine auszuhöhlen. Trotz des erfolgreich geführten Abwehrkampfes nach innen verschweigt Herr Delgado die negativen Konsequenzen dieses Einsatzes unter biographischen und familiären Gesichtspunkten nicht. Die Opfer, die dieser Kampf forderte, waren vor allem Zeiteinsatz und Distanz von zuhause, d.h. die Vernachlässigung sowohl der eigenen als auch der familiären Komponente durch die Mobilisierung persönlich-familiärer Zeitressourcen.

Neben dem kulturellen Vereinsengagement berichtet Herr Delgado über eine weitere Betätigung sehr ausführlich: über den organisierten politischen Kampf gegen das Franco-Regime. Während aus der Sicht von Herrn Delgado die Kooperation der verschiedenen politischen Vereinigungen und Splittergruppen durch die Negativzielsetzung: Absetzung des *„Tyrannen"*, bestimmt war, versuchte nach der demokratischen Wende jede Gruppierung die je eigene Interessenpolitik bei der inhaltlichen Ausgestaltung der neuen Demokratie zu verfolgen. Auch Herr Delgado hat diesen gemeinsamen Kampf und die späteren Positionierungsversuche selbst aktiv miterlebt, sein persönlicher Arbeitseinsatz ist von seiner eigenen Partei jedoch nicht honoriert worden. Mit einer gewissen Bitterkeit spricht er über die machtstrategischen Kalküle der Kommunisten, nur ausgewiesene linientreue Kämpfer für die entsprechenden Positionen vorzumerken und die eigenen Kader entsprechend zu sortieren. Indirekt kommt in dieser Perspektive zum Ausdruck, daß sich Herr Delgado – trotz aktiver Mitgliedschaft – nicht als einen *„wirklichen Kommunisten"* betrachtet und daß Parteimitglieder einer doppelten Kontrolle unterlagen: der Bespitzelung durch regimetreue Sympathisanten *und* der parteiinternen Beobachtung und Klassifizierung. Das in seiner Erzählung bereits mehrfach bemühte Interpretationsmuster, die Vergangenheit als Leidensweg zu deuten, findet in beiden Dimensionen – aber auch in den angesprochenen Entbehrungen des Kampfes – ein erneutes Anwendungsfeld.

Diese von Herrn Delgado vorgebrachte Vergangenheitsdeutung veranlaßt Herrn Salinas, eine konkurrierende Interpretation bzw. eine andere zeitliche Perspektive zu akzentuieren: gegenüber der damaligen Härte hebt sich die gegenwärtige Situation positiv ab. Herr Salinas durchbricht die der Vergangenheit verhaftete Perspektive von Herrn Delgado durch eine gegenwartsorientierte Beschreibung. Er macht sich zwar auch das Deutungsmuster: damals hart und schwer, zu eigen, betrachtet diese Zeit jedoch mit einem Lachen aus seinem heutigen Wohlbefinden heraus. Die verlockende Aussicht auf die baldige Rente unterstreicht die Perspektive des Genießens, des Lebens ohne Arbeit und Leid. Der Kampf ist für ihn in der Gegenwart zu einem Ende gekommen.

Herr Delgado schließt sich nur vordergründig dieser von Herrn Salinas angedeuteten Perspektive an, da er sogleich wieder von Kämpfen und Problemen zu sprechen beginnt, diesmal jedoch bezogen auf die Casa, dasjenige Zentrum, das für ihn und sein Leben die Konkretion spanischer Kultur in Deutschland darstellt. Für Herrn Delgado ist auch die Vereinsgegenwart Resultat eines Kampfes und mit Problemen behaftet, die er allerdings im Vergleich mit anderen – deutschen – Zentren relativiert. Trotz seiner Kritik an der Funktionsfähigkeit der Casa, die er aus einer internen Kenntnis heraus formuliert, bescheinigt er dem Verein einen großen Erfolg in der Ausgestaltung der zentralen Vereinsaktivitäten (Tanz, Sprache, Sport) – eine Perspektive, die Herr Delgado durchaus mit Stolz kommentiert.

Insgesamt hat die Vereinsorganisation für Herrn Delgado zwei Dimensionen: eine kulturelle im Sinne der Bewahrung spanischer Kultur in Deutschland und eine politische im Sinne des Kampfes gegen Franco und für die Demokratie in Spanien. In beiden Bereichen ist er sehr aktiv, in beiden Bereichen kann er über (Teil-)Erfolge berichten. Während er im kulturellen Bereich den schulisch-beruflichen Erfolg der Kindergeneration als Resultat des eigenen Einsatzes bzw. das Demokratische Haus als relativ gut funktionierendes Beispiel spanischer Kulturtradierung anführt, ist im politischen Bereich der erfolgreiche antifrankistische Kampf durch die Zusammenarbeit der unterschiedlichen Migrantengruppen für ihn von Bedeutung. Diese Erfolge stehen dabei in krassem Kontrast zu den miserablen Ausgangsbedingungen, unter denen sich sowohl die Kulturarbeit als auch die politische Betätigung vollzog: defizitäre Ausbildung in Spanien, Knappheit der Finanzmittel, Torpedierung durch regierungstreue Spione, etc. Nur der heroische Einsatz unter großen persönlichen, zeitlichen und familiären Opfern hat diese Erfolge möglich gemacht. Das von Herrn Salinas vorgebrachte Alternativangebot, die belastete Vergangenheitsperspektive durch die positive Gegenwarts- und Zukunftsperspektive zu ersetzen, nimmt Herr Delgado nicht an. Er verfährt problemorientiert, kritisiert wahrgenommene Mängel und beharrt auf seiner Kampf- und Leidensperspektive, obwohl er durchaus mit Genugtuung auf die erreichten Leistungen blickt.

2.5. *Zwischen zeitlich begrenzter Aufenthaltsgenehmigung und doppelter Staatsangehörigkeit: der Alt-Migrant als Semi-Deutscher in Abgrenzung zu Neuausländern*

Ein weiteres Thema, das Herr Delgado und Herr Salinas aufgreifen, ist die Auseinandersetzung mit ihrem Migrantenstatus gerade auch im Vergleich mit und in Abgrenzung zu den in Deutschland neu auftretenden Migrantengruppen:

„D.: Was sollen wir dir sonst noch sagen, so war das Leben, das ist zum Teil am am Anfang. Was noch vorgekommen ist, daß man zur Polizei ging und dort den ganzen Tag zubringen mußte in ungeheuren Warteschlangen, damit man den Stempel bekam, die Erlaubnis (..)

S.: Die Aufenthaltsgenehmigung, heute Gott sei Dank

D.: Das haben wir alles erkämpft, auch die Vereine, die Zentren, für das alles haben wir viel gekämpft, damit all diese Dinge wegkommen. Äh damals war Liselotte Funcke die Ausländerbeauftragte /mhm/, diese Frau äh hat auch viel für die Ausländer getan, hat viel getan .. Das war sehr .. Auch die Kirche muß man sagen, hat ihren Teil dazu beigetragen, wo sie es konnte .. Auch die christlichen Organisationen wie Caritas und noch ein paar andere haben ihre Arbeit getan.

S.: Jeder hat

D.: (..) Aber äh Tatsache ist, daß das alles sehr schwierig für für uns war.

S.: Ich glaube, daß daß daß es die deutsche Polizei und die Ausländerbehörden heute viel komplizierter haben

D.: Genau.

S.: als füher, als wir kamen.

D.: Ja, ja, ich glaube, daß heute die Leute, die hier sind

S.: Heute ist es komplizierter. Heute gibt es mehr Probleme als früher .. Denn früher war das Problem, daß .. daß daß zum Beispiel die Spanier die Gewohnheit haben, daß es bei Festen hoch hergeht ..

D.: Ja, ja,

S.: und daß es dann deutsche Nachbarn gab, die protestierten

D.: die protestierten und die Polizei riefen.

S.: und die Polizei riefen (..) Aber heute gibt es andere Probleme als früher.

D.: Früher gab es keine (..)

S.: Ich glaube, daß die Deutschen heute begreifen, daß sie mit uns weniger Probleme hatten.

D.: mit uns. Heute (betont) merken sie das, merken sie das.

S.: Diese Probleme, die es heute gibt

D.: Wir waren damals eine andere Zeit. Wenn man zum Beispiel von einer Firma wegging, wartete eine andere schon auf einen, man bekam einen Job. Es gab nicht diese

S.: Außerdem kamen arbeitssame Leute, Leute, die

D.: Arbeitssame Leute,

S.: wirklich viel gearbeitet haben.

D.: Leute, die viel (betont) gearbeitet haben, viel

S.: überall .. (..) Man kannte die Sprache (betont) zwar nicht, aber man brauchte das Geld für was auch immer und arbeitete viel.

D.: Nein, man kam mit der Sehnsucht, wie du vorhin gesagt hast, wieder zu gehen [..]

S.: Heute kommt irgendein Ausländer aus irgendeinem Land hierher, egal ob ein Pole oder Rumäne oder aus Ghana oder Nigeria und das erste, was er verlangt, ist <u>Sozialhilfe</u>.

D.: Genau.

S.: Sie haben nichts gearbeitet, aber (lacht) das erste – damals hätten wir viel verlangen können. Hätten wir nicht gearbeitet, wären wir des Landes verwiesen worden (lacht).

D.: Und selbst dann wurde man weggeschickt.

S.: Das war .. ganz anders" (S. 18ff.).

Mit der evaluativen Frage „*Was sollen wir dir sonst noch sagen*", die als Ausdruck der Bemühung gesehen werden kann, den Interviewer umfassend zu informieren, geht Herr Delgado zu einem neuen Thema über: den arbeits- und aufenthaltsrechtlichen Bestimmungen, denen die Migranten zu Beginn ihres Deutschlandaufenthaltes unterworfen waren. Neben dem Umstand, daß die restriktiven Formen der Kontrolle durch das Zusammenspiel der selbstorganisierten Interessenvertretung von Migranten und dem Engagement einzelner deutscher Institutionen (Behörden, Kirchen) mit der Zeit gelockert wurden, ist es Herrn Delgado vor allem wichtig, das Ausmaß der damaligen Schwierigkeiten zu unterstreichen.

In Abgrenzung gegen die Probleme der Vergangenheit setzt Herr Salinas wiederum einen anderen Akzent, indem er erneut von der Gegenwart aus auf die Vergangenheit zurückblickt – und zwar interessanterweise aus der Sicht der deutschen Behörden. Seiner Meinung nach ist ausländerrechtlich die heutige Situation durch einen höheren Kompliziertheitsgrad als damals bestimmt. Zusammen mit Herrn Delgado, der diese Situationsdeutung ebenfalls bekräftigt, begründet er seine Aussage mit unterschiedlichen Argumenten: Zunächst verweist er indirekt – durch das Referieren einer nachbarlichen Konfliktsituation aus der spanischen Anfangszeit – auf die stärkere Varianz der kulturellen Prägungen der Gegenwart. Im Licht der heutigen Probleme erweist sich der damalige Protest deutscher Nachbarn gegen die spanische Festekultur sowohl für die Behörden als auch für die deutsche Bevölkerung generell als eine relativ harmlose Konfliktepisode im Vergleich zu den gegenwärtigen Differenzen. Desweiteren betonen beide die günstigere Arbeitsmarktslage der Vergangenheit, in der die gegenseitige Konkurrenz der Betriebe um die Anheuerung von Personal mit einem dezidierten Arbeitseinsatz seitens der Migranten, die einen zeitlich begrenzten Arbeitsaufenthalt zum Geldverdienen nutzen wollten, korrespondierte. Im Kontrast zu dieser – angeblichen – Arbeitswilligkeit von damals unterstreichen beide die Anspruchsmentalität der neuen ausländischen Zuwanderer von heute, deren – angebliche – Arbeitszurückhaltung sie mit der Existenz gut ausgebauter sozialer Sicherungssysteme begründen. Und schließlich thematisieren sie die wesentlich rigidere Abschiebepraxis der Vergangenheit als Resultat einer ausschließlich ökonomisch begründeten Ausländerpolitik.

In der Entfaltung ihrer Argumente reproduzieren Herr Delgado und Herr Salinas eine festeingefahrene Vorurteilsstruktur in der Beurteilung der neuen Ausländer, die durchaus auch von Deutschen in dieser Form hätte formuliert werden können. Neben tatsächlichen und von ihnen auch angesprochenen Veränderungen der gesellschaftlichen Rahmenbedingungen (ökonomische Lage, Abschiebepraxis) unterlegen sie dem Verhalten der Neuausländer kulturelle Abweichung, Arbeitsscheu und Anspruchsdenken, wogegen sie sich durch die Selbstzuschreibung von positiven Arbeitstugenden absetzen. Ein ausländerfeindlicher Diskurs in Bezug auf die Neuzuwanderer wird so gerade durch die alteingesessenen Ausländer (mit-)etabliert und die Differenz von Bürgern erster und zweiter Klasse in der Version von guten und schlechten Ausländern erneut reproduziert.

Die Profilierung des eigenen Werdegangs und der eigenen Leistung durch Abqualifizierung anderer verdeutlicht jedoch indirekt den äußerst prekären Status von Akzeptanz und Sicherheit, den Herr Delgado und Herr Salinas für sich beanspruchen. Denn die – angebliche – Akzeptanz, die sie auf Seiten der Deutschen vorzufinden glauben, ist keine positive Akzeptanz, sondern kommt nur aufgrund von leicht wieder revidierbaren Verschiebungseffekten zustande. Die heutige Akzeptanz gegenüber den Migranten von damals ist nur auf die Existenz einer neuen sozialen Randgruppe zurückzuführen, deren Status noch prekärer ist als der Status der durch Gewohnheitsrechte abgesicherten Alt-Ausländer. Allerdings entbehrt die Einschätzung von Herrn Delgado und Herrn Salinas nicht eines realen Kerns. Denn die Situation damals war – bezogen auf die Existenz von sozialen Sicherungssystemen und bezogen auf die Praxis der Abschiebung – tatsächlich *„ganz anders"*, so daß möglicherweise auch der – uneingestandene – Neid auf die äußerlich scheinbar privilegierte Situation der Neuausländer im Vergleich zum eigenen Leidensprozeß bei der Beurteilung eine nicht unwichtige Rolle spielt. Indem beide die Unvergleichbarkeit und auch das Risiko der eigenen Situation herausstellen, machen sie sowohl auf die gesellschaftliche Härte als auch auf die eigene Leistung aufmerksam, die auch deshalb umso größere Beachtung verdienen, als sich im nachhinein sogar die eigene Migrationssituation als diejenige Variante mit den geringeren Problemen für die Einheimischen erweist.

Eine politische Forderung, die zumindest für Herrn Delgado aus dieser Situation relativer Integrationsgewißheit resultiert, ist die Forderung nach Zuerkennung der doppelten Staatsbürgerschaft.

„D.: 4 Millionen gingen damals weg, 4 Millionen Spanier .. das sagt sich leicht /mhm/, 4 Millionen .. wir haben ganz schön was abgekriegt .. ja gut, wir haben uns dann allmählich angepaßt, wir haben .. allmählich gelernt, so gut, wie wir konnten (lacht) und hier sind wir .. schon halb Deutsche.

S.: lacht

D.: Wir wollen, daß man uns die doppelte Staatsangehörigkeit gibt.

S.: Hat dir die <u>Gewerkschaft</u>, die Gewerkschaft einen Brief geschickt?

D.: Nein, noch nicht.

S.: Ich habe gestern einen Brief bekommen. Was man machen muß, um die doppelte Staatsangehörigkeit zu bekommen.

D.: Wir haben schon einmal ein Formular in der Casa democrática ausgefüllt.

S.: Nein, ich nicht. Ich habe das nicht ausgefüllt. Und ich glaube auch nicht, daß ich das machen werde.

D.: Ich schon, ich habe das ausgefüllt.

S.: Ich glaube nicht, daß ich das ausfüllen werde. Das nicht, ich will das nicht.

D.: Die doppelte Staatsbürgerschaft ist doch gut.

S.: Mir ist das egal.

D.: Jedenfalls schadet es nicht" (S. 20f.).

Nachdem Herr Delgado noch einmal den quantitativen Umfang der spanischen Migration insgesamt resümiert und die Schwierigkeiten des Integrationsprozesses anspricht, kommt er zu der Einschätzung, nach so vielen Jahren Deutschlandaufenthalt bereits selbst ein halber Deutscher zu sein. Diese Selbsteinschätzung, mit der er sich wiederum indirekt von den Neuankömmlingen abgrenzt, ist für ihn auch der Anlaß, über die doppelte Staatsangehörigkeit zu sprechen. Das Eingeständnis hoher Selbstassimilation und die Forderung nach Verleihung der doppelten Staatsangehörigkeit sind für ihn zwei Seiten ein und derselben Medaille. Interessanterweise wird dieses Junktim von Herrn Salinas jedoch nicht geteilt, so daß es zu einer Auseinandersetzung zwischen beiden über den Sinn der doppelten Staatsbürgerschaft kommt. Herr Delgado präsentiert eine eher pragmatische Perspektive, indem er implizit auf die Vorteile einer derartigen Regelung verweist. Er hat auch schon vorsorglich eine entsprechende Willenserklärung unterzeichnet im Rahmen einer Werbeaktion, die das Demokratische Haus veranstaltet hat. Herr Salinas formuliert entschiedene Vorbehalte gegen eine solche Regelung, ohne daß er die Gründe explizit benennt. In seinen Äußerungen kommt jedoch eine starke emotionale Ablehnung zum Ausdruck, die dafür sprechen könnte, daß er sich im Gegensatz zu Herrn Delgado gerade nicht als Semi-Deutscher fühlt, sondern als Vollspanier, der auch Spanier bleiben möchte. Er favorisiert eine klare eindeutige Zuordnung und lehnt eine nationale Zwitterstellung ab. Entgegen seinen sonstigen sehr pragmatischen Äußerungen erweist er sich in der Frage nationaler Zugehörigkeit als stark traditionsgebunden.

2.6. Rückkehrprobleme: Der Generationendialog

Aufgrund einer Unterbrechung durch Herrn Delgado, der nach Getränkewünschen fragt und einen Abendsnack vorbereitet, hat Herr Salinas die Gelegenheit, selbst den weiteren Interviewverlauf zu bestimmen. Er tut dies auch, indem er detailliert auf die Rückkehrproblematik und deren altersspezifischen Auswirkungen eingeht:

„S.: Ich weiß nicht, die Jugendlichen hier – das einzige, was schlecht ist, ist die Arbeitssituation (lacht). Ich glaube, daß die Jugendlichen, die hier geboren sind, gleich welcher Nationalität, keine Probleme haben /mhm/, denn immerhin sind sie hier aufgewachsen. Diejenigen, die Probleme haben, sind die Eltern der Jugendlichen /mhm/. Aus dem einfachen Grund .. wenn wir zurückkehren .. in unsere Heimat und die Kinder sind 18, 19 Jahre alt, dann will die Mehrheit nicht weg, sie wollen nicht weg, das ist ja klar. Sie kennen das hier, Spanien oder Griechenland oder die Türkei oder was auch immer kennen sie nur von den Ferien her. Ihr Heimat ist diese hier. Und das ist das Problem. Wir haben diesbezüglich viele Probleme, viele, alle Auslän-, ich glaube, alle Ausländer und .. weil hier die Mehrheit aufgewachsen ist – abgesehen von ein paar, die gehen wollen, will die Mehrheit nicht weg /mhm/. Sie kennen ihre Heimat nicht und und oft ist es ein Fehler der Eltern, die sie ihnen nicht gezeigt haben, die sie nicht gezwungen haben, ihre Sprache zu lernen, ihre Muttersprache /mhm/ und dann fühlen sie sich natürlich ein bißchen eingeschüchtert, weil sie sich nicht gut ausdrücken können, sie können sich besser auf Deutsch ausdrücken als auf Spanisch oder auf Türkisch oder auf Griechisch oder auf was auch immer /mhm/. Und das ist ein sehr großes Problem /mhm/, ein sehr großes Problem, weil .. wenn man Kinder hat, die schon 20, 21 Jahre alt sind, ja wenn sie schon älter sind, können sie machen, machen sie sowieso, was sie wollen. Aber es gehen viele Ehepaare weg und die Kinder sind vielleicht 15, 16, 17 Jahre alt .. und du weißt nicht, ob es richtig ist oder ob du sie kaputt machst /mhm/. Warum? Ich habe es dort gesehen äh am Anfang, wenn sie anfangen zu reden, die ersten Tage, sind sie ein bißchen eingeschüch-, eingeschüchtert, weil sie sich nicht so gut ausdrücken können /mhm/. Das passiert ja sogar uns, wenn Antonio, ich und andere Ferien machen, die ersten Tage, jedes Jahr gibt es ein ein paar Worte und so, Formen sich anders auszudrücken, moderner, Worte, bei denen du in den ersten Tagen überhaupt nicht verstehst, was man dir sagt. Umso mehr die Kinder, die die Sprache nicht oder nur sehr wenig gelernt haben. Und die Jugend hat heutzutage ja noch mehr Freiheiten und spricht ganz anders und hier, das Spanisch, das man hier lernt, abgesehen vielleicht von ein paar, unsere (betont) zum Beispiel, meine Tochter und die von Antonio, wir sind hier immer zusammen mit Spaniern, sie sie drücken sich ganz gut aus, aber es gibt sehr viele hier in Höchst, es gibt sehr viele Spanier, die nicht einmal die Casa democrática besuchen und nur wenig Kontakt zu Spaniern haben /mhm/. Wenn sie eines Tages nach Spanien gehen, haben sie Probleme [..] Für viele Eltern kommt einmal die Stunde – und sie müssen gehen. Es bleibt ihnen nichts anderes übrig. Denn wenn man zum Beispiel mit 55, 56 Jahren arbeitslos wird und man .. in Spanien ein Haus hat .. und hier, wenn man hier, wenn man hier jeden Monat 1000, 1200 Mark Miete bezahlen muß, dann bleibt einem nichts anderes übrig als fortzugehen, weil ein 55jähriger Arbeitsloser nicht genügend Geld verdient, um hier seine Wohnung zu bezahlen, wenn er in Spanien ein Haus hat /mhm/. Und deswegen gehen viele /mhm/, weil hier müßten sie die Miete weiter bezahlen, während dort ein Haus leer steht. Und das passiert vielen. Ich weiß nicht .. so sieht das aus .. Wir haben immer, der Emigrant hatte immer mehr Probleme als man denkt /mhm/, viel mehr. Wenn wir zurückgehen, dann haben wir Probleme in unserer Heimat und wenn (lacht) wir hierbleiben .. auch. Denn dort wird man auch nicht sehr akzeptiert – denn da es nicht genügend Arbeit gibt, nicht genügend Arbeit gibt, haben die Leute dann dort auch Angst, wenn

viele von uns zurückkehren, daß daß wir alle zurückkommen und es weniger Arbeitsplätze gibt /mhm/, das ist ja normal /mhm/ .. Ich weiß nicht .. was wir einmal machen werden. Wenn ich .. wenn ich einmal gehe, wenn ich mit 58 oder so gehe, dann sind meine Töchter schon erwachsen, mal sehen, was dann .. passiert. Ob sie hierbleiben oder auch nach Spanien gehen. Die ältere ist jetzt 21, die Kleine 16, dann sind sie schon erwachsen. Ich glaube nicht, daß wir große Probleme haben, aber für jüngere Kinder ist es ein sehr großes Problem, ein sehr großes Problem. Die Kinder, wenn die Kinder 16, 17 Jahre alt sind, wissen sie nicht, was sie tun sollen. Und die Eltern wollen sie auch nicht hier allein lassen /mhm/, weil sie Angst haben, sie hier alleine zu lassen. Sie sind noch zu jung .. um sie hier allein zu lassen /mhm, mhm/ ..." (S. 21ff.)

Abgesehen von Schwierigkeiten auf dem Arbeitsmarkt kontrastiert Herr Salinas die seiner Meinung nach problemlose Existenz der in Deutschland aufgewachsenen Jugendlichen mit der problematischen Existenz der Elterngeneration. Diese nicht nur spanierspezifische, sondern nationalitätenübergreifende Differenz ist für Herrn Salinas in den unterschiedlichen Heimatpekriven beider Generationen begründet. Während für die Elterngeneration das jeweilige Auswanderungsland die Heimat ist und bleibt, identifiziert die Mehrheit der Jugendlichen Deutschland als Heimat. Aus dieser unterschiedlichen Heimatverbundenheit resultiert für Herr Salinas ein generationsspezifischer Zielkonflikt zwischen Weggehen (Eltern) und Bleiben (Kinder), der durch die unterschiedliche Sprachsozialisation und Sprachkompetenz – Sprachbeherrschung in Deutsch, Sprachdefizite in Spanisch seitens der Jugendlichen – noch verschärft wird.

Die Lösung dieses Zielkonflikts variiert für Herrn Salinas je nach Alter der Kinder, wobei er die Remigration pubertierender, noch in Ausbildung stehender Jugendlicher für besonders problematisch hält. Der entscheidende Problemkomplex sind für ihn die sprachlichen Einfügungsmöglichkeiten, die nicht nur für die Jugendlichen, sondern auch für die eigene Generation mit z.T. erheblichen Schwierigkeiten verbunden sind. Indem Herr Salinas sehr ausführlich über die eigenen schwierigen Erfahrungen im Umgang mit dem Spanischen erzählt, plausibilisiert er die noch größeren Probleme sprachlicher Anpassung seitens der Jugendlichen. Während die Schnelligkeit des Sprachwandels selbst für die Migranten der ersten Generation den problemlosen Nachvollzug der sprachlichen Umgestaltungen im täglichen Gebrauch schwierig macht, erfordert die im Vergleich zu der statischeren Erwachsenensprache erheblich größere Varianz des jugendlichen Sprachjargons weitaus größere Anpassungsleistungen seitens der Jugendlichen.

Eine weitere Belastung der sprachlichen Integration von Jugendlichen in Spanien sieht Herr Salinas in den reduzierten Kontakt- und Ausdrucksmöglichkeiten in Deutschland und damit in einer mangelnden Sprechpraxis. Er verweist damit auf die Bedeutung der spanischen Vereine – und auch des Demokratischen Hauses – für die Weitergabe der spanischen Sprache. Am Beispiel der Sprachpraxis der eigenen Kinder konkretisiert Herr Salinas auf plastische Weise, was Herr Delgado abstrakt als die Bewahrung spanischer Kultur formuliert hatte, nämlich intergenerative Tradierung der Sprache als eine kulturelle Praxis, die organisiert und bewußt gesteuert werden muß. Gegen die Gefahr der Verwahrlosung und Verödung aufgrund der mangelnden Anbindung vieler Spanier an eine Institution wie das Demokratische Haus steht der enge, auch institutionell abgesicherte Kontakt unter Spaniern, durch den auch der nachwachsenden Generation die Möglichkeit gegeben wird, sich in der eigenen Herkunftssprache heimisch und sicher zu fühlen.

Die Rückkehrentscheidung vieler Eltern ist für Herrn Salinas durch ökonomische Zwänge bestimmt. Die Reduzierung des Gehalts durch Arbeitslosigkeit oder Rente bei gleichbleibenden Kosten für Miete, etc. macht für viele Spanier die Rückkehr zur Sicherung ihres Lebensstandards unumgänglich – zumal sich viele in Spanien über die Jahre hinweg ein Haus finanziert haben. Herr Salinas macht auf die ambivalenten Konsequenzen sowohl von Bleibe- als auch von Rückkehrentscheidungen aufmerksam, indem er die negativen Seiten beider Entscheidungsvarianten thematisiert: Ablehnung durch integrationsbedingte Schwierigkeiten (Deutschland) bzw. mangelnde Akzeptanz durch arbeitsplatzbedingte Vorbehalte (Spanien).

Die Thematisierung der Rückkehrproblematik evoziert in Herrn Salinas die Frage nach der eigenen Remigrationsentscheidung. Herr Salinas sieht ihr gelassen entgegen, da die Altersproblematik im Falle seiner beiden – zum Zeitpunkt seiner möglichen Rückkehr bereits volljährigen – Töchter nicht zum Tragen kommt. Insofern schätzt er sich in der glücklichen Lage, im Gegensatz zu Eltern mit minderjährigen Kindern eine relativ problemlose Entscheidung treffen zu können.

Insgesamt bündeln sich in der Rückkehrproblematik für Herrn Salinas unterschiedliche Konfliktlagen, die zwar generationsspezifisch variieren, die aber sowohl die Älteren als auch die Jüngeren gleichermaßen betreffen. Herr Salinas versucht eine realistische Einschätzung der Probleme zu treffen, die für ihn von nationalitätenübergreifender Bedeutung sind. Diese Probleme sind vor allem Ausdruck von Fremdheitserfahrungen: die Kinder verorten sich in einem anderen Sprach- und Kulturkreis und entfernen sich von der Heimat der Eltern sowohl aufgrund von differierenden Sozialisationsprägungen als auch aufgrund von mangelnder Vermittlungsbereitschaft seitens der Eltern. Die familiären Konfliktsituationen bei Remigrationsentscheidungen polarisieren sich im Zwang zur Mitnahme oder in der Angst vor dem Zurücklassen der Kinder. Remigration stellt daher häufig eine erneute Trennungserfahrung, diesmal in der eigenen Familie, dar. Gleichzeitig ist Remigration in der Sicht von Herrn Salinas auch mit Entfremdungserfahrungen für die ältere Generation verbunden und zwar nicht nur in gesellschaftlich-politischer, sondern auch in sprachlich-sozialer (Erfahrung von Ablehnung und Stigmatisierung) Hinsicht.

3. Beruflicher Erfolg, Kultur- und Politikengagement, Rückkehrperspektiven: Drei Problemstränge der nachkulinarischen Interviewphase

Nach den eher biographisch-systematischen Ausführungen vor der Essenspause ist das Interview während und nach dem Abendessen stärker von der kulinarischen Einbettung und den personalen Wechseln abhängig, in seiner Themenverfolgung sehr viel sprunghafter und trotz der biographischen Einsprengsel in einem sehr viel stärker argumentativ-reflektierenden Stil gehalten. Desweiteren ist das Gespräch aufgrund der wechselnden Mehrpersonenbesetzung über weite Strecken hinweg *auch* ein Ort der kommunikativen Auseinandersetzung und Klärung von Vergangenheitsdeutungen, Zukunftsprojekten, Bilanzierungen, etc. unter Einbeziehung der zweiten Generation (vertreten durch die älteste Tochter von Herrn Delgado). Innerhalb der Vielzahl der angesprochenen, z.T. nur kurz verfolgten Themen lassen sich drei Problemkomplexe – beruflicher Erfolg, Kultur- und Politikengagement, Rückkehrperspektiven – ausmachen, die die Erzählteile vor dem Essen noch einmal konstrastiv oder illustrativ ergänzen und die im folgenden ausführlicher dargestellt werden.

3.1. *Selbstbehauptung und Karriereerfolg durch Arbeit*

Ein prägendes Element ihrer Deutschlanderfahrung war sowohl für Herrn Delgado als auch für Herrn Salinas die Eingliederung in den Arbeitsprozeß und die damit verbunden sozialen Kontakmöglichkeiten bzw. (berufs-)biographischen Positionierungen. Berufliche Arbeit war dasjenige soziale Feld, in das von Anfang an ein Großteil der Lebensenergien floß und in dem auch innerhalb begrenzter Möglichkeiten Aufstiegsperspektiven vorhanden waren:

„D.: Das Härteste, das wir durchmachen mußten, war, wie gesagt äh, als wir hierher kamen. Die Deutschen waren nicht gewohnt, mit uns, mit den Ausländern umzugehen. Man hatte ihnen auch nicht gezeigt, mit Ausländern umzugehen .. und man betrachtete uns als Personen zweiter Klasse /mhm/. Sie äh, die Deutschen, hielten sich, hielten sich für besser in allen Aspekten. Die schlechtesten Arbeitsplätze hatten wir.

S.: Ja, das war wirklich schwierig,

D.: Alles

S.: bis wir es fertig gebracht haben,

D.: fertig gebracht haben,

S.: bis wir es fertig gebracht haben,

D.: weil wir haben es bewiesen

S.: dasselbe Niveau zu erreichen

D.: wie die Deutschen

S.: oder manchmal sogar

D.: oder sogar ein noch höheres

S.: bessere Arbeitsplätze

D.: Natürlich

S.: wie die Deutschen. Das war sehr schwierig" (S. 40f.).

Ausgangspunkt der Erzählung ist wiederum der Leidensdruck durch permanent erfahrene Diskriminierung, für deren Erklärung, Erläuterung und auch Entschuldigung Herr Delgado eine weitere sozialpsychologische Variante anführt: nämlich der mangelnde Erfahrungswert bzw. die mangelnde mentale Vorbereitung der Deutschen im Hinblick auf massive Einwanderungsprozesse im eigenen Land. Die erneute Vergegenwärtigung der damaligen Benachteiligungen gerade auch im ökonomischen Bereich ist für Herrn Delgado und Herrn Salinas der Anlaß, in einer sich gegenseitig ergänzenden, korrigierenden und überbietenden Dialogsequenz auf die – trotz Diskriminierung – möglichen Aufstiegschancen in der betrieblichen Arbeit hinzuweisen – Chancen, die allerdings mit enormen Einsatzleistungen verbunden waren, im Endresultat jedoch zu einer beruflichen Gleichstellung bzw. sogar Besserstellung der eigenen Arbeitskraft im Verhältnis zu den Deutschen führten. Als Illustration einer derart erfolgreichen Berufskarriere durch beharrlichen, konstanten Einsatz erzählt Herr Delgado den Prozeß der eigenen beruflichen Eingliederung und Aufwertung:

„D.: Ich bin hier in diese Fabrik gekommen und nach ungefähr zwei Jahren Arbeit an einer Maschine, an der zehn Personen arbeiteten, war ich derjenige, der die Zehnergruppe führte. Aber einige der Deutschen wollten das nicht. „Warum nicht ich" (betont) und „warum nicht ich" (betont), *bis der Meister ihnen sagte: „weil er derjenige ist, der am meisten von von der Arbeit versteht". Denn ich kam von dort und hatte die ganze Zeit dort in der Gießerei gearbeitet und hatte wirklich gut gelernt, wie man das machen muß, wie man gießen muß, wie man die Stücke und alles machen muß.*

I.: Und wie hast du das gelernt?

D.: Nur vom Zuschauen. Vom Zuschauen. Weil, weil ich nicht äh sprechen konnte, weil ich nicht äh lesen konnte, weil – sonst hätte ich vielleicht noch ein Handwerk gelernt, ein – weil als ich hierher kam, war ich jung, ich war 19 Jahr alt, aber was konnte man schon machen, man konnte nicht lesen, man konnte nicht schreiben, man konnte nicht äh sprechen, und so habe ich alles, was ich gelernt habe, vom Zusehen gelernt /mhm/ [...] Ich hatte keine Probleme beim Lernen, was man mir gezeigt hat, habe ich auch gelernt. Man kam zu mir und sagte: „Machen Sie diese Arbeit, mal schauen, ob Sie das können. Stellen Sie sich zu diesem Herrn da, um zu lernen"... Und kurz darauf machte ich die Arbeit, die auch der andere tat /mhm/,

mhm/. Das ist ein Zeichen dafür, daß wir ein Interesse hatten zu lernen, wie man die Arbeit machen mußte [...] Und dann gibt es auch in diesen Großbetrieben eine hohe Fluktuation. Es kommen Leute, viele Leute, die dann die Gießerei sehen, die Hitze und so, und die dann nach zwei oder drei Tagen wieder gehen. Aber wenn sie dann eine Person sehen, die etwas kann und bleibt, dann ... /mhm/. Deshalb können wir heute – wie schon Miguel gesagt hat – mit den Deutschen konkurrieren" (S. 41f.).

Die Kombination, die Herr Delgado für seinen beruflichen Aufstieg verantwortlich macht, sind langjährige Betriebsbindung mit den entsprechenden Möglichkeiten erfahrungsgesättigter Anlernprozesse einerseits und der dezidierte Wille, durch Imitationslernen und eigenes Ausprobieren die beruflichen Alltagsanforderungen auch souverän zu beherrschen, andererseits. Negativ kontrastiert er dazu die hohe Fluktuationsquote aufgrund der großen körperlichen Belastungen eines Gießereibetriebes und verweist damit indirekt auf die Karrierevorteile derjenigen Personen, die – so wie er – durch langjährige Betriebszugehörigkeit diese Belastungen auf sich genommen haben. Allerdings ist sich Herr Delgado im klaren darüber, daß er aufgrund der sprachlichen Defizite in der Migration seine beruflichen Fähigkeiten nicht voll hat ausschöpfen, daß er insbesondere den Status eines gelernten Facharbeiters nicht hat erreichen können, obwohl er vom Alter her dazu durchaus in der Lage gewesen wäre. Sein berufliches Können entspricht zwar dem Können eines gelernten Facharbeiters, ist jedoch nicht durch eine entsprechende offizielle Berufsausbildung sanktioniert und damit auch nicht generell – unabhängig von der Betriebszugehörigkeit – verwertbar. Innerbetrieblich sind seine Fähigkeiten jedoch anerkannt und honoriert, was sich beispielsweise in der Übertragung von Führungsaufgaben und in der expliziten Bekräftigung dieser Aufgaben durch den Meister – trotz entsprechender Vorbehalte seitens einiger deutscher Kollegen – äußert. Herr Delgado blickt auf eine Berufsbiographie, die einerseits durch migrationsbedingte Sprachdefizite in ihrem Wirkungsgrad reduziert ist, die sich andererseits jedoch durch innerbetriebliche Aufstiegsprozesse in ihrem Qualifikationsniveau mit deutschen Arbeitskollegen messen kann.

Auch Herr Salinas bestätigt und bekräftigt die von Herrn Delgado angesprochenen Arbeitstugenden wie Konstanz, Beharrlichkeit, Fleiß und Lernwille, mit denen sich zumindest ein Teil der Migranten entsprechende Berufspositionen langsam erarbeitet haben:

„S.: Aber man muß sich im klaren darüber sein, daß man arbeiten muß. Man kann nicht irgendwo hingehen und sagen: „Ich will hier dasselbe machen wie dieser Arbeitskollege" und nach zwei Tagen fehlen .. oder nicht wissen, wie die Arbeit geht, oder einen faulen Lenz schieben [..] Viele Ausländer lassen sich einfach gehen ... man sagt ihnen: „Macht das" und sie machen es und halten ihren Mund und machen es immer /mhm/. Sie haben keine Lust zu kämpfen oder haben keine Lust zu – ich weiß nicht (..) Mir hat es immer gefallen zu lernen, was immer es auch war. Ich habe in allen Gewerken gearbeitet, vom Gärtner bis zum Aufzugsmonteur, vom Mechaniker, Schreiner, Maler – alles, was gerade not tat. Und wenn ich auch nur drei Tage lang gearbeitet habe, habe ich drei Tage Interesse gezeigt, diese Arbeit zu erlernen, obwohl es nur drei Tage gewesen sind. Und das macht später viel aus /mhm/, wo

immer man auch arbeitet, hat man immer ein bißchen mehr Ahnung von allem [...] Aber man muß Interesse zeigen, wenn man kein Interesse zeigt, dann – und weil man die Sprache nicht kann, ist es schwieriger, eine Arbeit zu erlernen. Das ist normal, denn man muß es dir mehrmals erklären. Wenn man die Sprache nicht gut kann, gibt es Wörter, die man, die man einfach nicht versteht. Aber wenn man dann sieht, wie man es macht, und wenn man Interesse zeigt, dann lernt man" (S. 44f.).

Herr Salinas kontrastiert seine eigene kämpferische und lernwillige Haltung sowohl mit der Haltung von Arbeitskollegen, die nur Ansprüche stellen und einklagen, ohne die erforderliche Gegenleistung in Form von Arbeitseinsatz, Arbeitskönnen und Arbeitswillen zu erbringen, als auch mit der passiven Haltung von Migranten, die seiner Beobachtung nach keinen aktiven Gestaltungs- und Änderungswillen in bezug auf ihre Arbeitssituation zeigen. Herr Salinas präsentiert sich demgegenüber als ein vielseitig einsetzbarer Handwerker mit reicher Berufserfahrung in unterschiedlichen Gewerken, dessen berufliches Können aus einer dauerhaften Lernbereitschaft und Lernkonsequenz resultiert. Interessiertheit versus Lustlosigkeit, Kämpfertum versus Passivität sind die Gegensatzpaare, mit denen er operiert und denen er beruflichen Erfolg bzw. Mißerfolg zuordnet. Wie Herr Delgado unterstreicht auch er die hemmenden Effekte rudimentärer Sprachkenntnisse auf das berufliche Fortkommen sowie die Notwendigkeit imitativer Kenntnisaneignung.

Insgesamt präsentieren sich sowohl Herr Delgado als auch Herr Salinas als zwei berufsbiographisch erfolgreiche Migranten, die ihren Aufstieg aus spezifischen Arbeitstugenden erklären, mit denen sie sowohl der ausländischen Arbeitskonkurrenz als auch den deutschen Berufskollegen gegenüber Terrain gewinnen. Trotz nachteiliger Startbedingungen (fehlende Sprachkompetenz, fehlende Berufsausbildung) haben sie sich in z.T. leitende Positionen emporgearbeitet und können von dieser Stellung aus durchaus auch die berufsbiographischen Nachteile und nicht ausgeschöpften Begabungsreserven thematisieren. Das arbeitsplatzbezogene Durchsetzungsvermögen ist ein Leitmotiv in beiden Erzählungen, das sie jedoch auf unterschiedliche Weise realisieren: Während sich Herr Delgado als langjähriger betriebsgebundener Mitarbeiter präsentiert, dessen Betriebstreue sich auch in den daraus resultierenden Lern- und Positionierungsvorteilen bezahlt macht, versteht sich Herr Salinas als multifunktional einsetzbarer Universalhandwerker, der aus seinen verschiedenen Berufserfahrungen heraus Synergieeffekte produzieren und Transfergewinne herstellen kann.

3.2. Kultur- und Politikengagement

Neben der Arbeit sind zwei weitere Gebiete, auf denen Herr Delgado und Herr Salinas sich engagieren (engagiert haben), die Sprach- und Kulturtradierung in den Vereinen sowie die Politikbetätigung insbesondere im Hinblick auf den spanischen Demokratisierungsprozeß. Über die Erfolge bzw. Mißerfolge in diesen Bereichen weichen ihre Meinungen, die sie auch im Interview kontrovers zum Ausdruck bringen, z.T. beträchtlich voneinander ab:

„*D.: Die ersten Zentren, die es gab, wurden mit viel Arbeit, mit viel Arbeit aufgebaut.*

S.: Viel Arbeit und viele Probleme

D.: Denn die Leute wollten – obwohl sie es gekonnt hätten – kein Geld ausgeben. Deshalb sind wir hingegangen und haben Paellas und äh Sangria auf den Festen verkauft, um Geldmittel zu haben, um den Kindern – einige von ihnen sind heute schon verheiratet und haben selbst Kinder – Unterricht äh Spanischunterricht zu geben, Unterricht in der Muttersprache äh, denn obwohl sie auch in der Schule unterrichtet wurden

S.: Und darum zu kämpfen, daß spanische Lehrer gebracht wurden.

D.: Spanische Lehrer gab es keine.

S.: Genügend Lehrer, weil am Anfang gab es hier in Frankfurt nur einen.

D.: Einen

S.: Einen in –, zu kämpfen, daß sie genügend brachten.

D.: Genügend. Das war ein großer Kampf.

S.: Wir kämpften gegen die deutsche Regierung, gegen die spanische Regierung, damit sie genügend Lehrer brachten.

D.: Natürlich, natürlich

S.: Lehrer

D.: Und dann, wie gesagt, haben wir immer diese Linie verfolgt, daß unsere Kinder hierher [in das Demokratische Haus, W.S.] kommen, um zu lernen.. und das ist, wie du siehst, noch heute so" (S. 46).

Die Arbeit in den Migrantenvereinen wird von Herrn Delgado und Herrn Salinas vor allem unter der Perspektive der Sprachtradierung thematisiert, womit ein intergenerativer Gesichtspunkt ins Spiel kommt, der diese Passage dominiert. Ausgangspunkt der Mittelrekrutierung war die Absicht, der nachfolgenden Generation die Möglichkeit eines privat finanzierten muttersprachlichen Unterrichts zu gewähren und damit die defizitären schulischen Sprachangebote zu kompensieren. Herr Delgado spricht in Form eines kollektiven ‚wir', einer Gruppe sprachbewußter, aktiver, organisationsfreudiger und einsatzbereiter Migranten, die von der Notwendigkeit einer kompensatorischen vereinsbetreuten Sprachvermittlung ausgehen. Diese Minderheit kontrastiert er mit den ‚Leuten', d.h. der Mehrheit spanischer Migranten, die trotz Finanzkraft und Zahlungsmöglichkeit keine ökonomischen Ressourcen für derartige Pläne zur Verfügung stellen wollten. Die Sprach- und Vereinsarbeit wurde so – zumindest in der Anfangsphase – nicht von einer breiten Mehrheit getragen, sondern mußte über den Umweg rekreativ-ludisch-kulinarischer Großveranstaltungen finanziert werden. Herr Delgado macht hier auf eine Differenz im Verhalten innerhalb des Migrantenkollektivs aufmerksam, bei der ökonomische Sparsamkeit mit kultureller Großzügigkeit konfligiert.

Der relativen Gleichgültigkeit der spendenunwilligen Mehrheit entsprach die institutionelle Sorglosigkeit seitens der Schule, die für ein muttersprachliches Angebot nur deutsche Lehrer vorsah. Dementsprechend galt die weitere Aufmerksamkeit der ‚aktiven' Minderheit der Schulsituation bzw. der Einbindung spanischer Lehrer in das deutsche Schulsystem zur Betreuung des muttersprachlichen Unterrichtssegments – eine Perspektive, die vor allem von Herrn Salinas reklamiert wird. Nicht die Entgegensetzung und Konkurrenz von privatem Verein und offizieller Schule, sondern das parallele und zeitgleiche sprachliche Betreuungsoptimum durch beide Institutionen sollte erreicht werden. Der Hinweis von Herrn Salinas auf die schulische Defizitsituation zeigt auch das – historisch durchaus belegbare – Interesse seitens eines Teils der spanischen Elternschaft, neben dem Verein auch die Schule aktiv zur Tradierung des eigenen Kulturerbes zu nutzen. Allerdings stand dieser Nutzung Gleichgültigkeit der Länderregierungen sowohl von spanischer als auch von deutscher Seite entgegen, so daß – ähnlich wie im Falle der gleichgültigen Elternschaft – der aktiven Minderheit die Rolle des Einklagens von Rechten zukam. Herr Delgado und Herr Salinas präsentieren sich hier – ebenso wie auf dem Gebiet der Berufsarbeit – als aktive, beharrliche Kämpfer, die in der steten Verfolgung ihrer Ziele zu beachtlichen Erfolgen gelangten und zwar in der doppelten Abgrenzung gegen ein motivationsloses Elternkollektiv und gegen zwei schwerfällige Regierungen.

Zum Schluß der Sequenz unterstreicht Herr Delgado noch einmal die Aufgabe der Vereine, konkret des Demokratischen Hauses, als Orte der gelebten spanischen Sprachpraxis und Sprachvermittlung. Der Verein wird hier vor allem in seiner Funktion als Sprachbewahrer und Sprachtradierer modelliert – gerade auch mit Blick auf die zweite Generation. Der Verein als Ort der Generationeneinbindung mittels Sprache durch die zielstrebige Konstanz der Vereinsaktiven ist die Perspektive, mit der Herr Delgado und Herr Salinas die historische wie gegenwärtige Aufgabe des Vereins betrachten. Der dominierende institutionelle Rahmen zur Stimulierung und Befriedigung der Lernbereitschaft der zweiten Generation ist somit der Verein, dem Herr Delgado und Herr Salinas neben der Schule die zentrale spanienbezogene und familienunabhängige Vermittlungsrolle zuweisen.

Neben dem Verein ist die Politik das zweite Feld kontinuierlichen Freizeitengagements, das in seinen paradoxen Wirkungen von beiden jedoch sehr viel kontroverser beurteilt wird:

D.: Außer daß wir um die hiesigen Dinge gekämpft haben, um um den Unterricht und diese Dinge, äh haben wir auch für unsere Partei in in Spanien gekämpft /mhm/. Denn in Spanien ist es den Leuten im Untergrund schlecht gegangen, die, die – wie zum Beispiel Marcelino Camacho, der später Präsident der Arbeiterkommisionen geworden ist, – und all diese Leute haben wir von hier aus unterstützt und haben Geld gesammelt, indem wir Zeitungen verkauft haben und Dinge organisiert haben.

S.: Feste und so.

D.: Feste, wir veranstalteten hier dauernd Tanzabende für die Arbeiterkommissionen, all dieses Geld wurde dazu verwendet, Propaganda in Spanien gegen Franco zu machen .. Ich weiß noch, äh einmal hatten sie den Kopierer in Spanien beschlagnahmt und wir mußten nach Frankreich gehen und von einem Tag auf den anderen 25.000 Mark abliefern, damals, damals mußten wir das Geld unter den Leuten, die hier waren und der Partei angehörten, auftreiben, der eine gab 500 Mark, ein anderer 400 oder 100 oder 50, was er eben konnte.

S.: Und wie ihr nach Belgien seid

D.: Als wir nach Belgien gingen, waren wir

S.: und nach Paris

D.: nach Italien. Wir machten Paellas und so, all das hat viel (betont) viel Arbeit gemacht. Und heute .. ist alles umsonst (lacht und klatscht in die Hände).

S.: Es ist überhaupt nicht umsonst, weil

D.: Ja gut, die Erfahrung bleibt, die

S.: was bleibt, ist, daß – was bleibt, ist, daß die Spanier zum Beispiel .. etwas ist auf jeden Fall geblieben.

D.: Okay, es hat dazu beigetragen, daß die Demokratie, weil man muß auch sehen, daß – ich zum Beispiel, ich bin zufrieden, daß es jetzt zum Beispiel in Spanien eine Demokratie gibt. Eine fortschrittliche Demokratie, die sich entwickelt, zwar nur Schritt für Schritt, aber nach vorne. Und dann auch äh hat sich zum Beispiel die Kommunistische Partei Spaniens vom ersten Augenblick an innerhalb der Demokratie verankert, obwohl (betont) zu diesem Zeitpunkt noch die Sowjetunion existierte, die Kommunistische Partei Spaniens hat von Anfang an die Krone akzeptiert, den König ... und da ist sie nun, als dritte politische Kraft und hat weiterhin am Staatsleben teil und an den wichtigsten Angelegenheiten der spanischen Politik. Auch das ist erwähnenswert .. aber wie gesagt, dafür haben wir viel viel viel gearbeitet. Tagelang sind wir nicht nach Hause gekomen .. ich weiß nicht, wie es passiert ist, daß meine Frau mich nicht verlassen hat und und mir gesagt hat: „Verschwinde und bleib fort" (lacht), weil manchmal, ich weiß nicht, wie lange wir uns nicht sahen .. ständig .. hin und her, weil man holte mich ab, man mußte hier etwas erledigen, man mußte dort Paellas kochen, man mußte dieses tun, man mußte Propagandamaterial dorthin bringen, man mußte .. immer war man auf Achse, auf der Straße .. in Versammlungen und so. Weil wir waren gut organisiert, damals waren wir gut organisiert ... Das also ist ein bißchen unser Leben .. unsere Kinder kennen all diese Dinge nicht mehr (klatscht in die Hände).

S.: Sie leben sehr gut.

D.: Sie leben sehr gut.

S.: Sie wissen nicht, was

D.: Sie (betont) wollen nichts von der Politik wissen, weder mein Sohn /mhm/ noch meine Töchter, niemand. Komm ihnen nicht mit diesen Geschichten, sie wollen nichts davon hören" (48f.).

Während die vereinsgestützte Sprachtradierung für Herrn Delgado einen klaren Generationenbezug hatte und auf die Situation der in Deutschland lebenden Spanier bezogen war, wies das parteipolitische Engagement dagegen eine klare Spanienorientierung auf. Die Untergrundarbeit und Propagandafeldzüge der antifrankistischen Opposition wurden zu großen Teilen von den spanischen Migranten unterstützt, die wie Herr Delgado dafür einen enormen persönlichen und finanziellen Einsatz leisteten. Finanzierungsgrundlage war – ähnlich wie bei der Mittelauftreibung für die Vereinsarbeit – der Gewinn, der aus der Veranstaltung von Festaktivitäten erzielt wurde, aber auch die spontane persönliche Opferbereitschaft der Mitglieder in einer Notsituation der Partei. Aus dem Erzählverlauf wird deutlich, daß vor allem Herr Delgado in diese Form des politischen Aktivismus involviert war, während Herr Salinas eher als bewundernder Stichwortgeber bezogen auf den weiten geographischen Aktionsradius dieser Einsatzbereitschaft auftritt. Die biographische Positionierung beider hinsichtlich des politischen Einsatzes war und ist also durchaus gegensätzlich, wobei die starke biographische Bindung (Delgado) in deutlichem Konstrast zu dem distanziert-bewundernden Gestus (Salinas) steht.

Erster Kulminationspunkt der Erzählung ist die resignative retrospektive Einschätzung von Herrn Delgado über die Nutzlosigkeit der eigenen Arbeit – eine Aussage, die er auch parasprachlich außerordentlich bekräftigt. Interessanterweise ist es wiederum Herr Salinas, der protestierend eine konkurrierende Deutung vorträgt, ohne sie jedoch inhaltlich auszufüllen. Als nicht beteiligter, aber durchaus sympathisierender Beobachter des langjährigen Politikeinsatzes seines Freundes hat er eine andere Einschätzung der langfristigen Konsequenzen dieses Engagements als der Beteiligte selbst. Herr Salinas agiert sowohl als distanzierter Betrachter als auch als indirekter Nutznießer einer Einsatzbereitschaft, die er selbst zwar nicht aufgebracht hat, deren Sinnhaftigkeit er jedoch gerade auch gegenüber der vom Beteiligten selbst formulierten Sinnlosigkeit aufrechterhält.

Der vehemente Widerspruch veranlaßt Herrn Delgado, selbst seine eindeutig negative Aussage zu relativieren, indem er neben dem eigenen Erfahrungsgewinn die Etablierung einer politisch progressiven Demokratie in Spanien, die Vorreiterrolle der Kommunistischen Partei in diesem Prozeß sowie deren aktuelle tagespolitische Bedeutung auf der Habenseite seines Einsatzes verbucht. Diese Einschränkung seiner ursprünglichen Negativaussage durch die Anführung einer Anzahl gewichtiger politischer Veränderungen, denen er positiv gegenübersteht, führt Herrn Delgado allerdings wiederum zu einer Bilanzierung des eigenen biographischen Einsatzes. In der Vergegenwärtigung der zahllosen Aufgaben und Anforderungen, die die Partei an ihn stellte bzw. von ihm verlangte, wundert er sich noch heute, daß sein Einsatz keine negativen familiären Konsequenzen gehabt hat. Die Belastungsprobe, der die Familie durch ständige Trennung und organisatorische Überbeanspruchung ausgesetzt war, zeigt sich auch noch nachträglich in der Simulierung möglicher Vorwürfe und Entscheidungsnöte, die er in direkter Rede seiner Frau in den Mund legt. Möglicherweise veranschlagt Herr Delgado die tatsächlich eingetretenen Veränderungen als zu gering vor dem Hintergrund seines riskanten biographischen Totaleinsatzes mit der Gefahr familiären Scheiterns und möglicherweise sieht er das Opfer, das er und seine Familie für den politischen Kampf gebracht haben, als zu hoch gemessen an den relativ bescheidenen realgesellschaftlichen Transformationen.

Möglicherweise ist seine Resignation und Negativaussage jedoch auch im Zusammenhang mit den intergenerativen Verständigungsschwierigkeiten zu sehen, die Herr Delgado als bilanzierendes Resüme und als zweiten – wiederum parasprachlich bekräftigten – Kulminationspunkt seiner Erzählung präsentiert. Seine Einschätzung, daß *„unsere Kinder all diese Dinge nicht mehr kennen"*, verweist auf einen generativen Bruch, der umso schwerer wiegt, als das Vergessen Bereiche betrifft, die für Herrn Delgado von größter persönlicher Einsatzbereitschaft gekennzeichnet waren. Der Kommunikations- und Vermittlungsbruch zwischen der eigenen Erfahrungsvergangenheit und der Erfahrungsgegenwart der Kinder ist irreversibel. Obwohl die Familie bzw. die Ehebeziehung unter den Belastungen nicht zugrunde gegangen ist, ist die eigene Erfahrungswelt den Kindern gegenüber nicht (mehr) kommunikationsfähig, transportier- und vermittelbar. Die Tradierung der eigenen biographischen Geschichte und Ideale, für die sich Herr Delgado geopfert hat, stößt in der Familie auf unüberwindliche Rezeptionsbarrieren. Politik ist – geschlechtsunspezifisch – für die Kinder ein Tabuthema, ein Bereich, dem sie nicht nur gleichgültig gegenüberstehen, sondern dem sie sich aktiv verweigern. In der Gegenwart der Kinder zählt die Vergangenheit des Vaters nicht (mehr). Sie wird abgelehnt und beschwiegen, aus der Familienkommunikation verbannt. Es ist wiederum Herr Salinas, der diese Verweigerungshaltung und Ignoranz der Kinder auf die unterschiedlichen generationsspezifischen Lebensstandards zurückführt. Indem er den optimalen Lebensstandard der Kinder thematisiert, stellt er indirekt eine Verbindung zwischen materiellem Wohlstand und elternbezogener Vergangenheitsaversion her. Die Einbindung der Kinder in die politische Perspektive der Vätergeneration scheitert aus der Sicht von Herrn Delgado und Herrn Salinas somit auch an den unterschiedlichen materiellen und ideellen Lebensgewohnheiten beider Generationen. Herr Delgado, der immer die Hoffnung gehabt hatte, *„daß meinem Sohn ein bißchen die spanische Politik gefallen könnte"* (S. 51), wird in seiner Erwartungshaltung enttäuscht und auf eine Vergangenheit zurückgeworfen, die sich nicht in einer familiär-intergenerativen Kontinuität fortsetzt, sondern durch einen radikalen Bruch von der familiären Gegenwart abgetrennt ist.

3.3. Rückkehrprobleme

Diese intergenerative Konfliktlage bzw. Perspektivendivergenz zeigt sich auch an einem weiteren Beispiel, das sowohl für Herrn Delgado wie für Herrn Salinas eine tiefgreifende biographische Bedeutung besitzt: das Thema Remigration nach Spanien und damit die Frage des auch physisch-geographischen Familienzusammenhangs:

„*S.: Sobald ich Rente beziehen kann, gehe ich nach Spanien zurück. Ich bin zwar zufrieden hier, immer bin ich zufrieden gewesen, aber mir gefällt meine Heimat /mhm/, sie gefällt mir, dort habe ich ein Haus, wenn ich hier bleiben muß, muß ich Miete bezahlen, muß ich alles bezahlen, mit der Miete hier kann ich dort gut leben, wenn man dort ein Haus hat wie ich, das leer steht. Ich glaube, ich gehe gerne in meine Heimat zurück. Man weiß allerdings nie, was mit den Kindern und so passiert – ich glaube, ich werde keine Probleme haben, denn wenn ich einmal gehen sollte, sind sie schon ziemlich alt /mhm/.*

D.: Viele unserer Kinder wollen nicht mehr weg von hier [..]

I.: Willst du auch einmal in deine Heimat zurück, Antonio?

D.: Äh also

S.: lacht

D.: ich will, ich will zurück und .. aber da meine Kinder hier bleiben werden, da sie ganz bestimmt hier bleiben werden – zumindest zunächst (betont), zunächst, werde ich also auch bleiben äh gehen, zurückkommen .. ich weiß nicht, ich kann es nicht sagen, äh also mein Wunsch

S.: Mein Wunsch ist es zu gehen, ich weiß nicht, ob ich gehen werde, aber ich würde es gerne tun.

D.: Mein Wunsch ist es, wieder zurückzugehen" (S. 23f.).

Diesmal ist es Herr Salinas, der das Thema Remigration anspricht und damit eine Problemperspektive thematisiert, die er bereits in der Eingangserzählung ausgeführt hatte. Für ihn ist die Rückkehr nur eine Frage des Rentenbezugs, d.h. des Ausscheidens aus dem aktiven Berufsleben. Für ihn steht somit nur der Rückkehrzeitpunkt, nicht die Frage der Rückkehr selbst zur Disposition. Zur Begründung seiner Rückkehrabsicht führt er einerseits seine Heimatverbundenheit, andererseits ökonomische Vorteile an, die aus seinem Status als Hausbesitzer in Spanien resultieren. Die einzige Einschränkung, die er geltend macht und die möglicherweise seine Entscheidung – wenn nicht in Frage stellen, so doch zumindest – erschweren kann, ist die Unsicherheit über die Entwicklung und Selbstzuordnung der eigenen Kinder. Allerdings relativiert er diese mögliche Schwierigkeit mit dem Hinweis auf das dann bereits vorgerückte Alter seiner Kinder – ein Hinweis, den er ebenfalls bereits in der Eingangserzählung gegeben hatte.

Als Ergänzung und Präzisierung der von Herrn Salinas nur sehr summarisch angedeuteten Zukunftsentwürfe der zweiten Generation benennt Herr Delgado sehr deutlich die geographisch entgegengesetzten Lebensperspektiven der Jugend und verweist damit auf das Dilemma der eigenen Rückkehrpräferenz: nämlich auf die damit verbundene Konsequenz der Trennung von den Kindern. Was für ein bedeutender Unsicherheitsfaktor die Entscheidung der Kinder bei der eigenen Entscheidungsfindung darstellt, zeigt sich, als Herr Delgado seine allgemeine Aussage über die Bleibepräferenz auf seine eigene Familiensituation bezieht. Obwohl er seinen Wunsch, nach Spanien zurückzukehren, ähnlich wie Herr Salinas sehr klar artikuliert, gerät er in der weiteren Ausformulierung seiner Rückkehrabsichten in deutliche Schwierigkeiten. Seine ungewisse Zukunftsplanung zeigt sich nicht nur auf einer sprachlich-grammatikalischen Ebene oder in den parasprachlichen Äußerungen von Herrn Salinas, sondern auch in der sofortigen Zurücknahme seiner ursprünglich explizierten Rückkehrabsicht. In seiner Entscheidungsnot setzt Herr Delgado einerseits auf Verzeitlichung, indem er die seinen Kindern unterschobenen definitiven Bleibeabsichten unter den Vorbehalt einer zunächst nur zeitlich befristeten Entscheidung stellt. Andererseits formuliert er für sich selbst eine Perspektive, die die eigene Entscheidung außer Kraft setzt bzw. umgeht, indem er die Figur des Pendlertums einführt. Während die bloße Aufrechterhaltung der Rückkehrperspektive den Familienzusammehhang nicht bedroht, spitzt sich mit der zunehmend realistischer werdenden Umsetzung dieser Perspektive – z.B. durch Frühberentung – die Situation zu. In der alternierenden Praxis des ‚Zurückgehens' und ‚Wiederkommens' hebt er die drohende definitive Trennung auf, allerdings um den Preis einer nicht vollzogenen eindeutigen geographisch-mentalen Zuordnung.

Das Konfliktpotential, das hinter dieser Entscheidungsnot steht, wird im folgenden sehr konkret sowohl von Herrn Delgado als auch von Herrn Salinas ausgeführt, wobei nicht nur die familienspezifische Variation dieser Konfliktlage sichtbar wird, sondern auch die Interviewsituation selbst zum Anlaß genommen wird, sich der Position des anderen – bislang schweigsamen – Mitglieds im Generationen- und Entscheidungsdrama zu vergewissern:

„D.: Meine jüngere Tochter sagt (lacht), daß – ich sage, ich sage oft: „Laßt uns jetzt schon nach Spanien gehen" und dann sagt sie: „Geh du doch, ich nicht, ich gehe nicht, ich bleibe hier". Und Núria [die Tochter, die beim Gespräch anwesend ist und zu der sich Herr Delgado bei diesem Satz hindreht, W.S.] sagt nichts, ich weiß nicht, wie sie denkt.

N.: Ich gehe auch nicht (lacht).

D.: Auch nicht, siehst du.

N.: Jetzt nicht.

D.: Jetzt nicht.

S.: Also ich, wenn ich jetzt sagen würde, ich packe meine Koffer, würden meine zwei Töchter augenblicklich mit mir gehen.

I.: Ja?

D.: So ist das, es gibt, es gibt

S.: Meine Töchter, die große schon immer und die kleine genauso /mhm/, sie hätten nichts dagegen, jetzt gleich zu gehen.

D.: Jeder ist eben eine – jede Familie ist eben eine Welt für sich.

S.: Meine Töchter, alle beide. Jetzt gleich.

D.: Ich glaube, daß ich wahrscheinlich hier bleiben muß. /mhm/ Ich gehe und komme, aber wir äh – diese Wohnung kostet zum Beispiel nicht viel. Sie ist recht billig.. Und wenn alles so bleibt, würden wir sie ziemlich wahrscheinlich halten. Wir haben auch ein kleines Haus in Schwalbach gekauft.. eine, eine Wohnung, ein Apartment. Und dann, für uns beide, für meine Frau und mich, brauchen wir nicht so eine große Wohnung. Vielleicht ziehen wir beide nach Schwalbach – obwohl ich nicht gerne von hier wegziehen möchte.

S.: Du bleibst hier, du bleibst hier und im Sommer machst du in Spanien Urlaub (..)

D.: Irgendetwas wird man machen müssen. Wir wissen es noch nicht.

S.: lacht" (S. 25f.).

Herr Delgado konkretisiert den Entscheidungskonflikt innerhalb seiner Familie, indem er die unterschiedlichen Perspektiven in direkter Rede in Szene setzt. Während er bei seiner jüngeren Tochter immerhin eine klare Gegenposition auf seinen Rückkehrvorschlag erhält, weicht seine ältere Tochter bislang durch Schweigen einer Stellungnahme und Selbstpositionierung aus. In der Interviewsituation wird sie jedoch von ihrem Vater geradezu herausgefordert, unter Zeugenschaft und unter Ausnutzung der interaktiven Zugzwänge eine Stellungnahme abzugeben. Das Interview wird somit von Herrn Delgado genutzt, um ein Ende der bisherigen sprachlichen Verweigerungshaltung der Tochter zu erzwingen und den innerfamiliären Klärungsprozeß voranzutreiben. Allerdings bleibt in der Antwort der Tochter das Dilemma weiterhin bestehen, denn auch sie ergreift eine Verzeitlichungsstrategie, um die divergierenden Perspektiven zu verschärfen. Sie nutzt eine Sprachregelung, die es sowohl ihr als auch ihrem Vater ermöglicht, die definitive Entscheidung und damit den Ausbruch eines Familienkonfliktes zu umgehen. Verzeitlichung auf beiden Seiten garantiert so die Aufrechterhaltung einer gemeinsamen Familienperspektive in der Interviewsituation.

Herr Salinas kann dagegen familiäre Einheit demonstrieren, was ihm umso leichter gelingt, als seine Töchter in der Interviewsituation nicht anwesend sind und daher seine Deutung auch nicht in Frage stellen können. Herr Salinas präsentiert seine Familiensituation als einen harmonischen Gleichklang der Perspektiven, der durch die generationenübergreifende Spanienorientierung bestimmt ist. Gegenüber dieser sehr kompakt vorgetragenen Familienharmonie nimmt sich die von Herrn Delgado eingebrachte Charakterisierung der sehr unterschiedlichen und je spezifischen Familienuniversen sehr resignativ aus. Die Frage der Kontinuierung eines auch geographisch gemeinsamen Familienprojektes sowie das Ausmaß der Abhängigkeit der Elternentscheidung von der Entscheidung der Kinder sind für Herrn Delgado extrem variabel und in keiner Weise aus der gemeinsamen Migrationssituation heraus prognostizierbar.

Daher kommt Herr Delgado auch zu einer anderen Wahrscheinlichkeitseinschätzung seines tatsächlichen Remigrationsverhaltens als Herr Salinas. In Abwägung der gegenwärtigen Familienaversion gegenüber einer Rückkehr nach Spanien wird auch er aller Voraussicht nach schwerpunktmäßig in Deutschland bleiben. Zudem hat er – entgegen seiner vorgebrachten Rückkehrabsicht – kontrafaktisch über die Jahre hinweg eine Haussituation in Deutschland aufgebaut, die eine Rückkehr ebenfalls eher unwahrscheinlich werden läßt. Im Gegensatz zu Herrn Salinas, der ein Haus in Spanien gekauft hat und seine Rückkehr auch ökonomisch legitimiert, hat Herr Delgado in Deutschland wohnungsmäßig vorgesorgt. In gewisser Weise delegitimiert er geradezu das ökonomische Rückkehrargument, indem er seine preislich günstige Mietwohnung (Gegenwart) und sein altersgerechtes Eigenheim (Zukunft) in Deutschland anführt. Wohnungsmäßig hat sich Herr Delgado in der Bundesrepublik eingedeckt, so daß sich aus der Wohnsituation heraus für ihn kein zusätzlicher Motivationsschub für die Rückkehr ergibt, sondern eher das Gegenteil. Interessanterweise ist es daher auch Herr Salinas, der Herrn Delgado in der Bekräftigung seiner vorwiegend deutschen Verortung die Entscheidung auf ironisch-spielerische Weise abzunehmen versucht. Seine imperativische Aufforderung zeigt, daß er die Entscheidungsunentschiedenheit von Herrn Delgado bereits zugunsten einer Deutschlandoption aufgelöst sieht bzw. daß er den Entscheidungsnöten seines Freundes – vielleicht auch auf dem Hintergrund seiner eigenen getroffenen Entscheidung – nur noch mit einer gewissen spielerischen Leichtigkeit zu begegnen vermag.

4. Zusammenfassung

Reden zwischen Individual- und Kollektivgeschichte

Herr Delgado und Herr Salinas präsentieren im Interview ihre Geschichte, die eng mit der Kollektivgeschichte der Arbeitsmigration der 1960er Jahre verknüpft ist. Sie deuten ihre Erfahrungen auf dem Hintergrund der kollektiven Migrationserfahrung. Die Individualgeschichte entsteht in enger Verbindung, aber auch in deutlicher Abgrenzung und Konstrastierung zur Kollektivgeschichte. Herr Delgado und Herr Salinas bilden selbst die soziale Gemeinschaft der

Migranten vor Ort und vergewissern sich ihrer Identität in einer brüchig gewordenen Deutungsheimat. Diese Brüchigkeit resultiert aus den großen Differenzen zwischen dem ‚damals' und dem ‚heute', die kaum mehr von ihnen selbst, geschweige denn von der nachwachsenden Generation nachvollziehbar sind. Die Andersartigkeit der damaligen Zeit muß nicht nur der eigenen Person, sondern auch den anderen vermittelt werden. Ihre wiederholten Versuche, die damaligen Schwierigkeiten und den radikalen Neuheitsgrad der eigenen Erfahrungen beschwörend zu vergegenwärtigen, können geradezu als ein Ausdruck dieses Vermittlungsproblems gedeutet werden. Das Interview wird von beiden als Möglichkeit der historischen Selbstvergewisserung des eigenen Werdegangs genutzt. Im Interview wird die Zeit von damals wieder lebendig, die Erzählung provoziert gelebte, aber vergangene Erfahrung als soziale Gegenwärtigkeit.

Allerdings ist die Art der Vergegenwärtigung und deutenden Auseinandersetzung mit der Vergangenheit zwischen Herrn Delgado und Herrn Salinas sehr unterschiedlich:

Zunächst repräsentieren sie die beiden unterschiedlichen Formen des Weggangs, die Herr Delgado zu Beginn des Interviews charakterisiert. Während Herr Delgado den politisch-ökonomischen Zwängen seines Heimatdorfes ausgesetzt ist und als arbeitsloser, unausgebildeter und vertragsloser Migrant nach Deutschland kommt, tritt Herr Salinas seine Reise nach Deutschland freiwillig und als ausgebildeter Schreiner mit Arbeitsvertrag an. Allerdings relativiert Herr Salinas die tatsächlichen oder ihm von Herrn Delgado zugeschriebenen Differenzen, indem er auf Unterschiede aufmerksam macht, die Herrn Delgado zum Vorteil gereichen. Insofern ist das Interview auch eine Auseinandersetzung um die richtige realitätsgerechte(re) Deutung individueller Migrationsverläufe.

Dann beziehen sich Herr Delgado und Herr Salinas in sehr unterschiedlicher Weise auf die eigene Geschichte: Während in Herrn Delgados Äußerungen ein leidend-identifikatorischen Zug zum Ausdruck kommt, geht Herr Salinas eher spielerisch-distanziert vor. Diese Unterschiede machen sich auch in sprachlichen und parasprachlichen Äußerungen bemerkbar. Vor allem Herr Delgado nutzt sehr häufig gestanzte Redewendungen mit bestimmten Verben (durchleben, durchleiden), die die Schwere seines eigenen Schicksals deutlich machen (sollen). Auch Seufzer und lautes Ausatmen kennzeichnen seine Rede. Bei Herrn Salinas dagegen ist das Lachen sowohl bei eigenen Äußerungen als auch bei Redebeiträgen von Herrn Delgado dominant. Er konterkarriert die inhaltliche Traurigkeit von Aussagen durch Lachen und relativiert die Probleme der Vergangenheit durch die positive Perspektive der Gegenwart. Herr Salinas Beiträge sind stark gegenwartsorientiert, er lebt im Hier und Jetzt, ist entweder in Deutschland oder in Spanien, fühlt sich ganz als Spanier oder Ausländer. Herr Delgado dagegen argumentiert vergangenheitsbezogen, er lebt gleichzeitig hier und dort, ist Deutscher und Spanier, fühlt sich teilgebunden in Deutschland und dennoch in die Heimat gezogen. Zu dieser Unentschlossenheit bzw. ambivalenten Stellung paßt auch die Tatsache, daß Herr Delgado die doppelte Staatsangehörigkeit einklagt und dazu bereits

die notwendigen Schritte unternommen hat, während Herr Salinas diesen Schritt für sich ablehnt.
Schließlich zeigt sich die Differenz zwischen beiden auch in der unterschiedlichen Verteilung der Redebeiträge und in der Art des Sprechens selbst. Herr Salinas kommt im Interview weit weniger zu Wort als Herr Delgado. Er ist der Zurückhaltende, der oft nur Einschübe produziert und damit dem Gespräch kurzfristig andere Wendungen gibt. Herr Delgado verfolgt dagegen eine systematische Erzählabsicht, er will den Interviewer umfassend ins Bild setzen, er schneidet immer wieder neue Themenblöcke an, stellt evaluative Fragen, dominiert den thematischen Fortgang und kommt auf Dinge zurück, die durch Herrn Salinas unterbrochen wurden. Während Herr Salinas eher individualbiographisch orientiert ist und von sich selbst spricht, ist Herr Delgado eher kollektivbiographisch ausgerichtet, setzt sich deutend, argumentierend, reflektierend mit der eigenen Geschichte auseinander und stellt allgemeine historisch-gesellschaftliche Problembezüge her. Was für Herrn Salinas nur eine individualbiographische Episode ist, stellt für Herrn Delgado eine kollektive Perspektive dar. Er integriert einerseits Herrn Salinas in seine Kollektivdeutung, indem er eine soziale Plattform zu Herrn Salinas konstruiert. Andererseits schließt er ihn aus seiner Deutung aus, indem er zwischen sich und ihm Differenzen zieht, die eine geschlossene Kollektivdeutung verhindern. Herr Delgado und Herr Salinas verkörpern somit in ihrer Erzählung sowohl die soziale Realität der Kollektivität als auch die Unterschiede, die in dieser Kollektivität – tatsächlich oder vor allem in der deutenden Rückschau – vorhanden sind.

Der Weg von Spanien nach Deutschland

Auch der Weg von Spanien nach Deutschland wird von Herrn Delgado und Herrn Salinas in unterschiedlicher, z.T. sich ergänzender, z.T. konkurrierender Weise thematisiert. Eine Perspektive, die vor allem Herr Delgado vertritt, ist die Modellierung von Migration als politisch-ökonomisch motivierter Export von Regimegegnern und Arbeitslosen. Das Deutungsmuster Export verweist implizit auf Import als Gegenbegriff, nämlich Migration als Import von Spanien nach Deutschland. Export und Import stehen in einer eigentümlichen Beziehung zueinander, dem verbotenen und in den Untergrund abgeschobenen Kampf gegen Franco in Spanien entspricht die vereinsgestützte antifrankistische Organisierung in Deutschland, der Repression in Spanien entspricht die Überwachung und Kontrolle in Deutschland, da der lange Arm des Franco-Regimes auch die Migranten in Deutschland erreicht, die sich über Bespitzelungspraktiken dem Versuch ausgesetzt sehen, über regimetreue Zentren die selbstorganisierten und politisch unliebsamen Migrantenvereine auszuheben. Abschottung und Öffnung, Abwanderung und Rückwanderung, Exilierung und Agitation sind Pole, zwischen denen Herr Delgado den Migrationsprozeß verortet. Spanien in Deutschland wird von ihm als Zwischenzustand, als Schwebezustand, als Provisorium zwischen diesen beiden Polen konzipiert – eine Vorstellung, die durchaus auch mit der Anwerbepolitik der Industriestaaten in der Anfangsphase übereinstimmt. Auch Gefängnis und Migration gehören für ihn zusammen, nicht nur in dem Sinne, daß viele politisch motivierte Migranten in Deutschland Exil finden, sondern auch in dem Sinne, daß Migration als neues Gefängnis verstanden wird mit ähnlichen kollektiven Zwangs-, aber auch Entwicklungspotentialen wie die reale Gefängnissituation in Spanien.

Während die ökonomisch-politische Migrationsdeutung ihre Kraft vor allem aus einer spanienbezogenen Vergangenheitsperspektive bezieht, wird die Thematisierung von Migration als Weg nach Europa vor allem aus einer Gegenwartsperspektive heraus entworfen. Diese Deutung präsentieren Herr Delgado und Herr Salinas unter einem zweifachen Gesichtspunkt: zum einen wird der Weg nach Europa als ein zivilisatorischer Aufstieg interpretiert und die Differenz von Spanien und Europa als ein Zivilisationsgefälle bezeichnet. Mit diesem Zivilisationsgefälle ist gleichzeitig auch ein Erziehungsverhältnis verbunden, indem die Normen und Ansprüche Europas – konkretisiert beispielsweise in entsprechenden Sauberkeitsvorstellungen – von Herrn Delgado und Herrn Salinas bejaht und internalisiert werden – mit der Konsequenz, daß sie ihre gegenwärtigen Alltagserfahrungen in Deutschland als – gemessen an diesen Normen – defizitär beschreiben. Andererseits ist mit dem Weg nach Europa die Aufhebung der Migrationssituation verbunden, indem durch den europäischen Vereinigungsprozeß ein einheitlicher geographisch-politischer Raum hergestellt wird. Konsequenz dieser Deutung ist beispielsweise, daß vor allem Herr Delgado die doppelte Staatsbürgerschaft einklagt und den Migranten eine aktive Vorreiterrolle im Vereinigungsprozeß zuschreibt.

Schließlich wird Migration von Herrn Delgado und Herrn Salinas als Weg in die Fremde beschrieben, bei dem sowohl die vielfältig erfahrenen Diskriminierungen als auch die Sprachproblematik eine zentrale Rolle spielen. Die sprachlich-mentale Mangelerfahrung aufgrund der defizitären Vorbereitung des Weggangs nach Deutschland induziert eine Kritik der schlechten schulischen Voraussetzungen und der ausschließlich monolingualen Sozialisation in Spanien. Migration wird dadurch auch als ein Ausgeliefertsein und Angewiesensein auf die Hilfe anderer thematisiert. Es ist nicht möglich, selbst zu kontrollieren, was geschieht, Sprache als Verkehrs- und Verständigungsmittel ist nur rudimentär verfügbar, man kann nur situativ erahnen, was andere sagen, und muß sich darauf mit bedeutsamen lebenspraktischen Konsequenzen beziehen. Die Fremde wird deswegen vorzugsweise als asymmetrische Kommunikation oder – noch schärfer – als Sprachodyssee erlebt.

Biographische Bilanzierung und Leistungspräsentation

Die vielfältigen Differenzerfahrungen, die permanenten Vergleichsmöglichkeiten sowie der damit verbundene Kontingenzdruck – es hätte ja auch anders sein und kommen können – stimulieren im Interview biographische Reflexion. Als zentrale Vergleichsachsen dienen Herrn Delgado und Herrn Salinas zeitliche

(damals – heute), geographische (Spanien-Deutschland), altersspezifische (Alte-Junge) oder nationalitätenspezifische (Alt-Neuausländer) Dimensionen. Der Abgleich der eigenen (Kollektiv-)Erfahrung mit der (Kollektiv-)Erfahrung anderer Gruppierungen führt daher zu ständigen Neupositionierungen der eigenen Person. Auf sozialer Ebene sind es vor allem vier Vergleichsgruppen, die reale Entscheidungsoptionen verkörpern oder die als Gruppierungen mit tatsächlicher oder angenommener Nähe zum eigenen Werdegang in Anspruch genommen werden:
– die in Spanien gebliebenen Spanier oder die bereits nach Spanien zurückgekehrten Migranten, die als Beobachtungsfeld möglicher eigener Schwierigkeiten (Arbeitsplatzängste, Integration der Kinder) dienen;
– die Deutschen von damals und heute, die im Spannungsfeld von offenen Diskriminierungspraktiken und sozialen Eingemeindungstendenzen thematisiert werden;
– die Neuausländer, die als strukturell ähnlichste Gruppierung Abgrenzung, Ausgrenzung und eine auch mit Deutschen geteilte Vorurteilsstruktur provozieren;
– die zweite bzw. dritte Generation, die nach einem edukativ-ökonomischen Aufstieg und einer anderen sprachlich-geographischen Zuordnung bei den Eltern Entfremdungsängste hervorruft.

In Verbindung mit dieser biographischen Abgleicharbeit und der persönlichen Situierung steht die – nicht offen, aber doch indirekt gestellte – Bilanzierungsfrage: hat sich die Migration gelohnt, hat der persönliche Anpassungsaufwand einen Sinn gehabt. Das Interview ist in dieser Perspektive eine Möglichkeit, einen wesentlichen Abschnitt der eigenen Biographie zu bilanzieren. Für die Beurteilung des Erfolges oder Mißerfolges dienen dabei zwei unterschiedliche Referenzsysteme: zum einen der persönliche Erfolg und Aufstieg, zum anderen kollektive Leistungen. Herr Salinas steht vor allem für die erste Möglichkeit. Migration ist für ihn eine persönliche Lernerfahrung und Integrationsleistung, die durch Erfahrungsreichtum, aber auch ökonomische Sicherheit belohnt wird: nämlich die Aussicht auf eine Rente und einen relativ unbeschwerten Lebensabend. Für Herrn Delgado stehen dagegen eher die personenübergreifenden Leistungen der Migranten für unterschiedliche gesellschaftliche Kontexte im Vordergrund. Er legitimiert sein Hierbleiben durch die bedeutenden allgemeinen Funktionen, welche die Migration seiner Meinung nach gehabt hat – und immer noch hat. Im Interview thematisiert er vier zentrale Leistungen der Migranten:
– den Integrationsprozeß, den er als einen Prozeß der persönlichen heroischen Einzelanstrengung, aber auch als eine soziale Vorbedingung für die reale Durchsetzung der europäischen Vereinigung begreift;
– den Kampf um die Demokratie in Spanien, bei dem die Migranten als politische Avantgarde, als pressure group und als Kaderschmiede hervortreten;
– die Bewahrung der spanischen Kultur in Deutschland durch die Vermittlungs- und Tradierungsarbeit der Vereine;

– der Karriereerfolg der Kinder, der als Resultat der eigenen Sorge und Anstrengung verstanden wird.

Die positive Leistungspräsentation ist jedoch nicht nur ein Modus der Selbstlegitimation für die Richtigkeit der Migrationsentscheidung, sie ist auch ein Einklagen von und ein Ringen um soziale Anerkennung. Einerseits geben sich Herr Delgado und Herr Salinas selbst diese Anerkennung, indem sie gegenseitig die eigene – sowohl individuelle als auch kollektive – Leistung präsentieren und vergegenwärtigen. Andererseits ist das Interview auch selbst eine Form der Anerkennungssuche, indem vor dem Interviewer – als einem Stellvertreter der deutschen Gesellschaft – auf die Unbestreitbarkeit der erbrachten Leistungen hingewiesen wird. Mögliche andere Personengruppen, die als weitere Bezugsgruppen für die Anerkennungssuche in Frage kommen, sind die jetzigen in Deutschland lebenden Landsleute, die die Resultate der früheren Aufbauanstrengung genießen können, die Kinder, die wesentlich bessere Startbedingungen auf der Grundlage einer guten, z.T. akademischen Ausbildung haben, oder die Partei, die allerdings – wie Herr Delgado bitter vermerkt – machtstrategische Kalküle der Würdigung opferbereiter Mitglieder vorzieht.

Die unterschiedlichen Leistungsebenen – die Stationen des als gelungen gedeuteten Anpassungsprozesses, die eigene Vorreiterrolle im Prozeß der europäischen Vereinigung und im Kampf um die Etablierung der Demokratie in Spanien, die vereinsgestützte Bewahrung der spanischen Kultur in Deutschland, der Karrieresprung der zweiten Generation – werden von Herrn Delgado und Herrn Salinas als umso heroischer präsentiert, je stärker die Schwierigkeiten und die mangelnden Voraussetzungen ihrer Bewältigung sind. Die Erzählung – insbesondere diejenige von Herrn Delgado – lebt geradezu von der Spannung zwischen den minimalen Voraussetzungen und den erreichten Erfolgen. Allerdings sind Leistung und Erfolg nicht ohne Opfer zu erreichen, so daß als drittes Element in dieser Erzählstruktur die Rede von möglichen oder tatsächlichen Negativkonsequenzen fungiert: die persönliche Anstrengung, der massive Zeiteinsatz, die Entfremdung von der eigenen Familie, die Integration der Kinder in einem anderen Kulturkreis.

Die Steigerung von Optionen bzw. die Gleichzeitigkeit von Optionen haben somit einen hohen Preis, der in Form vielfacher Anpassungszwänge, im Verlust eindeutiger Zugehörigkeit und in Entfremdungserfahrungen erlebt wird. Vor allem Herr Delgado weist mit der wiederholten Nutzung einer bestimmten sprachlichen Formel (*„durchlebt und durchlitten"*) auf die enormen psychischen Auswirkungen dieser Leistungserbringung hin. Er deutet deshalb auch seine Erfahrung häufig in einem Freund-Feind-Schema (Leben unter der Franco-Diktatur, Ankunftssituation und Anfangsjahre in Deutschland), als dessen Gegenstück allerdings die Familie, die persönlich erfahrene Hilfe, der Verein figuriert.

Solidarität in der Familie und im Verein

Herr Delgado schildert seinen Weg nach Deutschland als einen Weg der erfahrenen und auch der weitergegebenen Hilfe. Im Interview werden dabei vor allem drei Dimensionen von Hilfe erkennbar: die personengebundene Einzelhilfe wie beispielsweise bei den Arbeitskollegen, die bereits Erfahrungen in der Migration gesammelt haben und diese Erfahrungen (Vermittlung von Arbeitskontakten) weitergeben, oder die spontan gegebene Hilfe unter Zimmergenossen in einer Notsituation; dann die familiären Hilfsnetze (Vater, Bruder), welche über den Augenblick hinausgehen und Formen von sowohl intra- als auch intergenerativer Solidarität einschließen; und schließlich die über den Verein organisierte Hilfe mit ganz unterschiedlichen Funktionen (Identitätsbildung, Aufrechterhaltung der spanischen Kultur, Tradierung der eigenen Sprache, kompensatorische Bildung, politische Interessenvertretung, etc.). Neben der empfangenen Hilfe steht jedoch gleichberechtigt die weitergegebene Hilfe. Herr Delgados Einsatz für andere kann geradezu interpretiert werden als die Verpflichtung, die Erfahrung empfangener Solidarität weiterzugeben. Migration wird so konzipiert als das Zusammenspiel von Fremdheitserfahrung und Vorbereitungsdefiziten einerseits sowie solidarischer (Lern-)Hilfe und personengebundener Vermittlung andererseits. Zwischen diesen beiden Polen entfalten Herr Delgado und Herr Salinas in ihrer Erzählung die Figur der privilegierten Unterprivilegierung, mit der sie ihre eigene Migrationserfahrung begrifflich zu bündeln suchen und in der sowohl die eigene Benachteiligung als auch die eigenen Entwicklungspotentiale zum Ausdruck kommen.

Der Solidaritätsbezug wird jedoch brüchig und prekär, sobald Herr Delgado und Herr Salinas das Verhalten der zweiten Generation ins Spiel bringen. In unterschiedlichen Bereichen müssen beide konstatieren, daß es eine intergenerative Abnahme von Solidarität gibt – zumindest in dem Sinn, wie Herr Delgado und Herr Salinas Solidarität begreifen. So weigert sich zum Beispiel die zweite Generation, konkrete Hilfeleistungen im Bereich der kompensatorischen Bildung zu geben trotz ihrer schulischen Integration, ihren berufsbezogenen Ausbildungsmöglichkeiten, ihrer bilingualen Erziehung. So lehnt beispielsweise die zweite Generation (der eigene Sohn!) eine Vertiefung und Auseinandersetzung mit der spanischen Politik ab, mißachtet also den Spanienbezug und politischen Einsatz der Elterngeneration mit dezidiertem Nichtwissenwollen. Und so verweigern sich die Kinder ebenfalls in Bezug auf die elterlichen Rückkehrpräferenzen, indem sie die Generationensolidarität eines gemeinsamen Rückkehrprojektes in Frage stellen. Herr Delgado und Herr Salinas erfahren somit die zweite Generation in drei zentralen Bereichen – der Bildungshilfe, der Politik und der Remigration – als Personengruppe, die unter Inkaufnahme eines generativen Bruchs eigene Wege geht, unsolidarisch wird. Besonders deutlich wird ihre Einschätzung des differenten Solidarisierungsgrades der Generationen, indem sie das eigene Leid mit dem guten Leben der Kinder, die eigene Fremdheit mit deren Integration, die eigenen Defizite mit deren schulisch-beruflichem Erfolg kontrastieren. Sie thematisieren die zweite Generation vornehmlich aus der eigenen Solidaritätsperspektive, aus der Perspektive des eigenen Lebensweges und der Aufrechterhaltung des gemeinsamen Familienprojektes. Der Generationenkonflikt, der sich hier abzeichnet, wird von ihnen allerdings mit Verweis auf die ganz andersartigen Sozialisationsbedingungen der Jugend entschärft, die eine andere Sprache, eine andere Heimat und auch andere soziale Bezugsgruppen präferieren. Insbesondere Herr Delgado, der einerseits sehr vehement das aus seiner Sicht unsolidarische Verhalten der zweiten Generation kritisiert, beugt sich andererseits mit seiner Zukunftsplanung den anderen Lebensvorstellungen seiner Kinder. Insofern realisiert er erneut eine Solidaritätsleistung im Sinne des reaktiven Anpassens seiner Lebensplanung an die Lebensentwürfe von Personen, an die er sich gebunden weiß. Er weicht damit einer innerfamiliären Auseinandersetzung oder gar einer Spaltung aus, indem er die eigene angepeilte Rückkehr nach Spanien verzeitlicht bzw. die Figur des Dazwischen, des Hin und Her, des Pendlertums entwirft.

Viertes Kapitel: Vergleich der vier Biographien

1. Das Interview als Ort der Bilanzierung

Bereits in der Einleitung wurde die These formuliert, daß das Interview als Gelegenheit und Ort einer biographischen Bilanzierung, als eine Erfolg und Mißerfolg abwägende Rückschau, als eine Betrachtung der eigenen Biographie innerhalb und durch die Migration unter Leistungsgesichtspunkten interpretiert werden kann.[131] Diese These soll nun – nach dem analytisch-interpretativen Durchgang der drei Interviews – erneut aufgegriffen und anhand von fünf unterschiedlichen Dimensionen der Interviews weiter differenziert und spezifiziert werden:
- biographisch durch die unmittelbar bevorstehende Rückkehr bzw. die ausgeprägte Rückkehrorientierung;
- formal durch die dreigliedrige Erzählstruktur von ‚Aufbruch in Spanien', ‚Aufenthalt in Deutschland' und ‚Rückkehr nach Spanien';
- inhaltlich durch die Präsentation einer Leistungsbilanz, durch das Abwägen von Erfolgen und Mißerfolgen;
- differenzbezogen durch die vergleichende Abarbeitung und Kontrastierung geographischer, zeitlicher, intergenerativer und kohortenspezifischer Art;
- methodisch durch die zunehmende Kollektivierung des Erzählens und den dadurch möglichen interaktiven Formen der Interviewsituation.

1.1. Biographische Rückkehrorientierung

Alle vier Interviewpartner weisen eine starke Rückkehrorientierung auf bzw. setzen sich aktiv mit dieser Perspektive auseinander. Diese Auseinandersetzung ist nicht nur biographisch motiviert, sondern auch Ausdruck der Beschäftigung mit der tatsächlich erfolgten Rückkehr von Personen im unmittelbaren sozialen Umfeld der Interviewten.[132] Bei zwei der vier Interviewpartner ist die

---
131 Vgl. Teil I, Kapitel 1, Abschnitt 3.3.
132 Vgl. dazu – auch unter quantitativen Gesichtspunkten – die starke Rückkehrtendenz von Spaniern generell sowie die negativen Wanderungssaldi in Teil I, Kapitel 2, Abschnitt 1.1.1.

Rückkehrentscheidung bereits getroffen, die Abreise nach Spanien steht unmittelbar bevor. Herr Sánchez kann bereits auf die gepackten Koffer seiner halbleeren Wohnung verweisen, bei Frau García ist es schwer, noch kurz vor ihrer Abreise überhaupt einen Termin festzumachen, so daß die Interviewanbahnung unter dem Druck der noch abzuarbeitenden Verpflichtungen vor der Abreise steht. Bei Herrn Delgado und Herrn Salinas sind die Wohn- und Aufenthaltsperspektiven mittelfristig zwar eindeutig in Deutschland verankert, die Rückkehrperspektive ist jedoch auch bei ihnen ein zentrales Thema des Interviews. Beide äußern nicht nur den Wunsch, mit Beendigung ihrer Berufstätigkeit nach Spanien zurückzukehren, beide setzen sich auch intensiv mit den generationsspezifischen Problemen einer möglichen Rückkehr gerade auch im Gespräch mit der während des Interviews anwesenden zweiten Generation auseinander.

1.2. Dreigliedrige Erzählstruktur

Aufgrund der tatsächlichen Rückkehr bzw. der realistischen Rückkehrmöglichkeit weisen alle drei Interviews eine dreigliedrige Erzählstruktur auf. Die Erzählung wird in einem chronologischen Dreischritt entfaltet von der Ausgangssituation in Spanien, die zur Migrationsentscheidung geführt hat, über den Aufenthalt in Deutschland mit seinen Integrationsproblemen und Vereinsbeteiligungen bis hin zur Rückkehrsimulation und den konkreten Strategien der Rückkehr.

Bezüglich der Ausgangssituation in Spanien präsentieren alle vier Interviewpartner ein ähnliches gesellschaftspolitisches Panorama: die Franco-Diktatur mit ihren repressiven Auswirkungen. Die Verarbeitungsmöglichkeiten dieser gemeinsamen Ausgangssituation und die Migrationsmotive variieren jedoch von Fall zu Fall beträchtlich:

Für Herrn Sánchez ist die Auswanderung das Resultat einer freien Entscheidung vor dem Hintergrund einer ökonomisch abgesicherten Berufsexistenz. Für ihn bietet die Migration einerseits die Möglichkeit, sich in einem zeitlich begrenzten Rahmen sprachlich weiter zu bilden und damit einer Jugendneigung zu entsprechen; andererseits kann er mit seinem Weggang nach Deutschland einer gesellschaftlichen Situation ausweichen, in der er sich aufgrund seines liberalen Gedankenguts unwohl fühlt. Frau García präsentiert eine dramatische Alternative. Vor dem Hintergrund geschlechtsspezifischer Rollenstereotypisierungen, diskriminierender Sozialisationsagenturen (Kirche, Schule) und autoritärer Familienstrukturen sieht sie nur die Entscheidung zwischen (physischer) Flucht und (psychischem) Tod. Die Benachteiligung als Jugendliche und Frau in der Enge ihres konservativ-klerikalen Heimatdorfes, dessen festgefügter Wertekodex keine Rollenvarianz zuläßt, sowie die Auseinandersetzungen innerhalb ihrer Familie mit einem tyrannischen francophilen Vater führen für sie quasi zwangsläufig zur Migration. Allerdings wird ihre Entscheidung getragen durch den gleichartigen Entschluß ihrer Altersgenossinnen: Migration bedeutet für sie die kollektive Flucht der (weiblichen) Jugendlichen aus einer als ausweglos empfundenen Situation. Herr Delgado sieht seine Auswanderungsentscheidung im Zusammenhang ökonomischer Zwänge und politischer Anpassungsleistungen. Seine indirekte politische Opposition (Weigerung, einer Massenorganisation des Franco-Regimes beizutreten), der enge Horizont seines rechtskonservativ kontrollierten Heimatdorfes, seine Ausbeutung als billige Kinderarbeitskraft und die ökonomische Perspektivenlosigkeit seiner beruflichen Existenz bewegen ihn zur Auswanderung. Herr Salinas geht ebenso wie Herr Sánchez aus freiwilligen Stücken und vor dem Hintergrund einer absolvierten Ausbildung und guter Verdienstmöglichkeiten in die Migration. Sein Schritt ist nicht durch ökonomische Notwendigkeiten bestimmt, sondern entspringt eher einer Jugendlaune.

Zur Umsetzung der Auswanderungsentscheidung werden – je nach Möglichkeiten und Voraussetzungen – sehr unterschiedliche organisatorischen Formen angewendet. Herr Sánchez nutzt die Möglichkeiten eines großen Staatsbetriebs, um einen ökonomisch abgesicherten Weggang auf Zeit einzufädeln. Er hat eine Arbeitsplatzgarantie und somit eine berufliche Rückversicherung im Falle seiner Rückkehr. Er geht zwar als Tourist und ohne Arbeitsvertrag nach Deutschland, ist aber mit Empfehlungsschreiben und elementaren Sprachkenntnissen ausgestattet. Frau García nutzt eine frauenspezifische Arbeitsvariante als Au-pair, um von ihrem Elternhaus wegzukommen. Allerdings muß sie ihren eigenen geographischen Zielwunsch Frankreich gegen den Vaterwunsch Deutschland eintauschen. Der zeitlich begrenzte Arbeitsaufenthalt ist als innerfamiliäre Konfliktlösung gedacht, allerdings mit unterschiedlichen Hoffnungen auf beiden Seiten: während der Vater ihn als Erziehungsmaßnahme in seinem Sinne betrachtet, erhofft sich Frau García persönliche Entfaltungsmöglichkeiten. Herr Delgado muß trotz intensiver Bemühungen um eine geregelte Vermittlung die Auswanderung auf eigene Faust durchführen. Ausbildungs- und arbeitslos erhält er keinen Vertrag und kann nur mit Hilfe der Familie das Risiko der Auswanderung tragen, während Herr Salinas mit einem Arbeitsvertrag in kollektiv organisierter Form nach Deutschland kommt. Bis auf Herrn Sánchez, der als Volljähriger und damit als Handlungssouverän seine Entscheidung trifft, sind alle anderen auf die Einwilligung der Eltern/Väter angewiesen und müssen – wie bei Frau García – das intergenerative Zwangsmittel der Erlaubnisverweigerung umgehen.[133] Insgesamt lassen sich die Differenzen der biographischen Ausgangslage vor der Auswanderung in verschiedenen Gegensatzpaaren fassen: gesellschaftsstruktureller Zwang versus freiwillige Entscheidung, ökonomische versus personenbezogene Motive, zeitlich begrenzte und definitive Verlaufsformen, institutionengestützte versus familiengestützte Absicherungsstrategien, Volljährigkeit versus Minderjährigkeit.

---

133 Möglicherweise wird auch aus diesem Grund den Vätern in den Erzählungen eine so große Bedeutung beigemessen.

Der Aufenthalt in Deutschland wird von den vier Interviewpartnern ebenfalls in unterschiedlicher Weise thematisiert, obgleich sich in den Erzählungen durchaus einige Gemeinsamkeiten finden lassen:

Herr Sánchez präsentiert zunächst die Stationen seiner ökonomischen Absicherungsbestrebungen, seine mühsame, schließlich dann doch erfolgreiche Arbeitssuche sowie die Regelung der arbeitsrechtlichen Bestimmungen durch den Arbeitgeber. Von der Arbeitserzählung kommt er dann zu seinem Vereinsengagement, das aus den Arbeitskontakten mit seinen spanischen Kollegen erwächst. Dieser Bereich seines Lebens – der Verein mit seiner Geschichte, seinen Raumschwierigkeiten, seinen vielfältigen Aufgaben und Funktionen sowie die unterschiedlichen Beteiligungsformen seiner eigenen Person – steht im Zentrum seiner Erzählung. Schließlich thematisiert Herr Sánchez sein politisches Engagement innerhalb der Kommunistischen Partei und der Vereinigten Linken sowie die Auswirkungen seiner Europakandidatur für seine zukünftige politische Beteiligung. Vereinskarriere und Politikkarriere verdrängen in seiner Erzählung sowohl die Arbeits- als auch Familienseite seiner Existenz, die beide nur in sehr summarischer und rudimentärer Form vorkommen.

Die Erzählung von Frau García ist demgegenüber sehr viel umfassender in den verschiedenen Lebensbezügen, die sie aufgreift. Zwar nehmen auch bei ihr die Vereinsarbeit bzw. die Stationen ihrer Vereinsintegration einen breiten Raum ein, den sie aber wesentlich stärker als Herr Sánchez in ihrem innerpsychischen Verlauf darstellt. Daneben sind ihr jedoch auch Themen von Bedeutung wie berufliche Arbeit und Fortbildung als Element ökonomischer Selbständigkeit, Kindererziehung als Anlaß für eigentherapeutische Versuche der Vergangenheitsbewältigung oder gesellschaftspolitisches Engagement gegen Ausländerfeindlichkeit und Diskriminierung. Eine besondere Stellung nimmt in ihrer Erzählung das Experimentieren mit Rollenbrüchen in unterschiedlichen Settings (Theatergruppe) ein.

Für Herrn Delgado und Herrn Salinas wiederum stehen die verschiedenen Phasen des gesellschaftlichen Integrationsprozesses im Vordergrund, den sie sowohl biographisch als auch für die Gruppe der Migranten generell nachzeichnen. Sprachprobleme und Diskriminierungserfahrungen einerseits, die allmähliche Integration und Akzeptanz andererseits sind in ihrer Darstellung besonders wichtig, wobei sie auch sehr stark auf die bereits in Spanien angelegten Defizitprägungen (geringes Bildungsniveau, monolinguale Sozialisation, beschränkter dörflicher Horizont, etc.) sowie auf die leidvolle, heroische Einzelanstrengung in Deutschland rekurrieren. Sie versuchen, den Migrationsprozeß selbst in unterschiedlicher, z.T. konkurrierender Weise auszudeuten und die (Kollektiv-)Leistungen der Migranten sowohl hinsichtlich der vereinsgestützten Kultur- und Sprachtradierung als auch in Bezug auf die Vorreiterrolle im europäischen Vereinigungsprozeß hervorzuheben. Daneben findet bei Herr Delgado auch das (partei-)politische Engagement Erwähnung, das für ihn in seinen biographischen Auswirkungen jedoch stark ambivalente Züge trägt.

Die Rückkehr nach Spanien bzw. die Simulation der Rückkehr wird – je nach zeitlicher Nähe der tatsächlichen Rückkehrentscheidung – unterschiedlich behandelt. Herr Sánchez und Frau García haben sich bereits für die Rückkehr entschieden. Die unmittelbare zeitliche Nähe ihrer Rückkehr bestimmt ihre Erzählung über weite Strecken. Bei ihnen dominieren bereits die konkreten Umsetzungsstrategien der Rückkehr bzw. die Versuche der Absicherung und Risikominimierung gerade im Hinblick auf die antizipierten Schwierigkeiten der Rückkehrrealisierung. Beide erwähnen mehrfach geplante, aber aus verschiedenen Gründen fehlgeschlagene Rückkehrversuche in früheren Jahren (politische Denunziation, innerfamiliäre Konfliktlage). Herr Sánchez hat mit dem Eintritt in den Vorruhestand, mit seinem Haus in Spanien und mit seinen familiären Banden genügend Motive für die Rückkehr. Pragmatisch erwähnt er auch den aufgrund der harten deutschen Währung möglichen höheren Lebensstandard in Spanien. Zudem scheint ihm die atmosphärische Lebensqualität in Spanien bzw. in seiner Heimatstadt unvergleichlich besser zu sein als in Deutschland. Er möchte in Spanien seine politischen Aktivitäten fortführen und hat diesbezüglich bereits in Deutschland verschiedene Beteiligungsvarianten eingefädelt, die ihm die Rückkehr erleichtern (sollen). Frau García möchte dagegen als Endvierzigerin in Spanien noch einmal etwas Neues beginnen. Sie reizt die vertraute Umgebung ihres Heimatdorfes, zu dem sie eine kontinuierliche Bindung aufrechterhalten hat, in Kontrast zu der als vorurteilsbehaftet erlebten Situation in Deutschland. Ausländerfeindlichkeit, Akzeptanzprobleme und Stigmatisierungen sind Gründe, die sie für ihre Remigrationsentscheidung anführt. Daneben nutzt auch sie die veränderten Rahmenbedingungen ihrer gesellschaftlichen und familiären Existenz, um ihre Rückkehr vorzubereiten und zu legitimieren.

Für Herrn Delgado und Herrn Salinas ist die Frage der Rückkkehr noch nicht virulent, da sie ihren Lebensschwerpunkt derzeit in Deutschland sehen. Allerdings ist für sie die Frage einer möglichen Rückkehr ebenfalls ein existentielles Thema. Während Herr Sánchez und Frau García bereits mit den konkreten lebenspraktischen Problemen einer baldigen Rückkehr beschäftigt sind, ist für Herrn Delgado und Herrn Salinas Rückkehr nur als Simulation ohne Ernstcharakter möglich. Für sie steht vor allem die Frage des mit der Rückkehr verbundenen Familienkonfliktes im Vordergrund, da – gerade auch im Falle von Herrn Delgado – die zweite Generation klare Bleibepräferenzen äußert. Während Herr Salinas von unkomplizierten Verhältnissen, Entscheidungen und Zuordnungen ausgeht (auszugehen glaubt), leidet Herr Delgado an den gegensätzlichen generationsspezifischen Lebensentwürfen. Aufgrund seiner Familienbindung ist er sich seiner Entscheidung nicht sicher, er verzeitlicht den Konflikt bzw. entwirft Formen geographischer Pendelexistenz, die eine klare Zuordnung vermeiden.

1.3. Leistungspräsentation und Bilanzierung

In allen drei Interviews wird der eigene Lebensweg als Erfolgsgeschichte erzählt, in der die eigenen und gemeinsam vollbrachten Leistungen im Vordergrund stehen. Während Herr Sánchez vor allem eine stark vereinsgeprägte Biographie präsentiert und die politisch-sozial-kulturellen Leistungen der Vereinsgeschichte herausstellt, präsentiert Frau García eine Emanzipationsbiographie, in der eine Jugendliche aus einer unterdrückerischen Familienkonstellation flüchtet, in der eine junge Frau in der Fremde einen Selbstfindungsprozeß durchläuft und in der eine reife, selbstbewußte Frau nach Spanien zurückkehrt. Herr Delgado und Herr Salinas reflektieren dagegen vor allem die Leistungen, die Migranten trotz der vielfältigen Benachteiligungen in einer kollektiven bzw. individualbiographischen Anstrengung erbracht haben. Für alle Interviewpartner steht das Erreichte im Vordergrund, die Selbstvergewisserung über den Erfolg der vergangenen Jahre. Das Interview ist einer der Orte, an denen gesagt werden kann, daß die vergangenen dreißig Jahre keine vergeudete Zeit waren. In dieser Perspektive sind die Erzählungen über die heroischen Anpassungsleistungen, die emanzipatorischen Erfolge, die Avantgardefunktion und die kollektive Vorreiterrolle der Migranten Ausdruck einer selbstbewußt vorgetragenen Erfolgsbilanz. Bezugspunkte für den Erfolg sind der Verein mit seiner multifunktionalen Aufgabenstellung, die Politik vor allem in der Perspektive des erfolgreichen Kampfes für die Etablierung der Demokratie in Spanien, das allmähliche Zusammenwachsen Europas und die Vereinigung auf personal-lokaler Ebene, der Karrieresprung und Anpassungserfolg der zweiten Generation sowie personenbezogene Erfolge beruflicher, psychologischer oder sozialer Art.

Neben der positiven Erfolgsbeschreibung sind in den Interviews aber auch deutlich resignative Züge erkennbar, in denen die negativen Seiten der Erfolgsstory zum Ausdruck kommen: einerseits die mangelnde soziale Anerkennung trotz der vorzeigbaren Erfolge, andererseits die negativen Konsequenzen, die mit der Anstrengungsleistung der Migration verbunden waren: der persönlich-kollektive Leidensdruck, der massive Zeiteinsatz, der vergebliche Kampf um den Abbau von Vorurteilen und Klischees, die eigene Marginalisierung, etc. In dieser Perspektive sind die Interviews nicht so sehr Ausdruck einer Erfolgsbilanz, sondern eher einer um Anerkennung suchenden Erfolgspräsentation, bei der der Interviewer als gesellschaftlicher Stellvertreter fungiert, vor dem diese Anerkennung eingeklagt wird.

Herr Sánchez bilanziert sein Leben vor allem im Hinblick auf sein Engagement im Verein und in der Politik. Inbesondere in Bezug auf die vereinsgeprägten Anteile seines Lebens nimmt er eine starke Parallelisierung von Individual- und Vereinsbiographie vor, so daß beide Dimensionen in seiner Erzählung verschmelzen. Die Erfolge des Vereins sind auch seine eigenen Erfolge, die Mission des Vereins innerhalb der Migration ist auch seine eigene Mission, die Verlaufskurve der Vereinsbiographie ist auch die Verlaufskurve seines eigenen biographischen Engagements im Verein. Herr Sánchez präsentiert sich als der authentische und kompetente Erzähler der Vereinsgeschichte; er hat den Verein mitgegründet, hat seinen Aufstieg, seine Blütezeit und seinen allmählichen Verfall miterlebt, er ist mit der Ausweisnummer Eins der letzte noch in Deutschland verbliebene Vertreter der Gründergeneration, er hat die Vereinsgeschicke in vielfältigen leitenden Positionen mitbestimmt. In seiner Erzählung nimmt Herr Sánchez eine starke Identifikation seiner Person mit dem Verein vor; das – bevorstehende – Ende des Vereins fällt mit dem Ende seines Aufenthaltes in Deutschland zusammen, beider Mission für die Migration ist seiner Meinung nach beendet. In seiner Bilanzierung unterstreicht Herr Sánchez vor allem die Vorreiterrolle des Kulturkreises in unterschiedlichen Dimensionen: der Kulturkreis ist der erste eingetragene Ausländerverein in Deutschland, seine Statuten dienen als Vorbild für andere Vereinsgründungen, der Verein ist als Kaderschmiede und Ausbildungsort von Vereins- und Organisationseliten für die Arbeit innerhalb der Migration und für die demokratische Aufbauarbeit in Spanien von Bedeutung, er ist die führende Frankfurter Institution bei der umfassenden Betreuung der spanischen Migranten mit einem vielfältigen Angebot kultureller, edukativer, geselliger, sportlicher und rekreativer Art.

Herr Sánchez durchläuft jedoch nicht nur eine Karriere im Verein, sondern auch in der Politik. Aus einer Sympathie für den antifrankistischen Kampf der Kommunistischen Partei nimmt er die Mitgliedschaft dieser Partei an und hat schließlich herausgehobene Positionen im linken Spektrum der spanischen Parteienlandschaft inne. Als Koordinator der Vereinigten Linken in Deutschland wird Herr Sánchez sogar auf einer Liste der PDS Kandidat für die Europawahlen und übernimmt auch hier eine Vorreiterfunktion als erster spanischer Europakandidat auf einer deutschen nationalitätenübergreifende Kandidatenliste. Die politische Karriere in Deutschland mit ihren Verbindungsmöglichkeiten nach Spanien nutzt Herr Sánchez schließlich auch als Sprungbrett für seine Rückkehr.

Innerhalb dieser positiven Selbstdarstellung erwähnt Herr Sánchez nur am Rande einige negative Seiten seines biographischen Werdegangs: so nimmt beispielsweise seine berufliche Karriere nicht den Verlauf, den er ursprünglich intendiert hatte. Bereits in Spanien muß er mehrfach berufsbiographische Karriereknicks hinnehmen, aber auch die von Deutschland aus angestrebte Rückkehr nach Spanien als selbständiger, ausgebildeter Drucker bleibt ihm aufgrund seines politischen Engagements versagt. Allerdings kann er in intelligenter Weise die berufsbiographische Stagnation für eine Zweitkarriere sowohl im Verein als auch in der Politik nutzen.

Frau García formuliert ihre Leistungsbilanz personenbezogen: ihr Auszug in die Fremde und ihre Rückkehr als gefestigte Frau ist eine Emanzipationsbiographie, in der Heteronomie zunehmend von Autonomie abgelöst wird. Frau García will ihr Leben selbst gestalten, sie kommt von einer suchenden zu einer gefestigten Identität. Migration stellt sich in ihrer Perspektive dar als gelungene Emanzipation und Identitätsbildung. Dieser Prozeß der Selbstfindung vollzieht sich bei Frau García in permanenter Auseinandersetzung mit Rollenstereotypen, ihr allgemeines Lebensthema ist der Kampf mit Rollenklischees. Bereits in Spanien wird ihr Verhalten als frauenuntypisches Abweichen von der erwarteten Normalform interpretiert, sie wird als Lesbe und Anarchistin beschimpft; in Deutschland verstärkt sich die Rollentypisierung sowohl durch die Auseinandersetzungen im Kulturkreis als auch durch die migrationsbedingte Konfrontation mit spanienbezogenen Rollenklischees und ausländerfeindlichen Stereotypen. Im Kulturkreis schlagen einerseits regionalspezifische Klassifikationen durch (Asturierin), andererseits die Abwertung ihrer Person durch Kommentare wie ‚ist doof‘, ‚benimmt sich nicht‘. Als Spanierin in Deutschland sieht sie sich mit allgemeinen Zuschreibungen wie ‚stolz wie eine Spanierin‘ konfrontiert, vor allem wird ihr in der Beobachtung und Auseinandersetzung mit deutschen Kindern und deren Eltern das Ausmaß ausländerfeindlicher Vorurteile bewußt, gegen die sie anzukämpfen sucht. Bei ihren Aufenthalten in Spanien erfährt sie wiederum eine ihrer Meinung nach ungerechtfertigte Pauschalisierung und Aburteilung von Deutschen und eine Identifizierung ihres eigenen Verhalten als ‚deutsch‘.

Gegen diese Formen der klischeehaften Zuschreibung geht Frau García vor, indem sie bewußt traditionelle Rollenkonventionen verletzt und im Umgang mit anderen provokativ-konfliktive Strategien entwickelt. Die Folge ihres Verhaltens sind Spannungen sowohl innerhalb der Familie als auch innerhalb des Elternvereins und Kulturkreises – Spannungen, die häufig im Krach enden. Es ist von daher kein Zufall, daß die Theatergruppe einen so wichtigen Stellenwert in ihrer Erzählung bekommt. Durch die Theaterarbeit kann sie sich in anderen Rollen ausagieren, kann im quasiexperimentellen Raum Rollenkonventionen durchbrechen und das enge geschlechtsspezifische Rollenverhalten, das die spanische Umgebung von ihr erwartet, allmählich ausweiten und öffnen.

Frau Garcías Bemühungen verbleiben jedoch nicht nur im abgesicherten Raum der Theatergruppe, sondern im Gegenteil: sie ist bestrebt, in ihrem sozialen Engagement ihre Erfahrungen positiv umzusetzen. So versucht sie einerseits als Elternvertreterin im Kindergarten und in der Schule, durch Bewußtseins- und Aufklärungsarbeit gegen die Diskriminierung in öffentlichen Erziehungsinstitutionen vorzugehen; andererseits bemüht sie sich, innerhalb des Vereins eine partizipative, undogmatische Form der Vereinsführung durchzusetzen. Beide Versuche fallen in ihrer Bilanzierung ambivalent aus: weder ihr (vor-)schulisches Engagement noch die Vereinsrebellion haben diejenigen Veränderungen gebracht, die sie ursprünglich beabsichtigt hatte. Am Ende ihrer Erzählung zieht Frau García eine resignative Schlußbilanz: der Kampf hat nichts oder nur wenig gebracht. Ihr ernüchterndes Fazit – „*wir lernen nicht, wir sind wie Esel*" – stellt sie neben ihre eigentliche Sehnsucht, die sie als nicht eingelöste transkulturelle Utopie formuliert.

Die Bilanzierung von Herrn Delgado und Herrn Salinas ist nicht auf eine bestimmte Dimension der eigenen Biographie fokussiert, sondern umfaßt ganz unterschiedliche Themenblöcke, die erfolgs- und mißerfolgsbezogen kontrastiert werden. Zum einen sprechen sie die ernormen Anpassungsleistungen und -anstrengungen bei der Integration in die deutsche Gesellschaft an und ihr allmähliches sich Emporarbeiten bis zum gleichberechtigten, akzeptierten Bürger trotz der vielfältigen strukturellen Benachteiligungen und Diskriminierungen. Zum anderen thematisieren sie die Leistungen des Vereins als Solidargemeinschaft und Hilfe für andere, aber auch als Ort der Bewahrung der spanischen Kultur sowohl für die eigene Selbstvergewisserung als auch für die Weitergabe der spanischen Sprache an die nächste Generation. Desweiteren ist für sie der politische Kampf für die Demokratie in Spanien unter den erschwerten Bedingungen der Bespitzelung durch eigene Landsleute und der restriktiven Genehmigungspraxis politischer Aktivitäten in Deutschland von Bedeutung. Hinsichtlich der Europäischen Vereinigung sprechen sie die Leistung der Migranten als Promotoren dieses Prozesses an, Migration ist für sie eine historisch bereits umgesetzte Variante der langwierigen realgeschichtlichen Einlösung dieses Prozesses. Dann ist ihnen auch der Karriereerfolg der zweiten Generation erwähnenswert und zwar sowohl ausbildungsmäßig (Schule, Berufsausbildung, Studium) als auch hinsichtlich der bereits erreichten Berufspositionen. Und schließlich thematisieren sie die Bedeutung der Migration für das eigene, persönliche Leben: die Lernerfolge, die Auseinandersetzung mit der Fremde, die ökonomische Absicherung.

Neben dieser positiven Bilanzierung spricht vor allem Herr Delgado die negativen Seiten der Migration an. Für ihn ist der Migrant ein Anpassungsheroe, der im Prozeß der Integration einen Leidensweg durchläuft und enorme Anstrengungen unternehmen muß, um das Ausmaß der abverlangten Leistungen auch nur einigermaßen zu bewältigen. Auch der Vereinseinsatz hat negative Seiten wie zeitliche Belastungen, Vereinsquerelen oder Undank der politischen Mitstreiter. Die eigene Integration wird zudem durch die Existenz von Rassismus belastet, aber auch durch ausländische Neuankömmlinge bedroht. Vor allem aber ist der allmähliche Entfremdungsprozeß von den Kindern eine die positive Gesamtbilanzierung stark belastende Dimension.

1.4. Erzählen im Modus des Vergleichens und Kontrastierens

Der bilanzierende Charakter der Interviews wird dadurch noch verstärkt, daß die Interviewpartner ihr Leben im Modus des Vergleichens, des Abgleichens, des Abwägens erzählen. Vier Dimensionen können in diesem Prozeß der permanenten Kontrastierung unterschieden werden: die geographische (Spanien-Deutschland), die zeitliche (damals-heute), die intergenerative (alt-jung) und die kohortenspezifische bzw. individualbiographische (ich-die anderen).

Hinsichtlich der geographischen Dimension ist nicht nur das Vergleichspaar Spanien – Deutschland aus der Emigrationsperspektive, sondern auch der Kontrast Deutschland-Spanien aus der Remigrationsperspektive von Bedeutung. In *politischer* Perspektive steht Spanien für die Franco-Diktatur und den politischen Kampf, aber auch für die erfolgreiche Durchsetzung der Demokratie und für die damit entstandenen politischen Entfaltungsspielräume. Deutschland hingegen wird als das Land der bereits etablierten demokratischen Freiheiten gesehen, das allerdings die politische Betätigung der Migranten durch eine restriktive Vereinsgesetzgebung lange Zeit eingeschränkt hat. In *ökonomischer* Perspektive ist Spanien die arme, rückständige Provinz mit hoher Arbeitslosenzahl, während Deutschland durch harte Währung, ausgebaute Sozialversicherungssysteme, gute ärztliche Versorgung etc. hervortritt. Der Arbeitslosensituation dort entspricht die berufliche Deprivilegierung – zumindest in der Anfangsphase – hier. In *kultureller* Perspektive wird Spanien als Land der kulturellen Vernachlässigung und schulischen Unterversorgung thematisiert gerade mit Blick auf das geringe formale Bildungsniveau vieler Migranten, während Deutschland vor allem als Land der guten (berufs-)schulischen Ausbildung für die zweite Generation in den Blick kommt. Als erschwerender Integrationsfaktor wird die komplizierte grammatikalische Struktur der deutschen Sprache angeführt, die viele Migranten in einem sprachlichen Ghetto beläßt. In *sozialer* Perspektive wird Spanien als Ort der fraglosen Zugehörigkeit und Heimat mit Deutschland als dem Ort der – nur mühsam – erworbenen Zugehörigkeit kontrastiert, an dem Diskriminierung und Mißtrauen, aber auch wohlwollend-neutrale Akzeptanz herrscht. Aufgrund dieser doppelten geographischen Bezugnahme und Sozialisation präsentieren sich die Interviewpartner – und insbesondere Frau García – nicht nur als Experten im Kultur- und Systemvergleich, sondern praktizieren auch Formen der Überwindung bzw. Eliminierung geographischer Distanz: durch den Verein, durch die Verpflanzung der Sozialbeziehungen von Spanien nach Deutschland, durch die Ausprägung von Pendelexistenzen, durch die Aufhebung der Migration aufgrund neuer politischer Kontextuierungen (Europa). Mit diesen Praktiken stilisieren sie sich zu Personen, die Migration nicht nur passiv erdulden, sondern als Überbrückungs- und Übergangskünstler aktiv zu gestalten suchen.

Hinsichtlich der zeitlichen Dimension wird von allen Interviewpartnern der radikale Veränderungsprozeß über die Zeit hinweg thematisiert. Das ‚damals' und das ‚heute' wird in einem starken Kontrast zueinander entfaltet: damals war es ganz anders als heute, heute ist es ganz anders als damals. Die zwei Zeiten sind zwei Welten, die kaum noch ineinander übersetzbar sind, die alte, vergangene Zeit ist von der nachfolgenden Generation, aber auch von der eigenen Betroffenengruppe kaum mehr nachvollziehbar. Die Vergangenheit ist verschwunden, Weggefährten und Familienmitglieder sind gestorben, Institutionen (Firmen), die einen erheblichen Prägeeffekt auf das eigene Leben hatten, existieren nicht mehr. Die zeitliche Differenz wird von den Interviewpartnern durch unterschiedliche Erzählfiguren überbrückt oder in ihrer Unterschiedlichkeit noch radikalisiert: durch Prozeßkategorien, die auf eine zunehmende Steigerung der eigenen Handlungssouveränität hinauslaufen (von der Diskriminierung zur Promotorenschaft, vom Erleiden zum Gestalten, von der heroischen Anstrengung zur Bewältigung durch Lernen, etc.); durch Kontrastierungen wie ‚damals schwer'-'heute leicht', in denen Gesamtbündelungen vorgenommen werden wie: keine Schule, keine Sprachkenntnis, Diktatur, keine Unterstützung, schlechte Jobs, keine Akzeptanz (damals) bzw. schulischer Erfolg, sozial integriert, ökonomisch abgesichert, berufliches Fortkommen, Demokratie (heute); oder aber auch durch Differenzen wie ‚damals einfach'-'heute kompliziert', die sich vor allem auf die Auseinandersetzung mit Neuausländern und die Sicherung des eigenen Sozialstatus beziehen: einfache Behördengestaltung, rigide, aber klare Gesetzesvorgaben, sozial problemlose Anpassung (damals) bzw. Komplizierung durch Nationalitätenfülle, größere Kulturdifferenz, Arbeitsscheu (heute).

Hinsichtlich der intergenerativen Dimension kommentieren die Interviewpartner vor allem die Differenzen zwischen den ‚Alten' und den ‚Jungen', insbesondere die Unterschiede in der schulischen Ausbildung, im Beherrschungsgrad der deutschen Sprache, in der geographisch-lebensgeschichtlichen Verortung. Diese Differenzen zeigen sich auch in dem Kontrastschema, mit dem vor allem Herr Delgado und Herr Salinas operieren: nämlich die Betonung von Nachteilen/Schwierigkeiten auf Seiten der eigenen Generation sowie das Herausstreichen von Vorteilen/Leichtigkeiten auf Seiten der jungen Generation. Die Sozialisationsdifferenz zwischen den Generationen in Bezug auf das geographisch-nationale Zugehörigkeitsgefühl wird von ihnen bereits als so groß angesehen, daß auch das Schema fremd/vertraut oder Distanz/Bindung zur Charakterisierung der intergenerationellen Unterschiede Verwendung findet. Besondere Bedeutung weisen dabei die älteren Migranten der sozialisatorischen Prägekraft der Institution Schule sowie der nationalitätenübergreifenden Zusammensetzung der Lebens- und Alltagskreise der jungen Generation zu. Die eigenen Kinder haben nicht nur einen Mehrnationenbezug durch ihren Freundeskreis, sondern gehen vornehmlich in deutsche Institutionen zur eigenen Interessenvertretung und Artikulation. Die Entfremdungsprozesse zwischen den Generationen zeigen sich nicht zuletzt auch an der nicht erfolgten oder abgelehnten Kommunikation über Vergangenheit und Spanienbezug – *„die ollen Kamellen von der Heimat der Eltern"* –, an der versagten Kontinuierung von Solidaritätsbereitschaft oder an den Konflikten bei den Remigrationsbestrebungen der Älteren.[134]

Hinsichtlich der individual- und kollektivgeschichtlichen Dimension wird in den Interviews eine z.T. starke Spannung zwischen dem ‚Ich' der eigenen

---

134 Eine weitere im Interview thematisierte Dimension intergenerativer Kommunikation ist die Auseinandersetzung mit und die Prägung durch die spanische Vätergeneration, die am Bürgerkrieg teilgenommen hat, im Gefängnis saß, mit Franco sympathisierte, etc. Es sind durchweg Überväter in ihrem solidarisch-verständnisvollen oder autoritär-diktatorischen Handeln, an und von denen sich die Interviewpartner reiben, orientieren, abarbeiten, distanzieren.

Biographie und dem ‚Wir' der Kollektiverfahrung sichtbar. Diese Spannung zeigt sich beispielsweise in den Abgrenzungs- und Positionierungsversuchen von Frau García und Herrn Delgado, die ihr eigenes Leben mit den Erfahrungen anderer – ähnlicher oder fremder – Altersgruppen kontrastieren: den zuhause Gebliebenen, den Frömmlerinnen, den Mitmigranten, den Neuausländern, etc. Während Frau García sich in ihrem Rollentypisierungen durchbrechenden Verhalten als Einzelgängerin und Außenseiterin erfährt, die einerseits aneckt, andererseits auch Alterskolleginnen mitziehen kann, ist Herr Delgado bestrebt, Gemeinsamkeiten und Differenzen seines biographischen Werdegangs im Vergleich zum Werdegang seines Miterzählers festzuhalten. Gerade er thematisiert immer wieder die Gleichzeitigkeit des Eingebundenseins in eine Kollektiverfahrung und des Herausfallens aus dieser gemeinsamen Erfahrungsfront. Die biographische Reflexion, die aus der Vergegenwärtigung der unterschiedlichen lebensgeschichtlichen Möglichkeiten biographischer Vergleichsgruppen heraus resultiert, führt bei ihnen daher sowohl zu einer Identifizierung gleichlaufender Erfahrungsprozesse als auch zu einer Festschreibung singulärer Erfahrungsaufschichtung.

1.5. Kollektivierung des Erzählens

Die Spannung zwischen Individual- und Kollektivgeschichte zeigt sich in den Interviews auch an der zunehmenden Kollektivierung der Erzählens durch die immer größer werdende Anzahl der während des Interviews anwesenden bzw. beteiligten Personen. Obwohl ursprünglich nur Einzelgespräche intendiert waren, erfuhr der Interviewer im Verlauf der unterschiedlichen Interviewanbahnungen mehrfach eine eigendynamische Fremdbestimmung durch seine Interviewpartner, die offen oder verdeckt die Interviewsituation gemäß ihren eigenen Vorstellungen und Bedürfnissen definierten. Diese Umorientierung der vom Interviewer beabsichtigten Gesprächsperspektive zeigt sich vor allem an der Präsenz zusätzlicher Personen, die an den Gesprächen mehr oder weniger aktiv teilnahmen.

Herr Sánchez ist das Paradebeispiel eines Einzelgespräches zuhause in seiner eigenen Wohnung, allein und ungestört. Er nutzt das Interview als Bühne der biographischen und politischen Probeselbstdarstellung, erzählt eine biographische Kollektivgeschichte im Verein und gibt eine gesellschaftspolitisch fundierte Analyse und Einbettung der Migration.

Das Gespräch mit Frau García, das ursprünglich ebenfalls als Einzelinterview verabredet war, findet – ohne weitere Vorankündigung – in Anwesenheit einer Freundin und Vereinskollegin – Frau Botifoll – statt. Allerdings hält sich Frau Botifoll stark im Hintergrund, sie bedient das Telefon und klinkt sich nur an einigen wenigen Stellen ein. Ihre stille Anwesenheit hat eine dienende Funktion für die Hauptdarstellerin, die das Interview auch als einen Ort der Vergewisserung und des Abschiednehmens vom Verein, von ihrem Leben im Verein nutzt. Die Interviewsituation findet nicht nur geographisch im Verein statt – und zwar zeitlich im direkten Anschluß an eine Vereinsaktivität (Frauengymnastikgruppe) –, sondern die (Vereins-)Kollektivität wird auch durch die Anwesenheit einer Vereinskollegin repräsentiert.

Herr Delgado und Herr Salinas sind vom Interviewer ebenfalls um ein Einzelinterview gebeten worden; aber bereits im Vorfeld der Terminvereinbarung wird vor allem von Herrn Salinas die Möglichkeit eines gemeinsamen Gesprächs ins Spiel gebracht. Er übernimmt die Initiative, indem er Herrn Delgado von der gemeinsamen Gesprächsmöglichkeit unterrichtet, einen Termin ausmacht und diesen dem Interviewer mitteilt. Das Interview findet im häuslichen Rahmen bei zelebrierter Gastfreundschaft statt, wobei im Verlauf des Gesprächs nicht nur die Zahl der anwesenden Personen variiert (zwischen drei und sieben), sondern auch die unterschiedlichen Altersgruppierungen des Migrantenkollektivs. Das Interview ist somit Ort einer gemeinsam erzählten und gesicherten Kollektivgeschichte in familärer Runde unter Anwesenheit der zweiten Generation.

2. Die Bedeutung des Vereins

In allen drei Interviews wird der Verein als eine prägende Institution für das eigene Leben und das Leben der Migranten generell beschrieben. Der Verein ist der Ort, an dem unterschiedliche Interessen zusammenlaufen und gebündelt werden, der als Plattform vielfältigster Bestrebungen genutzt wird, der Biographien bestimmt und ihnen neue Felder erschließt. Gleichzeitig ist der Verein aber auch von den Biographien der Vereinsmitglieder abhängig, von ihren Interessen und Zeitbudgets, die sie in den Dienst des Vereins stellen.

Das Spektrum der Vereine, die in den Interviews vorkommen, ist breit gefächert: politische Vereinigungen (Sozialistische Spanische Arbeiterpartei, Kommunistische Partei, Vereinigte Linke, etc.), allgemeine Vereine wie der Spanische Kulturkreis und das Demokratische Haus, Vereine, die auf eine bestimmte Funktion spezialisiert sind wie die Eltern- und Sportvereine, Initiativen im Bereich der Ausländerarbeit, die spanische und nicht spanische Personen umfassen, Vereine anderer Nationalitäten, mit denen koopiert wird (Italiener, Portugiesen), Vereinsabspaltungen (Gewerkschaftsatheneäum), etc. Alle vier Interviewpartner machen deutlich, daß ihr Leben auf unterschiedliche Vereine ausgerichtet war und ist – entweder simultan durch den gleichzeitigen oder zeitversetzt durch den alternierenden Bezug auf verschiedene Vereine. In den Erzählungen dominieren jedoch der Spanische Kulturkreis und das Demokratische Haus, was durch die aktive Beteiligung der Interviewpartner an diesen beiden Vereinen zum Zeitpunkt der Interviews auch naheliegt.

2.1. Biographischer Bezug

Bei Herrn Sánchez handeln große Teile des Interviews vom Kulturkreis: er schildert den Werdegang des Vereins von seinen Anfängen über die allmähliche Entwicklung und Blütezeit bis hin zu seinem gegenwärtigen Verfall. Diese diachrone Perspektive wird ergänzt durch eine sychrone Beschreibung der vielfältigen funktionalen Vereinsaufgaben. Daneben thematisiert Herr Sánchez aber auch die biographische Bedeutung des Vereins, indem er seine eigene Biographie mit der Vereinsbiographie identifiziert und parallelisiert. Herr Sánchez ist Mitgründer und prägendes Mitglied des Kulturkreises. Er verbringt den größten Teil seiner Freizeit im Verein, den er als Forum zur Ausübung unterschiedlichster Funktionen nutzt. Er gehört zum Vereinsestablishment, das die Geschichte des Vereinslebens in Deutschland maßgebend mitgeprägt hat. Mit seinem Weggang nach Spanien verschwindet diejenige Generation, die die historische Mission des Vereins getragen hat. Sein Weggang markiert das Ende einer Ära sowohl individualbiographisch als auch vereinsbiographisch. Das Vereinsengagement ist bei Herrn Sánchez gekoppelt an eine Berufsarbeit, die ihn nicht zu sehr fordert und die ihm Zeit läßt. Berufliche Stagnation und Bescheidung ist die berufsbiographische Voraussetzung für seine zeitintensive Vereinsbeteiligung. Das Verhältnis von Berufs- und Vereinsarbeit entspricht dem Verhältnis von Beruf und Hobby, wobei das Hobby im Verhältnis zur Berufsarbeit einen so breiten Raum einnimmt, daß man beinahe von einem Umkehrverhältnis sprechen kann. Die Vereinsarbeit ist für Herrn Sánchez eine Art Ersatzberuf, eine Alternativkarriere mit unterschiedlichen Einsatz- und Anschlußmöglichkeiten.

Auch in der Erzählung von Frau García ist die Beteiligung am Verein in vielfältiger Weise präsent. Neben ihrem Engagement im Elternverein und als Elternbeirat des Kindergartens steht vor allem der Kulturkreis im Vordergrund ihrer Erzählung, bei dem sie drei Formen des Vereinsbezugs unterscheidet. Zu Beginn steht sie dem Vereinsleben distanziert-ablehnend gegenüber aufgrund familiärer Zeitbeschränkungen, aber auch aufgrund der vorgefundenen Sozialbeziehungen. Der Verein für sie in dieser Phase ein selektiv nutzbares Forum unterschiedlichster Aktivitäten. Erst über die Theatergruppe als einer spezifischen Gruppe innerhalb des Vereins integriert sie sich zunehmend in den Kulturkreis. In der konfrontativen Auseinandersetzung entwickelt sich die Gruppe als Opposition zum Vereinsestablishment, der ein Übernahmecoup gelingt. Frau García wird Vorstandsmitglied und setzt große Veränderungen durch, allerdings nur mit begrenztem Erfolg. Frau García entwickelt langsam und über mehrere Schritte ein zunehmendes Intensitätsverhältnis zum Verein und kommt von selektiver Distanz zu engagierter aktiver Teilnahme. Der Kulturkreis ist kein kontinuierlicher Bezugspunkt ihres Lebens, sondern gewinnt erst durch die Partizipationsmöglichkeiten, die sie über das Bindeglied Theatergruppe sieht, an Bedeutung. Der Verein wird Teil ihrer Emanzipationsbiographie und ermöglicht ihr eine neue Form der Auseinandersetzung und Abarbeitung an ihrem Lebensthema: dem Kampf um die Anerkennung als Person und der Weigerung, als Rollenträgerin einer bestimmten sozialen Gruppierung abgestempelt zu werden.

In der Erzählung von Herrn Delgado und Herrn Salinas nimmt das Vereinsleben einen wichtigen, aber keinen dominanten Stellenwert ein. In ihrer bilanzierenden Rückschau steht das Vereinsthema gleichberechtigt neben einer Vielzahl anderer Themen, die sie ansprechen. Die Vereinsarbeit ist für beide ein wichtiger Bezugspunkt durch die unterschiedlichen Leistungen und Funktionen, die der Verein für die Migration erbracht hat. Herr Delgado ist ebenfalls ein Vereinsaktiver, der für seine Ideale einen Großteil seiner Zeit und Kraft einsetzt. Er leidet an und mit dem Verein, sieht seine Mängel und Unzulänglichkeiten und ist gleichzeitig stolz auf die erreichten Leistungen. Der Verein ist für ihn ein Ort der solidarischen Hilfe, der Bewahrung der spanischer Kultur, der Tradierung spanischer Werte an die nächste Generation. Er sieht den Verein vor allem aus der Perspektive des opferbereiten Einsatzes seiner Mitglieder. Die vielfach bedrohte Existenz des Vereins muß immer wieder neu gegen die feindliche Umwelt erkämpft werden, wozu es der Mobilisierung und Anstrengung der Mitglieder bedarf.

2.2. Nutzungsformen und Selbstpositionierungen: Menschen, Gruppierungen und Erfahrungen im Verein

Neben dem biographischen Bezug ist für die Interviewpartner der Verein auch in sozialer Hinsicht von Bedeutung, da er die Möglichkeit bereitstellt, sich im Verhältnis zu anderen – vereinsinternen oder vereinsnahen – Gruppierungen und Personen zu positionieren. Der Verein fungiert als Institution, die unterschiedliche Personen(-gruppen) zusammenbringt und die die Notwendigkeit der Auseinandersetzung und der Positionierung der eigenen Person in Abgrenzung zu anderen Personen(-gruppen) provoziert.

Herrn Sánchez klassifiziert die verschiedenen Gruppierungen und die unterschiedlichen Formen der Vereinsbeteiligung bzw. Vereinsnutzung aus der Perspektive eines altgedienten Vereinsorganisators, der um die Mechanismen der Vereinsgestaltung weiß und der auch über die entsprechenden Deutungen verfügt. Er unterscheidet zwischen dem Vereinsestablishment, zu dem er selbst gehört, der intellektuellen Elite des Vereins mit ihrem uneigennützigen Einsatz, den politischen Gruppierungen wie Kommunisten, Anarchosyndikalisten oder Sozialisten, die um die Kontrolle im Verein kämpfen, der unpolitischen Jugend, die nur an Drogenkonsum und Vergnügungen interessiert ist, und dem einfachen Mitglied, das nur vorübergehende Hilfe erwartet, das sich durch mangelnde Konstanz auszeichnet und das den Verein nur sporadisch nutzt. Daneben erwähnt er noch die Vereinsaktiven, die bereits nach Spanien zurückgekehrt sind und den Verein in seiner Aufbau- und Blütezeit geprägt haben, sowie die Kollegen, die noch in Deutschland sind und denen nur noch eine Art Nachlaßverwaltung übrigbleibt. Die zweite Generation ist in der Vereinsthematisierung von Herrn Sánchez nur negativ präsent: sie ist abwesend, nutzt den Verein nicht, hat andere Orte der Vergesellschaftung und Interessenvertretung. Frau García sortiert die Gruppen im Verein aus der Perspektive ihrer eigenen Betroffenheit und aus der Distanz einer kritischen Beobachterin: sie erwähnt zunächst die alte privilegierte Elite, die dogmatisch und autoritär an festgefahrenen Traditionen festhält, der sie Verkrustung und Mangel an persönlicher Entfaltung vorwirft, die in ihrem Spanienbezug die Öffnung zu der sie umgebenden Gesellschaft versäumt hat und die ohne deutsche Sprachkenntnisse in der Innenwelt des Vereins verharrt. Zum Teil überlappend zu dieser Gruppe thematisiert sie die – älteren – Frauen, zu denen sie ein höchst ambivalentes Verhältnis entwickelt. Dagegen setzt sie die neuen, jüngeren Vereinsmitglieder, Frauen mit anderen Erfahrungen und Wünschen, die experimentieren und ihr eigenes Rollenverhalten in Frage stellen, die sich allmählich zur Oppositionsgruppe formen und die alteingefahrenen Muster der Vereinsführung kritisieren. Frau García bringt die Differenz von Vereinselite/Vorstand und einfachem Mitglied zur Sprache, aber auch ihren Alternativvorschlag zu einem selbstherrlichen Vorstand und befehlsgewöhnten Empfängern. Der Verein ist für sie ein Forum der Auseinandersetzung mit autoritären Formen des mitmenschlichen Umgangs. Auch sie thematisiert die Jugend als eine verlorene Gruppe, als einen Verlustposten, den der Verein nicht zu binden in der Lage war. Frau García reproduziert Klassifizierungen im Verein, die für sie real erlebbar sind; der Verein besteht für sie nicht aus einer homogenen Gruppe von Spaniern – ein Label, das ihrer Meinung nach Unterschiede, die zwar nach außen nicht sichtbar sind, nach innen aber dennoch wirken, nur vertuscht. Allerdings sortiert sie den Verein selbst stark nach Kategorien und reproduziert somit Muster, die sie eigentlich kritisiert und denen sie zu entkommen sucht.

Herr Delgados gruppenbezogene Sicht auf den Verein ist weniger ausdifferenziert. Er streicht die herausragende und verdienstvolle Rolle einzelner Vereinsmitglieder und Gruppierungen, insbesondere der Kommunisten, bei der Organisation von Aktivitäten heraus. Demgegenüber beklagt er die Passivität von Mitgliedern, die sich aus Zeit- und Sparsamkeitsmotiven nur schwer zur Mitarbeit motivieren lassen. Wichtig ist ihm die zweite Generation und die Arbeit zum Nutzen der Kinder.

2.3. Dimensionen des Vereins

In den Erzählungen der vier Interviewpartner werden die Arbeit und Aufgaben des Vereins in sehr unterschiedlicher Weise angesprochen. Der Verein erscheint damit als polyfunktionale Institution, die vielfältige biographische Anschlußmöglichkeiten zuläßt:

Zunächst ist der Verein ein Bindeglied zwischen der Aufnahme- und der Herkunftsgesellschaft. Er ist eine institutionelle Zwischenwelt, weder der einen noch der anderen Seite eindeutig zuzuordnen. Aus dieser Spannung heraus bezieht er seine Dynamik, wenngleich sich die Pole im Laufe der Zeit verschieben. Der Verein vollzieht eine Doppelung der Welt, er ist gleichzeitig Spanien in Deutschland und Deutschland in Spanien. Er bewegt sich auf einem Kontinuum von Geschlossenheit und Offenheit, von abgeschottetem Ghetto und offenem, mit der Umwelt verzahntem System. Der Verein stellt eine Zwischenwelt dar, einen Ort der Spannung mit bedeutenden Vermittlungsfunktionen. Er erleichtert die Integration in die deutsche Gesellschaft, indem er spezifisches Wissen zur Bewältigung von Alltagssituationen bereithält, indem er mit dem Wertekodex der Aufnahmegesellschaft vertraut macht, indem er einen Schutzraum für Lern- und Erholungsprozesse bietet, indem er die Vertretung der Interessen für die Migranten wahrnimmt, etc. Gleichzeitig ist er ein Ort, der die Heimatwelt aufrechterhält, die Sehnsucht nach Rückkehr nährt, der Differenzbewußtsein radikalisiert, der Kultur und Sprache bewahrt und tradiert. Im Verein existiert eine polare Spannung zwischen Vergangenheit und Zukunft, Herkunft und Ankunft, Abgabe und Aufnahme, Deutschland und Spanien.

Weiterhin ist der Verein ein Ort polyfunktionaler Aufgabenbündelung, der spezifische Hilfeleistungen sowohl für die eigenen Mitglieder (Ämterbegleitung, Hausaufgabenhilfe, etc.) als auch für andere Vereine (Statutenvorgabe) oder Personen (Häftlinge in Spanien) bereitstellt. Der Verein ist Ort geselliger Freizeit mit seinem Zusammenspiel aus Kulinarik, Festekultur, Aufenthaltsmöglichkeit, Spielgelegenheit, Austausch und Kommunikation. Er ist Ort der Kontrastierung und Parallelisierung von Erfahrungen, Ort der Kommunikation in der Muttersprache, Ort der Bewahrung von Kultur sowie der Ausübung und Einübung in kulturelle Bräuche. Der Verein hat Vermittlungsaufgaben für die nächste Generation bei der Tradierung von Sprache sowie der Weitergabe und Bewahrung spezifischer Kultur- und Festetraditionen, die erst im Kontrast und in Abgrenzung gegen deutsche Traditionen bewußt erlebbar werden.

Desweiteren ist der Verein ein Ort des Lernens und Lehrens, der unter seinen Mitgliedern Breitenwirkung erreicht durch die Bereitstellung unterschiedlicher Lernangebote wie Vorträge, Diskussionsrunden, Kurse, Unterricht in (Fremd-)Sprachen, Tanz und Musik, aber auch aufgrund der institutionellen Möglichkeiten der Selbst- und Gruppenbildung durch verschiedene autonom arbeitende Gruppierungen (Theater, Folklore, Zeitschrift, Musik, Sport), durch die Unterhaltung von Bibliotheken, durch die Organisation von Gruppenprozessen. Eine besondere Wirkung entfaltet der Verein durch eine spezifische Form ‚inneremigrativer' Weiterbildung: einerseits durch die Bildung von Vereinseliten und Migrationskadern, die als Organisatoren, Multiplikatoren und Vereinsaktive für die Aufrechterhaltung und Weiterentwicklung des selbstorganisierten Vereinsgeflechts sorgen, andererseits durch die Ausbildung von gewerkschaftlich-politischen Funktionären, die den Demokratisierungsprozeß und den Aufbau demokratischer Institutionen und Einrichtungen der Interessenvertretung in Spanien mittragen. Für beide Gruppen ist der Verein ein Ort der Einübung in organisatorische Kompetenzen der Selbstverwaltung und der Vermittlung von Spezialwissen auf dem Gebiet der Vereinsführung (Durchführung von Wahlen, Satzungsarbeit, Moderation, Rechnungslegung, Finanzprüfung, Gemeinnützigkeit, Mitteleinwerbung, etc.). Der Verein ist aber auch ein Ort des Lehrens, an dem die Vereinsaktiven Unterricht geben wie beispielsweise Herr Sánchez, der in Maschinenschreiben unterrichtet, oder Herr Delgado, der Lesehilfen gibt, Konversationsunterricht macht und Vorträge hält. Der Verein hat für die Vereinselite und die akademisch gebildeten Mitglieder geradezu die Funktion, Wissen sowohl in mündlicher als auch in schriftlicher Form (Vereinszeitschrift) unentgeltlich weiterzugeben. Schließlich ist der Verein auch ein Ort des Verlernens bereits erlernter Fähigkeiten. Insbesondere Herr Sánchez thematisiert die Verlernprozesse, die sein Vereinsengagement in einer rein spanisch geprägten Umwelt für seine deutsche Sprachbeherrschung mit sich gebracht hat. Aber auch Frau García sieht in der Ghettoexistenz des Vereins eine Lernbehinderung, da sich Personen nicht weiterentwickeln, sich nur auf eine Dimension ihrer Existenz (politischer Kampf) konzentrieren und keine Öffnung hin zur Umwelt vollziehen.

Schließlich ist der Verein ein Ort der politischen Auseinandersetzung und politischen Bildung in unterschiedlichen Richtungen: zum einen ist der Verein ein Ort des politischen Gesprächs, der Aufklärung, der Meinungsbildung; zum anderen aber auch ein Ort, den es politisch zu beherrschen gilt, an dem verschiedene Gruppen um die Vorherrschaft kämpfen (politische Kampfarena im Kleinen). Daneben stellt der Verein eine Plattform für die politische Arbeit sowohl in Richtung Spanien (Kampf um Demokratie, Gefangenenunterstützung, Vorreiterrolle für den Demokratisierungsproßeß in Spanien) als auch in Richtung Deutschland (Anerkennung, Interessenvertretung, doppelte Staatsbürgerschaft etc.) bereit.

Zuletzt hat der Verein auch eine gesellschaftliche Einbettung und steht in Beziehung zu ganz unterschiedlichen Institutionen. Er ist abhängig von vereinsrechtlichen Bestimmungen für Ausländer (restriktive Vereinsregelungen, die erst allmählich aufgebrochen werden, enge Grenzen für politische Betätigung), städtischen Einrichtungen (Stadtkasse, Finanzamt, Rathaus), wohlfahrtsstaatlichen Interessenverbänden (Caritas) oder nationalstaatlichen Behörden (Konsulat). Er hat Kontakt und kooperiert mit anderen deutschen und ausländischen Vereinen, erhält und gibt materielle und ideelle Entwicklungshilfe (Club Voltaire, DGB, Volksbildungsheim, Ausländervereine in anderen Städten), ist Mitglied von Zusammenschlüssen auf Landes- und Bundesebene (Elternvereine, Föderation) und ist selbst von funktionalen Ausgliederungen (Elternverein) oder Spaltungen (Gewerkschaftsathenäum) betroffen.

2.4. Der Verein als sich verändernde Institution

Der Verein ist in den Erzählungen keine statische Einrichtung, sondern eine Institution, die Veränderungsprozessen unterliegt. Herr Sánchez spannt einen – in biologischen Metaphern ausgedrückten – Bogen vom Anfang bis zum Ende, von der Geburt bis zum Tod. Seine gegenwärtige Vereinsbeschreibung ist krisenhaft, in seiner Wahrnehmung ist der Kulturkreis nur noch kurzfristig überlebensfähig. Auch Frau García macht eine ähnliche Diagnosefeststellung, indem sie auf die mangelnde Beteiligungsbereitschaft der Mitglieder hinweist und Überlegungen bezüglich räumlicher Verkleinerung anstellt. Für beide hat die Krise des Vereins mit dem generellen Schwund spanischer Migranten in der Bundesrepublik zu tun, aber auch mit der verstärkten Rückkehr gerade der Vereinsaktiven der ersten Generation. Dazu kommt, daß sich der Verein generationenmäßig nicht erneuert. Die jüngere Generation geht eigene Wege, sie braucht den Verein nicht mehr und hat eigene Foren der Interessenvertretung. Ebenso vernachlässigbar ist die spanische Neueinwanderung, die zudem in einem anderen Rahmen stattfindet, da die Neumigranten gut ausgebildet sind und den Kontakt mit Deutschen bevorzugen. Auch die veränderten politisch-rechtlich-gesellschaftlichen Rahmenbedingungen machen das ursprüngliche Vereinsmodell obsolet. Der Verein hat nicht mehr dieselben Anpassungsfunktionen wie früher, als die Rotation immer wieder neue Spanier nach Deutschland brachte. Seine Funktionen müssen gegenwärtig neu beschrieben werden, wenn der Verein überhaupt noch eine Chance der Weiterexistenz haben und nicht ein historisch bald überholtes Auslaufmodell darstellen will. Reformversuche des Vereins, die Herr Sánchez und Frau García beschreiben, sind in ihren Resultaten jedoch ambivalent, so daß beide der Zukunft des Vereins eher skeptisch entgegensehen. Für Herrn Sánchez ist der Verein ein sterbender Patient, der auch durch die partielle Kooperation mit Deutschen und die Zusammenarbeit mit anderen ausländischen Vereinen nicht existenzfähig ist. Aber auch Frau García sieht sich mit ihrer Reformpolitik – der Abschaffung alter Privilegien, der Durchsetzung einer realen Demokratisierung im Verein, der Praktizierung eines partizipativen Führungsstils, der offensiven Integration des Deutschen in den Verein, etc. – als gescheitert an, so daß auch in ihrer Sicht der Verein einer äußerst ungewissen Zukunft entgegensieht.

Herr Delgado und Herr Salinas dagegen sind Mitglieder eines Vereins mit einer ganz anderen Entwicklung. Während der Kulturkreis einen innervereinlichen Krisenprozeß durchlebt bzw. durch die zunehmende Erosion der Spanienorientierung und den Verlust der politischen Priorität allmählich verfällt, ist die Geschichte des Demokratischen Hauses durch einen institutionellen Bruch geprägt. Seine Krise ist bedingt durch die Auseinandersetzung mit einer deutschen Institution, seine Reform liegt in der Loslösung von der Bevormundung durch die Caritas. Durch den – auch juristisch ausgetragenen – Kampf um ein eigenes Haus erfährt der Verein eine Stärkung des Zusammenhalts unter den Mitgliedern. Während der Kulturkreis als erster selbständiger Verein von seiner Vergangenheit zehrt, macht das Demokratische Haus einen Prozeß zunehmender Emanzipation und Selbstbestimmung durch. Dazu kommt, daß das Demokratische Haus als Dachverband autonomer Vereine fungiert und somit stadtteilbezogen für eine organisatorische Bündelung sorgt. Ein weiteres Element, das die gegenwärtige Stärke des Vereins dokumentiert, ist seine intergenerative Ausrichtung und sein erfolgreiches Bestreben, die zweite und dritte Generation anzusprechen.

3. Die Thematisierung eigener Bildungsprozesse

Unter einer bildungsbiographischen Perspektive fällt bei allen vier Interviewpartnern die große Bedeutung autodidaktischen, selbstorganisierten, personen- und familiengestützten, aber auch institutionell abgesicherten Lernens auf. Allerdings weisen die vier Biographien keine institutionell vorgegebenen Karrieremuster durch staatlich-öffentliche Bildungseinrichtungen auf. Ihre Lernbiographien setzen sich vielmehr wie ein Puzzle oder Mosaik aus vielfältigsten Lernbestrebungen zusammen, mit denen sie einerseits auf die defizitäre Ausbildungssituation in Spanien reagieren, andererseits versuchen, die Integrationsanforderungen in Deutschland zu bewältigen. Gemeinsam ist allen vier Interviewpartnern, daß sie nur die staatliche Volksschule absolviert haben, teilweise nicht einmal in der Lage waren, aufgrund der frühzeitig erfolgten Eingliederung in den Arbeitsprozeß die Schulpflicht zu erfüllen. Gemeinsam ist ihnen auch die Kritik an den schlechten erzieherischen und schulischen Ausgangsbedingungen in Spanien. Ihre Kritik bezieht sich dabei auf die Vernachlässigung der schulischen Bildung durch den Staat, auf die soziale Kontrolle der Falange und der Kirche als der beiden zentralen Sozialisationsagenturen, auf die Koppelung des weiterführenden Schulbesuchs an die Bezahlung von Schulgeld, auf die Bindung der Noten an die Erfüllung religiöser Praktiken und auf den reduzierten Umfang der vermittelten Kenntnisse mit ihrer Beschränkung auf Alphabetisierung und religiös-politische Indoktrination.

Als Ersatz bzw. Alternative für die defizitäre, restriktive, politisch und kirchlich kontrollierte Schulsozialisation finden sich bei allen vier Interviewpartnern zahlreiche Hinweise auf autodidaktische oder personal vermittelte Lernbestrebungen durch die Lektüre von Büchern, durch privaten Unterricht oder durch die Auseinandersetzung innerhalb der peer-group. Diese Lernanlässe sind nicht nur Formen der Erweiterung der Allgemeinbildung, sondern auch Elemente für eine alternative Geschichts- und Gesellschaftsdeutung angesichts des Monopols der staatlich-öffentlichen Meinungsbildung. Bei Herrn Sánchez konkretisieren sich diese Formen in der Person des republikanischen Privatlehrers, der die Jugendlichen der Nachbarschaft nicht nur in Geschichte, Sprachen und Geographie unterrichtet, sondern auch politische Aufklärung betreibt. Bei Frau García sind es die Freundinnen, die durch ihre republikanisch gesinnten Väter über entsprechende Bücher und Gesprächsmöglichkeiten verfügen. Bei Herrn Delgado und Herrn Salinas üben die Väter, die sich als politische Häftlinge während langer Gefängnisaufenthalte mit Unterstützung akademisch gebildeter Mithäftlinge fortgebildet haben, einen großen Einfluß auf die Söhne aus.

Herr Sánchez ist darüber hinaus der einzige, der – möglicherweise auch aufgrund seines höheren Alters zum Zeitpunkt seines Weggangs nach Deutschland – nicht nur von weiteren Lernanstrengungen neben der Schule berichtet (Fernlehrgang in Buchführung, Kompetenzerwerb im Maschinenschreiben, Segelflugschein als Eintrittsvoraussetzung für eine Militärkarriere bei der Luftwaffe), sondern auch ausführlich von seinem weiteren beruflichen Werdegang in Spanien und den berufsbiographischen Konsequenzen seiner gescheiterten Ausbildungsaspirationen zum Piloten bzw. Elektromonteur erzählt. Nach dem Abbruch seiner Karriere im Militärdienst kann er allerdings seine Fähigkeiten für eine Zweitkarriere in einem staatlichen Großbetrieb nutzen, die mit einer erfolgreich bestandenen Auswahlprüfung beginnt und die ihm die Möglichkeit gibt, erneut seine Fremdsprachenkenntnisse zu aktivieren und zu erweitern. Herr Sánchez ist auch der einzige, der seinen Deutschlandaufenthalt sprachlich vorbereitet durch die Kombination von systematischem Bücherstudium (sechs Monate) und arbeitsbedingten Sprachkontakten mit deutschen Kollegen.

Der Aufenthalt in Deutschland ist ebenfalls verbunden mit vielfältigen Erfahrungen des instrumentellen Lernens, der Horizonterweiterung, des sprachlichen und gesellschaftlichen Kompetenzzuwachses, der Identitätsbildung. Alle vier Interviewpartner versuchen mit den Anforderungen der Migration zurechtzukommen, indem sie sich autodidaktisch weiterbilden, die Unterstützung durch institutionelle Angebote deutscher Einrichtungen in Anspruch nehmen und vor allem die Lernmöglichkeiten im und durch den Verein für sich nutzen. Sie changieren zwischen unterschiedlichen institutionellen, organisatorischen und alltagspraktischen Settings, wobei die imitativen, alltäglichen, im handelnden Mitvollzug praktizierten Formen des Lernens dominieren. Gerade die mit der Migration entstehenden plötzlichen Veränderungen auf allen Gebieten, die permanente Konfrontation mit Neuem und Fremden, der Bruch kultureller Selbstverständlichkeiten, die Entwertung früherer Erfahrung, das Ausgeliefertsein an ein undurchschaubares gesellschaftliches System und die Notwendigkeit, in kurzer Zeit große Anpassungsleistungen zu vollbringen, mobilisieren diese Formen des direkten alltäglichen Lernens. Möglicherweise ist diese Dominanz auch Ausdruck einer autodidaktischen Lernkontinuität, die von Spanien nach Deutschland übertragen wird, da die vier Lernbiographien bereits in Spanien nicht so sehr durch Institutionen, sondern durch Selbstbildungsaktivitäten in der Familie, im Freundeskreis und in der Nachbarschaft geprägt sind. Erst der Verein in Deutschland ist derjenige institutionelle Ort, der für eine Beteiligungskontinuität sorgt und deshalb auch für systematischere und weitergehende Lernerfahrungen genutzt werden kann.

In sprachlicher Hinsicht ist die institutionelle Lernunterstützung, insbesondere in der Anfangsphase der Eingliederung, am ausgeprägtesten. Während Herr Sánchez sehr systematisch an der Universität und an der Volkshochschule seine Sprachenkenntnisse perfektioniert, nutzen Frau García und Herr Delgado die institutionellen Angebote (private Sprachschule, Volkshochschule) nur in sehr begrenztem Maße. Bei beiden kommt es zu einer Reaktivierung alter Schulressentiments bzw. zu Lernhemmnissen, die mit Schwierigkeiten der Unterrichtssituation zu tun haben (Scheu vor Blamage). Daneben dominiert das Sprachenlernen anhand von Büchern, vor allem aber durch die interaktive Auseinandersetzung mit Arbeitskollegen (Herr Sánchez, Herr Delgado) oder Mitbewohnern (Frau García).

In beruflicher Hinsicht stehen Lernprozesse durch Nachahmung, Ausprobieren und Zuschauen im Vordergrund. Vor allem Herr Delgado und Herr Salinas betonen die Notwendigkeit autodidaktischen beruflichen Weiterlernens und die dabei erzielten Erfolge durch Konstanz, Ausdauer, Willen zum Erfolg und Neugierde. Über Prozesse kontinuierlicher Leistungsverbesserung entwickeln sie sich zu beruflichen Experten und werden in verantwortliche Positionen delegiert. Auch für Frau García ist berufliche Weiterbildung ein Thema im Interview. Ihre Perspektive ist durch finanzielle Überlegungen bestimmt. Sie bildet sich durch die Teilnahme an verschiedenen Kursen deutscher Anbieter zur Expertin für Ernährungsfragen (Kinderdiät) fort, um damit die tariflichen Voraussetzungen für eine finanzielle Höherstufung zu erreichen. Die berufliche Laufbahn von Herrn Sánchez ist ebenfalls von unterschiedlichen Lernanstrengungen begleitet. Nach den berufsbiographischen Stationen in Spanien sind seine beruflichen Weiterbildungsaktivitäten in Deutschland berufsstrategischer Natur. Er läßt sich zum Drucker ausbilden (anlernen), weil er damit die – später allerdings frustrierte – Hoffnung verbindet, sich in Spanien selbständig zu machen.

In alltagspraktischer und kultureller Hinsicht thematisieren die Interviewpartner sowohl autodidaktische als auch personengestützte Lernprozesse. So bekommt Herr Delgado Eingliederungshilfen durch eine befreundete Familie, Herr Salinas lernt über den Briefwechsel mit seinem Vater das Kochen, Frau García erfährt über unzensierte Kinobesuche eine Erweiterung ihres Horizontes, setzt sich eigentherapeutisch – über die Lektüre der Zeitschrift ‚Eltern' – mit ihrer traumatischen Erziehungsvergangenheit auseinander und experimentiert mit selbstorganisierten Lernformen innerhalb der Theatergruppe/Frauengruppe.

Die eigene Lernbiographie wird von den Interviewpartnern auch vor dem Hintergrund der schulisch-beruflichen Karriere der Kinder thematisiert. Trotz ihrer eigenen schulischen Benachteiligung und trotz ihrer Distanz zum institutionalisierten Lernen formulieren sie eine überaus hohe Wertschätzung der Schule. Sie sehen Schule als den gesellschaftlichen Ort des Lernens, der Wissen distribuiert, Karrieren ermöglicht und für die Integration der eigenen Kinder sorgt. Sie schicken ihre Kinder auf die deutsche Schule, wo sie lernen sollen, können und dürfen. Die Kinder können erreichen, was die Eltern nicht erreicht haben. Trotz oder gerade wegen der eigenen Lerndefizite kümmern sie sich stark um eine gute schulische Ausbildung der Kinder. Vor allem Herr Delgado und Herr Salinas heben den Erfolg des eigenen Einsatzes bei der Kindererziehung, bei der nachmittäglichen Betreuung oder bei der Organisierung muttersprachlichen Unterrichts hervor und unterstreichen die positiven Resultate ihrer schulischen und beruflichen Unterstützungsmaßnahmen.

Der Bezug zum Lernen kann sogar so ausgeprägt sein, daß die eigene Biographie insgesamt – wie in Frau Garcías Erzählung – als Lernbiographie thematisiert wird. Ihre Biographie ist für sie ein lebenslanger Kampf gegen Vorurteile und damit gleichzeitig ein Kampf um Lernschritte und Lernerfolge. Der nicht realisierte Abbau von Vorurteilen ist für sie ein Ausdruck mangelnden, vergeblichen Lernens – eine Enttäuschung, die sie als *Lern*enttäuschung formuliert.

Insgesamt ist das Lernthema in vielfältiger Weise in den Interviews präsent. Lernen als Defizit in der Kindheit, als Ausdruck gesellschaftlicher Benachteiligung, als generationsspezifisches Schicksal (Schockerfahrung des Bürgerkrieges). Damit verbunden ist auch der vielfach erwähnte Mangel an mentaler und instrumenteller Vorbereitung bei der Bewältigung der Migrationsanforderungen. Lernleistungen haben damit etwas Heroisches, sie sind angewiesen auf persönliche Netze, personengebundene Vermittlungen oder die Kraft kontinuierlicher Selbstdisziplin. Dieser Nachteil kann in der Migration allerdings auch zu einem Vorteil werden. Denn durch die Verwurzelung in zwei Gesellschaften haben Migranten einen Wissens- und Erfahrungsvorsprung gegenüber der autochthonen Bevölkerung, der als Machtmittel eingesetzt werden, aber auch zur Weitergabe spezifischer Kenntnisse motivieren kann. So relativiert Frau García das Wissens ihres Vaters über Deutschland durch eigene Erfahrungen oder nutzt ihren gesellschaftsvergleichenden Wissensvorsprung zur Wissensvermittlung und Belehrung als Elternvertreterin im Kindergarten ihres Sohnes. Die Spannung zwischen Lernen und Lehren, zwischen Annahme und Weitergabe von Wissen wird strukturell durch die moralische Selbstverpflichtung vieler Migranten erhöht, den eigenen Landsleuten zu helfen, Erfahrungen und Techniken im Umgang mit Fremdheit weiterzugeben, durch Weitergabe von Wissen aufklärend und helfend zu wirken. Das in den Interviews implizit genannte moralische Gesetz der gegenseitigen Hilfe in der Migration ist in diesem Sinne ein Stimulus für das helfende und lehrende Engagement. Ein bevorzugter Ort dazu ist der Verein (s.o.).

4. Umgang mit Fremdheit als zentrale Erfahrung

In vielen Passagen der Interviews wird Fremdheit als ein zentrales Problem thematisiert: das Verlassen der angestammten Heimat, die Auseinandersetzung mit einer fremden Sprache, Gesellschaft und Kultur, die zunehmende Entfremdung von integrationsbereiten und -willigen Kindern, die Illusionierungen und Härten bei der Rückkehr. Fremdheit ist eine – wenn nicht die – zentrale Erfahrung der Migrantenexistenz, die sowohl mit Chancen als auch mit Risiken verbunden ist. Einerseits ist Migration mit Optionen und Vergleichsmöglichkeiten verbunden, die zu Individualisierungschancen und Befreiungsmöglichkeiten von traditionalen Bestimmungen führen, andererseits ist die Doppelung der Perspektiven auch mit einem Mangel an selbstverständlicher, durch Geburt vorgegebener Zuordnung und Zugehörigkeit verbunden. Das Migrantenleben vollzieht sich als ambivalente, zwiespältige Pendel- oder Brückenexistenz, die sich durch die Gleichzeitigkeit von Nähe und Ferne, von Vertrautheit und Distanz, von Zugehörigkeit und Ablehnung, von Sicherheit und Unsicherheit, von heimischer Fremde und fremder Heimat ausdrückt. Der Zugewinn an biographischen Möglichkeiten ist gepaart mit einem höheren Risiko des Scheiterns, der psychischen oder physischen Verausgabung. Der Umgang mit Fremdheit, die Ausbalancierung des eigenen Kräftehaushalts und das Management von Unsicherheit erweisen sich als zentrale Kompetenzen, über die Migranten zur Bewahrung ihrer persönlichen Unversehrtheit verfügen (müssen).

Insgesamt lassen sich vier Dimensionen von Fremdheitserfahrung in den Interviews unterscheiden: der Beginn der Eingliederung, die Normalisierungsarbeit in Deutschland, die Generationenbeziehung und die Rückkehr.

Bereits der Migrationsbeginn ist ein Feld vielfältiger Risiken und Unsicherheiten. In allen vier Fällen wird daher die Auswanderung sorgsam eingefädelt und durch unterschiedliche Strategien abzusichern versucht. Dabei ist die Mobilisierung personaler, familiärer, aber auch institutioneller Hilfsressourcen von Bedeutung: (Zeit-)Vertrag als Au-pair oder Wirtschaftsemigrant, Geldleistungen, Sicherung durch Familienangehörige (Kettenmigration), etc. Der Weg ins Ausland selbst wird als Weg in die Fremde beschrieben, die sogar Formen einer Odyssee (Sprache) annehmen kann.

Die Ankunft und Eingliederung in Deutschland ist dann mit der Bewältigung zahlreicher alltagspraktischer Probleme (Aufenthalt, Wohnung, Arbeit, Steuererklärung) verbunden. Die Schwierigkeiten sind am Beginn besonders groß, vor allem wenn die personalen Bewältigungsressourcen (Sprachkenntnisse, mentale Voraussetzungen, finanzieller Rückhalt) sehr gering sind. Migration wird aus der Sicht der Betroffenen erlebt als Entscheidung mit schweren psychischen Belastungen wie Ausgeliefertsein, Hilflosigkeit, Verlust von Autonomie, aber auch als Chance der biographischen Selbstbestimmung und des persönlichen Aufstiegs. Eine wichtige Funktion bei dieser Bewältigungs- und Normalisierungsarbeit haben persönlich gebundene Hilfsleistungen: der Zuspruch von Landsleuten, welche den Anpassungsprozeß schon hinter sich haben, die landsmannschaftliche Begegnung im Wohnheim, hilfsbereite Arbeitskollegen, Unterstützung durch Einheimische. Soziale Orte dieser Hilfestellung sind die Bar, die als bedeutender Treffpunkt und Austauschort fungiert, aber auch und vor allem der Verein. Er dient als Brücke, als selbstorganisierte, institutionelle Entlastung zur Bewältigung der unterschiedlichen Anforderungen. Er gibt solidarische Hilfe, stabilisiert nationalstaatliche und kulturelle Differenzen, ist ein soziales Auffangbecken. Im Verein ist das Gesetz der gegenseitigen Solidarität institutionalisiert.

Nach den ersten Anpassungsschwierigkeiten dominieren andere lebenspraktische Bezüge wie beispielsweise die Integration der Kinder und ihre Auswirkung auf die definitive Bleibeabsicht der Eltern. Einerseits sorgt die zunehmende Integration der Kinder durch Kindergarten- und Schulbesuch für eine stärkere Bindung der Eltern an Deutschland (Kinder als Integrationselemente und -katalysatoren). Andererseits führt die wesentlich stärkere Integrationsweite der Kinder zu einer zunehmenden Entfremdung zwischen den Generationen. Die Sprach- und Kulturdifferenz zu den Eltern wie immer größer, durch die sozialisatorische Prägekraft der Institution Schule haben die Kinder im Gegensatz zu ihren Eltern keine nationalitätenspezifische Lebens- und Alltagskreise mehr, sondern bewegen sich in deutsch-spanischen bzw. nationalitätenübergreifenden Freundeskreisen. Mit zunehmendem Alter gehen sie in deutsche Institutionen zur eigenen Interessenvertretung, wollen in Deutschland bleiben und interessieren sich nicht für die Lebensgeschichte und Prioritäten der Eltern. In den Interviews finden sich unterschiedliche Deutungen im Umgang mit dieser Differenz. Während Herr Sánchez diese Entfremdung als biologisches Ereignis (Kinder müssen ihr eigenes Leben leben) interpretiert – wobei er die geschlechtsspezifisch unterschiedlich ausgeprägte Stärke von Bindungen und damit auch von Verlustängsten betont –, sieht Herr Salinas eine Differenz in den Heimatbezügen (ihre Heimat ist Deutschland) – wobei auch für ihn die Problematik je nach Alter der Kinder stark variiert –.

Mit zunehmendem Alter verschieben sich die Lebenssituation und -perspektiven der Interviewpartner erneut: die gesellschaftlichen Rahmenbedingungen haben sich verändert, ihre soziale Stellung ist gefestigt, die Kinder sind erwachsen, die Rückkehrperspektive ist realistischer geworden. Viele der ehemaligen Weggefährten sind bereits zurückgekehrt, mit ihrem Weggang sind langjährige mitmenschliche Bindungen verloren gegangen, die Frage nach der eigenen geographisch-gesellschaftlichen Verortung wird virulent. Eine Möglichkeit der Verortung ist der Bezug auf Deutschland in einem vereinigten Europa. So hat Herr Delgado bereits die doppelte Staatsbürgerschaft und das kommunale Ausländerwahlrecht im Visier, während Herr Sánchez durch seine Kandidatur auf einer gemeinsamen Liste für eine Europawahl zeigt, was im vereinten Europa bereits möglich ist. Allerdings kann sich diese Form der Bezugnahme auch als Scheinintegration herausstellen, dann nämlich, wenn im konkreten Lebensvollzug Rassismus und Ausländerfeindlichkeit als fortdauernde Bedrohung und Provokation auftreten. Gerade Frau García hat für derartige Bedrohungen eine besonders ausgeprägte Sensibilität und revidiert trotz langer Aufenthaltsdauer ihre deutschlandbezogene Bindungsbereitschaft – *„nach dreißig Jahren Hiersein, nach dreißig Jahren des gemeinsamen Zusammenlebens merken wir, daß wir fremd sind"* –. Darüber hinaus wird mit den veränderten Rahmenbedingungen und der veränderten biographischen Situation auch eine bisher in Anspruch genommene Vermittlungsinstanz brüchig: der Verein. Aufgrund der gesellschaftlich-biographischen Veränderungen unterliegt er einem bedeutenden Funktionsverlust. Diente der Verein ursprünglich als Übergangsort bzw. Zwischenort zwischen zwei Gesellschaften, der noch von nationalstaatlichen Differenzen geprägt war, so ändert sich seine Bedeutung in einem sich vereinigenden Europa. Der Verein hat mit dem Wegfall traditioneller Differenzen als

Vermittlungsinstanz ausgedient und muß – wie die Biographien selbst – neue Formen sozialer Bindung generieren.

Eine Alternative zur Verortung in Deutschland ist die Reaktivierung der Option Spanien als Heimat, als Ort der Herkunft, der tatsächlichen oder simulierten Rückkehr, der unhintergehbaren Zugehörigkeit – eine Option, die auch nach gescheiterten Rückkehrversuchen in der Anfangsphase bestehen bleibt. Die Begründungen für Rückkehr sind vielfältig: das gekaufte Haus, die in Spanien gebliebene Familie, die Sicherung des Lebensstandards, die nicht begründungsbedürftige Zugehörigkeit. Aber auch die Remigration ist mit Problemen behaftet, da sich die spanische Gesellschaft ebenfalls verändert hat. Verunsicherungserfahrungen werden durch den schnellen gesellschaftlichen Wandel in Spanien potenziert, den alle vier Interviewpartner politisch zwar gewollt und unterstützt haben, der aber lebenspraktisch z.T. nur schwer nachvollziehbar ist: auf der Ebene der Sprache, der Lebensgewohnheiten, der Umgangsformen, etc. In Spanien und in der Auseinandersetzung mit Spaniern wird ihnen bewußt, daß sie halb Deutsche sind bzw. als solche etikettiert werden. Bei der Umsetzung ihrer Rückkehrabsicht durchleben sie – wie Frau García – eine erneute Konfrontation mit Klischees auf beiden Seiten und machen die Erfahrung, daß sie weder in Deutschland (hier) noch in Spanien (dort) ganz integriert und willkommen sind. Die Rückkehr ist daher nicht nur eine Form, die durch Erwartungshaltungen geprägte Migrationssituation biographisch zu schließen. Rückkehr bzw. Rückkehrorientierung kann vielmehr auch – wie im Falle von Herrn Delgado – eine offene Gestalt annehmen, eine Realität des Dazwischens, des Unentschiedenseins, des Hin und Her, der Pendelexistenz, der Aufrechterhaltung des Gleichzeitigen. Der tatsächliche oder nur simulierte Sprung zurück in die Heimat mobilisiert daher in seinem Entscheidungsdilemma auch Strategien, welche die Versicherung des Wiederkommenkönnens miteinschließen.

IV. Teil:

Bildung, Institution und Biographie, Risiko

Bereits in Teil I wurde darauf hingewiesen, daß sich in den Lebensläufen von Migranten in besonderer Weise Entwicklungen und Probleme bündeln, die moderne Biographien generell betreffen. Durch ihre soziale Positionierung fokussieren Migranten in besonderem Maße allgemeingesellschaftliche Tendenzen wie die verstärkte Modernisierung von Lebensläufen – im Sinne der Vervielfältigung gewählter Zukunftsbindungen –, die Spannung zwischen Individualität (Individualisierung) und Kollektivität (Gruppenbindung) oder das Problem der kulturellen Selbst- und Fremdzuordnung. Sowohl in ihren biographischen Entwürfen als auch in ihren vereinskulturellen Gesellungsformen werden Prozesse sichtbar, die nicht nur in migrationstheoretischer, sondern auch in erziehungswissenschaftlicher und erwachsenenbildnerischer Hinsicht von Bedeutung sind. Im folgenden geht es daher nicht um eine nochmalige Zusammenfassung der bisherigen Ergebnisse, sondern um eine pointierte Wiederaufnahme der bereits in Teil I skizzierten Theoriestränge, d.h. des Bildungsbezugs, der wechselseitigen Abhängigkeit von Verein und Biographie sowie der Risikoperspektive von Migration. Entsprechend der zwei unterschiedlichen Materialsorten werden die Vereins- und die Biographieperspektive jeweils getrennt behandelt, um dann in einem dritten Schritt die komplexe Überschneidung beider Perspektiven komprimiert herauszuarbeiten.

Erstes Kapitel: Pädagogisierung als Institutionalisierungs- und Biographisierungsmodus

Sowohl der Spanische Kulturkreis und das Demokratische Haus als auch die vier untersuchten Biographien haben einen ausgeprägten Bezug auf Bildung, Lernen, Pädagogik. Die beiden Vereine entwerfen und beschreiben sich in ihren Selbstdarstellungen als Bildungsinstitutionen, die vier Migranten inszenieren ihre Biographien als Bildungsbiographien. Die pädagogische Dimension ist allgegenwärtig, auch wenn bzw. gerade weil sie sich mit vielfältigen anderen Dimensionen überschneidet und damit hybride Mischungsformen produziert. Sowohl die Vereine als auch die Biographien lassen sich in dieser Perspektive als Anwendungsfälle einer sich entgrenzenden Pädagogik, einer Universalisierung von Lernansprüchen und Lernpraktiken interpretieren, bei der gleichzeitig vielfältigste Kombinationen von Bildung und Freizeit, Bildung und Kultur, Bildung und Geselligkeit entstehen.[135] Sie können als empirische Varianten eines durchgesetzten bzw. sich durchsetzenden Pädagogisierungsprozesses begriffen werden, in dem pädagogische Handlungslogiken und Argumentationsfiguren sich sowohl institutionell als auch biographisch materialisieren. Die (Selbst-)Pädagogisierung der Vereine und die (Selbst-)Pädagogisierung der Biographien sind zwei Seiten eines parallellaufenden Prozesses, in dem sich der Bildungsbezug der Vereine und der Bildungsbezug der Biographien gegenseitig verschränken und verstärken, ohne eine Gleichsinnigkeit oder homologe Entsprechung dieser Bezugnahme vorauszusetzen. Pädagogisierung als Institutionalisierungs- *und* Biographisierungsmodus kann daher sowohl ein übergeordnetes, Institutionen und Biogra-

---

135 Der Verein ist nicht nur in historischer Perspektive, sondern auch in seiner gegenwärtigen Ausprägung eine polyfunktionale Form der geselligen Bildung (zur Kategorie der Geselligkeit als einer pädagogischer Kategorie vgl. Kaiser 1989). Der neue Aufmerksamkeitsfokus auf diese polyfunktionalen Mischformen ist jedoch nicht nur ein Resultat erziehungswissenschaftlicher Forschung (vgl. Teil I, Kap. 1, Exkurs 1), sondern längst schon Bestandteil der Praxis selbst – gerade auch bei denjenigen Einrichtungen, die wie die Volkshochschulen lange Zeit als spezialisierte Einrichtungen für pädagogische Angebote galten und die Kombinationen von Geselligkeit, Kultur, Kulinarik, etc. als progressiv-zeitgemäße Formen pädagogischer Angebotsgestaltung nicht nur anerkennen, sondern selbst offensiv gestalten (in einer an der Universität Frankfurt entstehenden Dissertation von Marcus Schäfer wird u.a. genau diese Form der Selbstdarstellung von Volkshochschulen in ihren Programmangeboten untersucht).

phien übergreifendes Interpretationsmuster abgeben als auch die Differenz von
(institutioneller) Vermittlung und (biographischer) Aneignung als zwei Formen
der pädagogischen Bezugnahme abbilden.[136]

1. Der Verein als Bildungsinstitution

Sowohl der Spanische Kulturkreis als auch das Demokratische Haus begreifen
sich als pädagogische Einrichtung. In der Art und Weise, wie sie ihr pädagogisches Selbstverständnis definieren und ihre pädagogischen Ansprüche formulieren, gehen sie jedoch sehr unterschiedlich vor. Allerdings läßt sich bei beiden Vereinen eine pädagogische Vierfachkonstruktion beobachten, mit der sie
institutionell, adressatenbezogen, (quasi-)professionell und räumlich ihren generalisierten Bezug auf Pädagogik dokumentieren:
- die pädagogische Konstruktion des Vereins als Verein;
- die pädagogische Konstruktion der Klientel;
- die pädagogische Konstruktion der Vereinsaktiven;
- die Konstruktion des Vereinsraums als ein pädagogischer bzw. als ein für
  pädagogische Zwecke zu nutzender Raum.

1.1. Die pädagogische Konstruktion des Vereins als Verein

Der Spanische Kulturkreis definiert sich vor allem anderen als Einrichtung mit
einem politisch-kulturellen Aufklärungsanspruch, der sein pädagogisches Verständnis von seiner engen Beziehung zur Politik im Sinne einer antifrankistischen, prodemokratischen Oppositionshaltung ableitet. Seine pädagogischen
Intentionen zielen daher auf politische Aufklärungsarbeit und Bewußtseinsbildung, auf Kaderbildung sowohl hinsichtlich parteipolitischer Funktionärsausbildung als auch im Sinne des Erwerbs organisationstechnischer Kompetenzen
für die Migrationsarbeit, aber auch auf allgemein-kulturelle Breitenbildung (Bibliothek, Zeitschrift, Vorträge, Tanz, Musik, etc.) und kompensatorische Angebote (Unterrichtskurse, Alphabetisierung) als Voraussetzung für weitergehende
politische Aufklärungsaspirationen. Konstitutiv für sein Bildungsverständnis ist
die Anfangs- und Blütezeit des Vereins in den 1960er und 1970er Jahren, in denen der Kulturkreis seine vielfachen Bildungsaufgaben in Frankfurt quasi monopolistisch betrieb und in denen er bildungsbiographisch als Mobilitätsschleuse für
viele zurückkehrende Spanier diente, die ihre im Verein erworbenen organisatorischen Kompetenzen in den bereits laufenden Demokratisierungsprozeß in Spanien einbringen konnten und relativ schnell in hohe Positionen aufstiegen. Der
Verein kultiviert in ausgeprägter Weise die Vorstellung, eine Vorreiterrolle und

---

136 Zur mittlerweile breiten Diskussion über Pädagogisierung vgl. Pollak 1991, Roth 1994, Harney 1994, Nittel 1996. Zur Differenz von Vermittlung und Aneignung vgl. Kade 1997c.

Avantgardefunktion innerhalb der Migration und innerhalb der deutschen Vereinsbewegung ausgeübt zu haben. Bildung ist für ihn eine eminent politische Aufgabe (Bildung als Politik), die wiederum nur mit Mitteln der Bildung realisiert werden kann (Politik als Bildung). Obwohl dieser gegenseitige Bezug von Politik und Bildung gegenwärtig immer mehr zerbröselt und selbst der Kulturelle Samstag als zentrale pädagogische Aufklärungsinstitution des Vereins zunehmend an Attraktivität verliert, hält der Kulturkreis in seinen Selbstdarstellungen diese Verbindung nach wie vor aufrecht, ja macht sie sogar kontrafaktisch zum Ausgangspunkt institutioneller Überlebensstrategien, indem der politische Aufklärungsanspruch nun über die Gruppe der spanischen Migranten hinaus verallgemeinert und auf ein generalisiertes Publikum bezogen wird (s.u.).[137]

Das Demokratische Haus versteht sich dagegen als ein intergenerativer Verein, der je nach Bedürfnislage unterschiedliche Angebote für die drei verschiedenen Generationen organisiert, die im Verein integriert sind. Nicht Politikbezug wie im Kulturkreis ist das dominante Bewertungskriterium für pädagogische Zielsetzungen, sondern Generationenbezug. Der Verein definiert sich über das Generationenthema und die Generationenbindung, so daß nicht Aufklärung, sondern Solidarität, nicht politische Missionierung, sondern kulturelle Tradierung im Vordergrund der pädagogischen Bemühungen stehen. In gewisser Weise ist der Verein eine Dreigenerationenfamilie, in der Spannungen und Konflikte analog zu familiären Generationenkonstellationen ausgetragen werden. Die mittlere Generation fungiert im Verein als Zwischengeneration, über die die intergenerative, moralisch aufgeladene Verpflichtung des Gebens, Nehmens und Erwiderns maßgeblich organisiert wird.[138] Der Verein wird deshalb

---

137 Diese in gewissem Sinne konservative Aufrechterhaltung eines dezidierten politischen, im linken Milieu verorteten Anspruchs, der keine Verwässerung durch bloße Geselligkeitsformen duldet und der deshalb den ‚kulturellen' Círculo vehement gegen den ‚einfachen' Círculo abgrenzen und verteidigen muß, hat eine interessante Parallele in der Krise der politischen Bildung generell, die ja ebenfalls zwischen traditionellem Politikbezug und ‚zeitgemäßen' Mischformen – Motorradkurs als politische Bildung, ja oder nein? – laviert. Zur Auseinandersetzung um das Selbstverständnis der politischen Bildung vgl. Hufer/Unger 1990, Ciupke/Reichling 1994.
138 So lassen sich beispielsweise die allgemeinen Ausführungen von Wulf (1996, S. 53) über intergenerative Reziprozität ohne große Schwierigkeiten auf die Situation im Demokratischen Haus übertragen: „Die gesellschaftliche Position der mittleren Generation ist dadurch gekennzeichnet, daß die Generation der Kinder und Jugendlichen und die Generation der Alten ihr für die Gewährung der Güter und Gaben Achtung und Dankbarkeit zeigen. Für die eher empfangenden beiden anderen Generationen besteht eine moralische Aufforderung, sich aus der Position des Nehmenden herauszubegeben und die empfangenen Gaben zu erwidern. Indem die Generation der Alten der mittleren Generation etwas vererbt, gibt sie der Zwischen-Generation etwas für die Dinge zurück, die sie als materielle und immaterielle Hilfe erhalten hat [...] Ähnliches gilt für das Verhältnis der mittleren Generation zur Generation der Kinder und Jugendlichen. Auch dieser Generation gegenüber gewinnt die Zwischen-Generation ihre besonderere gesellschaftliche Stellung dadurch, daß sie der jüngeren Generation materielle und immaterielle Güter zukommen läßt, für die sie zunächst als unmittelbare Gegengabe nur einen Gewinn im Bereich des Symbolischen erhält. Auch in diesem Generationenverhältnis entsteht eine moralische Aufforderung, das Geschuldete zu erwidern."

als Ort der geselligen Freizeit und sozialpädagogischen Betreuung, als Ort der Bewahrung, Weitergabe und Tradierung von Sprache und Kultur, als Organisationsaufgabe und reziproke Hilfe modelliert, in dem die Gleichzeitigkeit von Fortsetzung und Steigerung des Lebens, von Geselligkeit und Bildung, von Freizeit und Lernen möglich ist.[139]

Insgesamt ist die Vereinsarbeit in beiden Vereinen von einem dezidierten Gestaltungs- und Formungswillen geprägt, der mit einer – zumindest intendierten – Ausweitung und Vermischung von Ansprüchen und Angeboten einhergeht. Beide Vereine haben in ihrer Selbstwahrnehmung eine (pädagogische) Mission und Aufgabe, die in der Praxis allerdings unterschiedliche Realisierungsgrade annimmt. Während im Spanischen Kulturkreis Politik als Bildung bzw. Bildung als Politik verstanden wird, setzt das Demokratische Haus auf Generationenintegration durch Bildung. Diese unterschiedlichen Präferenzen haben in der gegenwärtigen Situation stark gegenläufige Auswirkungen: während die vom Kulturkreis forcierte politische Bildung zwar an Anziehungskraft verliert, der Verein sich jedoch gerade wegen der zunehmenden Entpolitisierung der Gesellschaft als Gegengift versteht und damit seine Politisierung und entsprechende Enklavenmentalität weiterhin defensiv stabilisiert, ist das Thema der Generationenbindung für das Demokratische Haus gegenwärtig eine expansive oder zumindest stabile Basis der eigenen Vereinsarbeit und -identität.

1.2. Die pädagogische Konstruktion der Klientel

Die unterschiedliche pädagogische Selbstthematisierung der Vereine zieht auch deutliche Unterschiede in der Art und Weise nach sich, wie die Vereine ihre Mitglieder konstruieren. Tatsächliche oder potentielle Mitglieder sind nicht einfach Mitglieder, sondern werden als solche vom Verein in einer bestimmten Perspektive konstruiert. Charakteristisch für beide Vereine ist, daß sie ihre Mitglieder auf pädagogische Weise definieren, indem sie ihnen bestimmte Defizite unterstellen, die dann durch die (pädagogischen) Vereinsaktivitäten bearbeitet und behoben werden (sollen). Sie operieren dabei wie Bildungseinrichtungen generell, die ihre Klientel (Adressaten) ebenfalls nach diesem Muster – Defizitunterstellung als Legitimation für pädagogische Intervention – konstruieren und mit Normalitätsfiktionen arbeiten, die gleichzeitig auch Zukunftsfiktionen sind.[140] Die Modi der Defizitunterstellung variieren dabei jedoch nicht nur von Verein zu Verein, sondern verschieben sich auch im Laufe der Zeit innerhalb des Vereins. Während aus der Sicht des Spanischen Kulturkreises in den beiden

---

139 Zur Gleichzeitigkeit von Fortschritt und Fortsetzung im Medium von Bildungsangeboten vgl. auch Kade/Seitter 1995a.
140 Vgl. als Beispiele für die reichhaltige Literatur über Zielgruppen, Addressaten und Teilnehmer, die genau diesen Operationsmodus bei der Teilnehmerkonstruktion beschreiben, Schäffter 1981 und Schiersmann 1994. In grundlagentheoretischer Hinsicht vgl. Harney 1995.

ersten Jahrzehnten vor allem Integrationshilfe für orientierungsbedürftige Neuankömmlinge, Aufklärungshilfe für politisch Unbedarfte und Bildungshilfe für Bildungsbenachteiligte im Vordergrund standen, wird gegenwärtig von diesen drei pädagogischen Hilfsmodi so gut wie ausschließlich die Aufklärungshilfe weitergeführt. Im Demokratischen Haus dominierten ursprünglich ebenfalls Integrations- und Bildungshilfen, die gegenwärtig jedoch zunehmend von Formen der Herkunftsbindungshilfe für Jugendliche und Lebenshilfe für Alte abgelöst werden. Es läßt sich quantitativ eine Verschiebung von – vor allem während der Rotationsphase gepflegten – Integrations- und Bildungsmaßnahmen zu anderen Formen der Bindung/Teilnahme durch Bildung nachweisen, wobei generell die Vereine in pädagogisierender Weise für sich in Anspruch nehmen, kritische oder als kritisch definierte Lebenspassagen ihrer Mitglieder institutionell zu begleiten.

Interessant ist nun, daß mit der tatsächlichen oder antizipierten Beteiligungskrise in beiden Vereinen eine Ausweitung, Verschärfung und Radikalisierung der auf die Mitglieder projizierten Defizitunterstellungen beobachtbar sind, die nicht nur eine Generalisierung der pädagogischen Ansprüche auf eine erweiterte – potentielle – Vereinsklientel nach sich ziehen, sondern auch zu Überforderungen der Vereine angesichts derart generalisierter Defizitzuschreibungen und Anspruchsformulierungen führen. So versucht beispielsweise der Kulturkreis angesichts seiner Vereinskrise eine Ausweitung seiner pädagogischen Ansprüche, indem er Aufklärung nicht nur für Spanier, sondern auch für Angehörige anderer Nationalitäten betreiben will. Seine Klientel ist (soll sein) zunehmend nicht nur die eigene spanische Mitgliederbasis, sondern ein abstrakter nationalitätenunspezifischer Adressat, der als aufklärungsbedürftig definiert wird. Der generalisierten, als gesellschaftspolitische Aufgabe verstandenen Aufklärungsabsicht entspricht der generalisierte Aufklärungsbedarf seitens einer unwissenden Klientel, die vor allem Herr Pérez als der Kulturorganisator des Vereins formuliert: diejenigen sollen erreicht werden, die – ähnlich wie in früheren Zeiten – unbedarft und politisch naiv sind, sich keine großen Gedanken über die Welt machen oder im opportunistischen Strom der Zeit mitschwimmen – und das sind im Zweifelsfall alle. Die Spannung, die aus der Differenz von Anspruch und Einlösung, von großer angesprochener Teilnehmerschaft und mangelndem anwesenden Publikum resultiert, produziert im Verein insofern eine fast gespenstische Situation, als eine emphatisch vorgetragene Aufklärungsattitüde de facto ohne reales Publikum abläuft. Die Donquichotterie der historisch überlebten Ansprüche induziert daher eine sich heroisch gebende Pädagogik mit starkem Apellcharakter, die sich allerdings angesichts leerer Stuhlreihen selbst ad absurdum führt.[141]

Im Demokratischen Haus bezieht sich die Ausweitung der Defizitunterstellungen und der damit verbundenen pädagogischen Ansprüche vor allem auf die

---

141 Nicht ohne Grund ähnelt die mimische Resignation auf dem Gesicht des Kulturorganisators dem ‚Ritter von der traurigen Gestalt'.

jüngere (zweite und dritte) Generation. Sie gilt als bindungsbedürftig und zwar hinsichtlich der kulturellen Ressourcen, die der Verein bereitstellt. Die junge Generation ist diejenige, die gerade aufgrund ihrer anderen deutschlandbezogenen Alltagssozialisation im Verein eine auf die Herkunft der Eltern bezogene Parallelsozialisation durchlaufen soll. Sprache, Tanz, Kultur, Musik, Umgangsformen, etc. sind Elemente, die den Jungen über den Verein vermittelt werden (sollen), um sie an der Elternkultur teilhaben zu lassen. Je stärker faktisch die Teilnahmebereitschaft seitens der Jugendlichen abnimmt, desto deutlicher muß das Defizit und das damit verbundene Versprechen der pädagogischen Behebung formuliert werden: nämlich bilinguale Erziehung als beruflicher Karrierevorteil, Perfektionierung des Spanischen als Remigrationsvoraussetzung, Teilnahme am Vereinsleben als Möglichkeit der Identitätsbearbeitung bei der Suche und Vergewisserung nach der eigenen Herkunft. Verbunden ist mit diesen Ansprüchen gleichzeitig das moralisierende Einklagen von Beteiligungsbereitschaft, die von den Älteren als Ausdruck intergenerativer Solidarität gedeutet wird. Insofern ist auch im Demokratischen Haus die Formulierung der eigenen Ansprüche mit einer Moralemphase verbunden, die sich jedoch nicht auf politische Aufklärungs-, sondern auf intergenerative Bindungsbereitschaft bezieht.

1.3. Die pädagogische Konstruktion der Vereinsaktiven

Beide Vereine benötigen zur Umsetzung ihrer Vereinsziele Mitglieder, die im organisatorisch-disponierenden und/oder vermittelnd-unterrichtenden Bereich der Vereinsarbeit tätig sind. In beiden Vereinen gibt es eine Gruppe von Vereinsaktiven, die diese Aufgaben ehrenamtlich übernehmen und z.T. beträchtliche zeitliche Ressourcen verausgaben. Die Vereinsaktiven sind in dieser Perspektive die Professionellen des Vereins, die einerseits aufgrund des zeitlich-sachlichen Anforderungscharakters z.T. langjährige Amtsinhaber bleiben, andererseits aus ihrem Vereinsengagement durchaus eine Reihe symbolischer Gratifikationen ziehen (können). Einige Mitglieder – gerade der Altelite – sind Personen mit zahlreichen Außen- und Innenkontakten, die ihre Ämterbekleidung geradezu als Lebensberuf und Dauerstellung ansehen.[142] In ihren biographischen Äußerungen gehen sie sogar so weit, ihr Vereinsengagement in zeitlicher und biographischer Perspektive höher einzuschätzen als ihre Berufstätigkeit. Ihr Vereinsengagement stellt für sie eine Quasiberufstätigkeit dar, so daß sie trotz Ehrenamtlichkeit als (pädagogische) Vereinsprofessionelle bezeichnet werden können. Allerdings ist das ehrenamtliche Engagement im Verein eine Aufgabe, für die Rekrutierungsbedarf besteht, deren Ausfüllung gerade im Kulturkreis zunehmend prekär wird und deren Kontinuität nur durch die Weiterführung der Vereinsaufgaben durch die Altelite garantiert wird.

---

142 Zur Personalisierung und Ämteranhäufung als typischen Eigenschaften freiwilliger Vereinigungen vgl. Horch 1985. Zum Ehrenamt generell vgl. Olk 1987, Winkler 1988.

Die Vereinsaktiven verstehen sich als Hüter und Bewahrer der Vereinsziele, als Vermittlungspersonen und Vernetzer, als Anreger und Animatoren, als Personen, die den *Vereinskarren am Laufen* halten. Dabei formulieren sie z.T. sehr deutlich die Absichten und Programme, mit denen sie im Verein tätig sind. Gemäß der pädagogischen Konstruktion des Vereins und analog zu den Tätigkeitsbereichen von Bildungseinrichtungen generell kann man die Aufgaben der Vereinsaktiven als Organisations- und Vermittlungsaufgaben beschreiben. Ihre Tätigkeiten lassen sich – analog zu den Tätigkeiten von hauptberuflich pädagogischen Mitarbeitern und Kursleitern – in disponierend-organisatorische Aufgaben (Vereinsführung, Außenkontakte, Werbung, Vereinspolitik, etc.) und unterrichtend-moderierend-animierende Aufgaben (Theatergruppenleitung, Tanzgruppenleitung, Sprachunterricht, Kinderbetreuung, Moderation, etc.) untergliedern. Innerhalb der Vorstandsarbeit als disponierender Tätigkeit sind nun ähnlich wie bei festangestelltem pädagogischen Personal Phänomene der Entgrenzung festzustellen (vgl. Tietgens 1983, S. 82ff.). Die Vereinsaktiven klagen über Überlastung, die aus dem divergierenden Anforderungscharakter der Organisationstätigkeit resultiert. Die Kontinuierung des Vereins als Organisation erfordert unterschiedlichste Kompetenzen und wird von den Vereinsaktiven nicht nur positiv – als Gestaltungsaufgabe –, sondern auch negativ – als Gestaltungszumutung – erlebt.[143] Entscheidend ist in diesem Zusammenhang daher die kollektive Bewältigung der Vereinsführung innerhalb einer Gruppe von Vereinsaktiven, die sich die Aufgaben teilen bzw. in einem permanenten Diskussionszusammenhang untereinander stehen. Hier hat das Demokratische Haus bedeutende Vorteile gegenüber dem Kulturkreis, da die Vereinsführung nach zwanzigjähriger Ämterbesetzung durch die erste Generation seit mehreren Jahren einer Gruppe der zweiten Generation obliegt, die – vermittelt über eine ausgeprägte Gesprächskultur – die Organisationsaufgaben kollektiv bearbeitet und sowohl gegenüber der allgemeinen als auch gegenüber der vereinsinternen Öffentlichkeit als zentrale Vermittlungsinstanz agiert.

Ein Teil der organisierenden Vereinselite übernimmt in beiden Vereinen auch unterrichtende Tätigkeiten. Dabei wird sie durch Vereinsaktive ergänzt, die sich nur auf die Wahrnehmung von Aufgaben auf der Mikroebene beschränken: als Lehrer und Vermittler, als Anreger und Tradierer, als Aufmunterer und Aufforderer, als personalisierter Kulturanspruch. In diesem Sinn bietet der Verein auch konkrete Lehr- und Gestaltungsmöglichkeiten für Mitglieder, die gemäß ihrer eigenen biographischen Vorlieben (autodidaktisch) erworbene Fähigkeiten in den Verein einbringen (möchten).[144] Die Gruppen-, Unterrichts- und/oder Moderationsarbeit auf der Mikroebene kann dabei eigendynamische Entwicklungen durchlaufen und in Spannung zu den allgemeinen Vereinszie-

---

143 Allerdings ist dieser Anforderungscharakter auch Ausdruck von Standards und Ansprüchen, die vor allem die altgediente Vereinselite der ersten Generation formuliert, die selbst über Jahre hinweg Vereinsämter wahrgenommen und sich in diesen Aufgaben profiliert hat.
144 Zur Relevanz und Prägekraft biographischer Erfahrungen für die Kursleitertätigkeit generell vgl. Kade 1989b.

len, wie sie die Vereinsaktiven des Vorstandes repräsentieren, geraten. Die Gruppenarbeit kann aber auch zum Sprungbrett für die Bewerbung von Vorstandsposten werden, zumal wenn damit auch die Übertragung von innerhalb der Gruppe erprobten Gesellungsformen und Normen auf den Gesamtverein verbunden ist. Ein prominentes Beispiel sowohl für eine derartige Spannung von Gruppenziel und Vereinsziel als auch für eine Übertragung der Gruppenerfahrung auf den Gesamtverein stellt in der Geschichte des Kulturkreises die Theatergruppe und die aus der Theatergruppe heraus formulierte Vereinsopposition dar.

1.4. Die Konstruktion des Raums als ein pädagogischer bzw. ein für pädagogische Zwecke zu nutzender Raum

In beiden Vereinen wird die freie Verfügung über Räume als zentrale Bedingung der eigenen Vereinsarbeit definiert. Räume verkörpern in der Sicht beider Vereine die Möglichkeit von Freiheit, von unabhängigem Handeln, sie bieten – im Sinne einer Abgrenzung und Abschirmung – die Gewähr zur Bewahrung, Ausgestaltung und Entwicklung von Eigenem. Die Bedeutung von Räumen und der Kampf um Bewahrung von Räumen zeigt sich vor allem in räumlichen Bedrohungssituationen. So kann nicht nur die Vereinsodyssee des Kulturkreises geradezu als eine Verteidigung von Raum interpretiert werden, der die zentrale Voraussetzung zur Aufrechterhaltung des Vereins darstellt. Auch die Vereinsgeschichte des Demokratischen Hauses läßt sich als Raumgeschichte, als Enteignung und Wiedergewinnung von Raum rekonstruieren – exemplarisch sichtbar im öffentlichkeitswirksamen Kampf gegen die Caritas, in dem die Vereinsaktiven ihr Veto gegen die antizipierte Fragilität und Okkasionalität einer Vereinsarbeit ohne zentrierende räumliche Mitte formulieren.

Diese vitale Bedeutungszuweisung, die Räume sowohl in den Deutungen von Vereinsaktiven als auch in den Erzählungen von Migrantenbiographien erhalten, wird deutlich, wenn man die Funktion von Räumen für die Ausgestaltung von Sozialbeziehungen betrachtet. Die Existenz von Räumen und die dadurch entstehenden Fixierungen erzeugen Kristallisations- und Drehpunkteffekte gerade auch für Gruppierungen, die in einer Diasporasituation leben (vgl. Simmel 1958, S. 472f.). Räume garantieren nicht nur die Verbindung von ansonsten isolierten Individuen, sondern materialisieren das Gedächtnis der Gruppe, die sich in diesen Räumen bewegt. Räume haben Selbstinszenierungspotentiale, in ihnen ist es möglich, sich zu anderen in Beziehung zu setzen, ‚erkennbar' zu werden, sich ‚bemerkbar' zu machen, sein Leben zu ‚zeigen'. Räume ermöglichen soziale Netze, wechselnde, für sich selbst und für andere begreifbare soziale Zusammenhänge. Räume dokumentieren die Suche nach bzw. die Bewahrung von eigener sozialer Territorialität (vgl. Böhnisch/ Münchmeier 1990, S. 17ff.). Räume sind erlebbar in einer dreifachen Bezugsdimension: als gestimmte Räume in ihrer atmosphärischen Dimension, als

Handlungsräume in ihrer Tätigkeitsdimension, als soziale Räume in ihrer Gesellungsdimension.[145]

Die pädagogische Zentrierung und Konstruktion von Räumen wird vor allem beim Demokratischen Haus sichtbar, wo Räume in den Äußerungen der Vereinselite insbesondere hinsichtlich der Erziehungsabsichten der älteren gegenüber der jüngeren Generation in den Blick kommen. Der Verein wird als überschaubarer, kontrollierbarer Raum, als ein – auch indirekt und kollektiv kontrolliertes – Terrain bestimmt. Mit dieser Überschaubarkeit werden gleichzeitig „pädagogische Wirkungserwartungen" (Oelkers 1993, S. 633) bzw. Wirkungshoffnungen formuliert, nämlich die Bewahrung der Kinder vor negativen Sozialisationseffekten (wie beispielsweise Drogenkonsum) in Räumen außerhalb der elterlichen Kontrollweite sowie die sukzessive Heranführung der jüngeren Generation(en) an die Sprache und Kultur der Eltern. Der Verein wird als derjenige pädagogische Raum definiert, an dem die spanische Sprache und Kultur tradiert werden (sollen). Diese Weitergabe des Kulturerbes, das sich nicht mehr in einem ‚natürlichen' Milieu entfalten kann, sondern in der ‚Zwischenwelt' der Migration bewahrt werden muß, wird als ein Akt der bewußten ‚Einpflanzung' verstanden – und zwar unter Bedingungen der „Zugehörigkeit und Verpflichtung in einem kontrollierbaren moralischen Raum" (ebd., S. 638). Mit dieser Bindung bestimmter Erziehungsziele an bestimmte Räume kommt es zu einer Verräumlichung zeitlicher Erziehungs- und Entwicklungsprozesse, der Verein wird damit zu einem Ort, der in seiner Funktion als intergenerativer Erziehungsraum mit erheblichen normativen Vorstellungen befrachtet ist.[146]

Die Bewahrung von Vereinsraum, die Kontrolle über Räume und Raum als (pädagogische) Gestaltungsgröße ist auch in den Biographien ein konstantes Thema. Vor allem Herr Sánchez präsentiert das Raumthema in unterschiedlichen Variationen: als Raumsuche, Raumabhängigkeit, Raumwechsel, Raumquerelen oder Raumbedrohung – Variationen, bei denen die verschiedensten Gruppen und Institutionen involviert sind (DGB, VHS, Kneipen, Club Voltaire, Italiener, Portugiesen, Frauen im Verein, etc.). Aber auch Frau García spricht in ihrer Erzählung die Bedeutung von Räumen an, allerdings vor allem im Rahmen der innervereinlichen Auseinandersetzungen. Für sie ist die Kontrolle über

---

145 Trotz der generellen Vernachlässigung des Raumes als einer entscheidenden Kategorie innerhalb der Erziehungswissenschaft sind in den letzten Jahren einige Arbeiten entstanden, die die Bedeutung des Raums in pädagogischer Hinsicht thematisieren (vgl. u.a. Böhnisch/Münchmeier 1990, Müller 1991, Kade 1992b, Oelkers 1993, Kade/Nittel 1995). Zur Anthropologie des Lernraumes und dem Versuch einer pädagogischen Raumdiskussion generell vgl. Plöger 1993, Ecarius/Löw 1997. Zur polyfunktionalen Ausgestaltung von Räumen und zur Bedeutung von Arbeitervereinslokalen und Volkshäusern als Kristallisationskerne der Arbeiterbewegung in historischer Perspektive vgl. Niess 1984.
146 Dieser Hoffnung und Strategie stehen allerdings bereits bestimmte konträre Erfahrungen gegenüber, nämlich die Gleichgültigkeit, Loslösung oder dezidierte Abkehr einer Mehrzahl von Angehörigen der zweiten/dritten Generation von diesen Räumen, wobei die – erfolgreiche – Bindung eines Teilsegments die verfolgten Erziehungsabsichten immer wieder revitalisiert und auf Dauer stellt.

Räume eine Frage der Schlüsselgewalt. Die Schlüssel, derer sich die Frauen im Verein bemächtigen, symbolisieren die Voraussetzung für inhaltliche Gestaltungsmöglichkeiten im Verein, sie eröffnen die Chance, die Partizipation im Verein auf neue Weise zu verteilen, sie sind Ausdruck einer geschlechtsspezifischen Machtausübung über die Inbesitznahme von Räumen.

Unabhängig von pädagogischen Konstruktionsabsichten der Vereinsaktiven und räumlichen Relevanzen in den biographischen Erzählungen kommt der Gliederung und Ausgestaltung der Vereinsräume auch eine entscheidende Bedeutung für die Art des Umgangs der Vereinsmitglieder und Vereinsgruppen untereinander zu. In dieser Hinsicht unterschieden sich die beiden Vereine fundamental voneinander. Während der Kulturkreis aufgrund seines räumlichen Schrumpfungsprozesses in seinem gegenwärtigen Domizil eine integrierte Funktionalität aufweist, d.h. seine Aktivitäten in zwei Räumen bzw. dem größeren Mehrzweckraum durchführen muß, verfügt das Demokratische Haus aufgrund seiner räumlichen Expansion über einen differenzierten, morphologisch strukturierten Raum, dessen funktionale Gliederung Übergänge möglich macht, aber auch erfordert. Die Raumanordnung präformiert daher die Interaktionsverhältnisse und -optionen auf entscheidende Weise. Sie sorgt für Überschneidungsmöglichkeiten, für unterschiedliche Kommunikationsdichten, für gruppenspezifische Exklusivitäten (Räume für die Jugend, die Fußballer, die Tanzgruppe, den Unterricht, etc.). Mit der Verteilung und Ausgestaltung der Räume hängt desweiteren auch der Schwierigkeitsgrad zusammen, mit dem (pädagogische) Aktivitäten geöffnet und geschlossen werden (können). Räume sind in diesem Sinn Grenzmarkierer, die den Übergang von fließenden Bewegungen in intentionale Arbeitszusammenhänge verdeutlichen. Gerade die Verwandlung von Geselligkeitsräumen in Lern- und Bildungsräume sind „an die Unterscheidung von Innen und Außen gebunden, und das schließt Aktivitäten des Schließens und Öffnens sowie des Abschirmens ein" (Kade/Nittel 1995, S. 204). Hier hat das Demokratische Haus mit seiner räumlichen Gliederung ebenfalls deutliche Vorteile gegenüber dem Kulturkreis, da das Zusammenrufen einer Gruppe zu einem Vortrag, einer Probe, etc. in einen speziellen Funktionsraum hinein leichter zu bewerkstelligen ist als dort, wo – wie im Kulturkreis – die gesellige Vereinskommunikation in die möglichen Lernräume hineinragt bzw. Lernräume auch für andere Zwecke als Lernen genutzt werden. Deutlich wird diese Problematik der pädagogischen Öffnung und Schließung von Aktivitäten durch Vereinsaktive beispielsweise beim Theatergruppenleiter des Demokratischen Hauses, dessen Öffnungsaktivitäten auf einer räumlichen Veränderung aufruhen können, während die Öffnungsbestrebungen von Herrn Pérez als dem Kulturorganisatoren und Vortragsmoderatoren des Kulturkreises aus dem Geselligkeitsfluß des Vereinslebens heraus bewältigt werden müssen.[147]

---

147 Zur Notwendigkeit der Eröffnung und Schließung von Lernräumen vgl. auch Kade 1992b.

2. Biographien als Bildungsbiographien

Nicht nur die beiden Vereine weisen eine ausgeprägte Tendenz auf, die eigene Geschichte, Gegenwart und Zukunft mit Hilfe pädagogischer Deutungsmuster zu interpretieren, auch die vier Interviewpartner konstruieren ihre Biographien mit pädagogischen Erzähl- und Argumentationsfiguren, ja sie entwerfen ihr Leben geradezu in einer emminent pädagogischen Steigerungsperspektive.[148] Ihre Erzählungen sind bilanzierende Erzählungen, in denen die eigene Biographie als Lern- und Leistungsbiographie, als Bildungsleistung thematisiert wird, wobei Lernen die Voraussetzung für erfolgreiche Leistung, Leistung das Resultat erfolgreichen Lernens ist. Allerdings heben alle vier Interviewpartner die eigene positiv bewertete Lernleistung von der als defizitär und benachteiligend erlebten Schulwirklichkeit im Heimatland ab. Sie markieren damit sehr deutlich eine Differenz von Bildungskarriere und Bildungsbiographie, d.h. die gesellschaftliche Chancenverweigerung für erfolgreiche Bildungskarrieren wird von ihnen als Voraussetzung für stark autodidaktisch geprägte bildungsbiographische Entwürfe gedeutet.[149] Im Spannungsfeld von institutioneller Lernbegrenzung und potentieller bildungsbiographischer Lernausweitung erzählen sie eine Geschichte, in der die *Gleichzeitigkeit von fremdverschuldeter Chancenreduzierung und selbstforcierter Chanceneröffnung durch Lernen* eine zentrale Rolle spielt. Insgesamt lassen sich vier verschiedene Dimensionen rekonstruieren, über die sich alle vier Interviewpartner als Bildungsbiographien entwerfen:
- die Vielfalt autodidaktischer Anstrengungen;
- die biographische Abarbeitung an (Bildungs-)Institutionen;
- der Vergleich mit und die Absetzung von anderen Biographien;
- die Formulierung einer gesellschaftlichen Steigerungsperspektive.

2.1. Vielfalt autodidaktischer Anstrengungen

Alle vier Interviewpartner sehen ihre Lernerfolge nicht als Resultat guter formaler Ausbildung, sondern ganz im Gegenteil als Ausdruck ihrer eigenen autodidaktischen Lernanstrengungen, die sie zu einer subjektiv bedeutsamen Bildungsbiographie vernetzen. Sie entwerfen sich in ihren Biographien als lernbedürftige, gleichwohl lernwillige Personen mit geringer formaler Schulbildung, die sich durch gewisse Tugenden wie Willensstärke, Disziplin, Ausdauer oder gegenseitige solidarische Hilfe neben und unabhängig von den offiziellen Bildungskarrieren alternative, ergänzende und kompensatorische Bildungswege erarbeitet

---

148 Zur subjektiven Rekonstruktion der eigenen Biographie als Bildungsbiographie und den damit verbundenen geschlechtsspezifischen Ambivalenzen vgl. Rabe-Kleberg 1995.
149 Zur Differenz von Bildungskarriere und Bildungsbiographie vgl. Kade/Seitter 1996, S. 235f.

haben.¹⁵⁰ Dabei sind die autodidaktischen Lernprozesse eingelagert in und verknüpft mit vielfältigen Formen personell und gruppengestützter Hilfeleistungen. Ihre Autodidaxie ist angewiesen auf Vermittlungsleistungen, die in den vier Biographien an unterschiedliche Medien (Buch, Zeitung), Personen (republikanischer Lehrer, Arbeitskollegen, Väter, Nachbarn), Gruppen (Familie, peer-group, Theatergruppe) und Orte (Bar, Wohnheim, Verein, Gefängnis, Betrieb) gebunden sind.¹⁵¹ Zwei besonders wichtige Formen der selbstgesteuerten Aneignung von Wissen sind einerseits das Lernen mit und durch andere, die persönlich vermittelte Bildungsarbeit, die gerade wegen ihres Personenbezugs Überzeugungskraft gewinnt, andererseits das Lernen im handelnden Vollzug durch Nachahmung und eigenständige Umsetzung, durch Versuch und Irrtum, durch Ausprobieren und Korrigieren (insbesondere im Arbeitsprozeß).

Neben den positiven Lernprozessen werden in den Erzählungen auch Lernanforderungen und Lernleistungen thematisiert, die für die Betroffenen mit Erfahrungen der Überwältigung, der Zumutung, des Außerkraftsetzens der eigenen Handlungssouveränität verbunden sind – Erfahrungen, die entweder erst in einem langsamen und mühevollen Prozeß der schmerzhaften Überwindung, Anpassung und forcierten Aufklärung bewältigt werden können oder aber bruchstückhaft und unbearbeitet bleiben. Der Kampf um Wiedererlangung von Handlungssouveränität durch Lern- und Anpassungsprozesse ist bei allen vier Interviewpartnern nachweisbar: die fremdbestimmte und erniedrigende Arbeitssuche (Herr Sánchez), das Umkippen der zwar gehaßten, aber gewohnten Gesellschaftordnung (Frau García), die verwirrende Sprachodyssee (Herr Delgado), die Arbeitslosigkeit ohne familiäre Stütze (Herr Salinas). Komplementär zur Erfahrung der Überwältigung thematisieren alle vier auch die Möglichkeit des erneuten Rückzugs in die Heimat, die von allen allerdings als Flucht, Versuchung oder Auswegslosigkeit verworfen wird. Insbesondere Herr Delgado und Herr Salinas weisen auf die Schwierigkeiten und den Leidensdruck hin, die mit diesen migrationsbedingten Lern- und Anpassungsleistungen verbunden sind. Aus ihrer Sicht sind diese Leistungen nur als heroisch zu charakterisieren, weil

---

150 In dieser Perspektive repräsentieren Migrantenbiographien moderne Formen von Aufsteigerbiographien, wie sie aus der historischen Arbeiterliteratur oder aus den Biographien von unternehmerischen self-made-men des 19. Jahrhunderts bekannt sind (vgl. Günther 1994).

151 Insofern ist gerade bei Migrantenbiographien ein Spannungsverhältnis von Selbstlernen/Selbstorganisation und personengebundener/institutioneller Hilfe nachweisbar, wie es auch in den gegenwärtigen Diskussionen um Selbstlernen immer wieder angemahnt wird. Nicht die isolierte und insuläre Bewältigung von Lernleistungen ist das Charakteristikum von Selbstlernen, sondern die autonome und selbstgesteuerte Nutzung institutioneller/personeller Infrastrukturen und Lernressourcen (vgl. Dohmen 1997). In historischer Perspektive sind derartige Verbindungen zwischen Selbstlernen und institutioneller/personengebundener Vermittlungshilfe ebenfalls nachweisbar. Eines der bekanntesten Beispiele stellt die Arbeiterautobiographie von Wenzel Holek dar, in der u.a. der komplexe Prozeß von Weltaneignung durch Lesen über die unterschiedlichen Stationen und Kombinationen von Selbstsuche, personengestützter Vermittlung und volksbibliothekarischer Hilfe geschildert wird (vgl. Holek 1921, S. 112f., Seitter 1997).

ihnen keine adäquaten Bewältigungsressourcen zur Verfügung stehen, weil trotz der personellen/institutionellen (Teil-)Hilfen die Ausgangsbedingungen zu asymmetrisch sind, um einen friktionsarmen Übergang zu gewährleisten. Beide konstatieren daher an diesem Punkt die negativen Konsequenzen der defizitären Bildungskarriere im Heimatland, die sie nicht mit den nötigen mentalen Ressourcen ausgestattet hat und die nur mit großem persönlichen Aufwand teilkompensiert werden konnte.

2.2. Biographische Abarbeitung an (Bildungs-)Institutionen

Trotz der Betonung der autodidaktischen und personal/medial abgestützten Lernprozesse thematisieren alle vier Interviewpartner auch biographische Erfahrungen mit (Bildungs-)Institutionen, die für das eigene Leben wichtig geworden sind, an denen sie sich abarbeiten und die auch für die intergenerative Perspektive Bedeutung haben. Im Zentrum dieser Reflexionen stehen die Schule (in Spanien und Deutschland) und der Verein.

Die Institution der Schule wird in einer spanienbezogenen vergangenheitsorientierten Perspektive als eine Negativeinrichtung für das eigene Leben interpretiert. Alle vier Interviewpartner konvergieren in der schlechten Beurteilung der eigenen Schulvergangenheit, die biographisch eine kontinuierliche Bildungsentwicklung verhindert und sozial die autoritären Gesellschaftsstrukturen mitstabilisiert hat.[152] Im Vergleich zu dieser vorbehaltsbehafteten Thematisierung der spanischen Schule schneidet die deutsche Schule relativ positiv ab. Mit ihr sind nicht so sehr die eigenen biographischen Perspektiven, sondern vielmehr die Bildungserfolgsaussichten der eigenen Kinder verbunden. Die deutsche Schule wird vor dem Hintergrund der eigenen schulischen Negativerfahrung als Einrichtung bewertet, die für den späteren beruflichen Erfolg der Kinder ausschlaggebende Bedeutung hat. Der Kampf um die Inkorporierung der eigenen Kinder in die deutsche Schule und die Sorge um die erfolgreiche Beschulung der Kinder verdeutlichen die Wertschätzung, die die Institution Schule als gesellschaftlicher Ort der Wissensdistribution und Chancenverteilung in den Augen aller vier Interviewpartner hat. Gerade aufgrund der nüchternen Einschätzung der Selektionsfunktion von Schule wird der Kampf um die Integration in die deutsche Normalschule und die gleichzeitige Stützungsarbeit durch selbstorganisierte Zusatzangebote legitimiert. Der spanische Elternverein fungiert dabei als der institutionelle Ort zur kollektiv organisierten schulischen Betreuung der Kinder, der auch den Konflikt mit den offiziellen Schulstellen nicht scheut. Durch die intensive Beschäftigung mit der schulischen Sozialisation der Kinder erfahren auch die Älteren eine sekundäre nachträgliche Schulsozialisation, die ihnen jedoch die eigenen Defizite umso mehr

---

152 Zur schulischen Unterversorgung sowie zum endemischen Analphabetentum und den darauf bezogenen Kompensationsmaßnahmen in Spanien vgl. Seitter 1993b und 1993c.

vor Augen führt. Insbesondere Herr Delgado und Herr Salinas formulieren die generationenspezifische Verschiebung von Chancenzuteilung durch Schule in sehr deutlicher Weise, indem sie die erfolgreichen Bildungskarrieren der zweiten Generation einerseits mit den verpaßten eigenen Chancen kontrastieren, andererseits auch als Resultat ihrer eigenen kontinuierlichen Anstrengungen und Opfer (Lobby- und Vereinsarbeit) interpretieren.

Der Verein ist demgegenüber eine Einrichtung, mit dem sich alle vier Interviewpartner – trotz gewisser Ressentiments und Kritik – in positiver Weise identifizieren. Auch der Verein wird – wie die Schule – als Bildungsinstitution mit bestimmten inhaltlichen Ansprüchen thematisiert. Die Art und Weise, wie der Verein als pädagogische Einrichtung erlebt und beschrieben wird, wie die vier Interviewpartner die inhaltlichen Ansprüche für sich selbst zu nutzen bzw. zu unterlaufen verstehen, weicht allerdings erheblich voneinander ab. Es gibt gleichlaufende, aber auch sich widersetzende Prozesse der Vereinspräsentation und Vereinsnutzung, die Harmonisierung, aber auch Entgegensetzung unterschiedlicher Logiken der institutionellen Vermittlung und biographischen Aneignung. Sowohl Herr Sánchez als auch Herr Delgado betonen die Identität von Vereinzielen und persönlichen Zielen. Sie identifizieren und parallelisieren die eigene Biographie mit der Vereinsbiographie und verkörpern in diesem Sinn das Vereinsestablishment. Für sie ist der Verein verbunden mit vielfältigen Möglichkeiten des Engagements, der Nutzung, der Einbringung eigener Fähigkeiten, der Organisation und Kontrolle, des Unterrichts und der Lehre. Frau García macht dagegen eine deutliche Entwicklung von distanzierter Beobachtung zu engagierter Teilnahme durch. Sie nutzt den Verein – mit einer Gruppe Gleichgesinnter – gewissermaßen auf subversive, vom Verein selbst nicht vorgesehene Weise und vollzieht Emanzipationsprozesse, die sich gegen den Verein bzw. gegen die traditionellen Eliten wenden und die erst mit der Machtübernahme und Kontrolle über den Verein einer Parallelisierung von persönlichen und institutionellen Zielen weicht. Aber auch sie beschreibt den Verein – wie alle anderen Interviewpartner – als Ort, an dem Lern- und Bildungsprozesse stattfinden, an dem es zu persönlichen Auseinandersetzungen und gegenseitigen Klärungen kommt, an dem die eigene Biographie konfrontiert werden kann mit den Lebensentwürfen anderer im Verein gebundener Mitglieder.

2.3. Vergleich mit und Absetzung von anderen Biographien

Die Vergleichbarkeit mit und Absetzung zu anderen Personen und Gruppen – innerhalb und außerhalb des Vereins – sind weitere wichtige Elemente zur Verdeutlichung der eigenen Bildungsleistung und zur Profilierung der eigenen Person als fortschrittlich, entwicklungsfähig, lernwillig, etc. Die eigene Bildungsleistung tritt dabei umso deutlicher zutage, je stärker sie mit Biographien verglichen wird, die – aus der Sicht der Erzähler – stagnieren, zurückbleiben, sich nicht fortentwickeln und die eigene Person vernachlässigen oder die im Gegenteil als zu erreichendes Vorbild präsentiert werden. Die eigene Biographie wird geradezu als Bewegungsbiographie konstruiert, indem entweder das Dual Fortschritt (die eigene Person) versus Stagnation (die anderen) mit einer zunehmenden Abstandsvergrößerung oder das Dual Nachteil (die eigene Person) versus Vorsprung (die anderen) mit einer zunehmenden Abstandsverringerung genutzt wird. Frau García bedient sich vor allem der Form der positiven Abgrenzung und Kontrastierung zu anderen Personen. Einerseits thematisiert sie den Entwicklungsstillstand in ihrer Familie und ihrem Dorf, wohingegen sie sich auf einem Steigerungspfad in die Fremde sieht, in der sie sich ein Wissen um die anderen Möglichkeiten gesellschaftlicher Existenz erwirbt, das sie sicherer und unabhängiger von familiären Konfliktlagen macht und das sie in Auseinandersetzungen strategisch einsetzen kann. Andererseits kontrastiert sie das eigene persönliche Vervollkommnungsstreben mit den ihrer Meinung nach rigiden und autoritären Umgangsformen der politischen männlichen Elite im Kulturkreis sowie den dazugehörigen Frauen, denen sie aufgrund der zu großen Dominanz politischer Betätigung die Vernachlässigung ihrer eigenen menschlichen Potentiale vorwirft. Auch Herr Delgado grenzt die Enge des dörflichen Heimathorizontes gegen die erworbene Weite der Migrationserfahrung ab, die für ihn allerdings mit durchaus zwiespältigen Lernleistungen verbunden ist. Und ähnlich wie Frau García verortet er die eigene Person kontrastiv innerhalb der Migrantenkolonie, indem er sich selbst zur mobilisierungswilligen und -bereiten Vereins- und Politikelite zählt, den eigenen Landsleuten Aufklärungsbedarf unterstellt und sich gegenüber den als lern- und arbeitsunwillig eingestuften Neumigrierten abgrenzt. Herr Sánchez wiederum operiert – abgesehen von der auch von ihm betonten Bewußtseins- und Aufklärungsnotwendigkeit – mit dem entgegengesetzten Modus, indem er sich in seiner Erzählung an Personen anschmiegt, die er als äußerst gebildet bezeichnet und denen er sich durch Erfahrung und Lernen quasi anverwandelt. Er entwirft sich gemäß dem Vorbild seiner Mentoren und zieht mit ihnen gleich: aufgeklärt in politischen Dingen (wie sein republikanischer Lehrer), sprachbewandert (wie sein deutscher Arbeitskollege), versiert in vereinsorganisatorischen Fragen (wie sein spanischer Arbeitsgenosse). Beide Formen der Kontrastierung und des Vergleichs haben erzählstrategisch dieselbe Funktion: nämlich den *Aufweis der eigenen biographischen Steigerung zu erbringen* entweder *im Modus der Distanzvergrößerung* (zu den negativen Bezugsgruppen) oder *im Modus der Vorsprungsverringerung* (zu den positiven Bezugsgruppen).

2.4. Formulierung einer gesellschaftlichen Steigerungsperspektive

Die Bildungs- und Leistungsbiographien der vier Interviewpartner sind jedoch nicht nur auf die eigene Steigerungsperspektive bezogen, sondern thematisieren diese auch in Bezug auf bestimmte gesellschaftliche Problemlagen und Aufgabenfelder, mit denen sie sich identifizieren, an denen sie sich abarbeiten, mit denen sie sich auseinandersetzen. Biographische und gesellschaftliche Steigerungsperspektiven gehen so parallellaufende, einander ergänzende oder entgegengesetzte Verbindungen miteinander ein; je nach Akzentuierung dominiert Gleichklang oder Kontrast, Harmonie oder Dissonanz. Herr Sánchez präsentiert vor allem die gesellschaftliche Steigerungsperspektive des Vereins und der Politik. Er thematisiert seine eigene Steigerung im Medium des Vereins und der Politik. Beide haben sowohl in Bezug auf Deutschland als auch im Hinblick auf Spanien eine historische Mission erfüllt, in der auch seine eigene Biographie erfolgreich ihren Platz gefunden hat. Frau García präsentiert dagegen eine transkulturelle Utopie als gesellschaftliche Steigerungsperspektive, indem sie den Versuch, sich in der Auseinandersetzung mit Vorurteilen und Rollenklischees ihrer eigenen kleinräumlichen Umwelt abzuarbeiten und zu befreien, auf die Gesellschaft insgesamt überträgt. Diese Parallelisierung ihres Anliegen hat jedoch den Charakter einer Anmahnung, der sie in ihrer bilanzierenden Rückschau – und angesichts der fremdenfeindlichen Übergriffe in Deutschland – kaum Realisierungschancen einräumt. Herr Delgado schließlich thematisiert eine doppelte gesellschaftliche Steigerungsperspektive: einerseits die kollektive Besserstellung der – spanischen – Migranten im allgemeinen und der gesellschaftliche Aufstieg der nachfolgenden Generation im besonderen, andererseits die durch die Migranten mitverursachte und mitgetragene reale Vereinigung auf europäischer Ebene. Wie Herr Sánchez hat auch er die durch die Migration erfolgte und ermöglichte Steigerungsperspektive sowohl des Migrantenkollektivs als auch der gesellschaftlichen Rahmenbedingungen im Auge, allerdings mit einer deutlichen Skepsis hinsichtlich der gesellschaftlichen Zurechnungsmodi dieser Leistungen (Frage der Anerkennung).

3. Bindung durch Bildung

Bindung durch Bildung ist eine der zentrale Figuren, mit denen sowohl die Vereine als auch die Biographien ihre Selbstpräsentationen gestalten. Während die Vereine versuchen, Bindungskraft über pädagogische Beziehungen und Verhältnisse zu entfalten, versuchen die Biographien, Bindungskraft über die Formulierung pädagogischer Steigerungsperspektiven zu entfalten. Während die zunehmende Inanspruchnahme pädagogischer Handlungs- und Deutungsmuster *eine* der Formen darstellt, mit denen die Institution Verein ihre Kontinuität zu sichern sucht, geben die vier Interviewpartner dem eigenen vergegenwärtigten Leben dadurch eine plausible Dynamik und Kohärenz, daß sie sich in ihrer bilanzierenden Rückschau als Bildungs- und Leistungsbiographien präsentieren.[153] Pointiert formuliert betreibt der Verein eine institutionelle Selbstpädagogisierung, indem er seine Ansprüche sowohl radikalisiert als auch generalisiert und damit eine

---

[153] Bildung wird dadurch ein zentrales Element der Zusammenhangsherstellung ihrer Biographie mit bedeutungsordnenden und sinnherstellenden Leistungen (vgl. Marotzki 1991, S. 191ff.).

Ausweitung seiner potentiellen Klientel anstrebt. Die vier Interviewpartner hingegen betreiben eine biographische Selbstpädagogisierung, indem sie Bildung und Leistung (Bildung als Leistung, Leistung als Bildung) radikal gleichsetzen. Diese Modellierung des eigenen Lebens als Steigerungs-, Leistungs- und Bildungsbiographie hat dabei einen dreifachen Vorteil: einerseits ist es möglich, die nicht erreichten (materiellen und ideellen) Ziele der Migration bildungsbiographisch zu kompensieren und Bildungserfolge an die Stelle von ökonomischen/sozialen/politischen Erfolgen zu setzen.[154] Andererseits können auch Lernenttäuschungen und verfehlte Lernchancen benannt und auf einem biographischen Steigerungskontinuum verortet werden, so daß auch negative Lernerfahrungen in den Biographien vertreten sind, ohne den positiven Gesamtentwurf zu beeinträchtigen.[155] Und schließlich kann der Lernmodus als *eine* Form der biographischen Selbstpräsentation Kombinationen mit eher handlungsbezogenen Biographieentwürfen (Kampf und Eroberung, Erdulden und Erleiden, aktives Gestalten, passives Ertragen) eingehen, bei denen Lernen als Voraussetzung bzw. Element des Kampfes oder als Bewältigung bzw. Umkehrung von Erleidensprozessen dient.

Auch die Vereine profitieren von der Übernahme pädagogischer Argumentationsfiguren in die innervereinliche Kommunikation, indem sie eine zunehmende Pädagogisierung des Vereins gerade in institutionellen Krisenlagen betreiben. Der Rekurs auf pädagogische Semantik wird zur versuchten Krisenbewältigung genutzt, die im einen Fall (Kulturkreis) eher anachronistisch wirkt, im anderen Fall (Demokratisches Haus) durchaus gewisse Erfolge zeitigt. In beiden Vereinen hat der Rekurs auf pädagogische Figuren Appellcharakter und zwar sowohl für die Aktiven als auch für die Klientel. Die Ansprüche werden in moralisierender Form vorgetragen, *Pädagogisierung heißt daher auch Moralisierung:* die Klientel soll verpflichtet werden auf eine bestimmte Denkungsarbeit, auf das Gesetz der Solidarität innerhalb der Migrantenkolonie und der Generationenabfolge oder auf die Bewahrung der eigenen Sprache. Pädagogisierung als Institutionalisierungsmodus und Biographisierungsmodus erweist sich somit als Möglichkeit, sowohl für die Vereine als auch für die Biographien positive Selbstpräsentationen zu gewährleisten, bei denen die negativen – und durchaus eingestandenen – Seiten des eigenen Entwurfs so integriert werden, daß sie selbst wiederum als Konstrastfolie für das eigene Selbstverständnis dienen können. *Pädagogisierung wird demnach zum Mittel der Positivierung des eigenen Institutionen- bzw. Biographieentwurfs.*

---

154 Die These, Bildungserfolgsgeschichten – auch – als Kompensation für anderweitige Desillusionierungserfahrungen zu begreifen, vertritt in prägnanter Weise Schiffauer (1991, S. 189): „Es bleibt indes darauf hinzuweisen, daß mit der Konstruktion der Lebensgeschichte als Bildungsgeschichte auch das Scheitern der Migration bewältigt wird. Eine denkbare Alternative wäre ja das Lebens als Erfolgsgeschichte – und im Vergleich dazu wirkt eine Bildungsgeschichte wie ein sicherer Rückzugsort: Wenn man auch nichts in Deutschland erreicht hat, so hat man doch wenigstens etwas gelernt und gesehen".
155 Diese Stilisierung von negativen Lernerfahrungen als Möglichkeitsraum für Anschlußprozesse findet sich auch in anderen biographisch-institutionellen Zusammenhängen (vgl. dazu Kade/Seitter 1996).

Zweites Kapitel: Das gegenseitige Bedingungs- und Spannungsverhältnis von Institutionen und Biographien

In den Vereinsprotokollen und biographischen Erzählungen ist nicht nur ein Wechsel- und Spannungsverhältnis institutioneller und biographischer Bildungsbezüge, sondern auch ein generelles wechselseitiges Abhängigkeitsverhältnis von Verein und Biographie rekonstruierbar. Die Biographieprägung der Vereine und die Vereinsprägung der Biographien ziehen sich wie ein konstanter Faden durch beide Materialsorten. Einerseits ist der Verein als intermediäre Instanz zwischen der Einwanderer- und der Aufnahmegesellschaft in doppelter Weise auf biographischen Support und biographische Verankerung angewiesen. Denn der Verein lebt nicht nur vom Engagement seiner Mitglieder, von den Ressourcen, die sie ihm in zeitlicher, sachlicher und sozialer Hinsicht zur Verfügung stellen, sondern formuliert seine Angebote gerade auch im Hinblick auf die biographischen Bedürfnislagen seiner Mitglieder, die im Verein eine Aktualisierung und Verstetigung erfahren. Andererseits sind die Biographien auf den Verein als Bewältigungshilfe für die Ambivalenzen und Paradoxien eines forcierten Modernisierungs- und Anpassungsprozesses angewiesen, da im Verein die biographisch notwendige Ausbalancierung zwischen Vergangenheit, Gegenwart und Zukunft, die Doppelung der Welt mit ihrer Möglichkeitsvielfalt und die Spannung zwischen individueller und kollektiver Geschichte bearbeitet werden (können). Der Verein bietet für Biographien institutionelle Entlastungsmöglichkeiten, stellt Zugehörigkeit her, kontinuiert eingespielte Routinen und vermittelt zwischen verschiedenen gesellschaftlichen Anspruchssphären. Allerdings besteht im Verhältnis von Vereinen und Biographien nicht nur eine gegenseitige mehr oder weniger spannungsreiche Interessenkonvergenz, sondern auch eine Parallelität unterschiedlicher Eigenlogiken, die nicht ineinander überführbar sind. Vereine haben ein von Biographien unabhängiges Interesse an institutioneller Kontinuität, während die biographischen Perspektiven von Individuen nicht auf Vereine beschränkt bleiben. Beide führen ein Eigenleben, das jedoch gerade in den gegenseitigen Bezügen und Abhängigkeiten auf ein spannungsreiches Bedingungs- und Wechselverhältnis verweist.[156]

---

156 Zum Verhältnis von Biographien und Institutionen, von biographischer Prägekraft der Institutionen und Institutionalisierungsprozessen, die durch Biographien eingeleitet, modifiziert oder verfestigt werden, vgl. generell Hoerning/Corsten 1995. Als eine der wenigen empirischen Studien, die das Verhältnis von Institution und Biographie zum Thema haben – allerdings mit einem deutlichen Schwergewicht auf biographische Verarbeitungsmuster institutioneller Erfahrung – vgl. Kühnlein/Mutz 1996.

1. Biographieabhängige Institutionen

Sowohl der Spanische Kulturkreis als auch das Demokratische Haus sind in ihrer Existenz maßgeblich von den Motivlagen und biographischen Perspektiven ihrer Mitglieder beeinflußt. Die biographischen Prägungen, zeitlichen Perspektiven, thematischen Präferenzen und institutionellen Bindungen, die seitens der Mitglieder an die Vereine herangetragen werden, entscheiden in hohem Maße über die Ausgestaltung der Vereinsarbeit. Ein zentrales – wenn nicht das zentrale – Problem beider Vereine ist daher die Frage der Mitgliedereinbindung und -rekrutierung und zwar nicht nur im Sinne der Motivierung zu ehrenamtlicher Arbeit, sondern generell in Bezug auf die Ansprechbarkeit und Bindungsbereitschaft von (potentiellen) Mitgliedern.

1.1. Mitgliedereinbindung als Problem

Beide Vereine sind hinsichtlich der Frage der Mitgliedereinbindung sowohl mit den unterschiedlichen zeitlichen und generationellen Perspektiven ihrer Mitglieder als auch mit den – z.T. empfindlichen – demographischen Verschiebungen ihrer traditionellen Rekrutierungsbasis konfrontiert. War während der Rotationsphase (1960-73) die Vereinsarbeit zu großen Teilen auf die biographischen Perspektiven eines kurzfristigen Arbeitsaufenthaltes und den damit verbundenen Integrationsschwierigkeiten bezogen,[157] so änderten sich mit der zunehmenden Aufenthaltsdauer die biographisch-familiären Perspektiven der Vereinsmitglieder in entscheidender Weise (Heirat, längerfristiger Aufenthalt, Schulausbildung der Kinder). Gegenwärtig sind für die spanische – und aufgrund der negativen Wanderungssaldi seit dem Anwerbestop quantitativ immer schmaler werdende – Rekrutierungsbasis der Vereine vor allem zwei verschiedene Perspektiven und Typiken der Bezugnahme vorherrschend: zum einen der biographische Spannungsbogen von Migration und Remigration, der sich zunehmend in Richtung Remigration mit den dadurch bedingten Veränderungen biographischer Planung verschiebt, zum anderen die unterschiedlichen biographischen Bedürfnisse der Vereinsmitglieder, die insbesondere als generationenbezogene Unterschiede greifbar werden. Zeitdifferenz und Generationendifferenz sind somit die beiden zentralen biographischen Bezüge, denen sich die Vereine stellen (müssen). Als drittes und zusätzlich erschwerendes Element kommt hinzu, daß beide Vereine ihre (potentiellen) Mitglieder nicht mehr als eine moralisch stabilisierte Basis mit dem ihr „innewohnenden Moment einer generalisierten und unspezifischen Loyalitätsverpflichtung" (Streeck 1987, S. 476) vorfinden, sondern sich mit der zunehmend nachlassenden Bindungsbereitschaft von Mitgliedern konfrontiert sehen. Auch der Kulturkreis und das Demokratische Haus müssen gegenwärtig – wie Organisationen generell – „mit

---

[157] Vgl. die hohe Rotationsquote von mehr als 65% in Teil I, Kapitel 2, Abschnitt 1.1.1.

heterogener gewordenen Mitgliedschaften auskommen, deren Ansprüche und Interessen spezifischer – und damit unterschiedlicher und weniger leicht auf einen Nenner zu bringen – sind und deren Agenden häufiger zu wechseln scheinen" (ebda., S. 477).

1.2. Rigide versus flexible Spezialisierung

Bereits in Kapitel 1, Abschnitt 1. wurde gezeigt, daß und wie beide Vereine sowohl sich selbst als auch ihre Klientel in pädagogischer Weise konstruieren. Während der Kulturkreis Aufklärungsabsicht und Aufklärungsbedarf artikuliert, rekurriert das Demokratische Haus auf intergenerative Bindung und generationsspezifische Bedürfnislagen. Beide Strategien können als Strategien der – versuchten – Mitgliederbindung interpretiert werden, die in unterschiedlicher Weise auf die biographischen Perspektiven der Mitglieder Bezug nehmen.

Der Kulturkreis orientiert sich bei seiner Bildungs- und Bindungsperspektive eher an einer gesellschaftlichen Problemdiagnose und stellt nur insofern biographische Bezüge her, als er den postulierten Aufklärungsbedarf seiner potentiellen Mitglieder als Resultat bestimmter biographischer Prägungen und Neigungen (mangelnde Schulbildung, mangelndes politisches Interesse) interpretiert. Die nationalitätenunspezifische Ausweitung seiner Klientel geht allerdings einher mit einer Einschätzung und Simulation der biographischen Entwürfe spezifischer spanischer Vereinszielgruppen (Neumigranten, Jugendliche), die durch ihre Negativthematisierung jedoch bereits aus dem möglichen Mitgliederpool hinausdefiniert werden.[158] Zwischen der generalisierten Aufklärungsperspektive und der biographischen Engführung bestimmter möglicher Vereinsgruppen nehmen allein die vom Verein tolerierten Partizipations- und Artikulationsmöglichkeiten von Frauen einen Sonderstatus ein. Bereits in einer früheren Phase seiner Geschichte ermöglichte der Verein einer Gruppe von Frauen (Theatergruppe, Frauengruppe) Beteiligungsspielräume, die diese konsequent nicht nur zur Erweiterung ihrer biographischen Entwürfe, sondern auch zur Brechung traditioneller Machtmonopole innerhalb des Vereins nutzten. Der Verein wurde für diese Gruppe zum Ort emanzipatorischer Bestrebungen und zwar sowohl für die jeweiligen Individuen als auch bezogen auf den Gesamtverein, wobei mit der Machtverschiebung innerhalb des Vereins (Übernahme der Vereinsführung, Umzug, Schlüsselgewalt, etc.) die Erhöhung von Partizipations-

---

158 So antizipiert der Verein beispielsweise ein Nichtinteresse an Vereinsbindung in den biographischen Entwürfen von – auch finanziell und bildungsmäßig wesentlich besser ausgestatteten – Neumigranten, die aus seiner Sicht eher an einer forcierten Integration in die deutsche Gesellschaft als an der Teilnahme an einer spanierdominierten Einrichtung interessiert sind. Den Jugendlichen wird dagegen ein bestimmter normativer Biographieentwurf angesonnen (Rückkehrperspektive), der sie kontrafaktisch auf ein bestimmtes Verhalten festlegt und andere Verhaltensspielräume innerhalb des Vereins nicht mehr vorsieht.

chancen als Mittel der Mitgliedereinbindung und Mitgliedermobilisierung anvisiert wurde – eine Strategie, die allerdings scheiterte. Neben der spezifischen Frauenposition weist der Verein insgesamt mit seinem Aufklärungsanspruch und seinem Vortragsangebot eine relativ rigide Spezialisierung auf, die aus der funktionalen Aufgabenvielfalt der Vergangenheit übrig geblieben ist. Als Endprodukt einer zunehmenden inhaltlichen Verkümmerung geht sie einher mit einer zunehmenden räumlichen Auszehrung und dem Verlust der gleichzeitigen Prozessierungsmöglichkeiten unterschiedlicher Inhaltsangebote. Der räumlichen Zentralperspektive entspricht gewissermaßen die inhaltliche Rigidität, die zumindest aus der Sicht der Vereinsaktiven gegen die als negativ empfundenen Nur-Geselligkeitsformen im Verein durchgesetzt werden soll. Möglicherweise führt jedoch gerade die relativ starke Ausblendung der biographischen Perspektive von (potentiellen) Mitgliedern und die Betonung des Aufklärungsbedarfs und -anspruchs zu einer Reduzierung der Bindungschancen, die mit diesem Anspruch beabsichtigt waren. Als komplementäres Gegenstück zur fehlenden Mitgliedereinbindung hält eine kleine Gruppe (Rest-)Engagierter mit großen zeitlichen Dispositionen und Belastungen die Vereinsroutine am Laufen – eine Situation, die von den meisten Beteiligten als auf Dauer untragbar empfunden wird. Ihre Biographien richten sich stark am Vereinsinteresse und den Überlebensmöglichkeiten des Vereins aus; sie und nur sie stabilisieren den Verein über die gegenwärtige Beteiligungskrise hinweg.

Das Demokratische Haus ist dagegen in seiner (pädagogischen) Selbstdeutung bezogen auf unterschiedliche Generationen und deren differierende Bedürfnislagen. Die Vereinsarbeit und Vereinsbindung ist ein Reflex der Generationenabfolge, bei der der mittleren Generation eine Zwischenpositionen zwischen den Generationen zukommt. Insbesondere die Jungen werden vom Verein als eine besonders betreuungsbedürftige Generation anvisiert, die sich vor allem hinsichtlich ihrer Spanienbindung und ihrer Verwurzelung innerhalb der deutschen Gesellschaft deutlich von der alten und mittleren Generation unterscheidet und daher der Verein gerade für sie spezifische Bindungsangebote bereithält. Andererseits bietet das Demokratische Haus aber auch genügend Raum für generationenunspezifische Formen der Interessenausübung (Tanz, Fußball, Theater), der biographischen Kommunikation und der theatralischen Selbstinszenierung (an der Bar, in der Diele, bei Festen, etc.). Die Vielfalt der Räume und Raumkombinationen eröffnet den Mitgliedern nicht nur biographische Präsentationsmöglichkeiten, sondern gibt ihnen auch die Chance, ihre eigenen Fähigkeiten in den Verein einzubringen, so wie dies beispielsweise der Theatergruppenleiter als autodidaktischer self-made-man oder die Tanzexpertin mit ihrem sprachlich-tänzerischen Erziehungsprogramm tun. Der Verein lebt von diesen Eingaben und Beteiligungen, die starke biographische Verwurzelungen haben. Insgesamt nutzt das Demokratische Haus sowohl von seiner Selbstdefinition als auch von seinem Raumangebot her sehr viel mehr als der Kulturkreis Strategien der flexiblen Spezialisierung als Mittel zur Rekrutierung und Einbindung von Mitgliedern und hat damit – zumindest gegenwärtig – höhere Erfolgsquoten als der wesentlich rigider operierende Kulturkreis.

1.3. Solidarität als Steuerungsform

In beiden Vereinen herrscht hinsichtlich der Formulierung von Vereinszielen und Vereinsansprüchen eine hohe Normativität vor. In vielen Äußerungen wird Organisationsloyalität aktiv eingeklagt und die Mitgliedschaft mit bestimmten normativ aufgeladenen Erwartungen konfrontiert. Dieser normative Anspruch kann als ein Anzeichen dafür gedeutet werden, daß in beiden Vereinen ein für die Anfangszeit wie selbstverständlich geltender Wertekodex nicht mehr vorausgesetzt werden kann, sondern im Gegenteil kontinuierlich hergestellt werden muß. Auch Migrantenvereine wie der Kulturkreis und das Demokratische Haus machen in dieser Hinsicht eine Verschiebung durch von Wertgemeinschaften, die in spezifische Milieus rück- und eingebunden sind, zu Dienstleistungsunternehmen, die ohne diese Milieubindung auskommen müssen (vgl. Rauschenbach u.a. 1995). Allerdings ist in beiden Vereinen nach vor wie ein Steuerungsmodus operant, der im Anschluß an Kaufmann (1984) als ein solidarischer gekennzeichnet werden kann. Merkmale dieses Steuerungstyps sind neben der Dominanz gemeinsamer Interessen und der Existenz einer gemeinsamen Situationsdefinition vor allem kurze Handlungsketten, das Gefühl von Zusammengehörigkeit (normative Verpflichtung) und die Rückkopplung durch Zuweisung und Entzug sozialer Anerkennung (ebda., S. 167ff.). D.h. Solidarität als Steuerungsmodus basiert auf der kommunikativen Erreichbarkeit von Gruppenmitgliedern, die aus einer Betroffenheit heraus ein hohes problembezogenes Engagement in Leistungen eingehen (vgl. Franz 1987, S. 331). Diese Merkmale sind sowohl im Kulturkreis als auch im Demokratischen Haus bei bestimmten Kerngruppen präsent, auch wenn bereits eine deutliche Gemengelage von – über Milieu und Lebensführung – generalisiert gebundenen Mitgliedern und selektiv gebundenen – nur spezifische Dienstleistungen beanspruchenden – Mitgliedern ohne Ganzheitsengagement besteht. Die Unterschiedlichkeit dieser empirisch anzutreffenden Loyalitätsbezüge wird allerdings dadurch verdeckt, daß in beiden Vereinen durch die aktiven Trägergruppen eine emphatische Loyalität und Selbstbindung an den Verein artikuliert und von den Mitgliedern nicht nur der Verzicht auf die Verfolgung eigennütziger Interessen, sondern auch der Verzicht auf die Option der ‚Abwanderung' erwartet wird.[159] Dieser auch ‚einfachen' Mitgliedern angesonnene Moralanspruch kann jedoch nicht darüber hinwegtäuschen, daß Solidarität als Steuerungsform nicht mehr den Gesamtverein integriert, sondern in ihrer tatsächlichen Bindungswirkung

---

159 Zur eigentümlichen Doppelrolle von Solidarität, als verfügbare Energie vorausgesetzt zu werden, um die Praxis sozialer und politischer Tugenden zu ermöglichen, und *gleichzeitig* wie eine Tugend erst begründet werden zu müssen vgl. Meyer 1997.

nur auf die aktiven – wenngleich für den Fortbestand der Vereine zentralen – Trägergruppen beschränkt bleibt.[160]

2. Institutionenabhängige Biographien

Während die Vereine vor allem hinsichtlich der Bindungsproblematik von Mitgliedern auf Biographien bezogen sind, ist der Vereinsbezug von Biographien vor allem durch die vielfältigen Nutzungsoptionen, die im und durch den Verein möglich sind, gegeben. Der Verein ist – auch unabhängig von den Intentionen des Vereins selbst – für die Biographien variabel nutzbar, die Beteiligungsintensität kann je nach biographischer Interessenlage flexibel verändert werden, der Verein bietet Raum sowohl für die Kontinuierung lebenspraktischer Routinen als auch für die Umsetzung fortschrittsorientierter Ambitionen, die Vereinsgemeinschaft kann als Durchgangspassage und als Dauerrefugium gleichermaßen dienen.

2.1. Multiple biographische Nutzung

In den Biographien aller vier Interviewpartner ist der Verein vor allem ein Ort unterschiedlichster Betätigungsmöglichkeiten und Aneignungsoptionen. In ihm ist sowohl das Lernen und Lehren als auch das Verlernen möglich, das gesellige Beisammensein und Feste feiern ebenso wie das Konflikte austragen, sowohl die gemeinsame Unternehmung und Aktivität als auch die stille Beschäftigung, die biographische Kommunikation und Selbstinszenierung ebenso wie die persönliche Introspektion. Diese multiple Nutzung vereinsintegrierter Angebote ist bezogen auf unterschiedliche biographische Verläufe. Frau García beispielsweise variiert ihre Vereinsteilnahme und ihr Vereinsengagement je nach biographischer Lebensphase: als Mutter und Nichtmitglied nimmt sie am Verein nur selektiv teil, als Theatergruppenmitglied findet sie ihren offiziellen Weg in den Verein, als Vorstandsmitglied wird sie zur Vereinsprotagonistin und als baldige Remigrantin hat sie bereits ein distanziert-kritisches Verhältnis zum Verein. Herr Sánchez' und Herr Delgados Bezug zum Verein haben dagegen eher den Charakter einer kontinuierlichen Vereinskarriere, in der (fast) alle Stationen ihres Deutschlandaufenthaltes im Verein eine Entsprechung finden und bei der erst durch die Rückkehrplanung (Herr Sánchez) eine allmähliche Trennung von Vereins- und Biographiebezug stattfindet. Der Verein bzw. die Sicht auf den Verein verändern sich somit mit den biographischen Perspektiven der Vereinsmitglieder. Hilfe, Zugehörigkeit, Kulturbewahrung, Interessenvertretung, Geselligkeit haben einen je unterschiedlichen Stellenwert und können nicht nur

---

160 Zum Komplex Solidarität und Modernität vgl. auch Hondrich/Koch-Arzberger 1992, Gabriel u.a. 1997.

von Biographie zu Biographie, sondern auch innerhalb derselben Biographie variieren.[161]

In den biographischen Erzählungen wird ebenfalls deutlich, daß und wie der Verein als institutionalisierter Ort eines doppelten Gesellschaftsbezugs genutzt wird: nämlich sowohl im Hinblick auf Spanien und die Thematisierung Spaniens (im Verein) als auch im Hinblick auf Deutschland und die Thematisierung Deutschlands (im Verein). Beide gesellschaftliche Dimensionen, auf die alle vier Biographien bezogen sind, werden im Verein institutionell zusammengebunden und zwar nicht nur in passiv-reaktiver Weise, sondern auch in aktiv-gestaltender Form. Der Verein ist derjenige Ort, an dem es für die einzelnen – in Abgrenzung und Koordination mit anderen – zur Klärung der Frage kommt, in welcher Form sowohl Spanien als auch Deutschland in der Biographie präsent sind und bleiben. Der Verein wird von den Biographien nicht nur als Ort der Bewahrung, Stabilisierung, Tradierung und Weitergabe kollektiver Traditionen und Prägungen, als aktualisiertes historisch-kulturelles Gedächtnis angesehen, sondern auch als Ort der indirekten und kontrollierten Auseinandersetzung mit der Aufnahmegesellschaft. Gerade Herr Delgado und Herr Salinas betonen diese doppelte gesellschaftliche Bezugnahme, indem sie beispielsweise die schulisch-beruflichen Erfolge der zweiten Generation als Resultat der eigenen biographischen Anstrengungen in Auseinandersetzung mit *beiden* gesellschaftlichen Bezugssystemen mit Hilfe des Vereins interpretieren.

Schließlich weist der Vereinsbezug der vier Interviewpartner auch auf die Möglichkeiten individueller und/oder gesellschaftlicher Machtausübung hin. Über den Verein wird die beharrliche Verfolgung von biographischen und/oder gesellschaftspolitischen Zielen möglich, so daß der Verein auch selbst zum Objekt von Machtspielen und Machtkontrolle avanciert. Über den Verein werden Biographieverläufe strukturier- und beeinflußbar, so daß die eigene Biographie – je mehr sie sich in den Verein involviert – teilhat an den Gruppenauseinandersetzungen und kollektiven Abstimmungsprozesssen, in denen sie sich positionieren muß. Dieser Positionierungszwang zeigt sich in den Biographien aller vier Interviewpartner, die im Verein nicht nur die Bündelung und Engführung disparater gesellschaftlicher Anforderungen, sondern auch deren Verschärfung und Radikalisierung erfahren und biographisch handhaben (müssen).

2.2. Fortsetzung und Fortschritt

Für die Vereinsmitglieder ermöglicht der Verein sowohl eine Nutzungsperspektive, die mit Steigerungsabsichten verbunden ist, als auch Beteiligungsvarianten, die eher auf die Kontinuierung eingespielter Routinen zielen. Der Einzelne kann im Verein sowohl eine Herausforderung als auch einen Gewohnheitsraum suchen

---

161 Zum Prinzip der Passung zwischen biographischer Entwicklung und ehrenamtlichem Vereinsengagement vgl. auch Jakob 1995.

und finden. Der Verein bietet sowohl Möglichkeiten des biographischen Fortschritts als auch Optionen der einfachen Fortsetzung des Lebens. Während Steigerungsperspektiven eher von den Vereinsaktiven gelebt und eingeklagt werden, bevorzugen die ‚einfachen' Mitglieder häufig Kontinuitätsperspektiven. Diese Differenz von Fortschritt und Fortsetzung läßt sich am Beispiel zweier Gruppen des Demokratischen Hauses verdeutlichen, in denen die Gruppenmitglieder sowohl Steigerungs- als auch Kontinuitätsperspektiven verfolgen. So ist die Theatergruppe für die fast ausschließlich weiblichen Mitglieder vor allem mit einer biographischen Steigerungsperspektive verbunden. Die Theatergruppe wird von den beteiligten Frauen nicht nur für eine vereinsbezogene Vergemeinschaftung genutzt, sondern auch für die Ausübung komplexer sprach-, körper- und kreativitätsbezogener Tätigkeiten wie Texte memorieren, Deklamieren, Proben, Kulissen ausstaffieren, Kostüme herstellen, etc. Die Gruppe ist somit eine Herausforderung sowohl sprachlich-mimischer als auch inszenatorisch-handwerklicher Art. Der Anforderungs- und Chancencharakter der Arbeit, der von dem Theaterleiter auch deutlich artikuliert wird, ist für die Beteiligten jedoch auch mit resignativen Ernüchterungen verbunden, wenn die Grenzen der eigenen Leistungsfähigkeit (z.B. textliche Reproduktion) erreicht werden oder die erhoffte positive Resonanz (über entsprechende Besucherzahlen) ausbleibt. Im Gegensatz zur Theatergruppe ist der Fußballclub der Vereins für die – zumeist älteren – Mitglieder eine Instanz, die Fortsetzungsperspektiven garantiert. Der Migrantenverein ist in dieser Hinsicht ein wichtiger Ort ethnischer Insulation, der älteren Menschen eine Kontinuierung ihrer Lebensgewohnheiten – insbesondere auch beim Ausscheiden aus dem Arbeitsprozeß – ermöglicht.[162] Gerade im Demokratischen Haus werden die Dimensionen der Gesellung, Betreuung und sozialarbeiterischen Selbsthilfe für ältere Mitglieder im und durch den Verein betont. Der Fußballclub bzw. der Fußballraum als täglicher Treff- und Aufenthaltsort älterer Männer im Verein übernimmt in dieser Hinsicht Funktionen der Altenarbeit, Altensozialarbeit und Altenbildung. Der Abendschoppen, das Kartenspiel, das zwanglose Gespräch unter täglich gleichen Teilnehmern haben sich von der sportlichen Komponente gelöst, die allein noch durch die vielen Trophäen präsent ist. Der Fußballraum als Kneipe und Treffpunkt der abendlichen Männerrunde ist für die Anwesenden nicht in sportlicher, sondern in kommunikativer Hinsicht interessant. Sie erfahren hier die Bestätigung unter ihresgleichen, sie verbringen hier die abendlichen Mußestunden, hier wird ihnen Hilfe und Zuspruch zuteil bei Schwierigkeiten persönlicher, arbeitsbezogener oder aufenthaltsrechtlicher Art.

2.3. Öffnung und Schließung

Die Spannung von Fortschritts- und Fortsetzungsperspektiven ist auch verbunden mit der Frage, inwieweit die Vereine Mobilität und Ghettoisierung beför-

---

162 Zur Bedeutung ethnischer Insulation im Alter vgl. Dietzel-Parakyriakou 1993.

dern, inwieweit sie Chancenerweiterung, (biographische) Öffnung und Lösungsprozesse ermöglichen oder vielmehr Chancenbegrenzung, Schließungs- und Bindungsprozesse zementieren. Damit zusammenhängend ist auch die Frage der Mobilitätsfalle von Bedeutung, d.h. das Problem relativ schneller, insgesamt aber begrenzter Ersatzkarrieren im Verein, die weitere Aufstiegsmöglichkeiten in der Aufnahmegesellschaft verhindern. Herr Sánchez ist in dieser Hinsicht ein Beispiel dafür, wie im Verein Prozesse der Öffnung und Schließung ineinandergreifen, wie Vereinsengagement und Vereinskarriere biographisch sowohl erweiternde als auch begrenzende Effekte haben (können). Bezogen auf seine sozialen Handlungsmöglichkeiten war der Verein für ihn ein Multiplikator, der ihm innerhalb gewisser Grenzen vielfältige Möglichkeiten der Einflußnahme bot und der unterschiedliche Fähigkeiten seiner Person band (Lehrer, Organisator, Autor, etc.). Bezogen auf seine deutschsprachlichen Kenntnisse hatte sein Vereinsengagement dagegen Schließungseffekte, da er seine – nach eigener Einschätzung – relativ guten Deutschkenntnisse zu Beginn seines Deutschlandaufenthaltes nach und nach verlor und da auch seine Kontakte zu deutschsprachigen Personen minimiert wurden.[163] Bezogen auf seine Remigrationsperspektive ist seine Vereinsgebundenheit wiederum ein Trampolin für eine Vereins- und Politikkarriere in Spanien, da er – wie die Remigrierten der 1970er Jahre – den Organisations- und Prestigevorsprung erfährt, den eine Vereinskarriere in Deutschland – zumal in Form einer Europakandidatur – gegenüber den zuhause Verbliebenen bietet. Insofern war und ist die langjährige Vereinsbeteiligung für Herrn Sánchez keine Mobilitätssackgasse, sondern ein Mobilitätsmedium, das er sich durch den gesellschaftlichen Kontextwechsel der Remigration zunutze machen kann.[164]

3. Die historische Verschiebung eines umgekehrt proportionalen Be- und Entlastungsverhältnisses

Die gegenseitige Bezugnahme von Institutionen und Biographien ist auch im vorliegenden Falle vielschichtig und komplex. Es gibt Perspektivenkongruenz, aber auch Perspektivendifferenz – in dem Sinne, daß die Angebotslogik des

---

163 Daß der Verein gerade im Bereich fremdsprachlichen Kompetenzerwerbs zu einem Hemmfaktor werden kann, da Nähe und Bekanntheit der Vereinsmitglieder untereinander als Barriere für den Besuch eines vereinsorganisierten Deutschkurses angesehen werden, zeigt sich auch beim Demokratischen Haus. Das Eingeständnis und die Veröffentlichung mangelnder Sprachkompetenz vor den Vereinsmitgliedern ist mit vielfältigen Schamgefühlen verbunden, so daß Deutsch im Verein als Lerngegenstand für Spanier eher tabuisiert wird.
164 Auch andere Vereinsmitglieder des Kulturkreises und des Demokratischen Hauses sind in der Lage, z.T. virtuos mit der Differenz von Öffnung und Schließung, von Außen und Innen zu spielen. Über den Verein können sie vielfältige Kontakte zur gesellschaftlichen Umwelt herstellen – Stadtteilbezug, Werbung, Interessenvertretung, etc. – und zwischen einer Außen- und Innenperspektive kontinuierlich hin und her changieren.

Vereins nicht mit der Aneignungslogik der Biographie übereinstimmen muß. Während beispielsweise Herr Sánchez seine eigene Biographie und die Vereinsbiographie parallelisiert, eignet sich Frau García den Verein auf subversive Weise an, solange zumindest, bis sie selbst ihre eigene biographische Vereinsperspektive auch institutionell zur Geltung bringen kann. Auch die unterschiedlichen, vom Verein bereitgestellten Angebote korrespondieren nur zum Teil mit den unterschiedlichen Aneignungsmodi der Vereinsmitglieder, die Lernen, Geselligkeit, Tun, Selbstinszenierung miteinander abwechseln. Der Verein und die Vereinsaktiven leiden gerade an dieser Differenz, vor allem wenn für sie der pädagogische Aufklärungsanspruch oder die intergenerative Vermittlung im Vordergrund ihrer Vereinstätigkeit bzw. Vereinsdefinition steht.

Pointiert formuliert hängt die Lebenskraft des Vereins von seiner Integrationsfähigkeit und Bindungskraft für unterschiedliche Lebensphasen und Altersgruppen ab. Der Verein ist umso attraktiver, je mehr biographische Mehrfachnutzungen er zuläßt für Kinder, Alte, Dableiber, Rückkehrer, Neuankömmlinge, Deutsche, Ausländer, etc. Seine Öffnungsfähigkeit ist dabei gebunden an Angebote multiperspektivischer Prägung. Der Kulturkreis boomte historisch unter Bedingungen ähnlicher biographischer Lebenslagen seiner Klientel – z.B. während der Eingliederungsphase oder beim kollektiven Arbeiten für die Demokratie in Spanien. Bei den gegenwärtigen Veränderungen verschieben sich die traditionellen Verhältnisse: frühere Minderheiten werden zu Mehrheiten, die Zahl der Rückkehrer übersteigt die Zahl der Bleiber, passive Mitglieder überwiegen die aktiven Elemente. Diesen Verschiebungen entsprechen aber auch die veränderten Perspektiven der Mitglieder auf den Verein. Ihre Biographien sind nicht mehr von den ursprünglich akuten Integrationsproblemen geprägt, sondern von der langjährigen (Teil-)Bindung an Deutschland, möglichen Rückkehrabsichten, intergenerationellen Auseinandersetzungen oder neuen Lebensprojekten mit der herannahenden Pensionierung.

In historischer Perspektive waren die Migrantenvereine Orte der Reduzierung von Komplexität; sie ermöglichten eingespielte Routinen, die Kontinuierung von Rollen, die Verortung von Personen, die institutionelle Entlastung für Biographien in Umbruchsituationen und existentieller Unsicherheit. In gegenwärtiger Perspektive wird die Existenz der Vereine aufgrund veränderter gesellschaftlicher Rahmenbedingungen tendenziell selbst zum Problem. Die Rasanz des gesellschaftlich-biographischen Veränderungstempos bedroht sie in existenzgefährdender Weise, so daß institutionelle Beharrungstendenzen und Kontinuitätsperspektiven inhaltliche Reformierungsabsichten stark überlagern. War der Verein über viele Jahre hinweg eine Entlastung bei der Alltagsbewältigung von Individuen, so ist er nun eher eine Belastung für die Individuen, ein zu lösendes Problem, ein zu betreuender Fall. Die Abhängigkeitsverhältnisse zwischen Vereinen und Biographien kehren sich um: *die Entlastung der Biographien durch die Vereine wird tendenziell zu einer Entlastung der Vereine durch die Biographien.*

Drittes Kapitel: Risiko und Migration

Sowohl die beiden Migrantenvereine als auch die vier Migrantenbiographien sind in ihren Entwürfen, Selbstdarstellungen und Bilanzierungen zentral mit dem Thema Unsicherheit und Risiko konfrontiert. Für die Vereine, die in einer bestimmten historischen Phase der Migration mit einem spezifischen Anforderungscharakter entstanden sind, verbindet sich unsichere Zukunft vor allem mit starken Veränderungen der gesellschaftlichen Vereinsumwelt, mit veränderten biographischen Perspektiven der Mitglieder, mit der Auflösung angestammter Milieus, etc. Die Risikodimension der Handlungsoptionen, über die die Vereine verfügen, um ihre unsichere Zukunft bearbeitbar zu machen – wie beispielsweise die Kontinuierung oder Veränderung von Vereinszielen zum Zwecke der institutionellen Stabilisierung –, besteht gerade darin, daß sie nicht in der Lage sind, die Effekte der jeweils getroffenen Entscheidungen im Sinne einer positiven Relationierung von Vergangenheit und Zukunft zu kontrollieren. Migrantenbiographien sind dagegen bereits bei der Auswanderung(-sentscheidung) mit Unsicherheit und Risiko konfrontiert. „Das Wagnis einer offenen Zukunft" (Koselleck 1989, S. 362) materialisiert sich für sie zunächst als Wagnis, in die Fremde zu gehen und die – relativ – bekannte Gegenwart mit einer – relativ – unbekannten Zukunft auszutauschen. Diesem Wagnis zu Beginn der Migration korrespondiert die riskante Entscheidung am Ende des Migrationszyklus, nach einem längeren – möglicherweise jahrzehntelangen – Auslandsaufenthalt entweder in die Herkunftsgesellschaft zurückzukehren oder definitiv in der Aufnahmegesellschaft zu bleiben. Sowohl die Vereine als auch die Biographien prozessieren diese unsicheren, aus der Diskrepanz von Vergangenheitserfahrung und Zukunftserwartung resultierenden Zukünfte mit Formen und Strategien der Unsicherheits- und Risikominimierung. Eine privilegierte und von beiden genutzte Strategie der Risikobearbeitung ist dabei die Anwendung pädagogischer Handlungs- und Deutungsformen.

Exkurs III: Risiko als Form der Unsicherheitswahrnehmung in der Moderne und Pädagogik als eine Form der Risikobearbeitung

Unsichere Zukunft gibt es nicht erst seit der Moderne. Auch in vormodernen Zeiten war Zukunft nicht sicher, denn es war – um mit einer Metapher zu reden – ungewiß, ob man im Himmel oder in der Hölle endet (Luhmann 1991, S. 46). Was allerdings den Unsicherheitscharakter von Zukunft in der Moderne qualitativ verschärft, ist die immense Ausdehnung von Entscheidungspotentialen und Alternativenreichtum (ebda., S. 54). Zukunft wird in der Moderne eine enorm möglichkeitsreiche, d.h. in ihren Alternativen vervielfältigte, plurale Zeit, die in ihrem Möglichkeitsspektrum nicht mehr adäquat antizipiert werden kann. Mit dieser „Expansion des gesellschaftlichen Möglichkeitshorizontes ins Unabsehbare" (Makropoulos 1990, S. 407) entsteht eine unumgehbare Differenz von „gegenwärtiger Zukunft und zukünftiger Gegenwart" (Japp 1996, S. 39).[165]

Eine besondere und für die Moderne charakteristische Form des Umgangs mit derart kontingenten, weil möglichkeitsüberschießenden Zukünften ist das Risiko. Risiko meint eine spezifische Weise der Unsicherheitsbewältigung, bei der Unsicherheit nicht den Charakter einer schicksalhaften Bedrohung oder Gefahr annimmt, sondern zu einem zu- und berechenbaren Wagnis wird. Risiken zeichnen sich im Gegensatz zu Gefahren gerade dadurch aus, daß sie sowohl handlungs- und entscheidungsbezogen als auch zurechen- und verantwortbar sind. Risiken setzen einerseits die subjektbezogene Entscheidung für Unsicherheit voraus und machen andererseits die Handlungsträger für die Folgen ihrer Entscheidung verantwortlich. Zukunft ist in dieser Perspektive daher nicht mehr Reproduktion einer kosmologischen Ordnung oder problemlose Zuordnung von Erfahrung und Erwartung,[166] sondern vielmehr Ergebnis des eigenen kalkulierten riskanten Handelns. Risikohandeln zielt nicht darauf ab, gegebene Erfahrungs- und Erwartungshorizonte zu bestätigen, sondern ‚sichere' Erwartungshorizonte zu durchbrechen und Zukunft offenzuhalten (vgl. Bonß 1995, S. 49ff.).

Dieser Möglichkeitsausweitung und Verfügbarkeit von Handlungsoptionen entsprechen allerdings historisch gewachsene Formen der „Möglichkeitsbändigungen" (Makropoulos 1990). Zwei gesellschaftlich privilegierte Strategien der Bearbeitung von Unsicherheit und Risiko sind Disziplinierung und Versicherung. Während Disziplinierung als der Versuch gelten kann, Unsicherheit zu beherrschen oder gar zu vermeiden, ist Versicherung der Versuch eines Unsicherheitsmanagements im Sinne einer systematischen Vorkehrung für den Fall des ‚Schiffbruchs'. Stellt Disziplinierung darauf ab, durch ‚policeyliche' Regelungen und sozialintegrative Maßnahmen ein ‚zuchtvolles' und ‚geordnetes' Gemeinwesen zu bewir-

---

165 Die Tatsache, daß etwas Gegebenes auch anders möglich ist, wird begriffshistorisch mit dem Terminus Kontingenz belegt. Der Begriff „bezeichnet Gegenstände im Horizont möglicher Abwandlungen. Er setzt die gegebene Welt voraus, bezeichnet also nicht das Mögliche überhaupt, sondern das, was von der Realität aus gesehen anders möglich ist" (Luhmann 1984, S. 152). Zum Kontingenzbegriff generell vgl. Hoering 1976.
166 Zur zunehmenden Diskrepanz von Erfahrung und Erwartung als Signum der Moderne vgl. Koselleck 1989.

ken, so geht es bei der Versicherung gerade „um die Erhaltung, die Nutzung, die gezielte Steigerung und die Produktion von Kontingenz [..] und zugleich darum, ihre möglichen negativen Effekte präventiv abzufangen oder aber nachträglich zu kompensieren" (Makropoulos 1990, S. 418).[167]

Eine weitere Form der Unsicherheits- und Kontingenzbearbeitung, die zwischen Disziplinierung und Assekuranz angesiedelt ist, ist das durch Pädagogik institutionalisierte Lernen. Im Lernen sind Anpassung *und* Steigerung als zwei Formen des Bezugs auf ungewisse Zukünfte vorhanden, da Lernen sowohl auf gesellschaftlich vorgegebene Qualifikationsanforderungen als auch auf den Möglichkeitsraum selbstgesteuerter Bildung bezogen ist. Durch Lernen wird die Möglichkeit gesellschaftlich institutionalisiert, anpassungsfähig zu bleiben, die Zukunft offenzuhalten und die Diskrepanz von Gegenwart und Zukunft antizipatorisch oder kompensatorisch zu überbrücken. Die „Unaufhaltsamkeit der Pädagogik in der Moderne" (Tenorth 1992) hat möglicherweise gerade mit dieser Öffnung von Zukünften und der damit verbundenen Steigerung von Risiko zu tun. Risikosteigerung und Ausweitung pädagogischer Handlungslogiken – also Pädagogisierung – sind in der Moderne gleichlaufende Prozesse. Von daher liegt es nahe, Pädagogik als eine Form der Risikobearbeitung bzw. Risikominimierung zu interpretieren, die selbst jedoch wiederum Risiken erzeugt. Denn einerseits ist es „das pädagogische Denken, das gegenüber der in den Modernisierungskrisen entstandenen Ungewißheit verspricht, die Sicherheit im Blick auf die Existenz des Menschen und die Offenheit gegenüber einer durch Gefährdungen determinierten Zukunft herzustellen; pädagogisches Denken wird zum Versuch, Sicherheit gegenüber den in den Modernisierungsrisiken kulminierenden Ungewißheiten der Gegenwart zu gewinnen" (Winkler 1992, S. 71) und wäre als komplementäre Seite von Risikosteigerung demnach eine Variante des Versicherungswesens. Andererseits – und dies macht den ambivalenten Charakter pädagogischer Handlungs- und Argumentationsfiguren aus – erzeugen und verschärfen Pädagogik und Lernen auch Risiken. Lernen ist selbst eine riskante Angelegenheit, da mit der Universalisierung des Pädagogischen zum einen immer mehr und höhere Qualifikationen gleichzeitig immer wichtiger und wertloser werden,[168] zum anderen gesellschaftliche Anforderungen über Lernen individualisier- und zurechenbar werden. Gerade am Beispiel des lebenslangen Lernens läßt sich dieser ambivalente Versicherungscharakter von Pädagogik besonders deutlich skizzieren. Denn in dem Maße, wie Lernen nicht mehr als Vorbereitung auf eine antizipierte oder antizierbar geltende Zukunft angesehen werden kann, wird es zu einem lebenslangen Prozeß der situativen Vorbereitung und Anpassung, des aktiven und reaktiven

---

167 Zum Prozeß der Sozialdisziplinierung und der Institutionalisierung von Versicherung vgl. Sachße/Tennstedt 1986 und Bonß 1995.
168 Zu diesem Qualifikationsparadox vgl. Mertens 1984.

Umgangs mit Unsicherheit. Das lebenslange Lernen kondensiert als Formel gerade die paradoxe Verbindung von Möglichkeit und Zwang, von positiver Chancenverwirklichung und negativer Chancenverfehlung und zwar als Imperativ an moderne individuelle Lebensführung (vgl. Pollak 1991). Das lebenslange Lernen wird ein Medium der Unsicherheitsbewältigung, das einerseits neue Sicherheiten und Gewißheiten erzeugt, andererseits aber durch die Institutionalisierung permanenter Lernmöglichkeiten stets auch Unsicherheit mit(re-)produziert.[169]

Risiko als zentrale Form des Umgangs mit Unsicherheit in der Moderne und Pädagogik als ihrerseits riskante Form der Risikobearbeitung gelten demnach nicht nur für gesellschaftliche oder institutionelle Problemlagen,[170] sondern gleichermaßen für die individuelle Lebensgestaltung und -bewältigung. Gerade die Biographieforschung hat vielfältig herausgearbeitet, wie sehr Individuen in der Moderne mit der Amvibalenz von Gestaltungschance und Gestaltungszwang im Hinblick auf eine offene, unsichere Zukunft konfrontiert sind (vgl. Beck/Beck-Gernsheim 1994). Risiken als Ausdruck von offenen, gestaltbaren, reversiblen Biographien sind nicht mehr nur begleitende, verschwindende, temporäre Momente individueller Zukunftsgestaltung, sondern notwendige Bedingungen ihrer Realisierung. Biographien sind in der Moderne gar nicht mehr anders denkbar als im Modus des Risikos. Gleichzeitig hat die Biographieforschung auch gezeigt, wie sehr sich Individuen im Modus des Lernens begreifen, wie sehr die eigene Biographie als kontinuierlicher, pädagogisch gestützter und/oder eigendynamischer Lernprozeß modelliert wird, wie sehr Lernen, Ausbildung oder die in Therapien vermittelte Selbsterziehung als Ausdruck biographischer Steuerungsversuche in einer komplexen, unsicheren, riskanten Welt verstanden werden können – Steuerungsversuche im Sinne von Prävention, vorweggenommener Anpassung, Komplexitätsreduktion, Wissenseingrenzung oder Entscheidungsminimierung. Auch in Biographien nehmen Risiken und pädagogische Bewältigungsformen gleichlaufend zu.

1. Der Verein in Auseinandersetzung mit einer unsicheren Zukunft

Eine zentrale Form der Auseinandersetzung mit unsicherer Zukunft resultiert für den Spanischen Kulturkreis aus der gegenwärtigen Krisenerfahrung von Mitgliederschwund und Beteiligungsmangel, für das Demokratische Haus da-

---

169 Zum lebenslangen Lernen als Medium der Sicherheits- und Risikoerzeugung vgl. Kade/Seitter 1995b und 1998b.
170 Vgl. in diesem Zusammenhang auch die zunehmende Nutzung pädagogischer Argumentationsfiguren bezogen auf Organisationen (Harney 1992, Geißler 1995).

gegen aus der unsicheren Generationenabfolge innerhalb des Vereins. Das Ausmaß dieser Krisen- und Unsicherheitserfahrungen sowie die darauf bezogenen Strategien der institutionellen Zukunftssicherung sind für beide Vereine sehr unterschiedlich gelagert, obwohl beide versuchen, auch mit pädagogischen Steuerungsvarianten das institutionelle Zukunftsrisiko zu minimieren.

1.1. Heroische Vergangenheit, prekäre Gegenwart, befristete Zukunft: der Spanische Kulturkreis

Die institutionelle Krisenlage des Kulturkreises beginnt bereits gegen Ende der 1970er Jahre mit der massiven Remigrationswelle nach Spanien aufgrund der veränderten politischen Verhältnisse (Demokratisierungsprozeß). Die Vereinsarbeit, die zu großen Teilen als Projektion einer besseren Zukunft (Demokratie in Spanien) verstanden wurde, verlor mit dem Tode Francos ihr – innerspanische Differenzen überlagerndes – antifrankistisches Profil, zumal auch die aktive Mithilfe des Vereins am Aufbau der Demokratie in Form von Personen- und Wissenstransfer nur für einen begrenzten Zeitraum Bestand hatte. Die erste große Vereinskrise gegen Ende der 1970er Jahre wurde durch den Eintritt neuer Personengruppen (Theatergruppe) kompensiert, die allerdings den bisherigen Traditionen z.T. fremd, z.T. ablehnend gegenüberstanden. Die unbeabsichtigten und riskanten Folgen dieser Mitgliederentscheidung zeigten sich vor allem daran, daß insbesondere die Theatergruppe den Beginn einer innervereinlichen Opposition markierte, die ihren Widerstand nicht mit politischen, sondern mit inhaltlichen Argumenten begründete. Die Infragestellung bisheriger Vereinspraktiken und die Bedrohung alter Privilegien führten zu einem Übernahmecoup, der die gesellschaftlichen Referenzpunkte des Vereins grundlegend veränderte. Denn für den neuen Vorstand lagen Gegenwart und Zukunft des Vereins nicht mehr in Spanien, sondern in Deutschland. Der Verein sollte sich der Herkunftsgesellschaft öffnen, indem er versuchte, diese in den Verein hineinzuholen: durch deutsche Referenten (Referentenmangel), durch allgemeine (deutsche) Themen, durch die deutsche Sprache als Vortragssprache, durch deutsche Mitglieder. Diese relativ aggressiv durchgesetzte Strategie der neuen Vereinselite führte allerdings zu erheblichen sozialen Verlusten und verschärfte in gewisser Weise die Vereinskrise. Denn mit dem Umschwenken auf die deutsche Gesellschaft als Bezugsgesellschaft wurden gerade die älteren und aktiven Vereinsmitglieder sprachlos gemacht, die sich nicht mehr innerhalb der Vereinsöffentlichkeit in ihrer Sprache artikulieren konnten.

War in den 1980er Jahren der Deutschlandbezug als Strategie der Zukunftssicherung dominierend, so zielen die gegenwärtigen Bestrebungen eher auf Kooperation und Absprache mit anderen spanischen und nicht spanischen Vereinen, durch die der Kulturkreis versucht, Synergieeffekte zu erzielen: durch gemeinsame Veranstaltungsreihen, durch vereinsübergreifende Gruppen (Frauengruppe), durch einen angestrebten Dachverband aller spanischen Vereine. Die vom Kulturkreis propagierte Vision eines horizontal (alle spanischen Vereine) und vertikal (alle spanischen Schichten und Bevölkerungskreise) vernetzten Vereinsmodells stößt sich jedoch an der hartnäckigen Verteidigung der jeweils partikularen Vereinsdomänen und ist – zumindest bislang – nicht von Erfolg gekrönt, zumal Frankfurt auch keine attraktive vereinsübergreifende und vereinsdynamisierende spanische Kulturinstitution aufweisen kann.

Deutschlandbezug und Kooperationsversuch können somit als zwei Strategien zur Bewältigung des Wandels interpretiert werden, bei denen jedoch ein eher defensiv-vergangenheitsorientiertes Vereinsverständnis konserviert wird. Gerade die von den Vereinsaktiven selbst formulierte Zukunftsperspektive rekurriert entweder auf die ‚Leistungen von damals' oder verweist – konstrastierend und dramatisierend – auf die kurz- oder mittelfristig eintretende Notwendigkeit der Abwicklung und Nachlaßverwaltung des Vereins. Was neben der Vergangenheitsorientierung die Stabilisierung der Mitgliederbasis zusätzlich erschwert (hat), ist die Tatsache, daß der Verein seine (Richtungs-)Entscheidungen zumeist nicht konsensual, sondern konfliktiv durchgesetzt hat und seine Geschichte daher auch als eine Geschichte von Abspaltungsprozessen rekonstruiert werden kann: das Gewerkschaftsathenäum, das sich nach den verlorenen Vorstandswahlen der Anfangszeit abspaltet, die unpolitischen Jugendlichen, die mit der Diskothek ihren Sitz im Verein verlieren, der Elternverein, der von vornherein aus dem Kulturkreis ausgelagert wird, die Fußballmannschaft, deren Geselligkeitsansprüche mit den Kulturansprüchen des Vereins kollidieren, die Jugendlichen der 1980er Jahre, denen ein bestimmtes biographischen Projekt angesonnen wird. Der Verein präsentiert in dieser Perspektive eine Geschichte von Kontrollversuchen und Kontrollverlusten, welche die Eigendynamik und biographischen Verschiebungen der Mitgliederbasis nicht oder zu wenig berücksichtigt.

1.2. *Konfliktive Vergangenheit, expansive Gegenwart, unsichere Zukunft: das Demokratische Haus*

Das Demokratische Haus war im Gegensatz zum Kulturkreis nicht so sehr auf Spanien fokussiert, sondern wies von jeher eine stärkere Freizeit- und Geselligkeitskomponente auf. War der Kulturkreis von Anfang an stark politisch engagiert, so erfuhr das Demokratische Haus erst in den 1970er Jahren eine zunehmende Politisierung und institutionelle Verselbständigung, die in den Konflikt mit der Caritas einmündete. Diese von außen gesetzte Bedrohung des Vereins durch den Entzug der Vereinsräume und der dadurch entfachte Kampf um inhaltliche, juristische und räumliche Selbständigkeit waren für die Bindung und Mobilisierung der Vereinsmitglieder von entscheidender Bedeutung. Mit dem neuen Vereinshaus und der zweiten Generation als Führungsmannschaft im Verein durchlebt das Demokratische Haus gegenwärtig eine expansive Phase. Der Generationenbindung und -vernetzung entspricht dabei eine Raum- und

Interessenvernetzung. In Bezug auf die Aufnahmegesellschaft operiert der Verein eher aggressiv-zukunftsorientiert. Er öffnet sich nach außen, indem er das Spanische in die lokale Aufnahmegesellschaft integriert. Im Gegensatz zum Kulturkreis nimmt er das Deutsche nicht in den Verein hinein, sondern exportiert vielmehr das Spanische in seine gesellschaftliche Umwelt. Der Verein weist einen ausgeprägten Stadtteilbezug auf, den er pflegt und durch viele Kontakte – auch persönlicher Art – verstetigt und ausbaut.

Generationenbindung und Stadtteilbezug sind somit zwei Strategien, mit denen das Demokratische Haus den gesellschaftlichen Wandel aufzufangen sucht. Während in zeitlicher Perspektive die Anstrengungen beim Kulturkreis auf eine prekäre Gegenwart zielen, ist das Demokratische Haus eher auf eine unsichere Zukunft fixiert, an der es sich vor allem durch eine intensivierte Jugendarbeit abarbeitet. Allerdings wird Jugendarbeit als eine Investition gesehen, bei der sich der Verein nicht sicher sein kann, ob sie sich jemals auszahlen wird. Sie ist ein ungedeckter Wechsel auf eine Vereinszukunft, die aus der Sicht der Vereinsaktiven nur auf einer gelungenen, in ihrem Erfolg jedoch nicht eindeutig antizipierbaren Generationenabfolge beruhen kann. Insgesamt blickt das Demokratische Haus – im Kontrast zum Kulturkreis mit seinem Dreiklang von heroischer Vergangenheit, prekärer Gegenwart und befristeter Zukunft – auf eine konfliktive Vergangenheit, die vor allem durch die Auseinandersetzungen mit der Caritas geprägt sind, es durchlebt eine expansive Gegenwart, die mit dem neuen Vereinsdomizil und seinen Möglichkeiten räumlich-inhaltlicher Gestaltung gegeben sind, und es antizipiert eine unsichere Zukunft, die aus der unklaren Generationenbindung an den Verein resultiert.

1.3. Institutionelle Selbstpädagogisierung als Form der Risikobearbeitung

Desweiteren versuchen beide Vereine, die eigene riskante Vereinszukunft über die Bereitstellung neuer oder die Radikalisierung bereits bestehender Aufgaben zu entschärfen – Aufgaben, die als pädagogische definiert bzw. gedeutet werden. Es ist das institutionelle Überlebensinteresse beider Vereine, das neue Formen der Defizitunterstellungen bzw. der pädagogischen Betreuungsvarianten hervorbringt wie beispielsweise generelle Aufklärungsarbeit, multikulturelle Verständigung, Bewahrung von Sprache und Kultur, Jugendarbeit, Integration der zweiten Generation oder Altenbildung. Diese Formen der institutionellen Selbstpädagogisierung können als Offensivstrategie in Bezug auf eine unsichere Zukunft gedeutet werden, wobei die Vereine in unterschiedlicher Weise verfahren bzw. unterschiedliche Akzente setzen. Beim Kulturkreis dominieren die vereinsinterne Durchsetzung von Partizipationsmöglichkeiten sowie die Generalisierung des politikbezogenen Aufklärungsanspruchs. Für die selbstforcierte Radikalisierung des partizipatorischen Vereinsanspruchs stehen vor allem Frau García und der neue Vereinsvorstand der 1980er Jahre, die eigene positive Erfahrungswerte in den Verein als Ganzen einzubringen und als neue Norm durchzusetzen suchen. Das pädagogische Experimentieren ganz nach dem Prinzip einer radikalen Teilnehmerorientierung wird von Frau García und ihren Mitstreitern institutionalisiert, um damit nicht nur den Verein zu modernisieren, sondern offensiv eine ungesicherte Vereinszukunft – nämlich aufgrund von Mitgliederrückgang, Beteiligungsmangel, Ausscheren der zweiten Generation, etc. – zu meistern.[171] In den 1990er Jahren liegt die Strategie der Vereinsstabilisierung dagegen eher in der Ausweitung des Aufklärungsanspruchs, bei dem ein – erfolgsgesättigtes – Politikverständnis der Vergangenheit in eine unsichere Zukunft projiziert wird. Das Demokratische Haus kultiviert dagegen die Ausrichtung des Vereins als Intergenerationenverein, der einen besonderen Auftrag der spanischen Jugend gegenüber hat und der deshalb verstärkt in Jugendarbeit, in die Arbeit für die dritte Generation investiert, ohne aus dieser Investition jedoch eine gesicherte Vereinszukunft herleiten zu können. Aufklärungsarbeit und Jugendarbeit stellen somit zwei Formen der Zukunftsbewältigung dar, mit denen der Kulturkreis und das Demokratische Haus die eigene institutionelle Kontinuität abzusichern suchen, die beide jedoch mit erheblichen Risiken belastet sind und die die Vereinszukunft selbst als Risiko bestehen lassen.

2. Riskante Biographien

Alle vier Interviewpartner beschreiben ihr Leben als einen Entwurf, der von Zukunftsoffenheit geprägt ist, von dem Wagnis, in die Fremde zu gehen, von den Chancen, aber auch den Belastungen, die diese Offenheit mit sich gebracht hat. In ihren Erzählungen wird deutlich, daß und wie sehr Migration als Zuspitzung der Möglichkeit erlebt wird, einen – im Vergleich zu den traditionellen Bahnen der Herkunftsgesellschaft – alternativen biographischen Entwurf zu wagen und für diesen Entwurf auch subjektiv verantwortbar gemacht zu werden. Handlungs- und Entscheidungsbezug sowie Zurechen- und Verantwortbarkeit als die vier zentralen Dimensionen von Risiko sind auch in ihren Erzählungen präsent und amalgamieren sich zu einer zweideutigen Erfahrung des Lebens in der Fremde. Einerseits präsentieren sich die vier Interviewpartner als Subjekte ihrer eigenen Geschichte mit der Befreiung von traditionalen Zwängen und der Chance, in der Fremde ein Leben mit positiven Gestaltungsmöglichkeiten zu führen. „Die Migranten sind bis in ihr Innerstes von den Entwürfen geprägt, sie haben nicht nur Entwürfe, sie sind vielmehr ihre Entwürfe [..] Indem sie sich selbst entwerfen, machen sich die Migranten in voller Freiheit zu dem, was sie sind. Sie wählen ihre Existenz und sind damit für sie auf eine ganz neue Weise verantwortlich" (Schif-

---

171 Diese Krise zeigt, wie sehr die Bewältigung der Vereinszukunft mit bestimmten biographischen Erfahrungen und Zielen verbunden ist und wie sehr Vereinsengagement selbst als Risikoform verstanden werden kann.

fauer 1991, S. 184). Andererseits wird auch von ihnen das Problem der individuellen Zurechenbarkeit von Erfolg und Mißerfolg in der Migration mit der damit verbundenen Unmöglichkeit, das eventuell eigene Scheitern zu externalisieren, akut erlebt. „Da man sich seinen Weg selbst gewählt hat [..] ist man auf eine ganz prinzipielle Weise für ihn verantwortlich. Wenn man jetzt unverschuldet scheitert – etwa wegen Arbeitslosigkeit –, dann bleibt die Verantwortung doch auf einen anderen Ebene bestehen: Man hätte sich der Situation ja, von Anfang an, nicht auszusetzen brauchen. Scheitern wird zur Sinnfrage" (ebda., S. 294). Neben den positiven Gestaltungschancen rekurrieren daher alle vier Interviewpartner auf Formen der Risikobearbeitung, die das – mögliche – Scheitern auffangen, umdeuten oder integrieren und die Stationen des gesamten Migrationszyklus betreffen (Situation vor der Emigration, Aufenthalt in der Fremde, Rückkehr oder definitiver Verbleib).

2.1. Auswanderung als Risiko

Für alle vier Interviewpartner ist die Auswanderungsentscheidung mit Unsicherheits- und Risikopotentialen behaftet, die in den vier Fällen allerdings stark variieren, so daß – entsprechend der unterschiedlich wahrgenommenen Risikograde – auch die genutzten Absicherungsstrategien sehr unterschiedlich ausfallen. Frau García und Herr Delgado stellen der geschlossenen Zukunft Spaniens die offene Zukunft der Migration gegenüber. Während Frau García eine durch Dorf, Schule, Falange und Elternhaus geschlossene Zukunft skizziert, in der die Einübung in und die Übernahme von starrem Rollenverhalten durch autoritäre Erziehungspraktiken gewährleistet werden sollen, sind Herrn Delgados Zukunftsperspektiven eng an die Mitgliedschaft in den zentralen Organisationen des Regimes (Falange) gekoppelt, die aus seiner Sicht die Vergabe der gesellschaftlichen Reproduktionsmöglichkeiten – insbesondere die Arbeitsplätze – monopolisieren. In Antizipation dieser geschlossenen Zukünfte, die vor allem Frau García mit drastischen Metaphern – „*ersticken*" – beschreibt, wählen beiden den Weg in die Fremde: Frau García mit dem Versuch, eine eigene, noch unbekannte Zukunft zu gestalten und eine Identität als Frau zu gewinnen, Herr Delgado mit der Absicht, der engen politisch zementierten Machtkontrolle seines Dorfes zu entkommen und in der Fremde ein seinen Vorstellungen angemessenes Leben zu führen.[172] Für Frau García ist die zentrale Strategie der

---

172 Durch die Migration gelingt es Frau García, den Konflikt mit ihrem Vater zu verzeitlichen. Die Auseinandersetzung wird von beiden in Parenthese gesetzt bzw. an einen Ort außerhalb der dörflichen Heimat delegiert. Diese Strategie der Verzeitlichung ist allerdings für beide Seiten mit Risiken behaftet, da nicht nur die mit der Entscheidung verbundenen jeweiligen Lösungsphantasien des Konflikts sehr unterschiedlich ausfallen, sondern auch ihr Realisierungsgrad nicht vorhersehbar ist: Während Frau García sich von ihrer Entscheidung neue Freiheitsgrade verspricht, hofft ihr Vater auf die Wirksamkeit unterstellter autoritärer Erziehungspraktiken in Deutschland.

Risikominimierung die Sicherheit, daß sie den Weg in die Fremde mental nicht alleine antritt, sondern sich im Kollektiv ihrer Altersgenossinnen aufgehoben weiß. Herr Delgado kann dagegen auf unterschiedliche familiale Sicherungsstrategien rekurrieren wie die väterlicherseits angebotene monetäre Hilfe, den Familienbeistand im Ausland und die Option der schnellen Rückkehr. Für Herrn Sánchez ist die Entscheidung, nach Deutschland zu gehen, wiederum ein vorab gut kalkuliertes Risiko. Er kann seine Absicht, die deutsche Sprache zu erlernen und gleichzeitig den beengenden gesellschaftlichen Verhältnissen eine zeitlang zu entkommen, durch eine befristete Arbeitsplatzgarantie, verschiedene Empfehlungsschreiben und seine rudimentären Deutschkenntnisse absichern. Herr Salinas präsentiert schließlich eher eine Abenteuerervariante der Migration, allerdings mit der Sicherheit einer guten Berufsausbildung und einer familiär abgestützten Rückkehroption im Falle des Scheiterns.

2.2. *Migration als Erleben und Erleiden von Offenheit*

Die von ihnen selbstgewählte offene Zukunft in Deutschland sowie den Übergang von Spanien nach Deutschland präsentieren die vier Interviewpartner in der Rückschau in unterschiedlicher Weise: einerseits als Befreiung, als ein Augen öffnen, als Zunahme von Gestaltungs- und Selbstpositionierungsmöglichkeiten gerade auch der eigenen Familie gegenüber, andererseits als Überwältigung, als Erleiden und als Diskriminierung mit großen Anstrengungen zur (Wieder-)Erlangung von Handlungssouveränität. Von Frau García wird die offene, unsichere, selbstgewählte Zukunft zu großen Teilen durch autodidaktische bzw. vereinsgestützte Lernprozesse bearbeitet. Durch die Migration ist ihr der Rückgriff auf quasi naturwüchsig vorhandene Traditionen als Formen der erfahrungsgestützten Sicherung für riskante Entscheidungen (Winkler 1992, S. 63) verwehrt. Sie muß daher neue Formen der Risikobearbeitung finden – wie beispielsweise die autodidaktische Auseinandersetzung mit pädagogischer Ratgeberliteratur oder die multiple Nutzung von Migrantenvereinen. Für Herrn Sánchez, der mit der Absicht des Sprachenlernens migriert ist, steht gerade zu Beginn seines Deutschlandaufenthaltes die Herstellung von Handlungssouveränität durch die Möglichkeit der Arbeitsausübung im Vordergrund, mit der er seinen Aufenthalt finanzieren muß. Herr Delgado und Herr Salinas thematisieren am stärksten die Schwierigkeiten des Übergangs. Insbesondere für Herrn Delgado ist die Einlösung der offenen Zukunft ein Prozeß der Überwältigung, bei dem die mentalen Voraussetzungen zur adäquaten Bewältigung der Migrationssituation fehlen und erst durch eine langwierige heroische Anpassungs- und Lernleistung erarbeitet werden müssen.

2.3. Risiken der Rückkehr

Der Schritt, wieder nach Spanien zurückzukehren, ist für alle Beteiligten ebenfalls mit erheblichen Risiken behaftet, insbesondere dann, wenn die Konsequenzen der Entscheidung nicht nur die eigene Person betreffen, sondern auch von der Familie (mit-)getragen werden müssen. Für Herrn Sánchez ist die Rückkehrentscheidung einerseits mit einem nüchternen Abwägen der Vor- und Nachteile – wie beispielsweise hohe Lebenshaltungskosten in Deutschland, schlechte medizinische Versorgung in Spanien – verbunden, andererseits mit geschickt eingefädelten Möglichkeiten der politisch-gesellschaftlichen Integration und Beschäftigung in Spanien kombiniert. Diese vorab sondierten Möglichkeiten – lokalpolitische Karriere, Parteiämter, etc. – haben in seinem Fall gleichermaßen risikominimierende und risikosteigernde Effekte. Denn dieselben Strategien, die für ihn biographische Sicherheit durch politische Kontinuität produzieren, erhöhen ebenfalls seine Ängste vor dem Scheitern. Die Furcht vor zu hohen Ansprüchen seiner potentiellen Wähler potenziert er selbst durch seine Profilierung als aufgestellter Kandidat für das Europaparlament, so daß seine relativ sichere Wahl als Stadtrat mit erheblichen Enttäuschungsantizipationen und -verarbeitungen einhergeht. Frau García thematisiert vor allem die Risiken der Aufnahmebereitschaft seitens ihrer Landsleute. Die spanische Gesellschaft hat sich zwar aus ihrer Sicht positiv verändert, was sie als notwendige Voraussetzung ihrer Rückkehr geltend macht. Allerdings setzen sich potentiell in Spanien diejenigen Stigmatisierungsprozesse fort, denen sie in Deutschland entkommen möchte, diesmal jedoch unter umgekehrten Vorzeichen (in Deutschland als Spanierin, in Spanien als Deutsche). Herr Salinas thematisiert als ‚Noch-Bleiber' vor allem die Negativauswirkungen und Dilemmata, die mit der Rückkehr insbesondere für die Kinder verbunden sind. Er hat allerdings den doppelten Vorteil, daß er seine Familie auf einer gleichen Linie zu finden glaubt (alle sind rückkehrorientiert) und daß seine Töchter im Falle seiner Rückkehr bereits volljährig sind. Daher sind die von ihm aufgeworfenen Probleme und Risiken eher theoretischer Natur, die ihm allerdings durch die Beobachtung der Integrationsprobleme von bereits Zurückgekehrten plastisch vor Augen stehen. Herr Delgado schließlich ist trotz seines klaren persönlichen Votums für eine Rückkehr unschlüssig und gespalten hinsichtlich der Gesamtfamilienkonstellation. Da seine Kinder in Deutschland bleiben möchten und er selbst sich als Semi-Deutscher fühlt, sieht er seine mögliche Rückkehr mit erheblichen Problemen behaftet. Er präsentiert das Dilemma einer doppelten oder gespaltenen Identität und simuliert andere Strategien im Umgangs mit einer unsicheren Zukunft: lokale Gleichzeitigkeit (hier und dort), Pendlertum, Trennung auf Zeit, Zweitwohnsitz, etc. Er ist derjenige, der aufgrund seiner uneindeutigen geographischen Zuordnung Zwischenformen simulativ entwirft, um einer definitiven Entscheidung auszuweichen.[173]

---

173 Von daher ist es auch nur konsequent, daß er für sich die doppelte Staatsbürgerschaft fordert, die diesen Status der doppelten Zugehörigkeit auch rechtlich kodifizieren würde.

2.4. Bilanzierungen als Formen der biographischen Risikobearbeitung

Der Versuch einer Passung zwischen dem eigenen, von der Gegenwart bereits eingeholten Zukunftsentwurf und der gegenwärtigen, noch nicht realisierten Zukunftsperspektive wird von allen vier Interviewpartnern in Form von Bilanzierungen geleistet. Der Rückblick in die eigene biographische Vergangenheit und die Simulation der – erwünschten – Zukunft wird als Abgleich von Soll und Haben arrangiert, wobei das Austarieren zwischen Vergangenheit und Zukunft, das in der Migrantenbiographie selbst im Prozeß immer wieder neu geschieht, im Interview als einem Ort der gesteigerten Bilanzierungsanstrengung noch einmal potenziert wird. Charakteristisch für Migrantenbiographien ist die Bipolarität der gesellschaftlichen Referenzsysteme, die ihnen immer wieder Ausweich- und Resistenzmöglichkeiten bietet. Diese multiple Ausweichmöglichkeiten sind „nicht nur in der Situation, sondern auch und vor allem in der potentiellen Möglichkeit vorhanden, der Situation selbst auszuweichen oder sie verlassen zu können" (Dietzel-Papakyriakou 1993, S. 108). Vor allem der ursprünglich provisorische Deutschlandaufenthalt sowie die Rückkehr als Handlungsalternative haben entlastende Effekte, da sie das Individuum von der Notwendigkeit befreien, endgültige Entscheidungen zu treffen und somit die Migrationsentscheidung zu entdramatisieren helfen. Die Migrationssituation bietet daher spezifische Manövriermöglichkeiten für Lebensbilanzierungen, über die Einheimische in dieser Form nicht verfügen. Das Migrationsprojekt erlaubt es, Lebensentwürfe durch mitlaufende Optionenvielfalt zu flexibilisieren und Lebensbilanzen statt negativ abzuschließen, positiv umzudeuten bzw. offen zu halten. Bei allen vier Interviewpartnern ist der Deutschlandaufenthalt durch derartige Beibehaltungen paralleler Optionen gekennzeichnet. Vor allem die Rückkehroption bietet für sie flexible Formen des Changierens und des Offenhaltens von zukünftiger Gegenwart und wird immer wieder als Ressource genutzt, auch wenn die real eingefädelten Rückkehrversuche scheitern bzw. als Abweichung von den eigentlichen biographischen Zielen verworfen wird.

Neben Provisorium und Rückkehr ist eine weitere Flexibilisierungsstrategie von Lebensentwürfen der Rekurs auf Lernen und die Interpretation – ja sogar Überhöhung – der eigenen biographischen Differenzerfahrungen als Lernerfahrungen und Lernleistungen. Insbesondere Frau García – aber auch Herr Delgado und Herr Salinas – kommen in ihren Bilanzierungen im Interview mehrfach auf die Differenz von gegenwärtiger Zukunft und zukünftiger Gegenwart zu sprechen. Vor allem Frau García transformiert in ihren Erzählungen die eigenen unsicheren Zukünfte insofern in erfolgreiche – und das heißt sichere – Vergangenheiten, als sie sowohl die eigene Biographie als auch die Vereinsbiographie als Lernbiographien stilisiert. Der Abgleich und die Differenz von gegenwärtiger Zukunft und zukünftiger Vergangenheit wird von ihr nicht als

Scheitern verarbeitet, sondern als Chancennutzung, als erfolgreiche oder verfehlte Lernchance.[174]

3. Risiko und Fremdheit

Die riskante Entscheidung von Migranten, in die Fremde zu gehen und unabhängig von den sozial verfügbaren Möglichkeiten der Herkunftsgesellschaft einen individuellen, alternativen und zurechenbaren Lebensentwurf zu wagen, konfrontiert sie mit der Notwendigkeit, sich radikal einer anderen Lebenswelt zu stellen, Übergänge zu bewältigen und permanent mit der Erfahrung von Fremdheit umzugehen. Diese Einübung in und Ausübung von Übergangs- und Fremdheitskompetenz versetzt Migranten in eine exzentrische Position und zwar sowohl gegenüber Einheimischen und deren lebensweltlicher Normalität als auch gegenüber den eigenen Landsleuten und deren lebensweltlichen Praktiken. Migranten sind gezwungen, durch die Erfahrung der Fremde eine doppelte Destruktion zu verarbeiten: nämlich sowohl die Destruktion einer verzauberten Fremde als des imaginär Fremden als auch die Destruktion einer idyllischen Heimat als des imaginär Eigenen. Durch die Konfrontation mit dem faktischen, nicht imaginierten Fremden beginnen sie, vorher nicht bewußte Züge am Eigenen wahrzunehmen. Die Verschränkung der Blicke – „der Blick der Angehörigen der anderen Kultur auf die eigene Kultur und der Blick auf die anderen Angehörigen der eigenen Kultur" (Schiffauer 1991, S. 347) – führt zu einer doppelten Kontingenzerfahrung, so daß Differenzen und Unterschiedlichkeiten sowohl der eigenen als auch der fremden Kultur mit geschärftem Blick wahrgenommen werden.

In dieser Sicht verkörpern Migranten eine empirische Variante der Figur des Fremden, wie sie in der sozialwissenschaftlichen Literatur seit Simmel beschrieben wurde. Sie können geradezu als Fremde par excellence der Moderne bezeichnet werden mit all den von der „klassischen Theorie und Soziologie des Fremden" (Stichweh 1992, S. 295) herausgearbeiteten Merkmalen. Sie sind die Wandernden, die heute kommen und morgen bleiben mit den Charakteristika der sozialen Beweglichkeit, der erkenntnisbezogenen Objektivität und dem Ineinander von Nähe und Ferne (vgl. Simmel 1958, S. 509ff.), sie sind die *marginal men*, die auf der Grenze zwischen zwei Kulturen stehen und durch persönliche Ressourcen den sozialen Kulturkonflikt individuell lösen müssen (Park 1928), sie sind die Fremden, die die unbefragten Hintergrundüberzeugungen der neuen kulturellen Umwelt nicht teilen und dadurch in eine persönliche Orientierungskrise geraten (vgl. Schütz 1972).[175] In der Diktion gegenwärtiger

---

[174] Man könnte diese Form der Differenzverarbeitung als einen sekundären oder nachträglichen Pädagogisierungsprozeß begreifen.
[175] Zur Charakterisierung dieser drei klassischen Positionen vgl. auch Stichweh 1992 und Nassehi 1995.

sozialwissenschaftlicher Analysen sind Migranten diejenigen, die als Fremde in sich die Signatur des Hybriden, der Mischung, des Bindestrichs, des Unentschiedenen tragen, sie werden geradezu zum Symbol für das Unentscheidbare, sie sind diejenigen, die den binären Code des vertrauten Freund-Feind-Schemas destruieren und dadurch die vertraute Ordnung ins Chaos stürzen (vgl. Baumann 1991).[176]

Diese Signatur des Unentschiedenen und Übergangsbehafteten entspricht dem Vergesellschaftungsmodus einer reflexiven Moderne, in der sich zunehmend ein Perspektivenwechsel von Sicherheit, Eindeutigkeit, Wissen und Aufhebung von Entfremdung zu Unsicherheit, Ambivalenz, Nicht-Wissen und Fremdheit vollzieht.[177] In diesem Sinn verkörpern Migrantenbiographien radikalisierte Lebensformen einer reflexiven Moderne, da ihr Leben zwischen den Welten nicht nur eine Auseinandersetzung mit unterschiedlichen Identitätskonstruktionen erzwingt, sondern auch zur Ausbildung von variierenden Identitäten führt, „die sich einer gleichzeitigen Positionierung an verschiedenen sozialen Orten verdanken" (Glick Schiller u.a. 1997, S. 85). Diese Gleichzeitigkeit des Hier und Dort als einer Strategie, sich verschiedene Optionen offenzuhalten und kontinuierlich die „in einem politischen System erreichte ökonomische und soziale Position in politisches, soziales und ökonomisches Kapital in einem anderen System zu übersetzen" (ebda., S. 95), kann einerseits verstanden werden als ein Prozeß des allmählichen Überschreitens nationaler Binnenperspektiven in Richtung Transnationalismus und Transmigrantentum – ganz im Sinne der transkulturellen Utopie von Frau García –, andererseits aber auch als Ausdruck einer dilemmatischen Entscheidungssituation, die – wie im Falle von Herrn Delgado – mit enormem psychischem Aufwand verstetigt wird. Alle vier hier präsentierten Biographien sind in diesem janusköpfigen Spektrum der Möglichkeiten positioniert mit Lebensperspektiven und -entwürfen, die gleichermaßen Chance und Zumutung, Befreiung und Zwang in sich tragen, die geprägt sind von der unhintergehbaren, unsicherheitsbehafteten und individuell zu bearbeitenden Optionenvielfalt einer modernisierten Moderne, eben von Risiko.

---

176 Zum Themenkomplex hybride Kulturen vgl. Bronfen u.a. 1997.
177 Vgl. zu dieser Diskussion u.a. Baumann 1995, Beck 1996.

Quellen- und Literaturverzeichnis

1. Archive

Archiv des Spanischen Kulturkreises
Archiv des Demokratischen Hauses

2. Statistiken, Umfragen

Aguirre, Juan: Umfrage unter Spaniern in der Bundesrepublik Deutschland. Freiburg 1979.
Aguirre, Juan: Umfrage unter Spaniern in der Bundesrepublik Deutschland. Freiburg 1989.
Hildebrand, Lutz-Alexander u.a.: Frankfurter Trends 1977 bis 1992. Eine Auswahl von Zeitreihen. In: Frankfurter Statistische Berichte 1993, H.1, S. 20-21.
Leib, Jürgen/Mertins, Günter: Die Abwanderung spanischer Arbeitnehmer in die Bundesrepublik Deutschland. Umfang, Ursachen, Herkunfts- und Zielgebiete. In: Erdkunde 34 (1980), H.3, S. 195-206.
Schröpfer, Waltraud: Ausländische EU-BürgerInnen in Frankfurt am Main. Statistische Kurzporträts. In: frankfurter statistische berichte 1996, H.4, S. 247-263.
Statistisches Jahrbuch Frankfurt am Main 1955/56, 1958, 1961, 1964, 1967, 1968, 1970, 1978, 1992, 1994, 1996.
Statistisches Jahrbuch für die Bundesrepublik Deutschland 1955-1997.

3. Literaturverzeichnis

Agricola, Sigurd/Wehr, Peter: Vereinswesen in Deutschland: Eine Expertise. Stuttgart 1993.
Ahlheit, Peter: Biographizität als Projekt. Der ‚biographische Ansatz' in der Erwachsenenbildung. Bremen 1990.
Ahlheit, Peter: Die Ambivalenz von Bildung in modernen Gesellschaften: Strukturprinzip kumulativer Ungleichheit oder Potential biographischer Handlungsautonomie? In: Pädagogische Rundschau 47 (1993), H.1, S. 53-67.
Allemann-Ghionda, Christina: Interkulturelle Bildung. In: Fatke, Reinhard (Hrsg.): Forschungs- und Handlungsfelder der Pädagogik. (Beiheft der Zeitschrift für Pädagogik. Bd. 36.) Weinheim-Basel 1997, S. 107-149.

Apitzsch, Ursula: Besser integriert und doch nicht gleich. Bildungsbiographien jugendlicher Migrantinnen als Dokumente widersprüchlicher Modernisierungsprozesse. In: Rabe-Kleberg, Ursula (Hrsg.): Besser gebildet und doch nicht gleich!" Frauen und Bildung in der Arbeitsgesellschaft. Bielefeld 1990, S. 197-217.
Apitzsch, Ursula: Bildung - Transformation oder Deformation des Lebenslaufs? In: Meier, Artur/Rabe-Kleberg, Ursula (Hrsg.): Weiterbildung, Lebenslauf, sozialer Wandel. Neuwied u.a. 1993, S. 105-115.
Apitzsch, Ursula: Migrationsforschung und Frauenforschung. In: Deutsche Forschungsgemeinschaft/Senatskommission für Frauenforschung (Hrsg.): Sozialwissenschaftliche Frauenforschung in der Bundesrepublik Deutschland. Bestandsaufnahme und forschungspolitische Konsequenzen. Berlin 1994a, S. 240-254.
Apitzsch, Ursula: Migration und Erwachsenenbildung. In: Lenz, Werner (Hrsg.): Modernisierung der Erwachsenenbildung. Wien u.a. 1994b, S. 57-73.
Apitzsch, Ursula: Interkulturelle Arbeit: Migranten, Einwanderungsgesellschaft, interkulturelle Pädagogik. In: Krüger, Heinz-Hermann/Rauschenbach, Thomas (Hrsg.): Einführung in die Arbeitsfelder der Erziehungswissenschaft. Opladen 1995, S. 251-267.
Arbeitsgruppe Volkskundliche Frauenforschung Freiburg: Frauen im Verein. Ein Beitrag zur geschlechtsspezifischen Kulturanalyse. In: Beiträge zur Volkskunde in Baden-Württemberg 3 (1989), S. 43-78.
Aster, Reiner u.a. (Hrsg.): Teilnehmende Beobachtung. Werkstattberichte und methodologische Reflexionen. Frankfurt/M.-New York 1989.
Auernheimer, Georg (Hrsg.): Handwörterbuch Ausländerarbeit. Weinheim-Basel 1984.
Auernheimer, Georg: Einführung in die interkulturelle Erziehung. Darmstadt 1990.
Auernheimer, Georg: Struktur und Kultur. Über verschiedene Zugänge zu Orientierungsproblemen und -strategien von Migranten. In: Zeitschrift für Pädagogik 40 (1994), H.1, S. 29-42.
Axmacher, Dirk: Widerstand gegen Bildung. Zur Rekonstruktion einer verdrängten Welt des Wissens. Weinheim 1990.

Baumann, Zygmunt: Moderne und Ambivalenz. In: Bielefeld, Uli (Hrsg.): Das Eigene und das Fremde: neuer Rassismus in der Alten Welt? Hamburg 1991, S. 23-49.
Baumann, Zygmunt: Moderne und Ambivalenz. Das Ende der Eindeutigkeit. Frankfurt/M. 1995.
Becher, Martin/Dinter, Irina: Neuer Arbeitsplatz Weiterbildung. Selbstorganisierte Projekte in der Berliner Weiterbildung. Berlin 1991.
Becher, Martin/Dinter, Irina/Schäffter, Ortfried: Selbstorganisierte Projekte in der Weiterbildung. In: Brödel, Rainer (Hrsg.): Erwachsenenbildung am Beginn der Transformation. Hannover 1993, S. 207-229.
Beck, Ulrich: Risikogesellschaft. Auf dem Weg in eine andere Moderne. Frankfurt/M. 1986.
Beck, Ulrich: Wissen oder Nicht-Wissen? Zwei Perspektiven ‚reflexiver Modernisierung'. In: Ders./Giddens, Anthony/Lash, Scott: Reflexive Modernisierung. Eine Kontroverse. Frankfurt/M. 1996, S. 289-315.
Beck, Ulrich/Beck-Gernsheim, Elisabeth: Nicht Autonomie, sondern Bastelbiographie. In: Zeitschrift für Soziologie 22 (1993), H.3, S. 178-187.
Beck, Ulrich/Beck-Gernsheim, Elisabeth (Hrsg.): Riskante Freiheiten. Individualisierung in modernen Gesellschaften. Frankfurt/M. 1994.

Bee, Alexa: Die Beschäftigungs- und Arbeitssituation junger spanischer, türkischer und deutscher Arbeitnehmer in der Bundesrepublik Deutschland. München-Mering 1994.

Behr, Rafael: Fremdsein und Vertrautwerden. Anmerkungen zur ‚Beziehungsarbeit' in der qualitativen Sozialforschung. In: Reichertz, Jo/Schröer, Norbert (Hrsg.): Qualitäten Polizeilichen Handelns. Beiträge zu einer verstehenden Polizeiforschung. Opladen 1996, S. 48-75.

Behrens, Johann/Voges, Wolfgang (Hrsg.): Kritische Übergänge. Statuspassagen und sozialpolitische Institutionalisierung. Frankfurt/M.-New York 1996.

Berger, Hartwig: Vom Klassenkampf zum Kulturkonflikt - Wandlungen und Wendungen der westdeutschen Migrationsforschung. In: Dittrich, Eckard J./Radtke, Frank-Olaf (Hrsg.): Ethnizität. Wissenschaft und Minderheiten. Opladen 1990, S. 119-138.

Bergmann, Jörg R.: Flüchtigkeit und methodische Fixierung sozialer Wirklichkeit. Aufzeichnungen als Daten der interpretativen Soziologie. In: Bonß, Wolfgang/Hartmann, Heinz (Hrsg.): Entzauberte Wissenschaft. Zur Relativität und Geltung soziologischer Forschung. Göttingen 1985, S. 299-320.

Best, Heinrich (Hrsg.): Vereine in Deutschland. Vom Geheimbund zur freien gesellschaftlichen Organisation. Bonn 1993.

Beyersdorf, Martin: Selbstorganisierte Bildungsarbeit zwischen neuen sozialen Bewegungen und öffentlichem Bildungssystem. Eine explorative Bestandsaufnahme. Hamburg 1991.

Beyersdorf, Martin: Aufbruch ohne Ende? Selbstorganisierte Bildungsarbeit zwischen Profil, Politik und Professionalisierung. In: Forschungsjournal Neue Soziale Bewegungen 9 (1996), H.3, S. 72-81.

Bielser, Marco: Sportvereine und Volkshochschulen. In: das Forum 1994, H.3-4, S. 37-45.

Birker, Karl: Die deutschen Arbeiterbildungsvereine 1840-1870. Berlin 1973.

Böhnisch, Lothar/Münchmeier, Richard: Pädagogik des Jugendraums. Zur Begründung und Praxis einer sozialräumlichen Jugendpädagogik. Weinheim-München 1990.

Bonß, Wolfgang: Unsicherheit und Gesellschaft - Argumente für eine soziologische Risikoforschung. In: Soziale Welt 42 (1991), H.2, S. 258-277.

Bonß, Wolfgang: Der Fremde. Ein verdrängtes Problem der Moderne. In: Hohl, Joachim/Reisbeck, Günter (Hrsg.): Individuum Lebenswelt Gesellschaft. Texte zur Sozialpsychologie und Soziologie. München-Wien 1993.

Bonß, Wolfgang: Vom Risiko. Unsicherheit und Ungewißheit in der Moderne. Hamburg 1995.

Breitenbach, Barbara von: Der spanische Elternverband. Wiesbaden 1979.

Breitenbach, Barbara von: Italiener und Spanier als Arbeitnehmer in der BRD. München u.a. 1982.

Breitenbach, Barbara von: Die Funktion von Vereinen im Integrationsprozeß von Arbeitsmigranten. Frankfurt/M. 1984 [Manuskript].

Breitenbach, Barbara von: Ausländer-Vereine und Interessenvertretung. Funktionen der Selbstorganisation von Ausländern im Kommunalbereich. In: Zeitschrift für Parlamentsfragen 17 (1986), H.2, S. 181-199.

Breton, Raymond: Institutional Completeness of Ethnic Communities and the Personal Relations of Immigrants. In: American Journal of Sociology 70 (1964), H.2, S. 193-205.

Bronfen, Elisabeth u.a. (Hrsg.): Hybride Kulturen. Beiträge zur anglo-amerikanischen Multikulturalismusdebatte. Tübingen 1997.

Brose, Hanns-Georg/Hildenbrand, Bruno (Hrsg.): Vom Ende des Individuums zur Individualität ohne Ende. Opladen 1988.
Brüning, Gerhild: ‚Der Verein ist zehn Jahre meines Lebens'. Interkulturelle Bildung als politische Bildung. In: DIE - Zeitschrift für Erwachsenenbildung 1 (1994), H.3, S. 30-31.
Bude, Heinz: Rekonstruktion von Lebenskonstruktionen - eine Antwort auf die Frage, was die Biographieforschung bringt. In: Kohli, Martin/Robert, Günther (Hrsg.): Biographie und soziale Wirklichkeit. Neue Beiträge und Forschungsperspektiven. Stuttgart 1984, S. 7-28.
Bühler, Walter u.a.: Lokale Freizeitvereine. Entwicklung, Aufgaben, Tendenzen. St. Augustin 1978.

Ciupke, Paul/Reichling, Norbert: Politische Erwachsenenbildung als Ort öffentlicher Verständigung. Argumente für ein erweitertes Selbstverständnis. In: Aus Politik und Zeitgeschichte 1994, B 45-46, S. 13-21.
Cize, Jutta: Lebenslanges Lernen - aber wie? Schweinfurter Modell: Gesundheitsbildung in Selbsthilfegruppen. In: Nacke, Bernhard/Dohmen, Günther (Hrsg.): Lebenslanges Lernen. Erfahrungen und Anregungen aus Wissenschaft und Praxis. Bonn 1996, S. 66-72.
Corsten, Michael: Beschriebenes und wirkliches Leben. Die soziale Realität biographischer Konzepte und Biographie als soziale Realität. In: Bios 7 (1994), H.2, S. 185-205.

Dann, Otto (Hrsg.): Vereinswesen und bürgerliche Gesellschaft in Deutschland. (Beiheft der Historischen Zeitschrift, N.F., 9.) München 1984.
Dann, Otto: Vereinsbildung in Deutschland in historischer Perspektive. In: Best 1993, S. 119-142.
Delgado, Andreas: Auf dem Weg zu einer selbständigen Emigrantenorganisation. In: Informationsdienst zur Ausländerarbeit 1980, H.4, S. 68-71.
Díaz Díaz, Pablo: Spanische Vereine in der BRD. In: Informationsdienst zur Ausländerarbeit 1987, H.3-4, S. 63-66.
Díaz Díaz, Pablo: Schule und Remigration. Ein aktuelles Problem der spanischen Bildungspolitik. Köln-Wien 1991.
Dietz, Gerhard-Uhland/Kaspras, Heidi: Biographische Konstruktionen und Bilanzierungen bei Zuwanderern aus der DDR. In: Fischer-Rosenthal, Wolfram/Alheit, Peter (Hrsg.): Biographien in Deutschland. Soziologische Rekonstruktionen gelebter Gesellschaftsgeschichte. Opladen 1995, S. 310-327.
Dietzel-Papakyriakou, Maria: Altern in der Migration. Die Arbeitsmigranten vor dem Dilemma: zurückkehren oder bleiben? Stuttgart 1993.
Dohmen, Günther (Hrsg.): Selbstgesteuertes lebenslanges Lernen? Bonn 1997.
Dräger, Horst: Volksbildung in Deutschland im 19. Jahrhundert. Bd. 1. Braunschweig 1979.
Dräger, Horst: Volksbildung in Deutschland im 19. Jahrhundert. Bd. 2. Bad Heilbrunn 1984.

Ecarius, Jutta/Löw, Martina (Hrsg.): Raumbildung, Bildungsräume. Über die Verräumlichung sozialer Prozesse. Opladen 1997.
Elsdon, Konrad T.: Values and learning in voluntary organizations. In: International Journal of Lifelong Education 14 (1995), H.1, S. 75-82.

Elsdon, Konrad T.: Ein Netzwerk des Lernens. Wechselwirkungen von Individuum, Organisation und demokratischer Teilhabe. In: Quem-Bulletin 1996, H.7, S. 2-5.

Elwert, Georg: Gesellschaftliche Integration durch Binnenintegration? In: Kölner Zeitschrift für Soziologie und Sozialpsychologie 34 (1982), H.4, S. 717-731.

Esser, Hartmut: Ethnische Kolonien: ‚Binnenintegration' oder gesellschaftliche Isolation? In: Hoffmeyer-Zlotnik, Jürgen H.P. (Hrsg.): Segregation und Integration. Die Situation von Arbeitsmigranten im Aufnahmeland. Mannheim 1986, S. 106-117.

Esteller, Juan: Círculo cultural español de Francort. In: Ecos 1992, H.12, S. 20-23.

Fiebelkorn, Joachim: Umweltlernen in Vereinen. In: Außerschulische Bildung 1993, H.1, S. 42-46.

Fijalkowski, Jürgen: Ethnische Heterogenität und soziale Absonderung in deutschen Städten: zu Wissensstand und Forschungsbedarf. Berlin 1988.

Föst, Ulrich: Freiwillige Vereinigungen und Strukturbesonderheiten kulturellen Lebens. In: Stadt Unna Kulturamt (Hrsg.): Neues aus der Provinz. Kulturarbeit in Klein- und Mittelstädten. Essen 1989, S. 21-32.

Folgen der Arbeitsmigration für Bildung und Erziehung. Themenheft in: Zeitschrift für Pädagogik 44 (1998), H.5, S. 661-736.

Foltin, Hans-Friedrich: Geschichte und Perspektiven der Vereinsforschung. In: Hessische Blätter für Volks- und Kulturforschung, N.F., 16 (1984), S. 3-31.

Franz, Hans-Jürgen: Selbsthilfe zwischen sozialer Bewegung und spezifischer Organisationsform sozialpolitischer Leistungserbringung. In: Kaufmann 1987, S. 307-342.

Freudenthal, Herbert: Vereine in Hamburg. Ein Beitrag zur Geschichte und Volkskunde der Geselligkeit. Hamburg 1968.

Frevel, Bernd: Funktion und Wirkung von Laienmusikvereinen im kommunalen System. Zur sozialen, kulturellen und politischen Bedeutung einer Sparte lokaler Freizeitvereine. München 1993.

Friebertshäuser, Barbara: Feldforschung und teilnehmende Beobachtung. In: Dies./Prengel, Annedore (Hrsg.): Handbuch Qualitative Forschungsmethoden in der Erziehungswissenschaft. Weinheim-München 1997, S. 503-534.

Fritze, Lothar: Vergangenheitsbewältigung als Interpretationsgeschäft. Über die Umkehrung von Begründungsverpflichtungen und Rechtfertigungslasten. In: Leviathan 24 (1996), H.1, S. 109-123.

Gabriel, Karl u.a. (Hrsg.): Modernität und Solidarität. Konsequenzen gesellschaftlicher Modernisierung. Freiburg u.a. 1997.

Garz, Detlef/Kraimer, Klaus: Die Welt als Text. Zum Projekt einer hermeneutisch-rekonstruktiven Sozialwissenschaft. In: Dies. (Hrsg.): Die Welt als Text. Theorie, Kritik und Praxis der objektiven Hermeneutik. Frankfurt/M. 1994, S. 7-22.

Geertz, Clifford: Dichte Beschreibung. Beiträge zum Verstehen kultureller Systeme. Frankfurt/M. 1987.

Geißler, Harald (Hrsg.): Organisationslernen und Weiterbildung. Die strategische Antwort auf die Herausforderungen der Zukunft. Neuwied u.a. 1995.

Gerdes, Klaus (Hrsg.): Explorative Sozialforschung: einführende Beiträge aus ‚Natural Sociology' und Feldforschung in den USA. Stuttgart 1979.

GERM (Grupo de Estudios sobre Reintegración de Migrantes): Fremd im eigenen Land. Materialien und Interviews zur Rückkehr spanischer Migranten. Madrid 1979.

Giebenhain, Heinz: Die gesellschaftliche Integration von Fremden durch den Sport. In: Müller, Siegfried u.a. (Hrsg.): Fremde und Andere in Deutschland. Nachdenken über das Einverleiben, Einebnen, Ausgrenzen. Opladen 1995, S. 165-178.

Giegel, Hans-Joachim: Strukturmerkmale einer Erfolgskarriere. In: Fischer-Rosenthal, Wolfram/Alheit, Peter (Hrsg.): Biographien in Deutschland. Soziologische Rekonstruktionen gelebter Gesellschaftsgeschichte. Opladen 1995, S. 213-231.

Gieseke, Wiltrud: Habitus von Erwachsenenbildnern. Oldenburg 1989.

Giordano, Christian: ‚Miserabilismus' als Ethnozentrismus. Zur Kritik der Kulturkonfliktthese in der Migrationsforschung. In: Greverus, Ina-Maria u.a. (Hrsg.): Kulturkontakt, Kulturkonflikt. Zur Erfahrung des Fremden. Bd. 1. Frankfurt/M. 1988, S. 243-249.

Glick Schiller, Nina u.a.: Transnationalismus: Ein neuer analytischer Rahmen zum Verständnis von Migration. In: Kleger, Heinz (Hrsg.): Transnationale Staatsbürgerschaft. Frankfurt/M.-New York 1997, S. 81-107.

Grosshenrich, Franz-Josef: Die Mainzer Fastnachtsvereine. Geschichte, Funktion, Organisation und Mitgliederstruktur. Wiesbaden 1980.

Günther, Ute: Autodidaxie oder die Freiheit des Unkonventionellen. In: Hessische Blätter für Volksbildung 44 (1994), H.1, S. 59-65.

Gür, Metin: Türkisch-islamische Vereinigungen. Frankfurt/M. 1993.

Hamburger, Franz: Der Kulturkonflikt und seine pädagogische Kompensation. In: Dittrich, Eckard J./Radtke, Frank-Olaf (Hrsg.): Ethnizität. Wissenschaft und Minderheiten. Opladen 1990, S. 311-325.

Hamburger, Franz: Weiterbildung von Ausländern und Aussiedlern. In: Tippelt, Rudolf (Hrsg.): Handbuch Erwachsenenbildung/Weiterbildung. Opladen 1994, S. 563-671.

Hardtwig, Wolfgang: Verein. Gesellschaft, Geheimgesellschaft, Assoziation, Genossenschaft, Gewerkschaft. In: Brunner, Otto u.a. (Hrsg.): Geschichtliche Grundbegriffe: historisches Lexikon zur politisch-sozialen Sprache in Deutschland. Bd. 6. Stuttgart 1990, S. 789-829.

Harms, Hans: Spanier (in der Bundesrepublik). In: Auernheimer 1984, S. 299-301.

Harney, Klaus: Der Trend zum Selbst: Das neue Modernitätsverständnis betrieblicher Rationalität. In: Hessische Blätter für Volksbildung 42 (1992), H.4, S. 318-325.

Harney, Klaus: Pädagogisierung der Personalwirtschaft - Entpädagogisierung der Berufsbildung. In: Der pädagogische Blick 2 (1994), H.1, S. 16-27.

Harney, Klaus: Theorie und Geschichte der Erwachsenenbildung. Studienbrief Erwachsenenbildung. Kaiserslautern 1995.

Harney, Klaus/Keiner, Edwin: Zum Profil nicht-hauptberuflicher Arbeit in der kirchlichen Erwachsenenbildung. In: Jütting, Dieter H. (Hrsg.): Situation, Selbstverständnis, Qualifizierungsbedarf. Nicht-hauptberufliche MitarbeiterInnen in der Deutschen Evangelischen Arbeitsgemeinschaft für Erwachsenenbildung - Empirische Studien. Frankfurt/M. u.a. 1992, S. 197-227.

Harney, Klaus/Nittel, Dieter: Pädagogische Berufsbiographie und moderne Personalwirtschaft. In: Krüger/Marotzki 1995, S. 332-358.

Heckmann, Friedrich: Die Bundesrepublik: Ein Einwanderungsland? Zur Soziologie der Gastarbeiterbevölkerung als Einwandererminorität. Stuttgart 1981.

Heckmann, Friedrich: Ethnischer Pluralismus und ‚Integration' der Gastarbeiterbevölkerung. Zur Rekonstruktion, empirischen Erscheinungsform und praktisch-politischen Relevanz des sozial-räumlichen Konzepts der Einwandererkolonie. In: Vas-

kovics, Laszlo A. (Hrsg.): Raumbezogenheit sozialer Probleme. Opladen 1982, S. 157-181.
Heckmann, Friedrich: Theoretische Positionen der Forschung über Arbeitsmigration in der Bundesrepublik. Von der Gastarbeiterforschung zur Migrations- und Minoritätensoziologie. In: Deutsches Jugendinstitut (Hrsg.): Ausländerarbeit und Integrationsforschung - Bilanz und Perspektiven. Weinheim-München 1987, S. 43-62.
Heckmann, Friedrich: Ethnische Minderheiten, Volk und Nation. Soziologie inter-ethnischer Beziehungen. Stuttgart 1992.
Heidenreich, Elisabeth: Leben in zwei Welten. Über Erfahrungen, Strategien und Aporien des Fremdseins. Ein Essay. In: Leviathan 21 (1993), H.2, S. 222-237.
Heinemann, Klaus/Horch, Heinz-Dieter: Elemente einer Finanzsoziologie freiwilliger Vereinigungen. Stuttgart 1991.
Hettlage, Robert: Hauptlinien der Gastarbeiterforschung in der Bundesrepublik Deutschland. Über die interaktive Herstellung von Problembewußtsein. In: Österreichische Zeitschrift für Soziologie 13 (1988), H.3, S. 74-94.
Hitzler, Ronald/Honer, Anne: Qualitative Verfahren zur Lebensweltanalyse. In: Flick, Uwe u.a. (Hrsg.): Handbuch Qualitative Sozialforschung. Grundlagen, Konzepte, Methoden und Anwendungen. München 1991, S. 382-385.
Hitzler, Ronald/Koenen, Elmar J.: Kehren die Individuen zurück? - Zwei divergente Antworten auf eine institutionstheoretische Frage. In: Beck/Beck-Gernsheim 1994, S. 447-465.
Hoering, W.: Kontingenz. In: Ritter, Joachim/Gründer, Karlfried (Hrsg.): Historisches Wörterbuch der Philosophie. Bd.4. Darmstadt 1976, S. 1027-1038.
Hoerning, Erika M./Corsten, Michael (Hrsg.): Institution und Biographie: die Ordnung des Lebens. Pfaffenweiler 1995.
Hohmann, Manfred: Spanische Gastarbeiterkinder in niederrheinischen Industriestädten. Materialien und Analysen. In: Unsere Jugend. Zeitschrift für Jugendhilfe in Wissenschaft und Praxis 23 (1971), H.11, S. 493-511.
Holek, Wenzel: Vom Handarbeiter zum Jugenderzieher. Jena 1921.
Hondrich, Karl Otto: Lassen sich soziale Beziehungen modernisieren? In: Leviathan 24 (1996), H.1, S. 28-44.
Hondrich, Karl Otto/Koch-Arzberger, Claudia: Solidarität in der modernen Gesellschaft. Frankfurt/M. 1992.
Honer, Anne: Einige Probleme lebensweltlicher Ethnographie. Zur Methodologie und Methodik einer interpretativen Sozialforschung. In: Zeitschrift für Soziologie 18 (1989), H.4, S. 297-312.
Horch, Heinz-Dieter: Strukturbesonderheiten freiwilliger Vereinigungen. Analyse und Untersuchung einer alternativen Form menschlichen Zusammenarbeitens. Frankfurt/M.-New York 1983.
Horch, Heinz-Dieter: Personalisierung und Ambivalenz. Strukturbesonderheiten freiwilliger Vereinigungen. In: Kölner Zeitschrift für Soziologie und Sozialpsychologie 37 (1985), H.2, S. 257-276.
Horch, Heinz-Dieter: Ressourcenzusammensetzung und Oligarchisierung freiwilliger Vereinigungen. In: Kölner Zeitschrift für Soziologie und Sozialpsychologie 40 (1988), H.3, S. 527-550.
Horch, Heinz-Dieter: Zur Soziökonomie freiwilliger Vereinigungen. In: Zimmer, Annette (Hrsg.): Vereine heute - zwischen Tradition und Innovation: ein Beitrag zur Dritten-Sektor-Forschung. Basel u.a. 1992, S. 43-74.

Hülsmann, Bernhard: Der Verein - zu seinem unbekannten Wesen. In: Landesinstitut für Schule und Weiterbildung 1986, S. 35-57.

Hufer, Klaus-Peter/Unger, Ilse: Zwischen Abhängigkeit und Selbstbestimmung. Institutionalisierte und selbstorganisierte Erwachsenenbildung seit den siebziger Jahren. Opladen 1990.

Jakob, Gisela: Ehrenamtliches Engagement im sozialkatholischen Milieu: Biographische Grundlegungen und verbandliche Rahmenbedingungen. In: Hoerning/Corsten 1995, S. 221-236.

Janssen, Herrmann/Vogel, Hans-Josef: Förderung von kulturellen Vereinen und Vereinigungen. In: Pappermann, Ernst/Mombaur, Michael (Hrsg.): Kulturarbeit in der kommunalen Praxis. 2. neubearbeitete Auflage. Köln 1991, S. 194-204.

Japp, Klaus Peter: Soziologische Risikotheorie. Funktionale Differenzierung, Politisierung und Reflexion. Weinheim-München 1996.

Jütting, Dieter H. (Hrsg.): Die Ausbildung der ÜbungsleiterInnen als qualifizierte Lai-Innen. Frankfurt/M. u.a. 1992.

Jütting, Dieter H.: Die Bildungswerke der Landessportbünde: Sport als Bildungsinhalt und Beitrag zur Gesundheitsbildung. In: Holzapfel, Günther u.a. (Hrsg.): Weiterbildung, Sport, Gesundheit: Praxismodelle und theoretische Grundlagen. Neuwied 1995, S. 288-300.

Jung, Harald: Eingliederungsprobleme spanischer Arbeitsimmigranten agrarischer Herkunft beim Übergang in eine freie Lohnarbeiterexistenz in der Bundesrepublik. Kassel 1978.

Kade, Jochen: Universalisierung und Individualisierung der Erwachsenenbildung. Zum Wandel eines pädagogischen Arbeitsfeldes im Kontext gesellschaftlicher Modernisierung. In: Zeitschrift für Pädagogik 35 (1989a), H.6, S. 789-808.

Kade, Jochen: Kursleiter und die Bildung Erwachsener. Fallstudien zur biographischen Bedeutung der Erwachsenenbildung. Bad Heilbrunn 1989b.

Kade, Jochen: Erwachsenenbildung und Identität. Eine empirische Studie zur Aneignung von Bildungsangeboten. 2. Auflage. Weinheim 1992a.

Kade, Jochen: Innen und Außen. Zur Eröffnung von Lernräumen in der Erwachsenenbildung. In: Report. Literatur- und Forschungsreport Weiterbildung 30 (1992b), S. 34-39.

Kade, Jochen: Entgrenzung und Entstrukturierung. Zum Wandel der Erwachsenenbildung in der Moderne. In: Derichs-Kunstmann, Karin/Faulstich, Peter/Tippelt, Rudolf (Hrsg.): Enttraditionalisierung der Erwachsenenbildung. Frankfurt/M. 1997a, S. 13-31.

Kade, Jochen: Riskante Biographien und die Risiken lebenslangen Lernens. In: Report. Literatur- und Forschungsreport Weiterbildung 39 (1997b), S. 112-124.

Kade, Jochen: Vermittelbar/nicht-vermittelbar: Vermitteln: Aneignen. Im Prozeß der Systembildung des Pädagogischen. In: Lenzen, Dieter/Luhmann, Niklas (Hrsg.): Bildung und Weiterbildung im Erziehungssystem. Lebenslauf und Humanontogenese als Medium und Form. Frankfurt/M. 1997c, S. 30-70.

Kade, Jochen/Nittel, Dieter: Erwachsenenbildung/Weiterbildung. In: Krüger, Heinz-Hermann/Helsper, Werner (Hrsg.): Einführung in Grundbegriffe und Grundfragen der Erziehungswissenschaft. Opladen 1995, S. 195-206.

Kade, Jochen/Nittel, Dieter: Biographieforschung - Mittel zur Erschließung von Bildungswelten Erwachsener. In: Friebertshäuser, Barbara/Prengel, Anedore (Hrsg.):

Handbuch Qualitative Forschungsmethoden in der Erziehungswissenschaft. Weinheim-München 1997, S. 745-757.

Kade, Jochen/Seitter, Wolfgang: Fortschritt und Fortsetzung. Biographische Spuren lebenslangen Lernens. In: Krüger/Marotzki 1995a, S. 308-331.

Kade, Jochen/Seitter, Wolfgang: Teilnahmemotive. Subjektbildung unter den Bedingungen von gesellschaftlichen Individualisierungsprozessen. In: Report. Literatur- und Forschungsreport Weiterbildung 35 (1995b), S. 29-37.

Kade, Jochen/Seitter, Wolfgang: Lebenslanges Lernen. Mögliche Bildungswelten. Erwachsenenbildung, Biographie und Alltag. Opladen 1996.

Kade, Jochen/Seitter, Wolfgang: Erwachsenenbildung und Biographieforschung. Metamorphosen einer Beziehung. In: Bohnsack, Ralf/Marotzki, Winfried (Hrsg.): Biographie- und Kulturanalyse. Transdisziplinäre Zugänge qualitativer Forschung. Opladen 1998a, S. 167-182.

Kade, Jochen/Seitter, Wolfgang: Bildung - Risiko - Genuß. Dimensionen und Ambivalenzen lebenslangen Lernens in der Moderne. In: Brödel, Rainer (Hrsg.): Lebenslanges Lernen - lebensbegleitende Bildung. Neuwied 1998b, S. 51-59.

Kade, Jochen/Lüders, Christian/Hornstein, Walter: Die Gegenwart des Pädagogischen - Fallstudien zur Allgemeinheit der Bildungsgesellschaft. In: Oelkers, Jürgen/Tenorth, Heinz-Elmar (Hrsg.): Pädagogisches Wissen. (Beihefte der Zeitschrift für Pädagogik; Bd. 27.) Weinheim-Basel 1993, S. 39-65.

Kaiser, Arnim (Hrsg.): Gesellige Bildung. Studien und Dokumente zur Bildung Erwachsener im 18. Jahrhundert. Bad Heilbrunn 1989.

Kaufmann, Franz-Xaver: Solidarität als Steuerungsform - Erklärungsansätze bei Adam Smith. In: Ders./Krüsselberg, Hans-Günter (Hrsg.): Markt, Staat und Solidarität bei Adam Smith. Frankfurt/M.-New York 1984, S. 158-184.

Kaufmann, Franz-Xaver (Hrsg.): Staat, intermediäre Instanzen und Selbsthilfe. Bedingungsanalysen sozialpolitischer Intervention. München 1987.

Kiesel, Doron/Messerschmidt, Astrid (Hrsg.): Pädagogische Grenzüberschreitungen. Erwachsenenbildung in der Einwanderungsgesellschaft. Frankfurt/M. 1997.

Köhle-Hezinger, Christel: Gemeine und Verein. Überlegungen zur Problematik und Forschungspraxis eines volkskundlichen Themas. In: Rheinisches Jahrbuch für Volkskunde 22 (1977), 2. Halbband, S. 181-202.

Kohli, Martin: Die Institutionalisierung des Lebenslaufs. Historische Befunde und theoretische Argumente. In: Kölner Zeitschrift für Soziologie und Sozialpsychologie 37 (1985), H.1, S. 1-29.

Koller, Hans-Christoph: Biographie als rhetorisches Konstrukt. In: Bios 6 (1993), H.1, S. 33-45.

Koselleck, Reinhart: Vergangene Zukunft. Zur Semantik geschichtlicher Zeiten. Frankfurt/M. 1989.

Kosubek, Siegfried: Das Lernen Erwachsener zwischen Offenheit und Institutionalisierung - dargestellt am Beispiel des Kleingartenwesens und der Volkshochschule. Frankfurt/M. 1982.

Kowalski, Peter: ‚Gast'arbeiter und Sozialarbeit. Spanisches Zentrum Essen - Ein Modell der Selbstorganisation? In: päd extra 1 (1977), H.1, S. 18-30.

Kramer, Dieter: Vereine und Kulturpolitik. In: Hessische Blätter für Volks- und Kulturforschung. N.F. 16 (1984), S. 32-50.

Krasberg, Ulrike: Ich mache die Nacht zum Tag. Emanzipation und Arbeitsmigration. Griechische Frauen in Deutschland und Griechenland. Frankfurt/M. u.a. 1979.

Kriesi, Hanspeter: Organisationsentwicklung von sozialen Bewegungen. In: Forschungsjournal Neue Soziale Bewegungen 5 (1992), H.2, S. 85-93.
Kristeva, Julia: Fremd sind wir uns selbst. Frankfurt/M. 1990.
Krüger, Heinz-Hermann: Bilanz und Zukunft der erziehungswissenschaftlichen Biographieforschung. In: Krüger/Marotzki 1995, S. 32-54.
Krüger, Heinz-Hermann: Einführung in Theorien und Methoden der Erziehungswissenschaft. Opladen 1997.
Krüger, Heinz-Hermann/Marotzki, Winfried (Hrsg.): Erziehungswissenschaftliche Biographieforschung. Opladen 1995.
Krüger, Heinz-Hermann/Wensierski, Hans Jürgen von: Biographieforschung. In: König, Eckard/Zedler, Peter (Hrsg.): Bilanz qualitativer Forschung. Bd. 2: Methoden. Weinheim 1995, S. 183-223.
Kühnlein, Irene/Mutz, Gerd: Psychotherapie als Transformationsprozeß. Expertenwissen im Alltagshandeln ehemaliger Klienten. Opladen 1996.

Lamnek, Siegfried: Qualitative Sozialforschung. Bd. 2: Methoden und Techniken. München 1989.
Landesinstitut für Schule und Weiterbildung (Hrsg.): Vereine vor Ort. Zwischen Gartenzwerg und Gelbem Engel. Eine empfindsame Reise in die Vereinslandschaft. Soest 1986.
Landesinstitut für Schule und Weiterbildung (Hrsg.): Lernen vor Ort. XVI. Soester Weiterbildungsforum. Soest 1988.
Lau, Thomas/Wolff, Stephan: Der Einstieg in das Untersuchungsfeld als soziologischer Lernprozess. In: Kölner Zeitschrift für Soziologie und Sozialpsychologie 35 (1983), H.3, S. 417-437.
Lebenslanges Lernen - Selbstorganisiert? Themenschwerpunkt in: Report. Literatur- und Forschungsreport Weiterbildung 39 (1997), S. 9-166.
Lehmann, Albrecht: Zur volkskundlichen Vereinsforschung. In: Dann 1984, S. 133-149.
Leisering, Lutz: Riskante Lebensläufe im Sozialstaat. In: Leibfried, Stephan u.a.: Zeit der Armut. Lebensläufe im Sozialstaat. Frankfurt/M. 1995, S. 7-20.
Lindner, Rolf: Die Angst des Forschers vor dem Feld. Überlegungen zur teilnehmenden Beobachtung als Interaktionsprozeß. In: Zeitschrift für Volkskunde 77 (1981), H.1, S. 51-66.
Lindner, Rolf: Ohne Gewähr. Zur Kulturanalyse des Informaten. In: Jeggle, Utz (Hrsg.): Feldforschung. Qualitative Methoden in der Kulturanalyse. Tübingen 1984, S. 59-71.
Lofland, John: Feldnotizen. In: Gerdes 1979, S. 110-120.
Lopéz-Blasco, Andrés: Sozialisationsprozesse und Identitätskrise spanischer Jugendlicher in der Bundesrepublik Deutschland. Ergebnisse einer empirischen Untersuchung. München 1983.
Lüders, Christian: Von der teilnehmenden Beobachtung zur ethnographischen Beschreibung - Ein Literaturbericht -. In: König, Eckard/Zedler, Peter (Hrsg.): Bilanz qualitativer Forschung. Bd. 2: Methoden. Weinheim 1995, S. 311-342.
Lüders, Christian/Kade, Jochen/Hornstein, Walter: Entgrenzung des Pädagogischen. In: Krüger, Heinz-Hermann/Helsper, Werner (Hrsg.): Einführung in Grundbegriffe und Grundfragen der Erziehungswissenschaft. Opladen 1995, S. 207-215.
Luhmann, Niklas: Soziale Systeme. Grundriß einer allgemeinen Theorie. Frankfurt/M. 1984.

Luhmann, Niklas: Risiko und Gefahr. In: Ders.: Soziologische Aufklärung. Bd. 5: Konstruktivistische Perspektiven. Opladen 1990, S. 131-169.
Luhmann, Niklas: Soziologie des Risikos. Berlin-New York 1991.
Luhmann, Niklas: Inklusion und Exklusion. In: Berding, Helmut (Hrsg.): Nationales Bewußtsein und kollektive Identität: Studien zur Entwicklung des kollektiven Bewußtseins in der Neuzeit. Frankfurt/M. 1994, S. 15-45.

Makropoulos, Michael: Der Mann auf der Grenze. Robert Ezra Park und die Chancen einer heterogenen Gesellschaft. In: Freibeuter 35 (1988), H.1, S. 8-22.
Makropoulos, Michael: Möglichkeitsbändigungen. Disziplin und Versicherung als Konzepte zur sozialen Steuerung von Kontingenz. In: Soziale Welt 41 (1990), H.4, S. 407-423.
Marotzki, Winfried: Bildungsprozesse in lebensgeschichtlichen Horizonten. In: Hoerning, Erika M. u.a.: Biographieforschung und Erwachsenenbildung. Bad Heilbrunn 1991, S. 182-205.
Mayer, Karl Ulrich/Müller, Walter: Individualisierung und Standardisierung im Strukturwandel der Moderne. Lebensverläufe im Wohlfahrsstaat. In: Beck/Beck-Gernsheim 1994, S. 265-295.
Meisel, Klaus: Erwachsenenbildung. In: Auernheimer 1984, S. 117-122.
Mertens, Dieter: Das Qualifikationsparadox. Bildung und Beschäftigung bei kritischer Arbeitsmarktperspektive. In: Zeitschrift für Pädagogik 30 (1984), H.4, S. 439-455.
Meyer, Thomas: Solidarität und kulturelle Differenz. Erinnerung an eine vertraute Erfahrung. In: Heitmeyer, Wilhelm (Hrsg.): Was hält die Gesellschaft zusammen? Bundesrepublik Deutschland: auf dem Weg von der Konsens- zur Konfliktgesellschaft. Bd.2. Frankfurt/M. 1997, S. 313-333.
Migration und kulturelle Vielfalt. Bildungsprobleme in Europa. Themenheft der Zeitschrift für Pädagogik 40 (1994), S. 3-170.
Mihçiyazgan, Ursula: Rückkehr als Metapher. Die Bedeutung der Rückkehr in der Lebensplanung und -praxis türkischer Migrantinnen. In: Informationsdienst zur Ausländerarbeit 1989, H.4, S. 39-42.
Mücke, Frank: Der moderne Sportvereine. Eine systemtheoretische Fallstudie. Frankfurt/M. 1986.
Mülhaupt-López, Carlos: Eingliederung in eine industrielle Gesellschaft dargestellt am Beispiel spanischer Zuwanderer in der Bundesrepublik Deutschland. Freiburg 1966.
Müller, Kurt R.: Bildungsraum. In: Grundlagen der Weiterbildung. Praxishilfen. Frankfurt/M. 1991, 7.80.10, S. 1-16.
Mulder van de Graaf, José/Rottenburg, Richard: Feldforschung in Unternehmen - Ethnografische Explorationen in der eigenen Gesellschaft. In: Aster u.a. 1989, S. 19-34.

Nassehi, Armin: Der Fremde als Vertrauter. Soziologische Beobachtungen zur Konstruktion von Identitäten und Differenzen. In: Kölner Zeitschrift für Soziologie und Sozialpsychologie 47 (1995), H.3, S. 443-463.
Neckel, Sighard: Zwischen Robert E. Park und Pierre Bourdieu: Eine dritte ‚Chicago School'? Soziologische Perspektiven einer amerikanischen Forschungstradition. In: Soziale Welt 48 (1997), H.1, S. 71-83.
Niess, Wolfgang: Von den Arbeitervereinslokalen zu den Volkshäusern (1848-1933). In: Hessische Blätter für Volks- und Kulturforschung, N.F. 16 (1984), S. 141-156.

Nipperdey, Thomas: Verein als soziale Struktur in Deutschland im späten 18. und frühen 19. Jahrhundert. In: Ders.: Gesellschaft, Kultur, Theorie. Gesammelte Aufsätze zur neueren Geschichte. Göttingen 1976, S. 174-205.

Nispel, Andrea/Szablewski-Çavus, Petra: Über Hürden, über Brücken: berufliche Weiterbildung mit Migrantinnen und Migranten. Frankfurt/M. 1997.

Nittel, Dieter: Report: Biographieforschung. Frankfurt/M. 1991.

Nittel, Dieter: Die Pädagogisierung der Privatwirtschaft und die Ökonomisierung der öffentlich verantworteten Erwachsenenbildung. Versuch einer Perspektivenverschränkung mit biographieanalytischen Mitteln. In: Zeitschrift für Pädagogik 42 (1996), H.5, S. 731-750.

Nittel, Dieter/Marotzki, Winfried (Hrsg.): Berufslaufbahn und biographische Lernstrategien. Eine Fallstudie über Pädagogen in der Privatwirtschaft. Hohengehren 1997.

Noormann, Jörg: Städtische Förderungen und Massnahmen zur Integration von Migrantinnen und Migranten in Frankfurt am Main. Frankfurt/M. 1993.

Oelkers, Jürgen: Erziehungsstaat und pädagogischer Raum: Die Funktion des idealen Ortes in der Theorie der Erziehung. In: Zeitschrift für Pädagogik 39 (1993), H.4, S. 631-648.

Özak, Ibrahim Halil/Sezer, Ahmet: Türkische Organisationen in der BRD. In: Informationsdienst zur Ausländerarbeit 1987, H.3-4, S. 54-62.

Özcan, Ertekin: Türkische Immigrantenorganisationen in der Bundesrepublik Deutschland. 2. Auflage. Berlin 1992.

Olk, Thomas: Das soziale Ehrenamt. In: Sozialwissenschaftliche Literatur Rundschau 14 (1987), S. 84-101.

Pagenstecher, Cord: Die ‚Illusion' der Rückkehr. Zur Mentalitätsgeschichte von ‚Gastarbeit' und Einwanderung. In: Soziale Welt 47 (1996), H.2, S. 149-179.

Park, Robert E.: Human Migration and the Marginal Man. In: The American Journal of Sociology 33 (1928), H.6, S. 881-893.

Plöger, Wilfried: Erlebte Räume - Vorüberlegungen zu einer Anthropologie des Lernraumes. In: Pädagogische Rundschau 47 (1993), H.3, S. 271-284.

Pörnbacher, Ulrike/Reich, Hans H.: Stand der Literaturinformation zum Migrantenbereich. In: Deutsch Lernen 15 (1990), H.3, S. 216-225.

Pollak, Guido: Modernisierung und Pädagogisierung individueller Lebensführung. Teilergebnisse des DFG-Projekts ‚Industrialisierung und Lebensführung'. In: Zeitschrift für Berufs- und Wirtschaftspädagogik 87 (1991), H.8, S. 621-636.

Rabe-Kleberg, Ursula: Auf dem Weg zur Bildungsbiographie? Oder: Warum Frauen immer länger auf immer bessere Schulen gehen und doch als ‚ungelernt' gelten. In: Hoerning/Corsten 1995, S. 26-38.

Radtke, Frank-Olaf: Migration und Ethnizität. In: Flick, Uwe u.a. (Hrsg.): Handbuch Qualitative Sozialforschung. Grundlagen, Konzepte, Methoden und Anwendungen. München 1991, S. 391-394.

Radtke, Frank-Olaf: Multikulturalismus und Erziehung. Ein erziehungswissenschaftlicher Versuch über die Behauptung: ‚Wir leben in einer multikulturellen Gesellschaft'. In: Brähler, Rainer/Dudek, Peter (Hrsg.): Fremde - Heimat: neuer Nationalismus versus interkulturelles Lernen. Probleme politischer Bildungsarbeit. Frankfurt/M. 1992, S. 185-208.

Radtke, Frank-Olaf: Interkulturelle Erziehung. Über die Gefahren eines pädagogisch halbierten Anti-Rassismus. In: Zeitschrift für Pädagogik 41 (1995), H.6, S. 853-864.
Ramírez, Hector Jaime: Spanischer Gastarbeiterkinder in der Bundesrepublik Deutschland. Vergleichsuntersuchung zur Frage der Akkulturation. Bonn 1972.
Rauschenbach, Thomas u.a. (Hrsg.): Von der Wertgemeinschaft zum Dienstleistungsunternehmen. Jugend- und Wohlfahrtsverbände im Umbruch. Frankfurt/M. 1995.
Rehberg, Karl-Siegbert: Eine Grundlagentheorie der Institutionen: Arnold Gehlen. Mit systematischen Schlußfolgerungen für eine kritische Institutionentheorie. In: Göhler, Gerhard u.a. (Hrsg.): Rationalität politischer Institutionen. Interdisziplinäre Perspektiven. Baden-Baden 1990, S. 115-144.
Reich, Hans H.: Interkulturelle Pädagogik - eine Zwischenbilanz. In: Zeitschrift für Pädagogik 40 (1994), H.1, S. 9-27.
Reich, Hans H./Merkens, Hans: Folgen der Arbeitsmigration für Bildung und Erziehung. In: Unterrichtswissenschaft 21 (1993), H.2, S. 100-105.
Reich, Hans H. u.a.: Folgen der Arbeitsmigration für Bildung und Erziehung. In: Deutsch Lernen 15 (1990), S. 70-88.
Reichertz, Jo: Hermeneutische Auslegung von Feldprotokollen? - Verdrießliches über ein beliebtes Forschungsmittel. In: Aster u.a. 1989, S. 84-102.
Reichertz, Jo: Aufklärungsarbeit. Kriminalpolizisten und Feldforscher bei der Arbeit. Stuttgart 1991.
Reichertz, Jo: Beschreiben oder Zeigen - Über das Verfassen Ethnographischer Berichte. In: Soziale Welt 43 (1992), H.3, S. 331-350.
Reichertz, Jo/Schröer, Norbert: Erheben, Auswerten, Darstellen. Konturen einer hermeneutischen Wissenssoziologie. In: Schröer, Norbert (Hrsg.): Interpretative Sozialforschung. Auf dem Wege zu einer hermeneutischen Wissenssoziologie. Opladen 1994, S. 56-84.
Reischmann, Jost: Die Kehrseite der Professionalisierung in der Erwachsenenbildung. Lernen ‚en passant' - die vergessene Dimension. In: Grundlagen der Weiterbildung 6 (1995), H.4, S. 200-204.
Reuter, Lutz-Rainer/Dodenhoeft, Martin: Arbeitsmigration und gesellschaftliche Entwicklung. Eine Literaturanalyse zur Lebens- und Bildungssituation von Migranten und zu den gesellschaftlichen, politischen und rechtlichen Rahmenbedingungen der Ausländerpolitik in der Bundesrepublik Deutschland. Stuttgart 1988.
Richter, Helmut: Einwanderungsland, subkulturelle Segregation und Hilfe zum Selbstsein - Perspektiven für eine Neuorientierung der Ausländerarbeit. In: Neue Praxis 12 (1982), H.2, S. 116-128.
Richter, Helmut: Subkulturelle Segregation zwischen Assimilation und Remigration - Identitätstheoretische Grundlegungen für einen dritten Weg in der Ausländerpolitik. In: Hamburger, Franz u.a. (Hrsg.): Sozialarbeit und Ausländerpolitik. (Neue Praxis, Sonderheft 7.) Darmstadt-Neuwied 1983, S. 106-125.
Rogge, Klaus I.: Vereine und Weiterbildung. In: Materialien zur Politischen Bildung 1986, H.3, S. 26-30.
Romano-García, Manuel: Die spanische Minderheit. In: Schmalz-Jacobsen, Cornelia/Hansen, Georg (Hrsg.): Ethnische Minderheiten in der Bundesrepublik Deutschland: ein Lexikon. München 1995, S. 468-481.
Roth, Leo: Die zunehmende Pädagogisierung des Lebens - oder: Wir lernen uns zu Tode. In: Seibert, Norbert/Serve, Helmut J. (Hrsg.): Bildung und Erziehung an der Schwelle

zum dritten Jahrtausend. Multidisziplinäre Aspekte, Analysen, Positionen, Perspektiven. München 1994, S. 300-335.
Roth, Roland: Jenseits von Markt und Staat. Dritter Sektor und neue soziale Bewegungen. In: Forschungsjournal Neue Soziale Bewegungen 5 (1992), H.4, S. 12-20.
Sachße, Christoph/Tennstedt, Florian (Hrsg.): Soziale Sicherheit und soziale Disziplinierung. Beiträge zu einer historischen Theorie der Sozialpolitik. Frankfurt/M. 1986.
Sánchez-Otero, José: Die aktive Integration spanischer Arbeitsmigranten und ihrer Familien in die Gesellschaft der Bundesrepublik Deutschland als sozialpädagogisches Ziel: Konzeption, Durchführung und Evaluation eines Erwachsenenbildungsprojektes. Duisburg 1984.
Sayler, Wilhelmine: Wider die Xenophobie: Ausländer zwischen Ablehnung und Integration -am Beispiel spanischer Migranten in Deutschland. Saarbrücken 1987.
Schäffter, Ortfried: Zielgruppenorientierung in der Erwachsenenbildung. Aspekte einer erwachsenenpädagogischen Planungs- und Handlungskategorie. Braunschweig 1981.
Schäffter, Ortfried: Lob der Grenze. Grenzüberschreitendes Lernen im Kontextwechsel. In: Kiesel/Messerschmidt 1997, S. 23-59.
Schatzmann, Leonard/Strauss, Anselm L.: Strategie für den Eintritt in das Feld. In: Gerdes 1979, S. 77-93.
Scherp, Karin: Handlungsstrategien im Umgang mit Veränderungen. Perspektiven von Mitarbeiterinnen und Mitarbeitern einer Volkshochschule zu Beginn der Umstrukturierung. Frankfurt/M. 1997 [unveröffentl. Diplomarbeit].
Schiersmann, Christiane: Zielgruppenforschung. In: Tippelt, Rudolf (Hrsg.): Handbuch Erwachsenenbildung/Weiterbildung. Opladen 1994, S. 501-509.
Schiffauer, Werner: Die Migranten aus Subay. Türken in Deutschland: Eine Ethnographie. Stuttgart 1991.
Schlagenhauf, Karl: Sportvereine in der Bundesrepublik Deutschland. Teil 1: Strukturelemente und Verhaltensdeterminanten im organisierten Freizeitbereich. Schorndorf 1977.
Schmidtke, Hans-Peter: Förderung verhaltensauffälliger Ausländerkinder: Verhaltensauffälligkeit und psychosoziale Belastungen am Beispiel spanischer Schüler. Düsseldorf 1978.
Schneider-Wohlfahrt, Ulla: Centro Espagnol [sic!] in Bielefeld. In: Informationsdienst zur Ausländerarbeit 1980, H.3, S. 44-45.
Schöneberg, Ulrike: Gestern Gastarbeiter, morgen Minderheit. Frankfurt/M. 1993.
Schütz, Alfred: Der Fremde. Ein sozialpsychologischer Versuch. In: Ders.: Gesammelte Aufsätze. Bd.II: Studien zur soziologischen Theorie. Den Haag 1972, S. 53-69.
Schulenberg, Wolfgang: Bildungsappell und Rollenkonflikt. In: Ritters, Claus (Hrsg.): Theorien der Erwachsenenbildung. Weinheim 1968, S. 145-170.
Schuleri-Hartje, Ulla-Kristina, Kodolitsch, Paul von: Ausländische Arbeitnehmer und ihre Familien. Teil 5: Ethnische Vereine. Berlin 1989.
Schulz, Marion: Arbeitsmigrantinnen in der BRD. Eine Bibliographie. In: Dies. (Hrsg.): Fremde Frauen: Von der Gastarbeiterin zur Bürgerin. Frankfurt/M. 1992, S. 124-225.
Schulze, Theodor: Erziehungswissenschaftliche Biographieforschung. Anfänge, Fortschritte, Ausblicke. In: Krüger/Marotzki 1995, S. 10-31.
Seibel, Wolfgang: Dritter Sektor. In: Bauer, Rudolph (Hrsg.): Lexikon des Sozial- und Gesundheitswesens. München-Wien 1992, S. 455-460.

Seitter, Wolfgang: Volksbildung und Educación Popular: Systembildungsprozesse und Vereinskulturen in Barcelona und Frankfurt am Main zwischen 1850 und 1920. Bad Heilbrunn 1993a.
Seitter, Wolfgang: Erwachsenenbildung zwischen Europäisierung und nationalen Traditionen. In: Zeitschrift für Pädagogik 39 (1993b), H.3, S. 427-442.
Seitter, Wolfgang: Analphabetentum als Dauerproblem. Zur Bildungspolitik Spaniens im 19. Jahrhundert. In: Zeitschrift für internationale erziehungs- und sozialwissenschaftliche Forschung 10 (1993c), H.1, S. 67-87.
Seitter, Wolfgang: Bildungsbiographien spanischer MigrantInnen. Autodidaktische Anstrengung, breitgefächerte Vereinskultur und lebensgeschichtliche Reflexion. In: Report. Literatur- und Forschungsreport Weiterbildung 37 (1996), S. 75-84.
Seitter, Wolfgang: Individualising library work. Walter Hofmann's concept of library and lending practice as used in the popular library of Dresden-Plauen (1904-1914). In: Hake, Barry J./Steele, Tom (Hrsg.): Intellectuals, Activists and Reformers: Studies of cultural, social and educational reform movements in Europe, 1890-1930. Leeds: University of Leeds, 1997, S. 203-219.
Sen, Faruk: Die Selbstorganisationen der Wanderarbeitnehmer. Bundesrepublik Deutschland. In: Just, Wolf-Dieter/Nicolaus, Elke (Hrsg.): Wanderarbeiter in der EG. Ein Vergleich ihrer rechtlichen und sozialen Situation in den wichtigsten Aufnahmeländern. Bd. 2: Länderberichte. Mainz 1985, S. 222-238.
Siewert, H.-Jörg: Verein und Kommunalpolitik. In: Kölner Zeitschrift für Soziologie und Sozialpsychologie 29 (1977), H.3, S. 487-510.
Siewert, H.-Jörg: Zur Thematisierung des Vereinswesens in der deutschen Soziologie. In: Dann 1984, S. 151-180.
Simmel, Georg: Soziologie. Untersuchungen über die Formen der Vergesellschaftung. 4. Auflage. Berlin 1958.
Sprenger, Anne: Teilnehmende Beobachtung in prekären Handlungssituationen - Das Beispiel Intensivstation. In: Aster u.a. 1989, S. 35-56.
Steinhilber, Beate: Grenzüberschreitungen: Remigration und Biographie - Frauen kehren zurück in die Türkei. Frankfurt/M. 1994.
Stichweh, Rudolf: Der Fremde - Zur Evolution der Weltgesellschaft. In: Rechtshistorisches Journal 11 (1992), S. 295-316.
Streeck, Wolfgang: Vielfalt und Interdependenz: Überlegungen zur Rolle von intermediären Organisationen in sich ändernden Umwelten. In: Kölner Zeitschrift für Soziologie und Sozialpsychologie 39 (1987), H.3, S. 471-495.

Tenorth, Heinz-Elmar: Laute Klage, Stiller Sieg. Über die Unaufhaltsamkeit der Pädagogik in der Moderne. In: Benner, Dietrich u.a. (Hrsg.): Erziehungswissenschaft zwischen Modernisierung und Modernitätskrise. (Beiheft der Zeitschrift für Pädagogik. Bd. 29.) Weinheim-Basel 1992, S. 129-139.
Thränhardt, Dietrich: Die Selbstorganisation von Türken, Griechen und Spaniern in der BRD. In: Ders. (Hrsg.): Ausländerpolitik und Ausländerintegration in Belgien, den Niederlanden und der BRD. Bocholt 1985, S. 130-160.
Tietgens, Hans: Mitarbeiter an Volkshochschulen. Frankfurt/M. 1983.
Timm, Waldemar: Sportvereine in der Bundesrepublik Deutschland. Teil 2: Organisations-, Angebots- und Finanzstruktur. Schorndorf 1979.
Treibel, Annette: Engagement und Distanzierung in der westdeutschen Ausländerforschung. Eine Untersuchung ihrer soziologischen Beiträge. Stuttgart 1988.

Weber, Max: Rede auf dem ersten Deutschen Soziologentage in Frankfurt 1910. In: Ders.: Gesammelte Aufsätze zur Soziologie und Sozialpolitik. Tübingen 1924, S. 431-449.

Wehr, Peter: Lokale Vereine. In: Landesinstitut für Schule und Weiterbildung 1988, S. 86-90.

Welsch, Wolfgang: Unsere postmoderne Moderne. 3. Auflage. Weinheim 1991.

Winkler, Joachim: Das Ehrenamt. Zur Soziologie ehrenamtlicher Tätigkeit dargestellt am Beispiel der deutschen Sportverbände. Schorndorf 1988.

Winkler, Michael: Modernisierungsrisiken. Folgen für den Begriff der Sozialpädagogik. In: Rauschenbach, Thomas/Gängler, Hans (Hrsg.): Soziale Arbeit und Erziehung in der Risikogesellschaft. Neuwied u.a. 1992, S. 61-80.

Wohlrab-Sahr, Monika: Institutionalisierung oder Individualisierung des Lebenslaufs? Anmerkungen zu einer festgefahrenen Debatte. In: Bios 5 (1992a), H.1, S. 1-19.

Wohlrab-Sahr, Monika: Über den Umgang mit biographischer Unsicherheit - Implikationen der ‚Modernisierung der Moderne'. In: Soziale Welt 43 (1992b), H.2, S. 217-236.

Wohlrab-Sahr, Monika: Biographische Unsicherheit. Formen weiblicher Identität in der ‚reflexiven Moderne'. Das Beispiel der Zeitarbeiterinnen. Opladen 1993.

Wohlrab-Sahr, Monika: Erfolgreiche Biographie - Biographie als Leistung. In: Fischer-Rosenthal, Wolfram/Alheit, Peter (Hrsg.): Biographien in Deutschland. Soziologische Rekonstruktionen gelebter Gesellschaftsgeschichte. Opladen 1995, S. 232-249.

Wolf, Hartmut K.: Bildung und Biographie. Der Zweite Bildungsweg in der Perspektive des Bildungslebenslaufs. Weinheim u.a. 1985.

Wolf-Almanasreh, Rosi: Zweieinhalb Jahre Amt für Multikulturelle Angelegenheiten. Frankfurt/M. 1993.

Wolff, Stephan: Rapport und Report. Über einige Probleme bei der Erstellung plausibler ethnographischer Texte. In: Ohe, Werner von der (Hrsg.): Kulturanthropologie: Beiträge zum Neubeginn einer Disziplin. Festgabe für Emerich K. Francis zum 80. Geburtstag. Berlin 1987, S. 333-364.

Wulf, Christoph: Alter und Generation. Historische Relativität, kulturelle Differenz und intergenerativer Austausch. In: Liebau, Eckart/Ders. (Hrsg.): Generation. Versuche über eine pädagogisch-anthropologische Grundbedingung. Weinheim 1996, S. 42-57.

Zentrum für Türkeistudien (Hrsg.): Ausländer in der Bundesrepublik. Ein Handbuch. Opladen 1994.

Zimmer, Annette: Vereine - Basiselement der Demokratie. Eine Analyse aus der Dritte-Sektor-Perspektive. Opladen 1996a.

Zimmer, Annette: Was bringt die Dritte Sektor-Forschung den internationalen NGOs und Bewegungsnetzwerken? In: Forschungsjournal Neue Soziale Bewegungen 9 (1996b), H.2, S. 52-60.